KB069139

구문화와
구문변화

Constructionalization and Constructional Changes

구문화와 구문변화

Elizabeth Closs Traugott
and Graeme Trousdale

박원기·강병규 공역

學古房

우리는 *"Constructionalization and Constructional Changes"*란 책이 한국어로 번역되어 매우 기쁘다. 그리고 이러한 번역을 통해 구문화와 관련하여 한국어로 된 심화된 연구가 촉진될 것으로 확신한다.

2010년 우리가 이 책의 저술을 시작했을 무렵에는, 역사적인 구문문법 관련 연구 자료가 거의 없었다. 그래서 우리는 형식과 의미를 동등하게 처리하고 특별한 형식-의미의 쌍과 더불어 네트워크 내의 추상적인 도식의 발달을 우선적으로 설명할 수 있는, 변화에 대한 보다 넓은 사용-기반 및 질적인 이론을 개발하고자 했다. 이 분야는 지난 5년간 전 세계의 역사 언어학자들 사이에서 꽃을 피워왔고, 또 그동안 많은 언어들의 각종 현상이 논의되어 왔다. 그들 중 일부는 우리와 유사한 질적인 연구였고 일부는 양적인 연구였다. 여기에서 우리는 이 책이 출판된 이후로 논란이 되어 왔던 여러 주제 중에서 두 가지 문제를 언급하고자 한다. 그리고 이 두 가지 문제에 대한 우리의 생각도 계속 발전되었다.

   a) 구문화와 구문변화를 어떻게 잘 구분할 것인가?
   b) 구문화와 문법화를 어떻게 잘 구분할 것인가?

a)와 관련하여, 우리는 이 책에서 "구문화란 새로운 형식과 의미의 쌍의 생성, 그리고 구문의 네트워크에서 하나의 새로운 교점의 생성"이라고 언급한 바 있다. 이러한 정의는 마치 조감도의 관점으로 데이터에서 새롭게 출현하는 것으로 볼 수 있는 새로운 패턴의 결정화를 잘 표현하고 있다. 일부 구문화는 한 패턴이 소실되면서 나타난 산물일 수 있고(예컨대, 굴절

격표지), 일부는 확산되는 한 패턴이 생성되면서 나타난 산물이기도 하다 (예컨대, 분열문, [X.dom]N 등). 우리는 또한 구문변화에 대해 "하나의 구문의 한 내부적 차원에 영향을 주는 변화"라고 정의할 수 있다. 이것은 작은 국부적 변화(일반적으로 분포 상의 변화)가 새로운 패턴의 출현을 가능하게 할 수 있고 이어서 다른 작은 변화들이 수반된다는 사실을 포착하고 있다(De Smet(2016), Petré(2014) 참조). 미시적인 통계의 관점에서 볼 때, 언제 하나의 새로운 구문이 출현했는가를 확인하는 것은 어려운 문제이다 (Hilpert(2018)). 물론 각각의 작은 변화가 새로운 구문화로 귀결되는 정도는 Börjars 외 연구진(2015)에 의해 제기된 바 있다. 우리는 그럼에도 불구하고 구문화와 구문변화의 차이를 매우 중요하게 여긴다. 만약 말뭉치 자료를 통해 하나의 새로운 구문의 사용 빈도가 충분히 증가했음이 드러나고 또 뒤이어 충분한 연어적 확장이 나타난다면, 구문화의 한 케이스가 출현했다고 가정할 수 있다. 그리고 그 가정은 역사적인 문헌기록에 대한 질적인 분석을 통해 검증될 수 있다. 그리고 보다 상세한 정량 분석은 기존 구문에 영향을 주는 변화와 새로운 구문의 생성을 구분하는데 도움이 될 수 있다. 그리고 빈도수의 변화는 또한 소실의 경우와도 관련이 있다. 이 책에서 토론했듯이 일부 단어형성법 패턴은 최근 시기의 영어보다는 더 이전 시기의 영어에서 훨씬 생산적이었다(예컨대, 반복상 표지 -le). 이러한 파생의 형태론적 도식의 소실은 결과적으로 'nestle, twinkle, grapple' 같은 개별적(단일형태소적) 기호의 미세-구문화로 귀결되었다.

그다음, b)와 관련하여, 이 책에서 우리의 주장은 내용적(어휘적) 기호와 허화적(문법적) 기호들이 연속선상에 있고 많은 구문들이 그 사이에 있거나 혼합적이라는 것이다. 예를 들어, way-구문은 주로 어휘적이긴 하지만 최근의 발전 추세를 보면 문법적인 반복상(iterativity) 기능도 포함된다 (2.7장 참조). 문법화의 영역은 허화적 기호의 발전에 속한다고 볼 수 있다. 그러나 허화적 구문화와 문법화를 연결시키는 것은 어렵다. 왜냐하면

6

이 둘은 다른 문제에 답하고 있기 때문이다. 그것은 바로, a) 하나의 구문 (단지 부분적으로 문법적일 수도 있음)이 어떻게 출현하게 되었는가? b) 하나의 문법소가 어떻게 출현하게 되었는가? 이다. 우리는 문법화를 구문화 이후 단계에서의 감소 및 의존성의 증가(그러나, 단일방향성을 주장하지는 않음)와 동일시한다.

우리가 이 책에서 비록 (상호)주관화와 구문화 간의 관계에 대해선 거의 언급을 안 하긴 했지만, 이 주제는 발전시킬 만 한 가치가 있다. 새로운 구문이 생성되면 명제에 대한 화자 또는 작자의 평가, 담화 상황, 담화 참여자의 변화를 반영하는 의미 변화가 수반된다는 것은 분명하다. 한편, 주관화는 문법화와 매우 밀접하게 연관되어 있지만, 그래도 문법화와는 독립적인 관계이다. 어휘적 변화도 주관화를 수반할 수 있다(예컨대, 'insist', 'promise' 등의 동사나 'fit'같은 형용사에서). 따라서 역사적 구문문법에서 (상호)주관화의 측면을 통합하려는 시도는 허화적, 내용적 구문의 변화를 모두 고려할 필요가 있다.

네트워크의 역사적인 발전은 특히 흥미로운 연구 분야이다. Goldberg의 연구에서 도입한 상속 관계와 더불어 확장을 포착할 수 있는 수평적 링크(이론)가 개발되었다(예컨대, Van de Veld(2014)). 예를 들어, 이러한 접근법은 이중타동구문(He gave Jane a book)과 그것의 전치사 바꿔쓰기 형식(He gave a book to Jane) 간의 관계에 대해 공시적 관점과 통시적 관점에서 원론적인 설명을 가능하게 한다(Zehentner 출판 예정). 네트워크 내의 링크의 생성, 소실, 변화는 구문 변화에 대한 심화된 연구를 위해 매우 결정적인 문제일 수 있다. 그러한 링크의 변화는 상속(또는 다중상속)을 수반하는데, 여기서의 초점은 바로 보다 일반적인 도식과 보다 특수한 구문 간의 관계가 어떠한 성격인가에 있다. 링크의 변화는 또한 확장, 즉 같은 일반적 수준의 구문들 사이의 관계 변화를 수반할 수 있다. 이러한 링크와 더불어, 또 교점의 문제가 있는데, 교점이란 네트워크에서 링크가 만나는 지점을 말한다. 이러한 교점들의 본질은 이론적이면서도 실증적인 문제이다(이와 관련하여 Hudson(2007)과 Hilpert(2018) 참조). 그러나 우리는 구문들 간의 관계가 어떻게 변화하는지에 대해서는 물론, 구문들의 내부적 자질이 어떻게 시간의 진행에 따라 변화하는지에 대해서도 확실히 이해할 필요가 있다. 우리는 새로운 이론적 주제를 탐구하는 작업이 지금까지 생산적으로 진행되어 왔던 것처럼 계속되기를 희망한다.

| 참고문헌 |

Börjars, Kersti, Nigel Vincent, and George Walkden, 2015. On constructing a theory of grammatical change. *Transactions of the Philological Society* 113: 363-382.

De Smet, Hendrik. 2016. How gradual change progresses: The interaction between convention and innovation. Language Variation and Change 28: 83-102.

Hilpert, Martin. 2018. Three open questions in Diachronic Construction Grammar. In Evie Coussé, Peter Andersson, and Joel Olofsson, eds., *Grammaticalization meets Construction Grammar*. Amsterdam: Benjamins.

Hudson, Richard. 2007. *Language Networks: The New Word Grammar*. Oxford: Oxford University Press.

Petré, Peter. 2014. *Constructions and Environments: Copular, Passive, and Related Constructions in Old and Middle English*. Oxford: Oxford University Press.

Van de Velde, Freek. 2014. Degeneracy: The maintenance of constructional networks. In Ronny Boogaart, Timothy Colleman and Gijsbert Rutten, eds., *Extending the Scope of Construction Grammar*, 141-180. Berlin: De Gruyter.

Zehentner, Eva. Forthcoming. *Competition and Cooperation in Language Change: The Case of the Dative Alternation in English*. Berlin: De Gruyter Mouton.

ECT & GT

2018년 4월

We are very pleased that *Constructionalization and Constructional Changes* has been translated into Korean. We trust that the present translation will encourage further work on the topic in Korean.

When we started writing the book in 2010 there was little available on historical construction grammar, and we aimed at developing a broad usage-based and qualitative approach to change that addresses form and meaning equally and privileges the development of abstract schemas in networks as well as of particular form-meaning pairs (signs). The field has blossomed in the last five years among historical linguists world-wide, and phenomena in many languages have been discussed. Some studies have been qualitative like ours, others quantitative. Here we mention two of the many issues that have been debated since the publication of the book and regarding which our thinking has developed: How best to distinguish a) constructionalization and constructional changes and b) constructionalization and grammaticalization.

Regarding a), our proposal in the book is that constructionalization is "the creation of a form$_{new}$—meaning$_{new}$ pairing" and of a new node in the network of constructions. This definition captures well the crystallizing of a new pattern that can be seen emerging in the data from a bird's eye perspective. Some constructionalizations are the products of loss of a pattern (e.g. inflectional case), others are the product of the creation of a pattern that spreads (e.g. clefts, $[X.dom]_N$). We define constructional change as "a change affecting one internal dimension of a construction". This captures the fact that small local changes (usually changes in distribution) may enable the emergence of a new pattern and that other small changes follow (see also De Smet 2016, Petré 2014). From a fine-grained statistical perspective, identifying when a new construction has emerged can be problematic (Hilpert 2018). The extent to which each small change leads to a new constructionalization has been raised by

Börjars et al. (2015). We nevertheless view the distinction between constructionalization and constructional changes as important. If corpus data reveals substantial frequency increases in the use of a new construction, followed by substantial collocational expansion, a case of constructionalization can be hypothesized to have occurred, and that hypothesis can be tested via qualitative analysis of the historical record. A more detailed quantitative analysis might help to distinguish between changes affecting an existing construction and the creation of a new one. Frequency changes are also relevant in cases of loss. As we discuss in the book, certain word-formation patterns were more productive in earlier stages of English than in recent times (e.g. frequentative –le); loss of this derivational morphological schema results in the micro-constructionalization of individual (monomorphemic) signs such as nestle, twinkle and grapple.

Regarding b), our proposal in the book is that contentful (lexical) signs and procedural (grammatical) signs are on a continuum and many constructions are in between or hybrid. For example, while the way-construction is mainly lexical, recent developments have involved grammatical iterativity (see Chapter 2.7). The domain of grammaticalization falls within the development of procedural signs. It is difficult, however, to align procedural constructionalization and grammaticalization because they answer different questions: a) how does a construction (which may be only partially grammatical) come into being? and b) how does a gram come into being? We identify grammaticalization with reduction and increased dependency at the post-constructionalization stage (but do not assume unidirectionality).

While we have little to say in the book about the relationship between (inter)subjectification and constructionalization, this is an issue that deserves to be developed. It is clear that the creation of new constructions may involve changes to meaning that reflect a shift towards the speaker or writer's evaluation of propositions, the discourse at hand, and discourse participants. While subjectification has been most closely associated with grammaticalization, it is independent of grammaticalization. Lexical changes may also involve subjectification (e.g. in verbs like insist, promise, or adjectives such as fit). Any attempt to incorporate facets of (inter)subjectification in historical construction grammar would need to consider both procedural and contentful constructional changes.

An area of research that is of particular interest is the historical development of networks. In addition to the inheritance relations adopted from Goldberg's work, horizontal links capturing extension have been developed (e.g. Van de Velde 2014). For example, this approach allows for a principled account, both synchronic and diachronic, of the relationship between ditransitives (He gave Jane a book) and their prepositional alternatives (He gave a book to Jane) (Zehentner Forthc). The creation, loss of, and change to, links in the network appear to be critical issues for further work on constructional change. Such link changes may involve (multiple) inheritance, where what is in focus is the nature of the relationship between a more general schema and a more specific construction. They may also involve extension, that is, change in relations between constructions at the same level of generality. In addition to links, there is the issue of nodes, that is, points at which links in the network meet. The nature of these nodes is both a theoretical and empirical issue (see the discussion in Hudson 2007 and Hilpert 2018), but clearly we need to understand better not just how relationships between constructions may change, but also how internal properties of constructions vary over time. We hope that exploring new theoretical issues will continue as productively as it has to date.

| References |

Börjars, Kersti, Nigel Vincent, and George Walkden, 2015. On constructing a theory of grammatical change. *Transactions of the Philological Society* 113: 363-382.

De Smet, Hendrik. 2016. How gradual change progresses: The interaction between convention and innovation. Language Variation and Change 28: 83-102.

Hilpert, Martin. 2018. Three open questions in Diachronic Construction Grammar. In Evie Coussé, Peter Andersson, and Joel Olofsson, eds., *Grammaticalization meets Construction Grammar*. Amsterdam: Benjamins.

Hudson, Richard. 2007. *Language Networks: The New Word Grammar*. Oxford: Oxford University Press.

Petré, Peter. 2014. *Constructions and Environments: Copular, Passive, and Related Constructions in Old and Middle English*. Oxford: Oxford University Press.

Van de Velde, Freek. 2014. Degeneracy: The maintenance of constructional networks. In Ronny Boogaart, Timothy Colleman and Gijsbert Rutten, eds., *Extending the Scope of Construction Grammar*, 141-180. Berlin: De Gruyter.

Zehentner, Eva. Forthcoming. *Competition and Cooperation in Language Change: The Case of the Dative Alternation in English*. Berlin: De Gruyter Mouton.

ECT and GT

April 2018

　　역자들이 *"Constructionalization and Constructional Changes"*라는 책을 발견한 것이 지난 2015년이었다. 사실 이 책을 만나기 전, 역자들은 이미 각자의 영역에서 언어의 변화 이론을 활용하여 중국어학 연구를 진행하고 있었고, 다른 한편으로는 인지언어학과 구문문법이란 이론과 일찌감치 조우하여 자신의 연구에 접목을 시도해 오고 있었다. 그때 역자들은 문법화 이론이 갖는 여러 가지 한계를 극복하고 보다 궁극적인 차원에서 언어의 변화를 묘사, 해석할 수 있는 이론을 찾고 있었는데 마침 중국의 CNKI에서 본서의 서평을 발견하면서 그 존재를 알게 되었다. 역자들은 Traugott 이란 학자와 그의 저서에 대해 이미 익숙해 있던 터라 큰 거부감 없이 이책을 읽어나갈 수 있었다. 그러던 중 뭔가 알 수 없는 힘에 이끌려 이 이론의 터널 속으로 깊숙이 빨려 들어가게 되었고, 읽으면 읽을수록 역자들이 평소에 생각했던 언어변화의 큰 구상과 不謀而合하게 들어맞아 가고 있음을 느끼게 되었다. 처음에는 Goldberg ≪구문문법≫의 영향으로 이른바 '구문'이란 개념이 특정 문형유형에만 한정되는 것으로 의심하였다. 그러나 이것이 '형식과 의미의 쌍'이라는 것으로 정의되는 모든 단위를 지칭하고 언어의 기초를 구성하며 아울러 변화의 기본 단위가 된다는 말을 접했을 때, 더욱더 이 이론에 빠져들어 갔다. 그리하여 역자들은 이 책을 함께 정독하면서 번역할 것을 결심하게 되었다.

　　본서에서 말하는 '구문'이란 개념, 그리고 '구문화', '구문변화'란 개념은 사실상 기존의 통시언어학 이론과 인지언어학의 구문주의 이론을 접목한 것들이다. 본서의 저자들은 자신들의 연구 성과 뿐 아니라 기타 구문주의 언어학의 각종 연구 성과를 면밀히 분석하고 그들의 이론을 취사선택하여 공시적인 구문주의적 이론 틀을 통시적 이론 틀로 확장시켰다. 이들의 기본적인 관점은 이른바 '사용기반 이론'과 '네트워크 이론'에 기초를 두고 있다. 특히 전자의 경우는 인간의 언어능력을 인지능력과 별개로 다루어 모듈적인 능력으로 인식하는 변형문법과 차별을 이루는 것으로, 철저한 인간중심의 언어 습득 이론에 기반하고 있는 것이다. 이와 아울러 네트워크 이론은 기존의 이차원적이고 평면적인 인간의 언어 개념 구조 체계를 보다 입체적이고 다차원적으로 설명한 것으로 사용기반 이론과 매우 잘 매치되는 개념이다. 저자들은 이러한 이론 틀을 기초로 하여 하나의 구문이 탄생하고 또 변화해 가는 과정을 설명하였다. 여기에는 철저한 담화 중심적인 철학이 돋보인다. 바로 담화 공간에서 화자와 청자 간의 교류에 의해 개인적인 '혁신'이 생산되고 이것이 집단에 의해 공유되면서 관습화하여 하나의 구문이 만들어지는 것이다. 이 과정에서 바로 사용기반 이론과 네트워크 이론이 적용된다. 즉, 철저한 사용의 편의, 목적을 위해 화자/청자의 새로운 해석, 즉 혁신이 이루어지고, 이렇게 탄생한 혁신적 사용은 네트워크 내 기존 교점과의 링크를 끊고 새로운 교점과의 링크를 형성하는 등의 변화를 유발한다. 바로 이러한 과정을 통해 기존 구문이 변화를 하게 되고 급기야 새로운 교점이 형성되어 구문화가 이루어지게 된다.

저자들은 이와 같이 인간의 언어능력을 인지능력의 일환으로 보고 언어의 공시적, 통시적 모습을 '구문'으로 설명하고자 하였다. 특히 본서에서 저자들은 연구의 초점을 통시적 변화에 맞추면서 기존의 문법화와 어휘화 이론을 흡수하였다. 다만, 기존의 두 이론에서 보인 GR 또는 LR적인 요소와 더불어 '확장'을 수반하는 GE, LE인 특성을 통합하여 이른바 '구문화'의 개념을 만들어 내었다. 한마디로 언어의 형식과 의미가 연속적이고 일종의 경사성을 이룬다는 이론에 근거하여 문법화와 어휘화의 구분을 지양하고, 문법적인 것과 어휘적인 것 또는 허화적인 것과 내용적인 것 둘이 한 연속선상에서 경사성을 보이며 하나의 구문으로 통합될 수 있음을 강조한 것이다.

본서의 주요 이론 틀은 사실상 기존의 통시언어학 이론에 비해 크게 새로울 것이 없을 수도 있다. 그것은 바로 이 이론 틀이 기존의 언어학 이론들을 집대성했기 때문이다. 그러나 인지언어학을 중심으로 한 이와 같은 관점의 혁신은 기존의 문법화, 어휘화 이론에서 다루지 못했던 언어 변화의 모습을 보다 새로운 차원에서 포착할 수 있게 해준다. 그것은 바로 '개념의 네트워크'라고 하는 체계이다. 우리는 바로 '개념의 네트워크'를 통해 문법화나 어휘화의 경로에서 배제되어 있었던 교점들이 직간접적으로 영향을 주어 복잡한 상속관계를 형성한다는 것을 설명할 수 있게 되었다. 특히 구문이 추상적인 도식에서부터 원자적인 미세-구문에 이르기까지 그 추상성, 생산성의 차이가 다양하다는 이론의 설정, 그리고 개별적인 미세-구문유형이 빈도성을 갖추어 점차 추상적인 도식으로 발전하고 이 도식이 하나의 주형 역할을 하여 무수히 많은 생산물들을 생산해 낼 수 있다는 이론의 설정은 추상적인 도식과 개별 미세-구문을 별개로 보고자 했던 문법화, 어휘화 이론의 한계를 극복하고 있다.

본서를 번역하기 위해 역자들은 1년여 동안 십여 차례에 걸친 토론회를 진행하였고 총3년의 시간을 들여 반복적인 열독의 과정을 거쳤다. 그 과정에서 각자의 연구 영역에 맞는 역량을 최대한 활용하여 본서의 이론을 이해하고자 하였고 아울러 역자들의 연구 대상인 중국어에 접목시켜 몇 편의 논문을 써보기도 하였다. 그러나 워낙 다양하고 방대한 현대 언어학 이론과 기존 연구 성과들을 바탕으로 하고 있기 때문에 본서의 문장 하나하나가 마치 논문 한 편과 맞먹을 정도의 밀도로 다가왔다. 그러함에도 역자들은 본 이론이 국내 학자들에게 쉽게 전파될 수 있기를 바라며 최대한 이해하기 쉽게 번역하고자 노력하였다. 이에 각종 참고 자료와 역자들의 언어학 지식을 총동원하여 독자들의 이해를 도울 수 있는 각종의 역주를 첨가하였고, 번역의 어투 또한 최대한 자연스럽고 쉬운 한국어가 되게끔 여러 차례의 윤색의 과정을 거쳤다.

　번역을 하는 과정에서 나타난 의문점들은 Traugott 교수와의 서신 교류를 통해 어느 정도 해결할 수 있었다. 이 과정에서 저자들은 의문점에 대한 대답 뿐 아니라 본서의 오자, 오류 등에 대해서도 꼼꼼히 지적을 해주었다. 심지어 이들은 이 책의 핵심적인 주제에 대해 가장 최근에 업데이트한 내용으로 서문을 대신하기까지 하면서 본서의 저자 그리고 학자로서의 책임을 끝까지 다하고자 하였다. 본서의 거의 모든 문장마다 표기되어 있는 그 무수히 많은 인용 표시들, 그리고 그 인용 표시마저도 서신을 통해 끝까지 정확하게 수정하고자 했던, 이러한 저자들의 소름이 돋을 정도로 몹시도 철저한 학문태도에 대해 역자들은 혀를 내두르며 탄복하였다. 저명한 학자들을 私淑하면서 그들의 이론은 물론 治學 방법과 학문정신까지도 학습할 수 있어서 역자들로서는 너무나도 뜻 깊은 경험이 아닐 수 없었다. 특히 저자들이 이 책에 대한 화룡점정의 의미로 친히 한국어판 서문까지 써주어 그 감사함을 금할 길이 없다. 그러나 여전히 역자들의 역량 부족으로 인해 번역 과정에서 해결하지 못한 부분도 적지 않다. 번역 상의 미흡한 부분은 추후에 수정하고 보완하겠다는 마음으로 이 책을 출간하고자 한다.

　항시 어려운 출판 여건 속에서도 흔쾌히 출판을 허락해주신 학고방 사장님과 직원여러분들께 이 자리를 빌어 감사의 마음을 전하고자 한다. 본 번역서에 나타난 오역과 오류에 대해서 여러 학자들의 아낌없는 질정이 있기를 바라며, 구문화 이론에 대한 抛磚引玉의 역할을 본 번역서가 다할 수 있기를 희망한다. 끝으로, 저자들의 언어에 대한 깊은 성찰과 고민에 대해 삼가 경의를 표한다.

2018년 봄
역자 일동

5 **구문화를 위한 문맥** 435

|일러두기|

1. 본서는 원서의 2013년판을 저본으로 번역되었다.
2. 저자의 요청으로 2013년판의 오자 및 오류를 수정하여 번역에 반영하였다.
3. 번역시 각종 용어 및 주요 표현에 대한 영문 병기는 각 절마다 최초 출현 시에 한하지만 독자의 이해를 돕는 차원에서 병기가 반복되기도 한다.
4. '역주'는 각종 참고 서적 및 인터넷 참고자료를 기반으로 작성하였다. 참고 서적 중, 중국 상무인서관의 ≪現代語言學詞典≫(2000년)과 이성하의 ≪문법화의 이해≫(2000년)는 본서의 참고문헌 목록에 제시되지 않은 것임을 밝혀둔다.

|약어 일람|

ACC	accusative
A(DJ)	adjective
Agt	agent
ART	article
CC	constructional change
Cxzn	constructionalization
D-QUANT	quantifying determiner
DAT	dative
DET	determiner

DIR	directional
DIS	discourse
EModE	Early Modern English
F	form
FUT	future
GE	grammaticalization as expansion
GEN	genitive
GR	grammaticalization as reduction
HPSG	Head Driven Phrase Structure Grammar
INF	infinitive
LE	lexicalization as expansion
LR	lexicalization as reduction
M	meaning
ME	Middle English
MODADJ	Modifying adjective
ModE	Modern English
MORPH	morphology
N	noun
NEG	negative
NOM	nominative
NP	noun phrase
O(BJ)	object
OBL	oblique
OE	Old English
P	preposition
PDE	Present Day English
POSS	possessive
PP	prepositional phrase
PRAG	pragmatics
PRES	present
Quant	quantity
Rec	recipient

SAI	subject-auxiliary inversion
SBCG	Sign-Based Construction Grammar
SEM	semantics
SG	singular
SUBJ	subject
SUPER	superlative
SYN	syntax
UG	universal grammar
V	verb
V_{ITR}	intransitive verb
VP	verb phrase
V_{TR}	transitive verb
X, Y, Z	variables

American Heritage Dictionary of the English Language. 2011. Boston: Houghton Mifflin Harcourt, 5th ed.

BNC *British National Corpus*, version 3 (BNC XML Edition). 2007. Distributed by Oxford University Computing Services on behalf of the BNC Consortium. http://www.natcorp. ox.ac.uk/.

Bosworth-Toller *An Anglo-Saxon dictionary, based on the manuscript collections of the late Joseph Bosworth* (first edition 1898) and *Supplement* (first edition 1921), ed. by Joseph Bosworth and T. Northcote Toller. Digital edition by Sean Crist in 2001. http://www. bosworthtoller.com/node/62873.

CEEC *Corpus of Early English Correspondence.* 1998. Compiled by Terttu Nevalainen, Helena Raumolin-Brunberg, Jukka Keränen, Minna Nevala, Arja Nurmi, and Minna PalanderCollin. Department of English, University of Helsinki. http://www.helsinki.fi/varieng/ CoRD/corpora/CEEC/index.html.

CL Abbreviation for CLMETEV used in citations.

CLMETEV The Corpus of Late Modern English Texts (Extended Version). 2006. Compiled by Hendrik De Smet. Department of Linguistics, University of Leuven. http://www. helsinki.fi/varieng/CoRD/corpora/CLMETEV/.

COCA *The Corpus of Contemporary American English.* 2008⁻. Compiled by Mark Davies.

Brigham Young University. http://corpus.byu.edu/coca/.

COHA *Corpus of Historical American English.* 2010⁻. Compiled by Mark Davies. Brigham Young University. http://corpus.byu.edu/coha/.

CWO Collins Wordbanks *Online.* http://www.collinslanguage.com/content-solutions /wordbanks. DOEC *Dictionary of Old English Corpus.* 2011. Original release 1981 compiled by Angus Cameron, Ashley Crandell Amos, Sharon Butler, and Antonette diPaolo Healey. Release 2009 compiled by Antonette diPaolo Healey, Joan Holland, Ian McDougall, and David McDougall, with Xin Xiang. University of Toronto. http://www.helsinki.fi/varieng/CoRD/corpora /DOEC/

index.html.

FROWN *The Freiburg-Brown Corpus.* Original release 1999 compiled by Christian Mair. Release 2007 compiled by Christian Mair and Geoffrey Leech. http://www. helsinki.fi/varieng/CoRD/corpora/FROWN/. Google http://www.google.com/. Google Books http://books.google.com/.

HC *Helsinki Corpus of English Texts.* 1991. Compiled by Matti Rissanen (Project leader), Merja Kytö (Project secretary); Leena Kahlas-Tarkka, Matti Kilpiö (Old English); Saara Nevanlinna, Irma Taavitsainen (Middle English); Terttu Nevalainen, Helena RaumolinBrunberg (Early Modern English). Department of English, University of Helsinki. http://www.helsinki.fi/varieng/CoRD/ cor-pora/HelsinkiCorpus/index/html

ICAME International Computer Archive of Modern and Medieval English. http://icame. uib.no/.

Innsbruck Prose Sampler Corpus Sampler now included in *Innsbruck Corpus of Middle English Prose.* http://www.uibk.ac.at/anglistik/projects/icamet/. LION EEBO *Early English Books Online,* http://lion.chadwyck.com. LION *Literature Online,* 1996–. http://lion.chadwyck.com.

MED *The Middle English Dictionary.* 1956–2001. Ann Arbor: University of Michigan Press. http://www.hti.umich.edu/dict/med/.

OBP *The Old Bailey Proceedings Online,* 1674–1913. 2012. Tim Hitchcock, Robert Shoemaker, Clive Emsley, Sharon Howard, and Jamie McLaughlin, et al. www.oldbaileyonline.org, version 7.0.

OED *Oxford English Dictionary.* http://www.oed.com/.

PPCMBE *Penn Parsed Corpus of Modern British English.* 2010. Compiled by Anthony Kroch, Beatrice Santorini, and Ariel Diertani. University of Pennsylvania. http://www.ling. upenn.edu/hist-corpora/PPCMBE-RELEASE-1 /index.html.

SBCSAE *Santa Barbara Corpus of American Spoken American English,* Parts 1–4. 2000–2005. Du Bois, John, et al. Philadelphia PA: Linguistic Data Consortium. http://www.linguistics. ucsb.edu/research/sbcorpus_contents.html.

TIME *Time* Magazine Corpus. 2007–. Compiled by Mark Davies. Brigham Young University. http://corpus.byu.edu/time.

Urban Dictionary http://www.urbandictionary.com/.

1. 이론 틀

1.1 도입

이 책에서 우리는 언어 변화와 관련하여 **구문론자**(constructionalist)적 입장을 취하고자 한다. Goldberg(2006), Langacker(2008) 등 일부 최근의 인지언어학자들의 공시적인 관점에서 제시된 대로, 구문론자들의 모델에서, 언어는 하나의 네트워크(network) 속에서 조직된 '형식 – 의미 쌍(form-meaning pairing)' 또는 '구문(construction)'으로 이루어진 것으로 개념화되고 있다. 그리고 이러한 언어 모델 하에서 언어 시스템 속에서의 변화를 과연 어떻게 설명할 수 있는가가 우리의 문제의식이라 할 수 있다. 우리의 초점은 바로 '구문'(즉, '관습적 상징 단위(conventional symbolic unit)'로 이해되는 것)에서의 '변화의 생성과 그 본질'에 대한 방법론을 발전시키는데 있다(Langacker(1987), Croft(2005) 참조). 구문이란 '화자들 사이에서 공유된다는 차원에서 볼 때' 관습적(conventional)이다. 그리고 구문은 또 이들이 기호(sign)란 측면에서는 상징적(symbolic)이다. 그것은 또한 전형적으로 '형태와 의미 간의 자의적인 결합'이다. 한편, 기호의 어떤 측면이 '특이하거나(idiosyncratic)', '매우 빈번하기' 때문에 그 기호는 언어 사용자의 마음속에서 일종의 '형식 - 의미 쌍'으로서 확립되는데, 그런 이유로 구문은 하나의 '단위(unit)'가 된다('특이성'에 대한 것은 Goldberg(1995)에서 주장, '매우 빈번함'에 대한 것은 Goldberg(2006)에서 주장).

우리는 이 책에서 두 가지의 변화 유형과 관련하여 다음과 같이 관심을 갖는다.

(a) 기존 구문의 자질에 영향을 끼치는 변화들. 예컨대 의미적(will-'intend' > future), 형태음운적(will > 'll) 등의 변화. 또는 연어적(collocational) 제약(way - 구문의 경우, 이것은 경로의 생성 시에 수반되는 행위를 나타내는 동사까지 포함하도록 확장된다, 예컨대, "whistle one's way home(휘파람을 불고 집으로 가다)" 등[1]) 등이 있다. 이러한 변화가 꼭 '새로운 구문'을 만들어 내는 것은 아니다. 우리는 이것을 **구문변화(constructional change)**라고 부른다.

(b) '새로운 형식'과 '새로운 의미' 쌍(즉, $form_{new}$-$meaning_{new}$의 쌍)의 생성, 우리는 이러한 변화 유형을 **구문화(constructionalization)**라고 부른다.[2]

(a)와 (b)와 같은 성격 규명은 단지 예비적 차원에서 하는 것일 뿐이

---

1) [역주] 'Way - 구문'에 참여하는 동사들을 크게 'means(방법)'과 'manner(태도)'의 두 가지로 구분할 수 있다. 전자는 주로 경로를 생성하는 기능을 하는 것으로 전형적인 way - 구문을 형성한다. 그러나 후자는 경로를 생성한다기 보다 생성된 경로에 수반되어 나타나는 동작이다. 앞의 'whistle one's way home'은 '휘파람을 불며 집에 가는 것'이라 경로 생성 행위가 아닌 수반적, 태도적 행위이다. 이러한 동사에 까지 참여동사가 확장되는 변화가 발생했음을 의미한다.
2) '구문화'란 용어는 Rostila(2004)와 Noël(2007)에서 최초로 사용된 것으로 보인다.

다. 앞으로 구문화와 구문변화가 이 책에서 다룰 주요 화제가 될 것이며, 이들에 대해 아래 '1.5'에서 보다 충분한 정의를 내릴 것이다.

우리는 이러한 '구문론적 관점'이 기존의 '문법화', '어휘화'에 관한 선행 연구를 재고하고 또 이들을 통합하는데 어떻게 사용될 수 있는지 보여주고자 한다. 그리고 그러한 주제와 관련되어 발생할 수 있는 각종 문제에 대해 구문론적으로 설명하고자 한다. 비록 우리가 주로 토론하는 것이 영어의 역사에 관한 것이지만, 우리는 구문과 언어의 변화에 대해 보다 일반적인 연구를 진행하는데 효과적인 이론 틀을 개발하고자 한다. 우리의 접근법에서 기초를 이루는 가정은 아래와 같은 세 가지이다. 첫째, 비록 네트워크, 계층적인 조직(hierarchic organization), 상속(inheritance) 등과 같은 문법 자질들이 보편적이기도 하고 이들 문법 자질이 그 밖의 다른 인지적 시스템과 공유되어 있어서 문법이 언어적 시스템에 대한 지식으로 이해될 수도 있으나, 문법이라는 것 자체는 '언어 개별적(language specific)'이다. 즉, 그것은 영어나 아랍어, 일본어 같은 개별 언어의 구조에 의해 정해지게 된다. 둘째, 변화는 '사용상의 변화 (change in usage)'이며, 변화의 결과물은 곧 '생산물(construct)', 즉 사용의 용례이다. 셋째, 우리는 '변화'와 '혁신(innovation)'을 구분하고자 한다. 개별 화자의 마음인 한 속성으로서의 혁신은 단지 변화를 위한 잠재적인 것에 불과하다. 변화로서 여겨질 수 있는 혁신은 여러 화자집단에서 반복적으로 되풀이 되어 '관습화(conventionalization)'로 귀결되어야 한다. 말하기, 쓰기의 전통에서 '혁신의 집대성'이 바로 관습화라 할 수 있는데, 이러한 것들은 우리에게 남겨진 텍스트 자료를 통해 확인될 수 있다(Weinreich, Labov & Herzog(1968), Andersen(2001)). 한 마디로, '혁신'과 '전파(propagation)'는 언어 변화에 공통적으로 필요한 과정인 셈이다(Croft(2000:5)).

이번 장에서 소개하는 여러 개념과 용어들은 이후의 장들을 위한 일종의 배경지식이 될 것이다. 이 장에서는 바로 이들에 대해 좀 더 심도 있게 논의할 것이다. 먼저 1.2에서는 현재까지 개발된 언어에 대한 주요 구문론적 접근 이론을 소개할 것이다. 그리고 1.3에서는 '네트워크'의 개념을 소개할 것이다. 1.4에서는 구문에 대한 우리의 견해에서 필수적인 몇 가지 요소들을 소개할 것이다. 그리고 1.5에서는 이들에 영향을 미치는 변화의 각종 유형을 소개할 것이다. 1.6에서는 이 책과 관련하여 언어 변화와 관련된 연구 이론을 대략적으로 소개를 할 것인데, 주로 문법화, 어휘화가 될 것이다. 한편, 이러한 통시적 구문문법 관점에 의해 이루어진 기존의 연구에 대해서도 소개할 것이다. 1.7에서는 역사적 연구 과정에서 증거를 찾는 일과 관련된 각종 문제를 소개할 것이다. 그리고 특히 현재 연구가 자주 의존하고 있는 디지털 자료를 언급할 것이다. 1.8에서는 정리를 하면서 이 책의 나머지 부분의 아웃라인을 제시할 것이다.

1.2 언어에 대한 구문론적 접근법

일부 언어학자들은 언어에 대한 구문론적 시각을 갖고 있다. 여기서는 그 중 대표적인 다섯 가지 문법 모델을 간단히 소개하고자 한다. 이른바 구문문법은 인지언어학의 일반적인 이론을 충실히 따르고 있다 (Greeraerts & Cuyckens(2007a)). 그래서 이것은 '규칙 기반적(rule-based)' 이라기보다 '제약 기반적(constraint-based)'인 성격이 강하다. 한편, 여러 가지 구문문법적 접근법과 관련하여, 우리는 Croft & Cruse(2004), Langacker(2005), Goldberg(2006), Croft(2007a), Sag, Boas & Kay(2012) 등의 논의를 참고할 수 있다.

언어에 대한 기존의 구문론적 접근법들이 상당히 다르긴 하지만, Goldberg(2013)는 모두에 의해 공유되는 4가지 견해(a-d)를 주장한 바 있고, 더 나아가 대부분의 접근법에 의해 공유되는 (e)를 하나 더 주장 하였다. 그것은 아래와 같다.

(a) 문법의 기본적인 단위는 '구문'이다. 이것은 바로 형식과 의미의 관습적인 쌍이다(Lakoff(1987), Fillmore, Kay & O'Connor(1988), Goldberg(1995, 2006) 참조).

(b) 의미구조는 파생(derivation) 없이 바로 표면적인 통사구조에 사상된다(Goldberg(2002), Culicover & Jackendoff(2005) 참조).

(c) 언어란 다른 인지적 시스템과 마찬가지로, 교점(node) 및 교점들 사이의 연결(link)로 구성된 '네트워크(network)'이다. 그리고 이러한 교점들 사이의 결합은 '상속적 계층구조(inheritance hierarchy)'의 형식을 취하게 된다(이러한 '상속적인 계층'은 바로 '분류학적인 관계'인데, 낮은 층위의 구문 자질은 더 일반적인 것으로부터 예측이 가능하며 그 예측 가능성의 정도를 바로 분류학적 관계를 통해 포착할 수 있다. Langacker(1987), Hudson(1990, 2007a) 참조).

(d) 범언어적(Cross-linguistic)인 변이나 방언적 변이는 여러 가지 방법으로 설명할 수 있다. 이러한 방법에는 '영역 – 보편적 인지 과정(domain-general cognitive process)'(Bybee(2010), Goldberg(2013) 등)과 '다양성 – 개별 구문(variety-specific construction)'(Croft(2001), Haspel-math(2008) 등) 등이 있다.

(e) 언어구조는 언어의 '사용'에 의해 형성된다(Barlow & Kemmer (2000), Bybee(2010) 참조).

이에 덧붙여, 모든 구문론적 접근법은 문법을 일종의 '전체론적인 틀 (holistic framework)'로 본다. 즉, 어떤 문법의 층위도 분리되어 독자적으로 존재하거나 그 부분만 중요한 것이 아니며, 의미, 형태통사, 음운, 화용 모든 영역이 하나의 구문에서 함께 작용한다고 본다.

본서에서는 언어에 대한 구문론적 설명에서 제기되어 왔던 여러 견해에 대해 소개할 것이나 어떤 특별한 유형의 구문문법에 의거하여 소개하지는 않을 것이다. 다만, 본서의 견해는 1.2.3의 '인지구문문법 (Cognitive Construction Grammar)'과 1.2.4의 '급진적 구문문법(Radical Construction Grammar)'과 일치하는 면이 많다. 본서에서는 언어에 대한 '사용 – 기반 접근법(usage-based approach)'을 적용할 것이며, 언어구조는 선천적인 것이 아니라 일반적인 인지 과정으로부터 파생된 것이라 가정한다. 그리고 이러한 과정들은 화자와 청자가 개입되는 행동으로, 여기에는 발화 과정(on-line)[3] 상의 생산과 인식이 포함되어 있다. 우리는 또 Richard Hudson(2007a)에 의해 개발된 이른바 '단어문법 (Word Grammar)[4]'으로 알려진 매우 밀접하게 관련된 문법 모델에 의지하게 될 것이다. 이 모델에 의해 우리는 '구문화의 결정적인 측면'을

---

3) [역주] 본서의 원본에서는 'on-line'이란 표현이 여러 군데서 등장하고 있다. 그러나 이것은 크게 '인터넷 공간' 즉, '온라인상'이란 의미로 쓰인 것과 언어학적 개념으로 쓰인 것 둘로 구분된다. 후자의 개념과 관련하여 저자인 Traugott과 서신을 통한 문답을 거쳤고, 저자는 이것을 "Flow of speech"의 개념이라고 하였다. 이에 본서에서는 이것을 '발화 과정'이라고 번역한다.

4) [역주] 단어문법: 이것은 1980년대 Richard Hudson에 의해 개발된 것이다. 이것은 일종의 통사 모델로 출발한 것인데, 이것의 가장 차별적인 특징은 바로 이른바 '의존문법(dependency grammar)'의 사용에 있다. 이것은 바로 통사에 대해서 문장의 구조가 거의 전적으로 개별 단어들과 관련된 정보 속에 포함되어 있다고 하는 접근법으로, 통사를 주로 단어를 결합하는 원리에 의해 구성되는 것으로 보는 것이다. ('위키백과'에서 인용)

보다 쉽게 설명하게 되었는데, 이것은 바로 언어 네트워크의 개별적인 하위 부분과 관련짓거나 그것에 관심을 갖는 것이다. '단어문법'은 1.3 에서 간단히 소개할 것이고 2장에서 상세히 설명할 것이다.

1.2.1 버클리 구문문법Berkeley Construction Grammar

구문문법을 위한 기초 작업은 Fillmore의 격문법(1968)과 틀의미론 (frame semantics)에 의해 시작되었다. 그는 '구문문법(Fillmore(1988))'이 란 말을 처음 만들어냈고 1980년대 후반부터 그와 그의 동료들이 이것 을 발전시켜왔다. 이 이론의 가설은 "구문의 어떤 측면은 보편적일 수 있다."라는 것이다.

그들은 초창기엔 '특이한 표현(idiosyncratic expression)'이나 '관용어 구(idiom)'에 초점을 맞추었으나(예컨대, 'let alone' 등, Fillmore, Kay & O'Conner(1988)), 또 "What's X doing Y" 같은 '도식'에도 초점을 맞추 었다(예컨대, "What's this fly doing in my soup?(이 파리가 내 수프에 서 뭐하고 있는 거지?)", Kay & Fillmore(1999)). 이러한 것들은 자연적 으로 출현하는 발화나 글쓰기에서 나타나는 표현들로, 그들은 주로 이 들의 빈도성에 관심을 가졌다. 그리고 그들은 또 이러한 것들이 화자 의 언어적 지식에서 차지하는 '핵심의미'에 초점을 맞추기도 하였다 (Fillmore(2013:111)). 이 연구와 관련된 언어학자들은 통사와 인지언어 학에서의 표준적인 이슈들 예컨대, 핵 구조(head structure), 좌측전위 (left dislocation), 지표(landmark), 방향과 크기(direction & magnitude) 등 및 기타 더 일반적인 구문들에 대해 토론하기도 하였다(Fillmore & Kay(1997)). 여기서 그들은 동일한 분석적 도구들을 사용했을 때 "이 분석 도구들이 '가장 기본적인 구조들'과 이와 같은 '특별한 케이스' 둘 모두를 어떻게 설명할 수 있는지" 보여주고 있다(Fillmore(2013:112)). 구문문법의 이와 같은 변이형은 고도로 형식화되어 있어서 원자적[5] 범주유형들이 자질로 표현되고 있고, 또 이들이 통일된 구문으로 합쳐지기도 한다.

1.2.2 기호기반 구문문법Sign-based Construction Grammar

버클리 구문문법의 이론 틀에 기초한 연구 성과 중 최근의 발전은 바로 '기호기반 구문문법(Sign-based Construction Grammar(SBCG))'이다. 여기에는 Boas & Sag(2012)의 연구가 있다. 이것의 주요 목표는 바로 '형식화된 틀(formalized framework)'을 제공하는 것이다. 이 틀을 이용하여 유형론적 문제들을 연구하는 연구자들은 검증 가능한 가설들을 발전시킬 수 있고, 또 구문문법학자들 사이에서는 중요한 보편적 근거를 증가시킬 수도 있다. 이러한 구문문법학자들은 대개 '귀납(recursion)'을 포함하는 언어의 보편적인 자질을 확인하고자 하는데, 이때 이러한 '귀납'은 구문문법의 다른 모델에서는 상대적으로 소홀한 대접을 받는 편이다(Sag, Boas & Kay(2012)). 한편, 이들 기호기반 구문문법학자들은 심리학적인 현실에 대해 강하게 의지하는 경향이 있다(Sag(2012)). 이는 즉, "언어학적인 가설들은 그것들이 '언어 사용(즉, 생산과 이해)', '언어 학습', '언어 변화'의 모델과 얼마나 잘 부합하는가"라는 측면에서 동기화되거나 평가될 수 있음을 의미한다(Sag, Boas &

---

5) 여기서 'atomic'요소라고 한 것은 곧 단일형태소적인 것으로, 더 작은 형식 - 의미의 부분으로 더 나눌 수 없는 것을 말한다.

Kay(2012:14), 여기서 Croft(2000, 2001); Tomasello(2003); Goldberg(2006); Langacker(2000, 2009) 등에 대해 언급함). 이 이론의 기본적인 가정은 바로 '언어는 기호에 근거한 시스템(sign-based system)'이라는 것이다 (Saussure(1959[1916]) 참조). Saussure 일파에서는 '기호(sign)'를 단지 형식과 의미의 결합으로만 보았다. 그러나 SBCG에서 '기호'란 적어도 음운적 구조, 형태적 형식, 통사적 범주, 의미체계, 그리고 문맥적 요소 및 정보구조 등을 의미한다고 볼 수 있다(Sag(2012:71)). 그리고 이러한 '기호'는 '자질구조(feature structure)'로 모델화된다. 예컨대, 'laughed'라는 말의 약식의 예비적인 표시는 아래와 같다(Sag(2012:75)):

(1)

PHONOLOGY	/læf-d/
SYNTAX	V[fin]
SEMANTICS	a laughing event situated prior to the time of utterance

정식 표시법은 우리가 수용하기에는 복잡한 면이 있으나, 우리의 표시법을 (1)과 같이 자질의 관점에서 약식으로 표시할 수도 있다.

1.2.3 인지구문문법Cognitive Construction Grammar

버클리 구문문법의 이론 틀을 좀 더 다르게 발전시킨 이들이 있는데, 이들은 바로 Lakoff(1987), Goldberg(1995, 2006)이다. Croft & Cruse(2004)는 이 이론 틀을 일컬어 '인지구문문법(Cognitive Construction Grammar)이라고 부른다. 그중 Goldberg(1995)는 영어의 '이중타동구문(ditransitive, 예컨대, "I gave/baked John a cake(나는 존에게 케이크를 주었다/만들어

주었다.)”)’, ‘사역이동구문(caused motion construction, 예컨대, “Frank sneezed the napkin off the table(프랭크는 재채기를 하여 냅킨을 테이블에서 떨어뜨렸다.)”)’, ‘way – 구문(예컨대, “He elbowed his way through the crowd(그는 팔꿈치로 군중 속을 헤치고 나갔다)”)’ 등과 같은 ‘논항구조(argument structure) 구문’에 초점을 맞췄다. 그녀의 1995년 모델에서는 Fillmore의 접근법과 마찬가지로, 그 구조의 구성요소들로부터 나올 수 있는 것들이 ‘엄격하게 예측할 수 없는 패턴’이라는 점을 강조하고 있다. 여기에는 예를 들어, ‘elbow POSS way DIR’[6), ‘sneeze X off Y’ 등이 있다. 그녀의 목표는 특히 논항구조와 관련지어 개별 구문의 술어부들 사이에 있는 ‘보편성’을 밝히는 것이다. 예를 들어, 냅킨을 ‘sneezing(재채기)’함으로써 유발되는 어떤 이동은 영어의 보다 일반적인 ‘사역이동구문’과 관련이 있는 것이지 ‘sneeze’라고 하는 단어 자체와는 관련이 없다(Goldberg(1995:152,224)). 다시 말해, 그러한 구문들은 바로 ‘어휘논항을 취하는 동사들’과는 관계없이 독립적으로 존재하는 패턴이라고 말할 수 있다(Boas(2013:235)).

Goldberg(1995)는 구문을 ‘형식과 의미의 쌍’으로 정의하였는데, 이때 형식의 면모나 의미의 면모 등은 단순한 구성요소의 조합이나 기존 구문 의미로부터 파생된 것이 아니다. 그런데 최근에 그녀는 구문의 개념을 더 확장시켰다. 그녀에 따르면, ‘충분한 빈도성(sufficient frequency)’을 가지고 출현하기만 한다면 설사 충분히 예측 가능한 것이라 하더라고 구문이라 할 수 있고(Goldberg(2006:5)), 이때 일종의 ‘구성적 묶음(compositional strings)’의 형태로 저장된 모든 것이 바로 구문인 것이다.

---

6) 2.7에서 우리는 way – 구문에서 보편적으로 이용되는 OBL보다 DIR이 왜 더 선호되는지 논의할 것이다.

그리고 Goldberg의 구문문법에서 가장 중심이 되는 자질은 바로 "구문은 복잡한 문장에서부터 굴절접사에 이르기까지 어떠한 크기든 다 가능하다((Goldberg(2003, 2006))"는 것이다. 그래서 언어는 '말덩어리(chunk)'로 습득되는 것이며, 구문이란 바로 '의미 또는 담화적 기능을 가진 형식의 습득된 쌍'이라고 할 수 있다(Goldberg(2006:5)). 한편, 이것은 그 구성성질(도식적인 것에서부터 부분적으로 도식적인 것, 또 완전히 특별한 표현에 이르기까지 모두), 크기, 모양, 복잡성 등의 측면에서 매우 다양할 수가 있다. 만약 선형적, 통합적인 것보다 더 중요한 것이 아니라고 한다면, 패턴의 일치와 선택에 대한 계열적(선택적) 차원은 동일하고, 이로써 구문들 간의 유사성은 이 모델에서 중요한 역할을 한다.

구문의 정의에서 '빈도성(frequency)'이란 개념을 도입한 것은 언어적 지식의 본질 측면에서 흥미 있는 의문을 유발시킬 수 있다. 왜냐하면 패턴(pattern)의 저장과 확립을 위해 어느 정도 레벨의 빈도성이 있어야 충분한지가 문제가 될 수 있기 때문이다('확립'에 대해서는, Blumenthal-Dramé(2012) 참조할 것). 그런데 역사언어학적 작업에서는 텍스트기록이 종종 최소한일 경우가 많으므로 빈도성이 특히 문제가 될 수도 있다. 구문 확립을 위한 필수 빈도성은 "점진적이면서도 상대적이어야 하나 범주적이거나 보편적일 필요는 없다(Clark & Trousdale(2009:38))." 그래서 우리는 '충분한 빈도성(sufficient frequency)'을 텍스트 기록에 있는 '반복(replication)'과 '관습화(conventionalization)'로 연결시키고자 한다.

Goldberg의 모델을 표시하는 것은 적어도 두 가지 층위가 있는데, 그것은 의미(SEM(antics))와 통사(SYN(tax))이다. 보통 (2)와 같이 나타내며, 이것은 "Go tell your sister to come here(가서 누나한테 오라고 전해 줘)."과 같은 'GoVP$_{bare}$ 구문'의 표시이다(Goldberg(2006:54)).

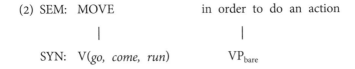

(2) SEM: MOVE   in order to do an action

          | |

    SYN: V(*go, come, run*)   VP$_{bare}$

이것은 또 (3)과 같이 층위가 더 많을 수도 있다. 여기서는 부정적 평가의 화용적(PRAG(matic)) 측면이 중요하다. (3)은 겉보기에는 비슷하게 생겼지만 '비-행위적인 GoVPing구문'의 표시이다. 예를 들면, "Pat'll go telling Chris what to do(팻은 크리스에게 이래라 저래라 명령할 것이다)."같은 문장이 있다(Goldberg(2006:53)). 여기서 화자는 그 행위에 대해 모종의 부정적인 태도를 갖고 있음이 함축되어 있다.

(3) PRAG: The action denoted by VP is construed negatively by the
           speaker.
    SEM: Action type
           |
    SYN: go [Ving ...]vp

1.2.4 급진적 구문문법Radical Construction Grammar

'급진적 구문문법'이라 불리는 것은 Croft(2001)가 개발한 것이다. 이것은 특히 '문법적 묘사'와 '언어 유형론'의 관계에 관심을 갖는다. 이 모델에서 구문은 '언어 개별적(language-specific)'인 것이고, 범주들은 언어 개별적으로 구문이라는 관점으로 정의된다. 예를 들어, '자동사(intransitive verb, VITR)'라고 하는 것은 UG(즉, 보편문법, universal grammar)가 아니라 결국 영어의 자동사적 구문에 있는 하나의 범주일 뿐이다. 그리고 '명사'나 '동사' 같은 단어 범주도 '지시표현(R-expression)[7]', 동사구문(predication construction)이나 수식/한정구문(modifying/ attrib-utive construction)과 같은 '명제적 행위를 표현하는 구문'과 관련지어 이해할 수 있다(Croft(2013:218)).

그림1.1은 형식과 의미 간의 연결이 급진적 구문문법의 용어로 어떻게 해석되는지를 보여주고 있다.

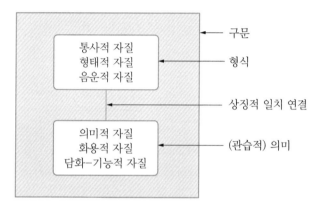

그림 1.1 급진적 구문문법에서의 구문의 상징적 구조 모델(Croft(2001:18))

Croft(2001:19) 역시 '구문 기능의 관습화된 자질'을 언급하기 위해 의미론적 의미(semantic meaning)를 고려한다. 그러나 이 관습화된 자질은 기호기반 구문문법 모델처럼 그렇게 미세한 자질은 아니다.

Croft(2001)의 모델은 구문적 지식의 분류학적 성격에 초점을 맞추어, 보다 일반적인 것과 보다 개별적인 구문 사이의 계층적 상속 관계에 초점을 맞춘다. 그리고 언어구조의 국면을 결정하는데 있어서 언어사용의

---

7) [역주] 명사구의 세 범주 중 하나로, 여기에는 고유명사나 'the cat'과 같은 DP구조가 해당된다.

중요성을 강조한다. Siewierska & Hollmann(2007)이 관찰했듯이, 구문론적인 지식에 대한 보다 미립자적인 접근법은 방언적 변이의 경우에 필요할 수 있다. 그러나 여기서 핵심적인 측면은 바로 "수동태나 병렬 같은 어떠한 분별적인 '보편적 구문 유형(universal construction type)'이라도 언어의 어떤 변이를 위해서건 이 모델에서는 존재하지 않는다"라는 것이다(Croft(2013:227)). 그리고 Croft가 언급했듯이, '능동(active)', '수동(passive)', '역전태(inverse)'같은 총체적인 전통적 '태(voice)'의 범주도 인간 언어에 있는 태 표지의 다양성을 정당화하지는 못 한다(Croft(2001)).

1.2.5 인지문법Cognitive Grammar

다섯 번째는 Croft & Cruse(2004)가 '인지문법(Cognitive Grammar)'이라고 명명한 것이다(Langacker(1987, 1991, 2005) 등). Langacker는 문법의 통사적 요소의 개념을 거부했다. 그보다는 (4)와 같이 기호(sign)를 '의미구조(S)'와 '음운(P)'의 연결로 개념화하였다(Langacker(2009:3)).

(4)

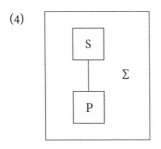

이처럼 Langacker의 구문에 대한 접근법에 '통사'가 없기 때문에 이는 Fillmore, Croft, Goldberg 등과는 다르고(Langacker(2005) 참조) 우리가 취하는 방식과도 다르다.[8]

Langacker의 모델에서 중요한 것은 '동일한 상황을 선택적 방식으로 해석(construe)할 수 있는 언어 사용자의 능력'이다(Langacker(2009:6)). 그의 '해석'은 바로 '관점'을 포함하는데, 특히 입장과 심리적 스캐닝의 방향을 포함하고 있다. 이에 대해서는 아래의 (5)에서와 같이 'come'과 'go' 간의 차이를 통해 설명할 수 있다(Langacker(2009:7)).

(5) a. Come on up into the attic! 다락방으로 올라와라!
    b. Go on up into the attic! 다락방으로 올라가라!

그의 이론은 또한 특수성(specificity)(또는 역으로 '도식성(schematicity)')의 정도를 포함하고 있다. 그리고 어떤 한 상황의 성격이 규명될 수 있는 '정밀성과 상세함의 단계'를 포함하고 있다(Langacker(2009:6)). 이에 대해서는 아래의 (6)에 있는 'upstairs'의 특수한 사용과 (5b)를 비교함으로써 알 수 있다.

(6) Come on upstairs into the attic! 위층으로 올라와서 다락방으로 들어가라!

우리는 해석에 대한 Langacker식의 관점은 적용하지 않을 것이며, 주로 '통사'에 중요한 역할을 부여할 것이다. 그럼에도 불구하고 그의 많은 아이디어는 우리가 채택하고 있는 인지적 관점의 근간을 이루고 있는데, 특히 '구문'의 개념을 '상징적 단위(symbolic unit)'의 네트워크'로서 보고 있는 우리의 관점에 대해서도 기초를 제공하고 있다.

---

8) 그러나 Verhagen(2009)의 구문문법 모델에서의 형식의 역할에 대한 상세한 분석을 보기 바란다. 그는 통사와 형태 사이의 중간 단계에 있는 구문문법 모델들 간의 차이점은 논의되는 것보다 그렇게 극심하지 않다고 주장한다.

1.2.6 '구문'에 대한 우리의 표현

이 절에서 우리가 구문에 대해 어떻게 생각하는지에 대한 것을 언급하기에 앞서 우리는 이것을 어떻게 표현하고자 하는지 언급할 필요가 있다. 위에서 각종의 구문문법 모델에서 간단히 봤듯이, 구문에 대한 표현은 매우 다양하다. 그러나 이 책에서 우리는 기본적으로 아래와 같은 기본적인 모형을 사용한다.

(7) [[F] ↔ [M]]

여기서 F는 통사(SYN), 형태(MORPH), 음운(PHON)으로 상세화 할 수 있는 것으로 'Form'을 나타낸다. M은 'Meaning'을 의미하는데, 담화(DIS), 의미(SEM), 화용(PRAG)으로 상세화 할 수 있다. 결국, SYN, MORPH, PHON, DIS, SEM, PRAG 여섯 가지가 '구문의 자질'인 셈이다. 그 상세한 구분은 Croft(2001)에 소개되어 있다. 여기서 DIS는 곧 Croft가 구문의 '담화기능'이라고 불렀던 것을 말하는데, 정보구조화(information structuring, 예컨대, '재지시화제(resumptive topic)'), 또는 연결기능(connective function, 예컨대 '접속사' 등)과 같은 것이 해당된다. 그리고 이것은 하나의 구문이 표현하는 일종의 '담화 역할'이지 '담화 문맥'(5.3.6참조)은 아님에 주의해야 한다. 한편, 우리의 기술에서는 주로 '변화'와 관련이 있는 자질들을 자세히 표현할 것이다. 이때의 '변화와 관련된 자질'은 우리가 '변이'와 그에 수반된 '변화'를 이해하는데 있어 현저한 것들이다. 또한 이러한 요소들은 반드시 어떤 주어진 시간에 주어진 화자만을 위해 인지적으로 현저해야 한다고 전제하지도 않는다(예컨대, Goldberg(1995)나 Croft(2001)는 공시적 구문문법에서의 특수화의 성격에 관심을 두었다). 한편, '↔'은 Booij(2010)로부터 채택한 것으로, 형식과 의미 사이의 링크를 명시한 것이다. 그리고 외부의 각괄호는 형식 – 의미의 쌍이 곧 하나의 관습화된 단위임을 나타낸다.

1.3 네트워크Network와 구문문법

구문문법에서의 순환적인 주제는 바로 '네트워크'라는 은유라 할 수 있다. 예컨대, Goldberg(2003:219)는 언어에 대한 우리 지식의 완전체가 구문의 네트워크를 통해 포착된다고 주장한 바 있다. 그리고 Croft(2007:463)는 이와 관련하여 구문문법 뒤에 숨겨진 두 가지 기초 원리를 제시하였다:

(a) 복합적 구조와 의미의 쌍
(b) 네트워크 속에서 이러한 쌍들의 결합

이러한 언어구조의 견해는 인지심리학과도 일치한다. 인지심리학에서는 '지식의 다른 면들(이른바 장기간의 기억, Reisberg(1997))'을 '네트워크'로 조직화된 것으로 다루고 있다. 네트워크와 관련된 초창기 연구들은 주로 '의미론'과 '어휘'에 초점을 맞췄다(Lakoff(1987); Brugmann & Lakoff(1988)). 특히 Lakoff와 Brugmann 등에게 있어서, 주요 이슈는 바로 어휘항목(lexical items)들 사이의 다대다(many-to-many)식 관계를 어떻게 설명할 것인가 였다. 그들은 '다의성(polysemy)'이란 것은 확장하는 과정에서 '원형(prototype)' 또는 '핵심의미(central meaning)'로부터 발산된다고 제기했다. 예컨대, 'over'의 핵심의미는 'above', 'across' 두 요소를 결합한 것이다(Lakoff(1987:419)). 그리고 'overlook' 등에서 볼 수 있듯이 더욱더 추상적인 의미들은 이러한 도식에 기초한 은유적 확장이라 할 수 있다. 그러나 구문문법의 관점으로부터 기인한 네트워크 관련 연구들은 '형식(form)'에도 관심을 둔다. 예컨대, Fillmore의 경우, 어휘적 의미들을 통사적 논항구조와 연결을 시키는데, 이러한 논항구조는 바로 구문의 '틀그물(FrameNet) 모델'로 알려져 있다(Fillmore & Baker(2001, 2010)). '틀그물(FrameNet)'은 바로 '어휘의 의미적 데이터베이스'인데, 이것은 동사의 의미적 유형을 명시화할 수 있으며 그것의 의미역도 명시화할 수 있다. 그리고 또 이러한 것들이 어떻게 통사적으로 실현되는지도 명시화한다. 예를 들어, 'conclude'라는 동사에 대해 이 모델에서는 '종결되다(activity-finish frame, 8a)'와 '결론짓다(coming-to-believe frame, 8b)' 둘로 설명한다.

(8) a. The game *concluded* in a draw.
    시합은 무승부로 끝났다.

  b. Bill *concluded* that the game was a draw.
    빌은 그 게임이 무승부라고 결론을 내렸다.

네트워크 아이디어에서 결정적인 것은 바로 '교점(node)' 및 교점 사이의 '연결(link)'이라는 개념들이다. 그 외에 또 가족 멤버들 사이의 '거리' 개념도 있고, '자질들의 묶음', '확립의 정도', '구문의 접근용이성' 등이 있다. 이러한 내용들은 특히 Hudson(2007a)에 의해 상세화 되었는데, 여기서 그는 구문문법과 많은 공통점을 갖고 있는 '단어문법 모델(Word Grammar Model)'을 사용하고 있다(Hudson(2008), Gisborne (2011)참조). 이 단어문법 모델은 "언어는 개념 네트워크이다(Language is a conceptual network)"라는 네트워크 가설에 기반하고 있다(Hudson(1984:1, 2007a:1)). 이것은 인지적이란 점에서 '개념'이고, 상호 연결된 실체의 시스템이란 차원에서 '하나의 네트워크'라 할 수 있다(Hudson(2007a:1)). 여기서 우리는 특히 '기호기반 접근법'에서와 마찬가지로, 이들의 선구자를 Saussure에서 찾을 수 있다. Hudson(2007a)이 발견했듯이, 네트워크란 Saussure적 언어 기술의 심장에 자리하고 있다. Saussure적 언어 기술에서는 언어를 '상호의존적인 관계의 시스템'이라고 하는데, 이때 '이 시스템 속에 있는 각 관계의 가치는 단지 다른 것들과의 동시적 존재로부터 나온다(Saussure(1959)).[9]' 따라서 우리의 목적과 관련된 주요 내용은 다음과 같이 정리할 수 있다. 인지적 네트워크는 ⅰ) Saussure의 연구에서처럼 단지 어휘에만 국한되지 않는다. ⅱ) 그리고 이것은 역동적(dynamic)이다. 그리하여 '새로운 연결과 새로운 교점이 지속적으로 확립되며(Hudson(2007a:53))' 이로써 '가치'는 항시 유동적이다.

우리는 1.2의 그림과 같이 간단한 '개념 네트워크'로 네트워크 아이디어를 보여줄 수 있다. 이 그림에서는 먼저 'ashtray(재떨이)' 등과 같은 기본 단계의 개념들 간의 연계를 보여주고 있고, 그들을 일반화할 수 있는 'furniture(가구)'와 같은 보다 도식적인 개념도 보여준다. Hudson의 단어문법(Word Grammar) 표시법을 빌자면(Hudson 2007a), 삼각형(역삼각형)의 바닥은 상위범주를 향해 있고, 이에 비해 삼각형의 꼭대기 정점이 하위범주를 향하고 있다.[10] 그리고 선들은 곧 개념들 간의 연계를 의미한다. 이중 실선은 '개별사례'와 '보다 일반적인 범주' 간의 강한

---

9) Saussure(1959[1916]:114)
10) 2장에서 다시 언급을 하겠지만, 우리는 이 책에서 Hudson의 표시법 시스템을 수정할 것이다. 우리는 해당 언어 네트워크에 있는 교점들이 곧 구문들이라고 보기 때문에 그렇게 수정하는 것이다. 그래서 Hudson의 표시법은 우리의 것과 사실 많이 다를 수 있다. 그러나 여기서 Hudson의 표시법을 보여주는 것은 정신적 개념들이 네트워크 모델에서 어떻게 연결되고 있는가를 간단히 보여주기에 충분하기 때문이다.

연계를 보여주고 있다.[11) 'chair(의자)'가 'furniture' 범주에 연결되면서 실선을 갖는 이유는 그것이 그 범주의 중앙 핵심멤버이기 때문이다. 반면 'ashtray'는 '가구'의 좋은 예가 못된다. 비록 이것이 더욱더 중앙적인 멤버들과 어떤 자질을 공유한다 해도 그러하다(예컨대, '재떨이'는 움직일 수 있는 것이라 생활을 위한 적합한 공간을 만들 수 있으나 이것은 대다수의 가구처럼 크지가 않다). 한편, 'Piano'의 경우, 다중적 상속 관계를 보여준다. 그것은 '가구'와 자질을 공유하기도 하지만(정말로 어떤 경우엔 누군가에 의해 순수한 가구 개념으로만 사용될 수도 있으나 악기로서는 그렇지 않을 수 있다), 사실상 '음악도구(악기)'라는 범주의 더 핵심적인 멤버가 된다.[12)

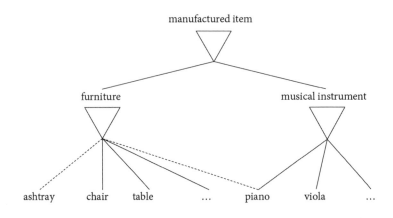

그림 1.2 작은 개념의 네트워크('가구'와 '음악도구')

---

11) 점선은 예와 일반적인 범주 간의 약한 연계를 보여주고 있는데, 사실 이것은 단어 문법 시스템 상의 표시법은 아니다.
12) '상속(inheritance)'에 관해서는 2.4.2에서 상세히 다룬다.

네트워크 모델은 언어학적인 구조와 관련된 다른 접근법과 대조를 이룬다. 특히 문법화 현상을 설명하는데 이용되어 왔던 '형식주의 (formalism)'와 대조를 이루는데, 이러한 형식주의에는 Roberts & Roussou (2003)의 연구가 있다. 이것은 또 '통시적 통사론(diachronic syntax)'과도 대조를 이루는데, 통시적 통사론에는 Lightfoot(1999)의 연구가 있다. 통시적 통사론에서는 대체로 '분별적 모듈의 자질(Fodor (1983))과 그들 간의 상호 접촉을 명시화하는 언어적 지식'에 대한 설명을 채택하고 있다.13) 인지언어학에서, 네트워크 가설은 언어의 일부를 묘사하지는 않는다. 이보다 그것은 언어의 전체 구조를 묘사한다. 마치 "언어의 모든 것은 교점과 그것의 관계란 측면에서 형식적으로 묘사될 수 있다." (Hudson(2007a:2))고 말할 수 있는 것이다. 그리고 "언어는 전체적으로 볼 때, 하나의 네트워크이다. 이것은 '문법+사전'이라고 하는 전통적인 언어에 대한 견해와는 대조적이다."(Hudson(2007a:509)). 이러한 네트워크 가설은 '인지언어학'과 '언어구조에 대한 모듈적 인식'의 차이에서 중요한 역할을 한다. 언어구조에 대한 모듈적 인식은 문법과 어휘를 구분할 뿐 아니라 화용, 의미, 통사, 형태, 음운들 간의 경계를 설정하고 있어서 인지언어학과는 매우 다르다.

우리는 제2장에서 네트워크 모델에 대해 상세히 토론할 것이다. 그리고 Hudson의 견해 및 기타 네트워크에 대한 개념이 기호 변화에 대

---

13) [역주] Fodor의 이 책은 'The modularity of mind'란 것으로, '정신의 모듈성'에 대해 다음과 같이 설명할 수 있다. "정신은 적어도 부분적으로는, 분리된 본유구조 (innate structures) 또는 모듈로 구성되어 있다. 그 본유구조들이 진화적으로 발생한 기능적 목적들을 확립해 왔다."(이상, '위키피디아'설명). 그리고 정신의 모듈성을 주장하는 자들은 이것이 Chomsky의 보편문법 개념과 밀접한 관련이 있다고 본다. Chomsky의 보편문법 개념에서는 언어를 습득할 수 있는 기제가 뇌에 이미 구축되어 있다고 보는데 정신적 모듈 주장자들은 이러한 기제가 바로 모듈이라는 것이다.

한 견해에서 어떻게 유용한지도 제시할 것이다(이에 대해서는 특히 Gisborne(2008, 2010, 2011)을 참고). 한편, 네트워크에 있는 멤버들 간의 '거리'를 어떻게 볼 것인가 하는 것이 바로 '유추'의 역할 및 변화에서 '가장 적합한(best fit)' 것과 관련된 주장에서 핵심적일 수가 있다. 이에 대해서는 특별히 3.3.5에서 다루고자 한다.

1.4 구문 및 그들과 관련된 요소

여기서 우리는 구문에 대한 우리의 생각을 정리할 것이다. 그러면서 문법적인 것과 어휘적인 것 사이의 광의적 차이를 제시할 것이다(1.4.1). 우리는 또 Langacker(2005, 2008), Traugott(2007), Bybee(2010), Trousdale (2012a) 등이 언급했던 요소들에 대해 토론할 것인데(1.4.2), 이것은 구문의 구조와 관련된 것들로, 여기에는 '도식성', '생산성', '합성성'이 있다.

1.4.1 구문의 특징

Croft와 Goldberg처럼 우리는 구문을 '형식 – 의미의 쌍'으로 정의한다. 이 쌍은 여러 가지 차원에서 생각해 볼 수 있으며 모두가 경사적 (gradient)인 특징을 갖고 있다. 이 차원은 바로 '크기', '음운적 특수성의 정도', '개념의 유형'이란 세 가지 차원이다. 기호의 자의성은 '특이성 (idiosyncrasy)'을 필요로 하기 때문에, 특이성은 기본적으로 구문에 존재하고 있다. 그러므로 우리는 특이성이 특별한 차원이라고 보지는 않는다. 그러나 특이성의 정도는 존재하는데, 이것은 구문의 미립자적인 목록에서 명시할 필요가 있다. 그리고 '빈도성'은 고려하지 않을 것이다. 왜냐하면 '충분한 빈도성'은 마음대로 할 수 있는 게 아니기 때문이다(위의 1.2.3참조).

(i) '크기' 측면에서, 구문은 원자적(atomic)이거나 복합적(complex)일 수가 있고 또 그 사이일 수도 있다. 원자적인 구문은 단일형태소로 된 것으로, 'red, data, un-, -dom, if, -s' 등이 있다. 복합적인 것은 분석 가능한 말덩어리(chunk)로 구성된 단위들로, 'pull strings', 'on top of' 등이 해당된다. 이들 사이에 낀 구문들은 'bonfire' 등과 같은 이른바 크랜베리 형태소(Cranberry morpheme)14)를 갖는 크랜베리 표현을 포함한다. 이것은 부분적으로 분석이 가능하여 'fire'는 인식 가능한 것이지만 'bon'은 그러하지 못하다 (bonfire < bone fire, 4.6 참조).

(ii) '음운적 특수성'의 측면에서, '독립적인 것'과 '도식적인 것', 그리고 '그 사이에 낀 것'으로 구분가능하다. 독립적인 구문은 음운론적으로 완전히 명시화할 수 있는 것으로, 'red, dropout, -s, may' 등이 있다. 반면 완전히 도식적인 구문은 N이나 SAI(subject-auxiliary inversion)와 같은 추상적인 것이다. 다수의 도식들이 약간 부분적인 면모를 보이기도 하는데, 이는 그들이 독립적인 표현도 가질 수 있고 도식적인 부분도 있을 수 있기 때문이다. 예를 들어, 'V-ment(이것은 'enjoyment' 등을 만드는 단어형성 구문이다)', 'what is X doing Y(What is that fly doing in my soup? 등)' 등이 있다. 그리고 어떤 모델에서는 구문이 당연히 복잡하여 일정 정

---

14) [역주] Cranberry morpheme: 독립적으로는 그 의미를 갖지 못하고 특정한 형태소와 결합할 경우에만 의미를 갖는 형태소.

도 도식성을 포함하기도 한다. 예컨대, Bybee(2010:9)는 구문을 '연쇄적인 구조(sequential structure)를 갖는 형식 - 의미의 쌍'으로 정의하기도 한다. 즉, Bybee의 견해에 있는 구문은 적어도 하나의 도식적 범주를 갖고 있어야 한다(p.37). 그런데 그의 이러한 구문에 대한 견해는 역사적 관점에서 봤을 때 너무 제한적이다. 왜냐하면 대다수의 공시적 배열이었던 것들이 오랜 시간을 거쳐, 단일형태소로 되어 그것의 도식적 자질들이 상실될 수 있기 때문이다. 이러한 사실은 어휘적 영역은 물론 문법적 영역에서도 사실로 나타난다. (예를 들어, OE시기의 'gar+leac(spear leek)' 합성어는 ModE에서 'garlic'으로 변한다. 이것은 바로 작은 'X-leac' 구문의 유흔이다. 이와 관련하여 4.6을 참조하기 바란다. 이것은 어휘적인 것이고, 문법적인 것에서는, OE시기의 'be si-dan(by side)'이 ModE의 전치사 'beside'로 변하는 것이 있다.)

(iii) '개념의 유형'과 관련하여, 구문은 '내용적(contentful 혹은 lexical)'이거나 '허화적(procedural, 혹은 grammatical)'일 수 있다. '내용적'인 것들은 지시적으로 사용될 수 있으며, 형식적 측면에서 이들은 N, V, ADJ 등의 도식적 범주와 관련이 있다. 반면, '허화적'인 것은 추상적 의미를 갖고 있는데 이것은 언어적 관계, 관점, 직시성(deictic orientation) 등을 의미한다(문법화의 지표적(indexical) 특징에 대해서는 Diewald(2011a)를 참조).[15] Terkourafi의 말에 따르면, 언

---

15) Bybee(2002a)는 문법지식이 허화적 지식이라고 가정한다. 이때 '허화적(procedural)'이란 용어는 원래 Blakemore(1987)에 의해 처음 제기된 것이다. 우리는 여기서 이 용어에 대해 적합성 이론(Relevance Theory)과는 어떠한 이론적인 연결을 하지 않으면서 이것을 도입하고자 한다. 그리고 이 용어는 문법항목의 역할을 강조하는 또 다른 유용한 은유로서 Von Fintel(1995:184)에 의해 사용된 적이 있다. Babara Patree

어학적 표현들은 허화적인 의미를 부호화(encode)하는데, 이때 "이러한 언어학적 표현들은 개념들을 어떻게 '개념적 표현'으로 묶을 것인가와 관련한 정보를 제공하게 된다."(2011:358-359) 그런 조합에는 '지표적 지시(indexical reference)'나 '정보 – 구조 표지(information-structure marking, 즉 화제, 한정성(definiteness) 등)', '논항 – 구조 표지(격)', '시간적 국면(temporal phase)의 표지(즉, 상)', 또는 '발화 시간과 관련된 표지(즉, 직시적 시제)' 등이 포함된다. 한편, '허화적 의미'와 연결될 수 있는 형식적 측면은 대개 전통적으로 문법적 요소로 알려져 있는데 여기에는 지시사(demonstrative), 상(aspect), 시제, 보문소(complementizer) 등이 있다. 그러나 구문문법의 설계에서는 어휘와 문법을 일종의 '연속변이(cline)'(Goldberg & Jackendoff(2004:532)) 또는 '점차적 변화(gradation)'(Langacker(2011:96))로 본다. 그래서 어떤 허화적 의미들은 (특히 직시적인 것들) 지시를 나타내는 내용적 의미와도 관련이 있을 수 있다(예컨대, 동사 'come', 'go' 등이 그렇다). 내용적 요소와 허화적인 요소의 차이는 '연속변이'상의 차이가 있을 뿐 아니라 내용적 요소들이 상대적으로 '변화하기 쉽다'는 측면에서도 차이를 보인다. 여러 문법화 관련 논문들에서 확인할 수 있듯이 어휘적인 것들이 시간이 지나면서 점차 문법적 기능을 제공하는 쪽으로 변화하게 된다(예컨대, 어휘적인 이동 동사인 'go'는 화자들에 의해서 문법적인 미래 구문인 'be going to'의 일부로 재범주화 되었다). 구문문법의 차원에서 볼 때 어휘적

에 이루어진 기존의 연구에 동의하면서, 그는 문법화의 형식적인 의미론을 제기한 바 있는데 이때 그는 문법적 의미에 대해 '어휘적 개념들을 서로 연결시키는 일종의 기능적 아교'라고 언급하였다.

인 것과 문법적인 표현 사이에는 사실 '원칙적인 구분'이 없다 (Goldberg & Jackendoff(2004:532)). 따라서 구문론적인 접근법은 '더 어휘적인 것'에서 '더 문법적인 것'으로의 변이에 대해 보다 풍부하게 설명할 수 있다. 내용적인 구문의 원형적인 예로는 'data', 'dropout' 등이 있고, 허화적인 것에는 -s(복수표지, 삼인 칭 현재시제 표지), SAI 등이 있다. 그리고 이 사이에 놓인 구 문의 예는 'way - 구문'을 들 수 있다. 이 구문은 어떤 면에서는 내용적인 면모를 보여주고, 어떤 면에서는 허화적인 면을 보여 준다. 내용적인 측면으로 'force/elbow/giggle one's way through the room' 등이 있는데, 이들은 서로 간 약간의 지시적인 의미 차이만을 나타낼 뿐이다. 그리고 허화적인 측면으로는 상적 (aspectual)인 의미를 들 수 있는데, 특히 태도나 수반 행위를 나 타내는 'giggle' 등은 '반복'의 의미를 함축하고 있어 상적인 의미 를 나타낼 수 있다. 이에 대해서는 2.7을 참조하기 바란다.

요컨대, 이른바 구문(construction)[16) 또는 구문의 목록은 위에서 언급 한 세 가지 차원의 특징(크기, 음운의 특수성, 개념유형)을 모두 포함한 다. 즉, 대부분의 경우에서, 하나의 구문은 이러한 세 가지 측면으로 그 특징을 규명할 수 있다. 예컨대, 'red'는 원자적이고, 독립적이며, 내용적 이다. 반면, SAI는 복합적이고, 도식적이며 허화적이다. 이러한 내용은 아래의 표 1.1로 정리할 수 있다.[17)

---

16) 이 용어는 Jurafsky(1991)에서 기원한 것으로 보인다.
17) 우리는 일부 도식(schema)에 대해 '원자적'이라고 보기도 하는데, 여기에는 N, V 등 이 있다. 그래서 Croft(2005)는 원자적 도식이란 설정을 거부한다.

표 1.1 구문의 여러 측면

크기 (size)	원자적(Atomic)	복합적(Complex)	중간적(Intermediate)
	red, -s	*pull strings, on top of*	*bonfire*
특수성 (specificity)	자립적(Substantive)	도식적(Schematic)	중간적(Intermediate)
	dropout, -dom	N, SAI	*V-ment*
개념 (concept)	내용적(Contentful)	허화적(Procedural)	중간적(Intermediate)
	red, N	*-s*, SAI	way-construction

1.4.2 도식성schematicity, 생산성productivity, 합성성compositionality

도식성, 생산성 그리고 합성성이란 세 가지 요소는 구문문법 관련 여러 논저에서 지속적으로 토론되어 온 것들이다. 이들이 변화의 다양한 유형과 단계에 어떻게 관련되는지에 대해서는 뒤에서 자세히 논의할 것이다. 여기서는 단지 이들 핵심 개념의 가장 기본적인 성격이 어떠한지 살펴보고, 우리가 이 용어들을 어떻게 이용하게 될 것인지에 대해 논의하고자 한다.

1.4.2.1 도식성schematicity

'도식성'이란 '추상화(abstraction)'를 필수적으로 포함하는 범주화의 자질이다. 그리고 '도식'이란 언어적인 여부에 상관없이 범주의 분류학적인 일반화(taxonomic generalization)라고 볼 수 있다. Kemmer에 따르면, '도식'은 본질적으로 규칙화되거나 인지적으로 확립된 경험의 패턴이라고 한다(Kemmer(2003:78)). 그리고 Barðdal은 도식을 주로 심리언어적 관점으로 볼 수 있다고 했다(Barðdal(2008:45)). 그러나 우리의 접근법은

Langacker, Bybee, Croft 등의 연구와 마찬가지로 주로 언어적인 것이다.

우리의 관점에서 언어적인 도식은 추상적이다. 그리고 이것이 허화적이든 내용적이든 모두 의미론적으로 일반화된 구문 그룹이라 할 수 있다. 도식은 구문 집합 간에 걸쳐 존재하는 일종의 추상 개념이다. 그리고 구문 집합들은 해당 언어의 사용자들에 의해 무의식적으로 인식되곤 하는데, 이때 언중들은 "구문 집합들이 구문적 네트워크 내에서 서로 간 밀접하게 관련이 되어 있다"라고 인식한다. 이러한 '도식성의 정도'는 '일반성(generality)' 또는 '특수성(specific)'의 단계와 관련이 있고, 또 네트워크의 구성요소들이 풍부해질 수 있는 크기와도 관련이 있다(Langacker (2009)). 예를 들어, '일반화'측면에서 볼 때, 'furniture'는 'chair'보다 훨씬 더 추상적이고 포괄적이다. 마찬가지로 'chair'는 'armchair(안락의자)'보다 더 추상적이다. 그리고 'noun'은 'count noun(가산명사)'보다 더 추상적이다. 역으로 '특수성'의 측면에서 보면, 'dachshund(닥스훈트, 독일산 개)'는 'dog'의 일종이며, 'dog'은 또 'mammal(포유류)'의 일종이다. 또 '자동사(intransitive verb)'는 '동사(verb)'의 일종이다. 한편, 언어적 도식은 '하위도식(subschema)'에 의해서 예시될 수 있고, 더 아래의 단계에서는 이른바 '미세 – 구문(micro-construction)' 즉, 추상적인 도식의 개별 구성원에 의해 예시될 수 있다. 예컨대, 'may'는 양상(modal)이란 하위도식의 미세 – 구문이다. 그리고 양상은 또 '조동사(auxiliary)'란 '도식'의 하위도식이다. 이러한 하위도식은 시간에 따라 발전할 수도 있고(예컨대, NP의 주변적 수식어(peripheral modifier) 하위집합이 있다. Van de Velde(2011)), 소멸할 수도 있다(예컨대 이중타동구문의 하위집합이 있다. Colleman & De Clerck(2011)). 이러한 성장과 소멸은 바로 '구문화'가 일어나기 전이나 후에 나타나는 일종의 '구문변화'를 수반하게 된다.

우리의 견해에서 '도식'과 '하위도식'이란 개념은 언어학자들이 토론과 분석을 위해 찾아 낸 일종의 언어학적 시스템의 하위부분이다. 비록 인간이 생각으로 만들어 낼 수 있는 '정신적인 표현(mental represen-tation)'과 언어학자들이 언어를 연구하기 위해 만든 '언어학자의 범주' 간에는 겹치는 것이 있을 수도 있겠지만, 도식이나 하위도식이란 언어적 개념들은 결코 인간의 정신적인 표현을 의미하지는 않는다. 언어학적 구문의 도식성은 '보다 특별하고 구체적인 일련의 구문들'에 대해 '보다 일반적인 패턴'을 포착할 수 있는 크기, 정도와 관련이 있다(Tuggy(2007), Barðdal(2008)). 또한 도식은 1.4.1에서와 같이, 종종 '자리(slot)'와 '상징적인 구조가 도식 내부에 결합되는 방식'이라는 차원에서 논의되기도 하다(Goldberg(2006), Langacker(2008)).[18] 예컨대, 하나의 구문은 전적으로 완벽히 추상적인 '도식적' 자리(slot)로 구성되기도 한다. 여기에는 [SUBJ V OBJ₁ OBJ₂]라는 식의 이중타동사 구문의 형식이 있다. 그리고 또 'way – 구문'([SUB]i [V POSSi way] DIR)처럼 그 자체 내부에 독립적인 구문을 포함할 수 있기 때문에 부분적으로 도식적일 수 있다.

Goldberg의 가설은 다음과 같다. "화자들은 특별한 표현과 관련하여 '항목 – 개별 지식'을 가질 뿐 아니라 그에 관한 '일반화된, 또는 도식적인 지식'도 갖고 있다(2006:98)." 그래서 우리는 "I gave John a cake

---

18) 사실 '도식성(schematicity)'이란 용어는 Langacker(2008:244)와 Trousdale(2008b)에 의해 '일반성(generality)'이란 용어로 언급되어 왔다. 그 외에 도식성에 대한 다른 정의도 있다. 예컨대, Bybee(2010)의 견해에서, 도식성은 '위치(position)'(p.57)의 개념을 포함하고 있는데, '다양한 단어와 구에 의해' 그들이 채워진다고 보는 것이다 (p.25). 그녀는 또 '도식성'을 '멤버들 간의 차별성의 정도'라고 정의하기도 하고 (p.67), 또 한 범주 내 변이의 정도라고 정의하기도 한다(p.80).

(나는 존에게 케이크를 주었다)", "I baked John a cake(나는 존에게 케이크를 구워주었다)"와 같은 '실례(token)'를 생각해낼 수도 있을 것이고, 또는 "X give Y Z"와 같은 '유형-구문(type construction)'을 생각해낼 수도 있다. 그리고 경우에 따라서는 이들을 더 일반화할 수 있는 더 큰 도식적 구문을 생각해낼 수도 있다. Goldberg의 이중타동구문의 경우에는 그것을 통사적인 [SUBJ V OBJ₁ OBJ₂]로 정의할 수 있는데, 여기서는 아래 (9)처럼 '원인(cause)'이나 '소유의 의도된 전달자(intend transfer of possession)'로 이해되는 행위자(agent)가 연결되어 있다(Goldberg 2006:20).

(9) SEM: CAUSE-RECEIVE   Agt   Rec$_{(secondary\ topic)}$ Theme
                  | | | |
    SYN: Verb   SUBJ   OBJ₁   OBJ₂

이러한 도식적 구문은 사용상의 여러 예들과 몇 가지 '미세-구문'의 유형을 추상화한 것이다. 이 구문의 원형적 유형의 예(예컨대, "I gave John a bike(나는 존에게 자전거를 주었다)")는 그 동사의 '어휘적 의미체계(lexical semantics)'와 그 구문의 '구문적 의미체계(constructional semantics)' 간에 완벽한 일치를 보여주고 있다. 다시 말해서 원형적 이중타동구문은 의미적 일관성과 일치성이 존재한다(Goldberg(1995:35) 참조바람). 그런데 '구문적 의미체계'가 다의적이라고 가정한다면 구문의 추가적인 그룹 또는 하위도식들이 네트워크에 존재하여 중심의미에 연결될 수 있다. 예를 들어, "I baked John a cake"라는 문장이 있다면, 여기서 'bake X(X를 굽다)'의 어휘적 의미체계인 "cook X in an oven(오븐에서 X를 요리하다)"에 의해 그 문장의 전체 의미 중 일부가 이루어지게 된다. 그리고 나머지 의미는 "행위자가 수동자로 하여금 대상을 받게 의도하다(Agent intends to cause Recipient to receive Theme)"란 의미의 하위도식에 의해 이루어지게 된다. 또 "He refused me the log book(그는 나에게 업무일 지를 거부했다)"과 같은 문장에서 동사 'refuse'는 '받게끔 만드는 것에 대한 거절(즉, 주는 것을 거절함)'을 수반한다. Boas(2013)에 따르면, (9) 와 같은 '추상적 논항구조 구문'의 잠재적인 문제점은 바로 이것들이 입증되지 않은 구문을 과잉 일반화(overgeneralize)하거나 허가(sanction) 할 수 있다고 하는 것이다(또는 'license'나 'allow access to'한다고도 함). 우리가 이 책의 다른 부분에서 토론할 예정이지만, 화자들은 종종 개별 구문의 경계를 과잉 일반화하거나 확장하곤 한다. 그런데 이러한 '혁신' 이 바로 언어적인 변화를 야기할 수도 있다. 영어 결과구문(resultative construction)의 분석에서 Boas(2005)는 개별 동사들의 의미(이것들은 사 실 관습적인 쌍의 예시임)가 '보다 추상적인 구문과 관련된 형식과 의 미의 관습적인 쌍'을 따르지 않을 수도 있다고 제시하였다. 영어의 결과 구문의 네트워크 내에 있는 이러한 작은 지대들이 그들 자신의 특이성 (idiosyncrasy)을 보여주기도 하는 것이다. 한 마디로 말해서, Goldberg식 '추상적 의미 구문'에 의해 아주 '넓은 일반화'가 포착되었다고 할 수 있지만, 그와 반대로 보다 '제한적인 관습화된 패턴'들이 계층적 네트워 크의 다양한 중간 지점에서 보다 구체적인 구문들에 의해 포착되기도 하는 것이다(Boas(2013:239), 특히 Croft(2003)는 이중타동구문의 하위그 룹에 대한 상세한 설명을 제공하고 있고, 또 Goldberg(1995)의 이와 관 련된 가정에 대한 비판도 언급하고 있다).

도식의 관점에서 볼 때, '이중타동 도식' [[SUBJ V OBJ₁ OBJ₂] ↔ [cause to receive by means of V]]라는 것이 '의도 – 사역(intend-cause) 도식'인 [[SUBJ bake OBJ₁ OBJ₂] ↔ [Intend to cause to receive by means of baking]]이란 것보다 더욱더 도식적이다. 왜냐하면 전자가 더 많은 동사

들을 일반화할 수 있기 때문이다. 반면 후자는 일반적인 자리(slot)를 'bake'라는 특정 동사로 특수화하고 있다. 이처럼 관습화되고 확립된 도식은 그들의 하위 예들을 허가하게 된다. 즉, 그들은 그들의 하위 예들에 대해 '적형성(well-formedness, 즉 전형적인 예)'으로 제한하거나 명시화하게 된다(Langacker(1987:66)).

'도식성'은 두 가지 차원에서 '경사적(gradient)'이다. 먼저, 그것은 '더하거나 덜함(more or less)'의 요소가 있다. 왜냐하면 '잘 형성된 것(즉, 전형적인 예)'은 관습에 의한 것이고 때때로 '허가'가 단지 부분적으로만 이루어질 수 있기 때문이다(즉, 이로 인해 '덜 한 것'이 생성될 수 있다). Langacker(1987:69)가 말했듯이, 수많은 '비관습성(nonconventionality)'이 언어 사용의 규범적 자질로 허용되기도 한다. 우리는 이러한 비관습성에 대한 허용이 변화에 있어서 매우 중요하다는 사실을 보여줄 것이다. 다시 말해서, 기존 관습화된 구문에 대해 부분적으로 허가되다가, 시간이 지남에 따라서 보다 일반적이고 도식적인 구문으로 완벽히 허가받게 되는 것이다. 이 모두는 곧 화자/청자의 언어와 관련한 경험의 결과로서 변화하는 것이다.

두 번째로 '도식이 점진적, 단계적(gradable)이라고 하는 것'은 '계층적 차이'라는 관점에서 보면 그러하다. Israel(1996)은 'way - 구문'의 다양한 하위유형의 발전을 토론하면서, '차이, 구별'이란 해당 구문에 출현하는 개별 동사들 사이에서 만들어지거나 '유형 그룹'에서도 발생할 수도 있다고 한다. 그리고 '용법 상 두드러진 하위집합들에 대해 도식화해낼 수 있는' 그 보다 더 높은 단계의 표현에서도 이러한 차이가 발생할 수 있다고 한다(p.220). 이렇게 계층적으로 '중간 단계'(Israel식 용어로 'clusters of types(즉, 유형 그룹)', '하위도식'이라 칭함)를 설정하는 것은 언어 사용자들이 특별한 정보는 물론 일반화된 패턴에 대해서도 영향 받기 쉽다는 것을 부분적으로 반영하는 것이다(Bybee & McClelland(2005)). 우리는 형식과 의미 모두에 대한 초점을 유지하면서, '구문변화'를 분석하거나 묘사하는데 사용되는 최적화규칙(heuristic)으로서 다음과 같은 '구문 단계의 최소 세트'를 제안하는데, 이는 바로 '도식(schema)', '하위도식(subschema)', '미세-구문(micro-construction)'이다.[19] 그런데 이들은 절대적인 구별이 있는 것도 아니며 시간이 지남에 따라 그들 사이의 관계가 변화할 수도 있다. 이 가운데 미세-구문(micro-construction)은 실제 사용에서 '생산물(construct)'들에 의해 예시된다. 생산물들은 실증적, 경험적으로 입증된 실례(token)로서(예컨대, "I gave Sarah a book(나는 Sarah에게 책을 주었다.)"이라든가 "She needed a lot of energy(그녀는 많은 에너지가 필요했다.)" 등), 특별한 의사소통의 목적을 갖고 특별한 화자(또는 작자)에 의해 발화된, 특별한 상황에서 사용된 예이다. 이러한 '생산물'은 화용적 의미가 매우 풍부히 스며들어 있다. 그리고 특별한 발화 상황 밖에서는 다시 회복되지 않는 특성이 있다. '음성적 생산물(spoken construct)'은 많은 특별한 음성적 자질을 포함하고 있는데, 이것들은 잘 복제되지 않는다. 그래서 누군가가 'give'나 'a lot of'를 발음했다고 한다면 그 표현은 문맥에 따라 약간씩 다르게 발음된다. 반면, '문자적 생산물(written construct)'은 또한 실증적으로 입증된 실례이다. 그러나 그 매체(글자)로 인해, 일반화는 음성적 상세성을 넘어서 이루어진다. 사실상, 사용-기반 모델(usage-based model)에서, 생산물은 화자/작자가 생산하고, 청자/독자[20]가 처리하는 것이다.

---

19) 기존 연구(Traugott(2008a,b), Trousdale(2008a, 2010))에서 우리는 'macro-, meso-, micro-construction'의 세 단계로 나누었다. 위의 '도식'은 대체로 'macro-construction'과 일치하고, '하위도식'은 'meso-construction'과 일치하는데 여기서 'macro-', 'meso-'란 말은 다소 잉여적이라 이 책에서는 사용하지 않는다.

그리고 일종의 실제 사용 행위로서, 이 생산물들은 언어의 정신적 표현 (mental representation)을 형성하는데 도움을 줄 수 있다(Bybee(2010:14)). 자세한 것은 2장에서 볼 것이고, 여기서는 다음과 같이 언급할 수 있다. "생산과 처리의 결과는 어떤 생산물로 나타나는데, 그 생산물이란 바로 '개인적 혁신' 그리고 그 뒤에 일어나는 '관습화(여러 화자들의 수용과 정)'로 인한 궤적, 흔적이다." '구문변화(constructional change)'란 시간이 지남에 따라 생산물들과 구문 사이에 새로운 유대, 결합이 발생하면서 시작된다. 즉, 오랜 시간의 흐름 속에서 실례(token)에 대한 복사, 모사가 발생하고 이것은 먼저 언어 사용자들이 사용할 수 없는 그런 임시적 범주화를 생산하기 때문에 우리는 이를 'new'라고 부르는 것이다.

언어학자들이 묘사하고 있는 구문적 계층 속의 어떤 '도식의 집합'에서, 가장 높은 단계는 항시 '도식'이 될 것이다(부분적인 도식일 수도 있음). 도식은 수많은 미세 - 구문들로부터 추출해낸 것이기 때문에 그 것들은 음운적으로 특화되지는 않는다. 단지 미세 - 구문들만이 독립적이고 음운적으로 특화된다. 아래 그림 1.3에서는 양화사(quantifier) 구문을 이용하여 그 차이를 잘 보여주고 있다. 여기서 가장 꼭대기에서는 양화사의 모든 타입을 포함하고 있는데, 여기에는 큰 양, 작은 양, 중간 양 또는 이항적(binominal), 단일형태소형도 있다. 그리고 중간 단계의 하위도식에서는 큰 것과 작은 것, 중간 등이 구분되고 있다. 가장 낮은 단계는 각종의 미세 - 구문들의 유형이 있다.

---

20) 앞으로 편의를 위해 '화자/독자'는 '화자'로, '청자/독자'는 '청자'로 대신해 사용한다. 한편, 'addressee(청자)'란 표현은 의도적으로 이야기를 듣는 대화참여자에 한해 사용한다.

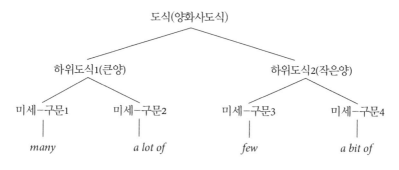

그림 1.3 구문들 간의 계층적 관계의 경사도

1.4.2.2 생산성Productivity

생산성이란 지금까지 여러 가지 방식으로 사용되어 온 용어이다. Barðdal(2008:2장)은 일찍이 이 용어의 다양한 사용과 관련해서 가치 있는 개요와 분석을 제공한 바 있다. 우리의 견해에서, 구문의 생산성은 경사적인 성격이 있다. 일단 생산성은 '도식'과 관련되어 있다. 그리고 그것은 도식의 '확장성(extensibility)'과 관계되어 있다(Barðdal(2008)). 도식이 자신보다 덜 도식적인 구문들을 허가해 낼 때까지, 그리고 자신들이 제약을 받을 때까지 도식은 확장한다(Boas(2008)). 형태론에서 우리는 '형용사 + -th'가 새로운 명사를 허가할 수 있는 그 정도에 대해 생각해 볼 수 있다. 그런데 최근엔 이것이 약간 덜 생산적이다. 왜냐하면 [ADJ+th]라는 공식에 의해 생산된 새로운 명사가 거의 없기 때문이다. 반면, [ADJ+ness]의 형식은 훨씬 더 생산적이다. 이 도식은 보다 덜 일반적일 수 있는, 또는 더 관습적일 수 있는 형식에 이르기까지 비교적 넓은 범위를 허가할 수 있다(예컨대, 'truthiness', 'truthlikeness', 'unputdownableness', 'sing-along-albe-ness' 등이 있는데, 이 모두는 최근에 온라인 담화에서 확인된 것들이다). 유사한 상황이 굴절형태에서도 나타난다. 예컨대, 영어의 과거형은 접사(-ed)에 의해 생산적으로 표현되는데(예, 'play-played') 어떤 경우엔 주요모음 전환을 통해 이루어진다(예, 'drink-drank', 이것은 모음전환(ablaut)의 역사적인 흔적임). 그런데 새로운 동사가 등장했다면 그것의 과거형은 모음전환에 의한다기보다 주로 접미사를 붙이는 생산적이고 규칙적인 방법이 선호된다. 그래서 'skype'(인터넷을 통해 영상통화 하는 것)란 단어의 과거형은 *skope (이것은 'write-wrote'를 기초로 한 것임)가 아니라 'skyped'이다.

생산성과 관련된 연구에서 특히 중요한 것이 '빈도성'이다. Baayen (2001)과 Bybee(2003)는 '유형 빈도성(type frequency)'과 '출현 빈도성(token frequency)'을 구분하였다. 전자는 곧 '특별한 패턴이 갖는 다양한 표현의 수'를 나타내고, 후자는 '동일한 단위가 텍스트에서 출현하는 횟수'를 나타낸다. 우리는 '구문 빈도성(construction frequency)'을 '유형 빈도성'과 동일시하고, '생산물 빈도성(construct frequency)'은 '출현 빈도성'과 동일시한다. 예컨대, 영어의 정관사 'the'는 하나의 구문 유형 빈도성을 갖고 있으나 동시대 언어에서 출현 빈도성이 가장 높다. 한편, 새로운 구문이 출현하면, 이들은 대개 시간이 지남에 따라 사용 횟수의 증가에 의해 점차 전파된다(Bybee & McClelland(2005:387)). '사용상의 빈도가 증가'한다는 것은 곧 생산물의 빈도성이 증가함을 의미한다고 이해할 수 있다. 즉, 화자들은 새로운 구문의 예를 더욱더 많이 사용하게 되는 것이다. 이렇게 자주 사용함으로 인해 '규칙화(routinization)'와 '자동화 (automatization)'가 이루어지는데(Pawley & Syder(1983); Haiman(1994)), 이점이 바로 중요하다. 다른 측면으로 '증가된 연어의 범위(increased collocational range)'(이것을 Himmelmann(2004)은 '숙주 부류 확장(host-class expansion)'이라 부름)는 곧 '증가된 생산성'의 품질을 증명할 수 있다. 우리는 이것을 '구문의 유형 빈도성의 증가'로도 볼 수 있다. 예컨대,

'be going to'는 미래 표지로 사용된 이래, 점점 더 많은 동사 유형으로 확장되었다. 이때 구문문법에 기초하여 이러한 변화를 연구할 수 있는 접근법이 있는데 이것이 바로 '통시적으로 구분되는 연어구조 분석법 (diachronic distinctive 'collostructional' analysis)'이다(Hilpert(2008)가 대표적이며, Gries & Stefanowitsch(2004)에 의해 개발된 공시적 연어구조 분석법을 이용하고 있다). 이 분석법에서는 언어 자료 데이터를 이용하여 '연어' 패턴의 역사적 변화 궤적을 그리게 된다. 즉, 구문적 자리 (slot)를 채우게 되는 항목들의 변화를 묘사하는 것이다. 예컨대, 'be going to' 뒤에 출현하는 동사 유형의 변화가 이에 해당된다. 이렇게 하여 다른 시기에 비해 어떤 한 시기에 가장 많이 연결되었던 연어구성어 (collocate)를 확인할 수 있다.

> "이와 같은 변화는 구문의미의 발달을 나타낸다. 즉, 구문이 의미적으로 변화할 때, 다른 연어구성어(collocate)를 사용하게 된다. 새롭게 후임으로 등장한 연어구성어는 어떤 변화가 진행 중임을 보여준다. 그리고 그들의 어휘적 의미는 구문 의미가 어떻게 의미적으로 변화하는지를 보여준다."(Hilpert(2012:234))

이렇게 '연어구조 분석법'에서 확인된 '연어구성어'는 곧 집합으로 사용되기 시작한다. 예를 들어, Hilpert(2008:3장)에 따르면, EModE의 첫 70년간 'shall'은 인지동사인 'understand', 'perceive'나 출현동사인 'show', 'appear' 등과 결합하다가, 두 번째 EModE시기에 가서는 더 확장되어 행정, 법적 행위의 동사인 'forfeit', 'incur', 'offend' 등과 결합하게 되었다. 반면, 'will'은 동일 기간에 먼저 발화행위 동사인 'deny', 'confess'와 결합하였고, 그 이후 'condemn', 'speak' 등으로 확장되었다. 그러한 확장은 필연적으로 '구문적 공간(constructional space)'에 영향을 주게 되고, 한 집합 내의 구문들 간의 '경쟁'에도 영향을 주게 된다. 그래서 경쟁하는 구문들 중 일부는 특별한 환경에 선호될 것이고(Torres-Cacoullos & Walker(2009)), 그중 일부는 도태될 것이다(Leech, Hundt, Mair & Smith(2009)). 그런데 "생산성과 비생산성의 상호작용을 위한 예측 가능한 기간(time-frame)이란 없다"라는 사실이 중요할 수도 있다. 생산성은 사실 생명력이 짧을 수 있으나 이에 반해 비생산성 패턴이 오랜 기간 동안 유지될 수도 있다(Nørgård-Sørensen, Heltoft, & Schøsler(2011:38).

1.4.2.3 합성성Compositionality

합성성이란 형식과 의미 사이의 연결(link)이 어느 정도까지 '투명'할 수 있는가와 관련이 있다. 합성성이란 대개 '의미체계(semantics, 즉, 각 부분들과 전체 간의 의미)'와 '통사적 요소의 조합적 자질'이란 두 가지 관점에서 생각해 볼 수 있다. 즉, '통사'는 보다 작은 것에 기반을 두고 보다 복합적이고 잘 형성된(well-formed, 또는 전형적인) 표현들을 반복적으로 만들 수 있다는 점에서 '합성적'이다. 한편, '의미체계'는 또 단어나 형태소 같은 더 작은 것들의 의미에 기초하여 더 큰 표현들의 의미를 생산해 내기 때문에 역시 '합성적'이다(Hinzen, Werning & Machery(2012:3)).

Partee(1984:281)의 합성성을 논한 언급에 따르면, '어떤 한 표현의 의미'란 그것의 '각 부분들(parts)의 의미'와 '그 부분들이 통사적으로 결합하는 방식'이 나타내는 기능이라고 한다. 구문의 관점에서 봤을 때, '합성성'이란 형식의 측면과 의미의 측면 사이에서 나타나는 일치와 불일치라는 관점에서 보는 것이 가장 좋다(Francis & Michaelis(2003), 부조화와 불일치에 대하여). 만약에 한 생산물이 의미적으로 합성적이라면, 화자가 통사적으로 관습적인 나열을 생산해 내고, 청자가 각각의 개별적 항목의 의미를 이해할 수 있는데, 이때, 청자는 그 전체의 의미를 해독 (decode)하게 될 것이다. 한편, 만약 그것이 합성적이지 않다면, 개별적 의미의 요소와 전체 의미 간의 불일치가 존재할 것이다. 우리의 접근법 은 아래의 Arbib의 것과 같다.

> "언어의 의미는 완전히 합성적이지는 않다. 그러나 언어는 한 문장의 합성적 구조가 종종 전체 의미에 대한 암시를 제공하기 때문에 합성성을 갖는다고 할 수 있다."(Arbib(2012: 475))

(10)의 예를 보자.

(10) If you're late, you won't be served.

　　 만약 당신이 늦는다면, 당신은 서비스를 받지 못할 것이다.

영어 화자가 (10)과 같은 합성적 구문을 배운다면, 그들은 또한 '표 면적으로 매우 유사한 구조'가 다르게 이해되거나 분석될 수도 있음 을 배워야 한다(즉, (10)처럼 조건문이면서도 조건의 의미가 없을 수 있는 것도 배워야 한다). 또 그때 그 형식은 통사와 매치되지 않는 '특 별한 의미적 값'과 관련이 된다는 것도 배워야 한다. 즉, 한마디로 덜 합성적이라는 것을 배우는 것이다. 그러므로 화자는 '의사 – 조건절 (pseudo-protasis)'과 '의사 – 귀결절(pesudo-apodosis)'을 갖는 '의사 – 조 건 구문(pseudo-conditional cxn)'을 배울 수 있다. (11)과 같은 문장이다.

(11) If you're Betty Ford right now, you're probably thinking, you know, I hope everybody's OK.

　　 만약 당신이 지금 당장 베티 포드라면, 당신은 아마도 알다시피 내가 모든

이들이 괜찮기를 바랄 거라고 생각할 겁니다. (Kay & Michaelis(2012:2272))

이 예에서 이 구문은 의미적으로 '비합성적'이다. 왜냐하면, 그것은 Betty Ford와 수신인(청자)[21] 사이의 동일성과 관련한 조건의미(즉, Betty Ford가 당신(수신인)과 같을 수 있다는 조건의미)를 전달하지는 않기 때문이다. 그보다는 Betty Ford 및 그녀와 유사한 사람들에 대한 의견을 말하고 있을 뿐이다. 그래서 대개 이런 문장의 가설성 정도는 조건절의 통사 상황을 통해 그 실마리를 얻을 수 있다.

합성적인 해석 또는 비합성적인 해석과 관련하여, 많은 말들이 불확실하게 보일 수가 있다. 예(12)를 보자.

(12) My yoga instructor sometimes pulls my leg.
　　나의 요가 강사는 가끔 내 다리를 당긴다.
　　나의 요가 강사는 가끔 나를 놀린다. (Kay & Michaelis(2012:2274))

영어 사용자들은 'pull someone's leg'란 표현이 그 자체의 문자적 의미 외에도 '누군가를 놀리다'란 비합성적 의미가 있다는 것을 배운다. 따라서 구문문법학자들은 비합성적인 의미들이 언어의 문법에 널리 만연되어 있는 것에 흥미를 느낀다. 이들은 합성적인 예와 비합성적인 예 모두를 '관습화된 형식과 의미의 쌍'으로 다루면서, 비합성적인 집합은 여러 가지 방법으로 문체상 또는 화용론적 또는 의미론적으로 표지된다고 본다. 우리가 보기에 많은 경우에서 여러 시간에 걸쳐 이루어진 변화는 결국 합성성의 감소로 귀결되고 있으며 그 대부분이 미세-구

---

21) 당신은 아마도 여기서의 'addressee'를 'someone' 정도의 비인칭적으로 사용할 수 있다.

문단계에서 이루어지고 있었다.

　Bybee(2010:44-5)는 Langacker(1987)를 언급하면서, '합성성'과 '분석가
능성(analyzability)'의 차이를 다루었는데, 이들 차이는 이후 뒷부분에서
우리가 이용할 것들이다. Bybee는 예로서 'was, were, went' 등의 영어
과거형을 들고 있다. 이들은 모두 의미적으로 합성적이지만 형태론적으
로는 비분석가능적이다. 합성성과 분석가능성은 서로 관련이 있고, 둘
다 '경사적'인 특성이 있다. 합성성과는 다르게, '분석가능성'은 '합성적
표현의 각 부분들 의미'에 두루 존재하는 전체 의미의 조화와는 별로
관계가 없다. 그보다 그것은 화자가 인식하고 분별적으로 다루는 한, 그
러한 '구성요소의 각 부분들과 관련'이 있다(Hengeveld(2011)의 투명성
개념에 대해서 볼 것). 예를 들어, 'by and large(대체로, 일반적으로)'와
같은 숙어는 'fly off the handle(화나다. 흥분하다)'이란 숙어보다 덜 분
석가능적이다. 후자는 또 'spill the beans(자백하다)'보다 덜 분석가능적
이다. 'by and large'는 그것이 내부적 구조가 매우 적기 때문에 매우 최
소한의 분석가능성만이 있다(즉, 그것이 음운적인 형태는 갖고 있으나
형태, 통사적으로 매우 특이하다). 'Fly off the handle'은 'spill the beans'
란 숙어보다 덜 분석적이다. 둘 다 동사가 굴절이 가능하지만, 'Fly off
the handle'보다 'spill the beans'가 명사 수식의 자유가 더 많다(즉, 'spill
the political beans'은 가능하지만 *fly off the political handle은 불가능하
다). 우리는 이러한 분석가능성을 별개의 범주로 다루지 않고 합성성의
하부 유형으로 취급하고자 한다.22)

----

22) [역주] 분석가능성 정도: by and large < fly off the handle < spill the beans

1.5 변화에 대한 구문론적인 견해

　여기서는 '구문화'와 '구문변화'라는 것의 차이에 초점을 두면서 '변화'관련 관점을 확장시키고자 한다(1.1참조). 구문론자적 입장에서 봤을 때, 이러한 면들은 변화에 관한 기존의 연구에서 별로 논의되지 않았던 내용들이다(Hilpert(2013) 참조). 그리고 다루어 왔더라도 약간 다른 시각으로 묘사를 해왔다. 예컨대, Smirnova(2015)의 경우 구문화를 문맥에서의 '초기의 변화'로, 구문변화를 '후기의 변화'로 봤다. Boye & Harder(2012:35-36)는 또 '구문화'를 '새로운 전체적인 구문으로 가기 위한 모든 것에 앞서는 변화'로 정의하였지만 '구문변화'와는 구별을 하지 않고 있다.

　구문화는 1.5.1에서 정의될 것이고, 구문변화는 1.5.2에서 정의될 것이다. 그리고 그들 간의 관계는 1.5.3에서 설명할 것이다. 그런데 먼저 변화에 관한 우리의 관점과 관련하여, 몇 가지 주요한 용어들을 설명할 필요가 있다. 앞에서 봤듯이, Goldberg와 Croft처럼, 우리는 구문문법을 '사용을 위한 문법(a grammar of usage)'으로 취급할 수 있다. 이러한 관점에서 본다면, 언어적인 변화는 "화자 – 상호작용 속에 위치한 것이고, 또 상호작용의 과정에서 화자들 간에 협상이 된 것"이다(Milroy(1992:36)). 그리고 이러한 변화는 사용상에서의 변화로서 모든 연령대의 화자들에 의해 유래한다(Milroy(1992), Croft(2001)). Roberts & Roussou(2003)이 말했듯이, 변화란 단지 어린 아이들에 의해서만 이루어지는 것이 아니다. 이와 관련하여 Bybee(2010:196)는 "아이들은 변화의 주요 선동자가 아니다. 변화는 주로 세대를 통과해서 전달되는 것이 아니다(즉, 윗세대에서 아랫세대로 가는 것이 아니다). 변화란 '습득과정'에서라기보다 '언어의 사용과정'에서 발생하는 것이다(p.9)."라고 역설하였다. Bybee는 또 Warner(2004)를 인용하면서, 변화가 어른의 인생 기간 동안 나타난다는 증거를 들기도 했다. 확실히 어른들이 혁신을 한다. 그러나 변화란 것이 다른 화자에 대한 '전달'을 전제로 하기 때문에, '아이일 때이든 아니면 그 이후이든, 습득 역시 사람의 인생의 전 기간을 통해 발생한다'는 것이 우리의 주요 포인트이다. 사실상, 모든 연령대의 청자들은 다른 이에 의해 전달되는 구조를 수용함으로써 그것들을 획득하게 된다. Fisher(2010:187)가 말했듯이, 이러한 가정은 "문법의 형식적 시스템의 영향을 절대 부정하지는 않는다." 그러나 이러한 형식적 시스템을 "유전적이 아닌 문화적으로 전달된 것"으로 개념화한다. 사실 '변화는 결코 발생할 필요가 없는 것(Change never needs to occur)'이라고 강조할 수도 있다. 이것은 바로 '변화의 사용기반 이론(usage-based theory of change)'에 따른 것인데, '언어변화'(기호변화를 포함)는 그 자체로서는 존재하지 않기 때문이다. 어떤 것이 변화하는가 안 하는가 하는 것은 결국 사람들이 어떻게 언어를 사용하는가, 또 그들이 어떤 표현들에 대해 어떻게 평가하는가라고 하는 기능의 문제인 것이다.

구문은 때로는 '전체(wholes)'로서 논의되기도 한다. 왜냐하면 "문법은 형식과 의미의 관습적인 결합으로 구성된 것이며, 이때 복합적인 기호에 대해 전체적인 묘사를 하기 때문이다(Fried & Östman(2004a:24))." 그러나 '구문'은 또 '내부적 차원(internal dimension)'을 갖고 있다 (Gisborne(2011:156)). 그리고 우리가 봤듯이 형식주의자들은 다중적인 자질들을 이용하여 그 내부적 차원을 설명한다. 이 책에서 또 자세히 보겠지만, 변화를 설명하기 위해, 우리는 구문의 특수한 '내부적 차원'에 적용될 수 있는 '혁신(innovation)'을 먼저 설명할 수 있어야 한다. 그런 다음, 화자 그룹 사이에 존재하는 그러한 혁신의 '관습화'를 설명할 수 있어야 한다.

2장에서 보다 심도 있는 논의를 할 예정인데, 변화는 언어 사용자의 마음(mind) 속에 있는 새로운 표현으로부터 시작한다. 새로운 표현이 발출되게 만드는 메커니즘은 우리가 잘 알고 있는 이른바 '재분석(reanalysis)'이다. 그러나 더 적합한 용어는 '신분석(neoanalysis)'이라 할 수 있다(아래 1.6.4.1참조, 그 외 Andersen(2001:231) 참조). 이것은 바로 '구문의 요소를 수정하는 것'이다. 신분석은 종종 언어 사용자들이 무의식적으로 행하는 '패턴 일치(pattern matching)' 즉, 우리가 '유추(analogy)'로 알고 있는 과정으로부터 나오는데, 더 정확히 말하면, '유추적 사고(analogical thinking)'에서 나온다. 다시 말해, '유추적 사고'의 결과로 나올 수 있는 그런 하위도식에 대해 항목을 모집, 보충하는 것이 변화의 메커니즘이며, 이것을 우리는 '유추화(analogization)'라고 한다(Trauogtt & Trousdale(2008:38)).

1.5.1 '구문화'의 성격규명과 예

우리는 1.1에서 구문화에 대해 'form$_{new}$-meaning$_{new}$ 쌍의 출현'이라 정의하였다. 이것은 다른 말로 말하면 새로운 기호(sign)의 생성발달 이라고도 말할 수 있다. 여기서는 보다 정교하게 이러한 구문화의 성격을 규명하고자 한다. 이중 특히 점진성(gradualness) 대 순간성(instantaneity)과 관련한 주요 내용은 4장에서 볼 것이다. 구문화 개념은 다음과 같이 정의한다.

"구문화(constructionalization): 이것은 form$_{new}$-meaning$_{new}$으로 된 기호(sign) 조합의 생성이다. 그것은 화자 집단의 언어적 네트워크 내에 새로운 유형의 교점(node)을 형성한다(즉, 이는 새로운 통사 혹은 형태 그리고 새로운 부호화된 의미(coded meaning)를 갖는다). 이것은 '도식성', '생산성', '합성성'의 정도에서 모종의 변화가 수반된다. 도식들의 구문화는 항시 미세 - 단계(micro-step) 상의 연속의 결과이기 때문에 점진적(gradual)이다. 새로운 미세 - 구문(micro-construction)은 점진적으로 생성될 수도 있으나 또한 순간적일 수도 있다. 이렇게 점진적으로 생성된 미세 - 구문들은 허화적(procedural)인 경향이 있고, 순간적으로 생성된 미세 - 구문들은 내용적(contentful)인 경향이 있다."

최소한, 구문화는 '형태통사론적인 형식(form)'과 '의미론적/화용론적인 의미(meaning)'의 '신분석'을 수반하게 된다.[23] 그리고 담화와 음운상의 변화는 여러 단계에서 함축되어 나타날 수도 있다. 한편, 형식상의 변화 혼자, 또는 의미상의 변화 혼자서는 구문화를 구성할 수 없는데, 우리는 이러한 변화를 '구문변화'라 규정한다(1.5.2 참조).

점진적인 구문화는 먼저 '구문변화'의 발생을 필요로 한다. 즉, '미세 단계상에서 발생하는 신분석'의 연속이 필요하다. 그리고 새로운 의미와 형식의 쌍은 새로운 단위(unit) 또는 기호(sign)이다. 따라서 이것은 그 시스템에 대한 변화이므로, 이것을 '유형/교점 변화(type/node change)'로 볼 수 있다. 우리는 생산물이 확인되기 시작하면서 이러한 변화의 결과물들을 데이터 상에서 발견할 수 있다. 그런데 이 생산물들은 기존에 존재했던 구문적 유형에 의해서는 완벽하게 허가된 것이 아닌 것이다. 그래서 대개 언어 사용자들은 이렇게 발생한 변화를 잘 알지 못한다(Keller(1994)). 그러나 때로 문법학자나 변화를 감지한 다른 이들에 의해 이루어진 메타텍스트적인 언급이 존재하기도 한다.

---

23) 순간적인 어휘적 미세 - 구문(예컨대, 'BBC'같은 두문자어(initialism))과 관련된 일련의 예외에 대해서는 4.8에서 토론할 것이다.

우리는 여기서 두 가지의 주요한 구문화에 초점을 맞출 것인데, 이는 '문법적 구문화(grammatical constructionalizaion)'와 '어휘적 구문화(lexical constructionalizaion)'이다. 이들은 1.4.1에서 논의한 '내용적 - 허화적(contentful-procedural) 경사도'의 양 극단에 있는 것이다. 어휘적 구문화의 대표적 예로 영어 단어 'cupboard'의 역사적 발전을 들 수 있다. 어원학적으로, 두 개의 자립적 단어였던 것이 합성어(compound)인 'cupboard'로 결합된 것인데, 이것은 컵들이 놓여 있는 나무판자(board)를 지칭하는데 사용되었다. 시간이 지나면서 이 합성어는 의미적인 변화를 겪었으며(지금은 집에 있는 '붙박이장, 찬장'의 의미로 쓰인다), 형태론적으로도 단일어로의 신분변화가 발생하였다. 다시 말해서, 그것은 새로운 내용적, 관습적, 상징적 단위가 된 것이고, 또, 의미론적이나 형태통사론적으로도 새로운 것이 된 것이다. 이러한 변화들은 의미와 형식에서 연속적인 변화를 형성하였고, 그 결과 새롭게 의미적으로 비합성적이고 내용적인 형식을 유발하였는데, 이것은 바로 화자들 그룹에 의해 공유되었다. 그리고 이것은 문법에서의 생산적인 합성어형성(compounding) 패턴으로부터 기인한 것이다. 이러한 과정이 바로 '구문화'이다. 이 단어의 경우, 다중적인 작은 변화가 발생하였으니 그것은 바로 이 단어의 가운데 끼인 자음 그룹이 단순화되는 것을 말한다. 그런데 이 변화는 그 전에 발생한 것이지만 분명 구문화가 발생한 이후 이루어진 것임을 말해준다.

'cupboard'의 경우에서, 그것이 기인한 최초의 합성어 형식('컵 놓는 선반'의 의미)은 내용적이고 지시적(referential)이었다. 그리고 변화의 결과물도 역시 내용적이고 지시적인 명사이다. 그런데 의미와 형식상의 변화의 다른 시리즈의 경우, '문법적인' 형식 - 의미의 쌍을 부호화하는 구문을 생성하기도 한다. 그리고 이 결과물은 분명 그것의 어휘적 기원

형식과는 덜 지시적이고, 더 추상적이고, 허화적이라는 점에서 다르다. 이러한 예의 대표적인 것은 바로 영어의 'a part/share of NP'의 의미를 갖는 이항적 부분표현(binominal partitive) 즉, 'a lot/bit/shred of a N'이 문법적 양화사(quantifier)로 변화하는 것이 있다(Traugott(2008a), Brems (2003, 2010, 2011))[24]. 우리가 이 장에서 몇 가지 포인트를 보여주기 위해 이 예를 사용하고 있지만 여기서는 그다지 철저하게 설명하지는 않을 것이다. 우리는 주로 원래의 구문과 이후의 구문 그리고 여기에 수반된 변화와 관련된 핵심 포인트만을 보여줄 것이며, 특히 여기서 쟁점이 되고 있는 변화에 대한 구문론적 접근법에 입각하여 설명하고자 할 뿐이다.

OE시기의 'hlot('lot')'은 어떤 한 물건을 말하는데, 종종 나무 조각을 말하며, 이것을 가지고 사람을 선출하기도 했다. 예컨대 공직을 위한 선출 등에서 사용되었고 어떤 경우엔 이것으로 신에게 어필하기도 했다 (여기에는 'draw lots(제비 뽑다)', 'lottery(추첨)', 'lot(운명)' 등이 있다). 그리고 환유에 의해, 어떤 수단을 통해 얻어진 모종의 '몫'을 말하기도 하고(lot of land(for sale): 팔기 위한 토지 구획), 또는 선택을 결정하는 운명 등도 나타낸다(one's lot in life: 본분). 아래의 (13)은 부분표현 'lot'이 'of'와 함께 쓰인 조기 ME시기의 예이다.

---

24) 엄격하게 말해서, 이러한 통사적 특징을 갖는 비한정의 부분표현들은 '의사 - 부분표현(pseudo-partitive)'이다. 이들은 한정적인 NP2(예컨대, 'a piece of the pie')를 갖는 표현들과는 분포적인 차이가 존재한다. 다만, 영어에서 그러한 차이들은 비교적 최소한이나 많은 언어에서 형태통사적으로 매우 다르다. 예컨대, 스웨덴어에서 부분표현은 전치사 'av'에 의해 예시되는데, 의사 - 부분표현은 'zero'이다(Selkirk(1977), Koptjesvskaya-Tamm(2009)). 의사 - 부분표현과 부분표현 간의 보다 엄격하고 미립자적인 차이에 대해서 범언어적인 비교가 필요하긴 하지만, 여기서 우리는 두 가지 부분표현을 함께 다룰 것이다.

(13) He ne wass nohh wurrþenn mann… Forr to forrwerrþenn
he NEG was nothing become man… for to overthrow

aniʒ lott Off Moysœsess lare.
any part of Moses' teaching
그(예수)는 인간의 몸으로 되지 못했다 … 모세의 가르침 중 일부를 뒤집기
위해서 (c.1200 Ormulum, 15186; [MED lot n1,2c])

'part'는 양을 의미한다. 위와 동일한 Ormulum 텍스트에서 우리는
'lot'이 'group'의 의미(즉, 'large quantity'의 의미를 함축함)와 가깝게 쓰
이는 것도 발견했다.

(14) Aʒʒ wass i þiss middellærd *Summ lott off gode sawless.*
always was in this middle-earth certain group of good souls
이 세계에는 항상 좋은 영혼들의 그룹이 있다. (c.1200 Ormulum, 19150 [MED
lot n1,2e])

위의 예의 'aniʒ lott off Moysœsess lare'와 'Summ lott off gode
sawless'라는 생산물은 문법적 관계를 나타내는 구문 속에서 지시적이고
어휘적인 'lot'의 용법을 보여준다. 그렇기 때문에 이것은 부분적으로 문
법적이다. 이 둘 모두에서 'lot'은 아직 핵(head)이고 'of NP₂'는 수식어
(modifier)이다. 그리고 이 둘 모두에서 'lot'은 '보다 큰 전체의 일부'로
서의 하나의 단위를 가리킨다. 이러한 도식적인 '부분표현 구문(partitive
construction)'은 몇 개의 멤버들로 구성되는데, 아래와 같은 방식으로
규정할 수 있다.

(15) $[[N_i[of\ N_j]] \leftrightarrow [part_i - whole_j]]$

(13)이 완벽히 합성적이라면, (14)는 약간 덜 합성적이다. 왜냐하면 'group'은 문자적 의미의 확장이기 때문이다. 그러나 (14)에서의 'lott'은 여전히 내용적이고 지시적이다. 이것은 'many'를 표시할 수 없는데, 앞에 비한정성(indefinite)의 'summ'이 존재하기 때문이다. 즉, 이것은 'a certain group/some group of souls'의 의미이지 'a certain many souls'의 의미가 아니다. 어떤 'lot'은 또 '몇 개의 멤버로 구성된 단위(unit consisting of several members)'의 의미로 쓰이기도 하는데 이러한 용법의 증거는 (16)과 같다. 여기서 Austen은 "Seward's last remaining set(lot) of sheep(Seward의 마지막 남은 몫)"과 "her father's payment of twenty-five shilling for each member of that set(그녀의 아버지의 그 단위(몫)의 각각의 멤버에 대한 25실링의 지불)"에 대해 쓴 것이다.

(16) You must tell Edward that my father gives 25s. a piece to Seward for **his last lot of sheep,** and, in return for this news, my father wishes to receive some of Edward's pigs.

너는 에드워드에게 우리 아버지가 그의 마지막 남은 양의 몫에 대해 Seward에게 25실링을 준다고 말해야 한다. 이 소식을 듣고, 나의 아버지는 에드워드의 돼지들의 일부를 받고 싶어 한다. (1798 Austen, Letter to her sister [CL])

위와 같은 표현에서의 'lot'은 여전히 사용가능하긴 하나, 주로 상업적인 거래 등으로 제한되고 있다. 그 후, 18세기 쯤 되면 문맥 속에서 'a lot of'의 형태(복수는 특히 'lots of')가 사용되고 있음을 발견할 수 있다. 이때 화용적 함의는 '단위(unit/part)'에서 '양(quantity)'으로 바뀌었고 그것도 비교적 현저하게 나타나고 있다.

(17) Mrs. Furnish at St. James's has ordered *Lots of Fans, and China, and India Pictures* to be set by for her, 'till she can borrow Mony to pay for'em.

St. James의 Furnish 여사는 많은 부채와 중국, 인도의 그림이 그녀를 위해 세팅되도록 주문했는데, 그녀가 그것들에 대해 지불할 돈을 빌릴 수 있을 때까지이다. (1708 Baker, Fine Lady Airs [LION: English Prose Drama])

여기서 'lots of'는 뒤에 특히 돈이 언급되고 있기 때문에 판매를 위한 단위로 이해될 수도 있다. 그러나 그것은 또 '많은 양(large quantities of)'의 의미로 이해될 수도 있다.

19세기에 이르게 되면, 일부 예의 경우 '단위, 부분표현'으로 읽는 것이 좀 어색하고, '양화사(quantifier)'로 읽는 것이 훨씬 적당함을 발견하게 된다. 아래 (18)과 같다.

(18) a. Learning at bottom, physic at top!
  Lots of business, *lots of* fun,
  Jack of all trades, master of none!

  배움은 나의 우선 순위에서 가장 아래에 있으며, 나에게 약이 가장 중요하다. 일이 많으면 즐거움도 많아진다. 많은 걸 잘하면 특별히 잘 하는 게 없다! (1833 Daniel, Sworn at Highgate [LION: English Prose Drama])

 b. He is only young, with *a lot of power.*

  그는 젊을 뿐이고, 많은 힘을 가지고 있다. (1895 Meredith, The Amazing Marriage [CL3])

기존에 부분표현 용법으로 쓰였던 'a lot of'는 'a unit/piece/share of' 등에 의해 대체될 수 있었던 반면, 이러한 양적(quantitative) 용법은 또

'much'나 'many'에 의해 대체될 수 있다. 부분표현일 때, 수일치는 (19)에서와 같이 N₁(lot(s))과 이루어지고 있다.

(19) the worthy Mr. Skeggs is busy and bright, for *a lot of goods is* to be fitted out for auction.

　　부유한 Skeggs씨는 분주하고 쾌활하다. 왜냐하면 상품 중 어떤 것이 경매를 기다리고 있기 때문이다. (1852 Stowe, Uncle Tom's Cabin [COHA])

　반면, 양화사일 경우, 일치는 주로 N₂와 함께 이루어진다. (20a)에서 'goods'에 대한 수일치는 뒤의 'them'에 의해 확인되고 있고, (20b)에서는 'rags'에 대한 수일치가 뒤의 'they'에 의해 확인되고 있다.

(20) a. I have *a lot of* goods to sell, and you wish to purchase *them*.

　　　　나는 팔 상품이 많이 있는데 당신이 그것들을 구입하기를 희망한다. (1852 Arthur, True Riches [COHA])

　　b. pretty soon she brought down *a lot of* white rags. I thought *they* seemed quite heavy for their bulk

　　　　곧 바로 그녀는 많은 흰 누더기들을 가져왔다. 내 생각에 그것들은 그 크기로 인해 매우 무거울 거 같았다. (1865 Alger, Paul Prescott's Charge [COHA])

　(20)과 같은 예가 등장함으로써, 우리는 '구문화'가 발생했음을 추론할 수 있다. 의미변화가 발생한데다가(partitive > quantifier) 또 구성적인 구조(즉, 형식)도 갖추고 있다. 특히나 Aarts(1998)와 Brems(2003)에 의해 제기된 바 있는 '공시적 핵 분별원리(synchronic head distinction)'에 입각하여, 이항적 성분에서 핵관계 상의 '신분석'이 발생하였다. 그리고 또 전치사 'of'는 양화사의 음운적 파트로 신분석이 이루어졌다.

이러한 신분석은 아래처럼 나타낼 수 있다. (21)은 Brems(2003:289)에 근거한 것이다.

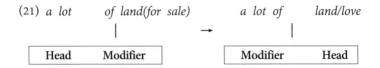

(21) *a lot*　　*of land(for sale)*　　→　　*a lot of*　　*land/love*

Head	Modifier

Modifier	Head

그 외에 우리는 여기서 (22)와 같은 규칙을 적용한다.[25)]

(22) $[N_i[\text{of } N]_j]] \leftrightarrow [\text{part}_i - \text{whole}_j]] > [[N \text{ of}] N]_j]] \leftrightarrow [\text{large quant} - \text{entity}_j]]$

　변화의 연속은 "부분표현(partitive) 'a lot' > 양화사(quantifier) 'a lot of'"로 예시할 수 있으며, 이는 결국 '문법적 구문화'로 귀결되었다. 그리고 'form_new-meaning_new 미세 - 구문'의 발전으로 귀결되기도 했는데, 이 미세 - 구문은 그것의 기원보다 더 문법적으로 변화하게 되었다. 이렇게 더 문법적으로 변화하게 된 이유는 NP 'a lot'이 그것의 내용적 의미와 원형적인 명사적 잠재성을 상실하였고, 그 결과 의미(즉, quantifier)와 구조(즉, modifier) 모두에서 허화적으로 변화하였기 때문이다.

　한편, 1.4.1에서 이미 언급을 했고, 또 1.6.3에서도 언급하겠지만, 이렇게 완전한 내용적/어휘적, 또는 허화적/문법적인 상태로 구문화가 이루어지는 것과 더불어, 어떤 경우엔 '부분 내용적(part-contentful)인 구문, 부분 허화적(part-procedural)인 구문'으로 변화하는 경우도 있다. 우리는 이를 '중간적(intermediate) 또는 혼합적(hybrid) 구문'이라고 부른다. 예컨대, 'give someone a kicking'과 같은 복합 서술어 구문의 경우, 부분

---

25) 보다 이른 버전은 Traugott(2008a,b)을 참조하시오.

적으로 이중타동적이거나 부분적으로 반복적이기 때문에 이를 부분적으로 문법적/허화적인 것으로 볼 수 있다. 그러나 이것은 또 부분적으로 내용적/어휘적일 수 있는데, 이것이 '동작적인 공격'을 나타내기 때문에 그럴 수 있다(Trousdale(2008a)).

이 책에서 우리는 각종 유형의 구문화를 다룰 것인데 이것은 도식성, 생산성, 합성성과 관련된 여러 가지 변화를 수반한다. 우리는 또한 구문화의 생산물들이 결과적으로 도식이나 하위도식에서의 변화들로 귀결된다는 것에 대해서도 논의할 것이다. 한편, 구문화는 발전의 점진성 측면에 있어서 차이가 존재하는데, 도식, 하위도식, 문법적인 미세 - 구문화로 발달하는 것들은 점진적인데 비해, 어휘적인 미세 - 구문화는 최근의 'ebrary', 'Romnesia'[26] 같은 구문화의 예에서 알 수 있듯이 순간적이다.

1.5.2 구문변화Constructional change

점진적 구문화는 그 앞에 먼저 '관습화된 점층적 단계(conventionalized incremental step)'의 연속이 선행될 수도 있고 그 뒤에 후행될 수도 있는데, 우리는 이것을 일컬어 '구문변화'라고 부른다. 구문변화는 다음과 같이 정의한다.

'구문변화(constructional change)' : 이것은 한 구문의 내부적 측면에 영향을 주는 변화이다. 이것은 새로운 교점의 생성을 수반하지는 않는다.

---

26) [역주] 'ebrary'란 전자도서관을 뜻한다. 그리고 오바마 대통령측에서 롬니와 기억상실증(amnesia)이란 단어를 조합하여 'Romnesia'란 말을 만들었다.

앞의 이항적 양화사의 발전의 예에서, 먼저 '양(quantity)'의 개념이 화용적으로 '유도적 추론(invited inference)'에 의해 발생했다. '유도적 추론'이란 다시 말하면, 발화의 과정에서 발생하는 일종의 함축[27]인데, 이것이 의미의 변화를 유발한다(상세한 내용은 Traugott & König(1991), Traugott & Dasher(2002) 참조).[28] 우리는 '부분표현 구문'(또는 그 외의 a bit/shred of 등의 집합) 속의 'a lot of'의 예를 통해, 화용론적인 추론이 화자 그룹 사이에서 현저해지게 되었고 또 '의미화(semanticization)'[29]가 되었음을 추론할 수 있다. 그리하여 (18)과 같은 문맥에서 사용되는 'a lot of'가 이미 부호화된 것임을 알 수 있다(여기서 'a lot of'는 더 이상 'part, unit'의 의미가 없다). 'a piece/pieces of(하나의)'와 같은 예와 비교해봤을 때, 'a piece/pieces of(하나의)'는 표준영어에서 'many/much'의

---

27) [역주] 대화함축(CI)은 크게 '개별화된 대화함축(PCI)'과 '일반화된 대화함축(GCI)'으로 나눌 수 있다. 전자는 어떤 특별한 문맥이 있어야 나올 수 있는 것으로 청자가 매우 개인적 차원에서 해석해낸 의미를 뜻한다. 반면, 후자는 다수의 언중에 의해 나올 수 있는 일반적인 함축적 의미이다. 그렇기 때문에 특정한 문맥이 없어도 어느 정도는 추론될 수 있다(Traugott & Dasher(2002) 참조).

28) '유도적 추론'이란 용어는 화자와 청자 간의 의미적 협상을 강조하기 위해 만들어 낸 말이다. 화자는 보통 무의식적으로(Keller(1994); Hagège(1993)참조) 해석을 '유도'하고, 청자는 그것을 추론, 해석한다. 이때 화자는 그들의 발화를 화용적으로 디자인할 가능성이 있다. 한편, '문맥 - 유도적 추론(context-induced interpretation, Heine, Claudi & Hünnemeyer(1991))의 개념은 청자에 의한 해석을 강조한다.

29) [역주] 개별화된 대화함축에 의한 의미를 Levinson의 용어로 바꾸면 'Utterance-Token meaning(개별사례 의미)'으로, 일반화된 대화함축에 의한 의미를 'Utterance-Type meaning(발화 유형 의미)'으로 지칭할 수 있다. '개별사례 의미'란 곧 어떤 특정 개인에 의해서만 나올 수 있는 지극히 개별적이고 임의적인 의미이다. 반면, '발화 유형 의미'란 다수가 공동으로 인식하고 있는 의미를 말한다. 이렇게 다수가 공동으로 인식하고 인정한 의미는 아직은 임시의 단계이나 일정한 시간이 흘러 고정화 되면 'Coded meaning(부호화된 의미)'이 된다. 이 과정을 이른바 '의미화(semanticization)'라고 한다(Traugott & Dasher(2002) 참조).

의미로 쓰이게 되지 않았기 때문에(*I had a piece of anxiety), 이러한 의미화는 일어날 필요가 없었다. 어쨌든 이 과정에서 발생한 변화들은 부분표현 구문들의 하위집합에게는 특별한 것일 수 있다. 그래서 최초엔 단지 '다른 의미적 내용을 갖는 명사들'에 대해 '의미와 일부 분포적 확장'이 이루어진 정도였다. 바로 이 과정에서 '형식'과 '의미' 사이의 불일치가 존재하게 되었다. 왜냐하면, 통사적인 핵은 아직 부분표현인 NP₁(lot)이지만, 그것의 의미적인 핵은 수식어인 NP₂('land '등)가 되기 때문이다. 이때 우리는 의미적인 변화 뿐 아니라 형태통사적인 변화가 텍스트 기록상에 나타나기 전에는 '구문화'를 말할 수가 없다. 지금 논의 중인 이 예에서, 구문화의 증거는 바로 NP₂에 대한 동사 일치로 제시된다. 이로써 그것이 통사적, 의미적으로 핵(head)임을 보여준다. 이 예에서, 의미론적인 것과 통사론적인 것 사이의 불일치는 바로 화자와 청자 사이의 협상에 의해 결정된다고 말할 수 있다. 이로써 더욱더 투명하게 (알기 쉽게) 읽는 법을 제공하는 새로운 쌍이 나타난다. 다시 말해서, 'quant-entity'라고 하는 양의 개념이 표면상의 이항적 통사에 일치하게 되는 것이다.30) 그렇게 양화사 연결체인 'a lot of'는 비합성적인 단위로

---

30) 'a bunch of'라는 예를 본다면, Francis & Yuasa(2008)은 그것의 집합적 의미에 집중하고 있는데, 이것의 집합적 의미는 곧 'bundle, quantity'의 용어로 해석될 수 있다. 그들은 또 이것의 의미적 재분석이 발생한 반면, 통사적 재분석은 아직 발생하지 않은 것이라고 주장한다. 그들은 또 이러한 양화사가 PDE시기 까지도 여전히 불일치되고 있다고 밝혔는데 그 이유는 그것의 통사가 계속해서 부분표현으로 유지되기 때문이다(즉, NP₁이 여전히 통사적인 핵이다). 그들은 'a bunch of' 심지어 'a lot of'가 'group'의 의미 즉 집합적 의미를 가질 수 있고 또 영어에서의 '집합'은 일치 패턴에 있어서 변이적인 면을 보여준다(the committee is/are X)는 논거를 바탕으로 '일치'에 대한 증거를 무시하고 있다. 그러나 'What a buncha losers(Urban Dictionary buncha)'에서와 같은 스펠링을 통해, 일부 화자들에게 'a bunch of'가 이미 신분석이 되었음을 알 수 있다. 게다가 Francis & Yuasa의 분석은 'a bunch of'의

배워야 하는 상황이 되었다. 그렇기는 하나 거기에는 아직 일정 정도 '분석가능성'이 존재한다. 그래서 "There is going to be a whole lot of trouble(많은 어려움이 있을 것이다)"에서 보듯이, 'lot' 앞에 여전히 수식어가 출현하는 예가 가능하다. 'a lot of'의 비중의적인 양화사 용법이 19세기까지 그다지 자주 출현하지도 않았고 또 분석가능성도 점진적이기 때문에, 이처럼 변화가 완전히 고정화되지 않은 면도 사실 놀랄만하지 않다.

1.5.3 '구문화'에 대한 '구문변화'의 관계

구문화에 선행하여 구문화를 가능하게 하거나 조장하는 '구문변화'는 대개 화용론적인 확장, 화용론의 의미화, 형식과 의미 사이의 불일치, 그리고 작은 분포상의 변화 등을 수반할 수 있다. 우리는 이것들을 '구문화전 구문변화('PreCxzn CCs'라고 간칭)'라고 부른다. 반대로, 구문화가 더 심화된 구문변화를 조장할 수 있는데, 이를 **구문화후 구문변화('PostCxzn CCs'로 간칭)**라 칭한다. 이는 대개 '연어(collocations)'의 확장을 수반하게 되며, 그 외에 형태론적인 그리고 음운론적인 감소도 수반할 수 있다. 예를 들어, 미세－구문인 [[a lot of] ↔ [large quant]]이 존재한 이후, 그것의 연어가 기하급수적으로 증가하였고 최근에는 각종의 음운적인 감소도 겪어왔다. 그래서 Langacker(2009:79)는 'a lot of'를 현대 동시기 영어에서 '단일형태소적(monomorphemic)'이라고 보았다. 대

경우보다 'a bit/shred of'의 경우에서 덜 적용되고 있다. 왜냐하면 'a bit/shred of'는 '집합'이 아니고 'group'의 의미가 없기 때문이다. 게다가 부분표현으로서 보다 양화사로서의 음운적 감소가 잘 설명되지 못하고 있기 때문이다.

부분의 화자들에게 있어서 그것의 초창기 내부구조가 여전히 (그것의 분석가능성으로 확인되듯이) 접근가능, 또는 쉽게 용납되는 성격이 있는데도 불구하고 그는 그렇게 생각한다. 그리고 Langacker는 그것이 완벽히 문법화된 형태인 'alotta'로 될 것이라고까지 언급했다(p.77). 이러한 가설적인 감소 형식은 온라인상의 표현인 'allota'에서 입증이 되고 있다.

(23) That's allota ducks.

그것은 수많은 오리들이다. (http://brookelynmt.blogspot.com/2010/03/thats-allota-ducks.html; March 31 2010. Accessed Sept 12th 2010)

'Urban Dictionary'에서는 'a lotta'라는 표제어가 있다. 또한 '올바른' 스펠링의 설명에 신경 쓰고 있는 인터넷 사이트가 몇 개 있는데, 여기서는 심지어 이것을 동사인 'allot'과 구분하고 있다. 이것이 바로 (당시 사람들이 인식하고 있는) 변화에 대한 확실한 표시이다. 비록 이러한 스펠링들이 '내부적 융합(internal fusion)'의 단서가 될 수 있으나, 이 자체가 근거 자료로서 쓰이지는 못한다. 왜냐하면 스펠링이라는 것이 한편으로 매우 관습적인 것이기도 하지만 다른 한편으로 매우 특이성이 있는 것이기 때문이다. 특히 온라인 환경의 상황은 더 그러하다. 이에 반해 부분표현의 'a lot'(이것은 여전히 사용되고 있다)은 음운적으로 양화사와는 다르다. 단지 양화사의 음운만이 '감소'될 수 있다.

'constructionalization'을 'Cxzn'으로 축소하여 쓰고, '배양(feed)'의 관계를 '↓↓'으로 표시하여, '구문화'에 포함된 변화의 연속 단계를 아래와 같이 요약할 수 있다.

(24) PreCxzn CCs(구문화전 구문변화)

      ↓ ↓

    Cxzn(구문화)

      ↓ ↓

    PostCxzn CCs(구문화후 구문변화)

이 변화의 연속 단계는, 'PostCxzn CCs'가 더 심화된 구문화를 가능하게 할 수 있기 때문에 '순환적'일 수 있다. 예를 들자면, 종속접속사(subordinator) 'beside'같은 허화적인 구문은 전치사구인 'by side'에서 발전한 것이고, 또 'besides'같은 더 심화된 구문은 화용적 표지로 발전할 수 있다(3.2.3참조). 그리고 '-rœden('status')'같은 단어형성법(word-formation)의 발달 역시 여기에 속한다(4.5.2참조).

우리의 모델은 Heine(2002)나 Diewald(2002)에 의해 제시된 '문맥 속에서의 문법화 모델'과 많은 공통점을 갖고 있다. 그러나 우리의 모델은 문법적인 변화 뿐 아니라 어휘적인 변화에도 적용가능하다. 이 두 학자는 적어도 '화용론적인 것을 수반한 발전(즉, 변화)'이 문법화에 선행하여 존재한다고 보았다. 그럴 경우, 이들 두 학자의 모델들 간에 차이점 중 하나는 '문법화에 선행하는 형태통사적인 발전이 있는가'의 여부이고, 다른 하나는 '문법화 이후의 변화가 그 모델에 명시되는가'이다. 그래서 어떤 특별한 요소의 문법화가 발생했다고 추론할 수 있는 포인트를, Heine는 '전환문맥(switch context)'이라고 부르고, Diewald는 '고립문맥(isolating context)'이라고 부른다. 그런데 우리의 '점진적 구문화 모델'에서는 '발전의 연속 단계(a succession of developments)'라는 것이 있다. 우리는 그러한 연속 단계가 의미 또는 형식, 또는 둘 모두의 변화를 수반한다고 기대한다. 또한 구문화 이후 발생하는 변화의 연속 단계가 '문맥상의 확장'을 수반할 수도 있고(Himmelmann(2004)), 반대로 여러 가지를 잃을 수도 있다. '구문화 이전의 구문변화와 이후의 구문변화' 사이에 존재하는 차이점은 뒤의 장절에서 더 보게 되겠지만, "(각 변화의) 단계들은 원래의 구조에 기초하여 개연적으로 예측가능하다"고 주장을 할 수 있다((De Smet(2012)).

'구문화 이전 변화'는 '추후의 추측과 인식(hindsight)'을 통해 판단할 수 있지만, 우리가 알고 있는 그 어떤 것도 사실 어떤 구문변화가 필수적으로 하나의 구문이 될 수 있는가라고 예측하지는 못한다. 그러나 지금까지 관찰된 구문화들의 경우, 문맥 속에 존재하는 수많은 작은 지역적 변화로부터 발생했음을 알 수 있다. 예를 들어, 처음에 'unit, group'의 의미였던 'lot'의 사용 상의 발전이나 중의적인 생산물들의 발전의 경우를 보면, 우리는 사실 추후의 추측과 인식을 통해 이러한 변화를 '구문화 이전 변화'라고 부를 수 있는 것이다.

당초에, 구문변화와 구문화는 지역적인 것이라 개별적인 '미세 – 구문'에 영향을 준다. 그러나 이러한 변화의 일부는 더 큰 체계적인 변화(시스템상의 변화)의 일부로 볼 수도 있다. 예컨대, 부분표현 'a lot of NP'의 형태적(form) 조상은 영어의 '소유격'이다. 여기서 수식어(modifier)는 (25)에서와 같이 소유격으로 표시되고 있다(즉, 'hlot landes'는 'parcel land.GEN'로 수식어인 'land'가 소유격의 형태로 뒤의 'parcel'을 수식하고 있다. 이것이 나중에 'of'를 사용하는 형식으로 변화함). 이때 이것은 핵의 앞에 나올 수도 있고 뒤에 나올 수도 있다.

(25) On Fearnes felda gebyrað twega manna *hlot* *landes*
In Fearn's field extends two men's parcel land.GEN

in to Sudwellan.
in to Southwell

Fearn의 필드에서 두 사람이 Southwell에 들어갈 정도로 넓은 크기의 땅[땅의 부분]을 확장했다. (Ch 659(Birch 1029) [DOE])

후기 ME시기에, 격의 시스템이 무너져서, 어순이 상대적으로 고정화되었다. 그리고 관사가 나타나게 되었다. 따라서 부분표현(a lot of land)이든, 소유(king of England)이든, 친속관계(mother of my daughter)이든 어떤 유형의 소유형식이든지 대체로 'of'(이것은 원래 'out of'의 의미이다)에 의해 표현되었다. 그리고 그 어순도 '핵 – 수식어(Head-Modifier)'로 고정화되었다.[31] 더욱이, 'a'는 임의의 명사구에서 단일 가산명사와 함께 비한정성(indefinite) 표지로 쓰였다. 이러한 것들이 바로 시스템상의 변화이고, 단지 'a lot of' 하나 심지어 부분표현 한 가지에 한해 발생한 특별한 현상이라고 볼 수 없는 것이다.

1.5.4 순간적인 구문화Instantaneous Cxzn

대부분의 구문화의 주된 양상은 그것이 새로운 교점을 생성하기에 앞서 연속적인 미세 단계의 과정을 거친다. 어떻게 보면, 모든 미세 단계는 개인의 마인드 속에서는 순간적이고, 개별적인 구문화 또한 순간적으로 보일 수 있다. 그러나 새로운 교점이 발생하기 전에 이루어지는 구문의 변화는 "그들이 연속적인 미세 단계의 과정에서 발생한다"는 점에서 볼 때 '점진적'이다. 그런데 일부 새로운 구문들은 식별 가능한

---

31) '-s 소유격'과 '수식어 – 핵'의 어순으로 된 유생물적 형식(my daughter's mother)은 적어도 ME시기까지 보존되었다. 이때는 격의 잔여 사용(다른 가능한 소유격 형식 대신에 선택된 -s를 갖는), 즉 격의 소실과 재조직화에 대한 제약으로 존재했다.

사전의 구문변화가 없이 탄생하기도 한다. 1.3에서 소개했던 네트워크 은유를 되새겨 봤을 때, 우리는 이러한 즉각적인 변화를 '순간적 유형의 교점 생성(instantaneous type node creation)'이라고 부른다. 예를 들어, 'sushi', 'table', 'devour' 등의 단어들은 하나의 '형식 - 의미의 쌍'으로서 순간적으로 차용된 것이다. 이들 단어들도 그 빌려온 사람들 사이에서는 역사를 갖고 있을 것이고 또 차용된 이후에 구문변화를 겪을 수도 있다. 그러나 이들이 차용될 당시의 목표 언어에서는 '작은 단계의 변화로 나타난 결과물'이라 볼 수는 없다. 한편, '차용(borrowing)'은 주로 어휘 영역에서 발견되지만 때때로 형태소가 차용될 수도 있다. 특히 파생형 태소(derivational morphology, '-ity, -able/-ible' 등)가 그러하며(McMahon (1994:8장)), 이 경우 순차적인 변화가 발생할 수 있다. 왜냐하면 형태소들은 보통 처음에 그들의 어근(base)과 함께 차용되었다가, 점차적으로 다른 어근들과 사용되게 되면서, 결과적으로 하나의 '단어형성 도식(word-formation schema)'이 되기 때문이다.

이러한 순간적 변화의 또 다른 예로 '전환(conversion)'이란 것이 있다. 이것은 'to calendar/google/window' 등처럼 단어형성의 책략 상 순간적으로 화자들이 명사를 동사로 바로 사용하게 하는 등의 변화이다. 또 다른 예로 '약어(acronym)'가 있다. 예컨대 'wags'(원래는 'wives and girlfriend'로, 운동선수 특히 축구선수의 경우에 사용된다), 'scuba(self-contained underwater breading apparatus)' 등이 있다. 새롭게 발명된 대부분의 단어의 경우, 특히 'Xerox' 같은 브랜드 이름이 많은데, 마찬가지로 새로운 어휘적 구문이 탄생하기 전에, 어떠한 형태, 기능적인 변화도 수반하고 있지 않다. 비록 그렇긴 하지만, 그중 일부 어휘들은 연속적일 수 있다. 대표적으로 'quark'의 경우, 비록 James Joyce에 의해 만들어진 말이긴 하지만, 이는 'question, quest' 및 기타 의문사들과 함께 접촉을 하면서 기존의 샘플(exemplar)들과 부분적으로 연결되게 되었다.[32] 우리는 이러한 순간적인 미세 - 구문유형 교점의 변화 문제에 대해 4.8에서 더 자세히 다룰 것이다.

1.6 이 책과 특별히 관련된 통시적 연구

통시적 언어학의 기존 연구에서는 의미, 통사, 형태, 음운의 변화에 대해, 대체로 독립적이거나 모듈적(modular)인 현상인 것으로 취급했다. 그러나 화용론과 통사론 사이의 경계면(Hinerhölzl & Petrova(2009), Meurman-Solin, López-Couso, & Los(2012)), 통사론과 강세 패턴의 경계면(Schlüter(2005), Speyer(2010)), 또는 운율학과 의미론의 경계면(Wichmann, Simon-Vandenbergen, & Aijmer(2010)) 등과 관련된 최근의 연구에서는 '통사적 변화' 등과 같은 '순수한' 변화는 언어 사용의 실체라기보다는 '이론과 방법론'의 생산물이라고 주장했다. 한편, '사용 - 기반 구문론적 접근법'은 문법이 언어적 지식의 시스템이란 점에서 '형식 - 의미의 쌍' 또는 '기호'로 구성된다고 주장하는데, 이것은 그 초점을 '형식의 변화와 의미의 변화 간의 연결'로 바꾸었다.

이 부분에서는 '구문'이라는 용어개념이 역사 언어학에서 어떻게 이용되고 공헌되는지 특히 문법화 연구에서는 어떠한지 보려고 한다. 우리는 또한 문법화와 어휘화에 대해 그 키포인트를 찾아보려고 하는데,

---

32) [역주] 'quark'란 말은 원래 James Joyce의 소설에서 "Three quarks for Muster Mark!" 란 대목을 통해 처음 나오게 되었다(이와 관련해서는 아래 4.8참조). 그런데 이것이 'question, quest' 등의 말과 함께 접촉이 되면서 'question mark'의 의미로 쓰이게 되었는데, 이러한 의미를 갖게 되는 과정은 비교적 연속적일 수 있다는 것이다.

우리가 문법적/허화적 구문화와 어휘적/내용적 구문화에 대한 견해를 이해하는데 있어서 이것이 매우 필수적이기 때문이다. 아울러 우리는 역사적인 견해를 채택하고 있는 구문문법의 연구에 대한 간단한 개황을 제시하고자 한다.

1.6.1 초기 역사 언어학에서 사용된 'construction'

'construction'이란 용어는 형태통사적 변화와 관련된 논문들에서 지난 20여 년간 널리 사용되어 왔다. 그러나 이 용어가 정확히 무엇을 의미하는지 항상 분명치 않았다. 대개의 경우 이것은 구문문법학자들에게 익숙한 '형식 - 의미의 쌍'이 아니라, '구(phrase)'나 '문장의 구성요소(constituent)'로 알려지거나, 문법 항목들이 발전해 나오는 '통사적 문맥(syntactic context)' 정도로 알려져 왔다. 이것은 라틴어 문법의 전통을 부분적으로 반영하는데, 그 이유는 'constructio'가 그리스어의 'sýntaksis (통사)'란 말을 번역하는데 쓰였기 때문이다. 사실상 'construction'은 주로 역사언어학에서 지난 과거에 주로 '어휘' 보다는 '통사'로 알려져 왔으며, '어휘'로의 확장은 주로 구문문법의 관점과 관련이 있다.

역사언어학에서는 "변화란 문맥 속에서 출현하게 되고 이 '문맥'이 곧 'construction'으로 불리어 왔다"고 하는 기초적인 개념을 갖고 있었다. 이 개념의 함의에 대해서는 5장에서 논의할 것이다. 이처럼 문법화의 예로서 확인된 변화들이 언어적인 문맥과는 분리되어 독자적으로 발생한 것이 아니라는 것은 사실이다. 예컨대, 라틴어의 'dare habes ('give:INF have:2Sg')'는 7세기에 'daras('give:FUT')'(Fleischman(1982:68))로 바뀌는 변화가 발생했는데, 이때 동사어근인 'da-'는 어떤 형태통사적인 변화도 겪지 않았다.[33] 기존의 비정형 동사의 문맥에서 변화를 겪은 것은 'habe-'이다. 그러므로 다음과 같은 언급이 있다.

> "문법화는 단지 단어나 형태소만을 포착하는 것이 아니다 …… 그러나 해당 요소들의 통합적(syntagmatic) 관계에 의해 형성된 전체 'construction'을 포착해야 한다." (Lehmann(1992:406))

여기서 'construction'은 확실히 통사적 개념이며, 통사적 연결체(syntactic string) 또는 구성요소를 언급하는 것이다. 그러나 Bybee 및 그의 동료들의 연구에서 그 용어는 구문문법의 이른바 '형식 - 의미의 쌍'에 근접한 의미로 이해되었다.

> "그것은 문법적 의미의 선구자 즉 기원이라고 할 수 있는 전체적인 'construction'이지 단지 어간의 어휘적 의미만이 아니다." (Bybee, Perins & Pagliuca(1994:11))

Bybee, Perkins, Pagliuca 등이 "문법적인 것의 발전이란 '의미와 형식'의 역동적인 '공(共)진화(coevolution)'에 의해 특징지어질 수 있다.(p.20)"고 가정을 했기 때문에, 그들은 문법이란 것에 대해 '형식 - 의미'가 핵심적인 역할을 하는 것으로 생각하고 있다. 그러나 그들은 그러한 문법에 대해 이론적으로 정교화된 견해를 제시하지는 않았다.

일반적으로, 'construction'이란 용어를 사용하는 학자들이 그들 스스로를 솔직하게 구문문법과 연결 짓지 않는다면, 자신들의 맘속에 구문론자적인 설명법을 갖지는 않을 것이다. 이러한 상황은 심지어

---

33) 'daras'와 관련된 토론이나 설명은 2.5.1.3을 참고하기 바란다.

이 책의 제1저자인 Traugott에 의해 2007년 이전에 나온 논저들, 특히 Traugott(2003)까지도 해당되고 있다.

한편, 구문적 변화와 관련한 연구에서 주의의 초점이 되어 왔던 변화들은 대부분이 사실상 문법화로 널리 알려졌던 것들이었다. 이에 먼저 문법화에 대해 살펴보도록 한다.

1.6.2 문법화grammaticalization

제3장의 주요 내용은 바로 문법화의 여러 측면들이 '문법적 구문화'의 내에서 어떻게 설명될 수 있는가라는 것이다. 문법화란 '문법적 범주의 생성(The creation of grammatical categories)'이라고 널리 정의되어 왔고(Lehmann(2004:183))[34], 또 그것이 격, 시제, 상, 양상, 서법, 접속사 등의 문법적 표지의 생산을 의미한다고 말할 수 있을 것이다. 문법화의 전형적인 예는 아래와 같다.

(26) a. 라틴어 *cantare habeo* ('sing:INF have:1sg') > 프랑스어 *chanterai* ('sing:FUT:1sg') (Fleischman(1982:71))

b. 고대헝가리어 *világ bele* ('world core/guts:directional') > *világbele* ('into the world') > *világba* (굴절의(inflected) 명사 *bele* > 격표지 (case marker) *ba*) (Anttila(1989:149, Lehmann(1995:85))

c. OE *an* ('one') > *a* ('부정관사(indefinite article)') (Hopper & Martin(1987)

d. OE *ænlice* (*an* ('one') + *lice* ('having the form of')) > *only* ('부사적 배제 초점표지(adverbial exclusive focus marker)') (Nevalainen(1991a))

---

34) Lehmann은 그러나 이 견해가 너무 많은 것을 포함하고 있다고 우려를 표명하기도 하였다.

양 극단이란 차원에서 볼 때, '문법화'와 관련하여 현재 두 가지 주요 관점이 존재한다(Traugott(2010a) 참조). 먼저, 최초의 전통에서 문법화는 '기원이 되는 어떤 표현'의 각종 측면이 그 의존성(dependency)이나 감소성(reduction)이 증가하는 것을 가리켰다(Lehmann(1995), Haspelmath (2004) 등). 그리고 여기서 논의되는 대부분의 변화는 적어도 어느 정도는 형태론적이다(위의 26a,b가 여기에 속한다). 우리는 이러한 관점에 대해 '형식의 감소 및 의존성의 증가라고 하는 문법화' 전통으로 부르고자 한다. 두 번째로, 대부분의 경우에서 특히 보다 최근에는 문법화가 의미 - 화용론적, 통사론적, 그리고 연어적인 범위의 확장을 의미하기도 한다(Himmelmann(2004)). 그리고 여기서 논의된 변화는 형태론적인 것 뿐 아니라 통사 및 담화 관련적이다. 따라서 (27)과 같은 예들이 (26)과 더불어서 논의될 수 있다. 여기서 (27a)는 화용적 표지 발전의 예라 할 수 있고, (27b)의 예는 특수화(specificational)한 정보 - 구조화 (information-structuring) 발전의 예이다.

(27) a. *say* ('(주동사 say의 명령형)imperative of main verb *say*') > 'for example, suppose(예를 들어, 가정)'. (Brinton(2006:89));
   only ('배제 초점 표지(exclusive focus marker)') > 'except(~을 제외하고), 담화연결어(discourse-connective)'. (Brinton(1998), Meurman-Solin(2012)).

   b. *All I did was to X* ('everything I did was for purpose of X') > *All I did was X* ('the only thing I did was X'). (Traugott(2008c)).

우리는 이 두 번째의 경우를 '확장으로서의 문법화' 전통이라 부른다. 이렇게 접근법의 차이가 나타나는 것은 연구자의 '문법'에 대한 견해가 약간씩 다르기 때문이다. 예를 들어, 문법에 대한 제한적인 설명은 대개 화용적 표지를 포함하지 않는 경향이 있다. 특히 이것은 Rizzi(1997)에 의해 시작된 비교 통사 연구 이전에 해당하는데, 그들은 주로 정보구조를 포함하지 않았다. 이러한 접근법의 차이는 또 크게 두 가지 초점에 의거하고 있다. 그 중 하나는 그 초점이 '구조적 변화'에 있는가의 여부로 이때 이 구조 변화는 형태의 감소 뿐 아니라 '내용적 의미의 감소(bleaching)'도 수반한다. 다른 하나는 그 초점이 '이러한 감소가 사용을 위해 얼마나 중요한가'에 맞추어져 있을 수도 있다. 그래서 이 경우엔 '사용상의 증가된 생산성이나 빈도성'이란 관점에서 보게 된다. 예컨대, Lehmann(2008)의 '대조적인 정보구조화에서의 변화(changes in contrastive information structuring)'에 대한 연구는 둘로부터 하나의 절로 감소하는 것을 부각시키고 있다. 그러나 Traugott(2008)의 '의사 - 분열문의 발전(the development of pseudo-cleft)'에 대한 연구는 이용 가능한 문맥적 유형의 증가에 초점을 맞춘다. 한편, 구문문법은 포괄적(all-inclusive)인데다가 문법내의 '화용적 표지'도 포함하기 때문에, 문법화의 이러한 비 - 제한적인 견해는 구문문법과 일맥상통한다. 그리고 여기서 채택하고 있는 구문문법의 유형은 '사용 - 기반적(usage-based)'이기 때문에 그것은 감소, 확장 할 것 없이 문법화와 통하고 있다. 우리는 이 책에서 "확장과 감소라는 것이 서로 직교적인 관계가 아니라, 변화하는 동안 상호간 밀접하게 관련되어 있음"을 보여줄 것이다.

1.6.3 어휘화Lexicalization

공시와 통시 언어학 두 관점 모두 '어휘화'에 대한 연구 영역이 자립적이고 내용적인 의미를 부호화(coding)한다는 면에서는 유사하지만, 이 어휘화란 용어가 두 관점의 연구에서 대개 다르게 이해되고 있다

(Brinton & Traugott(2005)).

다수의 공시 언어학자들은 '어휘화됨(lexicalized)'을 "분절적(segmental) 표현을 갖는다."라고 본다. 대표적으로 Talmy(1985, 2000)의 연구에서, '어휘화'란 이동(motion), 경로(path), 방식(manner) 등의 인지적 시나리 오의 묶음과 부호화를 위해 사용되고 있다. 특히 그는 이동의 의미적 경로(semantic path)와 방식(manner)/원인(cause)이 어떻게 융합되는가 에 관심을 갖는다. 그는 중국어와 모든 인구어들을 로망스어와 구분한 다. 전자의 경우 '이동+방식/원인'을 함께 어휘화하고, '경로'를 위성으 로 다룬다(The rock slid down the hill(그 바위는 언덕 아래로 미끄러 져 내려갔다) [slide=이동+방식(미끄러운 표면을 따라가다), down the hill=Path]). 이에 반해, 로망스어, 셈어, 폴리네시아어, 아추게위 어(Atsugewi), 나바호어(Navajo)는 '이동+경로'를 부호화하고, '방식' 을 위성으로 다룬다(예컨대 스페인어의 "la botella entró a la cueva flotando('the bottle entered the cave floating(그 병이 굴속으로 흘러 들어 갔다')"가 있다).35) 그런데 흥미롭게도, 로망스어의 조상인 라틴어는 영 어처럼 '이동+방식/원인'을 부호화한다. 한편, 최근에 Beavers, Levin, & Tham(2010) 등은 많은 범언어 자료를 모아 Talmy의 근원적 유형론은

---

35) [역주] Talmy는 '어휘화'를 이른바 '주의의 배분'을 통해 개념성분들이 융합되어 실 제 어휘로 표현되는 과정이라고 하였다. 그는 한편, 세계의 언어를 상기의 융합 방 식에 따라 구분하였다. 그리하여 '이동'과 '경로'가 함께 융합되어 동사 하나로 표현 되는 언어를 '동사 틀(verb-framed) 언어'라고 했고, '이동'이 '방식'이나 '원인' 등과 융합하고, '경로'가 따로 표현되는 언어를 '위성 틀(satellite-framed) 언어'라고 했다. 전자에는 위와 같이 Romance어 등이 있고 그 외에 일본어나 한국어도 포함된다. 후자에는 Romance어를 제외한 대부분의 인도유럽어와 중국어 등이 포함된다. 다 만, 최근의 여러 연구에서 이와 같은 구분이 너무 단순하여 좀 더 복잡하고 다양한 방식으로 구분해야 한다는 주장이 제기되고 있다.

너무 단순하다는 것을 지적했다. 그들은 이동, 경로, 방식/원인이 대부분의 언어에서 다양한 방식으로 묶일 수 있음을 보여줬는데, 이때 주로 접촉과 차용이 적용된다. 그러나 Beavers, Levin, & Tham(2010)에 따르면, 표현의 복잡성 그리고 각 언어의 어휘적 목록의 성향 때문에, Talmy에 대한 선호도가 높아졌고, 그 이후에 다른 사람들이 그를 따르고 그의 이론을 계속 확인해주었다고 한다. 이러한 유형의 어휘적 부호화(lexical encoding) 방식은 통시적 관점에서는 거의 연구되지 않았고 이 책에서도 더 이상 추구하지 않을 것이다(이에 대해선 Slobin(2004), Stolova(2008,2015), Fanego(2012a) 등을 참조할 것).

역사적인 연구논문에서 '어휘화'란 용어는 한동안 '문법화에 대한 일부 잠정적인 반례'를 지칭하는 것으로 사용되어 왔다(여기에는 '탈문법화(degrammaticalization)'가 대표적). 특히나 'up'과 같은 문법적 표현을 완전한 동사로 사용한다든지, 'if, and, but'을 'ifs, ands, buts' 등의 명사로 사용하는 것이 그 예이다(Ramat(1992), Campbell(2001), Van der Auwera(2002)). 4.9에서 보겠지만, 이러한 것들은 더 이상 문법화의 반례가 아니다(Lehmann(2004), Norde(2009)). 그보다 이것은 이른바 '전환(conversion)'으로 알려진 '단어형성법'의 예라 볼 수 있다. 이 '전환'을 통해 소리를 포함한 어떠한 언어적인 요소도 주요 내용적 범주의 멤버가 될 수 있는데 영어에서는 대개 명사가 해당되며 일부 동사도 이에 해당될 수 있다.

어휘화는 또한 다양한 방법으로 '감소(reduction)'로 해석되는 문법화와 비슷하게 이해되어 왔다(Brinton & Traugott(2005)). 그것이 특히 '합류(coalescence)', '융합(fusion)', '단일화(univerbation)'의 증가를 수반한다는 관점에서 그러하다(Lehmann(2004)). 이러한 관점에서, '어휘화'에서는 "어느 한 때 만들어진 한 복합적인 어휘항목이 '단일하고 완벽한 어휘적 단위(single complete lexical unit)'로 변화하기도 한다(Lipka(2002))." 예컨대, 다음과 같다.

(28) a. OE *god* ('good') + *spell* ('message') > *gospel*
　　b. OE *neah* ('near') + *gebur* ('dweller') > *neighbour*
　　c. ME *cup* ('cup') + *board* ('shelf') > *cupboard* ('storage space')

그리고 보다 도전적인 것은 아래 (29)와 같은 예이다.

(29) a. He ***curried favour*** with the boss. ('He ingratiated himself with the boss')
　　그는 사장의 비위를 맞추었다.

　　b. He ***paid attention to*** the speech. ('He attended to the speech')
　　그는 그 말에 주의를 기울였다.

그렇다고 여기서 이와 같은 새로운 구문을 하나의 '단일하고 완벽한 어휘적 단위'로 묘사할 수는 없다. 그보다 이것은 '비-합성적이고, 복합적인 구문'이라 말할 수 있으며, 그것의 전체의 의미는 주로 내용적이다 ('ingratiate oneself with someone'의 의미를 볼 것). 이보다 더 도전적 예는 바로 (30)과 같은 것이다.

(30) a. He ***had a shower.*** ('He showered')
　　그는 샤워를 했다. 이는 '샤워를 소유하다'가 아니다.

　　b. He ***took a walk.*** ('He walked')
　　그는 걸었다.

Brinton(2008)이 논했듯이, (30)에서와 같은 '합성적 서술어(composite predicate)'는 부분적으로 어휘적이고 또 부분적으로 문법적인 특징을 보여준다. 이러한 '경동사(light verb) *give/have* + 동사파생적 명사(deverbal N)'는 특이하면서도(idiosyncratic) 부분적으로 어휘적인 의미를 갖고 있다. 그러면서도 그들은 영어에서 종결상(telic aspect)의 표지로 진화하기도 하였는데, 이러한 측면에서 그들은 바로 문법적이다. 마지막으로 더 복잡한 것으로 (31)과 같은 예가 있다.

(31) a. He ***gave them a talking to***. ('He berated them')
      그는 그들을 호되게 꾸짖었다.

   b. He ***gave them a kicking***. ('He assaulted them')
      그는 그들을 공격했다.

여기서 단순히 "He gave them a talking to"를 '-ing' 때문에 "He talked to them"의 비종결(atelic) 등가물로 볼 수는 없다. 그 보다는 (30)에서와 같이 더욱더 어휘적인 해석이 그 생산물 속에 포함되어 있다고 봐야 한다. 여기에는 특히 물리적인 공격이나 동사적인 질책 등의 의미가 추가되어 있다(Trousdale(2008a)). 이와 같은 복합적인 예들은 4장과 6장에서 간단히 검토할 것이다.

1.6.4 변화의 메커니즘

역사언어학자들의 주요한 의문은 바로 언어 사용자들이 "오랜 시간에 걸쳐 한 표현에 대해 '대안적인 정신적 표현(alternative mental representations)'을 어떻게 추가하는가"이다. 여기서 언급할 수 있는 일 반적인 접근법은 바로 '변화의 동기화(motivation 즉, why)'와 비교하며 '변화의 메커니즘(mechanisms, 즉, how)'을 언급하는 것이다. 그 중 '동 기화'라고 하는 것은 '위세(prestige)'[36)와 같은 사회언어학적인 여러 방 법으로도 이해될 수 있다. 여기서 우리는 '동기화'와 관련하여, '의사소 통적인 것' 뿐 아니라 '인지적 - 기초를 둔 동기화' 예컨대 '유추적 사고' 라든가 '습득' 등을 언급할 것이다. 심지어 자기 자신을 독특하거나 현 저하게(또는 한 그룹의 일원으로) 표현하고자 하는 것도 포함된다. 한 편, "'변화에 대한 메커니즘'은 언어가 사용되고 있는 동안 나타나는 과 정으로 일종의 '언어를 생산하는 과정'들이다"(Bbyee(2001:190)). 지금까 지의 연구는 주로 그러한 메커니즘의 작은 집합에 대해서만 이루어져 왔다. 즉, 다음과 같이 말할 수 있다.

> "인간의 '신경지배계', '지각적 그리고 인지적 능력'(이러한 능력들은 언어 습득이나 언어의 사용에서 언어적인 본질, 요소와 상호작용을 하는 것임)으로부터 비롯되는 메커니즘의 제한적인 집합을 가정함으로써, 가능 한 언어 구조와 단위의 범위가 나타나게 될 것이다."(Bybee(2001:190))

문법화 관련 글에서 논의되었던 주요한 변화 메커니즘은 '재분석(우리 의 '신분석')'이어왔다. 이 재분석의 주안점은 바로 '근원'과의 차이에 있 다. 최근에 사람들은 '유추'에 관심을 가졌는데 여기서의 포커스는 곧 '원래 근원(original source)'을 '지금 존재하고 있는 구문'과 일치시키는

---

36) [역주] 이것은 사회언어학자인 윌리엄 라보프가 고안한 용어로 언어 간에 위세의 차이가 존재한다는 이론이다. 예컨대, 표준어가 방언에 비해 상대적으로 위세와 권 력을 갖는 위세 언어가 된다.

것이다. 이때 '지금 존재하는 구문'은 어떤 면에서는 유사한 것으로 보이기도 하고, 또 '샘플(exemplar)'로 다루어지기도 한다.[37] 우리는 아래에서 왜 '재분석'을 '신분석'으로 표현하고, '유추'를 '유추화'라고 표현하는지 설명할 것이다. 우리는 또 2장에서 'how'와 'why'로 돌아가서, 변화에 수반되는 과정과 관련하여 보다 미립자적인 가설들에 대해 다룰 것이다.

1.6.4.1 신분석Neoanalysis, 재분석(reanalysis)

Meillet는 1912년 문장에서 '문법화'란 용어를 소개하면서 다음과 같이 말을 했다.

> "유추는 형식의 세부사항들을 다시 새롭게 할 수 있으나 기존 시스템의 구조를 대개 완벽하게 남겨둔다. 이에 비해, 어떤 단어의 '문법화'라는 것은 새로운 형식을 생산하고, 전에 언어적 표현을 갖지 않았던 범주들을 소개하게 되며 그 시스템을 전반적으로 변형시킨다." (Meillet(1958[1912]: 133))

Meillet는 '재분석'이라는 말을 쓰지 않았다. 이것은 1970년대 개발된 용어이다. 형태통사적 변화상의 재분석은 그 정의가 Langacker에 의해 이루어지게 되었는데 그것은 이후 재분석이란 용어의 기초로 알려지게 되었다.

---

37) Harris & Campbell(1995)은 형태통사론적인 변화에서 재분석과 유추 다음으로 세 번째 메커니즘으로 '차용'을 들었다. 언어 변화 특히 문법화에서 '접촉'이란 이슈가 비록 중요하긴 하지만(Heine & Kuteva(2005), Schneider(2012)참조) 여기서 우리는 소개하지 않을 것이다. 한편, Bybee(2003)는 '빈도성'을 하나의 메커니즘으로 다루기도 하였다. 그런데 우리의 견해에서 그것은 일상화와 도식화의 부수적 현상으로 취급하지 하나의 메커니즘으로 보지는 않는다.

"(이것은) 어떤 한 표현 또는 표현 부류의 구조(structure)상의 변화로, 즉각적이거나 본질적인 어떠한 수정도 표면적인 명시(surface manifestation)에서 드러나지 않는 것을 말한다." (Langacker(1977:58))

　　'표면적 명시'에서 주요한 수정이 드러나지 않고 있는 변화의 예로, '핵(Head) + 수식어(Modifier) > 수식어(Modifier) + 핵(Head)'의 변화가 있다. 이것은 앞의 1.5.1에서 설명했던 '이항적 부분표현(binominal partitives) > 이항적 양화사(binominal quantifier)'이다.[38]

　　Harris & Campbell(1995:50)는 Langacker가 묘사한 'structure'를 '저변 구조(underlying structure)'로 해석하고 있다. 그리고 이것은 적어도 다음과 같은 것들을 포함한다고 한다.

(i) 구조성(constituency)
(ii) 계층구조(hierarchical structure)
(iii) 범주표시(category labels)
(iv) 문법적 관계(grammatical relation)

　　'라틴어 *cantare habeo* > 프랑스어 *chanterai* (노래하다) (26a, 다만, 이 것은 그 변화의 단계가 멀리 떨어져 있기 때문에 재분석 과정에서 표면적 명시가 나타나고 있다.)'의 예를 보면, 이것은 '구조성의 변화(constituency change)(즉, 구가 하나의 단어가 되었다)'를 보여주고 있고 또 '범주표시(category label)의 변화(소유의 주요 동사인 'habe-'가 미래

---

38) 명시적인 변화가 어떻게 안 나타날 수 있는가에 대해서는 앞의 각주30에서 언급했 던 Francis & Yuasa(2008)의 견해를 통해 밝혀졌는데 이들에 의하면 단지 의미적인 변화만이 발생했다고 한다.

접사로 되었다)'도 보여주고 있다. 그리고 Langacker(1977)이후 재분석의 개념은 형태통사적인 것에서 의미적, 음운적인 것으로까지 확장되었다(각각 Eckardt(2006), Bermúdez-Otero(2006) 참고가능).

그러나 '재분석'에는 몇 가지 문제가 있다. 하나는 용어상의 문제이다. 만약 문제의 구문을 아직 내재화하지 않은 언어 사용자들이 화자와는 다른 방법으로 구문을 해석한다면, 're-(재)' 분석은 출현하지 않는다. 단지 '다른(different)' 분석일 뿐이다. 엄격히 말하면, '가지고 있지 않은데' 한 구조를 '재'분석할 수는 없는 것이다. 이것이 바로 우리가 Anderson(2001)의 견해를 따라 '신분석'이라는 용어를 쓰는 이유이다. 또 하나의 재분석의 문제는 새로운 분포가 '새로운 저변에 감춰진 분석 (new covert analysis)'을 기반으로 이루어지지 않는다면, 이는 입증되지 않는다는 것이다(Harris & Campbell(1995), Hopper & Traugott(2003), Fischer (2007)). 즉, 'a lot of'같은 예에서 만약 (18)과 같은 예의 증거가 없다면 우리는 이것이 신분석되었는지 알 수가 없다. (18)에서 N_2는 물리적으로 구체적인 부분으로 나눌 수가 없다(즉, 'a lot of power'에서 N_2인 'power'를 '몫(lot)'을 의식하여 나눌 수는 없다. 이것은 추상명사이기 때문이다). 또 (20)에서 일치는 N_2와 이루어지지 NP_1과 이루어지지는 않는다(즉, 'a lot of goods'에서 N_2인 'goods'가 일치의 대상이다).

한편, 문법화와 관련된 글에서 문법화가 재분석인지에 대한 논의가 있기도 했었다. 여기에는 예컨대 Roberts(1993) 등이 있다. 그러나 Heine & Reh(1984), Haspelmath(1998) 및 기타 많은 이들은 그럴 리 없다(문법화가 재분석임)고 주장한다. 그리고 대부분의 논의는 "재분석은 큰 - 스케일의 변화를 포함하고 있다(Lightfoot(1999:87-91), 'catastrophic(괴멸적인) 변화' 부분 참조)"는 생각에 기반하고 있기 때문에, 그러한 논의들은 이 장에서의 구문화 토론과는 관련이 없다. 뒷부분 장절, 특히 2.6을 보면 여기서 '점진성(gradualness)'과 관련된 몇 가지 이슈가 출현한다 (이것은 일종의 언어적 요소의 미세 - 변화이다). 우리는 '신분석'이란 구문변화에서 일어나는 일종의 '미세 단계(micro-step)'라고 보면 족할 것이다. 미세 단계의 변화는 형식의 변화이든 의미의 변화이든, 자질을 사용하는 구문문법의 모델에서는 특별히 잘 포착될 수 있다(Head Driven Phrase Structure Grammar(HPSG) 모델은 Fried & Östman(2004a)에서 예시되고 있다.39) 그리고 SBCG(기호기반 구문문법) 모델은 Sag(2012)에 의해 예시되고 있다). 앞에서 본 양화사 'a lot of/lots of'의 발전은 바로 미세 단계의 신분석을 포함한다. 즉 이것은 '양(quantity)적 함축을 포착한 화용적 자질로부터 발생한 신분석이다. 다시 말해서, 이것은 바로 'part'라는 의미로부터, 바로 양화사의 의미를 규명하고 있는 '큰 양(large quantity)'이라는 의미적 자질로 신분석이 이루어진 것이다. 이러한 분석을 사용하는 화자들에게 있어서, 구문의 의미적 변화는 '이항적 부분표현'과 '이항적 양화사'로 귀결되며, 둘 다 NP₁의 위치에 'lot'을 갖는다. 이것이 바로 Eckardt(2006)가 '의미적 재분석(semantic reanalysis)'이라고 부른 것이다(Nørgård-Sørensen, Heltoft, & Schøsler(2011)). 이러한 양화사의미가 관습화되었을 때, 더 심화된 미세 단계의 신분석은

---

39) [역주] 'HPSG'이론은 매우 어휘화된, 제약 - 기반 문법으로 Carl Pollard와 Ivan Sag에 의해 개발되었다. HPSG 문법은 원리와 문법규칙, 그리고 어휘목록을 포함한다. 이것의 형식주의는 곧 어휘주의(lexicalism)에 기초하고 있기 때문에, 여기서의 어휘란 단순한 목록이상을 의미한다. 그 자체가 풍부하게 구조화되어 있으며, 각 개별 목록은 'type'으로 표지되어 있다. 이 'type'은 위계를 형성하는데, 이 문법의 가장 기본적인 type은 '기호(sign)'이다. 그리고 '단어'와 '구'가 이 기호의 하위type이다. 단어는 두 개의 자질로 되어 있다: "[PHON] (the sound, the phonetic form), [SYNSEM] (the syntactic and semantic information)" 그리고 기호와 규칙은 '유형화된 자질 구조'로 공식화되어 있다.(이상 '위키백과' 참조)

(18)에서 봤듯이 '의미적 핵의 변화(semantic head shift)'로 귀결된다. 그리고 여기서 부분표현의 해석은 더 이상 불가능하다. 여기까지가 일종의 '구문변화'인 것이다. 한편, 'a lot of'와 뒤이어 나오는 동사 사이에 불일치의 증거가 존재하는데(20의 경우), 이는 '통사적 핵의 변화(syntactic head-shift)를 수반한 더 심화된 구문적인 신분석을 제시하고 있다. 그리고 그 결과는 바로 '구문화'이다.

1.6.4.2 유추화 Analogization, 유추(analogy)

Meillet가 문법화에 관한 글을 쓸 때, '유추'의 개념은 지금의 것과는 다소 달랐다. 그것은 대부분 '개별적인 샘플(exemplar) - 기반 패턴 매칭'에만 제한되어 있었고, '규칙(rule, Kiparsky(1968))이나 제약(constraint, Kiparsky(2012))의 일반화된 확장'으로 개념화되지는 않았다. 문법화에서 유추의 역할은 계속 인식되어 왔다. 그러나 20세기 후반 문법화를 설명하는 이론 틀들이 출현하고 있을 때, 유추는 변화와 관련된 엄격한 가설에 이용하기에는 너무 비제한적이거나 자유롭게 느껴졌었다(Givón(1991)). 그래서 그것은 문법화와 관련한 일부 연구에서 단지 마지못해 받아들여지곤 하였다. 예컨대, Haspelmath(1998)와 더불어, Lehmann(2004)은 그의 이른바 '유추가 없는 순수한 문법화'와 '유추가 있는 문법화'를 명시적으로 구분하였다. 그가 말한 '순수한 문법화'의 예는 다음과 같다(Lehmann(2004:161))

- 게르만어파 로망스어에서:
  ⅰ) 숫자 '하나'(numeral 'one') > 부정관사(indefinite article)
  ⅱ) 지시사(demonstrative) > 정관사(definite article)

- 고대 그리스어에서:
  iii) 공간적 전치사(spatial preposition) > 수동행위자 표지(marker of the passive agent)

- 로망스어의 여러 방언에서:
  iv) 인칭대명사(personal pronouns) > 동사에 선행하는 교차지시 표지(preverbal cross-reference markers)

그러나 라틴어 'cantare habeo'의 경우는 약간 다르다. 이것은 여러 가지 어순(order)으로 확인되었는데, 대부분 부정사(infinite)보다 선행하는 'habe-'를 갖고 있었다. 즉, 'habeo cantare'와 같다. 즉, 부정사(infinite) 다음에 오는 'habe-'를 갖는 어순은 굴절 미래가 발달하기 이전에 고정화됐을 것이라 추측되고 있다. 그래서 Lehmann은 이러한 '고정화(fixing)'가 이미 존재하고 있는 굴절 미래와의 유추에 기인했을 것으로 보고 있다. 예를 들어 'cantabo(I will sing)' 등이 있다. 그는 이어서 "유추에 기원한 문법화도 여전히 문법화의 일종이다"라고 말하고 있다. 그러나 문법화의 '고유한 본질(proprium, 즉, specific nature$_{T\&T}$)'은 단지 순수한 문법화로 나타난다고 결론짓고 있다(2004:162).

문법화에서의 유추의 역할은 특히 Fischer의 책(2007)에서 재평가되고 있는데, 여기서 그는 변화에서의 유추의 중요성을 옹호하고 있다. Fischer는 Anttila(2003)의 '유추적 시스템(analogical grid)'에 의존하여 유추가 '계열적(paradigmatic(iconic))'인 것과 '통합적(syntagmatic(indexical))'인 두 측면에서 모두 작동하고 있다고 주장한다. 그녀는 언어사용의 구조적 특성보다는 발화 과정상의 처리(on-line processing)에 포커스를 맞추고 있다. 그래서 그녀는 재분석이 아니라 유추가 문법화의 주요 메커니즘이라고 주장한다(De Smet(2009)). 한편, 문법화 관련 글에서 주목되는 시선에 변화가 발생하였는데, 기존에는 'cantare habeo > chanterai'와 같은 개별적 표현들의 (변화) 궤적, 또는 '주요동사> 조동사> 접어(clitic) > 굴절'이라는 추상적 연속변이(cline) 위주였다. 그러다가 이후에는 하나의 '범주'나 '구문' 내에서 문법화되는 항목들이 연결될 수 있는 방법으로 바뀌었다(Heine와 그의 동료들이 했던 유형론적인 연구가 특별히 여기서 중요하게 되었다.) 이것은 '구문문법'에서의 '집합(set)'이나 '네트워크'에 주의를 두었던 것과 일맥상통한다. 뒤의 3장에서 자세히 언급하겠지만, 우리는 '유추적 사고(analogical thinking)의 과정'과 '유추적 메커니즘(the mechanism of analogy)'을 구분해야 하다는 입장을 취한다. '생각하기(thinking 즉, 동기화)'와 '패턴 매치에 기반을 둔 변화(즉 메커니즘)' 간의 중의성을 피하기 위해서, 우리는 이러한 '유추적 메커니즘'을 '유추화(analogization)'라고 부르고자 한다(더 자세한 사항은 Traugott & Trousdale(2010a) 참조). '유추적 사고(analogical thinking)'는 '의미와 형식이란 국면'과 일치하는 것이다. 그것은 변화를 가능하게 하지만 변화로 끝날 수도 있고 끝나지 않을 수도 있다. 이에 반해, '유추화'는 '기존에 존재하지 않았던 의미와 형식'의 일치를 초래하는 변화의 메커니즘 또는 과정이다. 이와 마찬가지로, '구문분석(parsing)'[40](이 구문분석의 과정은 기존의 것들과 다른 분석을 가능하게 한다(또는 동기화한다))의 과정을 '신분석의 메커니즘(이것은 새로운 구조로 귀결된다)'과 구분하는 것도 중요하다. 그래서 그 차이점들은 아래의 표 1.2로 정리할 수 있다.

---

40) [역주] 문장분석이라고도 하며 문장 생성의 역방향으로 볼 수도 있다. 주어진 문장으로부터 그 문장의 생성에 적용된 규칙 및 그 순서(즉, 문장의 구조)를 알아내는 작업을 말한다. 문장 내에서 통사들이 어떻게 처리되는가를 이해하기 위해서는 각각의 구성 성분이 가진 관계를 분석하여 상위 단위로 구분해야 한다.

표 1.2 동기화와 메커니즘

변화를 가능하게 하는 과정 (Change-enabling process)	메커니즘(Mechanism)
유추적 사고(Analogical thinking) 구문분석(Parsing)	유추화(Analogization) 신분석(Neoanalysis)

　유추화와 관련한 대부분의 토론은 '샘플 - 기반적(exemplar-based)' 이다. 즉, "우리는 문법을 구문에 기반한 것으로 생각할 필요가 있다. 그리고 문법을 또 모범(샘플) 표현을 가진 것으로도 볼 수 있는데, 모범(샘플) 표현에서 사용상의 개별 실례들이 표현에 영향을 줄 수 있다"(Bybee(2006:714), Bybee & McClelland(2005)). 한편, 변화에 대한 '구문론적 관점'은 '패턴 일치(pattern matching)'가 변화에서 매우 중요한 요소라는 생각을 강력히 지지해주고 있다. 그것은 바로 구문문법이 어떤 한 집합(set)의 구성원에 초점을 맞추기 때문이다. 우리가 앞에서 봤듯이, 이중타동구문에 대한 논의에서, Goldberg는 단지 '의도적 전달(give, pass, hand, feed 등)'을 포함한 구문에 대해서만 관심을 가진 것은 아니다. 이외에 더 많은 다양한 패턴 유형에 관심을 가졌는데, 이들은 동일한 '형식 - 의미의 쌍'을 갖고 있는 것들이다. 예를 들어 '생산 및 의도적 전달(bake, build, pour 등)', '의사소통(tell, ask, quote 등)' 등이 있다. Goldberg는 또 그들 사이의 미립자적인 차이에도 관심을 가졌다. 역사적인 관점에서 볼 때, 그러한 집합들이 어떻게 생겨났고, 또 어떻게 사라졌는지에 대해 의문을 품는 것은 매우 자연스럽다. 이때, 유추적인 생각과 유추화는 바로 이러한 물음에 대해 본질적인 대답을 해주고 있다. 우리는 이 문제에 대해 2.3에서 혁신과 변화에서 네트워크의 역할과 관련하여 다시 언급할 것이다.

1.6.5 통시적 구문문법에 대한 연구

우리가 여기서 '통시적인 구문문법'이라고 말하는 것(Noël(2007)의 용어임)은 역사적인 변화를 구문문법 모델의 관점으로 설명하자는 것이다. 그리고 여기서의 초점은 바로 "'구문'이란 '형식 – 의미 쌍'으로 이해되어야 한다는 것"이다. 구문문법의 관점으로 봤을 때, Noël이 지적한 대로, 비록 이미 수행된 대부분의 연구가 문법적인 변화를 설명하고 있지만, 구문문법은 어휘적 변화 역시 포용하는 것이 특징이다. 지금까지의 상황을 보면, 대체로 구문문법이 역사언어학에 적용되어 왔거나 역사언어학이 구문문법에 적용되어 왔고, 이로써 새로운 견해가 등장해왔다. 그러나 '구문변화'에 대한 어떠한 지배적인 견해도 이러한 연구에서 제기되지 않았었고, 또 우리가 '구문화'라고 부르는 이와 같은 특별한 유형의 변화를 바탕으로 설명하지도 않았었다. 그래서 우리는 이러한 틈을 메우고자 한다.

통시적 구문문법은 1990년대 중반이후 드라마틱할 정도로 그것에 대한 흥미가 증가해왔는데, 여기서는 그중 몇 가지 주요 트랜드와 참고자료를 언급하고자 한다. 이 가운데 Israel(1996)의 연구는 Goldberg식의 '인지구문법' 이론을 '형태통사적 변화'에 적용한 초창기 연구의 예라고 할 수 있다. 여기서는 영어의 way – 구문이 발달해온 단계를 소개하고 있다. 또 Bergs & Diewald(2008)는 최초로 '구문문법'과 '형태통사 변화'를 연결하는 이론적 프레임워크의 개발을 소개하였다. 또 Bergs & Diewald(2008, 2009b)의 논문에서는 Goldberg(2006)의 구문문법적 견해와 일치하는 역사적 연구가 발견되고 있다. 그리고 Colleman & De Clerck(2011)은 최근 영어의 역사에서 이중타동구문의 의미적 진화상의 특수성을 고찰한 바 있다. 또 영어의 우언법적 사역의 발전에 대해, 급진적 구문문법의 접근법을 적용한 연구가 Hollmann(2003)에 의해 이루어지기도 했다. 한편, 다수의 연구에서 구문문법과 문법화를 연계시키려고 하였다. 이러한 추세의 대표적 연구에는 Noël(2007)과 Bergs & Diewald(2008, 2009)의 논문들이 있다. Brems(2011)는 통시적 문법화와 구문문법을 그녀의 이항적 단위 표현 발전 연구에 함께 적용하기도 하였다. 이러한 연구는 또 Patten(2012)이 영어 분열문(clefts) 발전을 설명할 때 이루어지기도 하였다. 그런데 이 분야에서 특히 중요한 것은 Fried(2008, 2010, 2013)의 연구 성과이다. 그녀는 구문변화에서 특히 문맥의 역할에 관심을 가졌는데, 이에 대해서는 5장에서 볼 수 있다. 그녀는 Fillmore의 HPSG 개념을 적용하여, 문법화가 미세 단계식으로 진행될 때 나타나는, '구문의 구성요소의 내부적 특성'과 '구문 자체의 외부적 특성' 사이의 관계를 구축하기도 하였다. 최근의 연구에서 Fried의 구문변화에 대한 연구는 문법의 조각(piece)로서의 '구문'(Kay & Fillmore(1999:2))과 혁신의 궤적을 구성할 수 있는 발화로서의 '생산물(constructs)을 구분하게 하였다. 그 외에 구문화에 대한 접근법과 관련하여 Traugott(2007, 2008a,b), Trousdale(2008a,b,c, 2010) 및 Verveckken(2012) 등의 연구가 있다.

대부분의 통시적 구문문법과 관련한 연구들은 영어에서의 변화였는데(예컨대, Israel(1996), Hollmann(2003), Traugott(2007, 2008a), Patten (2010, 2012), Colleman & De Clerck(2011), Gisborne(2011) 등), 일부 통시적 구문문법은 기타 언어에서도 수행되었다. 예를 들어, 고교회슬라브어(Old Church Slavonic, Fried(2008, 2010)), 그리고 동양 및 동남아시아 등의 언어도 이루어졌다(Bisang(2009, 2010), Horie(2011), Zhan (2012)). Verveckken(2012)은 스페인어에 있는 이항적 양화사의 발전에 대해 구문화의 관점으로 연구를 하였고, Verroens(2011)는 프랑스어 'se mettre à'의 문법화에 대해 역시 이런 관점에서 토론하였다. 그리고 Nørgård-Sørensen, Heltoft, & Schøsler(2011)는 덴마크어, 불어, 러시아어의 변화에 초점을 맞추었다. 이러한 연구에서, Croft나 Goldberg의 것과 같이, 구문은 비 – 모듈된 문법 이론 내에서 이른바 '사용 – 기반의 언어 개별적 형식 – 의미의 쌍'으로 개념화되었다. Nørgård-Sørensen, Heltoft, & Schøsler(2011)의 이론 틀은 주로 Anderson(2001, 2008)에 의해 이루어진 연구에 널리 의지하고 있는데, 이것은 형태론적이든(예컨대 '격') 통사적이든(예컨대 '어순') 간에, 구문이 계열성(paradigm)에 관여하거나 통합적(syntagmatic), 의미론적(semantic) 집합에 관여하는 방법에 있어서 차별화가 되고 있다.

또 다른 종류의 역사적 구문 연구는 여러 언어들에 있는 '특별한 구문의 발전'에 대해 비교적으로 연구한 것이 있다. 예를 들어, Noël & Colleman(2010)은 영어와 네덜란드어에 있는 '대격(accusative)과 부정사(ACI)' 그리고 '증거성의 주격과 부정사(NCI)' 동사에 대해 연구하였다. '역사비교재구' 또한 구문문법적 관점에서 이루어지기도 하였다(Gildea (1997, 2000)의 아마조니아(Amazonia)의 Cariban 언어에 대한 연구, Barðdal(2013), Barðdal & Eythorsson(2012)의 아이슬란드어(Icelandic)에 대한 연구 참조). 그리하여 언어에 대한 구문론적 접근법에서는 형태소로부터 절에 이르는 단위들이 일종의 '형식 – 의미 쌍'으로 동일하게 다루어지기 때문에, 어휘와 형태적 항목들에 대한 비교적 접근법이 통사에까지 확장되었다. 즉, 구문적 범위 내에 있는 동원사(cognate)들이 어휘 항목부터 논항구조 구문에까지 이른다는 것이다. 물론, Barðdal & Eythorsson(2003) 그리고 Joseph & Janda(2003a) 등이 언급했듯이, 통사적 구조는 음운적 분절음이나 형태소의 경우보다도 오랜 시간에 걸쳐 훨씬 더 안정적일 수 있다. 그러나 Barðdal(2013)은 동원사의 개념이 형태소에서 그랬던 것처럼 역시 논항구조 구문에도 적용할 수 있을 것이라고 보았다. 예컨대, 비인칭 서술어(impersonal predicate)의 격 프레임들과 관련이 있는 패턴들은 통사적인 재구에 도움이 되기도 한다. 더욱이, 구문론적 이론 틀 속에 있는 '절' 단계의 '형식 – 의미 쌍'의 관습적/임의적 성격은 통사적 재구가 형태적 재구만큼 실현가능함을 보여준다.

1.7 증거

역사언어학이란 실증적인 학문 분야이기 때문에 그것은 증거에 의존한다. 그러나 Fischer(2004)와 Fitzmaurice & Smith(2012)가 토론했듯이, 증거의 개념도 문제가 없지는 않다. 언어학에서 '변이(variation)'와 '변화(change)'의 연구를 위한 데이터는 대개 간접적이다. 왜냐하면 이 자료들은 글로 적힌 자료 속의 언어를 재현한 것이기 때문이다. 이것은 '변이와 변화를 유발하는 것에 대한 힌트', '변화에서 역할을 하는 메커니즘에 대한 힌트', '화자의 역할에 대한 힌트' 단지 이러한 것들을 제공할 뿐이다(Fischer(2004:730-731)). 더욱이 이른 시기부터 전해져 온 문헌적 기록들은 대개 우연에 의해 살아남은 경우가 대부분인데다가 어떤 것들은 또 해독하기가 매우 어려운 경우도 있다. 한편, 오늘날의 대부분의 연구는 전산화된 말뭉치와 사전과 같은 데이터베이스에 기초한다. 이들 대부분은 어느 정도는 원본에 충실할 수 있지만 원본이 아닌 편집된 사본을 사용하게 된다(Horobin(2012)). 예를 들어, 18세기 이전의 대부분의 구두점은 편집자에 의해 더해진 경우가 많다. 그렇기 때문에 통사적 구조가 누군가에 의해 미리 속단됐을 가능성도 있다(18세기 이전 구두점 관습에 대해서는 Parkes(1991)을 참조할 것).

이 책은 역사적인 변화와 관련된 책이기 때문에, 대부분의 데이터는 단지 글로 쓰인 형식으로만 이용할 수가 있다. 이에 일관성을 유지하기 위해, 우리가 이용하고 있는 현재의 자료 역시 글로 쓰인 것을 이용한다. 그런데 Kohnen & Mair(2012:275)는 글이나 기록 자료에 대해 다음과 같이 지적하였다. "영어의 역사적 연구자들은 이미 소실된 '진짜' 구어(spoken language)라고 하는 것 보다는 글이나 기록(written records)과 같은 '차선책'의 자료로부터 구어의 확실한 역사를 재구해야 한다는 사실에 대해 아쉬워하는 경향이 있었다." 그래서 Labov(1994:11)는 "역사 언어학자들은 나쁜 자료지만 최대한으로 잘 이용해야 한다"고 말하기도 하였다. 그러나 문어 자료에 대한 이와 같은 폄하적 평가는 다음과 같은 다양한 관찰을 통해 완화되었다. 먼저, 읽고 쓰는 능력이 널리 보급되기 이전에, 대부분의 텍스트들은 큰 소리로 읽기 위해 씌어져 왔는데, 영어의 천년이 넘는 역사 동안 말하기 뿐 아니라 쓰기라고 하는 자질도 역시 청중을 위해 고려되어왔다는 점이다. 그리고 둘째, 문어 데이터는 구어 데이터에 근접해 있는데다가 이것을 대표한다는 측면에서 가치가 있다고 할 수 있다. 특히 지금 그들의 대부분은 전자 DB를 통해 접근할 수 있게 되어 있다. 마지막으로 모든 변화가 다 말에서만 나타나는 것은 아니라는 사실이다(즉, 문체 등 다른 요소의 영향도 배제할 수 없다).

구어에 가까운 문어 데이터에는 '일기', '편지', '극', '재판기록'이 있으며, 이 데이터들은 18세기 후반 이전, 또는 19세기 이전의 영국과 미국의 자료들이다(Culpeper & Kytö(2010)). 18세기 이전의 재판자료는 데이터로서 특히 가치가 있는데, 왜냐하면 여기에는 변호인단이 없었기 때문이다. 즉, '검사'에 해당하는 이들은 대체로 일반인들로 이를테면, 아이가 유괴된 엄마라든지, 스푼을 도난당한 은세공사라든지 하는 이들이다. 이들은 피고에 대한 자신들의 요구를 전달한다(Archer(2006, 2007) 참조). 그 외에 또 '전사(transcription)'의 경우, 'Proceedings of Old Bailey(영국 중앙 형사법원의 소송절차)'(1764-1834)가 있는데, 여기에는 'not'이 'n't'로 감소되는 것 등이 반영되고 있다(Huber(2007)). 한편, 최근에는 TV나 컴퓨터, 휴대전화 같은 새로운 과학기술이 구어와 문어 간의 간극을 희미하게 만들고 있다.

대부분의 변화가 '말하기(speech)'에서 출현하는 것처럼 보일 수도 있다. 그것은 바로 글을 읽고 쓰는 능력이 후천적으로 습득되는 것인데다가 그다지 보편적이지 않기 때문이다. 그러나 일부 변화는 '쓰기(writing)'에 기반을 두는 것으로 나타나기도 한다. 예컨대, Biber는 '통신 프로토콜(communication protocol)' 같은 명사적 배열의 발달에 대해 연구한 바 있는데(Biber(2003), Biber & Gray(2012)), 그에 따르면, 특히 '신문'에서 이것이 나타난다고 한다. 즉, 19세기부터 이러한 명사적 배열이 증폭하는 경향이 나타났으며, 이것은 주로 정보의 효율과 경제성에서 기인한다고 한다. 비록 이것이 주로 쓰기와 관련이 있긴 하지만, 또 한편으로 이 현상은 구어에서 나타나기도 한다(예컨대, 'blood sports', 'career woman' 등). 이것은 바로 '글의 기록이 말에 영향을 준' 예가 된다(Leech, Hundt, Mair & Smith(2009:219)). 더욱이, 쓰기가 비록 문맥을 벗어나서 생각해 볼 수 있는 것이라 해도, 이것은 분명 '상호작용적(interactional)'이라는 사실을 잊으면 안 된다. 즉, 쓰기는 무언가를 확실히 언급할 목적으로도 이루어지지만, 독자를 설득하거나 즐겁게 해주거나 기타 방법으로 사로잡기 위한 목적으로 쓰이기도 하기 때문이다. 그러므로 '문어 데이터'도 그렇게 '나쁜 자료'는 아니라는 것이다.

연구자로서 우리는 우리에게 주어진 '문어 기록'이 '경사적(gradient)'이라는 사실을 인식할 필요가 있다. 이러한 '경사성'은 즉, 공식적인 성명에서부터 비공식적인 기록에까지 이르는 것을 말한다. 특히 다량의 비공식적인 문어 자료들이 15세기 후반 유럽에서 인쇄술의 발달로 급격히 증가하게 된다. 이러한 인쇄매체는 일단 값이 싸고 또 복제가 간편하여 당시 개인 의사소통의 표현과 보존을 조장하였다. 한편, '말하기 스타일(speech style)'은 'York Mystery Plays' 등과 같은 후기 중세 시기의 연극에서 발견되고 있는데, 이 연극은 인쇄되기 이전에 원고 형식으로 기록되었던 것이다(Beadle(2009)). 이 연극에서 신(God)은 고급 스타일로 말을 하고, Herod나 Satan같은 악당, 또는 Noah의 아내 같은 코믹 캐릭터들은 모욕적 언사나 저주의 말, 감탄사, 고함소리 같은 저급 스타일로 말을 한다. 그러나 그 이후 시간이 지나면서, 영어에서는 이른바 '구어체화(colloquialization)'라고 하는 일관된 경향을 보여주게 된다. 이러한 경향성은 바로 문어적인 규범이 구어에도 수용되는 것으로, 이것은 위에서 언급한 '경제성'에 대한 경향과 경쟁 관계에 있는 것이다(Leech, Hundt, Mair & Smith(2009:252)). 그러므로 가능하다면, '언어의 구조적 변화'와 특히 문화적 이데올로기에 근간을 두고 있는 '읽고 쓰기 능력(literacy) 관습의 변화'를 구분하는 것이 매우 중요하다. 아울러, 텍스트 유형과 그들의 문화적인 의미에 대해서도 구분하는 것이 중요하다.

이 책에서 우리는 비교적 넓은 스펙트럼의 '텍스트' 개념을 사용할 것이다. 이에 특별한 문제가 되지 않은 한, '말' 대 '글', 또는 구어기록 대 공식적 기록이란 이슈보다는 '구조적인 변화(structural change)'를 중심으로 진행하고자 한다. 우리는 다음과 같은 다양한 전산화된 말뭉치에 근거할 것이다. 여기에는 'The Corpus of Late Modern English Texts(Extended version)(CLMETEV, 이는 CL로 축약할 수 있는데, 여기에는 1710년~1920년 사이의 대규모 문어 텍스트의 1500만 단어가 기록되어 있다)', 'The Corpus of Historical American English(COHA, 1810

년~2009년까지의 4억 단어의 미국 영어가 수록)', 'Proceedings of the Old Bailey 1674-1913(OBP)' 등의 말뭉치가 해당된다. 특히 마지막의 OBP의 경우, 주로 1674-1843의 자료가 언어학적 연구에서 매우 귀중한데, 그것은 이들이 사법적 관습에 가장 적게 영향을 받았기 때문이다(Huber(2007)). 이들만 해도 약 5천2백만 단어가 된다. 한편, 현대 언어 자료로는 'The Corpus of Contemporary American English(COCA, 1990-2012사이의 미국식 영어 4억5천만 단어가 수록)'를 이용할 것이다. 이른 시기의 자료는 주로 'The Helsinki Corpus(HC, 여기에는 750년~1710년 사이의 약 150만 단어가 수록됨)', 'Early English Books Online(LION: EEBO, 약 9억 단어가 수록(2008))', 'The Dictionary of Old English Corpus(DOEC)' 등이 있다. 비록 이러한 디지털 말뭉치들이 한 언어의 어떤 변이형들을 제공하거나 풍부한 자원을 제공할 수 있긴 하지만, 그들도 역시 선택적인 것이라는 한계가 있다. Rissanen(2012: 231)이 지적한 대로, 심지어 가장 좋은 말뭉치라 해도 언어적인 실체의 작은 조각을 대표할 뿐이다.

이 책에서 의거했지만 그렇게 대표적이지 않은 말뭉치로는 'Google', 'Google Books', 그리고 두 가지 주요한 영어 역사 사전인 'Oxford English Dictionary(OED)'와 'The Middle English Dictionary(MED)'가 있다. 비록 OED가 연구의 개시용으로는 널리 이용되고 있지만, 이것은 미세한 변화와 그들의 문맥을 상세히 연구하는데 있어서는 충분한 문맥을 제공하지 못한다(변화의 구체적인 연도 확인을 위한 자료로 이용하는 과정에서 OED에 나타나는 문제와 관련하여 Hoffmann(2004), Allan(2012)을 참고할 수 있다. 한편, Mair(2004) 또한 이 문제를 논의한 적이 있는데, 그는 "만약 절 단계의 문법적 현상, 이를테면, 'be going to', 'begin/start to V/V-ing'같은 것들이 논의 중이라면 이러한 자료의 이점이 단점보다 훨씬 뛰어나다."라고 결론을 내린 바 있다.) Google의 경우는 투고자나 텍스트 출처 등과 관련해서 불충분한 자료를 제공하고 있고, 예들의 신뢰성 또한 종종 문제가 되고 있다. 그러나 이것은 긍정적인 측면도 있는데, 무엇보다 이것은 '신조어'의 우수한 출처가 되고 있다. 그리고 이것은 전통적인 말뭉치에 비해 언어적 변이들에 대한 보다 넓은 스펙트럼을 제공해주고 있다. 게다가 이것은 다국어적인 의사소통 도메인이기 때문에, 현재 진행 중인 변화를 위한 매우 중요한 자원이 될 수가 있다(Mair(2012)).

그리고 가능한 한 '연도(날짜)' 또한 예와 함께 제공되어야 한다. 그러나 특히 조기의 예에서, 연도는 대략적인 정도만을 제공하고 있어서 우리가 시기를 언급할 때, 연도는 다소 임의적일 수밖에 없다. 한편, 영어의 시대구분의 문제는 여전히 논의 중이다. 왜냐하면 그것은 언어학적, 정치적(예컨대, 노르만 정복 등), 기술적(인쇄 등)인 요소와 같은 다양한 요소들이 있기 때문이다. 여기서 우리는 아래와 같은 대략적인 연도를 사용하고자 한다.

ⅰ) 고대 영어(Old English): 650-1100

ⅱ) 중세 영어(Middle English): 1100-1500

ⅲ) 근대 영어(Modern English): 1500-1970

　　• 조기 근대 영어(Early Modern English): 1500-1700

　　• 후기 근대 영어(Late Modern English): 1700-1970

ⅳ) 현대 영어(Present Day English): 1970-현재

1.8 요약과 이 책의 윤곽

이 장에서는 뒤 장들에서 좀 더 상세히 논의될 여러 가지 주제들에 대해 소개를 하였다. 한 마디로 아주 간단히 말하면, 지난 백여 년 간에 걸쳐 "'변이(variation)'란 변화(change)의 근원이자 결과물"이라고 하는 견해에 대해 여러 가지 진화된 접근법들이 존재했었는데, 이로 인해 우리는 다시 '기호(sign)'로 관심을 돌리게 되었다. 그렇지만 그것은 Saussure의 'sign'과는 매우 다르게 해석되는 것이다. 변이가 너무 '특이한' 것임을 발견하고 이를 거부함으로써, 변이와 변화를 구분하는 것에 실패하였기 때문에, Saussure는 '랑그'를 '빠롤'에 비해 더 우선시하였고, 공시적인 기호에서 시스템을 찾았다. 특히 그는 이러한 공시적인 기호의 시스템을 형태소나 단어의 단계에 있는 형식 - 의미의 쌍으로 이해하였다. 20세기 중반에 Chomsky(1957)는 언어를 하나의 인지적 시스템으로 초점을 맞추어, 언어수행(performance)보다는 언어능력(competence)을 우선시하였고, E-language보다는 I-language를 우선시하였다.41) 그리고 그는 '보편문법(UG)'과 '통사(syntax)' 내에서 시스템을 찾았다. 70년대에 Labov는 체계성(systematicity)이 변이, 특히 음운론적 변이 및 오랜 시간에 걸친 변이에서 발견될 수 있다고 밝혀냈다(Weinreich, Labov, & Herzog(1968) 참조). 그리고 80년대 초기, Lehmann(1995)은 문법화에서

---

41) [역주] 'I-language'는 'Internal language'로 이것은 한 언어의 원어민 화자가 갖고 있는 정신적으로 대표되는 언어적 지식, 즉 정신적인 대상이 된다. 이에 비해, 'E-Language' 즉 'External Language'는 한 공동체에 의해 공유되고 있는 지식의 실체나 행위적 습관 같은 한 언어 자체의 모든 개념들을 망라한다. E-Language는 그 자체가 논리적인 개념이 아니기 때문에 Chomsky는 그러한 언어적 개념들은 선천적 언어지식 즉, 'competence'를 배우는데 있어서 유용하지 않다고 여긴다.(위키백과 참고)

의 '체계성'이 형태통사적인 변화로 이해될 수 있음을 밝혀내고 있었다 (Bybee(1985) 참조). 현 시점에서는 구문문법이 각광을 받고 있는데, 이 는 특히 Goldberg, Croft, Langacker 등의 연구에 의해 대표되고 있다. 이 들은 특히 '사용'과 '인지적 능력'을 더 우선시 한다. 이들 역시 언어를 '기호(sign)의 시스템'으로 보았으나, 그 기호란 것은 일종의 형식 - 의미 의 쌍으로서, 작게는 '형태'에서 크게는 '복합적인 절'에 이르기까지 확 대하여 보았다.

구문문법에 대한 '사용기반' 접근법은 언어를 구조화되고 또 가변적 인 것으로 보았다. Bybee(2010:1)에 따르면, "언어란 '명백한 구조'와 '패 턴의 규칙성'을 보여주는 현상인데 그와 동시에 모든 단계에서 상당히 많은 변이를 보여주고 있다"고 한다. 이것이 바로 우리가 줄곧 취하고 있는 입장이다. 우리의 구문화에 대한 초점은 바로 'form$_{new}$-meaning$_{new}$ 의 쌍', 즉 '새로운 구문(new construction)'의 발달을 이끌어내고, 또 그 새로운 구문에 뒤이어 나오는 결정적인 요소를 정확히 설명하는 것이다.

이 장에서 우리는 언어에 대한 몇 가지 구문론적 접근법의 핵심 특징 을 규명하였고 또 구문론적 이론 틀 내에 있는 기호(sign) 변화에 대한 우리의 접근법을 규명하였다. 우리가 이 책 전반에 걸쳐 돌이켜 볼만한 주요한 관점은 다음과 같다.

(a) 구문들은 네트워크 내에서 서로 연결되어 있다. 이들은 분류학상 더 하위의 것들을 허가하는 보다 도식적인 구문으로 연결되어 있 다. 구문의 유형이 도식적일수록 더 큰 일반화가 이루어질 수 있 다. 반면, 분류학상 더 하위의 단계에서 '특이성'이 보다 보편적으 로 나타난다.

(b) 변화는 자립적, 독자적인 것이 아니다. 이것은 여러 방법으로 구

문들과 관련이 되어 있다. 개별적인 구문에 영향을 주는 의미나 형식 둘 중 하나만의 변화는 '구문변화'이다.

(c) 일련의 작은 단계 성격의 '구문변화'가 발생한 이후에 결과적으로 'form$_{new}$-meaning$_{new}$의 쌍'이 출현하는 변화가 생기는데, 이것이 바로 '구문화'이다. 이것은 점진적인 성격이 있다. 구문화는 이 책의 주요 핵심이다('순간적인 어휘적 미세-구문화'라는 것도 존재하는데 이에 대해서는 4.8에서 토론할 예정이다).

(d) 구문은 어휘적/내용적인 것에서 문법적/허화적인 것으로의 '경사도'를 구성한다.

2장에서는 문법의 사용-기반 모델의 몇 가지 기초적인 원리를 소개할 것이다. 우리는 특히 위의 (a)의 견해를 바탕으로, 몇 가지 방법을 제시할 것인데, 이것은 언어에 대한 네트워크 접근법을 통해 변화를 이해하는데 필요한 정보를 제공할 수 있는 것이다. 3장에서 우리는 문법적 구문화에 대한 상세한 설명을 제시할 것이고, 아울러 그것이 기존의 문법화 연구와 결합될 수 방법, 또 이를 뛰어 넘을 수 있는 방법에 대해서도 제시하고자 한다. 4장에서 우리는 주로 어휘와 관련된 구문변화에 대해 토론할 것이다. 이 과정에서 단어형성법 패턴의 발달에 대해서도 다룰 것이다. 그리고 우리는 어휘변화에 대한 구문적인 견해가 기존의 어휘화 관련 연구를 어떻게 뛰어넘고 또 그것과 어떻게 결합할 수 있는지에 대해서도 다루고자 한다. 변화에서의 가장 주요한 요소 중 하나이며 구문화를 이해하는데 필수적인 것이 바로 '문맥'이다. 이에 구문론적인 관점에서 문맥에 대해 어떻게 생각해야 하는지 제5장에서 소개하고자 한다. 마지막으로 6장에서는 키포인트를 요약하고 연구를 위한 미래의 방향을 제시하고자 한다.

2. 기호 변화의 사용-기반 접근법

2.1 도입

이번 장에서 우리는 '사용 - 기반 모델'을 상세히 설명하고자 한다. 아울러 "언어란 구문들 사이에 존재하는 관계의 네트워크"라고 하는 기본 관점에 대해서도 설명할 것이다. 특히나 우리는 "변화란 것이 상호 연결되어 있다"는 사실을 설명하면서 네트워크의 중요성을 탐구해 나갈 것이다. 그와 동시에 우리는 하나의 네트워크가 어떻게 성장하고 또 어떻게 축소되어 가는지도 보여줄 것이며, 이때 주로 변화의 사용 - 기반 모델을 가정함으로써 찾아나가고자 한다.

우리의 초점이 변화에 있기 때문에, 그전에 먼저 일반적 차원의 네트워크 이론과 관련된 몇 가지 중요한 의문들을 살펴볼 필요가 있다. 일찍이 Rice(1996)가 '의미의 네트워크(semantic networks)'를 이용한 몇 가지 초기 연구와 관련하여 설득력 있는 의문을 제기하기도 하였는데, 특히 그가 언급한 의미의 네트워크는 Lakoff(1987)의 '방사선 범주(Radial Category)'같은 것이 해당된다. Rice의 몇 가지 의문은 지금까지도 매우 적절한 것으로 알려져 있다. 그 이유는 형식과 의미가 서로 엇갈리게 매치되어 매우 다양한 여러 가지 방향의 연결(link)을 가질 수 있기 때문이다. 그에 의해 제기된 의문점은 아래와 같다(Rice(1996:142-145)):

(a) 하나의 네트워크라는 것이 다차원적인 영역이나 분야를 제공하는 것이라면, 영역이 얼마나 멀리 확장될 수 있는 것인가?
(b) 구성요소들이 근접하게 접근하거나 더 멀어질 수 있는가?
(c) 새로운 교점(node)과 연결들은 어떻게 발전하는 것인가?

이후에 Rice(2003)는 (c)에 대해서 '언어 습득'과 관련하여 그 답을 추구하였다. 이것은 특히 Goldberg가 2006년의 책에서 했던 것과 유사하다. 이 장에서 우리는 이 세 가지 의문을 다 설명하려고 노력할 것이나, 특히 (c)에 대해서는 의미 뿐 아니라 형식의 변화와 관련하여서도 설명할 것이다. 그런 다음 우리는 2.8에서 다시 Rice의 의문으로 되돌아가 이러한 의문에 대한 우리의 해답을 요약하여 제시할 것이다.

심리언어학적 연구와 인지심리학 분야에서는 많은 문제들이 공통 화제가 되곤 한다. 우리가 언어의 공시적 분석과 심리언어학(Tomasello (2003); Bencini(2013)), 및 신경언어학(Pulvermüller, Cappelle, & Shtyrov (2013)) 그리고 인지심리학(Sinha(2007)의 설명 참조) 간의 연계의 중요성에 대해서 인식을 하고 있긴 하지만, 도대체 어느 정도까지 이러한 이론들이 기존에 '혁신의 관습화'로 이해되었던 이른바 '변화'를 연상시킬 수 있는지 약간의 회의가 든다. 그렇기 때문에 우리는 심리언어학 연구 성과와 관련된 것에 대해서는 그저 일부만을 그것도 부가적으로 언급하고 넘어갈 것이다.

우리는 이 장에 대한 미리보기의 차원으로, '개인적 지식(즉, 개인 언어(idiolect)의 표현, 또는 개인적 마인드의 반영)'이나 '공동체 지식(즉,

제때 정해진 지점에서의 영어 구조의 표현)', 그리고 '**언어변화**(즉, 그 영어구조가 시간이 지남에 따라 어떻게 달라지는가?)'에 관해 언급할 수 있는 일종의 방법으로서 네트워크를 이용하고자 한다(네트워크 구조의 위와 같은 다양한 양상들이 각 경우에 다 적용할 수는 없다고 보지만). 결정적으로, 우리의 관점에서 보면, 변화란 개인의 네트워크를 넘어 여러 사람들 속에서 공유되어야 하는데, 어쨌든 '혁신'은 곧 개인적 지식의 특징에 불과하고, 그러한 식으로 개인들 사이의 네트워크에서 혁신은 분명히 나타나게 된다. 우리는 이 문제에 대해 여러 가지 관점에서 아래의 절들로 돌아가 다룰 것이다. '공동체' 네트워크 속에서의 변화는 '교차 – 집단(cross-population)'을 통해 발전을 한다. 이때 이러한 '교차 – 집단'은 "화자 – 청자 간 상호작용이라는 개별적인 상황 속에서 발생할 수 있는" 매우 미세한 혁신을 공유한다. 그리고 이러한 혁신과 변화는 대체로 '유추화'를 포함한 '신분석'의 과정을 거치게 된다(Raumolin-Brunberg & Nurmi(2011)의 "언어 변화에서의 개인의 역할에 대한 연구" 요약을 참고바람). 우리가 '구문'의 출현을 위해 묘사하는 급증적 발전의 유형은 여러 방면에서 Labov(2007)가 제기했던 음운 변화의 토론과 유사하다. 그리고 또 Bybee(2010:221)가 제기했던 '영역 – 일반 과정(domain-general processes)'과도 유사한데, 이에 대해 Bybee는 "반복을 통해 개인들 내부 그리고 공동체 내부에서 거대한 스케일로 작동하는 것"이라고 소개하고 있다. 앞의 1장에서 논의했듯이, '혁신'은 곧 개별적인 화자 – 청자 간에 이루어지는 일인성(one-off)이거나 개별 화자 또는 청자의 특이성(idiosyncrasy)의 것이다. 혁신은 특히 개별적인 네트워크에서 분명하게 드러나고 있고, '집단' 수준의 변화는 아니다. 그런데 만약 의미 또는 형식에 대한 변경이 입증된 자료에서 반복적으로 나타난다면, 우리는 **의문시되었던** 혁신이 하나의 사회적 네트워크 속의 다른 화자들에게 이것이 용납되고, 그 사회적 네트워크 속에서 일반적인 용법으로서 작용을 하게 되었다고 결론을 내릴 수 있다. 다시 말하면, 개인적 마인드 속에 있었던 혁신이 개인의 정신적인 네트워크를 넘어 그 이상으로 관습화된 '변화'가 되었다고 할 수 있다. 앞으로 보게 되겠지만, 그러한 '구문변화'는 하나의 네트워크 교점의 자질들 사이에 있는 '새로운 연결(new link)'을 수반하게 된다. 그러나 이것은 네트워크 내에 있는 새로운 교점의 생성을 수반하는 것은 아니다(2.3.1참조).

2.2부분에서 우리는 구문문법의 사용 - 기반적 이론 틀에 대해 토론을 할 것이다. 그리고 2.3에서는 '사용 - 기반 모델' 속에서의 네트워크의 개념을 소개할 것이다. 또 2.4에서는 네트워크 속 '연결(link)'의 유형에 대해 설명할 것이다. 이렇게 2장을 통해, 우리는 각 절의 내용이 역사적인 연구를 위해 정보를 제공할 수 있는 각종 방법들에 대해 제시할 것이다. 한편, 2.5에서 우리는 네트워크가 성장하고 인식되고 축소되는 방법에 초점을 맞출 것이고 2.6에선 '점진성'과 '경사'에 대해 간단히 설명할 것이다. 2.7에서는 way - 구문의 발전을 다시 검토하면서 비교적 자세하게 이 문제에 대한 예증을 실시할 것이다. 마지막으로 2.8에서는 요약을 하면서 '사용'과 '네트워크'라는 관점으로부터 나올 수 있는 '변화'에 대해 우리들의 의문점들을 제시할 것이다.

2.2 사용 - 기반 모델Usage-based models

언어의 사용 - 기반 모델이라는 이 강력한 이론은 20세기 초 Paul(1920년)에 의해 개발되었다. 그러나 추상적인 인간의 언어 능력에 기초를 둔 생성문법의 발전으로 인해, 20세기 후반부 시기엔 빛을 발하지 못하고 있었다. 이 이론은 지금까지 매우 다양한 요소들이 일신되어 왔는데, 대부분의 경우에서 연구자의 연구 영역 별로 '사용'에 대한 매우 다양한 관심이 이루어졌다. 여기에는 '인지언어학'(Bybee(1985, 2010); Langacker (1987, 2008)), '담화와 의사소통'(Hopper(1987); Givón(1979, 1995)), '처리과정(processing, Hawkins(2004)), '습득'(Tomasello(2003)) 그리고 '변화'(Bybee(2010), De Smet(2012)) 등이 해당된다.[1] 특히 고도로 발달한 기록 기술, 디지털 자원, 데이터 마이닝[2] 기술 등이 20세기 말기 쯤 출현하면서 자료에 대한 편집과 분석이 쉬워졌다. 이로써 언어의 사용이란 복합적이고(complex) 역동적인(dynamic) 활동이라고 하는 일반적인 가설이 설립되게 되었다.

Bybee는 '사용(use)'과 '지식(knowledge)' 모두 언어에 대해 공시적으로 또 통시적으로 이해할 수 있는 열쇠와 같다고 주장한다. 특히 그녀는 "화자들이 정신적인 표현에 영향을 주는 것"에 대해 관심을 가졌다. 이에 대해 그녀는 "사용 – 기반적 입장을 취하는 것이 바로 '사용의 실례들이 언어의 인지적 표현에 영향을 준다'는 가설과 같다"고 주장했다(Bybee(2010: 14)). 이러한 입장은 '문법이란 언어 경험의 인지적 조직'이라는 그녀의 생각을 재확인해주는 것이다(Bybee(2006:730)). 한편, Taylor는 언어구조에 대한 '사용 – 기반 접근법'에 대해 다음과 같이 정의한다. "사용 – 기반 접근법을 통해 언어적 지식이 상향식(bottom-up)으로 획득되며 이러한 기초 위에 언어와 조우하게 된다. 그리고 사용 – 기반 접근법으

---

1) 이들 연구 영역과 관련한 사용 – 기반 접근법의 영향 관련 개요는 Diessel(2011)의 Bybee(2010)에 대한 평가에서 언급된 것이다. Diessel은 '사용 – 기반 접근법 관련 10가지 주제'를 설정하기도 하였다.

2) [역주] 'data mining'이란 '대규모 자료를 토대로 새로운 정보를 찾아내는 것'을 말한다.

로부터 도식적인 표현이 추상화되기도 한다(Taylor(2002:592))." '표현 (representation)'이란 추상이자 유형이다. 이것은 입력(input)이나 실례적 생산물(token construct)과 같지는 않지만 여기에 근거를 두고 있다. 우리는 언어의 변화를 이해하기 위해 이와 같은 입장을 취한다. 다만 지식과 사용 모두를 인식할 필요가 있다. '지식'이란 고정적이거나 불변적인 것은 아니다. 그러나 이것은 혁신이 출현할 수 있는 바탕이 된다. 그리고 화자들은 기존 자료를 이용하여 참신한 표현을 생성해 낸다 (Boas(2008) 참조).

사용 – 기반 모델에서는 작은 단계의 미세 – 변화가 확인되고 있으며, 새로운 구조가 'emerge(출현하다, 새롭게 등장하다)'라고 표현된다. 'emerge' 라는 용어가 널리 논의되고 있기 때문에(Auer & Pfänder(2011a, 2011b)), 우리는 잠시 여기서 이 용어의 사용에 대해 그리고 우리가 이것으로 무엇을 의미할지에 대해 언급하고자 한다. Hopper(2011)는 '존재하게 되다'란 의미의 'emerging(새롭게 등장함)', 'epigenesis(후생)', 'development of a form out of it surroundings(그것의 주변 환경으로부터 한 형식이 발전함)(p.27)'란 말을 그가 말한 'emergence(즉흥적인 출현)'란 것과 구분한다(Hopper(1987, 2008)). 'emerging(새롭게 등장함) 현상'의 개념은 새로운 사용이 솟아나올 수 있는 어떤 구조나 규칙을 전제한다. 그러나 'emergent(즉흥적인 출현) 현상'에 대한 Hopper의 개념에서 "문법적 구조는 항상 일시적이고 단명적인 것이다(Hopper(2011:26))." 그의 견해에서, '즉흥적으로 출현한 문법(emergent grammar)'은 대화에 대해 일시적이고 부수적이다. 그리고 이것은 규칙에 의해 일반화된 문장들로 구성된 것이 아니다. "이보다는 뭔가 익숙한 조각들의 선형적인(linear) 발화 과정(on-line) 상의 조립으로 구성된 것이다. 그리고 범주(category)들은 의사소통적 배경보다 앞서 존재하지도 않는다"(p.28). 이와 대조적으로,

같은 책에서 Auer & Pfänder(2011a:18)은 사용 - 기반 모델에서 변화를 설명하기 위해서는 '범주화된 언어학적 지식'과 '혁신에 이르는 사용' 두 가지 모두를 생각할 필요가 있다고 보았는데, 그 이유는 '즉흥 (improvisation)'은 사실상 불가능하기 때문이다. 즉흥이 작동하게 하려면, 화자와 청자는 '무엇이 통사적 계획에서 나타날 것인가'에 대한 저장된 기대치를 공유해야 한다(p.15). 만약 우리의 견해를 (유동적인) 지식과 사용 모두가 고려되어야 하는 것으로 설정한다면, 우리가 'emerge' 와 'emerging'이란 용어를 사용할 때, Hopper 관점의 'emergence(즉흥적인 출현)'가 아닌, '기존의 구조와 규칙의 사용'을 기초로 하여 출현하는 것으로 봐야 한다.

아래의 절에서는 사용 - 기반 모델과 관련하여 두 가지 중요한 문제에 대해 간단히 소개하고자 한다. 이것은 다음과 같다.

a) 하나의 '단위(unit)'로서의 저장(storage)과 확립(entrenchment)
b) 하나의 도식(schema)이 일단 형성된 후, 새로운 생산물과 구문을 허가할 수 있는 범위.

2.2.1 하나의 단위unit로서 저장storage

Croft & Cruse(2004:292)는 사용 - 기반 모델은 하나의 중요한 원칙에 의존하고 있음을 관찰하였는데, 그것은 다음과 같다: "의사소통 시 우리는 발화를 하게 되고 이때 사용과정에서 나타나는 특성이 화자의 마음속에 있는 '문법적 단위(grammatical unit)'의 표현을 결정한다." 즉, '구문'은 확립되고 저장되는 단위이기 때문에, 어떻게 저장이 이루어지는가가 구문화를 이해하는데 매우 중요하다. 언어는 실제 사용 상황에 노출됨으로써 습득되는 것이다. 그리고 '일반화'와 '공통성'도 따지고 보면 언어를 사용하는 과정에서 그것의 개별적 예들을 통해서 확립되는 것이다. 따라서 하나의 단어가 비록 개별적 부분들로 분해될 수가 있다 해도, "얼마나 자주 화자에 의해 조우되는가라는 사실"이 그 단어가 하나의 단위로 확립되고 저장될 수 있는지를 결정하게 된다. 한편, 20세기 후반부에는 많은 언어학 연구 성과에서 "만약 일반화(즉 'rule')가 있다면, 개별적 특수형(subtype, 즉, 'list')은 한 언어에 대한 언어학자의 문법 속에는 포함되지 말아야 한다."는 가정을 해 왔다. 그러나 Langacker(1987:29)는 이러한 접근법에 대해 거부를 하였다. 그는 그러한 문법도 언어 사용자의 언어지식을 대표한다고 보았다. 이러한 것을 '규칙/특수형 오류(rule/list fallacy)'라고 부르면서, 그는 'N+s'와 같은 명사 복수형 규칙에 대한 전문지식이 'beads'나 'eyes'같은 개별 복수명사의 지식을 배제해서는 안 된다고 지적했다. 이 두 가지(즉, rule과 list)는 바로 화자 지식의 두 가지 양상이다. 이러한 복수 형식에 자주 직면하고 또 그것을 자주 사용하게 되면 그것이 하나의 단위로 확립되게 되는데, '복합적 구문(complex construction)'으로서가 아니라 바로 하나의 '원자적 구문(atomic construction)'으로서 확립되는 것이다.

'복합적인 형태론적 구문'이 하나의 단위로 저장되는 가장 유명한 예는 바로 'were', 'had', 'knew'와 같은 이른바 '자주 출현하는 불규칙 형태적 형식'의 행위로부터 나오게 된다(Bybee & Slobin(1982), Bybee(2010)). 이와 같은 형식들은 변화, 특히 '규칙화'에 저항을 하면서 나타나게 된다. 이에 반해서, '덜 자주 출현하는 불규칙 형태적 형식'은 규칙화를 겪게 된다. 특히 그들은 보다 생산적인 $[[V_i]ed] \leftrightarrow [SEM_i+past]]$도식의 멤버로 신분석되거나 재편성된다는 점에서 그러하다. 이것은 또 한 집합의 동사들 내에서도 발생할 수 있는데, 이 동사들은 음운론적으로 동일한 '어간 - 어미'를 가지고 있다. 예를 들어, 'bend'와 'send'처럼 자주 출현하는 동사의 과거형은 계속해서 불규칙적이다(각각 'bent'와 'sent'). 반면, 이들보다 덜 자주 출현하는 'blend'같은 동사의 과거형은 'blent'로부터 'blended'로 규칙화하였다.

단위의 신분을 결정하는데 있어서 '출현 빈도성(token frequency)'이 매우 중요한데, 이러한 현상의 증거가 Losiewicz(1992)에 의해 제시된 바 있다. 그에 따르면, 과거형의 이형태로 기능하는 [d]의 발음지속이 단일형태소적 말음 [d]의 발음지속보다 더 길다고 한다(즉, 복합적 형식인 'frayed'의 어미부분과 원자적 형식인 'afraid'의 끝부분 자음을 비교해 보면 알 수 있다). Walsh & Parker(1983)가 [s]에 대해 동일한 패턴을 비교한 것('laps'와 'lapse')을 봐도 역시 그러하다. 한편, 이러한 비교는 규칙적인 과거형을 갖는 두 개의 동사 부분집합까지도 확장할 수 있다. 그 중 하나는 높은 빈도를 보여주고(played, needed 등), 다른 하나는 낮은 빈도를 보여준다(frayed, kneaded 등). 이 경우에 첫 번째 단어 집합의 [d]는 두 번째 집합보다 발음의 길이가 더 짧다. 하나로 합쳐서 생각해 볼 때, 이 두 가지 실험을 통해 다음과 같은 사실을 알 수가 있다. 즉, 높은 빈도의 다형태소(polymorphemic) 단어의 패턴은 마치 단일형태소와 같다. 그리고 이로 인해서 동일한 방식으로 저장되는 것이다.3)

역사적으로 t/d/ed 시제표지의 저장은 대부분의 경우 영어에서는 안정적인 것으로 보인다. 그러므로 그것은 'frayed' 뿐 아니라 상대적으로 빈도가 더 높은 'played'의 다수 화자들에게도 '합성성'이 계속 유지되는 것으로 보인다. 그러나 일부의 경우에 있어서, 특히 '양상(modal)

---

3) [역주] 자주 출현하는 것은 그만큼 자주 발음되기 때문에 길이가 짧아지고 그래서 더 기억되기 싶다. 그래서 다형태소라도 단일형태소 단위로 인식되어 저장된다.

의 경우(주요동사보다도 오히려 더 높은 빈도로 사용되고 있음), 과거시제가 적어도 일부 사용에서는 비-합성성으로 변화하였다. 예를 들어, 'might'('추측(low probability)'의 의미)는 하나의 단위로 고정화되어 (즉, 별도의 한 단어가 됨) 예(1)과 같이 (직/간접)화법(reported speech)에서도 여전히 변화 없이 남아 있기도 하였다. 그러나 어떤 경우, (직/간접)화법으로 사용될 때, 'may, might'의 형식은 (2)에서와 같이 합성성의 과거시제 형식으로 쓰이기도 한다.

(1) I *might* go later. 나는 나중에 갈지도 모른다.
   She said she *might* go later. 그녀는 그녀가 나중에 갈지 모른다고 말했다.

(2) I *may* go later. 나는 나중에 갈지도 모른다.
   She said she *might* go later. 그녀는 그녀가 나중에 갈지 모른다고 말했다.

다른 한편으로, 'must'와 'ought (to)'는 과거시제 형식으로 완전히 고정화 된 것이다. (원래 OE에서 'most-'는 'mot-'('be able to'의미)의 과거시제이고, 'aht-'는 'ag-'('have, owe'의미)의 과거시제였다.) 이러한 내용을 통해 과거형으로 된 'might'도 여전히 '추측(low probability)'의 의미를 갖고 있음을 알 수 있고, 'must'와 'ought'는 일종의 '원자적 미세-구문'으로 저장되었음을 알 수 있다.

2.2.2 허가sanction

공시적인 사용-기반 이론 관련 논저에서는 하나의 표현이 보다 일반적인 유형이나 도식에 의해 '허가되었다(sanctioned)'고 언급되기도 한다(Langacker

(1987)). 그리고 위에서 언급한 'blended'같이 보다 생산적인 기존 도식으로 신분석되거나 재편성되는 것들 역시 다른 도식에 의해서 '허가되었다'라고 언급된다. 예를 들어, 문헌 기록에 따르면, 19세기가 시작되기 전에 비록 'a lot of'의 산발적인 예들이 문맥 속에서 발견되고 있고 이 문맥을 통해서 부분표현(partitive) 뿐 아니라 양화사로서도 이해될 수 있는 것이 제기되기도 하지만(1.5.1 참조), 18세기 후반까지 그것은 아마도 아직 양화사로 관습화되지 않았다. 그러다가 18세기 후반쯤에 이렇게 사용되는 예들이 급증하기 시작했다. 'a lot of'가 양화사로 사용되게 되었을 때, 그것은 바로 기존 양화사 도식에 의해 허가된 것이다. 이러한 기존 양화사 도식에는 이미 'much, many, few, a little' 등과 같은 양화사도 있지만 'a deal of'와 같은 이항적 멤버도 있었다. 이 도식은 새로운 미세 - 구문인 'a lot of', 'lots of' 등을 허가함으로써 성장해갔고, 또 한편으로 '주형(template)'을 '동기화'하거나 제공하였는데, 이 주형은 부분표현의 몇 가지 다른 새로운 용법과 도량(measure) 표현들을 양화사로 만드는 것이다(Brems(2011)).

인지문법 관련 저술(Langacker(1987, 1991))에서 보면, '완전허가'와 '부분허가'라고 하는 것에 의해 이루어진 중요한 차이가 나타난다(대체적으로 말하면 '예시', '확장'과 유사하다). 이것은 범주화(categorization)의 두 가지 다른 유형으로 생각되고 있다. 먼저, 완전허가(full sanction /instantiation)는 생산물이 완전하게 미세 - 구문과 일치할 때 발생하는데, 이때 그것은 하나의 '예'가 된다. 부분허가(partial sanction/ extension)는 범주화의 목표물이 허가하고 있는 도식과 단지 부분적으로만 일치할 때 발생한다(Broccias(2013:195)). 우리는 이것에 대해서 이 장의 후반부 및 이 책 전체에 걸쳐 소개할 것인데, 이것은 바로 '구문의 생존주기 (life cycle)'와 관련된 것이다. 부분적인 허가가 불일치로부터 비롯되는 것이 바로 하나의 미세-구문의 구문화를 가능하게 하는 요소가 된다.[4] 즉, 위처럼 불일치가 일어나면, 네트워크에 있는 하나의 새로운 미세-구문교점이 생성될 것이고, 이로써 결과적으로 새로운 미세-구문이 생성되어 그러한 생산물이 완전히 허가받을 수 있게 허락할 것이다. 부분허가는 또한 하나의 도식이나 그 멤버의 일부가 위축(obsolesce)할 때 출현하게 되는데, 기존의 미세-구문에 대해 뭔가 이상하고 주변적인 것처럼 보이는 것이 나타나게 되어(즉, 기존 구문의 생산능력이 쇠퇴하여 전형적인 것이 나오지 않을 수 있음), 결과적으로 그들은 매우 특이한(idiosyncratic) 생산물이 될 것이다.

2.3 사용-기반 모델에서의 네트워크

네트워크 은유는 Berkeley 틀그물(Framenet) 프로젝트를 포함한 여러 인지언어학 이론들에 의해 수행되어 온 연구에서 개발되었다(Fillmore & Baker(2001, 2010)). 특히 Goldberg(1995, 2006), Croft(2001), Langacker (2008), 그리고 Hudson의 (비-구문론적) Word Grammar(2007a, b), 특히 Lamb의 성층문법(stratificational grammar, 1998)[5] 등에 의해 개발된

---

4) [역주] 이 말은, 어떤 구문을 바탕으로 생산물이 만들어져서 사용될 때, 그 생산물과 구문 사이에 약간의 차이가 나타난다면 이것은 사실 그 구문에 의해 부분적인 허가만이 이루어진 것이 된다. 바로 이것 때문에 그 생산물은 또 다른 미세-구문으로 구문화하는 것이다.

5) [역주] 성층문법이란 "언어를 관계의 체계로 보고 언어 구조는 몇 개의 구조적 층위에 따라 이루어지는 것으로 보는 문법"을 말한다. Lamb은 〈성층문법 개요 Outline of Stratificational Grammar〉(1966)라는 독창적 저서에서, 문장분석에는 4단계적 요소, 즉 의미소·어휘소·형태소·음소가 필요하다는 이론을 설명하고 있다. 이 단계들은 위계적인 관계를 이루며, 각 단계는 구조적으로 그 밑에 있는 하위 단계의 요소들을 통해 의미를 지니게 된다.(다음백과사전 참조).

문법 모델에서 네트워크는 중요한 역할을 한다. "언어란 네트워크이다"라는 관점은 인지언어학의 요구에 잘 부합하는데, 사실 이 외에도 시각이나 음악적 능력 등 다른 인지 분야 역시 네트워크로 구성되어 있다(Bharucha(1987), Rebuschat, Rohrmeier, Hawkins & Cross(2012)). 이것은 또한 "언어 패턴화(language patterning)란 것은 우리의 '영역 – 일반 능력(domain-general capacity)' 중 일부이다"라고 하는 Bybee(2010)의 견해와 일치하고 있다. 그의 이러한 영역 – 일반 능력은 범주화하거나 관계를 설립하고 또 지엽적인 것과 전체적인 것의 단계를 조정하는 그러한 능력을 말한다. 또한 Goldberg(1995:5)가 "언어지식은 지식이다"라는 언급을 한 적이 있는데, 네트워크는 바로 이것과도 일치하는 면이 있다. 그의 이 말은 다시 말하면, 언어지식은 보다 큰 지식시스템인 시각, 음악, 및 기타 인지적 능력의 일부라고 하는 것이다.

네트워크 모델은 인지언어학에서 매우 핵심적인 것인데, 그 이유는 언어의 조직화란 곧 기타 인지적 방면의 조직화와 본질적으로 다르지 않기 때문이다. Hudson(1984:1)은 일찍이 "언어란 개념 네트워크이다(Language is a conceptual network)"라고 하는 '네트워크 가설(Network Postulate)'을 제안한 바 있다. 그리고 Langacker(2008) 역시 그의 인지문법 모델의 설계를 아래와 같이 '구문적 네트워크(constructional network)'로 묘사한 바 있다.

> "우리는 언어에 대해 '관습화된 언어적 단위의 구조화된 목록'이라고 묘사할 수 있다. 이 구조(즉, 단위들을 네트워크와 집합으로 조직화하는 것)는 언어 사용과 친밀하게 관련이 되어 있다. 이 구조를 통해 언어 사용을 형성할 수도 있고, 역으로 언어 사용에 의해 이 구조가 형성될 수도 있다."(Langacker(2008:222))

Langacker는 인지적 네트워크를 그림2.1로 나타내고 있다.

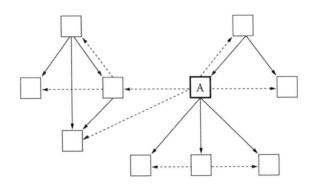

그림 2.1 Langacker(2008:226)가 제시한 구문적 네트워크의 표현

물론 뉴런식의 네트워크로 개념화될 수 있는 그런 '다차원적인(multi-dimensional) 네트워크'를 이러한 '이차원적인(two-dimensional) 표현'으로는 충족시킬 수 없을 것이다. 네트워크 내에서의 어떤 교점들은 '도식'을 나타낼 수 있고, 어떤 것은 '하위도식', 또 어떤 것은 '미세 - 구문유형(micro-constructional type)' 등을 나타낸다. 예컨대, 부분표현 도식과 양화사 도식 사이의 네트워크에서 연결들이 존재한다면, 이들 도식과 연결되어 있는 하위네트워크 역시 존재할 수 있고(예컨대 양화사일 경우, 큰 양화사와 작은 양화사의 범주가 있음), 그러한 하위도식들의 구성원인 미세 - 구문사이에도 연결이 존재할 수 있다. 위의 2.1에서는 표현되어 있지는 않지만, 각 교점이 일정 단계로 '추상화된 구문'을 표현하고 있기 때문에 이것은 사실상 한 구문의 자질 이상을 일반화하고 있는 것이다. 그러므로 한 교점은 형식과 의미의 콘텐츠를 갖고 있다(비록 그 복합성(complexity)과 특수성(specificity)의 다양한 정도 차이가 있어서 일부는 미명세화되어 있지만). 그리고 어떤 교점이든 의미, 화

용, 담화 기능, 통사, 형태, 음운 할 것 없이 다중적인 다양한 방향으로 연결될 수 있는 가능성이 있다. 그래서 각각의 교점은 네트워크 내에서 다른 교점과 다양한 방식으로 연결되어 있다. 이것은 아래의 2.4에서 토론할 것이다.

2.3.1 네트워크, 언어처리과정language processing, 언어학습language learning의 관계

우리는 네트워크, 언어처리과정, 언어학습의 구조 간에 존재하는 관계에 대해 Langacker나 Goldberg와 일치하는 관점을 채택하면서, 동시에 이것을 '변화'에 대한 생각에 적용시키고자 한다. 앞의 장에서 봤듯이, '변화'는 '실례(token)' 또는 '생산물(construct)'로 시작한다. 1.4.2.1에서 우리는 '생산물'을 아래와 같이 정의하였다.

> "실증적으로 입증된 실례들(이미 입증된 'I gave Sarah a book', 'She needed a lot of energy' 등), 그리고 개별적 상황에서 특별한 화자(또는 작자)에 의해 특별한 의사소통 목적을 가지고 언급된(또는 기록된) 사용의 예들"

우리의 가정에 의하면, 하나의 생 산물을 처리하는 과정에서 청자는 입력된 것을 자신의 네트워크 내에 있는 교점과 매치시키려고 시도할 것이다. 어떤 때는 화자의 의도와 청자의 이해 간에 완벽한 매치가 이루어질 수도 있겠으나(위의 2.2.2에서 봤던 '완전허가'), 어떤 경우엔 그렇지 않을 수도 있다. 이때 청자는 화자에 의해 의도된 것과는 다른 교점과 해당 언급의 전부, 또는 일부를 연결시킬 수도 있다. 이것은 그 언어시스템에 의해 이미 허가(sanction)된 '중의성(ambiguity)'의 경우에서 발생할 수 있다. 예를 들어, (3)과 같은 현대영어의 구조화된 문장은 의미적, 통사적으로 중의적이다. 화자A는 (3a)를 의미할 수도 있으나, 화자B는 (3b)나 심지어 (3c)로 해석할 수도 있다. 이것은 혁신을 수반하지 않는다. 왜냐하면 이 세 가지 해석 모두 수 세기 동안 사용될 수 있었던 것이었기 때문이다. 즉, 이 문장과 관련하여 이용 가능한 수많은 도식들이 존재하며, 각각의 도식은 그 생산물(실례)을 완전히 허가할 수 있다.

(3) I saw a man on the hill with a telescope.

a. Using a telescope I saw a man on the hill.
   망원경을 가지고 언덕 위에 있는 사람을 보았다.

b. I saw a man on the hill and he was using a telescope.
   나는 언덕 위에 있는 사람을 봤는데 그는 망원경을 사용하고 있었다.

c. I saw a man on the hill that had a telescope on it.
   나는 언덕 위에 있는 어떤 사람을 봤는데 그는 거기서 망원경을 갖고 있었다.

어떤 경우에는 직접적인 연결이 이용 가능하지 않을 수도 있다. 그래서 이때는 청자가 '기존의 교점이나 한 교점의 자질'을 가지고 '가장 적합한(best fit) 것'을 만들려고 시도할 것이며 이로써 부분적인 허가가 이루어지게 된다. 이것이 바로 청자에 의한 '혁신'이다. 이러한 혁신적 생산물은 그들이 '형식과 의미의 쌍'을 수반한다는 관점에서는 상징적이다. 그러나 이것은 '관습성(conventionality)'이 부족하다. 즉, 이것은 하나의 사회적인 네트워크 속 멤버들에 의해 공유되지 않은 것이다. 심지어 더 심하게 말하면 이것은 사실상 '단위'가 아니다. 왜냐하면 이것은 아직 충분히 뿌리 깊게 '확립(entrench)'되지 않았기 때문이다. 이러한 생산물들은 반복적으로 사용되어 관습적인 기호가 되기 전에는 변화의 실례가 되지 못한다. 이러한 생산물들이 최초로 지속되는 것은 단지 개인의 기억 속에서만 이루어진다. 그러나 변화의 예들에서, '생산물'로부터 '구문'으로의 변화는 단순한 기억의 산물만이 아니라 수많은 개개인들이 오랜 시간동안에 걸쳐 동일한 혁신을 사용함으로써 생긴 '반복된 사용'의 산물이어야 한다.

아래 2.5.1에서 토론하겠지만, 최초의 단계에서 그들(새로운 생산물)은 그 네트워크의 '가장자리(fringe)'가 될 수도 있다. 왜냐하면 그들은 새로운데다 잠재적으로 비 - 원형적인 신분을 갖고 있기 때문이다. 그리고 어쩌면 정말로 그 가장자리에 머무를 수도 있다. 그러나 시간이 지나면서 한 범주 내의 가장자리 멤버들이 더욱 중앙으로 이동할 수도 있고 또 그 반대 상황이 발생할 수도 있다.

예를 통해 보면, 우리는 아래와 같은 상황을 상상해 볼 수 있다. 아래의 (4)와 같은 언급으로 한 화자가 다른 한 쪽 위에 놓여 있는 돌들의 집합(돌무더기)을 언급하고자 의도했을 것이다(많은 양을 함축하면서). 그런데 청자는 이것을 단순한 '돌무더기(mound)'라고만 생각하지 않고 '많은 양(a large quantity)'과 관련하여 해석할 수도 있을 것이다. 다시 말하면 청자는 '양화사 구문'과 연관된 의미를 나타내는 모종의 '연결(link)'을 하고자 했을 것이다.

(4) He led hym to *a hep* of stonys.
     he led him to a heap of stones.
     그는 그를 돌무더기로 이끌었다. (1349, Richard Rolle of Hampole [Brems 2011:208; IMEPCS])

당시 청자는 (4)를 어떤 많은 양을 언급하는 것으로 해석을 했는데, 그러한 해석은 생산물이나 실례(token) 수준의 혁신이었다. 특히 이것은 의미 수준의 신분석이라 할 수 있는데 그 결과로 화용과 통사 사이에서 불일치가 일어나고 있다. 이렇게 다른 사람들에 의해 같거나 유사한 값 (즉, 의미)이 동일한 생산물에 반복적으로 충당되다보면 결과적으로 '관습화된 대량 읽기'가 이루어지거나 일종의 '구문화'가 이루어진다(이때 의미적, 형태통사적인 신분석이 발생하고 결과적으로 당시 공존하는 미세 - 구문유형들이 만들어지는데, 하나는 '도량형(또는 양, measure)'에 대한 것이고, 다른 하나는 '양화사'이다). '하나의 생산물(주로 화용적인 것) 의 부분'과 '기존 구문적 네트워크 중 대응하는 한 유형의 부분' 사이에 최초로 미미한 연결(link)이 발생하게 되면, 분명 무의식적으로 오랜 시간에 걸쳐 '재구조화(reconfiguration)'가 이루어지게 될 것이다. 이 과정은 먼저 의미 에 의해 이루어지고 나중에 또 통사적인 핵이동(head shift)이 발생해 하 나의 새롭게 관습화된 '교점/미세 - 구문'으로 변화하게 되는 것이다.

'a hep of'의 경우에서, 우리는 위와 같은 해석이 '양화사 도식의 의미 체계'에 의해서 뿐 아니라, 대략적으로 동일시기(후기ME)에 'a deal of', 'a bit of', 'a lot of' 등을 포함하는 몇 가지 부분표현 구문을 통해서 발 생한 '양화사 의미들의 발달'로부터도 부분적으로 허가가 된 것으로 상 상할 수 있다. 이들 부분표현 구문의 단계에서 N_1이 각각 통사적 핵이 었다. 그러나 의미적으로 이들을 양화사처럼 읽는 것이 입증되면서, 의 미적인 핵은 곧 N_2가 되어 버렸다. 이러한 형식과 의미상의 불일치는 나중에 해결되었으며, 'a heap/lot/bit of' 등은 모두 18세기 후반에 양화 사로 구문화되었다(1.5.1의 'a lot of'에 대한 토론 참고, 그 외에 Brems (2012)의 'a heap of, a lot of, lots of' 참조).

우리는 위와 같이 소개된 시나리오에서 '해석의 과정'이 모든 청자들

케이스에서 다 동일하다고 생각하지는 않는다. Booij(2010:93)이 지적했듯이, 사실 모든 언어 사용자들이 하나의 새로운 구조에 이르기까지 동일한 추상화의 방식을 사용하는가라고 하는 질문은 매우 실증적인 질문이다. 우리는 '변화'에 관심을 갖고 있기 때문에, 관습화 및 새로운 자질의 공유 현상을 설명하기 위해, 개인의 행위(즉, 혁신)를 넘어 추상화하게 된다. 그런데 개인의 마인드가 동일한 방식으로 작동한다고 가정하는 반면, 우리가 여기서 적용하고 있는 사용 - 기반 변화의 관점은 "언어 사용자들은 화자와 청자로서의 역할에서 서로 간 거울 이미지만은 아닐 것이다"라고 추측할 수 있다(Saussure(1959), Langacker(2007)가 상호대조적임). 즉, 어떤 사용 상황에서는 화자와 청자 쌍이 비대칭적일 수 있다. 그래서 화자와 청자가 반드시 동일한 방식으로 언어를 처리하지 않을 수도 있다(Queller(2003)). 어떤 한 유형의 관습화란 곧 "언어적 상호작용의 몇몇 예들을 초월할 수 있는, 한 공동체 구성원들 사이의 공동작업의 상태"(Boye & Harder(2012:8))를 반영하기 마련이다. 그러나 어째서 화자들이 새로운 생산물들을 복제하고, 채택하고 관습화하는지 그리고 왜 생산물들 사이에 연결을 하고자 하는지에 대해서는 분명히 토론이 필요하다.[6]

언어학습의 사용 - 기반 모델은 불가피하게 언어 네트워크가 다소 '바로크적인(즉, 지나치게 화려하고 장식적인)' 것을 제안한다. 이것은 특히 생산물이나 실례의 단계에서 대량으로 장황하거나 세부사항들이 매우 풍부하게 나타나는 것을 수반한다. 그러나 언어 사용에서의 난잡하고 혼잡스러운 세부사항들 사이에는, '규칙적인 일반화'란 것이 존재한다. 이러한 일반화는 바로 언어 사용자가 그 네트워크를 구조화하기 위해 무의

---

[6] 이러한 토론과 관련해서는 Blythe & Croft(2012)을 참조할 것.

식적으로 사용하는 것이다. 다른 말로 하면, 언어 사용자가 추상화를 계산하거나 각 예들을 학습하는 과정에서 모종의 인지적 '혜택'(즉, 네트워크나 도식의 활용)이 있다고 볼 수 있다. 화자와 청자가 이러한 도식들을 사용하게 되는데, 이 도식들은 곧 그들을 더욱더 개별적인 '형식 - 의미의 쌍'으로 인도한다. 그리고 언어 사용자들은 이러한 '형식 - 의미의 쌍'을 보다 일반적인 유형의 예로서 인식하게 된다. 이러한 도식들은 언어 사용자들에게 있어 매우 유용한데, 이 도식들이 화자/청자들로 하여금 한 유형교점에 있는 생산물 집합 및 구문에 대한 정보를 저장하게 해주기 때문이다.

2.3.2 활성화의 확산Spreading activation

네트워크 접근법(이것은 모듈적이고 규칙 기반적인(rule-based) 설명법과는 대조적이다)은 특별한 언어 사용 상황에서 매우 밀접하게 관련된 교점들이 거의 동시적으로 활성화(activation)되는 것을 허락할 수 있는데, 이것이 이른바 '활성화의 확산(Spreading activation)'이라고 불리는 메커니즘이다(Hudson(2010:95)). 이러한 활성화의 확산 현상은 개별적 지식의 특질이기 때문에, 혁신의 발전 과정에서 특징화될 수 있으나, '공동체 - 네트워크'의 특징이라고 말할 수 없고, 또 두 개의 다른 시점에 있는 네트워크들의 특징이라고 할 수도 없다(위의 2.1과 비교). 활성화의 확산은 심리언어학 실험에서 테스트되었던 일종의 '연결 과정(linking process)'이다(예컨대, Harley(2008)). 여기에는 혀의 'slip'과 같은 말더듬(disfluency), 또는 (5a)의 '두음교체(spoonerism)'[7])와 같이 말더듬의 정교한 버전도

---

7) [역주] 두음교체: 예를 들면 'I have a halfwarmed fish in my mind'를 'half-formed

있고, (5b)와 같은 '맬러프로피즘(malapropism)'[8] 등이 있다. 이것들은 횡적(lateral)이고 통합적(syntagmatic)인 활성화의 확산을 수반한다.

(5) a. The <u>Kinquering Congs</u> their Titles Take. (hymn title attributed to Reverend William Spooner)

[역자해석] 이것은 'Conquering Kings'을 발음해야 하는데 두 단어의 두음이 헷갈려서 발음되고 있다.

b. Comparisons are odorous.

[역자해석] 세익스피어가 희극적 효과를 자아내려고 이러한 방법을 자주 사용했다. 원래는 'odorous'를 쓸 것이 아니나 희극적 효과를 위해 원단어와 발음이 비슷하되 뜻이 다른 'odorous'를 일부러 사용했다. (1600 Shakespeare, Much Ado about Nothing Ⅲ.v.18)

이러한 활성화는 일종의 혁신이다. 그렇다고 앞의 '두음교체(spoonerism)'나 '맬러프로피즘(malapropism)'이 어떤 자연적인 유형의 변화를 리드하는 것처럼 보이지는 않는다. 그러나 이 보다 '비대칭적 점화

---

wish'로 말하거나 'a crushing blow'를 'a blushing crow'로 바꾸어 말하는 따위를 말한다. 이 용어는 뛰어난 영국성공회 성직자이면서 옥스퍼드 뉴 칼리지 학장으로, 쉽게 흥분해 곧잘 첫소리를 바꾸어 말하는 윌리엄 아치볼드 스푸너(1844~1930)의 이름에서 나왔다. 이러한 자리바꿈은 때때로 웃음을 자아내기 위해 일부러 행하기도 한다.(다음 백과사전)

8) [역주] 맬러프로피즘: 한 낱말을 소리는 비슷하지만 뜻이 다른 낱말로 바꾸는 말의 실수. 이를테면 'geography of contiguous countries'(인접한 나라들의 지리학)를 생각하면서, 'contagious countries'(전염병을 감염시키는 나라들)의 'geometry'(기하학)에 대해 말하고, 딸이 자신의 말의 참뜻을 'comprehend'(이해하기)를 바라면서 'reprehend'(책망하기)를 바란다 하고, 조카딸에게 준 자신의 'influence'(영향력)가 적은 것을 후회한다는 말을 'affluence'(풍족함)가 너무 적은 것을 후회한다고 말한다.(다음 백과사전)

(asymmetric priming)의 효과'(이를 테면, 공간에서 시간으로는 가도 그 반대는 불가능하다, Boroditsky(2000))가 그럴듯한 언어학적 복제 메커니즘으로 가정되어 왔는데, 이것은 특히 문법화에서 변화의 방향성을 리드하고 있다(Jäger & Rosenbach(2008)). 점화(priming, 즉, 기존의 의미나 형식의 다가올 것에 대한 영향)는 의미, 형태통사, 음운 등 방면의 '활성화(activation, 또는 예비 활성화(pre activation))'를 수반하게 된다. 한편, Goldberg(2006:124)는 (6a)와 같은 수동태의 점화에 대한 실험을 통해 어떤 증거를 획득하였고 이에 대해 토론을 한 바 있다. 이때 (6a)는 바로 수동태 형식과 형태론적인 공유를 하고 있는 '자동사적 처소격 형식'에 의해 활성화되고 있는 것이다(즉, 장소를 나타내는 'by'에 의해 수동태를 나타내는 'by'가 활성화됨). 예를 들어, (6b)는 (6a)를 점화하지만 (6c)는 점화하지 않는데, 그 이유는 (6c)가 was를 포함하고 있지 않기 때문이다(특히 통사에서의 점화효과에 대해서는 Snider(2008) 참조).

(6) a. The construction worker **was** hit **by** the bulldozer.
건설 인부가 불도저에 의해 맞았다.

   b. The construction worker **was** digging **by** the bulldozer.
건설 인부는 불도저 옆에서 땅을 파고 있었다.

   c. The construction worker might dig near the bulldozer.
건설 인부가 불도저 근처에서 굴착을 할 수도 있다.

점화효과(priming effect)[9]에 대한 증거는 '스피드(speed)'에서 발견되

---

9) [역주] 점화효과: 시간적으로 먼저 제시된 자극이 나중에 제시된 자극의 처리에 영향을 주는 현상. '시간'이란 단어를 먼저 보고 'ㅅ'으로 시작하는 단어를 말하라고 하면 '시간'을 떠올릴 가능성이 높다. 점화란 기억에 저장된 생각을 무의식적으로

고 있다. 한 심리언어학적 실험에서, 어떤 실험대상(사람)이 하나의 특별한 언어형식(아래의 'apple')을 찾아내게 되는데, 이때, 그 언어형식은 그것을 선행하거나 점화할 수 있는 다른 형식(아래의 'pear')과 관련이 된 것이다. 다만, 이렇게 관련이 있다면 보다 빠르게 찾아낼 수가 있다 (Ratcliff & McKoon(1981)). 예를 들어, 어휘항목의 관점에서 볼 때, 우리는 'apple'과 같은 단어가 'pear'(또는 'fish'나 'honesty' 등에 의해서도 가능함)에 의해 점화될 수 있는가를 확정하는 그러한 실험을 설정할 수 있다. 이 과정에서 우리는 테스트 단어(apple)가 잠재적인 점화 단어(pear) 뒤에 따라 나올 때, 실험의 대상(사람)에 의해 얼마나 빨리 찾아질까를 보면 된다. 이러한 일련의 실험과 관련하여 다음과 같이 가정할 수 있다. "서로 간 밀접하게 연관된 구문들(우리의 모델에서, 구문들은 네트워크 속에서 긴밀하게 연결되어 있다)은 네트워크 속에서 멀리 떨어져 있는 단어들보다 훨씬 더 '빠르게' 서로에 대한 점화기능을 한다." 그리고 하나의 교점이나 관계가 자주 활성화되면 될수록, 그것은 미래에 훨씬 더 쉽게 활성화된다(Hudson(2007a:53), Langacker(1987, 2008), Schmid (2007), Blumenthal-Dramé(2012) 참조).

 '활성화의 확산'은 학습의 과정에서 핵심위치에 있다. 기호 변화의 사용-기반 모델에서 제기되었듯이, 만약 화자가 끊임없이 '학습'을 하고, 그들의 언어를 재구조화한다면, 그땐 기호의 변화 역시 화자가 하는 것과 동일하게 다량의 예에 대한 처리(processing)를 수반해야 하고, 심지어 이러한 예들을 넘어서는 더 일반적인 패턴의 추론(abduction, Andersen(1973)))도 수반해야 한다. 그러나 언어 사용자들은 학습할 뿐 아니라 동시에 '망각'할 수도 있다. 그래서 우리는 다음과 같이 가정한

활성화시키는 것으로, 특히 두 자극이 같은 종류거나 의미적으로 연관이 있을 때 점화 효과가 잘 나타난다.(다음 백과사전)

다. "활성화가 적으면 '확립(entrenchment, 즉, 하나의 단위로서의 확립)' 작업 또한 적어지게 된다. 즉, 하나의 교점 또는 관계가 자주 활성화되지 않을 수록 나중에 그것의 활성화가 점점 더 쉽지 않게 된다." 그래서 만약 한 언어의 네트워크 내에서 하나의 특별한 교점이 점화가 안 된다면(불 붙는데(fire) 실패한다면), 이 교점은 더욱더 쓸모없게 될 것이고, 더 이 상 개별적인 예를 허가하는 기능을 못하게 된다. 이것이 곧 한 구문의 위축(obsolescence)과 궁극적인 비사용(non-use)의 원인이 된다(2.5.1.3을 참조).

활성화의 확산과 점화(priming)는 서로 연결되어 있다. 하나의 네트 워크 속에 있는 교점들은 특별한 사용 상황에서 '활성화'되어야 하는데, 이때 필요한 '동기화(motivation)'를 바로 '점화'가 제공하기 때문에 연결이 되어 있 는 것이다. 만약 그러하다면 당연히 어떤 교점들은 또 비활성 상태로 남아 있게 된다(Collins & Loftus(1975) 참조). Hudson은 처리(processing) 의 목표에 대해 다음과 같이 제시한다.

> "(처리의 목표는) 사이에 끼어 있는 교점들을 선택적으로 활성화함으 로써, (알려진) 형식으로부터 (알려지지 않은) 의미에 이르는 가장 좋은 '경로'를 발견하는 것이다. 이때 중간에 긴 교점들은 양 방향으로 활성화 를 받으며, 한편으로 모든 다른 교점들에 대해 활성화를 둔화시킨다."
> (Hudson(2007a:40))

'알려지지 않은 의미(unknown meaning)'에 이를 수 있는 가장 좋은 경로는 두 가지 방면에서 인도될 수 있다. 첫째는 바로 점화(priming)(즉, 대화상에 서 언어 사용자들이 사용하는 다른 단어나 구문들)에 의해 이루어진다. 둘째는 함축(implicature)과 추론(inference)에 의해 이루어지는데 이것은 그 담화상의 참여자들에 의해 만들어지거나 받아들여지는 것이다. 다른 말로 말하면, 주어진 발화를 해석하는 것을 돕는 요소로 '상하텍스트적 (cotextual)인 것'과 '문맥적(contextual)인 것'의 두 가지가 있다. 이중 일부는 처리의 심리언어학적인 이슈에 관련이 되어 있고, 다른 일부는 문맥 속 의미를 해석하는 담화 분석적 책략에 훨씬 즉각적으로 관련이 되어 있다. 결정적으로, 이러한 이슈들은 화자에게 달려 있는데, 화자들이 곧 형식과 의미의 연결을 확립하게 된다. 그러므로 담화를 둘러싼 형식적, 의미적 측면들이 모종의 중요한 역할을 하는 것으로 보인다. 이러한 현상의 대표적인 예로 'a deal of'가 부분표현에서 양화사로 발전하는 것을 들 수 있다.

OE시기의 'dœl'은 'part(부분)'을 의미한다(독일어 Teil('part')참조). 명사성 수식어(nominal modifier)와 함께 사용되었던 초기의 예에서는 확실히 부분표현이었다.

(7) Ic   gife   *þa*   *twa*   *dœl*   *of*   *Witlesmere.*
    I   bequeath   those   two   parts   of   Witlesmere.
    나는 Witlesmere의 그 두 부분을 남긴다. (a1121 Peterb.Chron. (LdMisc 636)
    [MED del n2, 1a])

'부분'은 '양'을 함축하고 있어서 'dœl'은 최초로 영어에서 확실히 양화된 의미를 갖고 사용된 이항적 부분표현이었던 것 같다. 이러한 사용은 대체로 'great'나 'good' (둘 다 '충분한, 꽤 많은', 'large'의 의미)과 같은 양화적 형용사에 의해 수식받는 표현들로 제한되고 있다.

(8) Safroun   &   *a*   *gode*   *dele*   *Salt.*
    saffron   and a   large   amount   salt
    사프란과 많은 양의 소금 (c1430 Two Cookery Books 15 [OED deal n1, 3])

(8)에서 보듯이, 'deal'이 양화사적인 의미로 사용되고 있으며, 이렇게 사용하는 사용자들이 이러한 혁신을 어떻게 이루어 냈을까라고 생각할 수 있을 텐데, 이를 묘사하는 데는 여러 가지 방법들이 동원될 수 있다. 그중 하나는 형용사로부터 명사 'deal'로의 '환유적인 변화(metonymic shift)'가 있다. 또 다른 하나는 그 형용사('great'나 'good')가 '부분'의 의미로부터 양의 함축의미를 강화시켜서 결과적으로 일부 화자들이 '양'과 'deal'을 연결시키게 되었다는 것이다. 이것은 이른바 '문맥 흡수(context-absorption)'의 예라고 할 수 있다(Kuteva(2001:151)). 그리고 '유도적 추론(invited inference)'으로부터 '미세 - 구문'으로 변화하는 현상은 결국 (9)와 같은 후기의 용법을 허락하였는데, 여기서는 더 이상 '양화'를 파생시킬 수 있는 형용사가 출현하지 않는다.

(9) Jesu Maria what *a deal of brine*
   Hath washed thy sallow cheeks for Rosaline!
   성모 마리아여! 로잘라인 때문에 너는 그 창백한 뺨을 무던히도 눈물을 적셨지. (1595-6 Shakespeare, Romeo and Juliet Ⅱ.ⅲ.69)

그러나 이러한 발전을 설명할 수 있는 또 다른 방법은 바로 '**활성화의 확산**'이다. 즉, (8)에서의 'great'나 'good'과 같은 수식어가 양화사 의미를 '활성화' 또는 '점화'시켰고, 그로인해 이 수식어의 의미가 명사까지 '확산'되었다라고 가정할 수 있다.

변화를 설명함에 있어 '활성화의 확산'을 이용하는 가치는 이 활성화의 확산이 '경사성'과 '점진성'이란 문제와 관련하여 단계적으로 밝혀낸다는데 있다(아래 2.6 참조). 그리고 "표현들은 동시에 분리적일 수도 있고 연결적일 수도 있다"는 관찰이 가능하다는 것이다(De Smet

(2010:96)). 만약 생산물들의 자질들이 화용적, 의미적, 형태통사적, 음운적인데다가 또 다른 생산물의 자질과 연결되는 것이 가능하다면, 공시적으로 생산물들의 각종 자질이 활성화된다. 이것은 범주의 '비 - 분절성(non-discreteness)', 그들 사이의 경계의 애매성과 일치하는 것이고, 그로 인해 경사성과도 일치하게 된다(Denison(2006), Aarts(2007), Traugott & Trousdale(2010a)). 오랜 시간에 걸쳐 다른 자질들과의 연결은 강화될 것이고, 결국 점차적으로 단계적인 '미세 - 변화'로 귀결될 것이다.

2.3.3 '유추'를 위한 함축

생산물(일선의 언어표현)이란 곧 화자와 청자 둘 모두를 위한 일종의 '일시적인' 경험적 아이템이라 할 수 있는데 '언어적 혁신'이란 바로 이러한 생산물에 대한 해석인 셈이다. 그리고 이러한 언어적인 혁신은 영구적인 네트워크에서 중앙무대로는 오지 못하고 항시 가장자리(또는 경계선)에만 제한되어 있다(Hudson(2007a:42)). 화자는 애매하고 모호한 발언을 생산해 낸다. 즉 화자의 발언은 한 가지 이상의 방법으로 해석될 수 있다는 것이다. 발화 과정(on-line)의 처리, 이를테면 '유도적 추론'(이 자체도 결국 '활성화의 확산'의 일종으로 해석적인 것이다)같은 경우는 화자가 생산물을 특별하게 사용함으로써 비롯된 것인데, 이 또한 청자로 하여금 특별한 방법으로 그 발화를 해석할 수 있게 만든다. 그리고 그 과정에서 이러한 특별한 방법은 청자에게 있어 참신할 수 있지만, (그 생산물이 참신한 것이기 때문에) 그 생산물을 허가할 수 있는 기존의 구문은 존재하지 않는다. 따라서 청자는 그 생산물을 위한 '일시적인 실례 교점(provisional token node)'을 생산하게 되는데, 그 교점은 그 발화의 문맥과 관련된 많은 정보, 또는 화자와 청자 간의 관계 등을 포함하게 되어 있으며, 문제의 발화가 '형식과 의미의 쌍' 즉 기호라는 사실을 포함하게 되어 있다. 이러한 실례적 기호는 음운론적, 또는 음성학적인 세부 사항을 가지고 있겠으나 형태론적, 통사적 세부 사항은 개별화되지 못했거나 존재하지 않을 수도 있다. 마찬가지로, 그 기호의 담화 또는 화용적 세부 사항은 풍부할지 모르겠으나, 그 청자는 어떤 '관습화된 의미'에 접근하지는 못할 수도 있다. 이러한 상황은 그 발화가 완벽하게 처리됨으로써 해결되어야 한다. 그래서 청자는, '담화상의 가장 근접한 배열을 제공하거나 그 생산물의 화용적 특징을 제공해주는, 그리고 저장된 구문 유형 혹은 (하위)도식을 제공해주는' 그런 기존 구문을 찾기 위해 가장 알맞은 원리를 적용할 것이다. 한편, 청자가 만약 그 생산물을 구문적 네트워크의 이미 존재하는 일부분과 매치시키려고 시도했다가 그 생산물을 충분히 허가해줄 수 있는 기존의 미세-구문이 없음으로 인해 이를 실패할 수도 있는데, 그럴 경우 불일치(mismatch)가 발생하게 된다. 이때 청자가 할 수 있는 가장 좋은 방법은 바로 그 생산물의 의미 또는 형식을 네트워크 내 다른 기존 (하위)도식의 의미 또는 형식에 배열할 수 있는 그런 연결을 생성해 내는 것이다. 이것은 (새로운) 생산물과 (기존) 구문적 하위도식을 연결시킬 수 있는 담화/화용적 특징에 기반하여 이루어진다. 이들은 이렇게 '의도된 의미'와 '이해된 의미' 사이의 불일치를 수반하고 있다.

'혁신적인 생산물(innovative construct)'들은 그것들이 형식과 의미의 쌍을 수반한다는 차원에서 상징적이다. 그러나 이것들은 대중과 공유된 것이 아니기 때문에 관습성이 결여되어 있다. 그러나 어떤 경우에서는 이러한 연결들(links)은 너무 자연스럽게 보이기도 하고 또 자주 반복되어 의식(awareness)의 수준까지 가는 경우도 발생하고 심지어 수사적으로 취급되기도 한다. 잘 알려진 예가 바로 'after'이다. 그것은 시간 전치사와 접속사('from the time that'이란 의미) 용법이 있는데, 어떤 경우엔 '인과관계(causality)'의미가 풍부해질 때가 있다. 다시 말해, 어떤 문맥에서 화자가 이것을 '활성화의 확산'을 통해 '인과도식'과 연결시키게끔 추론할 수도 있다는 것이다. 이것은 이른바 'post hoc ergo propter hoc(after this therefore because of this, 따라서 이 때문에)'로 알려진 일종의 논리적 오류이다. 'after'를 인과적으로 해석하는 것이 비록 OE시대부터 이용되어 왔지만, 'after'는 인과의미로 '의미화(semanticize)'하지 않았다. 즉, 그것은 '구문변화'를 겪지 않았던 것이다. 이를 다시 말하면, 하나의 새로운 실례 교점이 생성되었어도 이것이 결코 어떤 변화가 뒤따르게끔 결정하지는 못했다는 것이다. 즉, 'after'는 설사 그것이 반복 출현하고 오래도록 살아남았다 해도 그것의 풍부해진 '함축의미'는 변화를 가능케 할지언정 그것을 유발하지는 않음을 보여주는 예이다. 이러한 'after'와는 대조적으로, ME시대의 'sithenes'는 역시 'from the time that, since'의 의미를 나타내는데, 이것은 분명 변화를 겪었고 그래서 시간적, 인과적 다의성을 갖게 되었다(Traugott & König(1991)). 즉, 인과적 연결이 충분히 확립되게 되었고, 새로운 단위인 '인과적 다의성'이 발전해 나온 것이다.

변화를 가능하게 하는 과정(process)을 이해함에 있어 이상의 예들을 결합시켜보면, 더욱더 다듬어지고 세련된 유추의 방법을 제시할 수 있다. 1.6.4.2에서 우리는 유추적 사고(가능적 요소 또는 동기화)와 유추화(analogization, 즉 변화의 메커니즘)를 구분하였다. 우리는 또한 사용-기반 모델에서 유추 관련 많은 토론이 주로 '샘플(exemplar)'을 좋아한다고 말했다. 여기서 우리는 사용-기반 접근법에서의 '함축(implication)'을 이러한 요소로 생각해보고자 한다. 네트워크를 넘어 자질들을 연결해가면서 의미를 해석하는 능력은 바로 본질적으로 '유추적으로 생각하는 능력'이다. 이러한 유추적으로 생각하기는 바로 주어진 일시적인 생산물을 위해 우리를 가장 적합한 것으로 안내해주는 일종의 동기화인 셈이다. 그리고 가장 결정적으로 위에서도 언급했듯이, '활성화의 확산'이야말로 '최적의 원리(best-fit principle)'와 연결될 수 있는 메커니즘이다(Hudson (2010:95)). 유추적으로 생각하는 것이 바로 우리를 주어진 일시적인 생산물을 위한 최적의 것으로 유도해주기 때문에, 신경 중추적 메커니즘으로서의 '활성화의 확산'은 유추적 사고에 연결될 수 있을 것으로 보인다. 이러한 활성화의 확산은 또한 구문분석(parsing)과 연관이 되어 있어서 '신분석'에서도 역할을 한다. 다른 말로 하면, 활성화의 확산은 일종의 신경 중추적 메커니즘으로서 제1장의 표1.2에서 확인했던 그러한 언어변화의 두 가지 메커니즘(즉, 유추화와 신분석)과 연결되어 있는 것 같다. 그러한 연결들(links, 즉, 활성화의 확산에 의해 이루어진 새롭게 생성된 연결)은 전형적으로 매우 일시적이다. 그러나 그것들이 만약 다수의 화자에 의해 접수된다면 그땐 '변화'로 귀결된다. 'a deal of'의 경우에서, '양 형용사(measure adjective)'의 '양 의미(measure semantics)'가 명사 'deal'로 흡수되어 들어갔는데, 이러한 '문맥 - 흡수'의 초기단계는 유추적인 사고 즉, "'부분'이 '도량(measure)'을 갖고 있다"라고 하는 생각을 수반하고 있다. 그러나 샘플이 없기 때문에 '유추화'도 없는 것이다. 후기 ME시기 동안 우리는 이러한 '문맥 - 흡수'의 증거를 볼 수 있는데, 이때 수많은 기타 '이항적 도량 의미 부분표현(binominal & measure partitive)'들, 예컨대 'a lot/heap/bit of N'같은 것들이 역시 모종의 잠재적인 양화사적 용법으로 나타나기 시작하였다. 이들 대부분은 '양 형용사'가 없는 무수식(bare)의 상태이다. 추정컨대, '유추적 사고(이 경우에서는 최적 의미와 연결하기임)'가 여기서 처음으로 작동한 것으로 보인다. 이처럼 부분 - 전체를 가리키고 있고, 또 '양'의 개념으로 화용적 추론을 허락하기도 하는 몇 가지 이항적 표현들이 공존하는 현상으로 인해, 사용의 관습적 복제가 가능하게 되었다. 그런데 여기서 그 형식은 여전히 '핵 - 수식어(head-modifier)'의 구조($[a\ N_1\ [of\ N_2]]$)이지만, 그 의미는 '수식어 - 핵(modifier-head)'의 구조 [Quant SEM]와 불일치하고 있었다. 이것이 바로 "구문변화"이다. 그래서 우리는 위의 이러한 이항적 표현들 사이에서 발생한 '유추화'를 가정해 볼 수 있는데, 이 유추화가 (9)에서와 같이 무수식의 'a deal of'가 발전하는 것을 허락한 것이다. 그리고 나서 나중에 18세기와 19세기 무렵, 형식과 의미 간의 불일치가 있었던 대부분의 이항적 표현들은 양화사로의 '구문화'를 겪게 된다. 이와 관련한 예는 1.5.1의 'a lot of'예를 통해 확인가능하다. 이 단계에서 이항적 표현들은 일종의 형식 - 의미의 쌍의 개념으로 서로 간 그리고 'a shred/iota of' 등과 같은 이후의 발전을 위해 '샘플(exemplar)'을 제공하게 되었다(Brems(2011)).

여기서 제기한 가설의 논리적 결과는 바로 "어떠한 구문도 완전히 새로운 것은 없다"이다(다만, 차용이나 주조(coining)를 제외하고). 항시 어떤 교점의 자질과 최소한도로는 연결이 되기 마련이다. 그런데 이러한 생각은 바로 '유추가 과연 주요한(primary) 것인가'라는 의문을 제기하는데, 이것은 Fischer(2007), De Smet(2009)에 의해 제기된 것이다. De Smet(2012:629)이 언급했듯이, 'primary'는 두 가지 차원으로 이해될 수가 있다. 그것은 바로 '시간적인 개념(prior: 시간적으로 우선이다)'과 '평가적 개념(most important: 가장 중요하다)' 두 가지이다. 최적의 것과의 일치를 가능하게 했던 '유추적 사고'는 확실히 대부분의 변화보다 시간적으로 앞선다. 그렇기 때문에 primary(우선적인)한 것이다. 이에 반해 '유추화'는 한 구문의 자질이나 내부적 차원의 '재구조화(reconfiguration)'를 수반한다

(Gisborne(2011:156)). 그 대표적인 예가 바로 위에서 언급했던 이항적 표현들의 통사와 의미 간의 불일치 현상이다. 또 다른 예는 바로 뒤이어 발생한 '구문화'로 이것은 통사상 핵의 변화를 수반하고 있다. 그러므로 '유추화'는 미세 - 단계의 변화, 다른 말로 하면 '신분석'을 반드시 동반하게 된다. 여기서는 시간적인 연속의 문제는 없다. 유추화가 바로 신분석이다. 모든 유추화가 신분석이긴 하지만, 유추화가 없는 신분석도 존재할 수 있다. 이에 대해서는 3장에서 '의사 분열문(pseudo-cleft)의 흥기'를 토론하면서 보여줄 것인데, 메커니즘으로서 '신분석'은 우리의 견해로 볼 때 '더욱더 중요한'이란 차원에서의 'primary'이다. 왜냐하면 그것은 변화의 더 많은 케이스를 커버하기 때문이다.

2.4 연결link의 유형

지금까지 토론된 내용에서 우리는 '연결의 유형'을 구분하지 않았다. 그런데 사용 - 기반 구문문법과 단어문법(Word Grammar)은 네트워크상의 두 가지 연결의 유형을 구분한 바 있다. Goldberg와 Croft의 연구에서 가장 자주 등장하는 것이 바로 '상속적(inheritance)', '분류적(taxonomic)' 연결이다.[10] 그리고 다른 하나는 '관계적(relational)인' 연결로 이것은 구문들 사이의 관계의 종류를 세분화하는 것이다(Boas (2013) 참조). 우리는 먼저 2.4.1에서 후자를 토론할 것인데 이것이 앞의 내용들과의 관계가 분명하기 때문이다. 그런 다음 2.4.2에서 '상속적 연결'을 토론할 것이다.

---

10) '상속(inheritance)'이란 용어는 구문문법의 문맥에서는 '기원'과 관련된 어떤 것을 의미하지는 않는다. 이것은 공시적인 분류학적 관계를 가리킨다.

한편, 미세 - 구문이든, 하위도식이든, 또는 도식이든 간에 '연결을 재구조화하는 것'은 특히 구문화와 관련이 있다. 이것은 아래 2.5.2에서 소개될 것이다.

2.4.1 관계적 연결Relational link

구문들 간의 관계적 연결에는 몇 가지 종류가 있다. Goldberg(1995)는 네 가지 유형을 제시했는데 여기에는 '다의성(polysemy)', '은유적 확장(metaphorical extension)', '부분관계(subpart)', '예시(instance)' 연결이 있다.

'다의성 연결(Polysemy link)'은 한 구문의 '원형적인(prototypical) 의미'와 그것의 '확장' 간의 의미적 연결을 묘사하는 것이다. 이들의 경우, 통사적인 내역은 동일한 반면, 그것의 의미적인 면들은 다르다. Goldberg는 대표적인 예로 '이중타동구문(ditransitive construction)'을 들었는데, 이것은 [SUBJ V OBJ₁ OBJ₂]라는 통사와 [X CAUSE Y to RECEIVE Z]라는 핵심적인 의미체계를 가지고 있다. 전형적인 예는 (10)이다.

(10) Max gave Edward the robot.

　　　Max는 Edward에게 로봇을 주었다.

그러나 이와 관련된 패턴들이 많이 존재하는데, 어떤 경우엔 '접수(받는 것)'가 몇 가지 방법으로 제한되기도 하고 그래서 다의적 확장으로 취급될 수가 있다. 예컨대,

(11) a. Max refused Edward the robot. Max가 Edward에게 로봇을 거부했다.

　　　　[[SUBJ V OBJ₁ OBJ₂] ↔ [X CAUSE Y not to RECEIVE Z]]

b. Max made Edward a robot. Max가 Edward에게 로봇을 만들어주었다.
[[SUBJ V OBJ₁ OBJ₂] ↔ [X ENABLE Y to RECEIVE Z]]

이러한 다의적 연결은 주로 '하위도식' 수준에서 토론되는 것이지, 개인의 '미세 – 구문' 수준에서 이루어지는 것이 아니다. 예를 들어, (11a)의 'refuse'의 경우는 'deny' 등의 '거부'의미의 동사 그룹의 예이다. 그리고 (11b)는 'bake' 등과 같은 '생성'의미를 포함하는 동사그룹의 예이다.

나중에 5.2.1에서 더 토론할 것을 기약하며, 여기서 우리는 이러한 '다의성'을 공시적 개념으로 취급하고자 한다. 예를 들어, 'since'의 경우, '시간'과 '인과관계'가 있는데, 이는 공시적으로 다의적인 것이라 볼 수 있다. 그러나 변화란 것이 결국 구문적인 것이고 네트워크상의 여러 가지 연결들을 수반한다는 사실에 비추어볼 때, 하나의 변화가 발생하면 결과적으로 하나의 '새로운 구문적 의미'나 '구문화'로 귀결되게 된다. 우리는 Lichtenberk(1991)를 따라서, 이러한 두 의미 사이의 통시적인 관련성을 '동근어(heterosemy)'라고 부르고자 한다. 예를 들어, 오랜 시간에 걸쳐 ME 시기의 'sithenes'로 변화하는 현상은 결국 '동근어'로 귀결되었는데 이때 인과관계의 의미보다 시간적 의미가 더 오래되었다.

'은유적 확장 연결(Metaphorical extension link)'은 특별한 은유적 사상 (mapping)을 수반하고 있는 것을 말한다. 이것은 가능한 결과구문 (resultative construction)과 불가능한 결과구문 사이의 관계를 설명할 때 나온다. Goldberg(1995:81-9)에 따르면, 명백해 보이는 많은 제약들이 이러한 은유적 연결에 놓고 보면 설명이 가능하다고 한다.[11] 대표적인 예

---

11) [역주] 결과구문은 방향지시 표현과 함께 공기할 수 없는데 이것을 은유적 분석으로 설명하곤 한다. 예컨대, *Sam kicked Bill black and blue out of the room.

로, '이동(motion)'과 '변화(change)' 간의 은유적 연결(The chocolate went from liquid to solid(초콜릿이 액체에서 고체로 변했다.)), '장소(location)'와 '상태(state)' 간의 은유적 연결(She went mad(그녀가 미쳤다.)) 등이 있다. 여기서 상태의 변화란 곧 장소(위치) 변화의 은유적 확장으로 이해될 수 있는 것이다. 이러한 은유적 연결은 또한 결과구문이 '사역 – 이동구문(caused-motion construction)'의 은유적 확장으로 될 수 있음을 보여준다. 이러한 두 구문 간의 연계는 (12a)(문자적, 사역 – 이동)와 (12b)(은유적, 결과)를 통해 예시할 수 있다.

(12) a. Lisa sent him home. Lisa는 그를 집으로 보냈다.

　　 b. Lisa sent him wild. Lisa는 그를 거칠게 만들었다.

　'부분관계 연결(Subpart link)'이란 '하나의 구문'과 '독립적으로 존재하는 보다 큰 구문' 간의 관계를 나타낸다. 여기서 전자는 후자의 부분이다. 대표적으로 '자동사 이동 도식(intransitive motion schema)'은 (13a)와 같이 예시할 수 있는데, 이것은 (13b)와 같은 '사역 – 이동 도식'의 '적절한 하위부분(proper subpart)'이 된다.[12]

(13) a. The toddler walked to the door.

　　　 아장아장 걷는 아기는 문으로 걸어갔다.

　　 b. She walked the toddler to the door.

　　　 그녀는 아장아장 걷는 아기를 문까지 걸어가게 했다.

---

12) [역주] 이것을 아래와 같은 그림으로 표현할 수 있다. 여기서 자동사 이동 구문의 명세사항들을 보면 사역 이동 구문의 일부인 것을 알 수 있다.(Goldberg(1995))

마지막으로, '예시 연결(Instance link)'이 있다. 이것은 하나의 특별한 구문이 다른 구문의 '특별한 케이스(special case, Goldberg(1995:79))'가 될 때 나타나게 된다. 예를 들어, 동사 'drive'(특별한 의미를 갖고 있는)가 결과구문에 사용된다면[13], '결과 – 도달점' 논항이 출현할 수 있는데 이때 이것은 단지 구문의 한정된 집합으로부터만 나올 수 있다. 즉, 'drive someone crazy, nuts(미친), up the wall(미친)'이 가능하다면, 그들의 감정에 영향을 준다는 면에서 볼 때, 대개 'drive someone happy, delighted, up the staircase' 등은 불가능하다. 다른 말로 말하면, 'drive someone X'에서의 X는 주로 부정적으로 지향된 의미의 단어('crazy' 등)나 숙어('up the wall')와만 연결될 수가 있는 것이다. 다만 우리는 도식의 허가 정도와 관련된 것이 아닌 한 이런 유형의 연결에 대해 토론하지는 않을 것이다. 여러 경우에, 구문의 역사에서 구문들은 다소간 제약을 받을 수 있다. 그래서 하나의 특별한 미세 – 구문이 하나의 특별한 케이스가 될

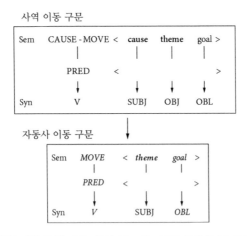

사역 이동 구문

자동사 이동 구문

---

13) [역주] 이렇게 될 경우, 동사 'drive'는 결과 구문의 'CAUSE-BECOME'의미의 한 예시로 범주화 되게 되고, 이때 결과 – 목적 논항으로 'crazy' 등의 부정적인 의미가 나오게 된다.(Goldberg(1995))

수 있느냐는 그것이 한 구문도식의 가장자리에 있느냐 여부에 달려 있다(2.5.1 참조).

그럼, 이러한 관계적 연결들이 이른바 '활성화의 확산'과 어떻게 관련되어 있는 것인가? 이러한 관계적 연결들은 특별한 유형의 점화(priming)를 위해서는 핵심적이다. 관계적 연결들은 '합리적으로 밀접하게 관련된 개념들' 사이에서는 보편적으로 존재한다(예컨대, 자동사 이동과 사역 이동 사이). 그리고 밀접하게 관련된 개념들은 개념적 네트워크에서 서로 간 점화 역할을 할 수가 있다(Hudson(2010:76)).

2.4.2 상속적 연결Inheritance link

구문의 목록(inventory)은 구조화된 것이고, 이른바 구문의 '분류적 네트워크(taxonomic network)'라는 관점에서 재현될 수 있다. 이때 각각의 구문은 곧 그 네트워크 내의 '교점'이 된다(Croft(2001:25)). 상속적 연결은 여러 유형의 구문문법에서 구문적 네트워크의 핵심 부분이 되고 있다. 이러한 구문문법에는 Goldberg(1995,2006), Fillmore(1999), Kay & Fillmore(1999), 그리고 Hudson(2007a,b)의 단어문법이 있다. 상속적 관계란 분류적인 제약이다. 그래서 여러 가지 일반성의 단계마다 범주화를 허락할 수 있다. Goldberg는 그녀의 구문문법 모델에서 다음과 같이 말했다.

> "구문은 네트워크를 형성하고 상속적 관계에 의해 연결된다. 이러한 상속적 관계가 바로 개별 구문의 많은 특징들을 동기화한다. 상속적 네트워크는 동시에 하위규칙(subregularity)과 예외를 허용하지만, 우리로 하여금 구문을 넘어서는 일반화를 포착하게 한다." (Goldberg(1995: 67))

각 교점은 자기를 지배하고 있는 교점들의 자질을 상속한다. 예를 들어, 'John runs'란 문장은 영어의 '자동사 구문(intransitive construction)'의 생산물이다. 그리고 이 자동 구문은 영어의 '주술구문(subject-predicate construction)'의 일원이다. 상속은 그것의 정보가 단지 한 번만 표현되도록 허락하는데 '가장 높은 즉, 가장 도식적인 단계에서만 그 표현이 가능하다'(Croft(2007b:484)).

Goldberg에 따르면, 구문들 간의 관계를 보여주는 '상속적 연결'은 부분적으로 임의적이지만 또 부분적으로 예측가능한 면이 있다고 한다. 다른 말로 하면, 구문은 부분적으로 동기화될 수가 있고, 비록 글자 그대로 상호작용하지는 않더라도 서로 간 영향을 줄 수는 있다(Goldberg(1995:72)). 그리고 그녀의 모델에서, 상속적 연결은 비대칭적이다. 다시 말해, '만약 B가 A를 상속했다면, 구문A는 구문B를 동기화한다.' 이것은 Langacker(1987)의 관점에서 말하면 부분적으로 허가하는 것이다. 즉, 구문B가 구문A로부터 자질들을 상속했지만 그 구문에 특수한 추가적인 자질을 일부 가질 수 있다는 것이다. 이러한 '상속'은 영어 동사의 과거형을 설명할 수 있다. 영어에서 대부분의 동사들이 과거형 -ed를 갖고 있긴 하나 일부는 또 그렇지 않은데 바로 이것이 상속으로 설명되는 것이다. 즉, 가장 추상적인 단계에서는 동사가 과거시제와 결합하여 '기본상속(default inheritance)'이 개별적인 미세 - 구문들에게 전파될 수 있다. 그러나 일부 'ride, run' 등의 예가 일종의 특별한 예외로 이러한 기본상속을 막는다.

구문적 네트워크 속 상속의 중요한 특성 중 하나는 바로 표현들이 대개 몇 개의 복수 구문으로부터 상속된다는 사실이다. 이것을 이른바 '다중상속(multiple inheritance)' (Goldberg(2003))이라고 한다. 예컨대, (14)는 '의문문 주어 - 조동사 어순 전위(inversion)', '부정', '수동태', '현재완료', '타동사 구문'으로부터 계승된 것이다.

(14) Hasn't the cat been fed yet?
그 고양이 아직 밥 안 줬나?

특히 다중상속은 '중간적 구문'의 경우에서 출현한다. 예컨대, 대표적인 것이 바로 동명사로 동명사는 명사와 동사의 특징을 모두 보여준다(having in We were talking about Mary having a beautiful garden(우리는 메리가 아름다운 정원을 가지고 있다는 것에 대해 이야기 하고 있었다.))(Hudson(2007a) 참조: 여기서 4장은 동명사와 이것의 다중상속에 대해 논의하고 있다). 우리가 역사적인 관점을 갖고 보면, 다중상속과 관련된 거의 모든 구문들의 자질은 '변화'를 겪기 마련임을 알게 된다. 사실, 영어의 의문문 주어 - 조동사 어순 전위, 부정, 수동태, 현재완료, 타동사 구문 등의 형식적 특징들은 모두 '구문변화'를 겪어 온 것이다.

상속적 연결의 이점은 이것이 '관련된 두 구문 간에 존재하는 모든 비모순적인(상충되지 않는) 정보가 서로 공유된 것이란 사실'을 포착하고(Goldberg(1995:74-75)), '체계적으로 관련된 형식과 체계적으로 관련된 의미'를 보여준다는 사실이다(Goldberg(1995:99)). 예를 들어, 이중타동구문 패밀리의 멤버들은 [SUBJ V OBJ₁ OBJ₂]라는 통사적 샘플과 [X CAUSE Y to RECEIVE Z]라고 하는 의미적 샘플이 결합된 것을 상속하고 있다. 그러나 상속을 적용하는 과정에서 약간의 문제가 있을 수가 있는데, 이것은 특히 Croft(2007b), Sag, Boas, & Kay(2012), Sag(2012) 등에서 확인할 수 있다. 어떤 이들은 대체로 형식(form)과 관계된 상속연결의 위치에 관심을 갖기도 한다(Goldberg(1995)). 즉, 네트워크에 대한 완전한 이해가 이루어지려면 형식적인 상속연결이 다른 유형의 연결과 함께 고려되어야 한다. 예를 들어, '이중 - 목적어 이중타동구문'과 그것의 '바꿔쓰기(paraphrase)' 간에는 공유된 형식이 없다. 즉, 전치사를 사용한 이중 목적어 구문(보통 Transfer-caused-motion construction으로 알려짐)의 경우, 'Jane gave Kim a book'과 'Jane gave a book to Kim.'처럼 바꿔 쓸 수가 있는데, 이러한 두 문장 간의 관계 같은 것이 대표적인 예이다. 이들은 서로 다른 분포적 자질을 보여주기 때문에 Goldberg(1995:100)는 이들이 상속적 연결로 관련된 것들이 아니라고 말했다. 이들은 '의미'에 의해서 연결된 것들로, Goldberg(1995:91)는 이들에 대해 '의미적 동의어 연결(semantic synonymy-link)'이라고 하였다. Perek(2012)은 실험적인 데이터를 바탕으로 '언어사용자들이 형식적으로 분별되는 각각의 구문들을 뛰어 넘는 일반화를 할 수 있다'고 주장했다. 그리고 여기에는 바로 위와 같은 이중타동구문과 전치사 바꿔쓰기가 있다. 앞으로 2.5.2에서 보겠지만, 이러한 발견을 지지할 수 있는 역사적인 증거도 있는 것으로 보인다.

2.5 네트워크에서의 성장Growth, 위축obsolescence 그리고 재구조화reconfiguration

우리는 앞에서 하나의 네트워크 속 개별적인 미세 - 구문들에게는 구문변화가 발생할 수 있다고 하였다. 그러나 이러한 구문변화로는 다수의 언어사용자들이 공유할 수 있는 새로운 유형의 교점이 형성되지는 않는다. 그러한 교점들은 단지 구문화가 발생했을 때만 출현한다. 네트워크의 성장 그리고 구문 유형 중 새로운 가족의 발달은 곧 '개념 네트워크(conceptual network)의 성격'에서 나타나는 현상이다. 이때 '개념 네트워크'들은 바로 '사용사건(usage events)'으로부터 출현하게 된다. 그리고 이 '사용사건' 속에서 기존 구문들이 추상화되고 확장되는 현상은 매우 일반적, 전형적이다. 구문 유형들의 패밀리는 도식으로 모이기도 하고 때로는 하위도식과 함께 모이게 된다. 그러나 때로는 하위도식 또는 그들의 멤버가 위축되기도 한다. 그리고 네트워크의 연결들이 심지어 파괴될 수도 있다. 이러한 변화가 바로 이 절에서의 주제이다. 2.5.1에선 구문들의 생존주기의 관점에서 성장을 살펴볼 것이다. 특히 '가장자리'에서 도식으로 들어가기, 가장자리에 머물러 있기, 그리고 위축 등에 주의를 하면서 볼 것이다. 아울러 2.5.2에서 우리는 네트워크의 재구조화도 토론할 것이다.

2.5.1 구문의 생존주기life-cycle

2.3.1에서 우리는 '새로운 구문들은 종종 한 도식의 가장자리의 멤버이다'라고 언급하였다. 여기서 우리는 그러한 네트워크의 성장과 관련한 함축에 초점을 맞출 것이다.

2.5.1.1 가장자리margin에서의 성장

네트워크에서의 '성장'은 지금까지 대부분 '문법적 구문화'와 관련이 되어 왔다(Gisborne(2011), Trousdale(2012a)). 문법적 구문화에서, 일련의 연속적인 '작은 신분석(즉, preconstructionalization constructional changes(구문화 전 구문변화))'이 하나의 새로운 미세 - 구문의 생성으로 귀결될 수도 있다. 이러한 예로 가장 많이 언급되는 것이 바로 영어에서의 양상(modal)의 발전이다. OE시기에는 양상의미(능력, 희망 등)를 가진 동사들이 일부 존재했다. 그리고 그들을 만들어내는 형식적인 자질들의 다양한 조합들은 다른 동사들과는 다르다(Lightfoof(1979), Plank (1984), Warner(1993)). Warner는 다음과 같은 것들을 언급한다(p.135,152).[14]

(a) to-부정사보다는 원형부정사에 대한 하위범주화('wolden gan('wanted to go')'와 'He gedyrstlœhte to ganne upon ðœre sœ('He thirsted to go upon the sea')'의 비교)

(b) 과거 – 현재 동사형(preterite-present) (원래 과거형이었는데 현재형으로 사용됨)

(c) 과거 참조시점이 없이도 과거시제 형식 사용하기

(d) 비정형적(non-finite) 형식(mot-('be able') 등)의 결여

(e) 부정의 접어화(cliticization) (nolde('not wanted') 등)

(f) 생략(ellipsis)의 출현(Deofol us wile ofslean gif he mot ('The devil will kill us if he can')(p.112)

(g) 비인칭 구문에 대한 투명성(즉, 이들은 비인칭에서 독립적인 주어가 부족하다) (Hit wolde dagian('It was about to dawn' 이것은 문자 그대로 'it wanted to dawn'의 의미이다)(p.126))

모든 '예비 양상동사(premodal)'들이 다 이러한 자질들을 공유하는 것은 아니다. 예컨대, 'will-'은 과거 – 현재 동사형이 아니었으나 'scul-('shall')'과 'mot-'은 그러했다. 이러한 예비 양상동사들은 처음에는 주요

---

14) Warner는 이 가운데 앞의 세 가지는 Lightfoot에 의해 언급된 것이라 하면서 또 이것들이 Lightfoot이 한 것보다 훨씬 더 중요하다고 말한다.

동사들이었다. OE시기 동안 그들은 이러한 성격 때문에 동사 범주에서 가장자리에 있었다. 그러나 이들의 의미 때문에, 이들 예비 양상동사들은 상대적으로 자주, 그리고 충분히 사용되었고 이로 인해 오랜 시간에 걸쳐, 'will-'과 'scul-'같은 것들은 그들의 '선배'들과 구분이 되기 시작했다. 그리고 ME시기가 되자 다른 동사들도 동일한 방식으로 사용되기 시작했다. 과거시제 형식인 'must(mot-이 어근)', 'ought(ag-가 어근, 이것은 'own, have a debt, owe'의 의미)'는 고정화되었고, 그들의 현재시제들과 분리되기에 이르렀다(즉, 'mot-'은 표준영어에서 소멸했고, 'owe'는 더 이상 'ought'와 관련이 없는 것으로 생각되었다). 이것은 바로 문법화 연구에서 '분기(divergence)'(Hopper(1991))로 알려져 있는 변화의 유형이다. 또한 과거시제 형식인 'could, might, should'가 'can, may, shall'과 분리되면서 양상기능으로 전문화되었다. 한편, 'do-support(조동사 do의 사용)'의 흥기와 함께, 이러한 조동사들은 옛 통사적 패턴을 유지하게 되었고(예컨대, 'Can I take that one?'같은 의문문에서의 어순 전위), 그들의 다른 형식이었던 기타 동사들과도 더 구분되게 되었다. 결과적으로 우리가 '핵심 양상동사(core modal)'로 알고 있는 집합은 '성장하는 조동사 도식'의 한 '양상 하위도식'으로 구체화되었는데, 이때 부분적으로 당시의 체계적인 어순 변화의 덕을 보기도 했다.

우리는 4장에서 '네트워크에서의 성장이 일부 단어형성법(word-formation) 패턴의 흥기와 관련이 있음'을 보여줄 것이다. 예컨대, OE시기에 명사 'dom'은 많은 의미를 갖고 있었다고 얘기할 수 있는데, 여기에는 'doom, judgment(Doomsday Book에서), decree, command, state, condition' 등의 의미가 있다. 하나의 명사로서 이것은 수식을 받기도 하고, 복수가 되기도 하는 등 여러 특징이 있다. 그리고 이것은 또한 몇 가지 추상명사 합성어가 존재하는 것으로 보이는데, 그들 중 다수가 매우 빈번하게 사용되고 있다. 그 중 'freodom ('freedom')'은 형용사가 어근이다(합성어의 가장 오래된 유형임). 그리고 'martyrdom('martyrdom')'은 명사 어근을 가지고 있다(Haselow(2011:151-154)). 그리고 11세기 즉, OE시기의 끝 무렵에, '-dom'은 '탈색된 의미(bleached meaning)'를 가진 것으로 확인되기 시작했다. 그리하여 확장이나 음운축소 등의 이유로 하나의 파생접사처럼 사용되었다. 이것은 바로 어휘도식인 [[ADJ/N]+[dom] ↔ ['entity denoting abstract state(추상적인 상태를 표시하는 실체)']](또는 어떤 경우에서는 'place(장소)'를 표시하는 것으로서 'kingdom' 등이 있다)이 네트워크 내에서 점차 성장하거나 구문화하는 과정을 통해 알 수 있다.15) Marchand(1969:262-264)는 그것이 오늘날까지 계속 사용되고 있다는 증거를 제시하고 있는데, 특히 많은 경우에서 약간 유머스럽거나 비하적인 화용 용법으로 나타난다고 한다.

2.5.1.2 가장자리에 머물러 있기

때때로 한 도식은 건장할 수도 있으나 어떤 멤버(즉, 미세 - 구문)들은 간헐적으로 사용되고 또 일부 화자의 분야나 그룹에 제한적으로 사용될 수도 있다. 그래서 이들은 그들의 생존주기 전반에 걸쳐 주로 한 범주의 가장자리에서만 존재할 수도 있다. Hoffmann(2005:143)는 BNC의 문어 말뭉치에서 백번이나 그 이하로 나오는 것으로 확인된 **복합전치사**(complex preposition)의 리스트를 작성하였다. 그 가운데 25개가 열 번이나 그 이하인데, 여기에는 'in presence of', 'without breach of', 'in

---

15) 우리는 4장에서 보다 정교한 어휘 도식의 표현을 제시할 것이다.

distinction to', 'at cost of', 'by analogy to' 등이 있다. 직관적으로, 텍스트 유형을 자세히 살펴보면 이들 중 일부는 어떤 특별 분야에서 매우 자주 발견되고 있음을 알 수 있다(예컨대, 'by analogy to'는 최근의 역사언어학에서, 'at cost of'는 가격 흥정에서 쓰인다). 그리고 Hoffmann이 언급했듯이, 'in spite of'처럼 문어 텍스트에서는 상대적으로 자주 출현하지만 구어에서는 그렇지 않은 것들도 있다(p.106). 그럼에도 불구하고 'on top of'와 같이 일부 복합전치사들은 다른 것들에 비해, '빈도'나 '분포'에 있어서 매우 '중심적(central)'이기도 하다. Hoffmann에 의하면, 'in terms of'의 경우, 19세기에 최초 출현했으나 20세기까지도 일반화가 되지 않았는데, BNC에서 가장 빈도가 높은 복합전치사라고 한다(그러나 이 전치사는 허구적 산문이나 레저텍스트에서는 드물게 나타나는 등, 심지어 분포상으로 제한적이라고 함).

Hoffmann에 따르면, 'in front of'의 경우, 'before(< be('by') foran('from the front')(OED))'와 함께 공간 뿐 아니라 시간적 용법에서도 경쟁을 한 것으로, 그것이 최초로 등장한 ME에서도 드물었을 뿐 아니라 PDE에서도 'before'보다도 덜 자주 출현한 것으로 BNC에 나타나 있다(p.150). 그럼에도 불구하고 'in front of'는 문법화의 모든 '특징'을 다 갖추고 있어서, 하나의 단위로 융합되어 있는 점, 하나의 전치사로 기능하는 점, 어휘적 의미가 소실된 점, 그러면서도 음운적 감소가 거의 없는 점 등이 나타난다. 그래서 'before'는 주로 시간적 관계로 특화되었고 'in front of'는 공간적 관계로 특화된 것으로 보인다.

이러한 예들을 통해 다음과 같은 사실을 알 수가 있다. 미세-구문들은 하나의 도식 내에서 그것의 '빈도'와 '연어적(collocational) 가능성'이란 측면에서 매우 다양한 면모를 보여주고 있다. 그리고 이로써 그들의 '원형성(prototypicality)'도 다양한 모습을 보여준다. Geeraerts(1997)는 의미적 변화에 대한 '원형(prototype)'적 접근성의 중요성을 토론한 바 있는데, 그의 이러한 토론은 구문변화에까지 확장될 수 있다. 그리고 특히 도식이나 그것의 하위네트워크까지도 확장될 수 있는 것이다.

2.5.1.3 주변화 Marginalization와 구문의 소멸 loss

하나의 도식이 존재한다면 그것의 구성원들 그리고 어떤 경우엔 도식 자체가 보통 확장의 시기를 거친 후에 잠재적으로 쇠퇴와 소멸을 겪게 된다. 이와 관련하여 Givón(1979:209)의 '연속변이(cline)'(여기서 마지막 단계는 바로 'zero'이다)이론은 문법화 관련 연구에 많은 영향을 끼쳐왔다.

(15) 담화 > 통사 > 형태 > 형태음소 > zero

여기서 'zero'는 소멸(loss)을 의미한다. 이것은 영어에서 부정사 표지인 -an의 최종적인 소멸과 같은 '완전한 소멸(complete loss)'도 있고, '유의미 영형태(meaningful zero)'의 발전도 있다. 후자의 경우는 패러다임 상의 요소로 예컨대, '현재습관' 같은 경우 대개 특유의 표지가 없다(즉, 무표지이다). 그래서 'They talk every day'(현재습관으로 표지가 zero이다)와 'They used to talk every day'(과거습관으로 우언적(periphrastic) 표지가 있다) 둘을 비교해보면, 현재습관의 경우 무표지 즉, '유의미 영형태(meaningful zero)'이다. 유의미 영형태는 명백한 미세-구문상의 근원을 가질 필요는 없지만, '담화와 인지적 문맥'으로부터 기인할 수도 있다(Bybee(1994: 241); (2010:177-181)). 그러나 Givón은 이러한 것들이 보다 이른 형태소로부터 기인했다고 본다. 예컨대, 'They think so'에서의

'무표지(zero) 복수'가 그러하다. 이러한 zero복수는 OE의 '-en'이라고 하는 복수 굴절표지가 ME에서 소멸됨으로부터 나온 것이다.

Givón은 (15)를 언급하면서 이것을 '주기적 파동(cyclic waves)'이라고 일컬었다. 즉, 이른바 '재건(renewal)'이 존재할 수 있다(Meillet(1958[1915-16])). Meillet가 지적했듯이, 일부 범주는 종종 소멸과 재건을 겪는다. 예컨대, 접속사나 부정 등이 그러하다. 한편 다른 것들은 현저하게 그것(소멸)에 저항을 하기도 한다. 그래서 그 범주의 새로운 멤버가 출현하기도 하고 오랜 동안 함께 공존하기도 한다(Hopper(1991)의 '층위화 원리(principle of layering)'). 그렇다면 (15)와 같은 경우에서 다른 것의 소멸에 대한 '보상'으로, 재건의 상황 속에서 하나의 새로운 미세-구문이 출현한다고 생각할 수도 있다. 이러한 사고방식이 극단으로 가게 되면, 기존에 있던 것이 zero로 완전히 없어진 다음에 새로운 문법적 범주가 출현한다고 볼 수도 있다. 이러한 경우의 예로 영어의 전치사들이 굴절 격표지가 소멸한 후 격을 표지하기 위해 사용되었다고 볼 수도 있다. 여기서 'cycle'은 바로 'circle(원)'로 해석되고 있다. Meillet(1958[1912]:142)는 한 형태가 사라지면 그 자리에 '빈 공간(void)'을 남기게 되고 그것은 다시 채워진다고 언급했다. 그의 예는 바로 과거형의 소멸로, 'cecini('I sang')'같은 과거형이 소멸하고 그 대신 우언적 표현인 'habeo dictum('I have said(it)', 이것은 나중에 프랑스어에서 'j'ai dit'('I said')이 됨)'이 흥기하는 것이 있는데, 이것은 궁극적으로 수동태에서 나온 것이다(dictum est('it was said')). 그러나 채워져야 하는 빈 공간이 생성된다는 증거는 없다. 더욱이 이 생각(빈 공간이 존재하고, 'cycle'을 'circle(원)'로 해석하는 것)은 이치에 맞지 않는다. 왜냐하면 화자들은 아마도 한 범주를 예시할 수 있는 방법이 없다면(즉, 다른 변이형이 계속 존재하지 않는다면) 의사소통을 잘 하지 못하게 될 것이기 때문이다. Lehmann(1985)이 지적했듯이, 재건은 소멸과 함께 동시에 일어난다. 더 오래된 것과 새로운 형식 간의 경쟁이 있어서 'cycle'은 일종의 '변화의 평행적 연속'이지 '원'이 아니라고 말할 수 있다(비슷한 견해에 대해 Haspelmath(2000) 참조). Lehmann에 따르면, 라틴어에서의 격의 소멸, 그리고 라틴 - 로망스어에서 전치사에 의해 재건이 이루어지는 것은 서로 간의 '상호적 조화'이다(1985:312)).

한편, 보다 옛 것과 새로운 문법적 미세 - 구문이 의미가 약간 다른 상태로 공존(coexistence)할 수 있는데, 이러한 예의 대표적인 것이 바로 '로망스어 미래'에 대한 것이다. 이것은 'V + INF + habe-'로부터 파생된 것이다. 7세기 프랑크족의 역사가이자 스콜라 철학자였던 Fredegarius의 기록에 따르면, 'daras'라는 형식('you will give')은 -r-굴절표지가 들어 있다. 이것은 'dare habes('to give you have')'라고 하는 형식에서 온 것이다. 그런데 이 굴절표지는 당시에 더 오래된 미래표지인 'dabo(굴절표지 -b-를 갖고 있음)'와 나란히 출현하고 있다. 이것은 한 이야기 속에서 한 도시가 'Daras'라고 불린 유래를 통해 나타난다.16) 당시에 패배한 페르시아 왕(아래의 (16)에서 첫줄 속 ille('he')이다)과 영토를 요구했던 유스티니아누스 황제 사이의 교환의 사례가 있다.

(16) et   ille   respondebat: non   *dabo*
     and   he   responded: not   give-1SgFUT
     그리고 그는 대답했다: 나는 주지 않을 것이다.

---

16) [역주] 'Daras'란 도시는 동로마의 주요 요새도시였다. 그곳이 전략적으로 매우 중요한 곳이었기에, 이 도시는 6세기 로마와 페르시아 간 충돌의 상징이 되고 있다. (위키피디아)

Iunstinianus	dicebat:	***daras***
Justinian	said:	give-2SgFUT

유스티니아누스 황제는 말했다: 그대는 줘야 한다. (Fleischman 1982:68)

여기서 'dabo'와 'daras'가 확실히 공존하고 있는데 이것들은 정확히 같은 것을 의미하지는 않는다. 더 오래된 형식은 "I will not give it"을 의미한다. 반면, 새로운 형식은 'habe-'와 연결되어 일종의 의무양상 의미가 더 깃들어 있다. 즉, "You have to give it"의 의미이다. 여기서 -b-라고 하는 미래형식이 사라지고 -r-이라고 하는 미래형식이 그것을 대체했다는 증거가 없다. 이보다는 이들이 경쟁을 했고 화자들이 결국 -b-형식보다 -r-형식을 선택한 것이다. 시간이 지나자 -r-형식이 가졌던 의무의 의미는 자주 사용됨으로 인해 점차 사라졌고, 그와 경쟁했던 더 오래된 형식인 -b-는 소멸되었다.

재건은 항시 어떤 방식의 제약을 받게 된다. 그리고 소멸과 재건은 꼭 거울 이미지처럼 짝을 이루는 것은 아니다. 로망스 미래표지가 라틴어의 미래표지를 어떻게 대체했는지는 시간 속에 숨겨져 있다. 다만, 영어에 존재하는 여러 가지 '위축'과 관련된 진행 중인 예들이 Leech, Hundt, Mair & Smith(2009)에 의해 제공되고 있다. 이들은 문법적인 구문이 주변화될 때 발생할 수 있는 여러 가지들에 대해 우리에게 하나의 창구를 제시한다. 이들은 표준영어의 핵심 양상동사들인 'will, would, can, could, may, might, shall, should, must, ought(to)' 그리고 그들이 말하는 'need(n't)(이것은 준양상동사(semi-modal)인 'need to'와 구별하기 위한 것임('need to'는 주요동사의 자질을 많이 갖고 있음))' 등이 20세기 동안 일종의 쇠퇴의 길을 걷고 있음에 대해 토론하였다. 그들의 견해에 따르면, 19세기말 이미 덜 보편적이었던 일부 핵심 양상동사들(may, must, shall, ought(to), needn't)이 아직 쇠퇴하지 않고 있던 것들보다 훨씬 급속히 쇠퇴하였다고 한다. 쇠퇴 과정 차이의 비율은 영국과 미국의 각종 사투리를 통해 발견할 수 있으며, 문어보다는 구어에서 훨씬 더 주목할 만했다. 이것은 곧 도식의 멤버들(즉 네트워크의 교점들)이 쇠퇴할 수 있으며 그것은 동일하게 이루어지지 않음을 의미한다. 다시 말해서, 우리는 개별적인 미세-구문들이 오랜 시간에 걸쳐 하나의 도식에 추가되는 것을 볼 수 있는데, 마찬가지로 개별 미세-구문들이 하나씩 사용으로부터 점차 낙오되는 것도 볼 수 있는 것이다.

Leech, Hundt, Mair & Smith(2009) 등은 이러한 핵심 양상동사들의 쇠퇴가 혹시 준양상동사인 'be going to, be able to, have to' 등의 흥기와 상호연계되어 있는 것이 아닌지 의문을 제기하였다. 사실 이러한 현상은 Krug(2000)가 제기했듯이 일종의 '종합적 통사(synthetic syntax)'가 '분석적 통사(analytic syntax)'로 변화하는 영어의 일반적인 변화로 기대해 볼 수도 있는 것이다. 문어 자료를 통해보면, 준양상동사들의 증가는 핵심양상동사들의 소멸보다 더 작게 나타나고 있다. 그러나 구어 자료로부터 얻는 제한적인 증거에 따르면, 준양상동사들이 훨씬 더 높은 빈도수를 자랑하고 그 하위집합도 갖고 있었다. 그래서 'have to, be going to, want to' 등은 빈도수에 있어서 핵심양상동사들과 경합을 벌이고 있다. 그렇지만 20세기말에 다양한 전자 말뭉치로부터 증명되었듯이, 핵심양상동사들이 여전히 준양상동사들을 1.8:1로 압도하고는 있다. 심지어 큰 변화를 겪은 미국 구어에서 조차도 이렇게 나타나고 있다(p.101). 그래서 준양상동사들의 팽창과 오래된 핵심 양상동사들의 소멸 간의 상호작용이 있는 한, 그것(대체)은 아직까지 미약한 상황이다. 이러한 내용은 주로 구어 영어로부터 증명되고 있다. 그런데 어떤 경우 'dare'와 같은 한 핵심 양상동사의 경우, 드물게 나타남으로써 양면적 성격을 갖게 되었다. 즉, 이것은 핵심 양상동사의 자질을 갖고 있기도 하지만 한편으로 또 'to'를 갖는 준양상동사(quasi-modal)의 성격도 갖고 있다. 예컨대, 부정일 경우는 do-support가 없이 쓰이고, 의문문에서는 'to'를 함께 쓴다(예: 'He dared not go.', 'Did he dare to go?')(Schlüter (2010)). Schlüter는 이 혼합성(hybridity, 또는 양면성)을 '강세충돌(stress clash)'의 회피와 연관을 짓는다. 즉, 부정사는 'dare'가 만약 강세 받는 동사가 뒤 따르게 되면 선호되는 경향이 있었던 것이다(즉, non-stress clash의 'dáres to spéak'이 stress clash의 'dáres spéak'보다 선호된다).

구문화의 관점에서 본 Leech, Hundt, Mair & Smith(2009) 등의 연구에서 특히 흥미로운 발견은 바로 20세기에 걸쳐 일부 양상동사들의 다의성 경향이 감소했다는 것이다. 예를 들어, 'may'(상대적으로 빈도성 있는 양상동사임)는 주로 인식적 용법('it is possible that')으로만 제한되게 변했고, 그것의 허가 의미의 용법은 'can'에 의해 인수되었다(p.84-85). 'should' 역시 상대적으로 상용적인 양상동사인데, 이것은 서술어의 비 – 사실성 표지 즉, 서법(mood)으로 약화되고 있다(p.86). 그러나 'must'의 경우, 비록 가파른 쇠퇴의 모습을 보여주고 있긴 하나, 그것의 의무('be obliged to')와 인식 의미 모두가 유지되고 있다. 더 많은 주변성 조동사들의 감소에 대해서는 이른바 '감소적 기능성(diminishing functionality)'과 그 증상의 관점에서 논의될 수 있다(p.80). 이러한 '감소적 기능성'의 한 증상은 바로 '계열적 위축(paradigmatic atrophy)'이다. 예를 들어, 'shall'의 경우, 단지 제1인칭 주어로만 제한되는 경향이 있다. 만약 이것이 3인칭 주어와 함께 출현한다면, 이것은 대개 '계약'에서의 말하기 행위 문맥에 한하게 된다. 예컨대 다음과 같다(p.80).

(17) This agreement shall enter into force upon signature.
　　　이 계약은 서명에 의거하여 효력을 발생한다.

또 다른 '감소적 기능성'의 증상으로는 '분포적 분열(distributional fragmen-tation)'이 있다(p.80). 즉, 어떤 장르 심지어 어떤 텍스트에만 제한이 증가하는 것을 말한다. 한편, 다의적 연결이 소멸되는 것은 의미적 일반성이 소멸되는 것을 수반한다. 그리고 계열적, 분포적 자유가 소멸되는 것은 생산성의 소멸을 수반한다. 이러한 '주변적 핵심 양상동사'들의 위축으로는 아직 핵심 양상동사 구문의 도식성의 소멸에까지 귀결되지는 않았다. 왜냐하면 모든 멤버들이 여전히 사용되고 있기 때문이다. 그러나 각 미세 - 구문의 개별적인 궤적은 "핵심 양상동사의 보다 큰 '거시적 범위' 내에서의 정렬 상황이 위축 기간 동안은 다소 약하게 변하고 있음"을 보여준다. 그리고 그뿐 아니라 다수의 핵심 양상동사들이 그 시스템 내로 제한되게끔 변화하고 있음도 보여준다. 이 모든 것들이 바로 '구문변화'이다.

지금까지 논의된 경쟁과 소멸에 대한 제약은 '구조적'이었거나 또는 '장르 - 기반적'(문어이냐 구어이냐)이었다. 그런데 그러한 제약은 또 '지역적'일 수 있다. 예를 들어, OE시기의 'oþ(þæt)('to, until')'는 그것의 기능이 ME시기 'till'이란 전치사 겸 종속접속사에 의해서 급속히 대체되었다. 이 'till'이란 형식은 초기 Old English에서 발견된 것이긴 하나, 아마도 스칸디나비아어의 영향으로 강화된 것으로 보인다. 이러한 대체는 East Midland[17])에서 시작한 것으로 보인다(Rissanen(2007)). 오늘날 영국식 영어의 do-support를 쓸 때의 부정은 소유 'have'의 과거형이 더 선호되고 있다(예컨대, 'They didn't have any boots(그들은 부츠가 없었다.'). 그러나 북쪽에서의 기본형식(default)은 더 오래된 형식인 'hadn't'이다(예

---

17) [역주] 이것은 중세영어 방언인 'Northern, East Midland, West Midland, Southern' 네 가지 중 하나이다. 이중 'East Midland'는 영국의 험버강과 템즈강 사이의 동부 지역을 말한다.

컨대, 'They hadn't no boots')(Schulz(2011)).

그럼 '소멸(loss)'은 구문적 네트워크에서 어떻게 모델화 될 수 있는 것인가? 흥미롭게도, 우리가 성장을 위해 설정했던 동일한 원리가 '위축(obsolescence)'에도 적용될 수 있다. 그런데 여기에는 다만 구문적 네트워크 내의 '경쟁'이란 심화된 요소가 더 추가되어야 한다. Hudson (2007a)에 따르면, 실례 교점(token node)에서 유형교점(type node)로의 변화는 실례 교점이 기억 속에서 지속이 될 때 발생한다(2.3.3에서 언급함). 기억 속에서 계속 지속되려면 동일한 실례의 빈도가 높거나 반복적으로 사용되어야 한다. 이렇게 하면 언어 사용자는 일반화를 하게 될 것이고, 이를 통해 동일한 실례에 대한 반복적인 노출이 이루어져서, 그 결과 하나의 구문이 생성될 수 있다. 역으로 구문이 드물게 사용되면 (해당 구문에 의해 허가된 생산물들이 드물게 출현하는 것을 통해 입증되고 있다), 그 구문적 네트워크의 일부가 약화되는 상황이 발생할 것이다. 그래서 심지어 그 생산물이 화자와 청자에 의해 '더 생산적인 구문'에 의해 허가되지 않는 것으로 재해석되기까지 한다. 그런데 그것은 다른 적소에 배정될지도 모른다.[18] 예컨대, 19세기에 '-dom'은 경멸적인 의미로 대량으로 사용되었다. 여기엔 'duncedom, gangdom' 등이 있는데, 이들은 심지어 N 자체가 부정적 의미가 없는데도 유지되기도 했다('attorneydom' 등)(Marchand(1969:264)). 그리고 최근에는 또 'Blairdom' (Trousdale(2008a))이나 'Obamadom' 등이 있다. 한편, 때로는 전에 생산

---

18) '적소에 배정됨'은 반드시 '위축'을 포함하지는 않는다. 이에 대해서는 예컨대, 'will' 과 'be going to'가 Quebec 영어에서 '상보적 적소'에 사용된 것과 관련된 Torres Cacoullos & Walker(2009)의 연구가 있다. Blythe & Croft(2012:278)는 이러한 변화를 '재할당(reallocation)'이라 불렀다. 이것은 다음 부분에서 논의할 일종의 재조직화 (reorganization)와도 관련이 있다.

적이었던 하위도식도 위축이 될 수가 있는데, 여기에는 [ADJ+dom]이란 형식을 갖고 있는 하위도식이 있다. 이들은 지금 거의 남아 있지 않으며 여기에는 'freedom, wisdom' 등이 있다.

위축의 기간 동안, 옛날에 생산적이거나 구성적이었던 패턴이 특이해지거나 (idiosyncratic) 비생산적으로 변하기도 한다. 그래서 유형의 일반성도 감소하고, 주형(template)은 점점 더 적은 예들을 허가할 것이다. 생산성의 결과적인 소멸은 결국 '비-사용'으로 귀결되거나 하위도식과 미세-구문 간의 연결이 분리되는 지경까지 가게 된다. 아래의 예를 통해, 형용사로부터 명사를 파생시키는 아래의 구문적 주형에 대해 생각해보자. 바로 [[ADJ+th] ↔ ['entity with property denoted by ADJ'(해당 형용사가 표시하는 자질을 갖고 있는 실체)]]이 그것이다. 이와 같은 역사적으로 매우 생산적인 주형은 'warmth, health, truth' 등의 형식을 생산하도록 허락하였다. 이 도식은 보다 일반적인 '탈형용사적 명사-형성 도식(deadjectival noun-forming schema)'의 한 패턴이었다. 이 도식에는 [ADJ+ness], [ADJ+ity]의 두 가지 하위도식도 포함되어 있다. 그런데 시간이 지나면서, [ADJ+th]는 기타 주형들에 비해 덜 생산적으로 변해버렸다. 그리하여 다음 세대에서 확립된 것은 일반적 패턴인 [ADJ+th]가 아니고, 단지 그것의 예시들인 'stealth, truth' 등이었다. 이와 같은 시나리오에서 언어 사용자들은 더 이상 보다 추상적인 구문에 노출되는 상황이 드물어지게 되었고, 그러면서 이 구문은 생명력을 잃고, 형태론적 네트워크의 보다 생산적인 부분들로부터 점점 더 분리되기에 이른다. 이에 화자들은 'wealth, depth, breadth' 등의 형식들에 대해 더 이상 '형용사의 형태음운론적인 변형에 접미사를 붙인다'는 그러한 일반적인 패턴의 한 예로 보지 않게 되었고, 그보다는 오히려 단순한 **단일형태소** (monomorpheme)로 **신분석**하게 되었다. 어떤 경우엔, 보다 일반적인 유형들이 그 일반성이 감소하여 심지어 이들이 고립되게 되고, 더 이상 언어 사용자들에 의해 한 패밀리의 예로서 이해되지 않게 된다. 예컨대, 단어형성법(word-formation)에 있어서 역사적으로 생산적이었던 패턴들이 소실되고, 원래 구문적 도식에 의해 생성되었던 모든 형식들이 단일 형태소로 취급되기에 이르기도 한다. 대표적인 예로 OE [ADJ/V+-sum] > ModE 'buxom, lissome, winsome' 이 있다. 이러한 예들은 또한 '분석가능성의 경사적(gradient) 성격'을 보여주고 있다. 그래서 'buxom'은 'tiresome'보다는 덜 분석가능적이다. 이것이 바로 다양한 미세-구문들의 특징임을 주의해야 한다. 즉, 'tiresome'이 보다 더 분석가능적인데, 그 이유는 그것의 어근이 하나의 동사로 인식할 수 있는 것이기 때문이다. 그런데 'buxom'에서의 'bux-'는 기껏해야 '크랜베리(cranberry) 형태소'이다(이것은 '공시적으로 자유로운 변이형을 갖고 있을 것 같지 않은 요소들로 결합된 형태소'를 말한다. 이에 대해서는 4.6을 참조바람). 이러다보니 이것을 하나의 복합 도식의 예로서 보고 분석이 안 되는 것으로 간주하게 되고, 결국 하나의 원자적 형용사로 취급하게 된다.

하위도식이 소멸되는 것은 특히 어휘 영역에서는 일반적일 수 있다. 그러나 이것은 구문적 네트워크 전반에 걸쳐 발생한다. 이것은 이중타동구문의 하위 유형들이 소멸되는 예를 통해 살펴볼 수 있다(아래 2.5.2). 때로는 보다 급진적인 위축이 발생할 수도 있고 심지어 하위도식 전체 집합이 사용을 멈출 수 있다. 이런 관점에 볼 때, 타동사 구문의 하위 유형인 영어의 비인칭 구문을 고려해볼 수 있다(예컨대, 'Me thirsts(나는 녹초가 되었다)', 'Me likes it(나는 그것을 좋아한다)'). 특히 OE시기에 비인칭 구문 내에는 많은 하위 유형들이 있었다. 이들은 명사성(nominal) 논항의 격에 의존하고 있다. 여기서 경험자(experiencer)와 근원(source) 두 논항을 갖는 동사에만 제한시켜 보면, 우리는 아래 표2.1

에서 제시한 바와 같은 세 개의 하위도식을 설정할 수 있다(이 하위유형들은 Elme r(1981), Allen(1995)를 따라 N, Ⅰ, Ⅱ로 명명함).

표 2.1 영어 비인칭 구문의 하위 유형

유형	경험자 격	근원 격
N	여격 또는 대격	소유격
Ⅰ	여격	주격
Ⅱ	주격	소유격

OE시기에는 다양한 동사들이 다양한 비인칭 하위도식에 출현한다. 그중 일부는 특별한 미세-구문에만 제한적으로 출현하기도 했다(예컨대, 'lystan('desire')'는 단지 N유형에만 나타나고, 'laÞian('loathe')'은 단지 Ⅰ유형에만, 그리고 'behofian('have need of')'는 단지 Ⅱ유형에만 나타난다). 한편, 어떤 것들은 두 개의 하위도식에 출현하기도 하고(예를 들어, 'sceamian('shame')'은 Ⅱ유형과 N유형에 나타난다), 어떤 것은 세 가지 모두에 출현하기도 한다('ofhreowan('rue')')(Allen(1995:85)). 그러나 시간이 지나면서, '주격(nominative)'형식의 주어를 갖는 보다 일반적인 타동구문으로 '근원'과 '경험자' 간의 관계를 부호화(code)하고자 하는 많은 영어 화자들이 증가하게 되었고, 이로 인해 많은 하위도식들이 사용폐기 상태가 되어 버렸다. 예컨대, 'I rue my mistakes(나는 나의 실수를 후회한다)', 'She loathed him(그녀는 그를 몹시 싫어했다)' 등이 있다. 구문적 네트워크에서 이러한 비인칭 하위도식들이 소멸되는 현상은 점진적으로 출현한다. 예를 들어, 'lician('to cause/feel pleasure')'이란 것은 OE에서 단지 Ⅰ유형의 하위도식에만 제한되게 나타난다. 그러다가 타동구문이 더욱더 생산적이고 일반화되면서, 'lician'은 주어는 주격으

로 목적어는 사격(oblique)으로 하는 문법적 격표지를 갖는 타동구문 속에서 나타나기 시작했다. 다시 말해, 이 특별한 비인칭은 타동 형식과 함께 교대로 사용되게 되었다. 그리고 EModE 시기 후기까지도 이러한 옛 패턴의 흔적이 유지되었다. 이러한 유지 현상은 아래의 예를 통해 관찰할 수 있는데, 여기서 (18a)에서는 'like'의 주어가 근원의 의미역을 갖고 있고 그 목적어는 경험자 의미역을 갖고 있다. 한편, (18b)를 보면, 여기서는 주어가 경험자 의미역이고, 목적어가 근원의 의미역이다.

(18) a. these   two,   trauelinge   into   east   kent,   resorted
        these   two,   travelling   to   East   Kent   went
        이들 둘은 East Kent로 여행을 갔고

        vnto   an   ale   house…   and   callinge   for   a   pot
        into   an   ale   house   and   calling   for   a   pot
        맥주 집으로 들어갔고, 가장 좋은 맥주를 주문했다.

        of   the   best   ale,   sat   down   at   the   tables
        of   the   best   ale   sat   down   at   the   table's
        그리고 테이블 끝에 앉았다.

        ende: *the*   *lykor*   **liked**   *them*   *so*   *well,*   that   they
        end   the   liquor   pleased   them   so   well   that   they
        그 술은 그들을 그렇게 즐겁게 했고 그들은

        had   pot   vpon   pot.
        had   pot   after pot
        술을 계속 마셨다. (1567 Harman [HC cefict1a; Trousdale 2008c:310])

b. yf *my cosin*   like it, I will send him more

   if my cousin   like it, I will send him more.

만약 나의 사촌이 그것을 좋아한다면, 나는 그에게 더 보낼 것이다. (1627
Meautys to Cornwallis [CEEC Cornwall; Trousdale 2008c:310])

이러한 비인칭 형식의 점진적인 소멸(보다 심화적인 것은 Trousdale
(2008c)참조)은 ME시기의 수많은 개별적인 체계적 변화들과 상호 관련
이 되어 있다. 그래서 여기에는 형태론적인 격의 소멸도 포함되고, 또
의무적인 형태통사적 주어의 발전도 포함된다. 바로 이러한 것들이 함
께 타동구문의 발전을 촉진시켰다. 그리하여 비 - 주격의 주어가 점차적
으로 더욱더 비정형적으로 변하였다. 이로써 비인칭과 그것의 하위도식들
은 영어의 구문적 네트워크에서 사라져 버렸다. 다시 말하면, 동사적 논항이
비 - 주격 대명사이고 하나의 절인 미세 - 구문은 더 이상 존재하지 않
게 되었다. 이러한 것은 'Them rues that X'나 'Us likes that X'와 같은
구문이 더 이상 존재하지 않는 현상이나 지금 영어에서 나타나는
'methinks'[19] 같은 단어의 상태를 통해서 분명히 드러나고 있다. 즉, 비
인칭 구문의 자투리인 'methinks'는 공시적인 문법에서 더 이상 생산적
인 비인칭 구문으로부터 허가가 되지 않고 있다. 이보다 이것은 일종의
인식적(epistemic) 또는 증거적(evidential) 부사로 '신분석'되어 기능상
'apparently'나 'in my opinion'을 의미하는 메타텍스트적인 표지로 기능
하게 되었다.

어떤 경우, 많은 구문들이 매우 오래 살아남기도 하였다. 예컨대, 'as
long as'의 경우, 시간적 의미로(음운적 변화를 겪음) EME시기부터 사

---

19) [역주] 이것은 일종의 비인칭동사로 '생각건대 …이다'의 의미이다.

용되어 왔다. 그러나 때로는 일부 구문들이 단지 짧은 기간에만 사용되기도 한다. 이러한 예에는 EModE시기에 있었던 긍정 절에서의 'do'의 사용이나(Nevalainen(2004)), 'stinten', 'finen'(둘 다 finish의 의미로 ME에서 사용됨, Brinton(1988)) 등의 '상동사(aspectualizer)'로의 사용을 들 수 있고, 20세초 '인용표지(quotative)'로 사용된 'all'도 포함된다(Buchstaller, Rickford, Traugott & Wasow(2010)). 어떤 구문들에 대해 그것이 긴 삶이냐 짧은 삶이냐를 결정할 수 있는 요소로 미세 - 구문내부에 고유하게 존재하는 것은 아무 것도 없다. 결정적인 요소는 화자 대중의 관습이다. 또한 도식 내에서 그 어떤 본질적인 것도 길거나 짧은 삶을 유도할 수 없고 생산성의 높고 낮음 역시 유도할 수가 없다.

2.5.2 연결link의 재구조화reconfiguration

네트워크 내에서 오랜 시간에 걸쳐 발생하는 변화란 단지 '생성'과 '소멸'에만 국한되는 것이 아니다. 발화 과정(on-line) 상의 처리와 신분석의 결과로 한 네트워크 속 관련된 교점 패밀리(즉, 하위도식이나 도식들도 포함)의 재구조화가 이루어질 수도 있다.

상속적 연결에서의 변화의 예는 Colleman & De Clerck(2011)의 연구를 참고할 수 있는데, 그들은 18세기경에 발달했던 이중타동구문의 몇 가지 하위 유형이 소멸(loss)하거나 주변화(marginalization) 또는 감소화(reduction)하는 것을 보여주고 있다. 그 중 '추방(banishment)'이나 '배제(exclusion)' 의미 동사들(예컨대, 'banish, dismiss, expel, forbid')의 하위도식은 본질적으로 표준 영국식 영어에서는 소멸되었다. Colleman & De Clerck(2011:194)는 아래의 (19)와 같은 예를 들고 있다.

(19) a. I therefore for the present *dismiss'd* him the Quarter deck.

　　 나는 지금 그를 고급선원에서 해고했다. (1771 Cook, Journal[CL 1])

　 b. he therefore *forbade* her the court.

　　 따라서 그는 그녀를 법정에서 금지시켰다. (1744 Walpole, Letters [CL 1])

그리고 다른 하위도식들은 심하게 감소하였다. 예를 들어, 선행('she watered me the plants(그녀는 나를 위해 식물에 물을 주었다.)'에서의 'water')과 의사소통('repeat you a sentence(너에게 한 문장을 되풀이해 주다)'에서의 'repeat')의 동사들도 일부가 소멸되었다. 그러나 만약 접수자(recipient)가 대명사라면 그 허용가능성이 약간 다르게 나타나는데, 예를 들면, 'shouted him the answer(그에게 소리쳐서 대답해주다)'가 그러하다.[20] 한편, 소멸된 하위 유형의 일부 멤버들의 경우 특히 '말하기 방식' 의미의 동사들('shout, whisper' 등)은 Goldberg(1995:89-91)가 말한 이른바 '이송 사역이동구문(transfer-caused-motion construction)' 또는 이중타동구문에서의 '전치사 바꿔쓰기(prepositional paraphrase)'라고도 하는 형식(예컨대, 'Max gave the robot to him(Max는 그에게 로봇을 주었다)')에 채용되었다. 역사적으로 말하기 방식의 동사들과 '이중타동구문' 그리고 '이송 사역이동 구문' 사이에는 초기 ME시기 이후로 쭉 밀접하였던 것 같다. 그래서 천 년 동안 일부 동사들, 특히 '말하기 방식'

----

20) 또한 영어의 변이형들마다 차이가 있을 수 있다. Hoffmann & Mukherjee(2007)는 인도 영어에서 몇 가지 독특한 이중타동구문을 확인하고는 "He informed me the story"는 이러한 변이형의 혁신이라고 결론 내렸다. 그러나 Colleman & De Clerck(2011:197-198)는 18세기 이래 표준영어에서 위축된 의사소통 동사의 더 큰 이중타동구문 집합에 'inform'을 포함시켰는데, 이는 사실상 더 이른 식민지 시대로부터 남은 잔여물일 수가 있다.

의 동사들은 둘 사이에서 번갈아 사용되어 왔다(Sowka-Pietraszewska (2011)). 2.4.2에서 언급했듯이, Goldberg(1995:89-91, 2006:9)는 이중타동 구문과 이송 사역이동 구문은 단지 표면상의 유사성을 갖고 있을 뿐이고[21], '이중타동구문과 그것의 전치사 바꿔쓰기는 상속적 연결이 되어 있지 않다'고 주장한다(Goldberg(1995:100)). 이들은 오랜 시간에 걸쳐 중요한 '동의적 연결(synonymy link)'을 갖고 있었던 것으로 보이며 이로써 Perek(2012)의 2.4.2에서의 결론 즉, "언어 사용자들은 대체 관계에 있는 형식들(alternation)에 대해 일반화를 할 수 있는데, 심지어 이들이 동일한 형식적 특징을 갖고 있지 않아도 가능하다."라고 하는 내용을 지지하고 있는 것 같다.

상속적 연결의 재구조화와 관련한 최근의 가장 상세한 연구는 바로 Torrent (2011, 2015)의 연구이다. Torrent는 상속적 연결과 관련된 포르투갈어를 토론하였다.[22] 이때 상속적 연결은 'para infinitive' 구문 패밀리에 의해 공유되고 있던 것으로, 그것의 핵심적인 유형은 아래와 같이 브라질식 포르투갈어로 표현할 수 있다.[23]

---

21) [역주] 이와 관련하여 Goldberg(1995:91)은 "The semantic extension (via metaphor) of the caused-motion construction is semantically synonymous with the ditransitive construction(사역 이동 구문이 은유적 확장을 통해 이루어진 것(즉, 이송 사역이동구문)은 이중타동구문과 의미적으로 동의관계이다.)"라고 언급한다. 즉, 표면상의 유사성이란 이렇게 의미적으로만 유사하고 보다 근본적인 관계가 없는 것을 말한다.

22) Torrent는 관계적 연결의 다의성, 은유, 부분전체 연결을 상속연결과 관련하여 포함하고 있기 때문에 그의 변화는 여기서 제시하고 있는 것보다 훨씬 더 복합적이다.

23) [역주] 예(20)을 포함한 이 부분의 설명은 저자의 요청에 의해 새롭게 수정된 내용으로 교체하였다. 따라서 2013년판의 내용과 다소 차이가 있음을 밝혀둔다. 저자의 수정 원문은 아래와 같다.

(20) Ela   deu   mil   reais   *para* mim   *fazar*   o   serviço.
     she   gave   thousand reais   for   me   do.INF   the job

그녀는 그 일에 대해 나에게 천 리알을 주었다. (Torrent(2015:179))

Torrent에 따르면, 이 구문의 통사구조는 [NP₁ V NP₂ para NP₃ V_IFN] (부정사를 갖는 여격)이고 그것의 의미는 [Resource enables Beneficiary/ Agent to achieve a Purpose(원천이 수혜자/행위자로 하여금 목적을 얻게 하다)]이다. 역사적으로 이 도식은 통속 라틴어의 PURPOSE(목적), DEONTIC(의무), POSSESSIVE DATIVE(소유 여격) 구문의 혼합체이다. 이것은 연속적인 구문변화의 결과물이다. 13세기 포르투갈 반도에서 출현한 바 있던 작은 네 개의 멤버로 구성된 PURPOSE ADJUNCT (목적 부가어) 구문 패밀리가 이러한 연속적인 구문변화에 의해 15세기 경부터 재구조화되었는데, 19세기에는 브라질 포르투갈어에서 보다 더

Among the most detailed studies to date of reorganization of inheritance links are Torrent (2011) and Torrent (2015). Torrent discusses changes in Portuguese of the inheritance links shared by the family of PARAINFINITIVE constructions of which the current central type is illustrated by Brazilian Portuguese:

(20) Ela   deu   mil   reais   pra mim   fazar   o   serviço.
     she   gave   thousand reais   for me   do.INF   the job
     'She gave a thousand reais for me to do the job'. (based on Torrent 2015: 179)

According to Torrent (2015: 180) the syntax of the schema of which (20) is a subtype is [NP1 V NP2 para NP3 V INF] (DATIVE WITH INFINITIVE) and its meaning is [Resource enables Beneficiary / Agent to achieve a Purpose]. Historically, the schema is a blend of Vulgar Latin PURPOSE, DEONTIC, and POSSESSIVE DATIVE constructions. It is the outcome of successive constructional changes whereby a small, four-member, family of PURPOSE ADJUNCT constructions attested in thirteenth century Peninsular Portuguese was reconfigured from the fifteenth century on and further expanded in Brazilian Portuguese in the nineteenth century. It is now a larger multi-directional family network that inherits features of epistemic modality and aspect.

확장되었다. 그리고 이것은 인식 양상과 상의 자질을 상속하여 지금은 더 큰 다중-방향적 패밀리 네트워크가 되었다.

한편, Patten(2010, 2012)은 다의성 연결에서의 변화의 예도 제시한 바 있다. 이것은 그녀의 'IT-분열문(cleft)'의 유형을 서술하면서 언급하고 있다. 그녀에 따르면, IT-cleft는 원래 하나의 초점 구문이었는데, 여기서 '계사 뒤의 초점 요소(post-copular focal element)'가 확인되고 있거나 구체화되고 있다고 한다(묘사되고 있거나 서술되고 있는 것과 정반대로). 그리고 그 관계사는 '조건관계절(presupposed relative)'로 PDE의 (21)과 유사하다.

(21) It was Sally who killed her.

　　그녀를 죽인 사람은 Sally였다. (Patten 2010:226)

(21)에서 Sally는 초점이다. 그리고 그 집합의 독특한 멤버로 구체화되고 있다(즉, 그녀를 죽인 사람, 이때 이것은 조건관계절로 표현되고 있다). Patten에 따르면, 이렇게 특수한 IT-분열문은 OE시기부터 'NP 초점'을 갖고 있는 것으로 발견되고 있으나, 이러한 계사 뒤 자리(slot)에 대한 제약은 점차적으로 시간이 지나면서 완화되었다고 한다. 그래서 전치사구, because-절, 심지어 형용사도 초점을 받을 수 있게 되었다고 한다. 이것은 (22)에 명시되어 있다.

(22) a. It's *in December* that she's coming.

　　그녀가 오는 것은 바로 12월이다.

　b. It's *because it is your birthday* that she is coming.

　　그녀가 오는 것은 바로 너의 생일이기 때문이다.

c. It's not *sick* that he was but tired.
그가 단지 피곤한 것을 제외하고는 몸이 아프지는 않다. (Patten 2010:239, citing Kiss 1998:262)

더 나아가 '정보적 가정 IT – 분열문(Informative presupposition IT-cleft)'의 경우, 새로운 정보가 관계절에 의해 표현되고 있는데, 이것은 또한 상기 IT – 분열문의 확장이라 할 수 있다. 예컨대, (23)에서 관계절은 문맥으로 접근할 수 있는 것이 아니며 청자에게 알려져 있는 것도 아니다. 그보다 이것은 'A PIECE OF INFORMATION AS FACT(사실로서의 정보)'로 표시할 수 있는 것으로, 의도된 청자들에게 아직 알려지진 않았지만 일부에게 알려진 경우이다(Prince(1978:899-900)). 다음과 같다.

(23) (강의의 시작)
It was *Cicero who once said, 'Laws are silent at times of war'.*
'법은 전쟁 시기에 침묵한다.'라고 말했던 이가 바로 Cicero이다. (Patten 2010:222,234)

Patten에 의하면, 이러한 '정보적 가정 IT – 분열문'의 발달은 '초점 IT – 분열문'에 대해 다의성으로 연결되는 확장이었지, Price(1978)나 Ball(1994)이 주장하는 그런 별개의 구문은 아니다. Patten의 주장은 "'정보적 가정 IT – 분열문'은 별도로 특수화(specificational)한 것이며, 그것의 관계절은 '알려진 사실'임을 함축하고 있다"는 사실에 의해 뒷받침되고 있다(Lambrecht(1994) 참조). 그것의 초기의 예들은 ME시기에서 발견되나 그 빈도는 현대 시기까지 증가하지 않았다.

2.6 범주, 경사성gradience, 그리고 점진성gradualness

제1장에서 봤듯이, 우리는 구문의 네트워크가 비 - 모듈적이라고 이해하고 있다. 즉, 모든 교점은 형식 - 의미 구조의 복합체인 것이다. 그런데 미세 - 단계에서 어떤 구문들은 주로 내용적일 수 있다. 이렇게 내용적인 것들은 대부분의 언어에서 어떤 것을 지시(refer)하거나 서술(predicate)하는 그러한 '보다 일반적인 구문적 유형'의 개별적인 예들이라고 할 수 있다. 그래서 이들은 대개 명사, 동사, 형용사로 규정된다. 원형적으로 이들은 '어휘적(lexical)'이기 때문에 세상에 있는 실체, 상황, 서술을 표현한다. 한편, 또 다른 구문들이 있는데 이들은 주로 허화적이다. 이들은 문법적이다. 그리고 그 범위는 격, 시제, 상, 양상 등의 표지로부터 시작해서 '정보 - 구조(화제나 초점 등)'의 표지, 또는 '화자의 말한 내용에 대한 태도(화용적 표지, 연결접사(comment clauses) 등)'까지에 이른다. '내용적/어휘적'으로부터 '허화적/문법적'인 것에 이르는 과정엔 '점차적 변화(gradation)'의 과정이 있다. 그래서 명사, 동사, 형용사는 내용적인 것의 극단에 있고, 서법이나 화제 등의 추상적인 표지들은 허화적인 것의 극단에 있다(Lehmann(2004), Brinton & Traugott(2005), Muysken(2008)). 이러한 '점차적 변화'의 분명한 예에는 바로 영어의 부사라는 범주가 해당된다. 왜냐하면 이것은 부분적으로 어휘적인 그리고 부분적으로 문법적인 구문들로 구성되어 있기 때문이다. 영어에서는 부사들의 시스템이 매우 풍부한데, 그중 'foolishly, fast' 등의 '태도부사(manner adverb)'는 이 연속체의 어휘적인 극단에 놓이는 경향이 있다. 한편, 'only, even'과 같은 초점 표지 부사, 'very, quite' 같은 정도부사 등은 허화적인 것의 극단에 놓여 있다. 보다 제한적인 부사 시스템을 갖고 있는 일부 다른 언어에서는 대부분 또는 모든

부사들이 이 연속체의 허화적인 극단에 있을 수도 있다(Ramat & Ricca (1994) 참조).

어휘적인 것과 문법적인 것을 예시할 수 있는 범주는 바로 '경사성(gradience)'이다. 왜냐하면 범주 내의 일부는 다른 것들에 비해 훨씬 더 대표적일 수 있기 때문이다. 본질적으로 범주에 대한 생각은 이것이 "균질적(homogeneous)이거나 불연속적(discrete)이지 않다(즉, 비균질적, 연속적임)"는 것이다. 이 개념은 원형이론에 의해 개발된 이른바 '샘플의 양호함'이나 '멤버십의 정도성' 개념과 관련이 깊다(Rosch(1973), Geeraerts (1997) 참조, 그리고 Lewandowska-Tomaszczyk(2007)에 의해 요약된 그 이후의 인지언어학 이론들을 참조하기 바람). Denison(2010)은 이상화되고 경직된(엄격한) 범주의 문제에 대해 토론한 적이 있는데, 이때 그는 'fun'(ADJ의 자질을 갖춘 N, 즉, 'very fun', 'fun time' 등)에 대한 토론을 예로 들었다. Aarts(2007)는 이 문제를 보다 상세히 다루었는데, 'utter'(이것은 ADJ의 빈약한 멤버로 *The nonsense was utter와 같이 서술어로 쓰이지 못하고 또 *utterer nonsense와 같은 비교급으로 쓰이지도 못한다)의 예를 들면서 설명하였다. Bybee(2010:2)는 어휘적 형태소가 'go'라는 동사와 어울리는 상황에 따라 그들의 의미와 성격을 바꾸는 방법에 대해 보여준 적이 있다. 이때 이들은 종종 어휘적 이동 동사처럼 행동하지만 사실 덜 어휘적이고 오히려 더 허화적이다. 여기에는 'go wrong(잘못되다)', 'go ahead(and)(자 어서 …하세요)', 'go boom(쾅하다)', 'let's go have lunch(점심식사 하자)', 'go - 인용(quotative)(and I go 'What do you mean?')', 'be going to(미래)' 등이 있다.

구문들이 오랜 시간에 걸쳐 변화를 할 때, 특히 어떤 문맥속의 어휘항목들이 화자에 의해 문법적인 목적을 위해 채용될 때, 그 범주의 비교적 '양호한' 샘플의 예들은 대개 '탈범주화(decategorialization)'를 겪게 된다. 그러면서 이들은 그것의 원형적인 성격을 잃게 된다. 예를 들어, OE시기의 어휘 동사 'mag-('have the power')'은 비정형 동사(non-finite verb)로 사용되면서 자동사처럼 PP를 가질 수 있고 또 여러 가지 시제도 가능하다. 그런데 그것이 관례화되고 문법적 양상 구문에 다시 채용되어, 비정형, 자동사적 용법은 위축되었다. 그래서 그것의 동사적 신분은 탈범주화되었다(Plank(1984), Warner(1993)). 이 경우에 원래의 동사 'mag-'은 결국 소멸되었다. 한편, 양화사 'any'는 명사 'way'에 교착되어 'anyway'처럼 쓰이는데(이때 이것은 부사이지만 나중에는 화용 표지로 사용되었다), 이때 'N'은 이러한 고정된 구 내에서 더 이상 형용사, 지시사 등과 같은 명사성(nominal) 수식어와 함께 사용되지 못했고 복수로도 사용되지 못했으며, 그것의 명사성 신분은 결국 탈범주화하였다. 여기서 'way'는 이 구문 속의 'N'으로서는 그 대표성이 빈약하다고 할 수 있다. 그렇긴 하지만, 원래의 명사 'way'와 양화사 'any'는 새로운 구문인 'anyway'와 함께 지금까지도 나란히 존재하고 있다.

대개의 경우, 한 구문의 하나의 자질만이 한 번에 변화를 한다. 이것은 곧 '단계'가 작다는 의미이다. 이렇게 변화에 존재하는 작은 분별적 단계들이 연속적으로 나타나면, 이른바 '점진성(gradualness)'으로 알려진 중대한 국면이 된다(Lichtenberk(1991b)). 우리는 '점진성'이란 것이 변화의 현상을 지칭하는 용어로서, 특히 변화 중에서도 그 언어 시스템 전반에 걸쳐 나타나는 '분별적인 구조적 미세 – 변화'와 '작은 단계의 전파(transmission)'를 지칭하는 것으로 이해할 수 있다(Traugott & Trousdale(2010a)).[24] 이러한 점진성은 공시적으로 '작은 스케일의 변

24) '점진성'에 대한 이러한 이해는 변형생성문법(Roberts(2007))에서 널리 유행하는 그 것과는 다르다. 그들이 말하는 '점진성'이란 화자 네트워크에 걸쳐 나타나는 전파와 보급을 지칭하는데 사용된다.

이'와 '경사성'에서 명백히 나타난다(이 말은 즉, "변화는 항상 공시적 변이에서 명백하다"라고 할 수 있다, Andersen(2001:228)). 이는 곧 어떤 순간이든 변화하는 구문은 그 시스템의 경사성에 기여한다는 것이다.[25] 이와 관련하여 우리가 한 가지 분명히 구별해야 할 것이 있는데 그것은 바로, 점진성(시간에 따른 변화)은 세대적으로 분별이 되지만, 경사성(공시적 문법에서의 변이)은 그렇지 못하다는 것이다. 또 다른 중요한 포인트가 있는데, 그것은 우리가 채택하고 있는 모델에서 '작은 단계(small step)'는 '지속적인 단일방향적(unidirectional) 경로'가 아닐 수 있다는 점이다. 그보다는 교점들을 넘어, 한 자질에서 다른 자질로의 '연결(link)'이라고 말할 수 있다.

'단계'가 비록 작더라도 순간적일 수 있고 또, 네트워크가 다중방향적 (multidirectional)이기 때문에 위에서 언급했던 것과 같이 '점진적이지 않은 어떤 변화'가 있을 수 있는지 의문이 생길 수 있다. 예를 들자면, 일련의 변화의 결과로서가 아닌 하나씩 발생하는 것으로 나타나는 변화가 있을까? 우리는 이 질문에 대해서는 긍정적일 수 있다고 보는데, 적어도 '어휘적인 미세 - 구문화'의 영역에서는 그러하다. 이러한 예로 '차용' 과 '전환'을 들 수 있다(특히 후자의 예는 1.5.4와 4.8을 참조할 것). 두 번째 의문은 '큰 - 단계 차원의 변화'라는 점에서 갑작스러운 변화가 있는가 이다. 이 질문은 문법화 관련 저작에서 이미 널리 언급이 되어 온 것으로, 여기서는 재분석이 갑작스런 것인지 그리고 만약 그렇다면 과연 문법화와 어떠한 관계가 있는 것인가라는 토론이 있어왔다. 예를 들어, Haspelmath(1998)는 재분석이 갑작스러운 것이라는 이유로 이를 문법화

---

25) 경사성과 점진성의 교차점과 관련된 생각, 특히 문법화 영역에서의 생각에서 비교적 도전적인 내용은 Traugott & Trousdale(2010a,b)를 참조하기 바란다.

와 분리시켰다. 그리고 Lehmann(2004:10)은 재분석이 갑작스럽다기보다 2단계 변화 과정이라는 이유로 문법화와 분리시켰다. 반면, Roberts(1993)는 문법화가 재분석의 하위 유형이라는 제안을 하였다. 이러한 토론의 대부분은 Lightfoot(1979)의 견해에 기반하고 있는데, 그는 큰 - 스케일의 변화를 중시한다. 이 큰 스케일의 변화는 작은 단계가 거대하게 누적되어 그 결과로부터 나온 형태통사 상의 변화를 말한다. 그래서 이를 '파국적(catastrophic)'이거나 '대변동적(cataclysmic)'인 변화라 일컫고 있다. 1990년대에 생성통사론의 매개변수는 '거시 - 매개변수'여서 어떤 매개변수의 변화도 필수적으로 거대 스케일 그리고 갑작스러운 것으로 개념화되었다. 그러나 21세기 초에 많은 생성통사론자들은 거시 - 매개변수에서 미세 - 매개변수로 돌아섰다(Roberts(2010), van Gelderen(2011)). 이로써 매개변수의 변화는 필연적으로 작은 스케일로 재개념화되었다. 우리 또한 재분석(여기서는 '신분석')은 미세 – 단계의 변화를 수반한다는 입장을 취한다. 그러한 미세 - 단계는 네트워크에서 새로운 교점을 만들 수도 있고 만들지 않을 수도 있다. 그리고 일부 신분석은 구문변화일 수 있어서 이들은 네트워크에서 새로운 유형의 교점을 만들지 않는다. 한편, 일련의 구문변화는 하나의 구문화로 귀결될 수 있다. 그런데 이 역시 상대적으로 작은 단계의 신분석이다. 여기서 신분석은 'form$_{new}$-meaning$_{new}$ 유형'의 교점 생성으로 귀결된다. Lightfoot(1979)의 지적대로, 때로 작은 스케일의 구문화가 누적되어 거대 규모의 시스템 상의 변화로 귀결될 수도 있다. 그러나 사실 이러한 시스템상의 변화 자체도 점진적으로 발달해 온 것이다. 예컨대, 격(case)의 우언적인 표현이 일반화되는 것이 바로 그 예이다. 우리는 그들에게 개별적인 더 작은 변화를 넘어서는 어떤 특권도 부여하지는 않는다.

2.7 사례 연구: Way – 구문의 발전

이 절에서 우리는 위에서 살펴보았던 접근법을 가지고, 구문변화와 구문화 사이의 구분을 통해 수세기 동안에 걸쳐 일어난 변화에 대해 해석을 해보고자 한다. 이 과정에서 하위도식의 재구조화를 확인할 것이고, 도식 사이의 네트워크에 대해 고민해보고자 한다. 우리는 여기서 way – 구문의 발전을 다시 살펴보면서, 역사적인 변화의 첫 번째 사례에 대해 구문문법적 관점으로 관찰할 것이고(Israel(1996)), 원래의 분석이 강화될 수 있는 방법을 제시할 것이다.

2.7.1 PDE에서의 way – 구문

way – 구문의 현재의 예는 다음과 같다.

(24) a. After tucking him in, Lindsay *made her way* down the stairs to the kitchen.

소매를 걷어 올리고, Lindsay는 계단을 내려가 부엌으로 향했다. (2012 Clipston, A Life of Joy [COCA])

b. she *trash-talked her way* into a Strikeforce title shot.

그녀는 위협과 험담을 통해 Strikeforce의 타이틀을 획득하였다. (March 4th 2012, Vancouver Sun [Google; accessed March 4th 2012])

Goldberg(1995:199)는 Levin & Rapoport(1988), Jackendoff(1990)의 견해를 이용하여, way – 구문의 형식을 아래와 같이 규정하였다.

(25) [SUBJ$_i$ [V POSS$_i$ way] OBL]

Mondorf(2011)를 따라서, 우리는 여기서의 OBL을 DIR(directional)로 대체하고자 한다. 왜냐하면 방향(direction)은 이 구문에서 매우 결정적인 것으로 '처소격(locative)'(2.7.3을 보라)과 같은 '사격(oblique)'과는 구별할 필요가 있기 때문이다. way - 구문은 주어 대상이 경로를 따라 이동함을 함축하고 있다. 그런데 Goldberg에 따르면 PDE에서의 구문에 등장하는 동사들은 어떤 것도 '이동 동사(motion verb)'가 아니다. 이들은 주로 'make, dig, belch' 등의 동사이고 'go, come, run' 등이 아니다. 그녀에 따르면, 매우 생산적인 이 구문의 원형적인 동사는 바로 'make'라고 한다. 그리고 원형적인 way - 구문은 '생성자 - 대상(creator-theme)'[26], '피생성자 - way(createe-way)', '경로(path)' 이 세 가지 구성요소를 갖는 프레임이라고 한다(Goldberg(1995:207)). 또한 많은 경우에 있어서 '이동이 외부의 어려움 또는 장애물에 직면하고 있다'는 것(예컨대, 'force one's way(힘을 써서 나아가다)')이 함축되어 있다. 그러나 반드시 그러한 것은 또 아니다(예컨대, 'whistle one's way(휘파람을 불고 가다)'). 그녀는 또 이 구문을 '거짓 목적어 결과구문(fake-object resultative)'과 연결시키고 있다(pp.215-217). '거짓 목적어 결과구문'은 예컨대 다음과 같다.

(26) a. He cried his eyes red.

그는 울어서 눈이 벌겋게 되었다.

b. He talked himself hoarse.

그는 지껄여서 목소리가 쉬었다.

---

26) [역주] 여기서 주어에 해당하는 것이 'theme(대상)'으로 되어 있다. '대상'은 '동작에 의해 이동을 겪는 실체'를 말하는데, way - 구문은 주어가 자신의 길을 만들어 나아가는 것이기 때문에 이동의 실체가 주어 자신이므로 생성자가 대상이 된다.

그러나 이 거짓 목적어 결과구문은 훨씬 더 제한적이기 때문에 way - 구문과 동일한 구문의 멤버가 아니라고 한다. 우리는 way - 구문이 '거짓 목적어 결과구문'과 분명히 다르다는데 동의하지만, 여기서 두 가지 사항을 주목해야 한다. 하나는 한 도식에서 일부 멤버가 다른 것들보다도 훨씬 더 제한적일 수 있다는 것이다. 예컨대, 'a shred of(약간의, 조금의, 주로 부정에서)'는 'a bit of'보다 더 제한적이다. 왜냐하면 그것은 주로 부정극성(negative polarity)('not a shred of hope' 등)과 긍정적인 의미적 지향(긍정적인 'hope', 'trust'는 의미론적으로 부정적인 'despair(단념하다)', 'falsehood(거짓말하기)'보다 선호된다)에 선호되기 때문이다. 그리고 또 'a shred of'는 'a bit of'보다 그 출현빈도가 현저하게 낮다. (비록 이렇게 제한적인 차이가 있지만 이 둘은 하나의 도식이다) 그러므로 상대적 제한성으로는 도식의 분리를 요구할만한 필수적인 이유가 되지 못한다. 네트워크 접근법에 의하면, 일부 구문들은 도식들 내에서 또는 도식들을 넘어 다른 것들 보다 훨씬 멀리까지도 관련이 될 수가 있는 것이다. 두 번째 포인트는 way - 구문이 일반적으로 전치사구(PP)와 출현하기 때문에, (27)과 같은 PP를 가진 하위 클래스가 이런 way - 구문 형식과 관련이 많은 '거짓 - 목적어 결과구문'이 될 수도 있다는 것이다.

(27) He **worked himself** into a frenzy.
　　　그는 일하느라 격분되었다.

아래의 2.7.5에서 우리는 Mondorf(2011)의 주장을 살펴볼 것인데, 그에 따르면, 결과구문의 제한성은 way - 구문의 것에 비교해 볼 때, 그 역사적인 이유가 있다고 한다. 어쨌든 네트워크적인 설명법으로, 우리는 결과구문이 현재 그 네트워크 내에서 다소 멀찌감치 관련이 되어 있는 멤버라고 설명할 수 있다. 즉, way-구문과 이것이 하나의 큰 네트워크 내에서 비록 동일한 구문은 아니지만 그래도 매우 가깝게 연결되어 있다는 것이다.

Jackendoff(2002:174)는 way-구문에 대해서 Goldberg가 제시했던 것보다 훨씬 더 일반적인 특징묘사법(characterization)을 제시하고 있다. 그는 이것이 대체로 "traverse the path PP while/by doing V(경로 PP를 V를 하면서 가로지르다)"라고 말하고 있다. 그는 way-구문에서의 동사는 과정을 지시해야 한다고 한다. 즉, 그것은 본질적으로 한 '과정 동사(process verb)'(즉, 'eat, whistle, roll' 등)이고, 또한 '반복적으로 경계지어진 사건'을 묘사한다('belch, joke, hammer' 등)(Jackendoff(1990:213)). 비록 그 단어 연결체(string)가 타동사처럼 보이지만(여기서 way가 목적어처럼 보인다), 이 구문은 단지 형식으로만 타동사적일 뿐이며 수동태와는 또 완전한 불일치를 보여준다(Jackendoff(1990:216)). 한편, Goldberg는 여러 가지 데이터베이스에 근거하고 특히 증거의 빈도성에 입각하여, 두 가지 다의적 구문이 있다고 하였다. 하나는 핵심적이면서 기본적인 것으로, 이른바 '**방법**(means)'으로 불리는 것인데, 이것은 '이동의 수단' 또는 '경로의 생성'을 의미한다. 여기에는 'make, dig, worm' 등이 있다. 다른 하나는 덜 기본적이며 확장적인데 이른바 '**태도**(manner)'로 불리는 것으로, 이는 '어떤 태도를 취하면서 경로를 따라 움직이는 것'을 말한다. 여기에는 'clang, clack' 등의 동사가 있다(p.203). 후자의 대부분은 경로에 따른 이동에 동반되는 것이다. 우리의 용어 체계에서 이러한 것들은 way-구문 도식에 부속되는 '다의적 하위도식(polysemous subschema)'이라 할 수 있다.

OED를 데이터베이스로 이용하여 Israel은 Mondorf가 한 것처럼 다음과 같이 주장한다. way-구문은 '유추적 패터닝(analogical patterning)'을 통해 연합된 몇 가지 다른 유형(thread)으로부터 비롯된 것이다. 이 가설에 대해 우리는 다만 부분적으로만 지지한다. Goldberg처럼 Israel도 '방법'과 '태도'란 용어를 사용하는데 그 범주화가 다르다. Israel의 최초 세 가지 유형은 사실 Goldberg의 '방법'의 하위집합이다.

(a) 태도 유형(manner thread). 이것은 경로의 모양, 비율, 이동의 태도를 부호화하는 동사가 참여한다(Israel(1996:221)). (28a)가 해당된다.

(b) 경로의 소유를 획득하거나 유지하는 유형(p.221의 각주로 언급됨). (28b)가 해당된다.

(c) 방법 유형(means thread). 이것은 '경로 – 생성'을 부호화하는 동사가 참여한다(p.223). (28c)가 해당된다.

(d) 부수적 행위 유형(p.224). 이것은 대체로 소리 동사에 의해 이루어지는데, 즉 이동하거나 경로를 생성하는 동안 만들어질 수 있는 소리를 말한다. 여기에는 (28d)처럼 'whistle, hem, haw' 등이 있다. 이것이 바로 Goldberg가 말한 '태도(manner)'구문이다.

우리는 비교적 최근의 예로 CLMETEV로부터 아래와 같이 제시할 수 있다.

(28) a. therewith he *winged his way* into the deep sky.

그 뒤 그는 하늘 높이 날아갔다. (1885 Pater, Marius the Epicurian [CL 3])

b. How could she *find her way* home? How could she find her way about in Santa Croce?

그녀는 어떻게 집을 찾아갈 수 있을까? 그녀는 어떻게 Santa Croce에서 길을 찾을 수 있을까? (1908 Forster, Room with a View [CL 3])

c. before long I was out of sight the camp, ***plowing my way*** through the mud.

이윽고 그 캠프에서 멀어져서, 나는 진흙 속을 헤쳐 나아가고 있었다.

(1894 Kipling, Jungle Book [CL 3])

d. The steamer⋯ came at last in sight, ***plashed its way*** forward, stopped, and I was soon on board.

그 기선은 ⋯ 마침내 눈앞에 나타났는데, 철썩 소리를 내며 앞으로 나아가다가 멈췄고 내가 그 위에 곧 올랐다. (1842 Borrow, Bible in Spain [CL 2])

Israel은 특히 이용 가능한 동사 집합이라는 관점에서(다만, 여기서는 'go'와 같은 순수한 이동 동사는 제외한다) ME시기로부터 내려온 '연속성'을 발견하였고, 아울러 '사용의 일관성'도 발견하였다(1996:223).

그에 따르면, 그가 '태도(manner) 유형'이라고 부른 것(위의 (a))은 가장 이른 하위 도식으로, 이것은 15세기에 'go/run/wend one's way' 같은 연어의 한정된 집합에서 나타나고 있다. 나중에는 'sweep, scramble, wing, worm' 등의 동사들도 이 집합에 추가되었다. 그리고 '경로의 소유를 획득하거나 유지하는 유형(b)'은 'take, find' 같은 동사가 출현하는데 역시 조기에 출현하고 있다. 한편, '방법 유형(means thread)(c)'은 'cut, smooth'와 같은 동사들과 함께 17세기 중엽에 출현하였다. Israel은 이 세 가지 도식이 한데 섞여서 PDE의 구문이 되었다고 주장한다. 그리고 네 번째의 '부수적 행위 유형(d)'은 19세기 중엽에 발전한 것이다. Israel은 많은 것들이 아직도 다수의 화자들에 의해 수용되지 못하고 있다고 언급한다(p.224).

Israel의 분석은 Goldberg처럼, '틀의미론(frame semantics)'에 기반하고 있다. 그리고 주로 '이동, 경로, 태도, 원인이 어떻게 어휘 항목에 결합되는가'(Talmy(1985))라는 의문에 의해 계발된 것이다. 이러한 분석은 바로 범주의 경계가 무너질 것처럼 보이는 그런 유추를 불러일으킨다. 그의 분석에서 특히 텍스트 기록에 각 동사 유형들이 등장하기 시작한 시기와 관련해서는 전반적으로 정확한 편이다. 그럼에도 이 분석은 '태도'쪽으로 너무 기운 듯이 보인다. Israel이 확인한 최초의 '태도' 용례는 이동 동사(run, wend)였다.[27] 'run'은 그 자체에 어떤 태도(즉, 속도)를 가지고 있지만, 'wend(나아가다)'는 약간 의심스럽다. 'wend-'는 원래 'turn'의미의 타동사였으나, OED리스트에서는 11세기부터 'go'의미의 자동사적 용법이 기록되어 있다. 그리고 그것의 과거형인 'went'는 ME 시기 동안 'go'의 보충적 과거형이 되어 'yede'를 대신하였다. 이로 본다면 'wend'의 대부분의 예들은 과거형이든 현재형이든 간에 단순한 '자동사 이동' 의미를 나타낸다. 예컨대 다음과 같다.

(29) Eliezer *is went his wei* And haueð hem boden godun dai.
  Eliezer has gone his way and has   them bidden good day.
  Eliezer는 그의 길을 떠났고 그들에게 잘 지내라고 말했다. (a1325(c1250) Gen. & Ex. [MED dai])

Israel은 way-구문의 역사에 대해 다음과 같이 말한다.

  "이러한 긴 진화에서 기억할만한 것은 바로 수세기에 걸쳐 나타난 사용상의 일관성이다. 거의 모든 시기에서 어떤 동사들 - go[28], make, work,

---

27) Goldberg(1995:204)는 또한 'wend(나아가다)'를 이동 동사의 '태도'로 보았다. 그녀는 그것을 'thread, weave' 등과 함께 포함시켜 이들을 경로에서 '조직적인 굽이진 이동(methodical winding motion)'이라고 여겼다.
28) 이것은 "'go'가 PDE시기에 나타나지 않는다."고 하는 Goldberg의 가설과 모순이 된다. 그런데 우리는 2.7.4에서, "'go'가 여전히 쓰이고 있다."고 하는 Israel의 주장이

pursue, wing‑은 되풀이 되고 있었고 사용에 있어서 지배적이었다.”
(Israel(1996:223))

우리는 way‑구문과 관련하여 언제 그리고 어떻게 그 구문이 나타나게 되었는지 조사할 것이다. 또 초기의 데이터들이 지금의 것과 유사한 구문에 대한 증거를 제시하고 있는지에 대해서도 조사하고자 한다. 그래서 아래에서 우리는 두 가지 가설을 설정하고자 한다. 첫째, 표면적인 형식에서 상당한 연속성(continuity)이 있긴 하지만, 사실상 way와 그것이 결합하는 동사들 간의 도식적인 관계에 있어서 '실질적인 신분석이 있었다'고 가정한다. 특히나 'go'를 사용하는 것과 'scramble, wing, worm'과 같은 태도 동사들을 사용하는 것 사이에는 거의 직접적인 연속성이 없다. 두 번째 가설은 바로 이 구문의 주요한 조직 요소가 '사역(causative)'과 '비사역(non-causative)'의 의미체계라는 것이다(예컨대, Goldberg의 '경로의 생성'(즉, 사역과 유사), '경로를 따라 가는 이동'(비사역과 유사)과 비교해 볼 수 있다). 우리는 Jackendoff(2002:174)의 의미론적 특징묘사법을 이용하여 PDE에 대해 (30)과 같은 도식을 설정한다.

(30) [[SUBJ$_i$ [V POSS$_i$ way] (DIR)]
    ↔ ['SEM$_i$ traverse the path PP while/by doing V']]

이러한 표기법을 이용한 이유는 아래에서 논의될 것이다. 그리고 이 더 큰 도식의 하위도식들 중 일부는 사역 의미를 가진다.

옳음을 보여줄 것이다.(그러나 상대적으로 빈도가 낮고 DIR이 없는 구문에서만 출현하고 있다.)

2.7.2 way‒구문의 조상

way‒구문의 발달은 다음과 같은 두 가지 사항을 보여준다. 먼저, "변화가 일어날 수 있는 문맥으로서 현존 네트워크가 어떻게 제공될 수 있는지"를 보여주고, 그 다음 "네트워크의 어떤 부분이 앞으로 발생할 변화와 가장 관련이 있는지"에 대한 판단문제를 보여준다.

현재 존재하고 있는 way‒구문의 두 하위도식은 '이동 구문(motion construction)'의 '태도'에 사용되는 동사들을 주로 선호하는데, 이들은 주로 이동 구문에 수반되는 소리 또는 행위를 나타낸다. 그러나 이것은 way‒구문이 처음에 어떻게 형성된 것인가를 보여주지는 않는다. ME 시기에 있는 'way'를 갖는 생산물들을 조사하는 과정에서, 우리의 말뭉치를 통해, 'wei'를 갖는 선구자로 두 가지 집합이 있었음을 알 수 있다. 이것은 바로 '자동사 이동 집합'과 '타동사 집합'이다. MED(wei 2b)에 따르면, 'wei'와 'on wei'같은 구들은 '이동(locomotion)' 또는 '앞으로의 진행(forward progress)' 등을 의미하는 어떤 동사와도 결합한다고 한다. 이러한 MED에서 제공된 예들은 'go, wend, fare, flee, ride' 등을 갖는 인용문이 포함되어 있다. 이들은 비능격 자동사(unergative)로 사용되고 있다. 이 가운데 단지 'ride'만이 분명하게 '태도'의 의미와 관련된다. 이동 동사들의 자동사적 태도의 발전을 조사하는 과정에서, Fanego (2012a)는 ME기간 동안, 그리고 초기와 후기의 ModE기간 동안에 이동의 '태도'를 구체화하는 동사들의 수가 급격히 증가하고 있음을 연대순으로 기록하였다. 이들 중 일부는 ME시기에 고대 노르드어(Old Norse)로부터 차용된 것이 있고('skip' 등), 일부는 또 프랑스어로부터 차용된 것도 있다('dance' 등). 그리고 어떤 것들은 OE 시기에 존재했던 동사들의 사용이 확장된 것도 있다('glide', 'walk(<walk- 'roll')'). 그런데 ME시기에 태도 의미의 이동 동사들이 이용 가능했음에도 불구하고 'ride'를

제외한 어떤 것도 way - 구문의 발달에 직접적인 역할을 하지 않은 것으로 보인다.

자동사적인 용법 외에도, 이들 중 일부는 또한 타동사적으로 사용되기도 했는데, 여기에는 'flee, ride' 등이 있다. 그리고 MED에는 주로 획득류의 동사인 'nim-('take')', 'take' 등과 같은 타동사를 갖는 'wei'의 예들도 언급되어 있다. Israel은 각주에서 단지 획득류 집합만을 언급하고 있다 (Israel(1996:221)). 그러나 그것이 '타동사적', 그리고 '사동사적('cause self to have')'이기 때문에 그것은 아마도 way - 구문의 발전에서 중요한 역할을 한 것으로 보인다. Israel은 주로 이동, 태도, 원인에 흥미를 갖고 있어서, 설사 그가 문제의 동사들을 언급했어도, 그는 자동 - 타동의 구분에는 초점을 맞추고 있지 않았다. 그러나 자동사와 타동사의 차이, 그리고 특히 '획득'이라는 유형은 ME시기와 초기 EModE 시기에 'way'의 문법적인 신분이 무엇이었는지를 생각하는데 있어 매우 중요하다.

ME시기 way의 신분을 토론하기 전에 우리는 그것이 (31a,b)처럼 POSS(소유격)와 함께 사용되었을 가능성에 주목한다. 그러나 그것은 또 (33a)와 같이 전치사를 동반하거나, (31c,d)처럼 지시사나 관사를 동반하거나 (31d)처럼 복수로 쓰인 것으로도 나타난다.

(31) a. þe kniht tok leue and *wente his wei.*
the knight took leave and went his way
그 기사는 길을 떠나 그의 길을 갔다. (1390 St.Greg.34 [MED clot])

b. *Ryde on your wey,* for I wille not be long behynde.
Ride on your way for I will not be long behind.
내가 오래 뒤에 남지 않을 것이기에, 너는 타고 가거라. (1485 Malory Wks [MED wei 2b(d)])

c. and to him *Þaene wei* he nam.

and to him that way he took

그리고 그 길을 그가 취했다. (1300 SLeg.Becket 713 [MED wei 2b(b)])

d. And *went the wayes* hym by-fore.

and went the ways him before

그리고 그 앞의 길을 갔다. (c1450 Parl.3 Ages 37 [MED wei 2b(a)])

또 다른 예문들의 놀라운 특징들, 특히나 이동 동사를 갖는 것들의
특징으로, 방향성부사(directional)와 거의 연결되어 나타나지 않는다는
점을 들 수 있다.

(32) a. As he *wende his wei,* seh þis seli meiden Margarete.

as he went his way, saw this blessed maiden Margaret

그가 그의 길을 갔을 때, 이 축복 받은 처녀 Margaret을 보았다. (c.1225
St.Marg. [MED wei 2b(a)])

b. Ah, *flih, flih Þinne wœi* & burh þine life!

Ah, flee, flee your way and save your life!

아, 어서 도망가서 너의 목숨을 구하라! (c.1275 Layamon, Brut 8024 [MED
wei 2b(d)])

다만 명백한 예외로 부사 'forth'는 MED 데이터에서 이동 동사들과
매우 자주 어울려 출현하고 있었다. 그러나 이것은 이른바 복합서술어
(자동사 'fare/drive(forth)' 등)의 유동적 부분으로 보이기도 한다. 즉,
'forth'는 필수적인 방향적 부가어(directional adjunct)가 아니다.

(33) a. Moyses··· *ferde forþ on his wei.z.*

   Moses went forth on his way

   Moses는 앞으로 그의 길을 갔다. (c1175 H Rood 4/33 [MED wei 2b(a)])

 b. In the see she *dryueth forth hir weye.*

   in the sea she drives forth her way

   바다 안에서 그녀는 앞으로 전진했다. (c. 1390 Chaucer, CT Melibee B. 875
   [MED wei 2b(b)])

이것을 다시 생각해보면, (32a)와 (33a) 등의 예를 통해 ME 시기에 이미 'way'가 '거짓 목적어'로 상용화되었다고 볼 수 있는데, 이것은 또 Israel(1996:221)의 이른바 일반적인 'go-your-path' 구문이라고 부를 수도 있다. 그러나 이러한 분석은 그다지 설득력이 없다. 왜냐하면 POSS가 굳이 필요하지도 않은데다 'way'가 '동사의 보어로 쓰이는 그런 거짓 목적어'로 되었다고 보기 어렵기 때문이다. 자동사적 비능격 이동 동사의 경우에서, 'way'는 '부사적 부가어(adverbial adjunct)'라고 하는 더 큰 부류로 사용되어 온 것으로 보인다(여기에는 전치사구(PP)와 일부 단일형태소적인 것들이 있다). 그리고 위에서 봤듯이, POSS보다는 오히려 관사와 공기하는 것(31c,d)도 있고, 어떤 경우는 (31b, 33a)처럼 PP에서 사용되기도 하고, 어떤 경우는 (31d)처럼 복수로 쓰이기도 한다. 이러한 것들은 모두 (34)처럼 'wei'가 동사의 보어가 아닌 증거들이라 할 수 있다. 여기서 'wei'는 NP의 일부이며, 다른 방향적 부사와 동등한 '방향적 성분(DIR)'으로 사용되고 있다.

(34) Go we þane narewe pað and þene *wei grene.*

   go we that narrow path and that way green

   좁은 통로를 잡아 푸른 길로 나아가자. (a1225 PMor.343 [MED grene])

한편, 타동사의 경우에서는, 이 시기에 'way'가 목적어로 분석되었던 것으로 보인다. 그 증거는 관사를 갖고 있는 예(31c, 35a,c), 목적어 - 전치의 예 (31c, 35a), 그리고 동사로부터 분리되는 예(35a,b) 또 형용사를 갖는 예 (35c)에 의해 제공되고 있다.

(35) a. To þe castel med   wiþoute toun *þun wei* sone he ***nom.***
   to the castle meadow outside town that way soon he took
   그는 곧 마을 밖의 성안 초원으로 경로를 잡았다. (c1325 Glo.Chron A 11255 [MED castel])

   b. Turne we to ure drihten on riht bileue ⋯ and
   Turn we to our lord   in true belief ⋯ and

   maken us   ***wei*** to   him.
   make ourselves way to him
   우리의 영주님께로 향하고 ⋯ 우리 스스로를 위해 그를 향해 길을 만들자. (a1225 Trin.Hom.129 [MED neighlechen])

   c. The God of oure heelthis schal ***make an eesie wei*** to vs.
   the god of our health shall make an easy way to us
   우리의 건강의 신께서 우리를 위한 쉬운 길을 만드실 것이다. (a1425 WBible Ps.67.20 [MED eesie])

(35b)는 특히 재귀적(reflexive) 구문임을 주목할 필요가 있다(이는 프랑스어의 's'en aller('go, betake oneself')'와 유사하다).

위에서 언급했듯이, Israel(1996:221)은 일반적인 'go-your-path' 구문을 언급하고 있다. 그는 또 "'way'같은 의미를 갖는 어떤 명사도 이러한 구문에서 모종의 작용을 하는 것으로 보인다"라고 하였다

(Israel(1996:221)). 그러나 그는 이러한 구문이 '선택적으로 소유된 경로'라고 추측하면서 더 이상의 분석을 하지 않았다. 한편, ME시기의 이동 구문들 중에서, Fanego(2012b)는 MED로부터 몇 가지 예들을 찾았는데, 이것은 명사 pas('step')를 사용하는 예들로, 많은 경우에서 이것은 (36)과 같이 소유격과 타동사(make, take 등)를 갖고 있었다. 그러면서 그는 이러한 것들이 바로 'way-구문의 주형(template)'이라고 가정하였다.

(36) a. ***Toward temes he made his pas***; & whan þat he at
　　　 toward Thames he made his way; and　when that he at

　　　 temes　come ⋯
　　　 Thames　came

　　　 그는 Thames강을 행해 갔고, 그때 그는 Thames강으로 왔다⋯ (c1330
　　　 SMChron.(Auch) [MED maken v.1])

　　 b. Joseph　***anon　　nom his pas*** And　bed
　　　 Joseph　　straight-away　took　his　way　and　asked-for

　　　 his　　　　bodi　vppon　þe　tre.
　　　 his(Christ's)　body　on　　the　tree(cross)

　　　 Joseph은 곧장 그의 길을 가서 십자가 나무 위에 있는 Christ의 몸을 요구했다. (c1390 Dial.Bern. & V.(2) (Vrn) [MED nimen])

　그러나 비록 그러한 생산물들이 의심의 여지없이 way-구문의 발전에 어떤 역할을 하고 있긴 하지만, 'pas'는 또한 부정 관사들과 자주 출현하거나 형용사와도 자주 출현하고 있어서 그것은 목적어로 보인다. 그렇기 때문에, 'pas'와 'wei'를 갖는 예들은 타동구문의 '획득 하위도식(acquisition subschema)'의 실례로 보인다. 여기서 그들은 일종의 공간적 목적어로 기능하고 있다.

(37)　[[SUBJ$_{anim}$　V$_{TRacquisition}$　{(DET) *pas/wei*}　OBJ]$^{29)}$

　　↔　['SEM$_i$　take　a　path']]

　　종합하자면, ME시기에는 구분되는 '형식 – 의미의 패턴'으로 된 독특하고, 생산적인 'way – 도식'은 없었고, 단지 '자동적 이동 구문'과 '타동적 획득 구문'에서의 실례들이 일종의 생산물로 존재했다고 가정할 수 있다. 그들 중 일부가 우연히 '어휘적/지시적 구문'인 'wei'를 포함했던 것이다. 이를 간단하게 그림으로 나타내면 그림2.2와 같다.

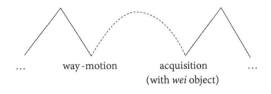

그림 2.2 17세기 시작 무렵의 'way – 패턴'

2.7.3 way – 구문의 구문화

　　16세기 초에, 우리는 MED와 Helsinki 말뭉치에서 비능격 패턴이 'go'(이것은 특히 'forÞ' 등이 없이), 'come'과 같은 주로 직시적(deictic) 이동 동사로 제한되는 경향이 증가하고 있음을 발견할 수 있다. 그리고 또 정관사보다는 POSS(소유격)으로, 또 'ways'보다는 'wei'로 제한되고 있고, 또 선행의 전치사가 없이 출현하고 있음도 발견하였다. HC의 종교적 텍스트에서 그것은 (38)과 같이 DIR(방향성 부사)이 후행되지 않고 있다.

---

29) '{(DET) *pas/wei*} OBJ'라는 표시는 단지 한정사, 그리고 목적어 즉, 'pas'나 'wei'와 결합되어 있는 '타동 획득 구문'의 실례들만이 적절함을 보여주는 약기이다.

(38) Iesus saith vnto him, *Go thy way,* thy sonne liueth.
Jesus says to him Go your way, your son lives

And the man beleeued the word that Iesus had spoken
and the man believed The word that Jesus had said

vnto him, and he *went his way.*
to him and he went his way

Jesus가 그에게 말했다. '너의 길을 가거라. 너의 아들은 살 것이다.' 그리고
그 사람은 Jesus가 그에게 한 말을 믿었으며, 그는 그의 길을 갔다. (1611
King James Bible, New Testament [HC centest2])

그러나 다른 텍스트 유형에서는 방향성 부사가 선호되기도 한다.

(39) a. This poller then sayd to hym *go thy way* streyght to
this thief then said to him Go your way straight to

thend of y=t= long entre.
the end of that long entrance

이 도둑은 그때 그에게 말했다. '당신은 저 긴 출입구의 끝을 향해 쭉
가라.' (1526 Hundred Merry Tales [HC cefict1a])

b. So wee toke our leve of hyme, and *came our wayes* bake
so we took our leave of him and came our ways back

agayne to Huntyngeton.
again to Huntington

그래서 우리는 그를 떠나서 다시 Huntington으로 우리의 길을 왔다.
(b1553 Mowntayne, Autobiography [HC ceauto1])

그러한 예를 통해 다음과 같은 사실을 확인할 수 있다. 상대적으로
상용화된 '직시적 이동 동사 + way'는 'go along a path' 의미를 나타내

며 이것은 유생명 주어(animate subject)를 지시하는 소유격(POSS)을 가지게 된다. 그런데 이것이 바로 '자동사구문의 하위 도식'으로 등장하고 있었던 것이다. 그리고 의미적으로 이 예들은 상대적으로 합성적(compositional)인 면이 있는데, 이동은 동사에 의해 표현되고, 경로는 'way'에 의해 표현되고 있다. 그러나 통사적으로 이들은 정규의(규칙적인) 부사적 패턴을 따르고 있지 않다. 'way'는 'there' 등과 함께 패턴화 되고 있는 DIR의 멤버였으나, '거짓 목적어(fake object)' 즉, 이동 동사의 보어로 신분석이 된 것이다. 아마도 (37)에서 타동적 획득 패턴에 의해 유추화(analogized)가 된 것으로 보인다. 그러므로 통사와 의미 간의 불일치 현상이 존재한다.

자동적 이동 동사의 집합이 EModE에서 적어지는 사이에, 타동사 집합은 'take(이 시기에 이것은 'nim'으로 대체됨)'를 가지고 일종의 원형으로서 확장되고 있었다. 그리고 'POSS way'를 갖는 '구문유형(construction-type, 즉, 숙주 부류(host class))'의 확장이 발생하였는데 이때 'make, pave(길을 열다)' 등의 새로운 동사로 확장이 되었다. 또한 어떤 경우엔 비-유생물 주어를 갖기도 하였다. 이것들이 바로 **사역**이다(즉, 'take'는 'cause to receive'를 나타내고, 'make'는 'cause to come into being'을 나타낸다). 그리고 DIR은 분별적으로 선호되게 되었다. 특히 이러한 연계와 관련하여 흥미로운 일은 바로 콘스탄티노플에서 대사로 있었던 Winchilsea 백작의 Mt.Ætna의 분출에 대한 설명이다. 그 사람은 당시 시실리에 있었고 그때 화산의 분출이 발생하였다. 분출 이후에 화산의 폭발이 '그들의 길에 있던 모든 것(all things in their way: 이것은 일종의 장애물(obstruction) 표현)'을 다 파괴하였다. 폭발된 급류는 몇 개의 흐름으로 갈라졌고, 그 중 하나가 아래의 (40a)에서 묘사되고 있다. 그리고 그 이후 이틀 동안 발생한 화산 흐름의 진전 상황은 (40b)와 (40c)에 묘사되어 있다.

(40) a. [The fire] on the East part ruin'd the lower part of Mascalucia, and LePlacchi, *taking its way* towards this City.

[불은] 동쪽에서 Mascalucia와 LePlacchi의 낮은 부분을 초토화시켰고 이 도시를 행해 돌진하였다.

b. on which day fell abundance of Rain, which abated not the progress of the Fire, which on the East side had from Mascalucia *made its way* to St.Giovanni di Galermo, the lower part whereof it destroy'd.

그날 비가 억수로 쏟아졌고, 그래도 불의 진행을 완화시키지 못했다. Mascalucia로부터 동쪽에 St.Giovanni di Galermo를 향해 불이 진행을 해 나갔는데 그쪽의 낮은 곳들이 파괴되었다.

c. the stream of fiery Matter which destroyed the lower part of St.Giovanni di Galermo divided it self into two parts, one of its branches *taking its way* toward Mosterbianco.

그 불같은 것들의 흐름이 St.Giovanni di Galermo의 낮은 곳들을 파괴했는데 이 흐름은 또 그 자체가 둘로 나뉘었고, 한쪽 흐름은 Mosterbianco를 향해 갔다. (1669 Winchilsea, Relation of the Earthquake and Eruption of Mt.Ætna [Lampeter msca1669.sgm])

여기서 주목할 만한 것은 바로 장애물 즉, 'all things in their way'에 의한 점화(priming) 현상, 그리고 'take its way'와 'make its way' 사이의 명백한 교체 현상 및 비 - 유생물 주어를 가진 구문이 사용되고 있다는 점이다. 이렇게 사용하는 것은 바로 '예비 - 구문화'적인 구문변화(CC)로, 이것이 바로 way - 구문의 발달을 가능하게 하였다.

텍스트 자료에 의하면, 17세기 끝 무렵에 타동사를 갖는 way - 구문이 등장하였다고 한다. 이것은 바로 타동사 구문으로부터 해방되어 이미 그

것과 독립적으로 존재하게 되었다. 이 시기에 way-구문에 의해 허가 (sanction)되는 동사들이 타동사들이라 어쨌든 타동사 구문과 밀접하게 네트워크 연결이 되어 있긴 하지만 분명 독립이 된 것으로 보인다.

(41) [[SUBJ$_i$ [V$_{TRcausative}$ POSS$_i$ way] (DIR)] ↔ ['SEM$_i$ cause to traverse a path']]

이것은 '구문화'이다. 즉, way가 더 이상 하나의 목적어로 기능하지 않으며 사역 구문의 한 고정 부분이 된 것이다. 여기서는 'DIR'이 선호되고 있다. 그리고 '경로 생산(creating a path)'(Goldberg가 PDE의 원형이라고 보았던 집합)을 의미하는 많은 새로운 동사들이 이 시기에 출현한 것으로 확인되고 있다. 이러한 '경로 생산'은 그 외에 다른 여러 가지 방법들에 의해 달성되기도 하는데, 여기에는 'fight, battle, force, push, drag' 등이 있다. 특히 이들은 종종 장애물이나 반대에 직면하고 있다.

(42) Afterwards about a dozen of them went into the Kitchin, *forcing their way* against all the Bolts and Locks, making the very Iron Bolts and Wooden Doors to yield to their wicked and bloody Designs.

나중에 그들 중 십여 명이 모든 볼트와 자물쇠들을 뚫고 쇠볼트와 나무문으로 하여금 그들의 사악하고 잔혹한 욕망에 항복하게 하면서 부엌 안으로 들어갔다. (1690 Trial of John Williams et al. [OBP t16900430-8])

그렇기 때문에 새로운 way-구문의 두 가지 하위도식이 설정 가능한데, 하나는 '장애물의 동사(dig, push 등)'이고, 다른 하나는 '장애물이 아닌 동사(make, take)'이다.

한편, 양상적 함축의미30)를 갖는 'made(the best of) POSS way'로 구성된 (41)의 하위-공식도 있다. 그 예들은 주로 불리하거나 부정적인 문맥과 관련이 있는데 여기서 주인공은 어떤 어려움에 직면하게 되고, 그들이 무엇을 하려고 하든, 그들이 할 수 있는 '최선의 방법을 만들어 낼 수 있다(make the best way)'고 여겨진다.

(43) a. I will answer for it the book shall *make its way* in the world, much better than its master has done before it.

나는 그 책이 그 주인이 전에 했던 것보다 더 잘 이 세상에서 자신의 길을 개척해 나갈 것이라 보증한다. (1759-67 Sterne, Tristram Shandy [CL 1])

b. With men she is insupportable. I have never understood how that poor woman has *made her way*. With women she is charming. But she seems to be incapable of not treating men like dogs.

남자와 함께라면 그녀는 견딜 수가 없다. 나는 그 불쌍한 여자가 어떻게 그녀의 길을 개척했는지를 이해하지 못했다. 여자와 함께라면 그녀는 매력적이다. 그러나 그녀는 남자를 개처럼 취급하지 않을 수 없는 것처럼 보인다. (1908 Bennet, Old Wives' Tale [CL 3])

이 구문은 방향성의 전치사구보다 '선택적 공간'을 수반하고 있다 (43a). 이것은 way - 구문에서 '특정(designation)'의 DIR이 OBL(사격)보다 더 선호되고 있음을 말해주고 있다.

자동사 도식(way - 구문과 관련된)은 17세기에서 비 - 생산성적인 측면이 있는데, 이는 '유형 - 생산성'(대개 'go'에 제한되어 있음)과 '실례 - 생산성'이란 두 차원에서 볼 수 있다. 이러한 비 - 생산성을 설정했을 때, 우리는 이 시기에 그것이 여전히 '자동사 이동 구문'의 일부였고 아직은 way - 구문의 일부가 되지는 않았다라고 가정할 수 있다. way - 구

---

30) [역주] 여기서의 양상의미는 아마도 '가능'의 의미로 보인다.

문은 타동사적이거나 사동사적이며, '유형'생산성과 '실례'생산성 두 가지를 모두 갖추고 있다. 그러나 자동사 하위 도식은 way-구문과 형식과 의미 둘 모두가 유사하기 때문에, 자동사 하위 도식이 독립적인 way-구문과 밀접하게 네트워킹 되도록 허락받았다고도 볼 수 있다. 그랬을 때, 재구조화된 네트워크는 아래의 그림2.3과 같이 요약할 수 있다.

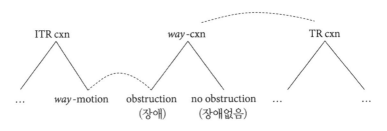

그림 2.3 17세기 끝 무렵의 way-패턴

2.7.4 way-구문의 심화 확장

17세기 끝 무렵부터 타동사 way-하위도식에 출현할 수 있는 동사의 종류가 기하급수적으로 팽창하였다. 그리고 이들 중 'force, fight, dig' 같은 동사들의 의미체계는 함축적으로 '행위의 수반되는 태도'와 연관이 있다(즉, 이들은 Goldberg가 말하는 소위 '방법' 동사들이나 그 내부에 '태도'의 의미가 함축되어 있다). 특히 이 가운데 'dig'이 가장 그러하다. 또한 '행위의 태도'를 나타내는 동사의 새로운 하위 집합들(이들의 사역성과 타동성은 단지 주변적이다)이 나타나기 시작했는데, 여기에는 'beg, worm, elbow' 등이 있다.

(44) a. While *elbowing my way* through the unknown multitude that flows

between Charing Cross and the Royal Exchange.

Charing Cross와 the Royal Exchange 사이를 지나는 모르는 군중들 사이를 팔꿈치로 밀치고 지나가다. (1821 Galt, Ayrshire Legatees [CL 2])

b. so I took a towel and crept out on the bank and ***wormed my way*** along on to the branch of a tree that dipped down into the water.

그래서 나는 타월을 들고 둑 위를 천천히 기어갔는데, 물속으로 깊이 드리운 나뭇가지를 따라 꾸불꾸불 나아갔다. (1889 Jerome, Three Men in a Boat [CL 3])

c. I saw the ponderous foreleg [of the elephant] ***cleave its way*** through the jungle directly upon me.

나는 코끼리의 느릿느릿한 앞다리를 보았고, 내 앞에 있는 정글 숲을 가르며 나아갔다. (1854 Baker, Rifle and Hound in Ceylon [CL 3])

이 가운데 특히 'worm, elbow'는 명사로부터 전환된 것이다. 이들 대부분은 '장애물(elbow의 경우)'이나 '어려움(worm, beg의 경우)'을 함축하고 있다. 이러한 어휘적 동사들은 일종의 '태도'를 수반하는데, 예컨대, 'beg'는 'ask humbly(for food or money)(돈이나 음식 따위를 구걸하다)'를 나타내고, 'elbow'는 'use one's elbow(팔을 사용하다)'를 나타낸다. 그러나 이 동사들 자체가 어떤 '이동'을 의미하지는 않는다. 그렇기는 하나 이 way－구문 자체가 '이동 의미'를 부과하여 이른바 '강요(coercion)'의 현상이 나타난다.[31] 이러한 현상은 특히 'worm'에서 분명한데, (그 당

---

31) 이것에 대해서는 5.2.2의 '강요'개념에 대한 토론을 참조할 것.
　　[역주] 이들 'worm, elbow, beg' 등은 원래 이동과는 상관없는 동사들이었는데, way －구문의 강요 현상에 의해 이 구문의 구문의미에 상응하도록 "마치 그 행위를 하면서 나아간다."라고 하는 이동의 의미가 생성되었다.

시엔 다른 생산물이 이 의미를 나타냈으나) 지금도 여전히 'worm'이 일종의 타동사로 'extract worms from(~로부터 서서히 알아내다)'의 의미를 나타내고 있다. 그래서 '*I wormed quickly toward my servant'는 불가능하다. 한편, 동사 'dig'을 보면, 'He dug through'와 'He dug his way through'는 같은 의미가 아니다. 이중 단지 후자만이 심각한 장애물이 있고 이것을 뚫고 나간다는 의미를 함축하고 있다('He dug a hole'과 비교). 이러한 동사들은 특히 DIR을 강하게 선호하는 경향이 있는데, 이 동사들처럼 특히 '이동(motion)'과 의미적으로 연결이 없을 때 필수적으로 DIR을 선호하게 된다.[32]

여기서는 'home, (in)to, through, toward(s)' 등의 방향성 부사들이 특히 선호된다. 그러나 그 외에도 'up, down, out of, eastwards, southwards' 등의 부사들도 출현하고 있다. 심지어 하나 이상의 방향성 성분이 (45)처럼 표현될 수도 있다. 그런데 이들 중 어떤 경우는 비방향성의 부사가 'way'와 DIR 사이에 출현하기도 한다. 이들은 주로 태도부사((45a)에서의 'quickly')'이거나 수반적 성분들((45b)에서의 'with my poor outcast child')이다.

(45) a. I *wormed my way* quickly towards my former servant.

　　　나는 나의 옛 하인을 향해 서둘러 구불구불 나아갔다. (1898 Hope, Rupert of Hentzau [CL 3])

　　b. I was banished the county, ***begged my way*** with my poor outcast child up to Edinburgh.

　　　나는 그 지역에 유배되었고, 나의 버림받은 불쌍한 아이와 함께 구걸하

---

32) 그러나 Mondorf(2011)에 따르면, 'pursue X's way'의 경우는 DIR이 잘 출현하지 않는다고 한다.

며 Edinburgh까지 갔다. (1824 Hogg, Private Memories and Confessions of a Justified Sinner [CL 2])

한편, OBL(우리의 DIR) 앞에 수식어구를 사용할 가능성에 대해서는 Jackendoff(1990:212)에서 PDE와 관련하여 언급이 되고 있다. 그리고 'way' 뒤에는 성분휴지(constituent break)가 있다고 제기되곤 했다.

여기서 토론되고 있는 동사의 집합은 어느 정도는 '태도'의 의미체계를 가지고 있는데, 이들이 하위 네트워크의 심화적인 발전을 가능하게 한다. 그리고 이러한 하위 네트워크에서의 수반되는 행위는 바로 구문에서의 사용 상황으로부터 추론되고 있다(Israel(1996:219)). Israel(p.224)에 따르면, 19세기 초기에 일부 새로운 동사들이 등장했는데, 이들의 의미는 '행위에 수반되는 소리'와 관련되어 있다고 한다. 예컨대, (28d)에서의 'plash(철석 소리를 내다)'(아래의 (46b)에서도 출현함)가 대표적이다. 그리하여 이들의 특징에 대해 '부수적인 수반물(incidental accompaniment)'의 의미를 전달하는 것으로 규정할 수 있다. 그러나 이러한 수반물은 (46a)의 'shoot'에서 볼 수 있듯이, 반드시 부수적인 것은 아니다. 여기서 'shooting(of pheasants)(꿩을 쏘는 것)'은 의도된 수반 행동이다. (46b)에서의 'plash'는 의지적인 행위는 아니지만 일종의 의도된 (계획된) 것으로 볼 수 있는데, 가볍게 물이 튀기는 것은 증기선의 이동에서 불가피한 수반행위이다. 그래서 우리는 '부수적인(incidental)'이란 말을 사용하지 않는다.

(46) a. and **shot my way** home the next day; having ⋯ equally divided the game between the three.
그리고 다음날 꿩을 쏘면서 집으로 향했다. ⋯ 셋이서 사냥감을 똑같이 나누었다. (1820-2 Hunt, Memoirs of Henry Hunt [CL 2])

b. The steamer··· *plashed its way* forward.

그 기선은 철썩대면서 앞으로 나아갔다. (1842 Borrow, Bible in Spain [CL 2])

대부분의 동시기 참신한 예들('shoot, plash' 등)은 주로 '비 - 사역적인 수반물 유형'들이다(예컨대, (24b)의 'trash-talk'나 'giggle'). 여기서 우리는 두 가지 놀라운 사실을 주목할 필요가 있다. 그중 하나는 이러한 새로운 동사 집합의 멤버들은 자동사일 수 있다는 것이다. 다만, 'dig'과 같은 동사는 타동사이기도 하고 자동사이기도 하는데, 여기서는 '타동사적 유형'으로 쓰여 왔다. 이때 타동사적 유형은 바로 '태도'의미의 자동사가 이 구문에 채용되도록 해주고 있다. 이와 같은 동사들은 ME시기 이후 'way'와는 별개로 증가해왔고 특히 '소리' 동사들이 그러하다 (Fanego(2012b)). 두 번째 사실은 way - 구문에서 이러한 동사들은 주로 '반복상'을 나타내는 '상(aspect)'적인 용법으로 이해된다는 것이다. 예컨대, (46a)에서 'shot my way home'은 '반복적으로 내가 집으로 여행하는 동안 꿩을 쏘다'의 의미이다. 이것은 '반복상(iterativity)'의 기준을 수행하는 동사 집합으로, Jackendoff(1990:213)가 way - 구문을 위해 제시했던 것이다.

'수반물'이란 하위 네트워크는 다른 하위 네트워크보다 훨씬 더 허화적/문법적인 것이다. 왜냐하면 이것은 '상(相)' 특히 반복상의 의미를 갖고 있기 때문이다. 이것은 일종의 '연속적인 구문변화'의 산물인데, 여기에 있는 동사들은 보다 '큰 하위 도식'에 기용되고 있던 것들이다. 이러한 하위도식을 나타내는 많은 생산물들은 대체로 '일회성(one-off)'의 성격을 갖고 있다(다른 말로 이를 '단 한번 밖에 쓰이지 않는 어구(hapax legomenon)'라고 한다). 한편, Plag(2006:543)에 따르면, 이처럼 어떤 한 패턴에 기반을 두고 발생하는 '일회성'은 형태론적인 과정의 생산성을 측정할 수 있는 중요한 수치가 된다고 한다(Baayen & Renouf (1996)참조). 사실 이와 같은 언급은 대개 '단어형성법'과 연계되어 이루어지지만, 위와 같은 일회성의 것들은 또한 일반적으로 '복합적 구문 (complex construction)'에 적용된다. 이러한 '단 한번 밖에 쓰이지 않는 어구(hapax legomenon)'의 출현은 곧 way - 도식이 고도로 생산적으로 변했음을 나타낸다. way - 구문의 예는 사실 특정 구문의 예라고 볼 수 있는데, 이 구문의 멤버들은 원래 상대적으로 내용적이고 어휘적이었다. 그러나 이 구문이 이와 같이 상적인 측면으로 확장을 했다는 것은, '내용적 – 허화적'의 경사도 중 한 극단인 문법적/허화적 방향으로 확장을 했음을 의미한다. 이런 면에서 이 구문은 두 개의 극단 사이에서 '중간적인 것'이 되어 버렸다.

'이용 가능한 동사 유형의 확장'과 '하위 네트워크의 성장'의 결과로, 19세기 초에는 하나의 '이동 의미'에 링크되던 $[[SUBJ_i\ [V\ POSS_i\ way]\ (DIR)]$ 형식을 갖는 표현들이 재조직화(reorganization)되기에 이른다. 그들은 동시기의 한 도식으로 모이게 되는데, 이것은 앞의 (30)과 같이 나타난다. 여기서는 (47)로 다시 반복하여 제시한다.

(47) $[[SUBJ_i\ [V\ POSS_i\ way]\ (DIR)]$ ↔
['SEM_i traverse the path PP while/by doing V']]

이것은 두 번째 구문화이다. 가설에 따르면, 타동사 way - 구문이 'beg', 'worm'같은 자동사를 포함하는 것으로 확장이 되었기 때문에, 자동사 구문의 way - 하위도식이 원래의 타동사 구문에 유추화가 되어 그것으로 흡수가 되었다. 그래서 way - 구문이 지금 자동사 이동 하위도식을 갖고 있는 것이다. 그러나 자동사 이동 하위도식은 주변적이고 여전히 유형 - 제한적이며, 또 형식도 현저히 다르다. 왜냐하면 DIR이 강하게 비선호되었기 때문이다. COCA에 있는 'went my/our/her/his/our/their way'를 조사한 결과, 예가 55회 나왔고 그 모두가 DIR이 없었다.

(48) Ignoring her thanks, he *went his way*.

그녀의 감사표시를 무시하면서 그는 자신의 길을 갔다. (2006 Stroud, The Golom's Way [COCA])

이것에 의하면, Goldberg(1995:199)가 일찍이 "관련된 어휘 항목 중 어떤 것도 이동을 수반하지 않는다."라고 했는데, 알고 보니 이 말이 옳지 않음을 확인할 수 있다(만약 여기서 DIR의 부재가 핵심이 아니라면).[33] 어쨌든 동일한 텍스트에서 'found'와 비교해 보면, 이것은 COCA에서 756회가 나타나고 있는데 거의가 DIR을 갖고 있었고[34], 'elbowed'는 46회가 나오는데 모두 DIR을 갖고 있었다. 따라서 DIR이 없는 이동의 하위도식은 분명히 이 구문의 주변적 멤버이다.

way - 구문의 생산적인 하위도식은 바로 '경로생산(path-creation)' 도식으로 이것은 더 이상 타동사로만 제한되지 않는다. 이것은 아래와 같이 더 심화된 하위도식들을 갖고 있다.

a) 사역 경로생산 하위도식(그 자체는 두 개의 하위 - 하위네트워크가

---

33) [역주] Goldberg는 "Frank dug his way out of the prison(프랭크가 감옥을 뚫고 밖으로 나갔다.)."라는 문장을 설명하면서 이 말을 언급했는데, 그의 의미는 이와 같이 way - 구문은 직접적으로 '이동'을 나타내는 동사가 없어도 이동의 의미가 내포되어 있다는 것을 설명하는 것이었다. 그러나 위의 (48)처럼 자동사 이동 하위도식이 있기 때문에 그녀의 언급이 문제가 있다고 하겠다.

34) 일부 'found X's way'는 비유적으로 'managed to succeed'의 의미로 사용된다.

있는데, 하나는 장애물을 포함하는 것이고('force' 등), 다른 하나는 장애물이 포함되지 않는 것이다('make' 등).

b) 비사역 하위도식, 이것은 '수반적 행위'를 갖는 반복적 경로 – 횡단을 의미한다. 예컨대, 'worm, shoot, trash-talk' 등이 있다.

이 가운데 두 번째가 가장 생산적이다. way – 구문의 새로운 '수반적 행위(accompanying activity) 하위도식'의 경우에서, 출현하는 일부 동사들은 상대적으로 빈도가 높다('worm, elbow' 등). 그 외 다른 것들은 일회성이거나 매우 드물었다('shoot, giggle, trash-talk' 등).

새로운 조직화는 그림 2.4처럼 제시할 수 있다.

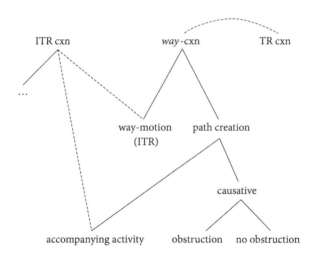

그림 2.4 19세기 말의 way – 패턴

2.7.5 way-구문의 네트워크 속에서의 성장

Goldberg(1995:218)는 way-구문이 "두 구문의 관습화된 혼합물 즉, '생성 구문'과 '자동사 이동 구문'의 혼합물"이라고 가정하였다. 이것은 위에서 이미 확인이 되었다. 다시 말해서, way-구문은 역사적으로 자동사 구문과 타동사 구문에 연결되어 있었던 것이다. 다만, 이 혼합물이란 말은 뉘앙스가 좀 미묘하다. Israel과 Goldberg의 가설과는 반대로, go/come 자동사 유형은 대체로 DIR 없는 환경으로만 제한되어 온 것으로 보인다. 그러므로 상대적으로 그 구문에서 주변적인 성격을 띠어 왔다. 한편, 네트워크의 관련성 정도는 17세기에 go/come 하위도식과는 별도로, 'ride'처럼 이동의 태도를 나타내는 다른 자동사들과 함께 발전해 오기도 했고, 그 이후엔 또 소리를 나타내는 자동사들과도 발전하였으며, 기타 수반적 요소를 나타내는 자동사('plash' 등)와도 함께 발전하였다. 이러한 자동사의 집합은 OE시기부터 기하급수적으로 발전하여, 이동 구문에서도 사용되었다. 그러나 'ride'를 제외한 이들 대부분은 그들이 여러 텍스트 기록에 출현한 이후 한참 동안 'way'와 함께 사용되어 오지 못했다(Fanego(2012a)).

역사적으로 way-구문은 또한 '거짓-목적어 결과구문(resultative)'과 네트워킹 되어 있다. Mondorf(2011)에 따르면, way-구문의 역사는 재귀사인 -self구문과의 경쟁을 참고하지 않고서는 완벽히 이해할 수가 없다고 한다. 이러한 재귀사의 예는 위의 (26b)에서 언급한 바 있다('He talked himself hoarse'). Mondorf에 따르면, Goldberg가 언급했던 PDE에서의 self-결과구문의 제한성은 사실 17, 18세기에 있었던 way-구문과 결과구문의 경쟁에 의한 결과라고 한다. 그녀에 따르면, way-구문이 출현했을 때, 그것은 결과구문 특히 'self-도식'과 함께 배열되었다. 이것은 바로 그것이 주로 타동사적으로 생각되었음을 확인해준다. 1700년대 이전에 'self - 결과구문'은 지금은 위축되어버리거나 적어도 보편적이지 않게 된 그런 사용 범위에서 사용되었었다. 예를 들면, 'work/wriggle oneself+DIR' 등이 있다. 이 시기는 바로 장애물을 의미하는 동사들 예 컨대 'force' 같은 것이 'way'와 함께 자주 사용되었던 때였고, 또 '이동 의 태도'가 막 쓰이기 시작했던 때였다('worm' 등). 한편, Mondorf는 통 계적인 사실에 의거하여, 1700년에서 1800년 사이에 way-형식이 증가하 고 -self 형식이 소실되는 그런 교체 효과를 보여주고 있다. 그녀에 따르 면, 또한 -self 구문과 way - 구문이 20세기에 와서 모종의 '업무분담'이 발생 했다고 하는데, -self 구문은 주로 추상적인 결과구문에 선호되었고, way - 구문은 구체적인 결과구문에 선호되었다((49a)의 'frenzy(광란)'와 함 께 출현, (49b)에서는 'steep bank(가파른 비탈)'와 함께 출현). (Mondorf (2011:418))

(49) a. ***Worked himself*** into a frenzy and gave himself indigestion.
        열심히 일하다 못해 격앙되었고, 그 스스로 소화불량이 발생하고 말았다.
        (BNC wridom1)

    b. ⋯he ***worked his way*** down the steep bank toward the stream.
        그는 가파른 강둑을 기어 내려가서 강을 향해 갔다. (FROWN)

    여기서 한 가지 연구할 만한 가치가 있는 의문이 생긴다. 영어에는 '이동의 태도(manner of motion) 동사들'이 존재하는데, 여기에는 'clink' 같은 소리를 나타내는 동사들이 있다. 그렇다면 way - 구문이 어떻게 그 리고 어느 정도까지 이들 동사들의 성장과 관련이 되어 있고, 또 그들 과 네트워킹 되어 있는지 연구를 통해 밝혀볼 만하다고 본다.[35]

2.7.6 어휘-문법적 경사도에 나타난 way-구문의 신분

우리가 way-구문을 끝내기 전에, 그것이 '어휘-문법적 경사도(lexical-grammatical gradient)'에서 어느 지점에 위치하는지와 관련한 일종의 이견 현상을 언급할 필요가 있다. 예를 들어, Broccias(2012:741)은 way-구문이 "그 연속선의 어휘적인 부분에 놓여 있다"라고 주장한다. 왜냐하면 그것의 이동의 의미가 여전히 보유되고 있기 때문이다. 사실 "could have spelled his way through a psalm(찬송가를 부르며 그의 길을 걸어갈 수도 있었을 텐데)"(1894 Macaulay, Hist. Eng) 같은 생산물의 경우는 단지 비유적인 의미가 있는데도 말이다. 그러나 Israel(1996)은 그것을 문법적 구문으로 보아 '문법화'라고 부르기도 한다. 그리고 Mondorf(2011)는 명사 'way'가 의미 탈색이 이루어지고 탈범주화하였고 'POSS way구'가 고정화되었기 때문에 일종의 문법화라고 주장하였다. Gisborne & Patten(2011)은 way-구문이 문법적 구문화의 케이스라고 주장하는데, 왜냐하면 그것이 '도식성의 증가'현상을 수반하고 있고, 일종의 '숙주 부류 확장(host-class expansion)'(즉, 광범위한 유추화를 가진 생산성)이고, 또 범주의 강화(즉, 구문들이 하위도식을 획득할 때마다 구문이 성장을 한다)가 이루어지고 있기 때문이다. 이와 같은 주장에 덧붙여 다음과 같은 관찰도 추가될 수 있다. 즉, 부분적으로 합성적인 공식이었던 'go/take one's way'가 의미에 있어서 '비-합성적'으로 변하였고, 또 가장 최근의 하위도식인 '경로 생산 도중 우연히 수반되는 것(accidental accompaniment of path-making)'이 사실상 가장 현저하게 허화적이면서도 **반복상적 특징**을 갖고 있다. 그것이 비록 문법적 구문화의

---

35) 이러한 제안과 관련하여 필자는 Teresa Fanego에게 감사를 표한다.

극단에 있다고는 할 수 없지만, 그것의 역사를 자세히 관찰해 보면, 화자들이 이에 대해 오랜 시간에 걸쳐 보다 허화적인 방법으로 해석하고 있음을 알 수 있다. 이렇게 way - 구문과 관련된 토론을 통해 우리는 구문의 성격이 가장 내용적인 것에서부터 가장 허화적인 것에 이르기까지의 이른바 '연속변이(cline)'적인 면이 있음을 확인할 수 있다.

2.8 요약 및 몇 가지 질문

이 장에서 우리는 문법에 대한 '구문론적인 견해'에 바탕을 둔 방법론을 적용함으로써 '혁신'과 '변화'를 설명할 수 있다는 것을 제시하였다. 이러한 적용을 위한 열쇠는 바로 "언어란 전체적으로 하나의 네트워크이다"라는 기본적인 가정에 기반을 둔 '사용 - 기반 접근법'이다 (Croft(2007b:509)). 그렇게 볼 때, 변화란 곧 복합적인 것이다. 사용 - 기반 모델에 의하면, 화자가 생산하는 것은 '생산물'이고, 이에 청자가 처리하는 것도 '생산물'이다. 그러므로 생산물과 보다 일반적인 유형인 '구문' 간에는 분명한 연관성이 존재한다. 그리고 이러한 구문은 바로 '기호(sign) 변화'와 관련한 연구의 대상이 된다. 그러나 생산과 처리에서 중요한 것은 바로 '생산물이 변화의 궤적(흔적)'이라는 점이다. 대부분의 변화는 곧 구문변화이다. 즉, 이것들은 관습화된 변화로, 네트워크 상에 존재하는 교점의 형식 또는 의미에 영향을 준다. 이에 비해 구문화는 한 언어의 네트워크에서 '새로운 관습화된 유형 교점'의 발달(생성)로 귀결된다. 우리는 네트워크와 관련된 고민의 과정에서 아래와 같은 것들을 구별할 것을 제안한다.

ⅰ) 개별적인 지식, 이는 즉 개인적 생각의 반영이자 혁신의 궤적(흔적)이다.

ⅱ) 화자 대중에 의해 공유되는 지식, 이는 관습화의 궤적이다.

ⅲ) 네트워크에 대한 변화, 이것은 언어학자들이 '언어 변화'로 인식하고 확신하는 것이다.

Rice(1996)에 의해 제기된 질문인 "교점(node)과 연결(link)이 어떻게 발전하는가(2.1참조)"에 대한 대답으로, 우리는 일반적으로 구문화에 이르기까지 일련의 미세 - 단계(micro-step)가 존재한다고 가정한다(순간적인 구문화는 4.8에서 토론될 것이다). 아래에서 우리는 청자가 혁신을 생성하고, 화자 역시 혁신할 수 있는 그런 상황의 예를 들어 보고자 한다. 그 첫 번째 단계는 아래와 같다.

(a) 혁신(innovation). 청자가 하나의 생산물을 해석하고 그것을 분석할 때, 화자의 분석과는 다른 방식으로 하게 된다. 이 과정에서 화자의 것과는 다른 어떤 교점의 일부 자질에 가장 적합한(best fit) 것이 만들어진다.

(b) 청자는 의도된 것과는 다르게 '생산물'과 '구문적 네트워크의 다른 부분' 간의 미묘한 링크를 생성하게 되며, 그가 다시 화자가 되어 그 생산물을 새로운 링크와 함께 재사용하게 된다. 이 단계에서는 아직 관습화된 사용이 없기 때문에, 새로운 미세 - 구문은 없다.

'관습화(conventionalization)'는 잠재적으로 아래와 같은 상황에서 가능해진다.

(c) 또 다른 청자도 유사한(그렇지만 반드시 같다고는 할 수 없다) 과정을 겪게 된다. 이러한 과정은 일반적으로 ⅰ) 하나의 생산물로부터 나온 유도적 추론과 '구문적 네트워크' 상에 이미 존재하는 구문의 의미를 느슨하게 연결한다. ⅱ) 특정의 분포적 환경에다 그 생산물의 일부를 사용하기를 선호한다. ⅲ) 하나의 '말덩어리(chunk)'로서 한 생산물의 부분을 반복한다. 반복적인 연결의 결과로, 언중들은 원래의 형식과 새롭게 분석된 의미 간의 관습적인 관계에 암묵적으로 동의하게 된다. 이로써 '원래 구문의 형태통사적인 면'과 '새로운 생산물' 사이의 불일치가 초래된다. 관습화 때문에, 우리는 구문변화가 출현했다고 말할 수 있다. 그러나 네트워크상에는 아직 새로운 교점이 존재하지 않는다. 만약 하나 또는 그 이상의 구문변화 이후에 구문화가 따라 나타나게 된다면, 우리는 이 변화들을 '구문화 이전 변화'라고 부른다.

'구문화'는 단지 아래의 상황에서만 발생한다.

(d) (c)단계에서 발생한 형태통사적, 의미적 신분석이 화자 대중들에 의해 공유되고, 새로운 관습화된 상징 단위 즉, 새로운 미세-구문(새로운 유형의 교점)이 생성될 때 구문화가 이루어진다.

'구문화 이후 변화' 즉, 더욱 심화된 구문변화가 발생할 수 있는데, 특히:

(e) 유형-구문들(type-construction, 즉, 전체 큰 구문 내의 하위 구문)이 확장될 수 있고, 그 결과 하위도식으로 재조직화될 수 있다.

나중에는 아마도 다음과 같이 될 것이다.

(f) 실례(token) 사용의 빈도가 높음으로 인해 '형식의 감소(reduction)'
    로 귀결되거나, 사용의 감소로 인해 구문 - 유형(construction-type)
    의 위축(obsolescence)이 이루어질 수 있다.

그러므로 구문화는 대개 언어사용자 혼자가 아닌 다중의 연속의 결
과로 이루어지는 것이며, 특히 생산물과 구문(또는 도식) 간의 새로운
링크의 산물이다. 그리고 이것은 또한 더 심화된 일련의 변화를 위한
예비 조건이 된다.

2.3.3에서 우리는 (a)단계에서 가장 적합한(best fit) 것이 해당 네트워
크의 기존 자질에 만들어지게 된다고 제시하였다. 이 장에서 우리는 개
인에게 나타나는 구문의 발생에 대해 상향식(bottom-up) 접근법을 적용
할 수가 있다. 그리고 그것의 중요한 결과는 바로 '화자/청자는 최소한
으로만 추상화한다' 즉, 단지 적절한 일반화를 포착하는데 필요한 만큼
만 하게 된다는 것이다. 여기서 이러한 처리에 대한 원칙이 존재하고
화자/청자는 이것을 따라야 하는데, 그 원칙은 바로, "당신이 할 수 있
는 만큼 디테일하게 하라, 그리고 동시에 당신이 해야 하는 만큼 추상
적이게 하라."이다. 많은 경우에 있어서 '유추적 사고'가 바로 이러한 추
상화와 관련되어 있다. 한편, 신분석은 관습화된 구문변화나 구문화를
유발하게 되지만 이것은 작은 - 단계의 급작스러운 변화이다. 그리고 만
약 이러한 신분석이 '샘플'을 가지고 있다면, 그것이 바로 '유추화'라 할
수 있다(유추화는 그 자체가 신분석의 한 유형이다).

네트워크의 영역이 얼마나 멀리까지 확장될 수 있는지에 대한 질문
도 가능하다고 본다(이것은 Rice의 질문(a)(2.1에서의)이다). 그러나 이

것은 확실히 '상속'을 넘어 '관계적 연결'까지도 확장되는데 여기엔 '다의성 연결'도 포함된다. 그리고 또 심지어 규칙적으로 여러 변이로 사용될 수 있는 구문까지도 확장된다. 예컨대, 이중타동구문과 전치사구문이 그러하다(2.4.2). 그리고 입증된 잠정적인 가설에 따르면, 한 네트워크의 영역은 형식 또는 의미의 국면이 공유되고 있는, 어떤 구문 유형까지도 확장될 수 있다고 한다. 한편, 하위도식에 대한 인식의 증거는 "구성요소들이 서로 가깝게 움직일까 더 멀어질까"라고 하는 Rice의 질문(b)에 대해서 긍정적인 답을 제시하고 있다. 이는 곧 way - 구문에 의해 제시되고 있다.

이 장에서 우리는 네트워크에 있는 새로운 교점이 변화의 관점으로부터 어떻게 이해될 수 있는지, 특히 그들이 어떻게 성장하고 또 위축될 수 있는지에 대한 해석을 하였다. 그리고 이러한 해석은 몇 가지 질문에 답을 해줄 수 있다. 그런데 이것이 우리의 기호 변화에 대한 관점, 그리고 보다 큰 문법의 설계에 대한 관점에 대해 다른 것을 제기할 수도 있다. 우리는 여기서 이 두 가지 질문에 대해 관심을 갖고 있다.

비록 우리가 한 네트워크의 '가장 적합한(best fit) 것', '친근함', '거리' 등에 대해 말을 하고 또 구문의 '가족'에 대해 말을 하고 있지만, 우리는 이러한 개념들이 직관적이고 은유적이며 여러 의문을 제기할 수도 있음을 인식하고 있다. 일종의 최적화규칙(heuristic)으로서, 우리는 '가장 적합한 것', '친근함' 등이 형식과 의미의 자질에 존재하고 있는 '일치성의 정도'에 의해 측정될 수 있다고 본다. 즉, 모든 자질들 간의 일치가 가까워질수록 변이가 없어지게 되고 그럴수록 '가장 적합한 것'이 된다. 예컨대, 'a bit of'는 형식상에 있어서 'a lot of'에 대해, 'a lot of'가 'a great deal of'에 대해 보여주는 것보다 더 가까운 것을 보여준다. 왜냐하면 'a great deal of'의 경우 형용사와 함께 쓰는 것을 선호하지만, 'a lot of'는 형용사와 함께 쓰는 것을 선호하지 않기 때문이다. 한편, PDE에서 의미상으로는 'a lot of'가 'a great deal of'와 보여주는 관계가 'a bit of'와 보여주는 것보다 훨씬 더 가까울 수 있다. 그 이유는 'a bit of'는 작은 사이즈에 관한 것이나 전자는 큰 사이즈에 관한 것이기 때문이다. 그리고 화용론적으로, 'a lot of/a bit of'의 관계가 'a bit of/a shred of'의 관계보다 가깝다. 그 이유는 'a shred of'가 부정극어를 갖고 있어서 주로 긍정적으로 지향된 명사성 핵(nominal head)에 더 선호되는 반면, 'a bit of'는 극성(polarity)의 대립이 중성적이기 때문이다(역사적인 내용은 3.3.5참조). 그러나 이들 모두는 양을 나타내는데 쓰이기 때문에, 모두 다 '수치 양화사 가족'의 멤버이다. 한편, 이러한 것과 관련된 개념들은 통시적인 연구는 물론 공시적인 차원에서 윤색될 필요가 있다.

위에서 제기된 문제는 또한 일치가 이루어지는 '단계(level)'와도 관련이 있다. Booij(2010:93)에 따르면, 언어 사용자들은 때때로 개인 차원의 '샘플'보다는 일반적인 도식에 맞춘다고 한다. 그리고 Israel(1996:222)이 제시했듯이, 새로운 하위도식(우리가 'accompaniment'라고 부르는)의 발전에서 존재하는 주요한 메커니즘은 바로 way - 구문의 추상적 패턴에 대한 고도로 생산적인 유추화이다. 그러나 방법을 의미하는 보다 개별적인 동사들('elbow, worm' 등)은 보다 그럴듯한 직접적인 '샘플'이 될 수도 있다. 왜냐하면 이들 방법 동사들을 통해 "'확장'이 '이동의 태도' 뿐 아니라 그 이후에 나타나는 '소리'까지도 관련이 되어 있음"을 설명할 수 있기 때문이다. 즉, '도식'은 그것의 추상성으로 인해 일종의 모델을 제시할 수가 있는 것이다. 이러한 내용이 역사적으로 정말 그러한지에 대해서는 보다 정밀한 말뭉치 데이터를 가지고 설명할 수 있을 것이다.

다음 장에서, 우리는 문법적 구문화에 대해 설명하고자 한다. 아울러 문법적 구문화에 이르는 단계와 그 이후 이루어지는 단계에 대해서도 설명을 할 것이다. 이 과정에서 우리는 이 장에서 설명한 사용 - 기반 모델을 이용하고자 한다.

3. 문법적 구문화

3.1 도입

이번 장과 다음 장에서 우리는 구문화로 귀결되는 변화에 대해 토론하고자 한다. 이러한 구문화는 기능상 허화적일 수도 있고(이번 장에서 다룰 내용), 또 내용적일 수도 있다(제4장). 그래서 우리는 앞으로 문법화 관련 연구 성과와 어휘화 관련 연구 성과에 의거하여 논의를 진행할 것이다. 그러한 이유는 바로 이 두 가지가 특히 최근 수십 년 간의 통시적 언어 연구 노선에서 매우 영향력이 있었기 때문이다. 우리는 여기서 '구문론적 접근법'을 통해 이 두 가지 방법론이 어떻게 재해석되고 또 수용될 수 있는지 보여주고자 한다. 각 장에서 문법화, 어휘화란 주제와 관련하여 비교적 유명한 견해로 시작을 하겠지만, 구문문법이라는 설계 구성의 상황에서, 우리 스스로를 지금까지 문법화나 어휘화 연구에서 전통적으로 다루었던 그러한 주제만으로 제한하지는 않을 것이다. 특히 우리는 문법적 - 어휘적 경사도의 각 극단에서 내용적, 자립적인 단계 뿐 아니라 도식적인 단계에서도 변화가 어떻게 발생하는지 살펴보고자 한다.

사람들이 구문문법에 관심을 갖기 이전, 문법화 관련 연구의 주요 포커스는 개별적인 형태소, 즉 '문법소(gram)'의 발달에 있었다.[1] 그런데 이러한 문법소는 주로 구조 내에서는 간단하거나 '원자적(atomic)'인 것으로, 대개 개별적이거나 '자립적(substantive)'인 것이다. 예를 들어, 어휘적인 것에서부터 문법적인 것에 이르기까지 범언어적인 개념적 변화에 대한 심화적인 연구를 하는 과정에서, Heine & Kuteva(2002:7)는 비록 그들이 '단순화'라고 인정하긴 하지만, "근원과 목표 사이에는 본질적으로 일대일의 일치가 존재한다."라고 생각하였다. 그러나 구문문법에서 '구문'은 '원자적(atomic)'일 수도, '복합적(complex)'일 수도 있다. 그러므로 '이항적 부분표현(binominal partitive) > 양화사(quantifier)'의 경우처럼 비록 일부 변화가 일대일의 일치를 수반하기도 하지만, way‒구문의 발전과 같이 어떤 경우엔 그렇지 않을 수도 있다. 그리고 구문문법에서 '미세‒구문'들은 대개 추상적인 도식의 하위 유형으로 간주된다. 한편, 문법화의 유형론적 연구에서는 '반복(ITERATIVE) > 습관(HABITUAL)', '의외성(MIRATIVE) > 증거성(EVIDENTIAL)', '동반격(COMITATIVE) > 태도(MANNER)'[2]의 변화를 '유형‒변화(type-change)'

---

1) 'Gram(문법소)'은 'grammatical morpheme(문법적 형태소)'의 약칭이다. 이 용어는 Bybee, Perkins & Pagliuca(1994:2)에 의거하여 William Pagliuca가 만들어낸 것이다.
2) [역주] 이들 각각은 다음과 같다.
   (1) ITERATIVE > HABITUAL: 이것은 '반복'의미에서 '습관'의미로의 문법화이다. "이러한 일반화는 개념적으로 가장 잘 동기화된다. '반복'이란 어떤 한 동작이 하나의 상황에서 계속 되풀이 되는 것을 말하며, 이것이 '습관'으로 되기 위해서는 하나의 경우에서 되풀이 되던 제한이 필수적으로 없어져야 한다(Heine & Kuteva(2002:184))
   (2) MIRATIVE > EVIDENTIAL: 이것은 '의외성'에서 '증거성'으로의 문법화이다. 한국어에서 '~군(예컨대, '그렇군' 등에서 쓰임)'이 이에 해당한다고 한다(Heine & Kuteva(2002:213))

라고 부른다(특히, Heine & Reh(1984), Heine & Kuteva(2002), Bybee, Perkins & Pagliuca(1994) 참조). 이들의 포커스는 주로 '의미체계'에 있으며 또한 이렇게 의미와 관련이 있는 문법소들의 개별적인 견본들이 어떻게 발전했는가에도 포커스가 있다. 그러나 이에 반해, 구문문법적인 관점에서는, 추상적인 형식 – 의미의 도식이 그들의 멤버가 변화를 할 때, 그 자체는 또 어떻게 변화를 하는가에 흥미를 두게 된다.

본 장에서의 핵심은 이미 앞에서 소개했던 몇 가지 개념을 중심으로 아래와 같이 정리할 수 있다.

(a) '문법'의 개념. '구문론적 용어'로 개념화할 때, '문법'은 "가설적인 언어 지식 시스템(hypothesized linguistic knowledge system)"이라고 말할 수 있으며, 여기에는 형태통사적, 의미론적, 음운론적인 것 뿐 아니라 화용론적인 것, 담화 기능적인 것까지 포함된다 (1.1참조). 이것에 따르면, 문법적 또는 허화적인 구문화의 실례라고 볼 수 있는 '구문'의 범위가 매우 광범위함을 알 수 있다.

(b) '구문화'와 '구문변화'의 차이, 이것은 즉, 다시 말하면, '구문화에 이르기까지의 단계들(이른바, 구문화 이전 변화)'과 '그 이후의 것(즉, 구문화 이후의 변화)' 사이의 차이라고 말할 수 있다. 비록 이러한 차이가 주로 문법화 연구 성과들에서 이루어진 차별성에 반향을 불러일으키고 있고, 특히 Heine(2002)와 Diewald(2002,

---

(3) COMITATIVE > MANNER: 이것은 '동반격'에서 '태도'로의 문법화이다. 대표적으로 독일어의 'mit(원래는 'with'의미(~와 함께)의 전치사)'가 '~의 태도로'라는 태도 전치사로 바뀌었다(Heine & Kuteva(2002:87)).
이중 특히 COMITATIVE는 이 외에도 AGENT, CONTINUOUS, EXIST, INSTRUMENT 등 여러 가지 개념으로 문법화하였다.

2006)의 문법화 관련 문맥(context) 연구 성과들이 있긴 하지만, 우리의 개념은 비단 문법적인 것 뿐 아니라 어휘적인 구문화와도 관련이 있는 것이다(1.5과 4장 참조).

(c) '점진성(gradualness)'의 개념 및 그것의 '경사성(gradience)'과의 상호작용(2.6 참조).

'문법적/허화적(grammatical/procedural) 범주'의 개념은 오래된 것으로, 이는 유럽 문법에서 이루어진 차이까지 거슬러 올라간다. 유럽 문법에서는 '주요 어휘 부류(명사, 형용사, 동사)', '부차적인 문법적 부류(관사, 조동사)', 그리고 '부차적이고 대체로 굴절적인 범주(격, 시제)' 등의 차이를 구분한 바 있다. 초기의 문법화 관련 대부분의 연구는 시제, 상, 양상, 격 등의 범주의 발달과 관련이 있었다. 이러한 것들이 반드시 '문법소(gram)'에 의해 표현될 필요는 없다(예컨대, 직시적 시제는 상대적으로 내용적인 부사인 'today, yesterday, tomorrow' 등에 의해 표현된다). 그러나 만약 문법소에 의해 표현된다면, 이런 개념들과 연관된 문법소들은 의미에 있어서 고도로 일반적인 경향이 있으며 사용에 있어서도 높은 '출현 빈도성'을 갖고 있을 것이다. 더욱이 이들은 주요한 부류(즉, 명사, 동사, 형용사)의 내용적인 멤버로부터 유래하는 경향이 있다. 우리가 이러한 발달들에 대해 전적으로 무시하는 것은 아니지만, 우리는 이 장에서 주로 최근의 문법화 연구에서 관심을 가져온 두 가지 영역에서의 변화 예들을 중점적으로 다루고자 한다. 그 중 하나는 '부분 표현(partitive)'으로부터 '양화사'로의 발달이다. 이것은 곧 개별 구문이 자립적인 단계로서 발달해 나간 것이기도 하지만, 또한 도식적인 단계로 발달해 나간 것이기도 하다. 그리고 다른 하나는 바로 '초점 - 표지(focus-marking)'의 특별 유형의 발전으로, 이는 영어의 '의사 분열문

(pseudo-cleft)'의 흥기와 관련이 있다(예컨대, 'What/All I did was go to the store'). 이 두 케이스에서 우리는 '특별한 자립적인 예'는 물론 하나의 '도식(schema)'이 발달하는 방식에 대해 초점을 맞출 것이다. Trousdale(2008c)은 일찍이 "도식에서의 변화 역시 문법화를 겪은 것으로 분석할 수 있다"고 하는 가설을 제시한 바 있다. 그는 특히 영어에서의 '비인칭 구문의 소멸과 그것의 타동사 구문에 대한 영향'이란 내용을 토론하면서 이러한 주장을 한 바 있다(앞의 2.5.1.3 참조). 그리고 비교적 강한 가설은 다음과 같은 Rostila(2006)의 언급에서 알 수 있다.

> "보다 도식적인 구문일수록 더욱더 문법화가 된 것이다. 그러므로 영어에서의 이중타동구문이나 타동사 구문과 같은 철저히 도식적인 구문(Goldberg(1995))은 바로 모든 구문들 가운데서도 가장 문법화된 것을 대표하고 있다."(Rostila(2006:53))

그런데 이것은 너무 제한적이다. 우리가 4장에서 보겠지만, 일부 도식적인 구문들은 어휘적일 수도 있기 때문이다. 여기에는 특히 '단어형성법' 도식이 있다.

이 장의 구조는 아래와 같다. 우리는 먼저 3.2에서 문법화에 대한 최근의 주요한 2대 접근법(1.6.2에서 언급함)을 자세히 설명하면서 시작하고자 한다. 이 2대 접근법은 다음과 같다. (ⅰ) '감소(reduction)'와 '의존성의 증가(increased dependency)'로서의 **문법화**, 이것을 우리는 GR(즉, Grammaticalization as Reduction)로 축약한다. (ⅱ) '**확장**(expansion)'으로서의 **문법화**, 이것은 GE(즉, Grammaticalization as Expansion)로 축약한다. 비록 이 둘이 처음 얼핏 생각해봤을 때, 서로 직교적인 관계인 것으로 보일지 모르지만 그렇지 않음을 보여줄 것이다. 그리고 이들은 특히 구문변화의 모델 안에서 설명할 필요가 있음도 보여줄 것이다. 특히 우리는 GE의 많은 자질이 Lehmann(1995)이 제기한 문법화의 여러 매개변수들과 결코 모순되지 않음을 보여줄 것이다. GE는 문법적 구문화와 밀접한 관련성이 있다. 이것은 '샘플 - 매칭(exemplar-matching) 패턴' 및 '유추화'라고 하는 것을 설명하기 위한 이론 틀을 제공해주는데, 이 둘은 '확장'과 관련되어 있거나, 도식 내 구문 패밀리 형성과도 관련이 되어 있다. 한편, 이와 동시에 GR의 여러 면모들도 문법적 구문화의 모델에 결합시켜 생각할 필요가 있다. 왜냐하면, 많은 개별 변화들이 다양한 유형의 감소를 수반하고 있기 때문이다. '방향성(directionality)'에 대한 구문적 접근법은 생산성, 도식성, 합성성에서의 변화와 관련하여 3.3에서 토론할 것이다. 그리고 문법적 구문화는 생산성과 도식성의 '확장', 합성성의 '감소'와 관련이 있음도 제기될 것이다. 3.4에서 우리는 또 구문화의 관점으로 탈문법화(degrammaticalization)의 몇몇 유형에 대해 다시 생각해보고자 한다. 그리고 3.5에서는 '의사 분열문' 발달의 예를 들어 연구의 케이스를 제시하고자 하며, 마지막으로 3.6에서 요약 정리한다.

3.2 문법화에 대한 접근법

Hopper & Traugott은 '문법화'에 대해 아래와 같은 언어학의 두 가지 갈래로 요약하고 있다(아래의 인용 등에서 언급된 'constructional', 'constructions' 이란 용어는 지금의 우리 책에서 언급하고 있는 그러한 개념으로 쓰인 것이 아니고 '구성요소'나 '연결체(string)'란 의미의 개념으로 사용되고 있어 약간 다름에 유의하기 바란다).

(ⅰ) 개별언어 또는 범언어학적으로, 그리고 통시와 공시적으로, 언어에 존재하는 어휘적인 것, 구성요소적인(constructional) 것, 문법적인 것 등 사이의 관계에 대해 연구하는 연구 이론 틀.

(ⅱ) '변화'를 언급한 용어인데, 이 변화에 의해 어휘항목과 구성요소들(constructions)이 어떤 언어의 문맥 속에서 문법적 기능을 제공하게 되며, 이들이 일단 문법화가 된 후 지속적으로 새로운 문법적인 기능을 발달시키게 된다. (Hopper & Traugott(2003:18))

'문법화'라고 하는 연구 틀은 확실히 우리가 이 책에서 개발한 대상과 많은 공통점을 가지고 있다. 그러나 우리는 문법적인 재료와 어휘적인 재료에 대해 동등한 관심을 가진다. 이 가운데 특히 (ⅱ)는 문법화의 두 가지 개념화라는 전통 속에서 형성된 것이다. 그것은 지난 십여 년간에 걸쳐 개발된 '감소'와 '의존성의 증가'라고 하는 차원으로 본 문법화의 개념이다(GR). 반면, (ⅰ)의 정의는 훨씬 더 제한이 없는 것으로, 문법화의 개념화를 '확장'이라는 관점에서 취급하고 있다. 이렇게 다른 전통으로 구분하는 것이 분열의 위험이 있다고 인식할 수 있겠으나, 우리는 그럼에도 불구하고 그렇게 하는 것이 유익하다고 생각한다. 특히 문법화가 구문화의 관점에서 어떻게 재고될 수 있는지를 고려하면 더욱 그러하다. 연구자들이 '형식'과 '의미' 두 변화를 다 인식했음에도 불구하고 종종 그 중 한 가지만이 주요한 포커스를 받게 되고 다른 하나는 그저 그 연구의 배경으로 전락해버리는 일이 발생하곤 하는데, 바로 이러한 일이 종종 발생하는 문법화 연구를 지적하는 차원에서도 위와 같이 GR과 GE로 구분하는 견해는 필요하다고 본다. 그런데 우리가 아래에서 보겠지만, '확장(expansion)'과 '감소(reduction)'는 사실 상호간 얽혀 있는 것이다.

어떤 문법화의 연구와 관련된 전통에서는 그 포커스를, "상대적으로 자유로운 통사로부터 시작해서 형태를 거쳐 상대적으로 구속적인 굴절에 이르기까지의" '형식(form)' 및 '변화(change)'에 맞추어 왔다(여기에는 Lehmann(1995), Haspelmath(1998, 2004)가 있다). 대표적으로 1.6.2에서 봤던 (26)의 예가 있는데 여기서 편의를 위해 그 중 두 개만을 다시 제시한다.

(1) a. 라틴어 cantare habeo ('sing:INF have:1sg')
    > 프랑스어 chanterai ('sing:FUG:1sg')

   b. 고대 헝가리어 világ bele ('world core/guts:directional')
    > világbele ('into the world')
    > világba (굴절의(inflected) 명사 bele > 격표지(case marker) ba).

라틴어의 'cantare habeo'는 'habeo cantare'의 변이형식도 존재한다. 그리고 단지 이렇게 어순의 변이가 존재할 뿐만 아니라 목적어 같은 구성요소가 두 단어 사이에 낄 수도 있다. 가설에 따르면, 'cantare habeo'는 상대적으로 자유로운 구였다. 그러다가 (2)와 같은 변화를 겪었다.

(2) 비정형(non-finite) V - 정형(finite) V
    > V 어간(stem) + 정형접어(finite clitic)
    > V 어간(stem) + 미래굴절(future inflection)

(1b)에 있는 'vila béle'도 상대적으로 자유로운 구였다가 수많은 변화를 겪었는데 이 가운데는 (3)이 있다.

(3) N − [관계명사3)(relational N('guts'))

　　+ 방향격표지(directional case marker)]

　　　> N + 주요부치사(primary(coalesced) adposition)

　　　> N + 융합격접사(fusional case affix)

　이 두 경우 모두 첫 번째 요소인 어휘 어근 'cant-', 'vila'는 거의 음운적 변화에 가까운 변화만을 겪었다. 반면 이들의 두 번째 요소는 각각 몇 세기에 걸쳐 매우 급진적인 변화를 겪었다. 여기에는 바로 '감소'와 '의존성의 증가'라고 하는 현상이 포함된다. 이 예들에서의 어근은 어휘적/내용적 상태로 남게 된 반면, 두 번째 요소는 문법적/허화적 상태로 변화하게 되었다.

　(2), (3)에서 제시된 것과 같이 특별한 실례로부터 일반화가 되는 것은 항상 문법화된 항목(item)의 '형식'에 부합하는 형식틀(format)'을 통해 만들어지게 된다. 즉 일정한 패턴형식이 있는 것이다. 예를 들어, '형식'에 기초한 동사와 명사의 '연속변이(cline)'는 다음과 같이 제시될 수 있다.

(4) a. 어휘적 동사(lexical verb) > 조동사(auxiliary) > 접어(clitic)

　　　> 접사(affix) (이것은 Hopper & Traugott(2003:111)에 근거한 것이다)

　　b. 관계명사(relational noun) > 부차적 부치사(secondary adposition)

　　　> 주요부치사(primary adposition) > 교착적 격접사(agglutinative

　　　case affix) > 융합적 격접사(fusional case affix) (이것은 Lehmann

　　　(1985:304)에 근거한 것이다)

---

3) [역주] '관계명사'란 공간적, 시간적 관계를 나타나는 말이다. 예컨대 중국어의 "他在房子里头(그는 방 안에 있다)"에서, '里头'는 '안'이란 공간을 나타내는 말로 중국어에서 명사 뒤에 붙는 '上, 下, 前, 後' 등의 방위사가 이에 해당한다.

Lehmann은 (4b)의 연속변이(cline) 각 단계의 예를 제시하면서 관계 명사는 'top'과 같은 것을 제시하였는데, 이것은 'on top of NP'라고 하는 구조에 들어가고 있다. 이 구조에서 그것은 일종의 부차적 부치사 기능을 한다(PNP(전치사+NP)구문과 관련해서는 Hoffmann(2005) 참조). 여기서 'on top of'는 '물질적인 의미' 즉, 어휘적인 것을 말한다. 주요부치사는 'of'같이 형태적으로 간단한 문법적인 표현이 있다. 그리고 교착적인 것은 소유격 '-s' 같은 것이 있다. 한편, 융합적 격접사는 형태론적 범주를 동시에 한 가지 이상 예시할 수 있는데, 라틴어의 격 표지 '-bus(탈격 복수)'를 들 수 있다(즉, '탈격'이란 격표지이면서 '복수'를 동시에 나타낸다).

또 다른 문법화 연구 상의 전통으로 '의미론적 또는 화용론적 변화'에 포커스를 맞추는 것이 있다(여기에는 Heine, Claudi, & Hünnemeyer(1991), Bybee, Perkins & Pagliuca(1994)가 있다). 다음과 같은 예가 있다.

(5) a. 라틴어 *habe-* 'possess' > 'be obliged' > 'future'
   b. OE *scul-*'owe' > shall 'future'

(5)의 일반화를 위해, 의미론적 그리고 담화 화용론적인 변화의 경로를 아래의 (6)과 같이 제시할 수 있다.

(6) 의무(obligation) > 의도(intention) > 미래(future) > 목적(purpose)
   (Bybee, Perkins & Pagliuca(1994:240))

(4)와 (6)과 같은 연속변이는 다양한 예들, 각각의 언어, 화자그룹, 시간 등의 요소에 걸쳐 존재하는 언어학자의 추상적 일반화라 할 수 있다

(Andersen(2001:241)). 이것은 복잡한 회로로 연결된 것도 아니고 또 심리적 작용도 아니다(비록 그들이 때때로 Newmeyer(1998:5장, 2001)에서 그렇게 해석되긴 하지만). 이것은 구문분석(parsing)과 유추적 사고(analogical thinking)를 포함하는 '인지과정(cognitive process)'의 산물이다.

Kiparsky(2012:18)가 지적했듯이, (4)와 (6)에 의해 예시된 각각의 두 견해의 제안자들은 서로 다른 의문을 시작으로 하여 문법화의 서로 다른 국면에 초점을 맞춘 것이다. 그래서 만약에 형식이 어떻게 변화하는가를 알고 싶다면, 조동사에서 접어 신분에 이르는 '경로'(예컨대, 조동사 will > 접어 'll)가 중요한 관심사가 되는 것이다. 그리고 만약 의미가 어떻게 변화하는지를 알고자 한다면, 구조적인 변화와 같은 것은 부차적인 관심거리가 될 것이고, 대신에 '의지'(주요 동사로서의 will)로부터 '인식양상'(Boys will be boys)으로의 변화, 여기서 다시 '미래 표현'(She will be win)으로 변화하는 경로가 으뜸의 관심거리가 될 것이다.

형식 또는 의미에 관련된 이 의문들이 얼핏 두 개의 대립적인 견해로 보일 수 있지만, 만약에 다시 다른 관점에서 바라보면, 사실상 이 둘이 대체로 상호 보완적임을 알 수 있다. 즉, 하나는 문법화로 인한 의존성의 증가와 원래 표현의 다양한 형식적 국면의 감소를 중시하고, 다른 하나는 문법화가 완료된 이후 이루어지는 확장을 중시하는 것이다. 사실 이 두 접근법을 잘 조화시키는 것이 우리의 이 책을 위한 기본 전제가 되기 때문에, 우리는 비교적 자세히 그 차이를 조명하고자 한다. 이 토론에서 중요한 사항은 다음과 같다.

ⅰ) **통합적**(syntagmatic)인 것과 **계열적**(paradigmatic)인 것으로 표현되는 두 축에서 변화에 대한 주의의 정도
ⅱ) **단일방향성**(unidirectionality) 가설

'통합적(syntagmatic)'인 것과 '계열적(paradigmatic)'이란 두 축 간의 차이점(Saussure(1959[1916])), 또는 '선택(selection)'과 '조합(combination)' 간의 차이점(Jakobson(1960:358))은 그리스 시대의 '조합(combination)'과 '유사성(similarity/choice)', '지표성(indexicality, 즉 문맥 속에 있는 항목들의 연결)'과 '도상성(iconicity, 즉 match)' 간의 차이점까지 거슬러 올라간다.[4] 비록 위의 내용들이 직접적으로 이러한 축 위에서 그려낼 수 있는 것은 아니지만, '신분석'과 '유추화'라는 메커니즘, 그리고 이들을 가능하게 하는 과정(즉, '동기화')인 '구문분석(parsing)'과 '유추적 사고'라고 하는 것들은, 표3.1처럼 위의 내용들과 함께 하나의 그룹으로 묶을 수 있는 유사성이 있다. 이러한 것들은 바로 언어 변화와 관련한 연구에 존재하는 개념적 축을 보여준다.

표 3.1 언어 변화 연구를 위한 개념적 축

영역(Domain)	조합(Combination)	유사성(Similarity/choice)
구조(Structure)	통합(Syntagm)	계열(Paradigm)
	지표(Index)	도상(Icon)
메커니즘(Mechanism)	신분석(Neoanalysis)	유추화(Analogization)
동기화(Motivation)	구문분석(Parsing)	유추적사고 (Analogical thinking)

축으로서 이것의 차원은 필연적으로 상호적이다. 만약 하나의 '도상(icon)'이 어떤 것과 일치하거나 어떤 것을 나타낸다면, 자동적으로 그것은 그것을 지시(point, index)하게 된다(Anttila(2003:433)). Anttila(2003)와

---

4) 의미론적 변화와 관련된 다른 쌍으로는 '환유'와 '은유', '의미변화론적(semasiological)'과 '명의론적(onomasiological)'의 관점이 있다.

Fischer(2007)에 따르면, '유추(analogy)'는 '유추적 사고' 그리고 우리가 '유추화'라고 부르는 메커니즘으로 이해되기도 하는데, 곧 계열적인 일치 뿐 아니라 통합 문맥적인 그리고 조합적인 관계와도 관련이 있다. 'warp and woof(직물의 경선과 위선, 일명 기본요소, 경위)'를 짜는 것으로부터 나온 Anttila의 은유는 '문맥적, 통합적 관계(woof)'와 '선택적, 계열적 관계(warp)'를 주로 상기시키지만 이 뿐 아니라 틀에 박힌 비유적인 표현인 'warp and woof(어떤 것이 건설될 수 있는 기초 구조, American Heritage Dictionary(2011))'까지도 상기시키고 있다. 그 두 축의 교차점은 바로 Norgård-Sørensen, Heltoft, & Schøsler(2011)에 의해 밝혀졌다. 이들의 연구에서 하나의 접근법이 '문법화'와 '구문'의 개념으로 발전하였는데, 이 접근법은 '계열적 축'에 대해 '의미적으로 대조를 이루는 것들의 공시적이고 안정적인 집합'이라고 인정해주고 있다(p.109). 그리고 이러한 '의미적 대조를 이루는 것들'은 곧 통합적인 균형의 변화 및 어순의 변화로부터 오는 것이다.

한편, GR적 접근법의 이론 틀로 연구를 진행한 결과 문법화의 '단일 방향성'이란 가설에 이르게 되었다. 이 가설은 역사적으로 Kuryłowicz-(1975)까지 올라간다. 그리고 보다 심화된 가설은 Norde(2009, 또한 Börjars & Vincent(2011) 참조) 즉, "Degrammaticalization(탈문법화)"에서 발견할 수 있다.[5] 특히 "문법화에는 예측 가능한 방향성이 있다"는 가설을 발전시키는데 중요한 영향을 끼친 것은 바로 Givón(1979:209)에 의해 제기된 '변화의 연속변이(cline)'라 할 수 있다. 이것은 이미 2.5.1.3에서 언급한 바 있으며, 이를 (7)과 같이 다시 소개할 수 있다.

---

5) Norde의 책은 단일방향성 가설에 대한 수많은 반례를 제시하기도 하였는데, 일부는 3.4에서 논의할 것이다.

(7) 담화 > 통사 > 형태 > 형태음운 > zero

그리고 문법의 단계보다는 구조적인 유형에 초점을 둔 최근의 공식은 Dahl(2004:106)의 아래 (8)과 같은 연속변이이다.

(8) 자유(free) > 우언적(periphrastic) > 접사적(affixal) > 융합적(fusional)

프랑스어의 'chanterai', 헝가리어의 'világba', 영어의 'Be gonna' 등의 발전이 바로 이러한 연속변이를 따라 나타난 변화의 대표적인 예들이다. 비록 '방향성(directionality)'과 관련된 요구들이 때로는 다른 식으로 이해되기도 하지만(이에 대해선 Campbell(2001) 참조), 방향성이 문법화에서 필연적인 것은 아니다. 아래 3.3.5에서 논의하겠지만, 우리는 방향성을 사용상(usage)의 다양한 요소에 의해 이루어진 결과로 간주한다. 여기에는 예컨대, 반복(repetition), 명확한 발음(articulation)을 쉽게 하기 위한 책략 등이 있다(이에 대해서는 Bybee(2010) 참조). 그리고 이러한 과정은 바로 모든 세대의 화자들에 의해 사용되고 있다. 변화란 것이 아이들 개개인이나 세대 간에 의해 만들어지는 '혁신'의 결과로 나타나고 있는데, 그러한 관점에서 보면, Bybee(2010:113)가 지적한 대로 '방향성'은 하나의 수수께끼이다. 그러나 '언어 사용상의 과정'(예컨대, 모든 연령대 화자들에 의해 이루어지는 구문분석과 유추적 사고) 뒤에 존재하는 모종의 이유, 근거가 마음(mind) 속에 유지되고 있다면 이것은 수수께끼가 아니다. 그리고 이러한 변화들이 증명하는 이른바 '말덩어리짓기(chunking)'가 발생할 수 있는데, 그 이유는 아이나 어른 할 것 없이 이들에 의해 형식들이 반복적으로 동일한 순서로 사용되고(이는 바로 "말덩어리짓기를 유발하는 것이 곧 반복이라는 주요한 경험"임을 말하는 것으로, 이는 Bybee(2010:34)가 언급한 것이다), 반복된 말덩어리가 음운론적으로 감소하는 경향이 있기 때문이다.

우리가 다음절에서 보겠지만, '단일방향성'에 대한 강한 성격의 가설은 대부분 문법화에 대한 GR식 접근법과 확실히 관련이 있다. 그러나 그중 좀 약한 것은 GE와도 관련이 있다. 문법적 구문화에서(그리고 다음 장에서 보게 될 어휘적 구문화에서도 보여줄 것임), 방향성은 미세 - 구문의 발전과도 관련이 있지만 미세 - 구문이 참여하고 있는 보다 큰 도식과도 관련이 있다.

3.2.1 감소와 의존성 증가로서의 문법화

감소와 의존성 증가로서의 문법화 모델은 특히 Givón(1979), Heine, Claudi, & Hünnemeyer(1991), Lehmann(1995,2004), Bybee, Pagliuca & Perkins(1991), Haspelmath(2004) 등과 연관이 깊다. 이중 Haspelmath (2004:26)는 문법화에 대해 '보다 강한 내부적 의존성'의 발달이란 말로 정의를 내리고 있고, Lehmann은 다음과 같이 말했다.

> "언어기호의 문법화란 언어 시스템의 제약에 더 지배를 받게 됨으로써 그 자립성을 잃는 과정을 말한다." (Lehmann(2004:155))

그리고 '소멸'과 '감소'에 초점을 맞춘 동일한 내용이 또한 의미적으로 지향된 연구에서도 많이 발견되고 있다.

> "문법화는 언어 단위가 의미적 복합성, 화용적 의미, 통사적 자유, 음성적 요소를 잃는 진화의 과정이다." (Heine & Reh(1984:15))

여기서 한 가지 주목할 만한 사실이 있는데, 이렇게 GR의 접근법을 주장하는 많은 이들이 채택한 문법의 개념은 대체로 모듈적(modular)이고, 상대적으로 좁으며(여기서 Givón은 제외), 또 최근까지도 대체로 '화제'나 '초점' 같은 문법적 범주를 포용하지 않았다는 것이다(Shibatani(1991)나 최근의 Lehmann(2008)을 참조 바람). 이것은 또한 'well', 'moreover' 등의 화용표지, 영국식영어의 부가의문문 'innit('isn't')', 절종결 표지(clause final)인 'but', 그 외의 메타텍스트적인 표지 등도 포함하지 않고 있다. 사실 이러한 것들은 때로 '담화' 단계로 인식될 수 있는 것들이다(이에 대해선 Wischer(2000), Kaltenböck, Heine & Kuteva(2011) 참조). 그러나 구문문법의 이론 틀에서 이들은 언어의 일부분이고 그러므로 화자의 구문론적 지식의 일부가 된다.

최근까지 '문법화에서 감소와 의존성 증가'와 관련된 가장 확실한 가설은 Lehmann의 '상관 요소' 세트이다. 이것은 표3.2와 같이 표현되는 것으로 이는 Lehmann(1995:164)으로부터 인용한 것이다. 이것은 언어 항목이 사용되는 문맥에 대해서는 거의 주의를 기울이지 않으며, 거의 대부분이 언어 항목의 변화와 관련되어 있다. Lehmann이 '약한(weak)', '강한(strong)' 문법화라고 표시한 항목들은 엄격히 말하면 변화의 스케일이라기보다는 '문법성(grammaticality)의 스케일'을 가리키고 있음에 주목할 필요가 있다. 많은 문법화 연구자들은 '약한 문법화'란 것이 '문법화 이전의 발전 단계'를 나타낸다고 본다(여기에는 Diewald(2002)의 '결정적 문맥(critical contexts)', Heine(2002)의 '가교적 문맥(bridge contexts)' 등이 있다). 그러나 Lehmann은 '변화'를 '과정(process)'이란 라벨의 항목으로 표시하고 있다(Lehmann(1995:124)). 그러므로 우리는 이러한 사실을 반영하기 위해 제목과 그의 표에 있는 두 개의 항목 라벨을 수정하고자 한다.[6]

표 3.2 문법성(grammaticality) 매개변수의 상관성

매개변수	약하게 문법화됨	과정(Process)	강하게 문법화됨
(a) 크기 (Integrity)	의미 자질의 묶음; 대체로 다음절적	축소 (Attrition)	의미자질이 얼마 안 됨; 분절이나 단일 분절이 얼마 없음
(b) 계열성 (Paradigmaticity)	항목이 의미적 필드에 느슨하게 참여함	계열화 (Paradigmatization)	작고 타이트하게 접목된 패러다임
(c) 계열적 변이 (Paradigmatic variability)	의사소통적 의도를 위한 항목 수용의 자유로운 선택	의무화 (Obligatorification)	선택이 체계적으로 제한됨, 사용이 대체로 의무적임
(d) 구조적 범위 (Structural scope)	항목이 임의의 복합적 구성요소와 연관됨	축약 (Condensation)	항목이 단어나 어간을 수식함
(e) 결합성 (Bondedness)	항목이 독립적으로 병렬됨	합류 (Coalescence)	항목이 접사이거나 매개체의 음운적 자질임
(f) 통합적 변이 (Syntagmatic variability)	항목이 자유롭게 주변으로 이동될 수 있음	고정 (Fixation)	항목이 고정된 자리(slot)를 차지함

문법화되는 항목은 두 개의 교차적 차원(즉, '계열적 선택(a~c)'과 '통합적 조합(d~f)')을 따라 가고 왼쪽에서 오른쪽으로 가면서, 그 과정에서 구조적 복합성(structural complexity)이 감소되고, 또 그 결합성

---

6) [역주] Lehmann(1995)의 원서에는 이 표의 제목이 'Correlation of grammaticalization parameters'이다. 그런데 여기서 필자는 'grammaticalization'을 'grammaticality'라고 바꾸었다. 그리고 표 내의 column label 중 'weak grammaticalization'을 'weakly grammaticalized'로, 'strong grammaticalization'을 'strongly grammaticalized'로 수정하였다.

(Bondedness)이 증가한다고 가정할 수 있다. Lehmann이 지적했듯이, 어떤 경우에는, 매개변수 중 다수가 또는 매개변수 모두가 어떤 특정 발전 과정에서 작용할 수가 있다고 한다. 대표적인 예로 'be going to'가 '목적을 갖고 이동함'이란 의미에서 '미래'를 나타내는 것으로 발전하였는데,[7] 여기서 이것을 가지고 아래와 같이 매개변수를 설명할 수 있다.

(a) 크기(Integrity): 의미와 형식의 소실. 의미의 소실은 곧 어휘적 '이동'의 의미가 탈색되는 것을 말한다. 그리고 형식의 소실의 경우, 'be going to'의 4음절이 'be gonna'의 3음절로 감소하거나 그보다 더 감소하는 것(예컨대, 'I'ma, Ima' 등으로 표현하는 것이 있다)을 말하는데, 특히 아프리카의 미국식 영어 등에서 나타나고 있다(Poplack & Tagliamonte(2000); Green(2002:196) 참조).

(b) 계열성(Paradigmaticity): 'be going to'는 우언적 조동사 집합으로 채용된 것으로, 여기에는 'ought to', 'have to', 'be to' 등이 있다.

(c) 계열적 변이(Paradigmatic variability): 'be going to'는 Quebec 영어에서 특정 환경에 제한적으로 쓰이듯이 보이고 있다(Torres Cacoullos & Walker(2009)). 그러나 변이에 대한 제약은 약하다. 즉, 'be going to'가 'will'이나 'shall'보다 우세한 것으로 보이긴 하지만, 이것은 미래를 위한 의무표지로 변화하지 않은 것으로 보인다(Leech, Hundt, Mair & Smith(2009)).

(d) 구조적 범위(Structural scope): 'be going to'란 연결체는 원래 두 절에

---

7) 'be going to'의 역사는 3.2.2와 5.3.4에서 토론되고 있다. 그리고 여기서 말하는 '미래'는 다른 식으로 명세화되지 않았다면, '상대적 미래'와 '직시적 미래'로 이해될 수 있다. 한편, 이것의 다양한 용법들은 각기 다른 시기에 탄생하였는데 이에 대해서는 5.3.4에서 토론한다.

걸쳐 나타난 것이다(즉, 첫째 절에는 이동이 나타나고, 둘째 절에는 'to'를 이용한 목적의미가 나온다). 그 이후엔 하나의 절 내에 있는 조동사가 되었다.

(e) **결합성**(Bondedness): 'gonna'는 곧 'to'와 'going'이 함께 결합한 것으로, 이 사이에 부사와 전치사구가 끼는 것을 허락하지 않는다.

(f) **통합적 변이**(Syntagmatic variability): 이 배열은 단지 조동사 자리(slot)에만 고정되어서 양상동사처럼 상과 수동표지에 선행한다(예컨대, "is going to have been cleaned thoroughly").

Lehmann의 상기 매개변수들 대다수는 그간의 테스트를 거쳐 온 것으로 지금의 문법화 연구에서 핵심이 되고 있다. 이중 매개변수 (a)는 의미탈색(bleaching)을 유발하는 것으로, 문법화 연구에서 기초가 되어 왔는데, 이는 19세기까지 거슬러 올라간다(Von der Gabelentz(1901)). 이것은 바로 '의미론적 의미'의 소실을 유발한다. 매개변수 (f)는 문법화의 '비어휘적(non-lexical) 기원'에 대한 최근의 연구에 밑바탕이 되고 있다. 문법화가 대체로 '어휘적 > 문법적'이란 변화를 생각하게 되지만, Meillet는 1912년에 어휘 항목의 문법화 뿐 아니라 라틴어의 '자유(free) 어순'에서 프랑스어의 '고정(fixed) 어순'으로의 변화까지도 언급한 바 있다(이것은 아마도 '주어 지향적 어순의 통사화'라고 생각된다). Lehmann(2008)은 '대조 – 초점 복수절 분열문(contrastive-focus biclausal cleft)'의 문장이 고정화되고 단일절(monoclausal) 구조로 축소되는 방식을 연구하였다. Lambrecht(1994)에 근거하여, 그는 "대조 초점을 위한 가장 명백한 통사적 책략이 문장 분열(sentence-clefting)"이라고 주장했다(Lehmann(2008:211)). 그러고는 '이중절(dual clause) 구조'가 시간이 지나면서 단일절로 된 '화제 – 설명 구조(topic-comment structure)'로 문법화될 수 있다고 주장하였다(p.227). 한편, 정보구조의 문법화에 대해 그는 "화용론적 관계가 그들의 특수성을 잃고(p.213), 복합적인 문장들이 간단한 절이나 심지어 구까지 축소되는 것(p.227)을 의미한다"고 하였다. 여기의 '화용론적 정보 - 구조'의 케이스에서 연구의 초점은 바로 '소실, 소멸(loss)'이다.

상기의 매개변수들은 '탈문법화(degrammaticalization, Norde(2009))' 같은 어떤 변화를 운용하는데 있어서 매우 유용한 것으로 입증되었으나, 그중 어떤 것들은 또 계속해서 논의가 되어 오기도 했다. 이들 가운데 어떤 한 매개변수는 특별히 문제가 있는 것으로 드러났는데 그것은 바로 '(d) 구조적 범위'이다. 이것 때문에 Lehmann 자신은 "명사적 동명사(예컨대, John's constant <u>reading</u> of magazines)가 영어에서, 보다 복합적인 '동사적 동명사(예컨대, John's constantly <u>reading</u> of magazines)'보다 나중에 발전한 것"이라 잘못 언급을 하고 말았다(1995:64).[8] 그러나 명사적 동명사는 OE시기 출현한 반면 동사적 동명사는 후기 ME시기에 등장한 것으로 관찰된다. 게다가 이것은 EModE시기까지 일반화하지 않았다고 한다(Rissanen(1999:291-292)). '범위의 감소'와 '의존성의 증가'의 차원으로 문법화를 볼 경우에, 접속사나 화용 표지의 발전은 변칙적으로 보일 수가 있다. 왜냐하면, 이들은 그것의 통사적, 의미적 범위가 증가하기 때문이다. 이들이 핵심 절의 이른바 '아웃사이드'이기 때문에, 어떤 연구자들은 그들을 문법화의 아웃사이드로 취급하고 또 별도로 '화용화(pragmaticalization)'의 예로 취급한다(Erman & Kotsinas(1993); 그 외에 또 Claridge & Arnovick(2010), Degand & Simon-Vandenbergen

---

8) Lehmann(1995:64)에 따르면, 동사적 동명사가 완전한 절은 아니지만 이것은 분명 명사적 동명사보다 더욱 복합적이다. 명사적 동명사는 좀 더 일반적인 용어로 말하자면 하나의 명사처럼 기능한다.

(2011), Diewald(2011a) 등 참조). 그러나 한편으로 또 '절 내부범위 팽창 (clause-internal scope expansion)'이 있어왔는데, 여기에는 'exactly', 'quite' 같은 '전치한정사(predeterminer)'가 '한정사 구문(determiner cxn)' 내부에서 흥기했던 예가 있다. 따라서 이런 사실로 미루어 볼 때, '통사적 범위의 팽창'은 역사적인 사실로 보일 수 있다. 한편, 구문문법은 비-모듈적이고, 구문이 화용적 요소를 포함하고 있는 것이기 때문에 이 문제는 오히려 구문론적인 관점에서 논쟁할 만하다.

'의무화(Obligatorification)'[9]라는 것은 또한 제한을 유도하는 과정으로 보일 수 있다. 그리고 '계열적 변이(c)'의 소실 또한 지금까지 논의되어 왔던 개념이다. 계열적 변이가 소실되고 의무화가 이루어지는 현상은 특히 굴절을 갖는 언어에서 확실하다. 이러한 언어에서는 대개 '일치'가 요구되고 있기 때문인데, 영어, 프랑스어, 독일어 등에서는 동사와 주어 사이의 일치가 요구되고 있고, 프랑스어와 독일어에서는 또 수식어와 명사 사이에도 일치가 요구되고 있다. 러시아어처럼 고도로 굴절을 하는 언어의 경우, 의무성과 형태론적 계열성이 증가하는 것은 대체로 동시에 일어난다. 반면, 영어의 경우는 굴절이 적어서 이러한 상황이 나타나지 않을 수가 있다. 특히나 '중국어'의 경우, 굴절이 사실상 없기 때문에, 형태론적 차원의 의무성이나 계열성은 이 언어에서는 두드러지지가 않다.[10] '의무화'는 또한 로망스어나 영어에서 발생하는 주

---

9) [역주] '계열적 변이'란 언어 사용자가 한 언어 형태를 선택하는데 있어서 가지는 자유의 폭을 가리키는 것이다. 문법화가 진행될수록 계열내적 변이가 줄어들어 선택의 폭이 줄어든다. 이렇게 계열적 변이가 감소할수록 상대적으로 '의무성'이 증가하여 의무화가 진행되는데, 예컨대, 한국어의 공손법 체계는 필수적으로 모든 상황에서 적용하게 되어 있지 수의적으로 사용하게 되어 있지 않다. 그러나 다른 언어에서는 대체로 수의적이다. 이에 한국어는 공손법이 문법화가 되어 의무화된 것이지만 다른 언어는 아직 의무화가 되지 않은 것이다. (이성하(2000:163-165))

어의 '통사화(syntacticization)'와 관련이 있다. 이 두 언어는 이른 시기에 그 어순이 통사보다는 정보 - 구조화에 의해 제약을 받고 있었다. 최근에 이 의무화란 개념은 또 문법의 다른 영역을 설명하는 데까지 확장되었다. 예컨대, "어떤 것은 문맥에 따라 의무적이다."라고 하는 Lehmann(1995:12)의 관찰에 근거하여, Diewald(2011b)는 다음과 같이 주장한다.

> "문법화를 '문법의 생성'으로 보는 견해는 이 의무화란 것이 '정도의 문제'로 이해되기를 요구하며, 구조적인 것 뿐 아니라 의사소통적 현상으로까지도 이해되기를 요구한다."

의사소통을 진행할 때, 독일의 화자들은 양상 불변화사(modal particle) 범주의 멤버 중 하나를 선택해야 한다. 예컨대, 'ja, eben, ruhig, schon' 등이 있다. 그런데 이러한 불변화사들은 기능상 대체로 화용적이고 또 번역하기도 어렵다. 대화에서 이들은 미리 가정할 수 있거나 화용적으로 '화자/청자 간 이미 공유되고 있는(given)' 그러한 절에서 잘 사용된다. 예컨대, (9a)는 '언어학습이 토론되고 있는 상황'이라는 문맥이 미리 예상되어야 한다. 그리고 (9b)는 'It' won't happen(그것이 발생하지 않을 것이다)'과 같은 앞의 전제를 부정 하는 것이다(Diewald & Ferraresi(2008:79,84).

(9) a. Deutsch ist *eben* schwer. 독일어는 정말로 어렵다.

b. Es wird *schon* werden. 그것은 잘 될 것이다.

---

10) [역주] 중국어의 의무성과 계열성이 없다고 단언할 수는 없다. 필자가 여기서 말하는 것은 중국어가 굴절형태가 사실상 없기 때문에 형태론적 차원으로 봤을 때, 즉 구체적인 표지로 나타나는 그러한 의무성과 계열성이 없을 수 있다는 것이다.

Diewald는 다음과 같이 주장한다. "독일어에서의 양상 불변화사가 통사적으로 고도로 제한된 것이고('정형동사(finite verb)' 뒤의 위치로 정해짐), 또 시제, 상, 격 등의 다른 수많은 표지를 갖는 화용적 기능의 연속체 위에 있기 때문에, 이들은 문법의 일부이고, 더 나아가 화자들은 '의무적으로' 그들 중 하나를 선택해서 사용해야 한다. 이러한 의무성은 구조적으로 내부적인 것이라기보다 의사소통적으로 외부적인 것이다. 이것은 'If intention x, then form y'라는 제약으로부터 기인한 것이다."(Diewald(2011b:369)) 이러한 견해는 바로 구문론자들의 견해와 일치하고 있다.

최근에는 Boye & Harder(2012)에 의해 다양한 GR 접근법이 제기되었는데, 그들에 따르면, 문법적 표현은 '보조적인(ancillary) 것이고 산만하게 부차적인(secondary) 것'인 반면, 어휘적 표현은 '담화 현저성(discourse prominence)'의 관점에서 봤을 때, '잠재적으로 주요한 것(potentially primary)'이다(p.2). '담화 현저성'은 '초점'이 되기 위해 '잠재적인 것'이라는 측면으로 정의할 수 있다.[11] 이러한 관점에서 보면, 문법화는 곧 그 근원이 어휘적인 것인가, 아니면 비 - 어휘적인 것인가라는 것에 따라 두 가지로 볼 수가 있다. 그래서 만약 그 근원이 어휘적이라면, 그 본질은 '보조성(ancillarization)'이라는데 있고, 이것은 "기존의 담화 현저성(discourse prominence) 관습에서 변화한 것"이다(Boye & Harder(2012:22)). 그러나 만약 그 근원이 비 - 어휘적인 것이라면, 그 본질은 "산만하게 부차적인(discursively secondary) 의미를 하나의 새로운 언어 표현의 자질로 관습화하는 것"이다. (다시 말해서, 이 언어 표현[여기서 말한 '하나의 언어

---

11) 여기서 메타언어학적인 대립은 배제된다. 예컨대, 'I didn't say 'a', I said 'the''가 있다. 여기서 이 표현의 적합성은 논증적 관점으로서만 적합한 것이다. 마찬가지로 대조적 초점은 계열적 자질이 유발되기 때문에 배제한다. (Boye & Harder(2012:17, 예35))

표현'이란 예컨대, '고정된 어순' 같은 것을 말한다]이 원래 '화용론적인 전체 메시지의 일부였던 한 부차적인 의미'와 관습적으로 관련이 있게 되었다는 것이지, 어떤 언어적 표현과 관습적으로 관련을 맺게 된 것은 아니다(Boye & Harder(2012:17)).)[12]

　　이런 관점(Boye & Harder(2012)식의 관점)에서 보면, 문법화는 말이 진행되는 과정에서 '언어적인 현저성'을 위한 경쟁으로부터 기인한다고 볼 수 있다. 여기서는 "단지 (경쟁에서의) '패배자'가 적임이다." 그리고 '패배한 표현들'은 주요한 신분을 갖는 것들에 비해서 상대적으로 빈도수가 높은 것들이다(p.27). 비록 문법화에 대한 이러한 견해가 몇 가지 문제를 설명할 수 있는 방법을 제시해주지만(이러한 문제 중에는 '어휘적인 근원 없이 어떻게 변화를 설명하는가'도 있다), 여기서 언급해야 할 몇 가지 어려움이 있다. 먼저, 이것은 수많은 **전통적인 문법적 표현들**이 이중의 신분을 가질 것을 요구한다. 그래서 대명사의 경우, 어떤 언어에서는 '강하고' 또 '약한' 형태를 갖고 있기도 하다(예컨대, 프랑스어의 'moi('I'의미로, 강하고 강세가 있다)' 대 'je('I'의 의미로 약하고, 접어적이며 강세가 없다)'가 그러함). 이 외에도 또 전치사들이나 질문하는 말

---

12) [역주] 이 부분은 다음과 같이 해석할 수 있다. 문법화의 근원을 어휘적인 것과 비 - 어휘적인 것으로 나누어 볼 때, 전자는 원래 담화현저성을 갖고 있던 것이 변화하여 보조적인 의미로 변화하였다는 것이다. 이는 즉, 원래 해당 어휘의 주요 의미로부터 의미가 탈색되면서 모종의 보조적인 의미가 생성되어 문법적 기능을 하게 되는 것을 말한다. 후자의 경우, 비 - 어휘적인 근원이란 곧 화용적인 의미에서 기원하는 것을 말하는데, 이 경우 대부분 산만하고 부차적인 의미인 경우가 많다. 이 것이 관습화하여 하나의 언어표현을 위한 문법의미로 발전하게 되는 것이다. 어쨌든 Boye & Harder(2012)의 문법화에 대한 관점은 우리가 이 책에서 말한 완벽한 구문론적인 견해와는 다르다. 기본적으로 GR적 관점을 견지하면서 그 경우 발생할 수 있는 문제에 대해 위와 같은 방식으로 두 가지 근원설로 보충하고 있는데, 필자들의 확장적 견해에서 보자면 약간 구차해 보일 수 있다는 것이다.

(question word) 등도 그러하다(p.21). 왜냐하면 이들은 '대답'같은 어떤 담화 문맥에서는 '설명적(addressable)'일 수 있기 때문이다. 두 번째로, 바로 이러한 문법화의 견해는 우리가 이용할 수 있는 '담화'의 특성상 역사적인 텍스트에서 입증하기가 어려운 면이 있다. 그렇다고 할 때, Boye & Harder가 스스로 말했듯이, '구문문법'이 그들에게 일종의 어려움을 안겨다 준 셈인데, 그 이유는 구문문법에서 어휘적인 표현과 문법적인 표현 사이에 어떤 뚜렷한 구분을 해주지 않기 때문이다(p.34). 그래서 그들은 '구문화'에 대해 '하나의 새로운 전체 구문(a new whole construction)으로의 과잉(overcharging) 변화'라고 정의내리고 있다(p.35-36). 그런데 이들은 이 정의의 과정에서 'whole construction'에 대한 정의가 없었다. 그리고는 '구문'에 대해 "새롭게 흥기하고 있는 문법적 단어나 형태소가 '패배'의 과정에 처하게 되는 그러한 경쟁을 위한 틀"이라고 생각하고 있다(p.37). 간단한 인용에서 제시했듯이, Boye & Harder는 '사용 - 모델'의 입장을 취하고 있다. 그러나 그럼에도 불구하고 그들은 대체로 "언어적 요소들이 그들 스스로 담화에서 행동하는 것처럼" 주장을 하고 있으면서, 어떠한 상세한 데이터 분석도 제시되지 않고 있다. 이렇게 복합적인 것과 동떨어져 있는 이상화는 Boye & Harder가 상대적으로 만들기 쉽다고 묘사한 그러한 '이분법'을 만들고 있다. 더욱이 이들은 '문법적 표현의 발전으로 인한 결과물의 적합한 영역'에 대해 '구문'이 아닌, 이 책에서 주로 신봉하지 않는 '단어 또는 형태소'로 언급하고 있다.

3.2.2 '확장'으로서의 문법화

대부분의 경우에 있어서, GR의 관점은 화용론적인 것에 거의 주의를 두지 않는다(대표적으로 Bybee와 그의 동료들의 연구는 예외). 그러나 일단 화용론적인 것이 고려된다면, '문법화'와 '소실(loss)'을 연계 짓는 것은 아무래도 의문의 여지가 있다. 이에 '소실과 추가(loss-and-gain)'란 모델(예컨대, Sweetser(1988), Brems(2011))은 비교적 적절해 보인다. 1980년대 후반에, 문법화의 경우에서 의미적인 탈색은 '화용론적 함축'을 '부호화(coding)/의미화(semanticization)'하는 것이 수반되어야 한다는 제안이 나타나게 되었다. Sweetser(1988)는 다음과 같이 제기하였다. "비록 'go'라는 동사가 미래의미로서 사용되는 발전이 이루어지면서 그것의 '이동'이라는 어휘적 의미가 소실되지만, 시간에 대한 우리의 경험에 의해 함축된 '미래'는 은유적으로 사건에 사상되고, 그렇게 '미래'라는 추상적인 의미로 의미화될 수 있다." 결과적으로 '목표 영역의 의미가 단어의 의미에 추가된 것이다'(Sweetser(1988:400)). 동일한 회의석상에서, Traugott(1988)은 문법화와 관련된 함축은 대개 '환유'와 더 유사하며(즉, 통합적 연결체와 관련이 있음) 은유는 곧 함축을 부호화한 결과라고 주장했다. 다시 말해서, 그 강조점은 바로 기존에 은연중에 함축되어 있었던 '정보제공성(informativeness)'과 '관련성(relevance)'을 명확하게 부호화해 내는 방향으로 증가하였다는 것이다.[13]

Bybee, Perkins, & Pagliuca(1994:5-10)는 비록 형태론적인 융합에 대해 대체적으로 GR의 접근법을 수용하고 있지만, 화용론과 의미론, 은유와 환유적 변화를 망라한 문법화 견해를 발전시켰다. 그들은 GE 모델에 대한 초창기 선구자로서, 문법화와 '일반화(generalization)'를 연결시켰다. 그리고 그들은 이를 통해서 '사용(use)과 의미(meaning)의 확장'을 나타

---

13) [역주] 다시 말해서, 어떤 문법적/허화적 의미가 문법화되어 나왔다면, 이것은 그 해당 언어 형식 안에 그러한 의미들이 이미 내재하고 있었다가 환유적으로 부각이 되어 나온 것에 지나지 않는다는 것이다. 그렇기 때문에 사실상 '소실'은 없는 것이다. 이보다는 오히려 어휘적 의미가 허화적 의미로 '변화'했다고 보는 것이 옳다.

냈다. 의미의 일반화란 곧 어휘의 특별함을 소실하는 것으로 다른 말로 말하면 '탈색(bleaching)'이다. '형식과 의미'라는 것보다는 이것이 출현하는 문맥이라는 관점에서 봤을 때, 이것은 결국 '연어적 제한(또는 기타 제한)'의 소실로 귀결되며, 따라서 사용이 확장되는 것이다. 예컨대, 조동사 'be going to'의 경우, 이것은 목표를 향해 공간에서 이동해 간다는 그러한 '완전한 값(full value)'을 소실한 것이다(Bybee, Perkins, Pagliuca(1994:3)). 이것은 Lehmann의 매개변수 (a)에 해당한다. 이렇게 '의미탈색'된 미래 의미는 하나의 패러다임에서 사용될 수도 있어서 고정된 자리(slot)에 제한되게 된다. 이것은 바로 Lehmann의 매개변수 (b)와 (f)에 해당한다. 그러나 이것은 더 이상 '어떤 목표를 갖고 이동하는 행위를 나타내던' 그런 동사들에 연어적으로 제약이 되지 않고 있다. 그리고 때로는 시간이 지나면서 원래의 어휘적/허화적인 값이 완벽히 소멸되는 경우도 있고(예컨대, 'a great deal of'에서의 양화사 'deal'은 그것의 'part'의미가 소실되었다), 어떤 경우엔 부분적으로 소멸되는 경우도 있다(예컨대, 'a bit of'의 경우 'small'이란 의미가 아직 남아 있다. 그러나 'bit'이 파생되어 나온 OE의 'bita('morsel, bite')'의 의미는 아니다). 그러나 결국 어휘 의미의 탈색은 보통은 문법적 의미의 증가와 연관되게 마련인데 이는 곧 'loss-and-gain'의 증거가 되기도 한다. 문법화를 가능하게 했던 '화용적인 함축'은 새로운 의미체계의 일부가 된다. 그리고 이것은 어휘적인 것이 아니라 훨씬 더 추상적, 허화적인 것이다. 'be going to'는 조동사로서 더 이상 '목적을 갖는 이동'이란 의미와는 관련이 없다. 그보다 조동사로서 그것은 '미래'를 나타낸다. 그리고 'a lot of'는 양화사로서 더 이상 'a piece of'의미를 나타내는 것이 아니라 'much'의 의미를 나타낸다. 이 두 경우에서 '의미의 일반화'는 결국 더 넓은 사용으로 귀결되었다.[14)]

　Himmelmann(2004)은 문법화(그리고 어휘화도 해당, 이것은 4장 참조) 모델을 수립하기 위해 '확장' 관련 여러 가지 아이디어를 모은 바가 있는데, 여기서 그는 포커스를 의미 - 화용적, 통사적, 그리고 연어적 범위 등에 맞추고 있었다. 이러한 것들은 모두 문법화가 이루어진 뒤에 주목되는 내용들이며, 이 모델은 우리가 앞에서 GE로 축약한 모델이다.[15] Himmelmann은 포커스를 '문맥'에 맞추고 있는데 이것은 바로 문법화되는 항목이 전파되는 공간이다. 그는 문법화에 대해 '문법화되는 요소가 적어도 하나는 수반되는 변화'라고 제한을 하였고 여기서 어순, 합성(compounding) 및 기타 보다 추상적인 변화 유형을 배제하였다. 그러나 Bybee & Dahl(1989), Bybee, Perkins & Pagliuca(1994) 등의 연구를 인용하면서, 그는 문법화되는 항목 하나에만 집중하는 것이 잘못된 것이라 주장하였다. 이것은 이 항목들이 결코 문맥을 벗어나서 문법화되지 않기 때문이다. 즉, 문법화의 적절한 영역은 바로 '구조(문맥 속의 요소)' 이지 별개의 '항목'이 아니란 것이다(Himmelmann(2004:31)).[16] 그에게 있어서 '문법화'는 곧 본질적으로 '문맥 – 확장(context-expansion)의 과정'인 것이다(p.32). Himmelmann는 독일어 정관사 발전의 예를 인용하고 있으

---

14) 한편, 내용적, 문자적 의미가 허화적 의미보다 선행한다는 가설에 대해 반례가 출현하고 있다. Hoffmann(2005:67-71)은 'by way of(~을 지나서, ~을 통해서)'에 대해 언급하고 있는데, 이것은 문자적인 경로의 의미를 나타내는 연어에서 처음 발견된 것은 아니다. 그보다 이것은 'by means of'(MED에서는 'alms, reason, gentleness, merchandise' 등의 어휘와 연결되고 있음이 나오고 있다)의 의미로 추상적으로 사용되고 있었다. 단지 18세기 후반에 가서야 구체적이고 방향적인 의미의 'on the path of'의 의미가 등장하고 있다. (Hoffmann(2005:68))

15) 문법화를 주요한 형태론적 과정으로 본 초기의 제안자 중 하나인 Kuryłowicz는 "문법화의 본질은 어휘적인 것에서 문법적인 것으로 발전하거나 문법적인 것에서 더 문법적인 신분으로 발전하는 형태소의 '범위의 증가'에 있다"고 보았다.(Kuryłowicz(1975:52))

16) 여기서 그는 'construction'이란 말을 쓰고 있으나 이것은 우리의 '구문문법'에서의 의미가 아니다.

나 아래에서 우리의 것을 제시해 본다.

(a) **숙주 부류 확장**(host-class expansion) : 문법화되는 형식은 관련 품사의 멤버들과 함께 공기하는 영역이 증가된다(즉, 명사, 형용사, 동사 등의 영역). 예를 들어, 미래의 'be going to'가 'like, know, want' 등의 상태동사에까지 확장되는데 이것은 원래의 '목적' 구문에서는 불가능한 것이었다. 이러한 유형의 확장은 기호의 새로운 연어를 초래한다.

(b) **통사적 확장**(syntactic expansion) : 보다 통사적인 문맥으로의 확장을 의미한다. 예컨대, 'be going to'가 '인상(raising) 구문'으로 확장하는 것('There is going to be an election(곧 선거가 있을 것이다.)'), 그리고 '비교문(comparative measure phrase)'인 'as long as'('This plank is as long as that one(이 판자는 저것만큼 크다.)')가 시간접속사로 사용되는 '절좌측외연(left periphery of the clause)'으로 확장되는 것('Hold it in place as long as it is needed(필요할 때까지 제자리에 두십시오.)') 등이 있다. 이러한 유형의 확장은 기호의 새로운 형태통사적인 변형을 초래한다.

(c) **의미–화용적 확장**(semantic-pragmatic expansion) : 문법화하는 형식이 새로운 동근어(heterosemy)[17]를 발전시키는 것이다. 예컨대, 시간접속사 'as long as'는 조건으로 사용되기도 한다('As long as you leave by noon you will get there in time(정오까지 네가 떠난다면 너는 제 시간에 도착할 것이다.)').

---

17) 2.4.1에서도 토론했듯이, 'heterosemy'는 역사적으로 관련이 있는 둘 또는 그 이상의 의미 혹은 기능을 가리키는 용어이다.

이 세 가지 유형 가운데, '의미 - 화용적 문맥 확장'이 바로 문법화 과정의 핵심적인 정의 요소이다(Himmelmann(2004:33)). 그의 견해에 따르면, 이 세 가지 유형이 모두 문법화에서 출현한다고 한다(Himmelmann (2004:33)). 그런데 우리의 견해에서는 일부 '의미 - 화용적 확장'은 대체로 문법적 구문화보다 선행하는 경향이 있다. 그리고 '숙주 확장'도 약간은 이러한 경향을 보여준다. 다만, '(형태)통사적 확장'은 문법적 구문화에 수반되어 나타나고 있다. 그러나 모든 유형의 확장은 구문화 이후에도 지속이 되는데, 특히 숙주 확장과 통사적 확장이 그러하다.

Himmelmann은 문법화에 대해 숙주(실사), 통사적, 의미 - 화용적 자질을 갖는 통합적 문맥에서의 확장으로 보기 때문에, 그가 관심을 갖는 '방향성(directionality)'은 부호의 감소나 의존성, 의무성의 증가를 지향하지는 않는다. 그보다는 '문맥의 확장'을 지향하고 있다. 숙주 확장은 바로 연어적 확장이다. 그리고 통사적 확장은 이용가능한 통사적 사용의 증가를 수반한다. 'as long as'의 예는 바로 NP에 특화되는 부치사로부터 절에 특화되는 종속접속사로의 발전을 보여주고 있다. 이것은 바로 의미적인 범위 뿐 아니라 통사적 범위 확장의 케이스로, 한편으로는 '범위 - 감소'(Lehmann 매개변수 중 (d))라고 하는 단일방향성 이론이 재고의 여지가 있음을 나타내고 있다. 그런데 변화에 관한 구문론적 견해로 보자면, 이렇게 부사 또는 전치사가 접속사로 사용되는 것은 아무런 문제가 없다. 특히 화용론이 구문문법의 본질적인 요소라고 한다면, 이러한 화용표지('well', 'I think'), 독일어의 양상 불변화사('doch', 'ja'), 그리고 그 외의 제한적 문법 이론에서 의문시되어왔던 각종 문법적 신분의 표현들이, 사실상 아무런 문제가 없는 것으로 보인다. 현재 이들은 그 기능이 허화적이기 때문에(즉, 접속이나 상호작용 수단 등을 나타내는 것) 문법화의 예로 널리 수용되고 있다(Brinton

(2008a), Diewald(2011b) 참조). 이렇게 이들을 수용하게 되면서 문법에 대한 보다 넓은 정의가 필요하게 되었다.

또 다른 확장의 유형은 바로 다중의 여러 교점들이 하나의 근원으로부터 생성될 때 나타난다. 이로써 '단일방향성'보다는 '다중방향성(multidirectionality)' 현상으로 볼 수 있는데, 이는 문법화 관련 연구(Craig(1991), Robert (2005))에서 '다중문법화(polygrammaticalization)'로 알려진 것이다. Craig 는 니카라과의 Chibchan언어의 Rama에 있는 발전을 지적하였다. 여기서 동사 'bang'('go'의미)은 논항구조 영역에서 도달점/목적표지로 바뀌었고, 또 시제 – 상 – 양상 영역에서는 진행형, 희구동사로 바뀌었다. 다중 – 방향적 변화는 '하나의 근원 구문'을 '하나 이상의 구조적 영역'에서 모사하는 것이라고 말할 수 있다. 이것은 아래의 3.2.3에서 'beside'의 발달을 통해 보여줄 수 있는데, 여기서 'beside'는 전치사, 접속사, 화용표지로 발달하며 결국에는 'beside'와 'besides'로 분열하고 만다. 네트워크 모델은 특별히 이러한 유형의 변화 연구에 도움이 되는 것으로 증명되고 있다. 즉, 이런 유형의 변화를 통해 하나의 근원이 다중의 여러 교점에 링크하게 되고, 또 여러 교점이 생성되게 된다.

GE 접근법은 의존성이 감소하거나 증가하는 것을 허락하기도 한다. 그러나 여기서는 이러한 의존성의 감소/증가 현상에 대해, 발달과정에 있는 문법적 범주의 일종의 기능으로 보고 있다. 그리고 한편으로 기호 표현이 용이해진 결과로 보기도 한다. 예를 들어, 격이나 시제 같은 영역에서 문법화는 의존성의 증가를 수반하지만, 반면 접속사나 화용 표지 등의 영역에서는 통사적 의존성의 감소를 수반한다. 이러한 관점으로 본 문법화의 정의는 아래와 같다.

"문법화란 어떤 언어 문맥 속에서, 화자가 한 구성요소(construction)[18]의 부분들을 하나의 문법적 기능으로 사용함으로써 나타나는 변화이다.

시간이 지남에 따라 이렇게 발생한 문법적 항목은 보다 문법적인 기능을 획득하고, 또 그것의 숙주 부류를 확장시킴으로써 보다 문법적으로 변하게 된다."(Brinton & Traugott(2005:99))

3.2.3 GR과 GE적 접근법의 상호연결성

감소와 의존성의 증가를 주장하는 GR이론과 확장을 주장하는 GE이론 이 두 가지 문법화의 견해는 처음에는 '방향성'과 관련하여 서로 상반된 것으로 보일 수 있다. 예컨대, Kiparsky(2012)는 단일방향성이란 것에 대해 UG(보편문법)에 기초한 최적화(optimization)와 규칙화(regularization)로서의 유추이론의 관점으로 설명할 수 있다고 한다. 그는 이 견해에 따라 단일방향성이 '예외 없는(exceptionless)' 것이며(p.49), 이에 대한 명백한 반례는 '샘플에 기초한(exemplar based) 것'들이라고 결론을 내렸다. 그래도 GR과 GE 접근법은 대체로 상보적이다. 왜냐하면, Kiparsky(2012)가 밝힌 형식과 의미의 접근법과 같이, GR과 GE 접근법은 서로 다른 문제에 대답하고 있기 때문이다. 먼저, 대부분의 GR 제안자들은 주로 형태통사적인 형식의 발전에 대해 질문을 한다. 따라서 그들에게서는 합류, 융합, 의존성 증가 등의 내용이 가장 눈에 띈다. 조동사로부터 접어로의 변화, 예컨대, will('intend') > will('future') > 'll, 또는 has('perfect') > 's 등은 부호의 감소와 의존성의 증가를 수반한다. 다시 말해서, 형태론적으로는 숙주(host)에 의존하는 것이고, 통사론적으로는 '제약'이라고 말할 수 있다. 그래서 접어화한 조동사들은 'yes-no' 의문문이나 그 대답으로 등장할 수가 없다.

---

18) 여기서 다시 'construction'이 나오는데, 이는 연결체, 구성요소의 선이론적 개념으로 쓰이고 있다.

(10) a. I'll be leaving soon. 나는 곧 떠날 것이다.

   b. Q. *'ll you be leaving soon? - A. *I'll.

   c. She's left. 그녀는 떠났다.

   d. Q. *'s she left? - A. *She's.

이에 반해, GE에서는 한 항목의 변화와 관련한 것 뿐 아니라 문맥 속에서 문법화가 어떻게 발생하는지 그리고 종종 문법화가 이루어지고 난 후의 일에 대해 질문한다. 사실 GE의 많은 면모들은 GR적 요소의 결과로서 일어난 것이다. 예컨대, '연어적 유형 - 확장'은 일단 Lehmann이 말한 '크기', '계열성', '계열적 변이' 등의 논리적인 결과물이다. 그런데 만약 초점을 '감소'가 아니라 '감소의 결과'에 둔다면, 우리는 숙주 부류에 있어서 증가가 있을 것이라고 기대하게 된다. 즉, 의미적으로 감소했으면서 계열적인 기능을 갖는 한 형식이 있다면, 그것의 출현 빈도성은 훨씬 더 높아질 것이고, 또 더 많은 문맥에서 사용될 것이다. 그것은 또한 더 큰 통사적 사용의 범위를 위해 이용될 것이고, 이로써 그것의 통사적인 문맥은 확장될 것이다.

그러나 GR과 GE가 문법화의 서로 다른 결과를 예측할 수 있는 영역도 존재한다. 위에서 언급했듯이, Lehmann의 매개변수 d) '구조적 범위'에 속한 대부분의 것들이 GE와는 별도로 문제가 나타나고 있다. '절 - 내부 부사 ('after all' 등)'나 '부사적 절('as you say', 'as I think' 등)'이 각종의 화용적 표지 기능으로 변화하는 경우에, 의미에서는 '내용적'에서 '허화적'으로의 변화가 발생하게 된다(때로는 분절(segment)이 감소하거나 접착 (bonding)하는 것이 발생함). 이때 한편으로 '절 - 주변(Clause-periphery)' 위치로 일종의 화용적 표지로 채용되는 현상이 수반될 수 있다(이것이 바로 통사적 범위의 확장이다). 이러한 기능 중 하나는, '앞에서 언급된 것'에 대해 '앞으로 나올 절(upcoming clause)'이 갖는 관계에 대한 화자의 '메타텍스트적인 평가'를 표지하는 것이다. 우리는 이것을 '담화 불변화사(discourse particle) 기능(Fischer(2006) 참조)'이라고 부른다. 이러한 담화 불변화사들의 하위범주에는 '전방 조응적으로(anaphorically)' 연결하는 것들이 포함되며, 또 '후방 조응적으로(cataphorically)' 지시하는 것도 포함된다. 여기에는 추정적(inferential) 기능의 'then'같은 것이 있다. 이것은 바로 Schiffrin(1987)과 Fraser(1988)가 '담화표지(discourse marker)'라고 인정한 것이다. 그 외에 다른 것들로는 또 '화용적 연결접사(pragmatic comment clause)'가 있는데, 예컨대, 'I think'(Brinton(2008a))가 있다. 담화 불변화사로 사용되는 것은 그것이 확장된 사용과 관련이 있긴 하지만, '축약(condensation)'의 논리적인 결과물은 아니다. 이런 경우에서, 형식은 초기엔 이처럼 '고정화(freezing)'와 '합류(coalescence)'를 통해 감소하게 된다. 그리고 담화 불변화사 기능으로 채용된 후에는 원래 근원과는 운율적인 차이가 종종 발생하게 된다(이것은 Dehé & Wichmann(2010)의 "PDE에서 'sentence-initial' *I think* 의 여러 가지 기능"이란 연구가 있고, 또 Wichmann, Simon-Vandenbergen & Aijmer (2010)의 'of course'에 대한 연구가 있다). "높은 빈도수가 있는 표현들은 지속시간이 짧고, 낮은 빈도수의 동음이의어들과 운율적으로 다르다"(Gahl(2008))라고 하는 연구가 있는데, 위의 내용이 바로 이것과 일치하고 있다.

'beside(s)'가 바로 역사적인 예를 제공하고 있다. OE에서 'side'는 신체 일부를 지시하는 명사였다. 그리고 확장에 의해, 사물의 긴 표면을 지칭하게 되었다(OED *side* Ⅱ.4). 원래 'be/on his sidan('at his side')'과 같이 여러 전치사들과 함께 사용되었는데, 그러다가 그 자체가 (11a)와 같이 전치사로, 그리고 (11b)와 같은 부사로(besiden/beside(s) 'at the side, nearby') 고정되었다.

(11) a. Seth wuneda on ana munte *beside* paradise.
Seth lived on a mountain next-to paradise
Seth는 낙원 옆의 산에서 살았다. (a1200 Annot Cld.OT 421 [MED paradis(e)
1.a; Rissanen 2004:158])

b. Arthur teh *bi-side*; and said to iveres…
Arthur turned aside and said to followers
Arthur는 옆으로 돌았고 추종자에게 말했다. (c1300 Layamon's Brut, Otho
C.13, 12982 [MED beside(s) 3a; Rissanen 2004:161])

이것은 바로 신체 일부를 지시하는 어휘적인 명사였다가 추상적인 기능으로 채용된 표준적인 케이스이다(Heine & Kuteva(2002) 참조). 이러한 발전은 바로 Lehmann의 매개변수 a) 즉, '크기'에서의 변화의 예가 될 수 있는데, 이 경우에는 구체적인 공간적 의미가 소실되고 있다. 이것은 한편으로 또 '증가된 의존성과 감소'의 전형적인 예라고 볼 수 있다. 여기서 'be'('by')가 'on, œt ('at'), fram('from'), Þurh('through')' 등의 여러 전치사들 중 선택이 되었고, 이것이 명사 'side'와 합체한 것이다 (Rissanen(2004)). 이것은 Lehmann의 매개변수 e) '결합성'의 전형적인 예가 되기도 한다. 그러나 ME시기에 부사 'beside'와 그것의 확장된 형식인 'besides'(이것은 부사표현(adverbial) '-es'를 갖고 있는 것으로, 여기에는 또 dœges('daily'), niedes('necessarily'), backwards 등이 있다. Kastovsky(1992:137) 참조)19) 등은 더 심화된 변화를 겪었으니 이들 모두는 GE와 관련이 있다. Beside(s)는 (12)와 같이 'in addition'의 의미로까지 확장되었다. 여기서의 예는 Himmelmann의 의미 – 화용적 확장의 예이다.

---

19) 부사표현 표지인 '-s'는 'backwards'와 같은 많은 영어 부사에서 발견되는 '소유격 굴절'에서 기원한 것이다. 이렇게 전치사 'beside'와 화용표지 'besides'로 기능이 분화되는 것은 상대적으로 최근에 발생한 현상이다.

(12) He deprived him of a portion of his kingdom, and
he deprived him of a part of his kingdom, and

assessed hym to pay a great summe of mony *besides.*
assessed him to pay a great sum of money in-addition

그는 그로부터 그의 왕국을 빼앗았고 그에게 추가로 많은 돈을 지불하도록
부과했다. (1564 N.Haward tr.F.Eutropius, Briefe Chron. vi.52 [OED])

　　EModE 시기에, 전치사 'beside(s)'는 'although'의 의미를 나타내면서
한정적인 'that 보문절'을 이끄는데 사용되기도 하였다(13). 그리고 이러
한 용법은 주로 17세기와 18세기에 제한되었다. 그러나 OED에서는 19
세기의 예를 인용하고 있고, 일부는 또 COHA에 나타나기도 한다(20세
기말부터는 (13c)도 포함함).

(13) a. Sire *besides that* I am your Graces subject and servant
　　　 Sir although I am your Grace's subject and servant

　　　 ··· your Grace hath also shewyd so largely your
　　　 ··· your Grace has also shown so generously your

　　　 bounteousnes and liberalite anenst me that ···
　　　 bounty and liberality toward me that ···

　　　 비록 제가 Grace의 신하이자 하인이지만··· 당신의 Grace는 또한 당신의
　　　 저를 향한 박애와 관용을 아주 관대하게 보여주었습니다. (1517 Tunstall,
　　　 Letter [HC; Rissanen 2004:165])

　 b. for *beside that* he died in charity with all, I never
　　　 for although that he died in poor-house nevertheless I nerver

　　　 heard that he once reflected on his prosecutors.
　　　 heard that he once said-anything-bad about his prosecutors

비록 그가 가난한 집에서 죽었지만 그럼에도 나는 결코 그가 그의 검사에 대해 나쁜 말을 하는 것을 듣지 못했다. (1763 Ordinary's Account, OA17630824 [OBP])

c. What is so significant about Burle Marx's contribution - **besides that** it has lasted 60 years - is the way it has made an impact on all scales.

Burle Marx의 공헌에 대해 중요한 것은 - 비록 그것이 60년 동안 지속되긴 했지만 - 그것이 모든 것에 대해 영향을 끼친 방법이다. (1990 Parfit, Smithsonian 21 [COHA])

EModE 시기에 'beside(s)'는 '절시작 담화 불변화사(clause-initial dicourse particle)'로 사용되었는데, 그 의미는 "furthermore, in addition to what said before, but not central to the argument(더욱이, 앞에서 말한 것에 덧붙이긴 하나 그 논점에는 중요지 않은)"이다.

(14) a. In terms of choice I am not solely led
By nice direction of a maiden's eyes;
Besides, the lottery of my destiny
Bars me the right of voluntary choosing.

저는 보통 처녀들처럼 자기 눈으로 보고 판단하여 배우자를 결정할 수가 없습니다. 게다가 저의 운명은 제비뽑기에 의해 결정될 뿐, 저에게는 제 스스로 선택할 권리가 없답니다. (1600 Shakespeare, Merchant of Venice Ⅱ. i .15 [LION: Shakespeare])

b. and when he lookt for Money to pay his Reckoning, he miss'd his Money, but could not be positive that she took it: and **besides**, several Persons who were present, declared they did not see her touch him.

그리고 그가 그의 계산을 지불할 돈을 찾았을 때, 그는 그의 돈을 잃어 버렸다. 그러나 그녀가 그것을 가져갔다고 확신할 수 없었다. 게다가 현장에 있던 몇몇 사람들은 그녀가 그를 만진 것을 보지 못했다고 주장했다. (1698 Trial of Eleanor Watson, t16980223-7 [OBP])

(13)에서와 같이 전치사가 종속접속사로 쓰이거나 아니면 (14)처럼 부사가 담화 불변화사로 쓰이는 것은 곧 **통사적 확장**의 예이다. 즉, 새롭게 사용됨으로써 전체 절을 넘어서서 의미적으로 뿐만 아니라 통사적으로도 범위를 갖게 되는 것이다. 그렇기 때문에 이것은 바로 Lehmann의 매개변수 d) 즉, 범위의 감소에 대한 반례가 되고 있다. 한편, 이들은 동시에 Himmelmann의 통사적, 그리고 의미 - 화용적 확장의 예가 되고 있다. 우리의 견해에 따르면, '통사적 그리고 의미 - 화용적 범위의 확장'은 '담화기능 용법'의 결과로 나타난 것이다. 이때 이 담화기능 용법은 바로 'besides'같은 하나의 구문이 채용되는 공간이다. 이러한 상황은 그 외의 다른 메타텍스트적인 표지들에서도 마찬가지로 적용되는데, 이들의 역사는 'in fact'(Traugott & Dasher(2002))나 'of course'(Lewis(2003))와 같이 이미 밝혀진 바 있다.

요컨대, GR 신봉자와 GE 신봉자들은 모두 '방향성'을 문법화의 본질적인 성질로 보고 있다. 그런데 방향성은 '핵심(core)' 문법의 '전통적인 구조적 국면'에 제한되느냐 안 되느냐에 따라, 그리고 Lehmann식의 문법화 매개변수들의 하위 유형이 어떻게 해석될 수 있느냐에 따라 달라질 수 있다. GR 모델에서, '방향성'은 대개 '단일방향성'으로 가정된다. 이것은 특히 변화에 수반되는 의미적 또는 부호적 감소와 주로 관련이 있는데, 이때의 변화는 '어휘적 > 문법적', '덜 추상적 > 더 추상적', '덜 의존적 > 더 의존적'으로의 변화이다. 일부 GR 신봉자들에게 있어서 '단일방향성'은 매우 핵심적인 요소가 된다. 그래서 Hapelmath(1999)는 문법화의 단일방향성이란 거꾸로 역행할 수 없는 것이라고 주장하였다. 한편, GE 모델에서 '방향성'은 곧 '확장'에 대한 가설로서, 더 많은 연어로, 보다 통사적, 의미적, 화용적인 선택으로 확장하는 것을 말한다. 따라서 여기서는 변화가 어떻게 문맥에서의 사용에 영향을 주는가, 또는 문맥이 어떻게 변화를 가능하게 하는가에 초점을 맞추게 된다.

　Himmelmann이 밝힌 바 있는 '확장', 또 문법적 변화에 있어 GE적 관점에 기초가 되는 '확장', 이것은 바로 우리가 '문법적 구문화'에서 찾을 수 있는 그런 종류의 변화라 할 수 있다. 비록 Kiparsky(2012:49)가 최적화로서의 유추이론의 관점에서 '단일방향성은 예외가 없다'라는 가설을 주장했지만, GE의 관점에서 봤을 때, 문법화 또는 문법적 구문화의 특별한 예가 대체로 무한정으로 확장하지는 않는다는 점에서 단일방향성은 그 문제점이 존재한다. 문법적 구문의 생존주기에서, 여러 가지 종류의 확장을 겪었던 매우 튼튼한 문법적 표지의 경우 제한적으로 변하거나 주변화되기도 하고, 심지어 사라지기도 한다(2.5.1 참조). 결과적으로 '확장'은 '문법적 구문화'의 특징이자 그 이후 등장할 '구문변화'의 특징이다. 적어도 새로운 경쟁적 구문이 등장하기 전까지는 그러한데 그 이후에는 필수적이지는 않다.

3.3 방향성에 대한 구문론적 접근법

　1.4.2에서 토론한 대로, 구문론적인 접근법에서는 변화와 방향성을 개념화할 때 '도식성, 생산성, 합성성(분석가능성도 포함)에서의 변화'란 관점으로 개념화하곤 한다. 예컨대, Trousdale(2008a, 2010, 2012a)은 문법적 구문화에서 앞의 두 개는 증가하지만 뒤의 세 번째 것은 감소한다고 제기했다. 앞으로 4장에서 또 논의하겠지만, 생산성과 도식성의 증

가는 꼭 문법적 구문화만의 것이 아니라 구문화의 일반적인 특징이라고 볼 수 있다. 다만 여기에 수반되는 '도식성과 생산성의 유형'에 있어서는 차이가 나타날 수 있다.

이러한 세 가지 차원의 차이로 설명하는 것이 구문문법 연구에서 가끔씩 해왔던 방법보다는 훨씬 더 정교할 수 있는데, 기존의 구문문법의 연구에서는 도식성이나 합성성 중 하나만 고려되곤 했다. 예를 들어, Gisborne & Pattern(2011:96), 그리고 Langacker(2011:82)는 '도식성'을 '내용적인 의미의 소실'과 동일시하였다. 즉, 이것은 바로 추상성(abstractness)의 증가인데, '추상성'은 Langacker가 '정신적 작용(mental operation)'의 표현이라고 부르던 것이다. 그가 이렇게 설명하긴 했으나 도식성(추상성)을 생산성과 구분하지는 않았다. Gisborne & Pattern (2011:97)은 또 '숙주의 확장'과 '증가하는 도식성'을 동일시하여, 생산적인 구문일수록 더 많은 실례들을 허가한다고 말한다. 한편, Barðdal (2008)은 생산성과 도식성을 구분하였다. 그런데 그러면서도 어떤 때는 이들이 매우 밀접하다고 한다. 그녀는 '생산성'을 '높은 유형 - 구문 빈도성(high type-construction frequency)' 및 '도식성의 높은 정도(high degree of schematicity, 즉, 복합적인 도식적 계층)'와 연결시키고 있다. 그리고 '낮은 생산성'은 '낮은 유형 빈도성(low type frequency)' 및 '특수성의 높은 정도(high degree of specificity)'와 연결시키고 있다(p.172). 우리도 역시 '생산성'과 '도식성'을 구분하긴 하지만, 그렇다고 Barðdal이 했던 것과 동일한 방식으로 정밀하게 구분하지는 않는다. 왜냐하면 그녀의 경우 단지 논항구조에만 관심을 두는 반면, 우리는 문법적 발전의 넓은 집합을 고려하기 때문이다. 게다가 우리는 문맥과 Himmelmann(2004)의 세 가지 확장 - 유형을 최대한 고려할 수 있는 접근법을 발전시키려고 하기 때문이다.

아래에서 우리는 '생산성의 변화'에 대해서 '구문 – 유형(유형 – 빈도성)'과 '생산물(출현 – 빈도성)'이란 두 가지 차원의 확장으로 토론하고자 한다(3.3.1). 한편, '도식성의 변화'에 대해서는 '허화적인 기능으로의 변화'와 '도식 및 그것의 구성에서의 변화'란 두 가지 차원에서 토론하고자 한다(3.3.2). 그리고 3.3.3에서 우리는 의미와 형식의 연결에서 나타나는 투명성의 감소란 차원으로 '합성성의 감소'를 토론할 것이다. 다만 '분석가능성'은 합성성이 감소하는 경우에도 여전히 유지되고 있을 것으로 생각한다. 우리는 더 나아가, 문법화에 대한 GR, GE 접근법에서 언급되었던 요소들이 어떻게 상호간 엮여 있고, 이로써 구문적 이론 틀에서 조화를 이루게 되는지에 대해 제시할 것이다(3.3.4). 그리고 마지막으로 변화에서의 방향성을 위한 '가능한 이유(즉, 동기화)'에 대해서도 제시할 것이다(3.3.5). 우리는 주로 이항적 양화사와 'be going to('future')'의 발달을 예로 들 것이다.

생산성의 증가와 도식성의 증가, 그리고 감소된 합성성 사이에서 우리가 제기하는 이른바 '업무 분담'은 문법화에 대한 GR과 GE식 접근법을 단일화하는데 도움이 되는 이론 틀을 제공해주고 있다. 간단히 말해서, 문법화에 대한 GE식 접근법은 '생산성, 연어적 범위 및 도식성의 증가'와 더불어 '허화적인 기능의 발달'이라고 개념화할 수 있는 문법적 구문화와 일치하고 있다. 반면, 문법화에 대한 GR식 접근법은 '합성성의 감소'라고 개념화함으로써 문법적 구문화와 일치한다.

3.3.1 생산성의 증가

"새로운 구문은 오랜 시간에 걸쳐 그들의 사용 빈도수가 증가함으로써 출현하고 또 점차적으로 전파되는 것이다." 이것은 바로 변화에 대한 사용-기반 접근법의 전형적인 언급이다(Bybee & McClelland (2005:387)). 문법화 관련 논저에서는 '유형 빈도성(type frequency)'[20]과 '연어 범위'의 증가로부터 기인하는 '출현 빈도성(token frequency)'[21]의 증가가 관심을 받아왔는데(Bybee(2003)), 그 이유는 이것이 '감소'를 설명하기 때문이다. 그러나 구문문법에서는 '유형 빈도성'이 특별한 관심을 받고 있다. 왜냐하면 '유형 빈도성'은 하나의 도식에서 이용할 수 있는 자원의 확장을 설명하기 때문이다. 예를 들어, Goldberg(1995)는 way-구문이 상대적으로 낮은 출현 빈도성의 항목이지만 많은 연어를 갖고 있음을 관찰하였다. 그리하여 그녀는 이러한 사실을 통해 "생산성이 '출현 빈도성'과는 관련이 없고 '유형 빈도성'과 더 많은 관련이 있다"고 보았다 (1995:137). 그리고 유형(type)과 실례(token) 생산성이 서로 얽혀 있기 때문에 Barðdal(2008)이 강조했듯이, 그들을 분리시킬 필요가 있다. 예를 들어, 이항적 표현이 양화사로 발달하는 상황에서의 생산성을 고려한다고 할 때, 우리는 다음의 세 가지를 주목할 수 있다.

(a) 미세 구문-유형의 수량 확장, 예컨대, 목록이나 구문에 'a scrap of', 'a shred of' 등이 추가될 수 있다.

(b) 그들의 연어의 성격

(c) 출현 빈도성이 높게 그들이 어떻게 사용되는가?

우리가 다음 절에서 보겠지만, 도식성에서의 변화, 예를 들어, "양화사들이 하위도식으로 그룹지어 들어가는 방법" 같은 것은 여기서 언급되는

---

20) [역주] 특정 구문에 출현하는 별개 단어들의 수를 나타내는 것. 유형 빈도가 높을수록 생산성이 높아진다.(Goldberg(1995))

21) [역주] 특정한 구문에서 주어진 표현(단어)이 사용되는 횟수. (Goldberg(1995))

생산성의 어떠한 측면과도 반드시 직접적으로 연결되는 것은 아니다.

고전 시대로 되돌아가 생각해 볼 때, '문법적 부류(grammatical class)'를 '폐쇄된 것', 아니면 적어도 '작은 것'으로 생각하는 것이 전통적인 관례가 되어 왔다. 그러나 이러한 견해는 '문법성(grammaticality)'이 '허화적인 기능(procedural function)'이란 관점에서 생각해 볼 때 수정의 여지가 있다. 예컨대, 영어의 양화사 집합의 경우, 상대적으로 그 범위가 넓다. 여기에는 'all, many, much, some, few' 등의 전통적인 것 뿐 아니라 'a little' 같은 형식도 포함되며, 더 최근에는 'a lot of, a heap of, a bit of' 등의 이항적인 것도 포함된다. 명백히 원자적이고 단일형태소적인 것일수록 더 오래된 것은 사실이다. 반면, 보다 복합적인 것일수록 더 최근의 것인데, 이 복합적인 것의 구조는 적어도 그들이 출현했을 때에는, 영어의 증가되고 있던 우언적인 성격과 일치하고 있었다. 시간이 지날수록, 그들이 자주 출현하면서(즉, 실례적 사용(token use)이 잦으면서) 음운적으로 감소하게 되었다(1.5.3에서의 'allota'를 참조). 이와 마찬가지로, '양상'동사의 경우를 보면, '핵심'양상동사들은 작은 집합을 구성했고, 다른 것들이 계속해서 오랜 시간에 걸쳐 목록에 추가되어 왔다(Krug(2000)). 보다 새로운 '준양상동사'들은 구조적으로 '우언적 구조'와 일치하고 있는데 여기에는 'be going to'가 있고, 이 외에도 'be fixing to'라는 변이형도 존재한다. 또한 어떤 경우에는 다른 형용사성 구조가 근원인 경우도 있는데, 예를 들어, '(had)better'가 있다(Denison & Cort(2010)). Hoffmann(2005)에 따르면, 이러한 양화사와 조동사들의 범주는 상대적으로 작은 반면, 복합적인 전치사들(in front of, in terms of)의 범주는 매우 넓다고 한다. 이들은 백년 이상 되었고, 다수는 또 최근의 것이다. 이와 같이 모든 경우에 있어서, 문법적 범주들은 다소 제한이 없는 것인데다가 새로운 구문 – 유형들이 개발될 수가 있다.

허화적인(procedural) 구문들이 관계적이고, 상대적으로 추상적이기 때문에, 그들은 오랜 시간이 지나면서 더 많은 수의 연어들과 함께 사용되게 되었다. 이것은 Himmelmann(2004)의 이른바 '숙주 확장'이다. Barðdal(2008:31)은 이것에 대해 "개별 구문 목록(Vs, Ns 등)에 대해서 새롭게 나타난 '하나의 새로운 유형'이 하나의 도식에 추가되는 것"이라고 보았다. 그리고 이러한 것들이 바로 그 도식의 '확장 가능성'을 위한 증거라고 하였다. 문법화의 많은 경우에 있어서, 변화는 그 시스템에서 상대적으로 작은 코너에서 시작하고, 오랜 시간에 걸쳐, 문법화되는 항목의 '분포(distribution)'가 증가하는데, 최소한으로 '몹시 두드러진(obtrusive)' 경로를 따라 이루어진다고 알려져 있다(De Smet(2012:607)). 예를 들어, 'be going to'('future')는 최초에 행위 동사들('make a noose', 'read', 'lay out')과 함께 사용되었었다. 이들은 주로 어떤 목적의 패턴이 있는 행위들이다. 그 후에는 점차적으로 '행동'과 일치하지 않는 그런 동사들까지 확장되었는데, 여기에는 'like', 'be' 등의 상태동사가 있다. 이항적 양화사인 'a lot/lots of'의 경우, 이들은 처음에(18세기) 주로 원래의 부분표현 같은 그런 구체적인 숙주들과 함께 사용되었다. 그러나 이것들은 대개 그룹('people' 등)(아래의 (15a))을 가리키는 것이거나 그 자체가 복수인 경우였다. 다른 말로 그들은 그들 자체가 '양'을 함축하고 있는 그런 문맥에서 사용되었던 것이다. 추상적인 대량의 연어와 함께 사용되는 양화사의 예는 단지 19세기 자료에서만 출현하고 있는데, 주로 'lots of room', 'lots of time'(15b) 같은 일상적인 표현들이다.

(15) a. There was *a lot of people* round him.

그 주위에 많은 사람들이 있었다. (1822 Trial of William Corbett et al., t18220911-157 [OBP])

b. The keeper will have *lots of time* to get round by the ford.

그 보호자는 여울 옆으로 둘러갈 수 있는 많은 시간을 가질 것이다.

(1857 Hughes, Tom Brown's Schooldays [CL 2])

추상적인 명사들은 19세기 중반이후 CLMETEV에서 자주 등장하고 있다.

(16) a. He had battled with it like a man, and had *lots of fine Utopian ideas* about the perfectibility of mankind.

그는 남자답게 그것과 싸웠고, 인류의 완전성에 대해 많은 좋은 유토피아적 생각을 가졌다. (1857 Hughes, Tom Brown's Schooldays [CL 2])

b. she will not pester me with *a lot of nonsensical cant.*

그녀는 많은 무의미한 빈말로 나를 괴롭히지 않을 것이다. (1885 Blind, Tarantella [CL 3])

c. He is only young, with *a lot of power.*

그는 젊을 뿐이고 많은 힘을 갖고 있다. (1895 Meredith, The Amazing Marriage [CL 3])

나중에 이것은 또 동명사와 함께 출현하기도 한다.

(17) the horses needed *a lot of driving.*

그 말들은 많이 부릴 필요가 있었다. (1901 Malet, The History of Sir Richard Calmady [CL 3])

이러한 '유형 – 확장(type-expansion)'의 변화는 곧 '구문화 이후의 구문변화'이다. 우리가 3.3.2에서 언급하겠지만, 유형 – 구문의 생산성은

'도식성'과 관련이 있다. 출현 빈도성과 관련된 통시적인 각종 말뭉치에 따르면, 유형 - 구문의 생산성은 매우 다양할 수 있으나, 가설에 의하면 이것(생산성은) '근원 의미'와 '분포'에 의해 동기화되고, 또 '숙주의 연어'에 의해 동기화된다고 한다. 관련 예는 Brems(2011:207, 2012:213)에 의해 제시되고 있다. 여기서 그녀는 'NP of NP'연결체에서 사용되는 'heap(s)'와 'lot(s)'의 1100년부터 1920년까지의 출현 빈도성의 성장을 토론한 바 있다. 공시적으로 그녀는 COBUILD 말뭉치에서 동일한 네 개의 '크기' 명사들이 양화사 용법으로 쓰인 것의 분포 상황을 발견하였다(그림3.1과 같으며 여기에는 Brems의 연구에 포함된 기타 크기 명사의 하위 집합도 있다).

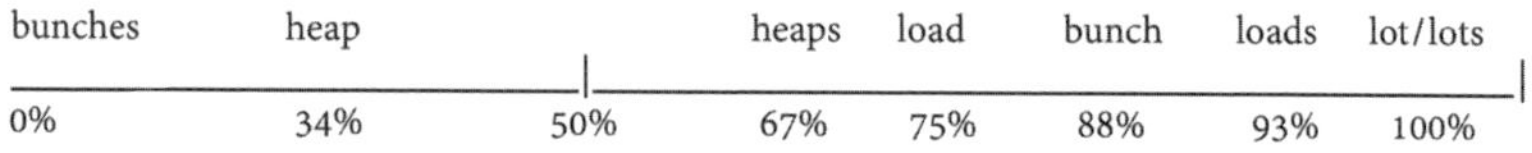

bunches	heap		heaps	load	bunch	loads	lot/lots
0%	34%	50%	67%	75%	88%	93%	100%

그림 3.1 COBUILD 말뭉치에 있는 크기 명사의 양화사 용법

그림 3.1에 있는 공시선상의 백분율은 경사성을 보여주고 있으며, 다양하고 점차적인 통시적 변화를 반영하고 있다. 여기서 중요한 것은 바로 'lot'과 'lots'가 그 시기에 거의 100%에 가까운 양화사 용법을 보여준다는 사실이다. 그에 반해 다른 크기 명사들의 경우, 단수와 복수의 양화사 용법상의 심각한 차이가 나타나고 있다. 'bunch'의 경우, 복수 형식은 COBUILD 말뭉치에서 양화사 의미로는 전혀 나타나고 있지 않다. 반면, 'bunch'의 양화사 용법은 88.4%에 이르고 있다('bunch of kids/lies' 등). 'heaps'의 경우, Brems(2012)는 그것이 기원적으로 'constellation(별자리), pile'의 의미를 나타내던 것으로 단수형의 'heap'이나 다른 크기 명사들과 달리 부분적 용법을 갖고 있지 않았다고 한다.

3.3.2 도식성의 증가[22)

'도식성의 증가'와 관련하여 우리는 두 가지 문제를 분리시킬 필요가 있다. 하나는 바로 오랜 시간에 걸쳐 미세 - 구문들이 추상적인 도식에 참여하고 또 해당 추상 도식의 '더 좋은' 멤버가 됨에 따라 미세 - 구문들은 보다 더 도식적이거나 추상적으로 변화해 간다는 것이다. 그리고 다른 하나는 바로 도식 자체가 확장할 수 있다는 것인데, 다시 말해서 보다 많은 멤버들을 가질 수 있다는 것이다. 이것은 우리가 앞의 절에서 토론한 바 있고, 특히 2.7에서 way - 구문을 통해 살펴본 바 있다. Barðdal(2008:31)은 미세 - 구문들을 하나의 도식 속으로 통합시키는 것이 바로 도식의 '확장 가능성(extensibility)'이라고 본다. 우리는 도식성과 관련한 이들 두 가지 증가의 유형을 간단히 소개할 것이고, 그런 다음 생산성과 도식성이 어떻게 상호작용하는가라는 문제로 돌아가고자 한다.

문법화 관련 논저에서 잘 알려져 있듯이, 문법화를 겪는 어휘 항목들은 대체로 '탈범주화(decategorization)'한다. 부분표현이던 것이 양화사로 발전하는 우리의 예들을 살펴보면, 부분표현 그 자체는 도량(measure) 명사로부터 탈범주화하는 상황이 발생하고 있다. 예컨대, 'lot'과 'bit'은 단지 이들이 '비한정적 NP'의 일부로 출현하여 '복합적인 비한정 NP'의 핵으로 사용되어야 부분표현으로 사용되는 것이다. 그러다가 'lot'과 'bit'은 그들이 정관사와 함께 출현할 정도로 자유롭지 않게 되기 때문에 탈범주화하기 시작한다. 그들은 더 나아가 '양화사 구조'의 일부로 사용될 때 더 탈범주화하게 되는데, 이때는 그들이 수식어로 사용되는 것이고 더 이상 어순 도치를 겪을 수 없기 때문이다. 예를 들어, (18)은

------

22) 이 절에서 'be going to'의 발전과 관련한 일부 토론은 Traugott(2015)의 것을 인용함.

'bit'이 복합명사 NP의 핵으로 사용되는 초기의 예인데, 이때 'bit'은 'bite(한 조각, 한 입)'라고 하는 원래의 내용적 의미의 자유 명사이다. 이것은 아직 탈범주화하지 않았다.

(18) Þis appyl a *bete* Þerof Þou take.
     this apple a bite therof thou take
     이 사과를 한 입 먹어라! (c1475 Ludus C [MED bite n.; Traugott 2008b:29])

부분표현 속에서 사용되는 'bit'은 그것이 비교적 추상적인 의미로 쓰이기 때문에 완전한 자유 명사일 때보다 훨씬 도식적이다. 그리고 이것이 양화사 구문에 사용되면, 보다 도식적으로 변하는데, 양화사의 연어가 더 자유롭고, 또 양화(quantification)는 일종의 '수량적 표현(scalar)'이기 때문이다. 시간이 지남에 따라, 'a bit/lot of'는 보다 확고하게 양화사로 확립되게 되며, 이러면서 그들은 다른 '수량적 표현 구문(scalar construction)'에 사용되게 된다. 이를 테면 '정도 수식 구문' 같은 것이 그것인데, 이로써 형용사를 수식하는 부사로 사용할 수 있게 된다('a bit/lot better'). 'a bit/lot of'의 발전을 양화사 또는 정도 수식어로의 발전으로 설명할 수 있으며, 이것을 다른 말로 하면, 지난 200년의 시간에 걸쳐, 이들 'a bit/lot of'가 점차적으로 그들이 채용되던 도식의 보다 원형적인 자질을 배정받게 되었다고 말할 수 있다. 그런 의미에서, 이들은 그 도식의 '규칙성(regularity)'의 지배를 받게 된 것이다(Barðdal (2008:22)). 그러나 우리가 앞에서도 봤듯이, 'heap(s)'같은 다른 크기 명사들 역시 양화사로 채용되었지만 그렇게 확립된 편은 아니었다(앞의 그림3.1 참조). 그럼에도 불구하고 이들 대부분 역시 '증가된 도식성(increased schematicity)'을 겪었다(여기서 다만 'bunches'와 'piece'같은 것들이 예외인데, 이들은 양화사로는 쓰이지 않았고 단지 부분표현으로만 쓰였다).

'be going to' 또한 미세 - 구문의 '증가된 도식성'의 예를 제공하고 있다. 이것이 17세기 초에 먼저 시제표지로 사용되었을 때, 예에 따르면, 이는 상대적 시제인 'be about to(막 ~하려고 하다)'의 의미를 나타냈다 (Garrett(2012)). 이것은 5.3.4에서 자세히 토론되고 있다. 여기서 우리는 그것이 언제 구문화되었는가라는 문제에 대해 생각해보고자 한다. 두 개의 예외적인 예만이 "그럴듯하게 시간적으로" 보이고 있는데, 이것을 제외한 거의 모든 예에서 18세기 이전에는 유생물 주어를 갖고 있었다. 이것은 곧 새로운 용법으로의 확장이 최소의 차이라는 경로를 따라 이루어진 것임을 나타내고 있다(De Smet(2012)). 이 두 개의 17세기의 예는 무생물 주어를 갖고 있는데, 이것은 분포상 '목적을 갖는 이동'을 표현하는 생산물에서는 이용되지 못하는 것이다.

(19) a. Bel. Where's all his money? 그의 모든 돈은 어디 있지?

　　　Orl. 'Tis put ouer by exchange: his doublet was going to be translated('removed'), but for me.

　　　　그것은 교환에 의해 건네받을 것이다: 그의 웃옷은 곧 벗겨질 것이고 나에게 줄 것이다. (1630 Thomas Dekker, The Honest Whore, Part Ⅱ [LION; Garrett 2012:70])

　　b. You hear that there is money yet left, and it is going to be layd out in Rattels ··· or some such like commodities.

　　　당신이 아직 돈이 남아 있다는 말을 들었을 것이다. 그것은 Rattels라고 하는 장난감을 사는데, 또는 그와 같은 것을 사는데 쓰일 것이다. (1647 Field and Fletcher, The Honest Man's Fortune [LION; Garrett 2012:70])

위의 두 예 모두 초기의 예인데 이를 통해 이 시기에 일부 화자들은 부분적으로 'be going to'를 조동사 도식과 연결시켰음을 알 수 있다. 그러나 이러한 예가 더 나오지 않기 때문에 무생물 주어를 사용하는 것이 18세기 초까지는 아직 관습화되지 않았음을 알 수 있다. 18세기에는 바로 많은 새로운 용법들이 텍스트 기록에서 나타나고 있다. 이들 중 일부는 아래와 같다.

(20) a. deposed ⋯ that he thought the whole Front of the House *was going to* fall.

증언하길 ⋯ 그는 집의 전체 앞부분이 곧 무너질 것이라고 생각했다.

(1716 Trial of John Love et al., t17160906-2 [OBP])

b. I am afraid there *is going to* be such a calm among us, that⋯

나는 우리들 사이에서 곧 그러한 고요함이 있을 것 같아 걱정되었다.

(1725 Odingsells, The Bath Unmask'd [LION: English Prose Drama])

(20a)는 '인상(raising)'의 예이다. 이러한 통사적 문맥에서는, 'be going to'가 시간적 용법으로 사용되기 이전에, 이미 더 오래된 조동사들이 사용되었었다. 예컨대 아래의 (21)과 같다.

(21) a. But *there can* be nothyng more conuenient than by little and little to trayne and exercise them in spekyng of latyne.

그러나 그들에게 라틴어 말하기를 조금씩 훈련시키고 연습시키는 것 외에는 더 적절한 것이 있을 수 없다. (1531 Elyot, The Governor [HC ceeduc1a])

b. I truste *there shal* be no fawte fownd yn me.

I trust there shall be no fault found in me

나는 나에게서 발견할 수 있는 결점이 없을 것이라 믿는다. (b1553 Mowntayne, Autobiography [HC ceauto1]

구문화는 의미 뿐 아니라 형식상의 변화도 요구하기 때문에, 'be going to'는 18세기까지 아직 구문화되지 않은 것으로 보인다. 이 시기가 되어서야 무생물 주어와 함께 쓰이게 되었고 또 (20)과 같은 '인상(raising) 구문'에 쓰이게 되었다. 그렇다면 그것이 어떻게 조동사로 확립되었는가 하는 것은 (22)와 같은 예를 통해 볼 수 있다. 여기서 'be going to'는 이동 동사 'go'와 함께 공기하고 있다.

(22) I never saw him after, till I *was going to go* out.
　　 내가 밖으로 나가려고 하기 전까지 나는 그 이후로 그를 보지 못했다.
　　 (1759 Trial of Terence Shortney et al., t17571207-40 [OBP])

'a bit/lot of'나 'be going to' 같은 새로운 구문 - 유형(즉, 미세 - 구문)이 출현하게 되고 다른 오래된 것들과 함께 공존하면서, 그들이 참여하는 도식은 확장하게 된다. 어떤 경우에 있어서, 화자들은 개인적인 유형을 넘어 일반화하고 추상화하여 도식을 발전시킨다. 우리는 이러한 현상을 'way - 구문의 발달'에서 이미 본 적이 있다. 2.7에서 우리는 이 구문의 선조가 자동사 구문이나 타동사 구문의 생산물들이라고 가정한 바 있다. 그러나 17세기 동안 독립적인 way - 구문이 등장하였고, 시간이 지나면서 그것의 하위도식들이 발달하였다. 이것이야 말로 오랜 시간에 걸쳐 도식이 발전하고 또 '보다 도식적(more schematic)'으로 변화하는 케이스라고 할 수 있는데, 그것은 바로 이 구문이 그것의 하위구조(substructure)를 획득했기 때문에 그렇게 볼 수 있는 것이다. 그래서 우리는 다음과 같은 견해를 생각해 볼 수 있다. "충분한 자격을 갖춘 구문 유형들은 추상적인 패턴으로 제공되는 그런 범주를 대표하게 된다. 그리고 이러한 추상적인 패턴이란 미세-구문유형들을 유혹하는 인자가 되는데 이를 통해 결과적으로 확장을 할 수 있게 되는 것이다." 즉, 구문들은 이렇게 '확장 가능해지고'(Barðdal(2008:31)), 이로써 '도식'의 레벨에 이르러 생산적이게 된다. 이것은 "항목-개별적 지식이 어떻게 오랜 시간에 걸쳐 일반화되거나 도식적인 지식에 링크하게 되는지"에 대해 역사적인 관점을 갖고 해석한 결과이다(Goldberg(2006:98)).

이번 절의 나머지 부분에서 우리는 '생산성의 증가(위의 3.3.1)'가 '도식성의 증가'와 링크되는 몇 가지 방식에 대해 토론해 보고자 한다. 문법화와 역사적 구문문법 두 영역에 관계된 논저에서 다양한 설명들이 보이고 있는데, 그 중 하나는 '확장'이 되는 과정에서 이 두 이론에서 동일한 메커니즘이 작동을 한다는 것이다. 그리고 다른 하나는 생산성에서의 증가가 상대적으로 완만하다는 사실이다. 예를 들어, Bybee(2010:95)에 따르면, "생산성 뒤에 있는 메커니즘은 '항목-개별적인 유추'이다." 이에 따르면, 유추는 높은 '유형 빈도성' 구문이든 낮은 '유형 빈도성' 구문이든 모두 동등하게 나타난다고 한다. 반면에, Barðdal(2008)에 따르면, 만약 낮은 유형 빈도성이 '의미적인 일관성'과 높은 '출현 빈도성'이 수반된다면, 변화 메커니즘으로서의 유추('유추화')는 이 낮은 유형 빈도성과 관련을 맺게 된다. 이것은 왜냐하면, 유형 빈도성이 높은 구문은 생산성을 위해서 굳이 높은 정도의 의미적 일관성을 보여줄 필요가 없고, 반대로 유형 빈도성이 낮은 구문들은 생산성을 위해 높은 정도의 의미적 일관성을 보여줘야 하기 때문이다(p.9). 이로써 높은 출현 빈도성을 갖는 개별 구문들은 확립이 될 가능성이 있으며 모델로서도 이용이 가능하다. Barðdal은 빈도성의 높고 낮은 상황을 하나의 극단으로 삼는 '생산성 연속변이(productivity cline)'를 만들었는데, 그림 3.2와 같다.

그림 3.2와 같은 표현을 통해, 심지어 낮거나 높은 생산성 뒤에 있는 메커니즘이 동일하지 않지만, 그럼에도 불구하고 낮은 것에서 높은 생산성으로의 변화는 완만할 것이라는 것을 알 수 있다. 우리는 이것과 동일한 인상을 3.3.1의 다음과 같은 언급을 통해서도 느낄 수 있다. "새로운 구문은 오랜 시간에 걸쳐 그들의 사용 빈도수가 증가함으로써 출현하고 또 점차적으로 전파되는 것이다." (Bybee & McClelland(2005:387))

그러나 Petré(2012)는 그러한 완만함(smoothness)이 항상 두드러지진 않는다고 주장한다. 그에 따르면, 때때로 기존에 있는 높은 생산성의 도식으로 이끌려 변화되는 경우, 이상화된 완만한 연속변이의 관점으로 봤을 때, 조기의 발달과는 단절적(discontinuous)일 수 있다고 한다. 그의 예는 바로 OE시기 'becum-('become')'의 발달과 조기 ME시기 계사(copula)로 변화하는 'weax-('grow, wax')'의 발달이다.

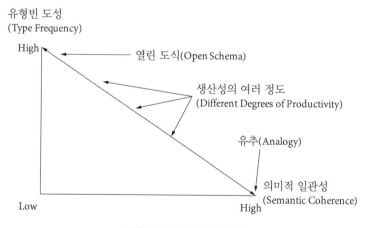

그림 3.2 생산성 연속변이

(23) a. þonne *weaxeð* hraðe feldes   blostman.

   then grow fast field.GEN flowers

   그 후 그 들판의 꽃들이 빠르게 자랐다. (c925 Meters of Boethius A6 [DOEC; Petré 2012:28])

   b. For loue of vs his wonges *waxeþ* þunne.

   For love of us his cheeks become lean

   그의 볼은 우리에 대한 사랑으로 여위게 되었다. (c1325 Lytel wotyt (Hrl 2253) [MED thinne; Petré 2012:28])

   Petré에 따르면, 이러한 동사들이 계사(copula)로 구문화된 이후에 유형 - 빈도성이 갑자기 급증했다고 한다. (23b)와 같다. ME시기 'weax-'의 '평탄치 안고(울퉁불퉁하고) 갑작스러운' 성장은, 비록 '완만함의 부족'에 대한 이유가 다르긴 하지만, 구문화가 발생한 way - 구문과 완전히 다르지는 않다(2.7.4참조). 'becum-'과 'weax-'의 경우에서, Petré는 이들이 기존의 계사 구문으로 이끌려 변화되었다고 한다. 그리고 way - 구문의 경우에서 이것은 그 자신의 도식과 관련된 독립적인 구문이 된 후에, 높은 유형 생산성을 갖게 되었다.[23)]

   2장에서 살펴본 변화에 대한 네트워크 접근법을 통해 우리는 '변화의 궤적'(trajectory of change, 즉, 실현(actualization))(De Smet(2012) 참조)이 어째서 항상 완만하지 못한가를 알 수 있다. 네트워크는 미세 - 구문 교점 뿐 아니라 교점들의 집단화(groupings), 즉, 도식과 그 자체 내에 교점을 갖는 하위도식)로 구성된다. 그리고 구문화를 통해 새로운 교점이 생성된다. 비록 그 단계가 작을 수 있지만, 그럼에도 불구하고 그것

---

23) 'weax-'의 발전에 있어서 이러한 '평탄치 않은 성격'의 또 다른 가능성에 대해 우리는 주요한 시기에 있었던 텍스트의 결핍을 들 수 있다.(Martin Hilpert p.c)

은 단절적(discontinuous)이다. 만약에 구문화하는 그 순간에 하나의 미세 – 구문이 한 도식 속으로 이끌려 변화한다면, 그것은 덜 주변적인 멤버가 될 것이고 그 도식의 보다 원형적인 멤버가 될 것이다. 이는 'be going to'에서 그랬던 것과 같다. 일단 이러한 상황이 발생하면, 미세 – 구문은 그 도식의 성격에 지배를 받게 된다. 그리고 새로운 연어의 수가 극적으로 증가하게 되는 사용도 기대할 수 있다. 따라서 우리는 다음과 같이 가정한다. 확립된 도식으로 가는 경로가 어떠하든 간에, 도식화 결과 구문 유형이 급격히 확장될 수가 있다. 따라서 확장의 방향성은 항상 완만한 궤적을 보여주지는 않을 것이다. 그보다는 사실상 S-curve같은 확장을 더 보여줄 것 같다(S-curve의 각종 유형에 대해서는 Denison(2003)을 참조). 이것이 바로 구문화 연구와 관련된 몇 가지 방법 중 하나인데, 구문화 연구는 확실히 문법화의 연구와는 다르다. 문법화에서는 보통 한 차원에서의 발달에 포커스가 있다고 한다면, 구문화에서는 두 차원에서의 발달에 있는데 그것은 바로 개별 미세 – 구문과 도식의 발달이다.

3.3.3 합성성의 감소

문법적 구문화는 적어도 그것이 어떤 멤버가 손실되기 이전의 초기 단계에서는, '생산성의 증가', '도식성의 증가'로 그 특징을 논할 수 있으며, 아울러 '합성성의 감소'로도 그 특징을 말할 수 있다. 역사적인 구문문법이란 차원에서, '합성성의 감소'란 곧 '형식/통사'와 구성요소들의 의미' 간에 존재하는 일치의 투명성이 감소하는 것을 말한다. 이것은 그렇다고 한 도식의 하위부분이 전체적으로 다 분석 불가능하다는 것은 아니다. 더욱이, 이러한 합성성의 감소는 주로 '더 오래된 형태통사'와 '더 새로운 의미' 간의 불일치가 발생할 때 나타나게 된다. 이 순간에는, 비록 통사적 어순의 일부 규칙화가 초기 단계일 수는 있겠으나 어떠한 형태 통사적인 신분석도 나타나지 않았다. 다만, 일부 화용적인 변화가 존재하고 있으며, 아마도 일부 '의미화'와 관용적 표현은 생성되었을 가능성이 있다. 그러다가 '구문화'가 발생하게 되면, 시간이 흐름에 따라 새로운 구문이 하나의 도식에 배열되면서 그러한 불일치는 해결되게 된다. 새로운 구문은 보다 분석 가능적일 수 있다(즉 새로운 도식의 멤버로서 그러하다). 그러나 종종 의미적으로 비-합성적인 성격이 있다.

'a bit of', 'a lot of'같은 부분표현이 양화사로 발전하는 경우에서 보면, 원래의 어휘적 의미는 그것의 통사와 일치했다. 여기서 'bit'과 'lot'은 그것의 통사적 연결체인 [NP$_1$ [of NP$_2$]]의 핵이었다. 그러나 양화사가 된 후 그들은 두 번째 NP를 수식하게 되었고 그래서 그것의 의미적 구조는 [Modifier N]이 된다(1.5.1 참조). 그리고 의미적인 신분석의 순간에, 미세-구문은 내부적으로 '비-합성적'으로 변하게 되었다(즉, '관용구(idiomatic phrase)'가 생성되는 것이다). 잠재적인 의미와 형식 간의 불일치를 고려할 때, (24)에서와 같이 차이가 발생하게 된다(제1장에서의 예(17)).

(24) Mrs. Furnish at St. James's has ordered *Lots of Fans, and China, and India Pictures* to be set by for her, 'till she can borrow Mony to pay for 'em.

St. James의 Furnish 여사는 많은 부채와 중국, 인도의 그림이 그녀를 위해 세팅되도록 주문했는데, 그녀가 그것들에 대해 지불할 돈을 빌릴 수 있을 때까지이다. (1708 Baker, Fine Lady Airs [LION: English Prose Drama])

위에서 'lots'를 'fans'의 '무더기, 다발(parcels)'을 지칭하는 것으로 본다면, 'lots'는 독립적(명사적)이며, 합성적인 어휘적 자질을 가지고 있다. 만약 'many' fans로 본다면, 'lots'는 '양'의 의미로서 관습적인 내용적 어휘적 자질을 가진 것이라고 할 수 없고, 의미적으로 덜 합성적인 것이라고 할 수 있다. 즉, 역사적인 관점에서 볼 때, 새로운 양화사 의미가 관습화될 때(즉, 구문변화가 발생할 때), 원래의 부분표현의 미세 - 구문은 합성성의 감소를 겪은 것이다. 그러나 'a lot of'가 양화사로 구문화됐을 때, 새로운, 그리고 더 추상적인 합성성이 생겨났고, 의미와 통사 모두 현재 '수식어 - head'로서 일치하고 있다는 점에서 불일치는 해결되게 된다(즉, 'loss-and-gain'현상이다). 그리고 형태통사적인 신분석이 새로운 미세 - 구문과 문법적 도식(미세 구문이 부분이 되어 포함될) 사이의 '분석가능성'의 정도를 재정립하는데 도움을 주게 된다. 특히나 미세 - 구문인 'lots of'와 영어의 양화사 도식 간의 분석가능성을 재정립한다. 그러나 이러한 새로운 이항적(binominal) 양화사는 관용적이어서 그 의미는 엄격하게 그들의 '구성요소(parts)'로부터 나온 것이 아니다. 일단 이렇게 정립되면, 그 새로운 미세 - 구문은 언어 사용자들이 잠재적으로 보다 넓은 문맥에서 사용할 수 있도록 이용가능해질 것이고(이것은 일종의 '확장'이다), 이로써 그 사용의 빈도성이 증가하게 된다.

합성성에서의 감소는 '경사적'이다. 이것은 Hay(2001,2002)와 Bybee & McClelland(2005:393)에 의해 밝혀진 것이다. Bybee & McClelland는 단어형성법에서의 역사적인 접두사 'pre-'를 가지고 그것의 '불투명성(opacity) 정도'로 '경사성'을 설명하고 있다. 여기서 pre - 접두사는 'president', 'prediction', 'predecease' 등으로 나타나고 있다. 'president'에서 가장 불투명하고, 'predecease(~보다 먼저 사망하다)'에서 불투명 정도가 가장 낮다. 그리고 이러한 불투명성의 차이는 강세의 분배가 다르게 나타나는 것에 반영되어 있다. 한편, 문법적 영역에는, '합류

(coalescence)'되거나 '융합(fusion)'되는 것이 그 정도나 비율에 있어 잘 알려진 차이가 존재한다(Bybee(2003,2010) 등에서 토론됨). 이러한 '합류'와 '융합'은 '조합(combination)'의 빈도에 달려 있다. 그리고 또 반복(repetition)과 규칙화(routinization)의 결과로 이루어진 '숙주'의 빈도에도 달려 있다. 예를 들어, 'I'm'은 'you're'나 'she's'보다 빈도가 높은데 이것은 그 숙주 대명사의 빈도성과 함께 연결되어 나타나는 현상이다. 그리고 분절의 소실과 음운적 합성성의 소실은 그 숙주의 빈도성에 따라 다양할 것으로 보인다. 따라서 프랑스어의 '미래'가 라틴어의 'cantare habeo'로부터 발전하는 것은 처음엔 높은 빈도수의 동사들과 함께 출현한 것으로 보인다. 여기서 최초의 '구의 합성성'의 소실은 '의존적인 것(V-infinitive)'과 '핵('habeo')' 사이에 나타났는데, 이것은 '말덩어리짓기(chunking)' 때문이다. 그런 다음에 '신분석'은 -r-을 '부정사(infinitive) 표지'로서가 아니라 '미래표지'의 일부분으로 해석하는 식으로 되어 버렸다. 그리고 'habeo'가 '-ai-'로 감소하면서 결과적으로 새로운 합성적인 '-rai('1st person future')'가 되었다. Lehmann(2002)이 지적한대로, 문법화에 대해 결정적으로, 동사 자체(즉, 'cantare')는 신분석되지 않은 것이다. 이것은 원래 '소유격/의무 구조'의 구현형(exponent)[24]이었던 'cantare habeo'라는 것이 [[V$_i$ - X$_j$] ↔ [SEM$_i$ Future$_j$]]이란 도식에 채용된 현상에 대해서, 문법적 구문화의 관점으로 포착한 것이다.

일단 확립이 발생하면, 사용의 빈도성은 '형식'에 영향을 주게 된다. 반복되는 배열은 음운적으로 보다 통합적으로 변하게 되고 감소하게 되는 경향이 있다('be going to' > 'be gonna'[gənə] 로 바뀐 것을 참조). 종

---

24) [역주] 구현형(exponent)이란 추상적 범주가 구체적으로 나타나는 것을 가리킨다. 예컨대, 'books'의 's'는 복수라는 추상적 범주의 구현형이다.

종 크게 감소된 일상적인 표현 중에는 'I don't know'가 있다(Bybee & Scheibman(1999), Bybee(2006)를 보면 이것이 'I dunno'[aɪɟəno]로 감소된 것을 볼 수 있다). Pichler(2013)는 영국의 북동쪽의 Berwick upon Tweed란 지역에서 수집된 대화 자료 속에서 부정 접어 불변화사인 '-n't(don't know에서의)'가 어떻게 [ʔ]로 감소될 수 있는지, 또 함께 삭제되어 [doʔθɪŋk], [dŏθɪŋk]와 같이 될 수 있는지, 그리고 여기서 'do'가 [ə]로 감소될 수 있는지, 그리고 'think'에서의 마찰음 어두 자음이 모두 함께 생략될 수 있는지, 그렇게 하여 결과적으로 [doʔɪŋk]나 [dəʔɪŋk]가 될 수 있는지 토론한 바 있다. Pichler는 한 지역 방언에서 'I divn't knaa'로 쓰곤 했는데 이것은 [dɪvn̩nɜ̃ː]나 [tɪfn̩ˈnɐ]와 같은 실례로 표현되고 있다고 한다.

Langacker(2011)는 '문법적인 요소'들이 부차적인 신분을 갖고 있으며, 이로써 '인지처리과정 상의 자원(processing resource)'을 더 적게 배당받는다고 여긴다(Boye & Harder(2012) 참조). 이것은 Langacker의 견해에서는 결국 '감소'의 개념으로 귀결된다. 즉, "(어떤 언어 형식의) 시간, 주의, 음폭(bandwidth)의 할당이 감소하게 되면, 단지 의미와 음운적인 컨텐츠의 명시가 압축될 뿐만 아니라, 그것 자체도 실제적인 침식 현상이 발생하게 된다."(2011:83) 마찬가지로, 어떤 형식이 확립됨으로써 생기는 점진적인 효과는 '구문들이 어째서 고정화의 높은 정도를 보여주는지' 그 이유를 잘 설명해줄 수가 있다(Goldberg(2006)).

3.3.4 구문화 및 구문변화에서의 GR과 GE 요소의 얽힘 현상

위에서 우리는 확장에 대해 논의했고, 특히 생산성과 도식성에서의 '구문론적인 증가' 또 감소된 합성성에서의 '구문론적인 증가'가 '문법적인 구문화'와 관련이 되어 있다는 사실에 대해 토론을 하였다. 그런데 이러한 내용들을 통해 우리는 그 접근법들이 결코 직교적(orthogonal)이지 않음을 알 수 있다. 그리고 오히려 그 요소들은 변화에 있어서 서로 얽혀 있는 것으로 생각되고 있다.

구문화는 그 이전에 일련의 작은 단계의 변화가 발생하는데, 이러한 변화로는 어떤 문맥에서 '화용적 추론(pragmatic inference)'의 두드러짐이 증가한다거나 '규칙화(routinization)'가 증가하는 등의 현상이 있다. 이것은 '말덩어리짓기(chunking)' 현상을 유발하고 결국 형식과 의미 사이의 불일치를 유발한다. 이러한 변화는 바로 기존의 미세 - 구문단계에서 합성성이 감소되는 현상을 유발할 수 있다. 이러한 것들은 이른바 '구문변화'로, 구문변화의 내용들은 하나의 새로운 미세 - 구문(즉, 'form$_{new}$-meaning$_{new}$ pairing')의 '구문화' 속으로 입력되는 내용들이다. 불일치를 다시 해결함으로써 문법적 도식에 의해 '완벽한 허가(full sanction)'가 이루어지게 되고, 이로써 새로운 미세 - 구문은 그것을 허가한 '허가 도식(sanctioning schema)'과 관련하여 합성적인 관계가 된다. 그러나 이 과정에서 그 미세 - 구문의 요소들 사이의 '관계적 연결'은 사라진다. 그리고 문법적 구문화 이후 새로운 미세 - 구문의 '유형 - 생산성'의 증가가 나타나게 되고, 이러한 유형 - 생산성의 증가는 아울러 그 도식의 생산성에 영향을 준다. 이러한 상황에서도 일반적으로 '근원 구문(source construction)'이 계속 사용되는데 심지어 동일한 문맥에서 사용된다.

문법적 구문화에서의 이러한 변화는 많은 경우에서 Lehmann이 GR의 관점으로부터 밝힌 과정들의 '다른 면(반대의 면)'에 해당한다(표3.2를 참조). (다만, Lehmann의 과정과 구문변화의 성질은 모두 '경사적'이다) GR의 관점은 하나의 항목 또는 항목 그룹 내에서 내부적으로 무엇이 발생하는가에 초점을 맞추고 있다. 반면, GE의 관점은 외부적으로 무엇이 발생하는가, 특히 '생산성'에 초점을 맞춘다. 따라서 GE는 그들 영역(즉, 연어 등)에서의 변화, 그리고 항목 집단(또는 가족)의 추상성(즉, 도식성) 정도에 큰 관심을 갖는다. GR과 GE의 접촉의 포인트는 표 3.3과 같이 정리할 수 있다.

표 3.3 하나의 새로운 문법적 미세–구문의 발전과정과 Lehmann의 문법화 과정이 호환(양립)되는 측면[25]

문법적 미세–구문발전의 특징		Lehmann의 문법화 과정
의미적 합성성에서의 불일치와 감소	구문화 이전	의미적 자질의 감소 (a)
초기의 말덩어리짓기(chunking)와 규칙화		고정화(Fixation) (f)
집합으로 유인하기	구문화와 동시	계열화(Paradigmaticization) (b)
내부의 형식적 합성성의 감소	구문화 이후	음운에서의 합류(coalescence)와 감소(attrition)(e, a)
구문 확립의 증가		의무화(obligatorification) (c)

표 3.3은 우리가 GR과 GE라고 부르는 감소와 확장이 서로 얽혀있음을 엄격하게 보여주고 있다. 첫 번째와 두 번째의 두 특징인 '불일치'와 '말덩어리짓기(chunking)'는 대체로 문법적 구문화 이전의 것과 관련이 있다. 그리고 세 번째 '집합으로 유인하기'는 문법적 구문화와 동시에 일어나는, 공존하는 것이다(만약 관련된 집합이 미리 존재한다면). 그리고 네 번째 '내부의 형식적 합성성의 감소'와 다섯 번째 '구문 확립의 증가'는

---

25) 이 표에서는 표3.2에서 소개된 관련된 매개변수 항목이 각각의 과정 옆에 함께 병기되어 있다. 다만 Lehmann의 'condensation(매개변수(d))'은 위의 3.2.1에서 논의된 내용을 바탕으로 여기서는 반영하지 않는다.

대체로 문법적 구문화 이후의 일이다. 다른 말로 말하면, 의미적인 감소, 그리고 합성성의 소실, 형태통사적인 고정화 등은 구문화와 관련된 '확장' 이전에 이루어진다. 반면, 부호의 감소와 관련이 있는 '형식적 합성성의 감소', 그리고 '의무화'와 관련 있는 '구문 확립의 증가'는 '확장' 이후에 일어나게 된다.

더욱이 의미적 자질의 감소에 따른 결과로, 보다 넓은 문맥의 집합에서 사용될 가능성이 생기게 된다. 이러한 것들은 Himmelmann(2004)이 이미 토론한 바 있는 '숙주 확장'과 '통사적 확장'이라 할 수 있다.

3.3.5 변화의 방향성을 위한 가능한 동기화

지금까지 우리는 변화의 방향을 위한 동기화와 가능한 이유에 대해 단지 암시만 해왔다. 그런데 문법화 관련 연구에서 특히 변화에 대한 GR적 관점에서는 다음과 같은 문제에 주로 관심을 가져왔다. "어째서 허화적인 기능으로 향하는 방향성이 역으로 내용적인 기능으로 향하는 방향에 비해 훨씬 더 보편적일까?" (Börjars & Vincent (2011)가 일찍이 이 질문에 대한 여러 대답들을 요약한 바 있다.) 그런데 이 질문에 대한 최초의 대답은 '분명히 해야 하는 것(be clear, 청자를 위한 것)'과 '빨리해야 하는 것(be quick)'이란 경쟁적 요소에 호소하는 것이었다. 이러한 제안은 멀리 von der Gabelentz(1901)까지 거슬러 올라간다. 그리고 그 이후 1970년대 후반과 80년대에 Langacker(1977)와 Slobin(1977), Du Bois(1985) 등에 의해 정교하게 설명이 되기도 하였다. 그러나 이 제안의 문제점은 바로 그 두 가지 원리가 잠재적으로 상호간 상쇄적이라는 것이고, 또 이것은 '비대칭(asymmetry)', 즉, 어휘적인 것에서 문법적인 표현으로만 가고(이것은 자주 입증됨), 반대로 문법적인 것에서 어휘적인 표현으로 가는(이것은 거의 잘 입증이 안 됨) 그런 비대칭을 설명하지 못하고 있다.

Haspelmath는 '비대칭'이 화자에 의한 '다르고자 하는 욕망(desire to be different)'과 '표출적(expressive)'(Lehmann(1985))이거나 '장황함(extra-vagance)'(Haspelmath(1999)) 등으로 설명될 수 있다고 한다. Haspelmath (1999:1043)는 '장황함'에 대해 "화자가 명백한 어구를 주의를 끌기 위해 특이하게 사용하고 이로써 의사소통상의 성공을 거두는 것(p.1057)"이라고 정의한다. 그래서 이것은 기존의 더 오래된 비 - 우언적인 표현에 대해 '우언법(periphrasis)'의 사용을 동기화한다. Haspelmath는 이어서 다음과 같이 설명한다. "새롭고 더 명백한 표현을 사용하는 혁신자에게 있어서 사실 '짧은 기간의 이점'이 있을 수 있지만 이러한 혁신이 다른 이들에 의해 접수되고 반복과 지나친 사용(over-use)으로 인해 가치가 하락될 때, 이 이점이 사라진다." 이렇게 비대칭을 설명할 수 있는 '반복'과 '지나친 사용(over-use)'(즉, 우리가 '실례 출현 빈도(token/construct frequency)'라고 부르는 것)은 "문법화의 거시적인 효과가 어떻게 미세 - 단계에서 개인들의 발화행위로부터 비롯되었는가를 보여주도록 디자인되었다.(p.1063)"라는 점에서 매력이 있다. 화자는 비록 그들이 한 선택을 반드시 인식하는 것은 아니지만, 효과적으로 관여하는 것으로 예상되고 있다. 따라서 Haspelmath는 이른바 '보이지 않는 손(invisible hand)'과 관련하여 Keller(1994)의 입장에 의지하고 있는데, 그의 '보이지 않는 손' 가설이란 바로 "변화란 일상적 언어 사용의 예기치 않은 부산물이다"라는 것이다.[26]

---

26) [역주] 이와 관련하여 Haspelmath(1999)는 다음과 같이 언급하였다. "나는 Keller의 보이지 않는 손 이론과 관련하여 다음과 같이 제안한다: 언어변화는 화자의 무수한 개인적 행동의 누적으로부터 기인한다고 볼 수 있다. 이들 화자는 언어변화를 꾀하고자 의도하지 않는다. 그러나 그의 이러한 행위로 인한 부수적 영향은 특별한 방향으로의

그러나 Haspelmath의 제안에는 문제가 있다. 새롭게 구문화된 허화적인 구문은 확실히 그것의 근원(source)과는 다르고, 또 그 목록에 추가가 되는 것이긴 하지만, 그것(새롭게 구문화된 허화적인 구문)은 자기 자신을 주목 받게 만들거나 심지어 '표출적이게' 만들기 위한 분명한 장치가 되지는 못한다. 2.7에서 토론한 way - 구문의 발전을 생각해 보자. 만약, 1600년대에 way를 갖는 수많은 생산물들이 이용가능하게 되었다는 것이 사실이라면, 다만 그 생산물들이 2.7.3에서 가정한 [[SUBJ$_i$ [V$_{TRcausative}$ POSS$_i$ way] (DIR)] $\leftrightarrow$ ['SEM$_i$ cause to traverse a path']] 이란 구문으로 구체화될 수 있는 많은 성격이 요구되지 않기 때문에, 'make, take' 등의 사역동사들(이들은 오래전부터 이용 가능했음)을 갖는 이러한 구문의 발전은 거의 주목받을 수 없는 것이다. 이것에 비해, 'plash'나 'shoot' 등과 같이 비 - 사역성의 수반 행위를 갖는 새로운 하위도식의 발전은 이러한 새로운 하위도식이 출현했을 때, 보다 주목받을 수 있게 된다. 그러나 구문의 이러한 확장은 '장황함(extravagance)'을 갖고 한다기보다 '좀 더 다른 것(difference)'을 가지고 하는 실험에 가깝다고 할 수 있다.

'장황함(extravagant)'이란 용어의 사용이 그 자체가 터무니없다는 것을 인정하면서, Haspelmath(2000:796)는 다음과 같이 말했다.

> "결정적인 포인트는 다음과 같다. 나의 이론이 작동하려면, '장황한 표현'과 그것의 사회적인 해석이 인상적일 필요는 없다. 그들은 단지 '식별가능(discernible)'하기만 하면 되고 그러면 비대칭이 있게 될 것이다."

변화로 귀결된다. 문법화는 '장황함'원리의 부작용이다. 즉, 이것은 화자가 주의를 끌기 위해 명확한 표현을 특이하게 사용하는 것이다. 이들이 언어 공동체 내에서 더 널리 수용되기 때문에, 이 표현들이 보다 자주 출현하게 되고 또 음운적으로 감소하게 된다."

그러나 그는 최상의 식별자(discerner) 그룹이 무엇인지 말하지 않았다. 변화가 발생하려면, 새로운 표현을 접수하는 자들은 분명 식별자임에 틀림없다. 아마도 그들은 젊은 어른들일 것 같은데, 이들은 사회적인 공감과 그들의 차이를 부호화하기 위해 언어를 사용하는 자들일 것이다.[27]

Haspelmath의 이 말은 "변화란 것이 어떤 면에서는 '사회적인 인식이 있다(there is social awareness)'는 것에 대한 언어적인 표지"라는 사실을 미리 가정하는 것으로 보인다. 이것이 바로 그 공동체 속에서 'Keller의 보이지 않는 손'이란 접근법에 의해 이루어지는 것보다 '변화'를 더 주목받게 만든다. 일부 변화들은 확실히 주목을 받는다. 다른 말로 해서, 그들은 단지 '인식의 단계' 위에 있을 뿐 아니라 또한 메타언어학의 화제가 될 수도 있다. 예를 들어, 'a lot of'의 사용은 19세기에 너무 구어적이라고 하여 글쓰기 장르에 적합하지 않다고 비판받았다. 심지어 "The American Heritage Dictionary(2011)"에서는 여전히 양화사 'a lot of'를 구어적이라고 말하고 있다. 또 다른 예로 바로 18세기 말에 발달했던 '진행 수동태'를 보면, "the house was being built" 등이 있다(전에는 진행수동태가 'the house was building'이었다). 이러한 진행수동태는 '부조화스럽고(unharmonious), 볼품없고(clumsy), 문헌적인 멋부리기(philological coxcombry), 비논리적(illogical)이고, 혼란스럽고(confusing), 부정확하고(inaccurate), 관용어법에 맞지 않는(unidiomatic)' 것이라고 여겨졌었다(White(1871:334-363, Mossé(1938:157)에 의해 언급됨). 그러나 사실 다른 많은 변화들은 이러한 코멘트를 유발하지 않는다. 예컨대, 우리는 'a bit of, a shred of' 등과 같은 양화사들의 발달이

---

27) 새로운 하위도식을 보여준 CLMETEV에 있는 자료들은 실제로는 더 나이 많은 사람들에 의해 이루어진 것들이고 둘 다 '편지'라는 사실에 대해 주목할 필요가 있다. 2.7.4에 있는 (46a)와 (46b) 참조 바람.

그렇게 큰 주의를 끌었다고 인식하지 않고 있다. Haspelmath의 제안과 관련하여 보다 심각한 문제는 "문법화는 '어휘적인 것'에서 '문법적인 신분'으로의 변화를 수반한다."(Haspelmath(1999:1057))고 예측하는 것이다. 그렇기 때문에, 비 – 어휘적이거나 최소의 어휘적인 근원으로부터 문법화되는 것에 대해서는 설명할 수 없게 되어 있다. 그런데 보다 중요한 것은 그의 이러한 생각이 "문법화에 이르는 새로운 표현들은 '우언적'이다"라는 관념에 강하게 의지한다는 것이다(Haspelmath(2000)). 그러나 이것은 단지 그 시기 그 해당 언어의 전계열에 미치는 그런 문법적 책략이 우언법(periphrasis)일 때만이 사실이라고 한다. 이는 특히 'be going to'가 미래를 나타내는 의미로 발전하는 경우가 해당된다. 더욱이 이것은(Haspelmath의 설명) 오직 특정한 종류의 표현들만 허화적 기능(즉, 적합한 의미, 화용을 갖고는 있으나 상대적으로 '내용이 없는 (content-less)' 기능)과 함께 사용될 가능성이 있다는 사실을 다루지 않는다. 여기서 중요한 것이 바로 '반복'이다. 사실 중요한 것은 단지 '반복'이란 사실만이 아니라 그 외에 추가적으로 '무엇이 반복되는가(what is repeated)'가 보편적인 문법화의 경로를 결정한다(Bybee(2003:622)). 우리가 생각하기에, '방향성'을 위한 주요한 이유는 확장이든 감소든 간에, 바로 '반복'이다. 반복은 또한 네트워크에 있는 한 교점이 '단위(unit)'의 자격을 얻는 과정에서 매우 핵심적이다(이는 Langacker(1987)의 관점에서 말하면, '확립되는 것'이다).

또 하나의 방향성을 위한 동기화로 볼 수 있는 것은 문법화 논문에서 제기되어 왔던 '유추적 사고'이다. 이것은 '유추화'를 위한 필수적인 과정이다(Bybee(2010:95), 이것은 위의 3.3.2에서 이미 "생산성 뒤의 메커니즘은 항목 – 개별적인 유추이다"라고 언급한 것임). 앞의 장 특히 2.3.3. 에서 우리는 두 가지 유추의 유형을 구분하였다. 그것은 먼저 메커니즘으로서의 유추인 '유추화'이고, 다른 하나는 동기화로서의 유추인 '유추적 사고'이다. Fischer(2007,2010)의 주장에 따르면, 문법화 연구에서는 이러한 유추적 사고에 대해 충분히 주의를 기울이지 않았다고 한다. 문법적 구문화가 '생산성의 패턴'과 '도식의 변화하는 역할'을 강조하는 것이라고 할 때, '샘플(exemplar)'에 기반한 유추적 사고는 변화를 위한 그럴듯한 동기화로서 특권을 받게 될 것이다. 그러나 어느 정도까지 제한되어야 하는가는 동의되지 않고 있다. Fischer는 상대적으로 비제한적인 '헐거운 맞춤(loose fit)' 접근법을 장려하는 것 같다. 예컨대, 그녀는 'be going to'가 당시(17세기 초) 이미 존재했던 우언적 조동사라는 집합으로 유추화된 것이라고 주장한다. 여기에는 'have to, be to, ought to' 등과 보다 낮은 빈도의 'need to, dare to'가 있다. 그런데 당시 어떤 것도 '-ing'를 갖고 있지 않았고, 또 어떤 것도 '미래'의미를 갖고 있지 않았기 때문에, 이 유추는 형식과 의미 모두에 있어서 정확하지가 않았다(꼭 맞는 게 아니었다). 우리는 2.3.3에서 'a deal of'가 그 이후의 '이항적 부분표현 > 양화사' 변화를 위한 샘플이었다고 소개한 바 있다. 여기서도 딱 맞는 것이 없는데 그것은 'a deal of'가 형용사 'great'를 선호하기 때문이다. 그러나 형용사가 없는 예들이 발견되고 있고, 또 의미도 딱 맞아서 여기서의 이러한 맞춤은 상대적으로 적합한 편이다. '유추적 사고의 제한'의 또 다른 극단은 바로 Brems(2011:263-269)가 제기한 것이다(즉 'tight fit'). 그녀에 따르면, 'a bit of'는 아마도 기타 '작은 사이즈의 명사 > 양화사'로의 변화(이러한 변화에는 예컨대, 'a whiff/smidgen/scrap/jot/shred of' 등이 있다)를 위한 직접적인 모델은 아니었다고 한다. 19세기 'a whiff/smidgen/scrap/jot/shred of'가 양화사로 관습화되던 그 시기에 'a bit of'는 중립적인 극성과 관련이 있었기 때문이다. 'a bit of'와는 달리, 'a whiff/smidgen of'는 긍정적 극성과 연관되어 있었고, 'a scrap/jot/shred of'는 부정적 극성과 연관되어 있었다. 그러나 그녀의 데이터베이스에 있는 증거의 숫자가 매우 작아서 결론은 다만 불확실하다. 그런데 Brems는 '간접적인 모델링'이 있었다고 본다. 그녀에 따르면, 'a bit of'는 'few'와 같은 보다 먼 일반적인 작은 사이즈의 양화사와 관련하여 '유추적 영향력'을 연습했을 것이라고 한다(p.266).

변화를 동기화하는 언어사용자들이 사용하는 과정보다 마치 구문처럼, 유추적 모델 관련 토론은 '유추적 영향력 연습(exercise analogical pull)'이나 '유인자 집합(attractor set)'이란 말로 표현되곤 한다. 사용의 관점에서 보면, 그러한 용어들은 일종의 약칭으로 가장 잘 번역되고 있는데, '유추적 사고'와 '어떤 사회적인 이유 때문에 한 패턴에 대해 화자가 선호하는 것', 이 두 가지의 교차점이 화자 집단에게 있어 '반복의 빈도성'으로 인해 두드러지게 되기 때문이다. 이 과정에서 관련된 것으로 보이는 요소는 아마도 '가장 적합한(best fit)' 모델일 것 같은데, 이는 Fischer의 'loose fit'과 Brems의 'tight fit'사이의 중간 정도로 개념화되는 것이며, 그 네트워크에서 상대적으로 근접한 것으로 개념화되는 것이다(2장 참조).

3.4 구문화의 관점으로 탈문법화degrammaticalization에 대해 재고하기

어떤 가설에 대해 가질 수 있는 중요한 의문으로는 '그것을 어떻게 테스트할 수 있는가', 그리고 '그것의 예언이 얼마나 확고한 것인가'라는 문제들을 들 수 있을 것이다. 우리가 GR이라고 명명한 변화의 유형에서는 문법화의 '단일방향성'이란 것을 주장한다. 그런데 이것에 대한 정당한 반례가 있는지에 대한 토론은 고려해볼만하다. 그리고 만약 그렇다면, 이 반례들이 얼마나 자주 등장하는지, 또 그들을 어떻게 해석할 수 있는지도 고려해볼 수 있다(Campbell(2001), Norde(2009) 참조).[28] 여기서 우리는 '탈문법화'의 어떤 국면에 대해 논의해 볼 것인데, 이것은 우리의 구문변화와 구문화의 관점에서 재고될 수가 있다.

단일방향성에 대한 반례의 유형은 대부분 종종 문법화에 대한 '역전 (reversal)'으로 일컬어지고 있다. 1990년대 후반 단일방향성에 대한 반례가 입증되지 않고 있다는 강한 주장이 제기 되었고, 설사 있어도 드물고, 또 중요치 않을 정도로 주변적이라고 까지 언급되고 있지만 (Haspelmath(1999)),[29] 인간의 언어는 갖가지 사회적인 목적을 위한 기회와 조작의 대상이 될 것이라 기대되기 때문에, 그 증거는 계속 증가하고 있다(일부의 증거가 존재함, Haspelmath(2004), 특히 Norde(2009) 참조). 모든 이러한 반례들은 문법화의 GR식 관점에 도전을 하고 있다. Ramat(1992,2001)는 'up, ante, ism'의 형성, 그리고 문법적, 파생적인 형태소로부터 동사, 명사들이 유사하게 형성되는 이러한 것들이 모두 문법화의 반례라고 한다. 이들은 단지 '문법적인 것'에서 '독립적(어휘적) 인 신분'으로 인식적인 변화를 한 이유도 있지만 그 외에 특히 'ism'과 같은 경우엔 '의존적인 것(bound)'에서 '비 – 의존적인 것(non-bound)'으

---

28) Newmeyer(1998:263)은 어떤 반례도 단일방향성을 반박하기에 충분하다고 주장했다. 이 말은 마치 언어가 사회적 상호작용의 규칙보다는 물리학과 같은 자연과학적인 법칙에 의해 작동하는 것으로 보일 수가 있다. 그러나 우리의 견해에 따르면 이러한 생각은 문법의 견해에서 매우 제한적이다. 왜냐하면 언어는 사회적인 현상으로써 항상 예언할 수 없는 변화를 겪기 때문이다.

29) 제약 기반의 '자발적인(spontaneous) 변화'를 설명하면서, Kiparsky(2012)는 3.2.3에서 언급한 것처럼 "문법화는 엄격히 단일방향적이다"라고 주장하였다. 그는 계속해서 "다시 말해서… 탈문법화라는 그런 것은 없다"라고 했다(Kiparsky(2012:37)). 그의 가설에 따르면, 탈문법화의 어떠한 입증된 예들도 일종의 샘플 – 기반 유추의 케이스인 것이다. 즉, 하나의 모델에 기초한 '특이한, 언어 – 개별적인' 변화라는 것이다.

로 변화했기 때문에 그렇게 볼 수 있다(Janda(2001) 참조). Ramat은 그러한 예들을 대체로 어휘화(lexicalization)로 귀결되는 '탈문법화'의 케이스 간주하였다(우리는 이 문제에 대해서는 또 4장에서 살펴본다).

Norde(2009)는 그녀의 책 "탈문법화(Degrammaticalization)"에서 표3.2의 Lehmann의 매개변수를 이용하여 탈문법화의 추정적 예들에 대해 평가를 하였고, 탈문법화가 이러한 일련의 현상을 위한 매우 훌륭한 견해라고 주장하고 있다.

> "탈문법화는 일종의 합성적인 변화로, 이를 통해 하나의 '문법소(gram)'가 특별한 문맥 속에서 하나 이상의 언어학적 단계(즉, 의미, 형태, 통사, 음운 등)에서 '자립성'과 '자질'을 획득하는 것이다."(Norde(2009:120))

탈문법화라는 제목 아래에서 토론된 진정한 변화유형들을 보면 대체로 문법화(그리고 구문화)의 성격 중 매우 중요한 점 하나가 부족하다. 그것은 바로 이 변화들이 하나의 변화만을 수반하고 있고, 일련의 변화를 수반하지 않으며, 고립적인 경향을 보인다는 것이다. 즉, 그들은 '유사한 변화의 집합'에 참여하지 않고 있고, 또 '추가적인 변화를 위한 모델'로도 사용되지 않는다는 것이다.

Norde는 '탈굴절화(deinflectionalizaion)'와 '탈접사화(debonding)'라고 하는 탈문법화의 몇 가지 유형을 구분하였다. 그런데 이 둘은 사실상 문법적 구문화와 직접적인 관련이 있는 것들이다. 아래에서 차례로 살펴보자.

3.4.1 탈굴절화deinflectionalizaion

탈굴절화는 '이차적 문법화(secondary grammaticalization)'에 대한 역

전 현상이다('이차적 문법화'란 이미 문법화된 요소가 더 문법적인 요소로 변화하는 것을 말한다, Givón(1991:305)). 이것은 주로 '굴절'로부터 '접어'로 변화하는 역전 현상이며, 탈문법화되는 형태소가 '의존적(bound)'인 상태로 있으면서 지속적으로 문법적인 기능을 갖게 되는 것을 의미한다. 그러나 이들은 그들이 굴절신분으로 있을 때만큼 그렇게 의미상으로 추상적이지는 않다. 탈굴절화는 Lehmann식 용어로 하자면, '탈계열화(deparadigmatizaion)'라 할 수 있다. 즉, 특별한 자리(slot)에서 가졌던 형태적 패턴이 Lehmann의 매개변수 (b)(즉, 계열성)와 (f)(즉, 통합적 변이)(3.2.1 참조)라고 하는 예기된 결과가 역전(reversal) 현상이 발생하여 그 과정에서 분해되는 것이다.

가장 대표적으로 언급되고 있는 예는 바로 영어와 내륙 스칸디나비아어에서 나타난 것으로, '속격(genitive) 단수 접미사' '-s'가 '접어 소유격'으로 변화하여 완전명사구(full NP)에 부착되는 예이다. 비록 이러한 발달이 몇 가지 유사한 것들을 가지고 있긴 하지만, 이들은 그럼에도 불구하고 세부적으로 다르다(Norde(2002,2006) 참조)[30]. 영어에서는 원래 남성적(masculine)이고 중성적(neuter)인 '속격 굴절'은 OE 시기에 명사성 성분(nominal)의 하위클래스와 연관되어 있던 것들인데, 여기서 '-s'는 대개 완전명사구의 수식어 그리고 한정사로서 신분석된 것으로 생각되고 있다. 이것은 문법적 기능이 풍부해지는 예이다. 심지어 이러한 변화가 대개 '-s'속격과 관련된 것으로 언급된다 해도, 그것은 사실 한 '유형변화'의 예이지(즉, 굴절 > 접어), 실례적 역전현상(token reversal)은 아니다. 왜냐하면, '-s'는 접어로 나오기 전까지 모든 명사와 함께 쓰이지 않았기 때문이다. OE시기 속격 굴절의 예는 다음과 같다.

---

30) Andersen(2008:21)은 이러한 발달을 재문법화(regrammation) 아래로 포함시킨다.

(25) Eanflæd   *Edwines*   dohtor   *cinges*
     Eanflæd   Edwin.GEN   daughter   king.GEN
     Eanflæd의 왕 Edwin의 딸 (Chron C 626.1 [DOEC])

여기에는 내부적 일치가 존재한다. 그 후 ME시기에 '내부적 NP'의
일치가 소멸되었고, 많은 예에서 'of'가 '-s'를 대체하게 되었다. 이것은
(26)의 현대어 번역에 의해 알 수 있다. 그러나 '-s'는 유생물 소유격을
표지하는 것으로 보존되었다.

(26) Hii   clupede edwyne þe   kinges   sone of norþhomberlond.
     They called   Edwin   the king.GEN son   of   Northumberland
     그들은 Edwin을 Northumberland의 왕의 아들이라고 불렀다. / They called
     Edwin, the King of Northumberland's son. (c1325(c1300) Glo.Chron.A (Clg A.11
     [MED southlond])

17세기 동안에, 이것은 '외부적으로' 하나의 NP에 사용되게 되는데,
이것을 우리는 '그룹 속격(group genitive)'라고 부른다. 그리고 이것은
지금 심지어 관계절로 수식되는 NP의 오른쪽 가장자리에 쓰이기도 한
다(이때는 보통 관계대명사가 없거나 자유관계사(free relative)이다).

(27) The student *we were talking about's* assignment is now late.
     우리가 얘기하고 있는 학생의 숙제가 지금 늦었다. (2010 Endley, Linguistic
     Perspectives on English Grammar [Google; accessed Feb. 2nd 2012])

영어에서 형태적 격이 소실되었다면, '-s'가 완벽히 소실되는 현상
도 기대할 수 있을 것이다. 그래서 그것이 접어로 '재사용(reuse)'되는

것은 이로써 주목할 만한 것이다. 이러한 현상은 Lass(1990,1997)가 말한 이른바 '굴절적응(exaptation)', 또는 Greenberg(1991)가 '재문법화 (regrammaticalization)'라고 말한 예가 될 수도 있다. 즉, 쇠퇴하는 문법적 형식을 보다 기능적으로 유용한 것으로 재사용하는 것을 말한다. 영어와 내륙 스칸디나비아어 모두에서 나타나고 있던 '-s'의 탈굴절화 현상의 이유에 대해, 지금까지 많은 토론이 있어 왔다. 그러나 Norde(2002)와 Kiparsky(2012)는 이러한 변화가 주요한 시스템적인 변화와 관련이 있다고 가정한다. 즉, 격의 소실 그리고 특히, NP내의 일치의 소실이라는 현상의 한 예로 봐야 한다는 것이다.

이 예가 널리 언급되고 있긴 하지만, Börjars & Vincent(2011:167)은 일차원적인 '굴절 > 접어'라는 식의 분석은 잘못된 프레임이라고 한다. 보다 세부적인 것들을 조사했을 때, 이것은 사실상 탈문법화에 대한 분명한 예가 되지 못한다. 그들이 확인한 변화는 다음과 같다.

(a) 격 패러다임이 '-s'라고 하는 한 형식을 갖는 하나의 멤버로 감소
(b) NP내부적인 일치에서 NP외부적인 일치로 변화, 결국 하나의 표지가 됨
(c) 결합성(bondedness) 정도의 감소
(d) 핵 표지에서 오른쪽 가장자리 표지로 변화(즉, 그룹 속격(group genitive)으로 사용됨, 여기서 오른쪽 가장자리에 있는 항목은 그 NP의 핵이 아님)

여기서 (d)는 만약 오른쪽 가장자리가 핵이 아니면 말에서 기피되는 경향이 있다. 다시 말해서 (27)과 같은 표현은 동시기 자료에서 드물게 나타난다. Denison, Scott, & Börjars(2010)에 따르면, 분포적 증거에 근거

했을 때, '-s'는 PDE에서 여전히 굴절의 자질을 많이 갖고 있다고 한다 (만약 그러하다면, 이것은 OE시대부터 지속된 것이다). 그리고 BNC의 대화에서는 (28)과 같은 '분열(split) 구문'이 (27)처럼 접어를 관계절의 오른쪽 가장자리에 쓰는 형식보다 더 선호되고 있다. 이들은 ME나 EModE 시기의 생산물들을 생각나게 하는 것들이다.

(28) We don't know *the gentleman's name with the tape recorder.*

우리는 녹음기를 갖고 있는 그 남자의 이름을 모른다. (BNC FM7 8 [Denison, Scott, & Börjars 2010:548])

심지어 (29)와 같이 OE시대의 예인 (25)를 연상시키는 그러한 예도 우연히 PDE 구어에서 발견되고 있다.

(29) Because he wastes *everybody's else's time.*

왜냐하면 그가 모든 다른 이들의 시간을 허비했기 때문이다. (BNC KGB 54 [Denison, Scott, & Börjars 2010:555])

구문론자들의 견해를 적용했을 때, Trousdale & Norde(2013)은 영어 '-s' 속격 접어의 탄생(적어도 문어에서는)이 탈굴절화의 케이스이며, 또 이것이 세 가지 측면에서 보다 일반화되었다고 주장한다. 먼저, 그것은 어떤 명사와도 함께 사용될 수 있다(Börjars & Vincent의 위의 (a)). 둘 째, 그것은 동사, 전치사 또는 부사(예컨대, 'brucan('to enjoy')', 이것은 속격 목적어를 재배하는 것임)의 지배를 더 이상 받지 않게 되었다. 그 리고 속격 구문이 점차 일반화되었다라고 말할 수 있는 세 번째이자 가장 중요한 이유는 바로 '한정사 기능'이 출현했기 때문이다. 즉, 시간 이 지나면서 한정사로서 영어에 등장하게 된 것이다(Denison(2006);

Davidse, Breban & Van linden(2008) 참조). 이렇게 하여 '-s' 속격은 고도로 추상화되고 도식적인 '주요 한정사' 자리(slot)와 관련을 갖게 되었다(이러한 자리(slot)는 대개 정관사, 지시사 ('the/that hat', 'the man's hat', 'John's hat'처럼)가 차지한다. 주요 한정사 구문은 '식별, 확인 (identifying) 기능'이 있다. ModE에서, 이것은 'all, quite, exactly'같은 전치한정사들의 다음 자리에 나타날 수 있으나, 'several, different, same'같은 후치한정사들의 앞에 출현했었다('all the/those different ideas'처럼). 이렇게 주요한 한정사로서, 속격은 거시(macro) – 단계의 한정사 구문에 의해 허가를 받게 되는 것이다. 구문론적 관점에서 보면, 영어(및 스웨덴어)에서 한정사 구문이 출현하는 것은 "'명사성 기반(nominal grounding)'의 핵심적인 문법적 자질을 둘러싸고 집중되거나 재범주화되기 시작하는" 다른 요소들 범위의 '점진적인 탈범주화'를 수반하고 있다(그 명사성 성분(nominal)의 지시대상과 관련하여 화자와 청자 사이의 협상을 통해). 그리하여 한편으로 수사(OE 'an('one')' > PDE 'a(n)(부정관사)')나 지시사들(OE의 'Þœt('that')')에게 영향을 주고 있다. 스웨덴어에서 '한정명사구(definite NP)'는 형용사의 한정적인(definite) 형식을 요구하는데, 한정사 구문을 만드는 그 형식적 특징은 영어에서의 것보다 스웨덴어의 것이 훨씬 더 일관적이다(Norde(2009)). 따라서 '-s 속격'은 GR의 접근법에서는 '탈문법화'의 케이스로 볼 수 있는 것이지만, 이는 '문법적 구문화'로 다시 고쳐 쓸 수가 있는 것이다. 이것은 바로 'form$_{new}$ -meaning$_{new}$'쌍이며, 여기에는 생산성과 도식성의 증가가 출현하고 있다.

Trousdale & Norde(2013)는 Langacker(2005)식의 용어로 말하면, 여러 가지 다양한 멤버들이 '거시적 – 한정사(determiner) 구문'으로 합쳐질 때, 거시적 – 한정사 구문 자체가 '구문화'을 겪는다고 한다. 이 한정사 구문은 현재 매우 '잡다한 상태'인데, 지속적으로 증가하여, 매 순간 새로운 미세 - 구문이 추가되면서 이로써 높은 도식성으로 변하게 된다. ModE에서, '형용사 > 한정사'라는 변화가 있었는데 이는 결국 새로운 양화사로 귀결되거나('certain', 'various' 등) 직시적인 사용으로 귀결되기도 하였다('my old job'에서의 'old' = 'former job')(이것은 Breban (2000), Van de Velde(2011) 참조). 한정사 구문을 영어에서 대체로 일관적이게끔(coherent), 그리고 하나의 구문으로 식별할 수 있게(identifiable) 만드는 것은 명사성 성분을 기반(grounding)으로 하는 기능적인 자질과 명사성 성분 앞에 나타나는 형식적 자질이다. 대부분의 스웨덴어 한정사들은 그들의 핵을 선행하지만 '한정성 접미사'의 경우는 예외이다(예컨대, 'kungen ('the king')', 'barnet ('the child')).[31]

그럼에도 불구하고, Trousdale & Norde(2013)는 '-s' 속격이 탄생한 것은 미세 - 구문 단계에서의 문법적 구문화의 전형적인 케이스가 아니라고 주장한다. 그들에 따르면, 여기서 합성성이 증가한 반면, 결합성이 감소했기 때문이다. 이것은 사실 분석가능성이 증가한 것이다(1.4 참조). 그 속격이 여전히 융합적 격 접미사였다면 그것은 명사성이나 형용사성 어간에서 분리할 수 없다. 더욱이 그것은 어간에 음운론적인 영향을 주었다. 즉, 영어에서는 무성마찰음이 속격 -es앞에서 유성음으로 바뀌었고, 스웨덴어에서는 속격 -s앞에서 장모음이 단모음으로, 그리고 유성자음이 무성음으로 바뀌었다(Norde(2009:168)). 이러한 경우들에서, 속격과 그것의 어간은 분리가 불가능하다. 그러므로 그 전체 의미는 구성요소들(parts)의 의미로부터 파생되었다고 보기 어렵다. 그러나 오늘날의 영어와 스웨덴어에서는 NP와 전접어적으로(enclitically) 결합된 속

---

31) 스웨덴어는 명사 앞에 형용사가 선행할 때 이중의 한정성을 갖는다. 예컨대, 'det söta barnet ('the sweet child')'가 있다.

격을 형태론적, 음운론적 모두에서 두 개의 다른 실체로 식별할 수 있다. 미세 - 단계에서의 합성성의 증가는 아마도 스웨덴어에서 가장 두드러질 것이다. 여기서 GEN은 어떤 수나 성의 명사에도 접합할 수 있고 '그룹 속격'이 점차 일반화될 때, 이 단계에서의 합성성은 지속적으로 확장하는 것으로 기대할 수 있다.

3.4.2 탈접사화debonding

'탈접사화'는 접사가 덜 문법적인 형식으로 변화하는 것을 말한다. 그러나 이 경우에는 접어가 아니라 자유 형태소로 변화하게 된다. 자주 거론되는 예는 에스토니아어의 긍정 불변화사 'ep('yes')'이 예전의 강세 접어에서 온 케이스이다. 음운적인 변화의 결과로 이 접어는 독립적인 불변화사로 재해석되었다(Campbell(1991:291)). 다른 예는 Connemara 아일랜드어에서 일인칭 복수 동사 접미사 '-muid'가 자립 대명사인 'we'의미로 변화한 예이다(Doyle(2002)). 그리고 노르웨이어 부정사(infinitive) 표지인 'å'가 탈접사화하는 것도 있다(Faarlund(2007)).

탈접사화는 문법화와 마찬가지로 그들이 작은 단계와 개별적 문맥에서 발달한다는 점에 있어서 '점진적'인 특징이 있다. 다만, 문법화나 문법적 구문화와는 달리, 문법적 항목이나 구문이 자립성이나 본질을 얻는 단계에서 대체로 다중이 아닌 단지 한 가지 변화의 단계만이 발생한다. 그러나 몇 가지 예외가 있다. 예를 들어, Finno-Ugric 언어인 Saami어에서는 격접미사 'haga('부재격(abessive case)')'는 후치사로 사용하게 되었다(Nevis(1986)). 이것은 일종의 탈굴절화의 예가 된다. 그러나 북쪽 방언에서는 그 후치사가 두 번째 단계에서 자유 부사로 사용하게 되었는데, 이것은 탈접사화의 예이다.

탈접사화와 관련하여, 아일랜드어 'muid'의 역사가 토론되고 있는데 (Norde(2009: 6.6 참조)), 그 가운데 Doyle(2002)의 설명이 그럴듯하게 보인다. 그에 따르면, 조기 현대 아일랜드어에서, 종합적(synthetic)인 형태인 '-maid(즉, 미래 1인칭 복수)'는 '동사 굴절의 분석적 형식'과 운율적으로 유사했다고 한다. 그리고 미래 패러다임에서 독립적인 대명사 'muid'[32]로 신분석되었다고 한다. 이때 이 '미래 패러다임'이란 주격 대명사들의 '의무화(obligatorification)'와 연결이 되어 있으며, 기존 굴절이 접어화의 방향으로 가는 일반적인 변화와도 연결이 되어 있다. 'muid'는 그때 다른 동사적 패러다임으로 일반화되어, 결국 기존의 '분석적 1인칭 복수 대명사'인 'sinn'을 대체하였다. 구문론적인 관점에서 보자면, 하나의 단계에서, '-maid'는 두 개의 구문을 예시하고 있는 것이다 (즉, 미래시제와 1인칭 복수). 나중에 자유 대명사로 쓰일 때, 형식과 통사적 분포에서는 차이가 났지만, 의미에서는 그렇지 않았다. 만약 그러하다면, '탈접사화'의 변화는 형태적, 구문적인 것이다. 그러나 구문화는 형식과 의미 둘의 변화를 요구하기 때문에, 이것은 구문화의 예가 아니다.

3.4.3 '현재'를 통해 '원래의 사용original uses'을 투사하는 것에 대한 경고[33]

감소와 증가된 의존성에 대한 일부 반례들이 있고, 또 확장의 특

---

32) Norde(2009:204)는 Doyle이 스펠링의 차이에 존재하는 형태론적인 중요성을 발견하지 못하고 있다고 언급하고 있다.
33) 이 절의 일부는 Trousdale(2012b)에 기초한 것이다.

별한 경로를 예측할 수 없기 때문에, "어떤 것들은 '공시적 변이(synchronic variation)'로부터 추론할 수 있다"고 하는 문법화와 구문적 연구들의 몇 가지 가정들은 위험할 수가 있다. 이러한 가정으로 아래에서 몇 가지를 볼 것인데, 먼저, 첫 번째 가정은 "변이는 역동적이고, 대체로 진행 중인 문법화를 보여준다."라는 것이다. 그러나 Pichler & Levey(2011)가 강조한 대로, 북동쪽 England의 자료에서 연장성분(extender)인 'and that', 'or something' 등을 통해 봤을 때, 변이(영어의 여러 방언에 있는)는 오히려 안정적일 수 있고, Cheshire(2007)가 제시했듯이, 항상 역동적인 구조적 변화를 반영하거나 문법화의 연속성을 반영하는 것은 아니다.[34] 두 번째, 가끔씩 논저에 보이는 가정은 "공시적 변이형은 문법화의 직접적인 결과"라는 것이다. 이러한 가정은 "가장 출현 빈도가 높고(token frequent), 가장 결합적인 '미래표지 문법소(future gram)'는 가장 오래된 것이다."라고 하는 Bybee, Pagliuca, & Perkins(1991)의 발견에 기초하고 있다. 그리고 또 "이전 역사는 출현 빈도수와 결합성의 정도를 관찰함으로써 재구성될 수 있다"라고 가설에도 기반하고 있다. 심지어 급진적으로, 언어의 진화는 GR의 원리에 근거하여 재구성될 수 있다고 가끔 추측하기도 한다(Heine & Kuteva(2007)).

한편, 구문문법의 논저에 있는 관련된 가정은 "가장 빈번하게 사용되고, 가장 확립된 구문은 가장 오래된 것이다"이다. 예를 들어, Langacker (2008:226)의 가설에 따르면, 가장 확립되고 가장 쉽게 활성화된 단위는 일반적으로 '원래의 구조'일 것이다. 이 원래의 구조는 바로 그 범주의 원형으로 간주될 수 있다. 마찬가지로, vein Jurafsky(1996:572)는 다음과 같이 주장했다. "'공시적으로 방사선적인(radial) 범주'들은 언어학자들

---

34) 그러나 이 연구자들은 사회적 변이에서는 불안정성을 발견하였다.

에 의해 형태소 의미의 고고학을 나타내기 위해 구성된 것이며, 이 과정에서 언어학자들은 관련된 링크로 작용하는 역사적인 관계를 설계한 것이다." 종종 공시적인 중심의미가 더 이른 의미를 반영할 수는 있겠지만, 여기서의 이러한 가정은 주의해서 다루어야 한다. 위의 Langacker(2008)와 Jurafsky(1996)는 '형식 – 의미의 쌍'보다는 주로 의미에만 관심을 갖고 있기 때문에 위와 같은 주장을 하였다. 어떤 집합의 형식이 변화를 하기 때문에, 그리고 의미와 형식이 대체로 동시에 변화를 하지는 않기 때문에, 어떤 '특별한 순간에 고도로 확립된 단위'와 '그것의 원래의 구조' 사이에 반드시 밀접한 관계가 있다고 추측할 수는 없다. 그러한 관계는 가설이 각각의 경우에서 입증이 되고 난 다음에 설정할 필요가 있다.

  'what with(이것저것으로, 이런저런 이유로)'의 역사를 통해서 이러한 문제를 살펴볼 필요가 있는데, 이것은 의미적으로 이유를 나타내고 통사적으로는 '절대적 부가어(absolute adjunct)'이다. 따라서 이것은 의미적, 통사적 모든 차원에서, 연속선 중 문법적인 끝에 위치하고 있다. 화용적으로 이것은 평가적(evaluative)이고 종종 부정적이다. COCA에서 이것은 동명사를 가진 비정형(non-finite)의 절을 이끌며(30a,b), 자주 과거분사와도 쓰인다(30c). 이것은 또한 병렬된 NP를 이끌기도 한다 (30a,b).

(30) a. ***What with*** the boyfriend coming back and all the confusion of the paramedics and neighbours, they couldn't find anything.

남자친구가 돌아 온데다가 의료대원과 이웃들이 한창 혼잡해지는 등 이런저런 이유로, 그들은 어떤 것도 찾을 수가 없었다. (2003 Becker, Great American [COCA])

b. At first, Uncle Martin hemmed and hawed. Finally, he said that, ***what with*** him still missing Aunt Nonny so much and Grace so far away, the only thing that could really make him feel better was···

처음에 Martin 아저씨는 헛기침을 하면서 말이 막혔다. 마침내 그는 Nonny 아줌마와 Grace가 매우 보고 싶다는 등 이런저런 이유를 말했는데, 그를 기분 좋게 만들 수 있는 것은 단지 ···였다. (2003 Trobaugh, Good Housekeeping [COCA])

c. Winnie was easy to see, ***what with*** the cars all gone. ***What with*** her standing in the middle of the new white concrete, looking betrayed.

차들이 모두 가버린 등 이런저런 이유로 Winnie는 보기가 쉬웠다. 또 그녀가 새로운 하얀 콘크리트 가운데 서있는 등 이런 저런 이유로, 배신 당한 것처럼 보인다. (2002 Reed, The Sleeping Woman [COCA])

COCA에서 봤을 때, 동명사가 가장 자주 'what with'와 결합하며, (30a)처럼 대개 각각의 논리적 주어와 결합한다.

우리는 서로 다른 구조들은 역사적으로 다른 시기에 출현한다는 것을 가정할 수 있다. 아울러 복합적인 절은 감소되면서 그들의 조직이 긴밀해진다고 하는 GR의 접근법에 근거할 수도 있다. 그랬을 때, 어떤 이는 위의 'what with'와 관련하여, 원래의 구문은 (30a)같은 서로 다른 주어의 절을 갖는 동명사나 분사 유형이었다가(이들은 보통 서로 다른 주어를 갖는다), 동일한 주어의 절이 나중에 발달하고, 이어서 병렬된 NP를 갖는 것이 가장 늦게 나온다고 생각할 수 있다. 이것은 동일한 주어를 갖는 비정형의 모문절(matrix clause)은 서로 다른 주어를 갖는 케이스보다 '더 강한 통사적 결합'을 가지기 때문이다(Kortmann(1991:5)). 그러나 구문의 역사는 매우 다양하게 나타난다(Trousdale(2012b)). Trousdale에 따르면, 'NP+NP 구문'이 오히려 가장 이른 것이었다. 그리고 이것은 ME시기의 초반에서 발견되고 있다. 또 최초에는 'with' 외에도 'for, through' 등의 몇 개의 전치사들이 'what' 뒤에 출현했었다. 그러나 그 이후 'what with'가 선호하는 표현이 되어 버렸다. 이것은 이른바 '특수화(specialization)'의 케이스(Hopper(1991))로, 한편으로는 또 Lehmann의 매개변수 (c) "계열적 변이의 감소"에 해당한다.[35] (31)과 같다.

(31) So   *what*   *with*   hepe   and   *what*   *with*   crok,
     so   what   with   pruning hook   and   what   with   crook
     Thei   make   her   maister   ofte   wine.
     they   make   their   master   often   win
     낫으로 하든지 갈고리로 하든지 하여 그들은 그들의 마스터를 가끔 이기게
     만들었다. (c1393 Gower, Confessio Amantis, 5.2872 [MED])

   그리고 동명사를 갖는 일부 예들은 18세기 CLMETEV에서 보이고 있
다. 대부분이 분명한 주어를 갖고 있지는 않지만 함축된 주어는 주절의
것과 동일하다.

(32) The corporal had already, – *what with cutting off the ends of my uncle
     Toby's spouts* – hacking and chiseling up the sides of his leaden gutters,

---

35) 다른 대부분의 고정 표현과 마찬가지로, 이것 역시 PDE에서 중간에 부사가 삽입된
   형식으로 다음과 같이 쓰이기도 한다. 'what especially with', 'what all with('in fact'
   와 'in actual fact', 'anyway'와 'any which way'를 비교해볼 것)' 등. 이들은 이러하나
   다른 것들 예컨대, 'beside', 'indeed' 등은 이렇게 나타나지 못한다. 이러한 현상은
   이들이 발생할 때 벌어지는 '합류의 정도'와 관련이 깊다. 그런데, 'anyway'에서 알
   수 있듯이, 하나의 단어 같은 형태라 하더라도 바로 합류의 정도라는 특징이 있기
   때문에 부사가 삽입되지 못하는 것은 아니다.

- melting down his pewter shaving-bason, - and going at last, like Lewis the Fourteenth, on to the top of the church, for spare ends, &c. - he had that very campaign brought no less than eight new battering cannons, besides three demi-culverins, into the field.

그 하사는 이미 - 나의 Toby 아저씨의 홈통의 끝 언저리를 잘라내기도 하고, 그의 물받이 옆을 난도질하고 조각하면서 - 그의 백랍 면도 대야를 녹이면서 - 그리고는 루이14세처럼 계속 가서, 그 교회의 꼭대기 좁은 언저리로 가는 등 이런저런 행위를 하면서 - 그는 여덟 문의 새로운 공격용 대포와 세 정의 데미 - 컬버린 포를 필드로 옮기려 하는 작전을 갖고 있었다.

(1759-67 Sterne, Tristram Shandy [CL 1])

CLMETEV의 모든 세 부분에 있는 다른 주어의 예들은 'what with' 뒤에 분명한 주어가 없이 출현하고 있는데, 이것들은 (32)와 동일한 텍스트에 있는 것으로 (33a)와 같다. (33a)에 있는 구조는 아마도 서로 다른 주어를 갖는 형식의 이른 시도로 보인다. 또는 그보다 앞서 나오는 'what' 구절에 의해 점화된 결과일 수 있다. 서로 다른 주어를 갖는 모든 다른 예들은 (33b)와 같이 동명사를 수식하는 소유자(논리적 주어)이거나 아니면 (33c)처럼 동명사보다는 비 - 수식의 명사구를 가지고 있다. 주어가 동지시적(co-referential)이든 아니든, 18세기를 통해, 'what with' 구문은 병렬(coordination)을 수반하기도 하는데, 어떤 때는 (33b)와 같이 반복적인 'what with'가 없이 병렬 연결되기도 한다.

(33) a. Chaste stars! what biting and scratching, and what a racket and a clatter we should make, ***what with** breaking of heads, rapping of knuckles, and hitting of sore places* - there would be no such thing as living for us.

순결한 별들! 머리를 부수거나, 주먹으로 두드리거나 아픈 곳을 때리는 등 이런 저런 방법으로, 우리에 의해 생겨난 깨물고 스크래치 난 것, 그리고 시끄러운 소음들 - 우리에게 있어서 생존만한 어떤 것도 없다. (1759-67 Sterne, Tristram Shandy [CL 1])

b. but **what with** *the Squire's drinking and swearing, and the young gentleman's extravagance, and her daughter's pride and quarrelling,* she is almost tired out of her life.

Squire가 술을 마시고 맹세를 하는 등의 이유로, 그리고 젊은 신사의 낭비 그리고 그녀 딸의 자신감과 언쟁 등의 이유로, 그녀는 그녀의 인생에서 거의 지쳐버렸다. (1783 Kilner, Life and Perambulations of a Mouse [CL 2])

c. I assure you, **what with** *the load of business, and* **what with** *that business being new to me,* I could scarcely have commanded ten minutes to have spoken to you.

내가 당신에게 장담하는데, 업무의 부담과 그 업무가 나에게 새로운 이유 등으로, 나는 당신에게 말할 수 있는 10분의 시간을 가까스로 쓸 수 있을 뿐이다. (1780-96 Burns, Letters [CL 2])

CLMETEV에서는 과거분사를 갖는 어떠한 예도 없는데, 이것은 곧 이들이 최근에 발달된 것임을 제시하는 것이다.

19세기 후반부에 가면, 이 구문은 확장하게 된다. 이때부터 서로 다른 주어를 표현하는 명사성 성분(nominal)을 가진 동명사의 사용이 (34)처럼 나타나기 시작한다.

(34) a. when she heard from my aunt how the poor things lived in uncleanness and filth, and how, **what with** *many being strangers coming by sea, and others being serfs fled from home,* they were a nameless, masterless sort, ⋯ she devised a fresh foundation to be added to the hospital.

그녀가 나의 아주머니로부터 그 불쌍한 것들이 더러움과 불결함 속에서 어떻게 살았는지를 들었을 때, 이들은 바다를 통해 오는 많은 낯선 이들이기도 하고, 집에서 탈출한 다른 노예들이기도 하는데, 그들이 이름도 없고, 주인도 없는 것들이라고 들었을 때, … 그녀는 병원에 추가될 수 있는 새로운 재단 하나를 고안하였다. (1870 Yonge, The Caged Lion [CL 3])

b. he always was an ingenious fellow, and **what with** *Rosy helping him with his plans and figures, and so on*, he got an extra good idea of mechanics.

그는 항상 재치 있는 친구였는데, Rosy가 그의 계획과 계산으로 그를 돕는 등으로 인해서, 그는 기계공학에 대한 매우 좋은 아이디어를 얻었다. (1857 Cummins, Mabel Vaughan [COHA])

이것은 구문변화이다. 왜냐하면 이것은 의미의 변화가 없기 때문이다. 나중에 COHA에 있는 예들에 따르면, 더 심화된 구문변화가 등장했다고 한다. 즉, 20세기에 동사적인 동명사에 있는 대명사적 논리 주어의 형태로 발전한 것이 등장하고 있다. ((35) 및 (30b)의 'him' 그리고 (30c)의 'her')

(35) I've always thought, **what with** *him fussing about 'grammar', and 'truth'*, he'd be a hard man to live with.

나는 항상 생각해왔다. 그가 문법과 진실을 융합하는 식으로 그는 함께 살기에 강한 사람이 되었다. (1922 Deland, The Vehement Flame [COHA])

종합해보면, 'what with' 구문의 역사는, 최초의 단계에서 전치사가 'with'로만 제한되는 것 이후에는, 점진적으로 확장해 왔다. 이 확장은 먼저 일차로 'what with NP + NP' > 'what with XP + XP(여기서 XP는

NP와 동명사 모두를 말한다)'의 확장을 하고, 마지막으로 'what with XP(XP)'로 확장을 한다. 그리고 명백한 주어의 존재는 오랜 시간에 걸쳐 증가한 것으로 보인다(Trousdale(2012b)). 이 역사는 바로 '비 수식의 명사성 성분(bare nominal)'에서 '동명사'로 가는 통사적 팽창과 숙주 확장의 케이스가 된다. 그리고 병렬 패턴이 선택적으로 바뀔 때, 통사적 제약이 느슨해지는 케이스도 된다. 여러 다른 주어 형식의 동명사를 갖는 'what with' 구문의 유행은 최근의 발달에 해당하며, 이것은 원래 구조의 모습을 반영하지는 않는다.

3.5 사례 연구: ALL- / WHAT-pseudo-cleft(의사 분열문)의 발달

3.2에서 봤듯이, 문법화와 관련하여 사람들은 대체로 '어휘적 > 문법적'으로의 변화라는 관점으로 생각하고 있지만, Meillet(1958[1912])는 비 - 어휘적인 요소의 문법화에 대해 언급한 바 있다. 어휘적 근원이 없는 문법화에 대한 관심은 최근에 높아져왔다. 대표적인 일련의 연구로 Diessel(1999,2012)의 연구가 있는데, 그는 다음과 같은 내용을 강조하고 있다. 먼저, 지시사(demonstrative)에 대한 어휘적 근원은 찾기가 어렵다. 또 지시사들은 대체로 독립적으로 탄생하는 경향이 있어, 사실상 어휘적, 문법적 항목들과는 별개로 범주화할 필요가 있다. 이 외에 또 Lehmann(2008)의 연구를 들 수 있다. 그는 '정보구조'와 '통사' 사이의 접촉면에 대해 토론하였는데, 이때 특히 '대조적 화제'와 '초점'에 포커스를 두고 있다. 또 하나의 일련의 연구는 Norgård-Sørensen, Heltoft & Schøsler(2011)에 의해 대표되는 것으로, 이들은 다음과 같은 내용을 주장한다: "어순의 패턴은 형태론적인 시스템과 동등하며(p.43), 발어내적

(illocutionary) 프레임, 양상, 텍스트의 결속성과 상호작용(우리의 용어로 네트워킹 되어 있다는 것임)하고 있다(p.230)." 그 외 다른 연구로 "담화 조직 내의 변화가 상호작용하며 통사적 구조에 영향을 줄 수 있는 방식"에 초점을 맞추는 것이 있는데, 여기에는 Hinterhölzl & Petrova(2009), 그리고 Meurman-Solin, López-Couso & Los(2012) 등의 연구가 있다.

여기서의 우리의 목적은 이 장에서 이미 논의했던 '문법적 구문화'의 국면에 대해 두 개의 '정보 – 구조화(information-structuring) 미세 – 구문'인 'ALL-/WHAT-pseudo-cleft(의사 분열문)'를 가지고 밝히는 것이다(이중 후자는 'WHAT-cleft'라고 알려져 있다).36) 이 둘은 'what 패턴(2010,2012)'의 하위유형으로, 이것은 PDE에서 'IT-cleft'와 'TH-cleft' 등(예컨대, 'The thing/the one that V BE X')을 포함한 보다 큰 구문 유형 패밀리로 간주할 수 있다. 여기서 우리는 '의사 – 분열문(pseudo-cleft)'의 발전에 대해 다음과 같이 그 개요를 그릴 수 있다.

"All/What I did/said was X", "All that/What happened was X"

우리는 ALL-/WHAT-pseudo-cleft(의사 분열문)에 대해 특히 'do'와 관련해 관심을 갖고 관찰하고자 한다(Traugott(2008c,2010b) 참조).

'의사 – 분열문(pseudo-cleft)'과 관련한 전통적인 분석은 이것의 기능을 '정보 – 구조화(information-structuring, 특히 초점 – 표지(focus-marking))'

---

36) 우리는 여기서 의사 – 분열문 발전에 대해 전체적인 것을 다루려고 하는 것은 아니다. 예를 들어, 우리는 여기서 TH – 분열문의 발전에 대해 다루지 않을 것이다. 아울러 '역 – 분열(reverse-cleft)'(예컨대, 'A red wool sweater is what I bought' 등)도 배제를 할 것인데, 이는 'do'와 관련이 없기 때문이다.(Ward, Birner & Huddleston(2002:1414))

로 보는 것이다. 현대 영어에서 몇 가지 핵심적인 특징들이 확인되고 있는데 아래와 같다(이에 대해서는 Prince(1978), Higgins(1979), Collins (1991), Lambrecht(2001), Ward, Birner & Huddleston(2002) 등 참조).

(a) 두 개의 절이 있는데, 그 중 하나는 관계절이다. 다만, 관계사가 융합되거나(What I did was party), 감소된 것이다(All I did was party).

(b) 구문의 일부분(주로 관계절)은 화자/청자가 공유하고 있고(given) 적어도 회복이 가능하다.

(c) 초점의 구성성분(계사(copula) 뒤에 나오는 X)은 포괄적이고 (exhaustive) 배타적인(exclusive) 나열(listing)로 해석된다.

(d) 'do'는 X 안에 있는 V와 동일한 사건을 가리킨다. (즉, do는 pro-V이다. 예컨대, 'What she did was leave'에서 'did'='leave') 그러므로 전체 절을 통해 '시간성(temporality)'이 일치하고 있다.

(e) All-cleft는 평가적(evaluative)이다. 이것은 화자/작자가 그 초점을 그다지 충분하지 않다고 여기는 것을 의미한다. 즉, 'all ≠ every-thing'으로, 이는 'only'로 교체가능하다.

TH-cleft는 다른 의사 분열문과 다르게 이것이 주어 자리에 'the thing/the one' 같은 한정적인 명사나 대명사를 갖는다는 점에서 좀 차이가 있긴 하지만, 많은 연구자들은 '의사 분열문(pseudo-cleft)'이 하나의 범주를 형성하고 이들은 각각 그 아래의 'What-cleft', 'TH-cleft', 'All-cleft'를 형성한다고 본다. 이 주장은 대체로 "의사 - 분열문(pseudo-cleft)이 비 - 분열(non-cleft) 상당어구를 갖고 있었고 이로부터 이들 분열문들이 파생했다"는 가정에 근거하고 있다. 예를 들어, (36b)는 (36a)로부터 파생되었다고 보고 있다.

(36) a. I went to the river. 나는 그 강으로 갔다.

　　b. All(that) I did was(to) go to the river.

　　　단지 내가 한 것은 그 강으로 가는 것이었다.

　Allerton(1991)에 따르면, WHAT-pseudo-cleft은 그가 말한 '더 정확한 말하기 방식'의 특징을 갖고 있다고 한다. 여기서 말하는 정확한 말하기 방식은 문어에 비해 구어 영어에서 상대적으로 더 구조화되어 있다. 그에 따르면, 구어 영어에서 WHAT-cleft의 'do'는 (37a)와 같이 X에 있는 동사에 초점을 맞추고 있으나, 다른 동사들은 (37b)와 같이 X에 있는 NP에 초점을 맞추고 있다고 한다. 그의 예는 아래와 같다 (Allerton(1991:475)).

(37) a. What John did a few days later was readvertise.

　　　존이 며칠 뒤 한 것은 다시 홍보하는 것이었다. (이것은 'John readvertised a few days later'의 분열문 버전)

　　b. What I'd like is a pint of beer.

　　　내가 원하는 것은 한 잔의 맥주이다. (이것은 'I'd like a pint of beer'의 분열문 버전)

　파생적(derivational) 분석법은 "간단한 문장은 기초가 된다(simple sentence is the base)"라고 주장한다. 그러나 이러한 분석법은 '비－파생적(non-derivational) 구문론적 관점'과는 맞지가 않는다. 또한 이것은 "대조적 분열문(contrastive cleft)은 역사적으로 간단한 '화제－설명절'보다 선행한다"라고 하는 Lehmann(2008)의 주장과도 맞지가 않는다. Patten (2012)은 분열문(cleft)에 대한 다양한 조기의 접근법들을 관찰하면서 더불어 IT-cleft에 대해서도 살펴보았는데, 그 후 "몇 개의 하위 유형을 갖는 '비 – 파생적 특수화 구문(non-derived specificational construction)'"이라고 하는 구문론적인 관점을 발전시켰다. 특수화된 의미(specificational meaning)는 곧 '계사적 관계(copula relation)'를 해석함에 있어서, '어떤 자질(property)이 지시물(referent)에 의해 이루어진 것'으로 보기보다 '한 집합의 구성원을 나열(listing)하는 것'으로 보는 것이다(Patten(2012:57)). 그녀는 '한정적인 NP'가 특수화한 해석을 가능하게 하는데 매우 안성맞춤이라고 지적한다. 왜냐하면 지시적인 표현은 제한된 집합을 구성하는 멤버들의 완벽하고 포괄적인 목록을 제공하는 것으로 이해되기 때문이다(Patten(2012:57)). 그녀는 또 의사 – 분열문들이 '특수화된 도식(specificational schema)'의 멤버이긴 하지만, 그럼에도 불구하고 의사 – 분열문들이 통일된 범주나 하위 도식을 형성하지 않는다고 주장한다. 그보다 이들은 보다 큰 '특수화된 구문'의 도식 내에 존재하는 개별적인 구문 유형이라고 할 수 있다. 그리고 '유사성'은 그들이 특수화된 구문 유형이라는 사실로부터 나온다.

Patten(2012)에 따르면, IT-cleft는 OE시기에 탄생하였다.[37] 구조적으로 이것은 원래 NP를 강조하는 것이었다(38a). 그리고 다양한 구조적 변화가 있었기 때문에 이로써 IT-cleft가 '의사 분열문'에 부분적으로 연결이 되고 있다. 그러다가 ME시기에 와서 이것은 부사구를 강조하게 되었고(38b), 그 후 현대 영어에서 이것은 절까지 강조하는 것으로 사용되게 되었다(38c).

---

[37] 이러한 분석은 Ball(1994)의 것과는 대조적인데, 그는 IT-cleft가 ME시기에 출현했다고 주장한다.

(38) a. þa   cwædon þa geleafullan, '*Nis   hit   na   Petrus*
       then said   the faithful,   NEG-is it   NEG   Peter

   þæt   þær   cnucað, ac   is   his ængel'.
   REL   there knocks   but is   his angel

   그런 다음 신자에게 말했다. "거기를 두드린 자는 Peter가 아니라 그의
   천사였다." (Ælfric, Catholic Homilies, I.34:474 [Patten 2012:172, citing Ball
   1991:39])

   b. Me troweþ þat *by þe prayers of þis holy mayde* it is
      Me believes that by the prayers of this holy maid it is

   þat þat place wan never ȝit destroyed.
   that that place was nerver yet destroyed

   그곳이 아직까지도 파괴되지 않았던 것은 이 성스러운 처녀의 기도 때문
   이었다고 생각한다. (a1387 John of Trevisa, Polychronicon [Patten 2012:197])

   c. *It is because high or low wages and profit must be paid*, in order
      to bring a particular commodity to market, *that its price is high
      or low*.

   그것의 가격이 높거나 낮은 것은 시장에 특별한 상품을 가져다줄 목적으
   로, 높거나 낮은 임금과 이익이 지불되어야 하기 때문이다. (1766 Smith,
   Wealth of Nations [CL 1])

마찬가지로 ALL-/WHAT-pseudo-cleft 역시 IT-cleft와 부분적으로 연
결이 되게끔 되었는데, 이것은 그들이 NP뿐 아니라 절까지도 강조하기
때문이다(Traugott(2008c), Patten(2012)).

'의사-분열문'은 16세기에 출현했다. 먼저, TH-cleft와 ALL-cleft가 탄
생했는데, 둘 다 1600년 즈음에 출현하였다. 그리고 몇 세대 이후에는
WHAT-cleft가 출현하였다. 이들은 모두 논쟁의 대화 환경에서 출현하

며 '대응적인(counteractive)' 입장을 함축하고 있다(5.3.6을 참조). 처음에 ALL-/WHAT-pseudo-cleft에 있는 동사는 거의가 제한적으로 'say'나 'do'('act')(즉 주요 동사로 사용)였다. 그중 'do'는 일부 LION: EEBO 텍스트에서 보이는데, 그 외에 또 CLMETEV에서 확장되어 나타나기도 한다. 여기서는 주로 '묘출적 대화'나 '이미 말한 것을 보고하는 것', 또는 '문학작품'에서 출현하고 있다. 그러나 놀랍게도, 이것은 OBP 자료에서는 나오지 않는다. 특히나 재판의 문맥에서는 어떤 사람이 한 일이 결정적으로 중요함에도 불구하고 출현하지 않고 있다. OBP 자료에서 의사 – 분열문에 있는 동사는 '화법(locution)' 동사이다.

우리는 먼저 3.5.1에서 ALL-/WHAT-pseudo-cleft의 선구자들에 대해 토론할 것이다. 그리고 3.5.2에서는 구문화된 의사 – 분열문의 조기 발전 모습을 볼 것이고, 3.5.3에서는 후기의 발전을 볼 것이다. 마지막으로 3.5.4에서는 문법화와 구문화의 이론 틀에서 나온 가설을 위해 의사 – 분열문이 어떤 증거를 제공할 수 있는지 토론할 것이다.

3.5.1 ALL-/WHAT-pseudo-cleft의 선구자

16세기 텍스트를 살펴보면, 풍부한 영역의 복수절(biclausal) 생산물들이 화자들에 의해 생산되었음을 알 수 있다. 이러한 복수절들은 'pseudo-cleft'의 성장으로 귀결되는 네트워크에서 새로운 링크를 가능하게 할 수 있는 자질을 갖고 있었다. 이 시기에는 화용적으로 특수화(specificational)된 구문이 있었는데 그것은 바로 IT-cleft였다. 이것은 이미 그 당시까지 오랫동안 존속해 왔던 것이다(위의 (38a)). IT-cleft는 단지 NP 또는 PP만을 강조하는데 사용되었기 때문에(위의 (38b)), 이후의 의사 – 분열문과 동일한 형식을 갖지는 않았다. 게다가 IT-cleft가 그것의 직접적인 모델이 되지도 않았다. 그러다가 새로운 TH-cleft가 출현하게 되었다. 그 무렵 TH-는 대명사 'that'이나 'the thing'이었다.[38] 이 구문은 너무 특수화된 것인 데다가 의사 - 분열문과는 형식이 달랐다. 가장 중요한 것은, TH - 요소는 (39)처럼 주어가 될 수 있으나 'All'과 'What'은 19세기까지 목적어였다는 것이다. 게다가 X는 (39a)처럼 명사도 될 수 있었다.

(39) a. Here stands my son, a banish'd man,
And here my brother, weeping at my woes.
But *that which gives my soul the greatest spurn*
Is dear Lavinia, dearer than my soul.

여기 나의 아들, 추방된 자가 서 있다. 그리고 여기 나의 형제가 나를 비통해하며 울고 있다. 나의 영혼을 가장 크게 혼내 준 이는 바로 사랑하는 Lavinia, 나의 영혼보다도 사랑스러운. (1594 Shakespeare, Titus Andronicus Ⅲ.1.99 [LION: Shakespeare])

b. *The thing which doth amate, and most anoy my mind,*
Is that my hard estate, no remedy can finde.

나의 마음을 당황하게 만들고, 또 가장 괴롭히는 것, 그것은 바로 어떠한 구제책도 찾을 수 없는 나의 어려운 상황이다. (1580 Gifford, A Posie of Gilloflowers [LION: EEBO])

그러나 이러한 특수화된 분열문의 존재는 의심의 여지없이 '유추적 사고'를 가능하게 만들었다.

---

38) 그러나 THAT-cleft는 지시사(demonstrative) that-cleft와 관련이 있을 수 있다. 이것은 바로 외치된(extraposed) 관계절(예를 들어, 'That's Susan on the phone')을 포함하고 있다(Patten, p.c.). 만약 이러하다면 이들은 또 다른 구문의 멤버라 할 수 있다.

의사 - 분열문이 출현하기 전에, 또 '좌측전위(left dislocation)'39)가 있었다. 이러한 유형의 구조는 ME시기에 매우 광범위하게 사용되었다가 EModE시기에는 쇠퇴하였다(Pérez-Guerra & Tizón-Couto(2009)). 좌측전위는 어떤 동사와도 출현하지만 그 중에서도 특히 'be'와 함께 쓰이는 것들은 의사 - 분열문과 구조적으로 표면적인 유사성을 갖고 있었다.

(40) a. ***What that he did or seid*** it was to geue us good ensamples.
What REL he did or said it was to give us good examples
그가 하거나 말한 것, 그것이 우리에게 좋은 샘플을 주는 것이었다.
(c1470 Bible F. [MED])

   b. Last of all, ***that that differs from any*** thing, that
Last of all, that which differs from any thing, that
cannot be the same that is not hit.
cannot be the same that is not it.
최후로, 어떤 것과도 다른 것은 (이는) 그것이 아닌 것과 같은 것이 될수는 없다. (1593 Queen Elizabeth, Boethius [HC ceboeth2])

그러나 좌측전위 역시 직접적인 근원이 되지 못하는데, 그 이유는 거기에 잉여대명사(resumptive pronoun)가 있어서 특수화되지 못하기 때문이다. 마찬가지로 (41)에 있는 이러한 것들 역시 직접적인 근원이 되지 못하는데, 이것은 X에 있는 서술어가 비한정적이거나 묘사적이고(41a), 또는 형용사적이고(41b), 부사적이어서(41c), 특수화되지 못하고 있다.

---

39) [역주] 어떤 구성소가 문장 좌측으로 이동하고, 원 자리에 대명사가 쓰인 경우를 말함. 예컨대,
   예) Many men would like to meet Sarah.
   Sarah, many men would like to meet her.

(41) a. *That which they outwardly did*, was a token of their mind, and a fruite of their faith.

그들이 표면적으로 한 것은 그들 마음의 상징이었고, 그들 신념의 결과였다. (1600 Abbott, Exposition [LION: EEBO])

b. Though *all that I can do* is nothing worth,
Since that my penitence comes after all,
Imploring pardon.

비록 내가 할 수 있는 모든 것이 아무 가치가 없지만, 결국 나는 속죄할 것이기 때문에, 용서를 빈다. (1600 Shakespeare, Henry V, Ⅳ. ⅰ.320 [LION: Shakespeare])

c. since that *all what I am* is in thy sight, I onelie say, that···

나의 모든 것이 당신의 눈 속에 있기 때문에 나는 오직 ···라고 말한다. (Ainsworth, Henry, 1571-1622? An epistle sent vnto tuuo daughters of VVarwick [LION: EEBO])

의사-분열문의 형식을 갖는 것처럼 보이는 몇 가지 예가 또 있다. 그러나 'to'가 뒤따르는 'do'를 갖는 복합 절의 경우에서, 'do'는 주요 동사로 '행하다, 수행하다(perform)'의 의미를 나타내며, 그 뒤에는 (42)와 같이 X안에 '목적'의 절이 뒤따르고 있다. 그리고 All-표현의 경우 (42a), 'All'은 'everything'의 의미이다.

(42) a. I loue thee dearer then I doe my life,
And *all I did*, was to aduance thy state,
To sunne bright beames of shining happinesse.

나는 나의 목숨을 사랑하는 것보다도 소중하게 그대를 사랑합니다. 그리고 내가 한 모든 것은 그대의 나라를 발전시키기 위한 것이었소. 반짝이

는 행복의 밝은 빛을 위하여. (1601 Yarrington, Two Lamentable Tragedies
[LION: EEBO])

b. Shal. Will you, upon good dowry, marry her?
   Slen. I will do a greater thing than that, upon your request, cousin,
   in any reason.
   Shal. Nay, conceive me, conceive me, sweet coz. *What I do* is to
   pleasure you, coz. Can you love the maid?

   Shal. 당신은 좋은 혼수를 가지고 그녀와 결혼할 겁니까?
   Slen. 나는 어떤 이유에서든 당신의 요구에 따라 더 위대한 것을 할 것입니다.
   Shal. Nay, 나를 이해해 주세요. 나를 이해해 주세요. 사랑스러운 사촌. 내
   가 하는 것은 당신을 기쁘게 하기 위한 겁니다. 그 처녀를 사랑할 수 있나
   요? (?1597 Shakespeare, Merry Wives of Windsor Ⅰ.ⅰ.250 [LION: Shakespeare])

정리하자면, 이 절에서 논의된 생산물들 중에서 단지 IT - 과 신흥의
TH-cleft만이 특수화된, 그리고 '포괄적인 나열(listing) 의미'를 갖고 있
다. 그러나 이들은 모두 의사 - 분열문과 동일한 통사적 제약을 갖고 있
지는 않다.

3.5.2 초기의 '의사 - 분열문pseudo-cleft'

16세기 후반에 의미상 특수화된 것처럼 보이면서 또 복수절 '의사 -
분열문'구조를 갖는 것처럼 보이는 예가 아래와 같이 나타났다(특히 복
수절 '의사 - 분열문' 구조는 이후 17세기 '의사 - 분열문'의 특징이 되고
있다).

[[NP NP V] [BE X]].

여기서 NP₁은 목적어이고 관계화된 것이다. (41b,c), (42a)에 있는 'all' 과는 달리, (43)에 있는 'all'은 'only'의 의미이고, X는 '사실에 입각한 것'이다.

(43) For it is more then death unto me, that her majestie should be thus ready to interpret allwayes hardly of my service,… **All her majestie can laye to my charge ys going a little furder then she gave me commis-sion for.**

그것은 나에게 죽음 이상이기 때문에, 여왕 폐하께서는 내가 표하는 경의에 대해 항시 해석할 준비가 되어 있는 것 같다. … 여왕 폐하께서 단지 나의 혐의에 내려주실 수 있는 것은 그녀가 나에게 주신 권한보다 조금 더 간 것에 대해서이다. (1585-6 Earl of Leicester, Letter to Walsyngham [CEECS])

(43)은 Leicester 백작이 쓴 편지에서 인용한 것으로, 그는 엘리자베스 여왕의 총신이었다. 내용은 반역죄에 대한 그의 체포와 관련한 것이다. 여기서 'all'은 'the only thing'이란 의미로 이해될 수 있으며, X는 "the fact that I went a little further than……"이다. 이것은 혁신으로 보이며, 일종의 '실례 생산물(token construct)'로 보인다. 가설을 하자면, Leicester는 무의식적으로, 특히 TH-cleft같은 특수화된 구문에 링크를 시키고 있었다. 그리고 또 'all'의 용법 중, "'all'이 충분한 것으로 여겨지지 않는 문맥"에서의 'all'의 용법에 링크하고 있다((41b)와 5.3.6 참조).

새로운 'ALL-pseudo-cleft'의 예들은 바로 후에 등장하였고, 그 뒤에 또 'WHAT-pseudo-cleft'가 등장하였다. 이들은 주로 'say' 같은 '화법' 동사나 'do'같은 것을 갖고 있다((44)참조). 여기서 'All'과 'What'은 목적어이다. 'do'는 대동사(pro-verb)이고, 'to'에 의해 유도되는 X는 비 - 목적성이다. X는 포괄적으로 이해될 수 있는데, 특히나 'only'가 등장할 때 그러하다((44b)참조).

(44) a. there is no possibilitie of overthrowing the new election… *all you can doe is to do some good for the tyme to come*, which if you can doe conveniently, and without much trouble, it wilbe woorth your labour.

새로운 당선을 전복시킬 가능성은 없다… 당신이 할 수 있는 것은 단지 다가올 시간을 위해 좋은 일을 하는 것인데, 만약 당신이 쉽게 할 수 있고 문제없이 할 수 있다면, 당신의 노력은 가치 있을 것이다. (1624 Oliver Naylor, Letter to John Cosin [CEEC])

b. thereby to insinuate, *That what he did, was only to Preach to such, as could not come to our Churches.*

그것에 대해 암시하자면, 그가 한 것은 단지 그렇게 우리 교회에 오지 못했던 그런 사람들에게 설교하는 것이었다. (1661 Stillingfleet, Unreasonableness of Separation [CEEC])

새로운 'ALL-pseudo-cleft' 미세 - 구문은 다음과 같이 공식화할 수 있다.

$$[[\text{All}_i \text{ NP V}][\text{BE X}_j] \leftrightarrow [\text{Anaphoric}_i, \text{Specificational class member}_i \text{ low on value scale}]]$$

마찬가지로 'WHAT-pseudo-cleft' 미세 - 구문도 아래와 같이 공식화할 수 있다.

$$[[\text{WHAT}_i \text{ NP V}][\text{BE X}_j] \leftrightarrow [\text{Anaphoric}_i, \text{Specificational class member}_i]]$$

이러한 예들을 통해 개별적인 의사 - 분열문의 구문화가 출현했다는 것 뿐 아니라 하나의 새로운 도식이 발전했음도 알 수 있다. 이 도식과 그것의 멤버들은 Meillet가 문법화를 위해 상상했던 그러한 시스템에 있어서 새로운 것들이다. '특수화하는 기능(specifying function)'과 '정보 구조(information structure)'라는 측면에서, 이 도식과 멤버는 IT-cleft 및 TH-cleft에 매우 밀접하게 네트워크 되어 있다. 그리고 여기서의 예들은 모두 '전방조응적(anaphoric)'이거나 적어도 회복가능하거나 화용적으로 접근가능한 선행사를 상기시키고 있다.

'do'를 갖는 매우 초기의 ALL-cleft는 가끔 'to'가 없이 출현하기도 하는데, 이는 바로 심화된 구문변화의 증거가 된다. 이것은 바로 'do'를 완전하게 다시 대동사로 구조화하는 것으로, 아래와 같다.

(45) What need'st thou woman such a whining keepe?
Thy sonn's as well as anie man ith' lande,
Why *all he did, was bidd a man but stande,*
And told him coyne he lackt.

왜 여자들은 그렇게 계속 우는 소리를 할 필요가 있는가? 너는 이 땅에 있는 그 어떤 남자들과 마찬가지이다. 어째서, 그가 한 모든 것은 단지 한 남자에게 서라고 말하고 그가 돈이 없다고 그에게 말하는 것뿐인가? (1616 Goddard, A Mastiff Vvhelp [LION: EEBO])

3.5.3 'ALL-/WHAT-pseudo-cleft'의 이후의 역사

텍스트 데이터에 따르면, 17세기 후반과 18세기에, '의사 - 분열문'의 관계절에 사용되는 동사의 집합이 'do, say' 등에서 'mean, desire' 등의 상태동사까지 확장되었다고 한다. 그리고 가끔은 자동사가 나오기도 했으나 19세기 중반까지는 타동사가 지속적으로 지배적이었다.

CLMETEV에서, 'what happened'의 최초의 예는 'What'을 주어로 하였고 (46)과 같이 자동사가 사용되었다.

(46) Here they again anchored on the 11th. Their reception was, however, very different. No crowd of canoes round the ship; no enthusiastic mass of natives on shore. Everything was silence. ***What had happened was that the king had departed,*** leaving the bay under 'tabu', i.e. a sacred interdict.

여기서 그들은 11번째 닻을 내렸다. 그러나 그들의 환영은 달랐다. 배 주변에 어떠한 카누떼도 없었다. 해안가에는 열렬한 원주민들의 모습도 없었다. 모든 것이 조용했다. 무엇이 일어났는가 하면 왕이 '타부' 즉 종교적인 금지령이 내려진 만을 남겨두고 출발했다는 것이다. (1768-71 Captain Cook, Journal [CL 1])

이 이후의 예는 100년 뒤에야 출현하는데, 그렇기 때문에 (46)과 같은 예는 일종의 '혁신'으로 보인다. 그러나 1868년부터 1914년까지 총5예가 출현하고 있다. 비록 재판에서 'what happened'와 관련된 '이야기 (narrative)'를 선호하면서도, OBP에 있는 첫 번째 예는 1901년 정도가 되어야 등장을 한다(47a). COHA에 있는 최초의 예는 1913년까지 올라가며(47c), '의사 – 분열문'에서 등장하는 'all that happened'의 최초의 예는 1920년까지 올라간다(47c). 이는 'happen'이 19세 후반 및 20세기 초에 '이야기(narrative) 의사 – 분열문'과 관련이 되었음을 알려주고 있다.

(47) a. I never hit the man at all. ***What happened was that Bignall turned round to me***; he threw his arm up, and I threw my arm up.

나는 그 사람을 전혀 때리지 않았다. 무슨 일이냐 하면 Bignall이 나에게로 돌아섰던 것이고, 그때 그가 그의 팔을 위로 던졌고 나는 나의 팔을

위로 던졌다. (1901 Trial of George Watson, t19010722-545[OBP])

b. There was no peace for us even on the Barrier. *What happened was that the entire feminine population – even in number – had thought fit to appear in a condition usually considered 'interesting'.*

심지어 그 장벽 위에서도 우리를 위한 평화는 없었다. 무슨 일이 생겼냐 하면, 여성 인구 전체, 심지어 수에 있어서도, 대개 '흥미로운 것'으로 간주되는 조건에서 나타나는 것이 적절하다고 생각했었다. (1913 Chater, South Pole [COHA])

c. He didn't commit adultery. I don't want you to think that happened. *All that happened was he bit my best girl, Nell Hunter, on the neck.*

그는 간통하지 않았다. 나는 당신이 그런 일이 발생했을 것이라 생각하지 않기를 바란다. 단지 일어난 일은, 그가 나의 가장 좋은 여자 친구인 Nell Hunter의 목을 물었다는 것이다. (1920 Anderson, Poor White [COHA])

자동사를 갖는 형식의 사용이 발전하면서, 19세기 중반에는 그 통사적 주형(template)이 다음과 같았다.

[[WHAT/ALL (NP) V] [BE X]]

이는 마치 TH-cleft와 같은데, 여기서 TH-는 (39)처럼 그 시작부터 주어였다.

ALL-cleft 중, 부정사 표지 'to'가 없는 'do'를 가진 것이 있는데, 이것은 매우 이른 시기에 출현하고 있다((45)참조, 이것은 1616년까지 올라간다). 그러나 WHAT-cleft 중, 'do' 뒤에 무표지 비 – 한정 절을 갖는 형식은 20세기까지 나타나지 않았고 그 이후에도 매우 드물었다. 이것의

초기의 두 예는 아래와 같다.[40]

(48) a. *what he did was put the items of the program in the order of their newly realized importance.*

그가 한 일은 프로그램 항목을 새롭게 깨달은 중요도의 순서에 따라 그 것들을 배열하는 것이다. (1929 American Electric Railway Assoc. [Google Books, accessed April 12th 2011]

b. *What Meher Baba did was eat, play ping pong and cricket with his follower.*

Meher Baba가 한 것은 그의 추종자들과 먹고, 탁구하고 크리켓을 한 것 이다. (Feb 25 1932 Time [TIME])

Rohdenburg(1998:195)는 'do'를 갖는 ALL-cleft에서의 'to'의 백분율이 매우 낮다는 것을 연구를 통해 보여주었다(1991년의 Guardian에서는 17%, 1991년의 'Washington Times'에서는 7.8%이다). 그러나 이러한 'to'의 백분율은 'all, what, thing(s)'를 갖는 '의사 – 분열문'에 있어서는 매우 높았다(1991년의 Guardian에서는 32.4%이다). 특히 'do'를 가진 WHAT-cleft에서는 50.3%까지 되었다(1994년의 'The Times'와 'Sunday Times'에서 그러함, Rohdenburg(1998:196)). 이러한 사실을 통해, 20세기 후반에 WHAT-cleft로의 중요한 변화가 발생했음을 확인할 수 있다. 지 난 300년 동안 'do'를 가진 WHAT-cleft는 'do'를 가진 ALL-cleft와 직접 적으로 매치되거나 그것에 기초하지 않았었다. 그러나 20세기 중반에, WHAT-cleft는 원래 자주 출현했던 ALL-cleft보다도 훨씬 더 자주 사용 되게 되었다. 그리고 'do'를 갖는 WHAT-cleft 내의 'to'는 감소하였고,

---

40) 이 두 예와 관련하여 Christian Mair에게 감사를 표한다.

유추화를 겪었든 아니면 일반적인 감소 과정을 겪었든, ALL-cleft와 훨씬 더 유사하게 변하였다.

현대의 대화 자료를 조사하면서, Hopper & Thompson(2008:105)은 '단일절(monoclausal) 구조' 속에서 'event, action, paraphrase(바꿔 말하기)' 등의 범주의 관점으로, 이 목록에서 WHAT-cleft가 대화의 틀을 짜고 있다고 주장하였다. 그들의 견해에서 이 구조는 비 - 복수절이고, 의미/화용론적으로 이들은 반드시 전방조응적이거나 특수화되어 있지는 않다. Hopper & Thompson에 따르면, 적어도 WHAT-cleft에서 가장 자주 출현하는 동사들의 경우에(이를테면, 'do, happen, say' 등), 최초 앞부분은 일종의 '최초의 공식(initial formula) 또는 '프로젝터(projector)'인데(또한 'set-up'으로 불리기도 한다. Massam(1999), Zwicky(2007) 참조), 이는 그 뒤에 바로 따라 나오는 텍스트를 부각시키는('project') 기능을 한다. 다시 말해서, 일종의 '후방조응적(cataphoric)'인 기능이다. '프로젝션(projection)' 개념에 따르면(Auer(2005)), 대화참여자는 말해질 것에 대한 기대를 갖고 있고 그 목적을 위해 규칙화된 단서를 발견하게 된다(Hopper (2008:281) 참조). '의사 - 분열문'에 있는 프레임은 우리가 [WH (NP) V BE]라는 표기법으로 나타낼 수 있는 상대적으로 고정된 프로젝터 이다(여기서 BE가 프로젝터에 속하는 것에 주의). 이 프로젝터는 'X'에 대해 "곧 있을 담화에서 매우 중요한 것"으로 평가하고 있다. 최초의 앞부분은 청자를 위해 일종의 단서로서 제공된다. 이 단서는 바로 화자가 그 다음에 중요한 것으로 무엇이 뒤따르는지에 대해 평가할 수 있는 것이다. 바로 이러한 이유 때문에, 'event'나 'paraphrase'의 발표를 위한 프로젝터 없이도 분열문 구조가 선호되는 것이다.

Hopper & Thompson의 예들은 대화로부터 추출할 수 있다. 우리는 비격식적인 저술과 상대적으로 격식적인 구어적 환경에서, 단일절

(monoclausal) 분석에 대한 증거를 찾을 수가 있다. (49a)는 "Sunday Inquirer"라고 하는 잡지의 스토리에서 인용한 것이고, (49b)는 "대학교라는 환경의 '문화 간의 모임'이란 자리에서 주임이 한 오프닝 멘트"라고 하는 문맥에 출현한 것이다.

(49) a. Nikki Caine, 19, doesn't want to be a movie star. ***What she hopes to do is be a star on the horse-show circuit.***

19세의 Nikki Caine은 영화 스타가 되길 원하지는 않는다. 그녀가 하길 원하는 것은 마술(馬術)쇼 순회경기의 스타가 되는 것이다. (10/10/1976 Today, p.44 [Prince 1978:887])

b. so ***what I'd like to do is*** *I think it would be very helpful for one of our colleagues to volunteer to as we say in # in Scotland start the ball rolling* cause we really love football.

그래서 제가 하고 싶은 것은 우리의 동료 중 한명이 우리가 스코틀랜드에서 말하는 것처럼 자원해서 공을 굴리는 것을 시작하는 것이 매우 도움이 될 것이라고 생각하는데, 우리는 축구를 정말 좋아하기 때문입니다. (Spencer-Oatey and Stadler 2009)

(49a)에서 'do'는 X의 'be'를 위한 일종의 대동사이다. 이 'be'는 'come to be'로 이해된다.[41] 그래서 이것은 완전히 상태적인 것은 아니다. 그럼에도 불구하고, 이것은 또한 'do'가 대체할 수 있는 동사들의 숙주적 확장을 보여줄 뿐 아니라, '의사-분열문'의 첫 번째 및 두 번째 파트 간의 링크를 약화시키는 것도 보여주고 있다. (49b)는 매우 '말끝을 흐리는 애매한(hedged)' 언급이다. 여기에는 'what I'd like to do'와 그 뒤

---

41) 이와 관련하여 Eric Smitterberg에게 감사드린다.

에 따르는 것 사이의 직접적인 구조적 링크가 없다. 그러나 X는 '당신들 중 하나가 지원해주기를 요구하는 것'을 함축하고 있다. 그리고 이 말을 하는 주임이 모종의 아젠다를 설정할 것으로 기대되기 때문에, 여기에 는 뭔가 예측할 수 있는 가정이 존재한다.

20세기를 거치면서, 'do', 'happen', 'say'가 WHAT-cleft 내의 동사로 가장 자주 출현하는 것으로 되었다. Hopper(2001)에 따르면, COBUILD 말뭉치에서 'do'는 118회, 66%, 'happen'은 23회 13%, 'say'는 15회 8% 출현한다고 한다. 그리고 Koops & Hilpert(2009)에 따르면, 1980년대의 SBCSAE 말뭉치에서는 'do'가 55회, 'happen'이 17회, 'say'가 6회 출현한 다고 한다. 'want'나 'mean'같은 다른 동사들은 출현 빈도가 매우 낮 다.42) 그래서 17세기의 (50a)와 같은 유형의 구문으로부터 20세기말 (50b)의 유형과 같은 것으로 변화한 것으로 나타나고 있다(이때 다만 가 장 빈도수가 높은 'do, happen, say' 등의 동사들과 함께 나타나고 있다).

(50) a. [[All/WHAT$_i$ NP V][BE X$_j$] ↔ [Anaphoric$_i$, Specificational class member$_i$]]

  b. [[All/WHAT (NP) V BE [X$_j$] ↔ [Cataphoric framing - Event$_i$]]

만약 이러한 분석이 맞는다면, 우리는 이것이 Lehmann(2008)이 일찍 이 논의했던 '복수절'로부터 '단일절 구조'로 감소하는 어떤 성격을 갖 고 있다고 말할 수 있다(위의 3.2.1참조). 그러나 이것은 "화용적인 관계

---

42) Koops & Hilpert(2009)는 WHAT-pseudo-cleft를 초점 구문이라고 해석하고 있고, 이 것을 특수화한 담화 기능으로 제한하지 않기 때문에, 이들은 이 목록에 다른 WHAT-표현들도 포함시키고 있다. 예컨대, 'what is more/worse/importance BE X'가 있다. 그리고 이들 대부분은 후방조응적이다.

가 그들의 특수성을 잃는" 케이스(Lehmann(2008:213))라기보다 여기에는 모종의 화용론적인 변화가 존재하고 있다고 보는 게 낫다. 이는 다시 말하면, '배경의 지시물들을 확인해주는 것'과 관련된 특수화된 화용이 '다가올 담화를 나타내는' 화용에게 양보를 해준 것이다. 즉, 원래 주관적이었던 화용(화자가 지시물과 배경을 확인하는 것)이 훨씬 더 상호작용적(화자가 청자에게 청자가 신경 써야할 메타텍스트적인 단서를 주는 것)으로 변한 것이다. 그러나 주관적이었든, 상호작용적이었든 둘 다 그렇게 특수한(specific) 것은 아니다.

가설에 따르면, WHAT-cleft를 프로젝터로 사용하는 것은 두 가지 근원이 있다고 한다. 하나는 'What I said was this: X' 와 같은 공식의 발전이다. 이러한 공식은 OBP에서 18세기 후반에 나타나기 시작했다((51a) 참조). 그리고 또 하나는 'What happened was this'라는 공식이다(51b).

(51) a. he says, as near as he can guess, **what he said was this**, *that he seizes a person's hand near his pocket*, which appeared to be the prisoner, and therefore he believed him to be the person.

그가 말하길, 그의 추측에 따르면, 그가 말하고자 하는 것은 이것이다. 즉, 그가 이 주머니 옆에서 한 사람의 손을 잡았는데, 이것은 죄수처럼 보였기 때문에 그는 그가 그 사람일 것이라 믿는다. (1789 Trial of George Barrington, t17891209-18 [OBP])

b. But I knew at once that he had undone me! **What happened was this**. *The audience got together, attracted by Governor Gorges's name* ···

그러나 나는 한때 그가 나를 몰락시켰다는 것을 알았다! 어떤 일이 발생했냐 하면 바로 이러하다. 청중들이 한데 모였고 주지사 Gorges의 이름에 의해 매혹되었다. ··· (1868 Hale, If, Yes and Perhaps [COHA])

이 두 공식은 전방조응적이기도 하지만 후방조응적이기도 하다. 그리고 가장 그럴듯한 근원은 '의사 – 분열문' 구문이 자동사까지 확장되는 것이다. 왜냐하면 이것은 특별히 최초 앞부분이 적어도 일부 화자들에 의해 'so'와 유사한 '이야기 프로젝션 표지(narrative projection marker)'로 재해석되게 만들기 때문이다. 'do'를 갖는 What-cleft에서 'to'가 소실되는 것은 아마도 변화의 전조일 것 같다. 이것을 통해 변화라는 것이 20세기 후반까지 나타나지 않았음을 알 수 있다. 그리고 이러한 발전은 아마도 18세기 중반부터 'the fact/ problem/ point is' 같은 대규모 프로젝터의 발전에 의해 간접적으로 영향을 받았을 것이다(Curzan(2012)). 다만, 이 가설은 앞으로 더 규명할 필요가 있다.

3.5.4 토론

TH-/ALL-cleft가 1600년 즈음에 출현하였고, WHAT-cleft는 그보다 좀 이후에 출현하였는데, 이것은 대조적, 반의적 문맥에서의 새로운 미세 – 구문발전의 주요 예로 인식할 수 있다. Traugott(2008c)은 '의사 – 분열문'을 일종의 정보 – 구조화, 특히 초점 – 표지 기능을 갖는 구조로 보았고, 그러면서 일찍이 다음과 같이 주장한다. "이들 구조는 정보 – 구조화 패턴의 고정화를 수반하고 있고, 특히 'do'의 경우에 구체적인 '의미론적 의미(semantic meaning)'를 소실하였기 때문에 일종의 문법화의 예이다." 그녀에 따르면, 'WHAT-cleft(ALL & TH-cleft도 가능)'가 단일절 구조로 더 심화하여 발전하는 것은 Lehmann(2008)이 말한 문법화 유형의 예로 해석할 수 있다고 한다. 그것은 바로, "역사적으로 최초의 복수절 cleft 구문은 대체로 대조적, 논쟁적 문맥에서 출현하는데, 결국 하나의 단일절로 감소하게 된다"라는 것이다. 그들은 또한 Himmelmann(2004)의 세 가지 유형의 확장 증거를 제시한다. 여기에는 먼저 '의미－화용적 확장'이 존재하는데, (39)~(42)와 같은 묘사적, 목적적인 것들과 더불어 '포괄적인 나열(listing)'을 암시하는 그런 구문의 발달이 이루어졌고, 또 제한적인 'only' 의미를 'all'에 배정하게 되었다. 한편, 20세기에는 자주 출현하는 동사로 구성된 '의사－분열문'이 WHAT-cleft에서 새로운 담화 기능을 갖기 시작했는데 그것은 바로 'event, paraphrase' 등의 틀을 짜는 것이다. (이것들이 바로 의미－화용적 확장이다) 두 번째로 '숙주부류(host-class) 확장'이 있다. 여기에는 도식 내 'V'의 동사 집합이 'mean, desire, want, happen' 등으로 확장된 것이 포함된다(처음에는 'do, say'였다). 또한 'X'에 있는 동사도 확장이 되었다('be'의 사용). 세 번째로 비록 여기에 '형태적 감소'라는 것이 있긴 하지만, 그래도 '통사 확장'도 존재한다. 대표적으로 선택적 통사구조가 여기에 들어온 이후부터, 'do'를 갖는 원형부정사가 WHAT-cleft와 함께 사용되기 시작했다. 우리는 이러한 모든 요소들이 동일하게 '문법적 구문화'에 적용된다고 본다.

  '가능한 유추'와 관련하여, 최초의 ALL-/WHAT-cleft는 TH-cleft에 의해 직접적인 영향을 받지 않은 것이 분명하며, 적어도 주어로 사용되는 것과 관련해서는 그러하다. 더욱이, 'do'를 갖는 ALL-cleft는 이미 오래 전부터 비－한정의 X에서 'to'를 요구하지 않은 반면, 'do'를 갖는 WHAT-cleft는 250년이 넘도록 'to'를 요구하였다. 그러므로 밀접한 '구문적 샘플 패턴 매치(constructional exemplar pattern match)'라는 차원에서 볼 때, 부분적인 유추화의 증거는 거의 없다. 그러나 IT-cleft와 TH-cleft를 포함한 '특수화 cleft'의 보다 큰 네트워크에 대한 관계를 무시할 수는 없다. 우리가 3.5.1에서 언급했듯이, IT-cleft는 '의사－분열문'에 대한 직접적인 조상은 아니었다. 그러나 오랜 시간에 걸쳐, IT-cleft는 이것이 NP와 부사적 표현은 물론 절까지 허락한다는 점에서, '의사 - 분열문'의 것들과 훨씬 더 밀접하게 연결될 수 있는 구조를 갖게 되었다. 마찬가지로, ALL-/WHAT-cleft도 확장된 NP의 용법으로 IT-cleft와 훨씬 더 밀접하게 연결되었다(예컨대, 'What she wanted was his property again'). 이로써 '특수화 분열문 가족(specificational cleft family)' 내에 구조들 간의 연계가 존재하게 된 것이다. IT-cleft와 '의사 - 분열문'의 형식은 매우 다르다. 그래서 이 패밀리의 멤버들은 하나의 도식에 속하지는 않는다. 특히나 Goldberg의 "각각의 교점은 지배적인 교점의 자질을 계승한다"라고 하는 기준에 의하면 그러하다(2.4.2 참조). 그러나 이들은 바로 '특수화'와 '분열문'이란 측면에서 그 네트워크 안에서 매우 밀접하다고 볼 수 있다.

마지막으로, '의사 - 분열문'의 '복합성'과 '특수성'이 이 구문을 위한 경쟁적인 동기화 요소들 사이의 재경쟁(즉, 지속적인 상호작용)에 대해 모종의 증거를 제시한다는 점에 주목할 수 있다. 이 동기화란 Goldberg (1995:67-68)가 '최대 표현력의 원리(Principle of Maximized Expressive Power)'와 '최대 경제성의 원리(Principle of Maximized Economy)'라고 명명한 것이다. 먼저 전자는 "구문은 적절한 의사소통을 위해 최대화된다"는 것이고, 후자는 "서로 구분되는 구문의 수는 가능한 한 최소화된다"이다. 이것을 구체적으로 설명하면 다음과 같다. 한편으로, 언어 사용자들은 각 개별 구문의 디테일 속에서 명쾌함과 특수성을 추구하기 때문에, 그 결과 구분되는 구문들의 수가 증가하게 된다. 다른 한편으로 언어 사용자들은 언제든지 가능하면 일반화를 추구하기 때문에, 그 결과 동일한 시스템으로 귀결된다. 이러한 '표현력'과 '경제성'의 상호작용은 두 원리가 상호 간 서로 제약하는 것을 의미한다(Goldberg (1995:69)). 그러한 제약이 없다면, 언어 사용자들은 17세기에 [[All NP

V] [BE X]]란 형식보다도 일반적인 도식 형식으로 [[All NP V] [V X]]를 발전시켰을 것이다. 그러나 이것은 너무 지나치게 일반화되었다(우리는 'All/what Jane did went talk about it'과 같은 예를 발견하지 못하고 있다). 그 대신, 하나의 '부분적 도식'인 미세 - 구문으로서, 여기서 특수한 동사 'be'가 필수적 구성요소로 그 자리(slot)에서 매우 독특한 멤버가 되는 구문이 나왔다.

'의사 - 분열문(pseudo-cleft)'이 보여주듯이, 구문적 네트워크는 끊임없이 변화를 겪는다. 그러나 그러한 변화는 '경제성'과 '표현력'이란 두 원리에 의해 확인가능하다. 먼저, '경제성'은 도식적 구문의 성장을 유발한다(왜냐하면 그들은 가장 일반적이기 때문이다). 이에 반해, '표현력'은 특수한 구문의 출현을 유도한다(왜냐하면 그들은 가장 디테일한 것을 제공하기 때문이다).

3.6 요약

이 장에서 우리는 문법적 구문화에 의한 허화적 구문의 발달에 초점을 맞추고 살펴보았다. 그리고 이러한 구문화라는 접근법이 문법화로 알려진 연구 패러다임에 의해 이루어진 통찰력을 어떻게 수용하고 강화할 수 있는지도 살펴보았다. 그래서 우리는 아래와 같이 제안한다.

(a) 문법적 구문화란 허화적인 기능을 갖는 'form_{new}-meaning_{new}의 기호'가 일련의 작은 단계의 변화를 통해 출현하는 것이라 할 수 있다. 문법적 기호는 화자가 어떻게 절 내부에 있는 지시물들 간의 관계를 개념화하고 또 청자가 어떻게 그 절을 해석하는지 단서를 제공한다. 대부분의 경우에서, 문법적 구문화는 어휘적 의미의 소

실을 수반한다. 그러나 그 근원은 '의사 - 분열문(pseudo-cleft)'에서 봤듯이 비 - 어휘적일 수 있다.

(b) 구문론자들의 관점은 '확장(GE)'으로서의 문법화 모델을 지지한다. 동시에 그것은 '감소와 증가된 의존성(GR)'이라고 하는 문법화 모델과 양립할 수 있다. 이것은 왜냐하면, 문법적 구문화는 구문 - 유형과 사용의 범위 측면에서 '확장'을 수반하지만, 다른 한편으로 형식의 '말덩어리짓기(chunking)'와 '고정화(fixing)'도 포함하기 때문이다. 확장은 바로 반복(repetition)과 말덩어리짓기(chunking)의 결과로 나타난 감소의 논리적인 결과물이다.

(c) 확장과 감소는 서로 얽혀있다. 예컨대, '탈색(어휘적 의미의 소실)'은 '확장된 사용'으로 귀결될 수 있는데, 이것은 다른 한편으로 기호의 감소가 이어지게 된다. 문법적 구문화는 단지 부분적 방향성만을 보여준다. 그 이유는 확장 이후, 구문들이 '주변화'와 '위축'이 되는 경향이 있기 때문이다.

(d) 문법적 구문화는 변화의 결과물이지 과정이 아니다(Joseph(2001, 2004) 참조).

(e) 탈문법화는 문법화에 대해 GR식 접근법에 의존하고 있는 것으로, 이는 구문론자들의 관점에서 다시 생각해볼 수 있다. 특히 '탈굴절화'의 예들의 경우, 특수한 환경 하에서 나타나는 '도식성 확장'의 케이스로 보인다.

(f) 유추적 사고는 생산성과 도식성의 증가에서 매우 중요한 요소이다. 유추화는 새로운 미세 - 구문이 (하위)도식으로 할당되는 것을 설명할 수 있다.

(g) 구문론적 접근법은 '형식과 의미의 다양한 국면'에 대해, 이것이 '한 구문의 다양한 자질'에 걸쳐서 분포하는 것으로 구축한다. 따

라서 한 구문의 생성과 그 이후 일어나는 역사라고 하는 두 가지 차원의 점진적인(step-wise) 상호작용을 구성할 수 있다.

조기 문법화 연구에 대해서, 구문론적인 관점은 문법적 구성을 할 때 '형식과 의미' 두 차원을 동등하게 고려해야 할 것을 요구함으로써 모종의 공헌을 하고 있다. 그 결과, 이 등식의 다른 측면 즉, '형식의 변화로서의 문법화' 또는 '의미의 변화로서의 문법화'라는 연구에서 항상 은연중에 존재하면서도 단지 '배경'이 되어왔던 측면이 전면으로 이동하게 되었다. 마찬가지로, 구문들 사이에 존재하는 네트워크는 '유추적 사고'와 '유추화'가 문법적 변화에서 어떤 역할을 하는지에 대해 생각할 수 있는 중요한 이론 틀을 제공하고 있다.

GR로서의 문법화는 '모듈적 문법 이론'을 생각하면서 발전한 것이다. 역시 GE의 경우는 문법에 대한 '덜 제한적인 견해'를 생각하면서 나온 것이다. 문법화에 대한 연구결과는 문법적 구문화 연구의 기초가 되고 있고 또 계속 그렇게 될 것이다. 왜냐하면 이것은 미세-변화를 위한 증거를 제공하기 때문이다. 이러한 미세-변화는 결과적으로 문법적 구문화가 되기도 하고 또 그런 문법적 구문화로부터 미세-변화가 비롯되기도 한다. 그리고 이러한 미세-변화는 또 도식에 채용될 가능성도 있다. 문법화가 발생하는 시기는 바로 문법적인 'form$_{new}$-meaning$_{new}$의 쌍'이 등장하는 시기를 식별할 수 있는 핵심이라 할 수 있다. 앞에서 나타나는 것은 곧 구문변화를 가능하게 하고, 이로써 구문변화가 뒤따르게 한다. 이러한 구문변화에는 종종 형태음운적인 감소 뿐 아니라 유추적인 확장도 수반된다. 한편, '방향성'의 문제는 변화를 이해하는 데는 중요하지만, 문법적 구문화의 기준이 되지는 못한다. 왜냐하면 방향성 현상은 주로 GR의 관점으로 식별할 수 있는데, 이 관점은 '항목'의 생성, 발전에만 포커스를 맞추고, 그 항목이 생성, 발전하는 '문맥', '집합', '도식'은 등한시하기 때문이다. 유추화를 포함한 모든 변화는 신분석이며, 유추화는 구문의 생성, 발전을 위한 매우 중요한 요소이다. 문법에 대한 '비 - 모듈적 견해'는 일반적으로 관습(routines), 말덩어리(chunks), 집합(sets), 도식(schema)을 우선시 한다. 그리고 이것은 문법적 변화가 전통적인 문법화의 견해에서 제시했던 것보다 훨씬 더 광범위함을 보여준다.

4. 어휘적 구문화

4.1 도입

이 장에서 우리는 어휘적 구문화에 대한 우리의 견해를 상세하게 제시할 것이다. 그 과정에서 기존의 어휘화 연구 성과들과의 관련성에 주의를 하면서 살펴볼 것이다. 3장에서 보았듯이, 언어 변화에 대한 구문론적 접근법으로 인해, 연구자들은 문법적 구문의 발달에 대해서 '자립적인(substantive, 또는 내용적) 구문화'는 물론 '도식적인 구문화'의 관점에서도 재고하게 되었다. 이러한 현상은 어휘적 구문화에 대해서도 동일하게 적용될 수가 있다. 구문화의 결과물은 언어 네트워크에서의 하나의 새로운 교점으로, 이것은 연속선(continuum)상에서 더 '내용적(contentful)'인 극단으로 향할 수도 있고, 더 '허화적(procedural)'인 극단으로 향할 수도 있다. 이 장에서의 우리의 포커스는 역시 새로운 기호 즉, 'form$_{new}$-meaning$_{new}$의 쌍'의 생성, 발달이나, 다만 그 '의미의 극단'은 주로 구체적인 의미론적 체계(semantics)와 관련이 있고 '형식의 극단'은 N, V, ADJ 등의 주요 범주(주로 내용어)와 관련된다.

이 장은 다음과 같이 구성된다. 4.2에서 우리는 어휘적 도식을 포함한 어휘적 구문에 대한 우리의 접근법을 소개할 것이다. 4.3에서는 과거에 '어휘화'란 용어가 통시적 언어학 연구에서 사용되었던 방법에 대해 생각해 볼 것이다. 먼저, 4.3.1에서는 '문법적인' 것과 '어휘적인' 것을 분리된 것으로 보는 그런 '입장'에 대한 과거의 토론을 기초로 하여, 통시적 어휘화가 다루어져 왔던 방법에 대해 논의를 시작할 것이다. 그리고 4.3.2에서는 하나의 특수화(또는 개별, specific) 표현(즉, 비 - 도식적 표현)의 목록에 있는 재료를 중심으로 살펴보고, 4.3.3에서는 이 문제들을 조화시키는 방향으로 갈 수 있는 구문론적 접근법을 중심으로 살펴볼 것이다. 4.4에서는 1.4.2에서 확인된 구문화의 성격들 즉, 생산성, 도식성, 합성성의 변화에 대해 어휘적 구문화의 차원에서 살펴볼 것이다. 3.4에서 우리는, 문법적 구문화에 방향성의 정도가 존재하고 있으며, 허화적인 기능을 발달시키는 구문들은 대체로 보다 도식적이고 생산적이되 덜 합성적이라고 보았다. 어휘적 구문의 발달 역시 문법적 구문과 마찬가지로 확장과 도식성 둘을 수반하는 것으로 나타나기 때문에, 이러한 위의 요소들이 계속해서 적용이 되고 있다. 그러나 어휘적 구문화에서는 위의 것들이 방향성을 위해서는 그다지 예언적이지는 못함을 보여주고자 한다. 한편, 주요한 자료 분석은 4.5와 4.6에서 이루어진다. 이 둘은 결과물의 종류에 의해 구분이 되고 있다. 4.5에서는 새로운 복합적인 미세 - 구문과 도식의 발달에 대해 토론한다. 이를 테면 여기에는 '단어형성법' 패턴이 있다. 그리고 4.6에서는 복합적인 구문으로부터 나오는 새로운 원자적 구문의 발달을 토론할 것이다. 4.7에서 우리는 대체로 내용적인 구 및 절 관용어구의 범위를 다룰 것인데, 여기에는 '스노클론(snowclone)'이 포함되어 있으며, 또 "상대적으로 고정된 미세 - 구문(즉, 공식(formulae)이나 진부한 표현(cliche, 예컨대, 'X is the new Y'))"에서 성장한 도식도 있다. 4.8에서는 순간적이고 유형적인 교점 생성의 문제를 다룬다. 이것은 그 의미의 극단이 지시적인 것이다. 여기에는 '약어'나 '생략형', '혼성어'와 같은 외문법적(extra-grammatical) 형식의 발달이 있다. 우리는 이러한 것들이 분명 문법적 구문화의 예와는 다른 어휘적 구문화의 예라고 주장하나, 분명 이들은 점진적으로 생성되는 것이 아니라고 주장한다. 4.9에서 우리는 3.4에서 제기되었던 문제를 다시 다루며 탈문법화와 새로운 어휘적 구문의 생성 간의 가설적인 관계에 대해 논의하려고 한다. 마지막으로 4.10에서는 이 장의 내용을 요약 정리한다.

본서에서는 독자들에게 보여줄 의도로 3장과 4장에서 각각 구문화의 문법적인 것과 어휘적인 것을 나누고 있지만, 우리는 이들을 하나의 경사도에 있는 것으로 보고 있으며 이들 서로가 얽혀 있고, 대립적이지 않은 것으로 본다. 우리가 2.7.6에서 봤듯이, way-구문이 어휘적인 것인가, 아니면 문법적인 것인가와 관련한 토론도 있었다. 우리는 비록 이것이 어휘적-문법적 연속선상의 한 극단에 있는 것은 아니라고 보지만, way-구문의 가장 최근의 하위도식들 간에 존재하는 상호작용적 증거로 보건대, 이것이 오랜 시간에 걸쳐 보다 허화적으로 변했을 것으로 본다. 한편, 이 외에도 부분적으로 어휘적이고, 부분적으로 문법적인 구문들 역시 고려될 것이다. 예컨대, [give NP a V-ing]('give him a talking to'(Trousdale(2008a))), [take NP and V$_{TR}$ Pronoun (Adverbial)]('take a pair of scissors and cut it off'(Hopper(2008)), 'take prisoner'(Berlage(2012))) 등이 있다. 그러나 우리는 이 장에서 주로 내용적인 표현의 발달을 수반한 구문화를 다룰 것이고, 특히 어휘적 구문화 중 보다 전형적인 케이스에 초점을 맞출 것이다.

4.2 어휘적 구문의 몇 가지 특징

모듈적 이론 틀에서는, '어휘부(lexicon)'를 '특이성(idiosyncrasy)의 저장소'로 보고 '문법'을 '결합적(combinatorial) 시스템'으로 보는 식으로 이 둘을 구분하고 있으며, Bloomfield(1933:274)에 의하면, "어휘부는 문법에 대한 부속물로 기본적으로 불규칙한 것(irregularity)의 목록(list)이다"라고 할 수 있다. 여기서 말하는 '목록'은 어휘적인 것과 문법적인 것을 다 포함한다. Bloomfield는 또 다음과 같이 말했다.

> "엄격하게 말해서 …… 한 언어의 모든 형태소는 불규칙한 것이다. 왜나하면 화자는 단지 그것이 사용되는 것을 들은 후에야 사용할 수 있고, 한 언어 기술을 읽는 독자는 단지 그것이 그를 위해 '목록화'되어 있어야만 그것의 존재를 알 수 있기 때문이다." (Bloomfield(1933:274))

한편, Lightfoot(2011:439)은 문법을 '시스템'과 관련되어 있는 것으로, 그리고 어휘부를 '특이성'과 관련되어 있는 것으로 보면서, 최근에 명시적으로 다음과 같이 언급하였다. "'어휘부(lexicon)'는 그것이 문법적/시스템적이든 어휘적/특이한 것이든 관계없이, '모든 단어(all words)'와 '특정 어휘소(certain word parts)'를 의미한다." 이 말이 얼핏 듣기에 '구문'을 얘기하는 것처럼 들리겠으나 그렇지는 않다. 왜냐하면, '어휘부' 속에서의 표현들은 단지 '특수한(specific)' 것이나 '구문'속에서의 표현들은 '특수'하면서도 '도식적'이기 때문이다.

이 책의 전반을 통해 얘기하고 있지만, 구문론적 접근법은 언어의 비-모듈적인 이론 틀을 기반으로 한다. 그래서 이러한 이론 틀을 '계층화된 개념 네트워크'로 다룬다. 이 모델에서 '목록(inventory)'은 곧 '구문'인데(1.4.1 참조), 이것은 다양한 크기의 구문으로 구성된다. 여기에는 접

사('-ness', 'un', '-s'복수)부터 절(SAI)에 이르기까지 다양하다. Lightfoot
(2011)이 생각했던 어휘부 속 구성원과 같이, 구문론에서의 구문들은 내
용적인 것도 있고('twist', 'mature', 'X is the new Y'), 허화적인 것(수,
시제, way - 구문의 일부 하위도식 등)도 있다. 그리고 이들은 자립적인
것(substantive, 미세 - 구문들)도 있고, 도식적인(부분적인 것도 포함) 것
도 있다. 부분적으로 도식적인 구문은 어휘적 단어형성법 도식이 있을 수
있는데, 여기에는 동사 파생적 명사(deverbal noun, 예컨대, 'swimmer',
'researcher' 등), 형용사 파생적 동사(deadjectival verb, 예컨대, 'lexicalize',
'grammaticlize' 등), 그리고 각종의 '준(semi)관용어구'와 '관용절('not the
sharpest tool in the box(별로 똑똑하지 않은)', 'you'll be lucky to(운 좋게
도 ~할 것이다)' 등)'이 있다. 이들이 바로 본 장에서의 주요 화제들이다.

　3장에서 우리는 '문법적 구문'이 '도식'일 수 있고, 또 '문법적 구문화'
는 대개 증가된 도식화로 귀결된다고 하였다. 우리는 또한 문법적 구문
화는 미세 - 구문단계에서 합성성의 최초의 감소가 있다고 하였다. 그리
고 '구문화 이후'의 구문변화에서는 미세 - 구문이 그것의 연어적인 범
위가 증가할 때, 생산물의 빈도성의 증가와 내부적 감소(reduction)의
증가가 수반된다고 하였다. 여기서 우리는 "단어형성법 도식도 이것과
동일한 변화를 겪는다"라고 주장하고자 한다. 단어형성법 도식과 문법
적 도식의 주요한 차이는 전자는 '의존형태소(bound morpheme)'와 관
련될 수 있고, 후자는 '자립형태소(free morpheme)'로 구성된다는 점이
다(Croft(2001:17), Booij(2010) 참조). 더욱이 단어형성법 도식은 주로 내용
적인 의미를 갖고 있고, 주요한 통사적 범주 형식인 명사, 동사, 형용사 등으로
나타나고 있다. 반면, 문법적 도식은 항상 허화적인 의미를 갖고 있고, 적
어도 부분적으로는 그러한 의미를 갖는다. 그러나 이 둘은 모두 4.4에서
논의하는 것처럼 생산적이고 도식적이다.

통사적인 배열과 마찬가지로, 형태론적인 표현들도 완전한 독립적인 것에서부터 완전한 도식적인 표현에 이르기까지 일종의 '경사적' 범위에 위치할 수 있다(Croft(2007a) 참조). Booij(2010,2013)가 관찰했듯이, 형태론에 대한 이러한 접근법에 따르면, 일종의 '규칙성(regularity)'의 패턴으로서, 단어 형성법은 도식적일 수 있다. 어휘적 구문에 대한 우리의 설명은 Booij의 접근법을 따르고 있으며, 이것은 주로 Jackendoff (2002,2013)가 지지했던 모델에 기초하고 있다. 영어 사용자들은 'fixable, squeezable, washable'과 같은 생산물에 규칙적으로 노출되곤 하는데, 이들은 'can be fixed, can be squeezed, can be washed'의 의미를 갖는 것들이다. 이 생산물들에 대해서 하나의 도식이 추상화될 수 있으며, 이는 아래와 같이 표현할 수 있다(Booij(2013)으로부터 인용).

(1) $[[V_{TRi}\text{-able}]_{Aj} \leftrightarrow [[\text{can undergo process denoted by } V_{TRi}]_{PROPERTY}]_j]$

이것은 아마도 다음과 같이 읽을 수 있다: "타동사 어간(V_{TR}) + -able, 이 둘이 함께 형용사(A)를 형성한다. 이것은 '타동사에 의해 지시되는 과정을 겪을 수 있다'라는 의미에 링크되고 있다." 그리고 'Property'라고 하는 것은 'A(형용사)'라고 하는 형식을 갖고 있는 '원자적 어휘 도식(atomic lexical schema)'의 전형적인 의미를 가리킨다. 이것 뿐 아니라 아래에서 다룰 도식 표현법에서도, 형식적(공식적)인 표현법은 구문에 대해서 음운적, 형태통사적인 하위 구성요소는 구분하지 않는다.

(1)의 도식은 바로 이러한 특별한 어휘적 구문의 원형(prototype)을 표현하고 있다. 이것은 하나의 생산적인 단어형성법 도식으로, 'skypable' 같은 새로운 생산물도 발견되고 있다. 우리가 앞 장에서 언급했듯이, 보다 생산적인 도식은 보다 높은 '유형 빈도성'을 갖고 있다. 그리고 가능

하면 많은 수의 '단 한번만 말해진 단어(hapax legomena)¹'를 포함하고 있다(Baayen(2003), Baayen & Renouf(1996), Hay & Baayen (2005) 참조). '한번만 말해진 단어'는 단 한 차례만 나오는 것이라 이는 생산물이다. 그러나 이들은 하나의 구문으로 관습화될 수 있는 잠재성을 갖고 있다. 특히 2.7.4에서 봤던 'shoot one's way'의 예가 대표적이다.

하나의 도식은 몇 개의 하위도식들에 대해 일반화할 수 있기 때문에, (1)의 도식은 '완전허가(full sanction)'가 가능하다. 즉, 이것은 'fixable, squeezable, washable'과 같은 미세 – 구문에 대해 '적형성(well-formedness)'이란 것을 제약하고 특화시키게 된다.² 이들의 케이스에서, 어근(base)은 그 것의 음운론적인 형태를 바꾸지 않는다. 그리고 그 도식의 의미는 각 각의 실례에 있는 동사의 의미를 특수화(specification)함으로써 정교화된다. 그러나 이 도식은 'drinkable(마실 수 있는, 술을 묘사할 때 사용됨)'이나 'despicable(경멸스런)' 등의 미세 구문들에 대해서는 '부분허가(partial sanction)'를 하게 된다. 여기서 전자의 예는 비록 그 어근의 음운적인 형식이 동일하지만(그래서 그것의 형식적 측면으로는 완전허가가 되지만), 그 의미는 'can be drunk(취할 수 있는)'가 아니라 'pleasing to drink(마시기에 알맞은)'가 된다. 'despicable'의 경우엔, 형식도 의미도 완전하게 허가가 되지 않았다. 그래서 그 의미는 'can be despised'라기 보다 'ought to be despised'에 가깝다. 일부 화자들에게 있어서 자립 형식인 'despise(경멸하다)'와 의존 형식인 'despic-' 사이의 음운적인 교체가 있을 수도 있겠지만, 다른 이들에게 있어서 자유 형식과 의존 형식 간의 애매성의 정도는 매우 커서, 일부 화자들은 'despicable'을 하나의

---

1) [역주] 이것은 하나의 문맥에서 단지 한 번 출현한 단어를 가리킨다(위키백과 참조).
2) 완전허가와 부분허가에 대해서는 2.2.2에서 논의한 바 있다.

합성적 단위로 다루지 않을 수도 있다. 한편, Booij(2010:27)가 든 예는 네덜란드어 'werk-baar(workable, feasible)'이다. 이것은 자동사 'werk'에서 파생된 것인데, -baar를 갖는 다른 형용사들은 모두 타동사에서 파생된 것들이다(p.27, 관련된 토론은 Booij(2013) 참조바람). 이러한 특별한 예들은 Lakoff(1987)가 '무효화(override)'라고 말했던 것들로, 이는 배워야 하는 일반적인 규칙에 대한 예외들이다. 우리가 3장에서 토론한 '문법적 하위도식'의 경우에서처럼, "각각의 교점은 그것의 지배적인 교점으로부터 자질들을 상속한다(Booij(2010:25))." '무효화'는 2.4.2에서 봤던 이른바 '기본상속(default inheritance)'의 개념에 대해 매우 중요한 개념이다. 왜냐하면 '무효화'는 '기본상속'이 적용되지 않을 때 적용되기 때문이다(Hudson(2010:28-29) 참조).

정말로 Booij(2010,2013)가 관찰한 대로, 여기서 살펴본 형태론에 대한 접근법에 따르면, 어휘적 구문들은 계층적이다. 그리고 '기본상속'은 그들에게서 중요한 역할을 한다. 따라서 우리는 (1)의 도식에 대한 예들에 대해, 그림4.1에서와 같이 일종의 '상속적 계층구조(inheritance hierarchy)'를 수립할 수 있다. 여기서 '완전허가(f)'와 '부분허가(p)' 사이에 차이가 존재한다.

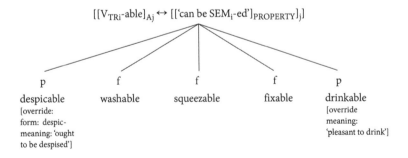

그림 4.1 -able을 갖는 일부 어휘적 구문에 대한 도식

도식은 생산성에서 다양할 수 있다. 예를 들어, '내심구조(endocentric)'의 합성어는 '외심구조(exocentric)'의 것보다 훨씬 더 생산적이다. 내심구조의 형식인 'VN 합성어'의 예로 'swearword(욕)'를 들 수 있는데, 이것은 '말'의 일종이다(N은 피수식어(determinatum)이다). 그리고 외심구조의 예로 VN합성어인 'pickpocket(소매치기)'을 들 수 있는데, 이것은 '주머니'의 일종도 아니며(N이 피수식어가 아니다) 'picking'의 일종도 아니다.3) 이와 관련하여 우리는 4.4에서 생산성과 도식성의 문제로 돌아가 토론해 볼 것이다.

미세 - 구문단계에서, Booij(2010,2013)는 '합성어(compound)의 구성요소'와 '준접사(affixoid)'를 구분하였다. 합성어는 두 개의 다소 독립적인 단어로 구성되지만, 그 합성어의 의미는 전적으로 합성적이진 않아서, 그것은 분리적이면서도 여전히 복합적인 형식 - 의미의 쌍(이는 독립적인 단어로 구성된 구로부터 온 것임)을 형성한다(Bauer(1983:11)). 더욱이, 형태론적인 굴절을 갖고 있는 언어에서 합성어의 첫 번째 요소는 대개 굴절을 하지 않는다. 그리고 영어와 같은 강세 언어에서는 자립적인 구와 합성어 사이에 강세 패턴의 차이도 존재한다(영어에서의 구와 합성어 간의 차이에 대해서는 Giegerish(2004,2005)를 참조). 예컨대, 'black'과 'bird'는 자립적인 단어이다. 이것이 'blackbird'라는 합성어로 결합되면, 이것은 'black bird(까만 새)' 중 독특한 유형을 지칭하게 된다(그래서 'blackbird'는 'crow', 'raven' 등을 가리키는 것이 아니다).4)

---

3) 합성어에서 수식을 하는 비 - 핵 성분을 'determinant'라고 하고, 범주를 한정하는 '핵'(Booij(2007:53))을 'determinatum'이라고 한다. 통사적 용어인 '핵(head)'과의 혼용을 피하기 위해 여기서는 이 용어들을 사용하는데, 이것은 형태론 논저에서 관습적으로 사용하는 것들이다.

4) [역주] 'blackbird'는 하나의 단어로서 '(북미산) 찌르레깃과의 새'를 지칭하며, '색깔이 까만 새'를 통칭하는 것이 아니다.

그리고 이것은 다른 강세 패턴을 갖게 되는데 'blackbird'는 앞에, 'black bird'는 뒤에 있다. 한편, 어떤 경우엔, '자립의 형식 - 의미 쌍'이 특별한 합성어에서 사용될 때, 한 멤버가 보다 추상적인 의미를 할당받는 식으로 결합된다. 이것은 이른바 '준접사'라고 알려진 것으로, Booij(2010:57)는 이 '준접사'가 '매우 내용적인 것(위의 bird 등)'과 '매우 추상적인 파생 접사(-er 등)' 사이에 있는 경사적인 것이라고 하면서 다음과 같이 언급하였다.

> "그들은 아직 접사는 아니다. 왜냐하면, 그들은 한 어휘항목에 상당한 것이기 때문이다. 즉, 이들이 비의존적인(unbound) 형식이지만, 그들의 의미는 독립적인 어휘항목으로 사용될 때와는 다르다(Booij 2010: 57)."

Booij가 언급한 준접사의 예는 네덜란드어 'reus('giant')'가 있는데, 이것은 'reuze-leuk('very nice')'같은 표현에서 연결 요소인 '-e'를 갖고 있다(p56). 여기서 'reuze'는 강화적 기능을 갖고 있다. Booij의 주장은 본질적으로 공시적이긴 하지만, 그 원리는 확실히 통시적 분석을 위해 매우 중요하다. 그는 다음과 같이 관찰하고 있다.

> "그러한 하위도식을 통해 합성어의 일부가 진정한 접사로 발전할 수 있는 이유를 이해할 수 있다(Booij(2005)). 단어들은 '특별하게 묶이게 되면(special bound)', 종종 합성어 내에서 훨씬 더 추상적인 해석을 갖게 된다(Booij(2013:260))."

준접사의 변별적인 자질 중 하나는, 그 의미가 일반화되었기 때문에, 생산적인 단어형성법 패턴을 발전시킬 수가 있다는 것이다. 이로써 이러한 단어형성법 패턴은 합성어 도식의 한 하위도식을 형성한다. 그리고 나중에 일부 생산적인 단어형성법 패턴들은 합성어 도식으로부터 자유롭게 되어 다른 단어형성법 도식과 합병하게 된다. 우리는 이러한 발전에 대해 4.5와 4.6에서 살펴볼 것이다.

'어휘적인 도식'과 그것이 허가한 '미세 – 구문'들 내의 형태론적 관계의 세 가지 유형('합성어의 요소', '준접사', '접사')을 구분하기 위해, 우리는 특별한 서술이 필요하다. 여기서는 작은 대문자(예컨대, 'DOM' 등)가 사용될 것인데, 설명의 편의를 위해, '단어(word)', '합성어의 요소(element of compound)', '준접사(affixoid)', '접사(affix)'와 관련된 형태론적 범주 사이의 차이는 무시할 것이다. 다만, 우리가 특별한 문제를 묘사하는 과정에서 보다 명백하게 할 목적으로, 특히 '변화'와 관련된 경우에는, 합성어의 개별 요소에 대해서 '세로 선(|)'을 이용하려고 한다(예컨대, 'black|bird', OE 'biscop|dom('bishop|jurisdiction')'). 그리고 어근으로부터 준접사를 분리시키기 위해서 '하이픈(–)'을 이용할 것이다(예컨대, 네덜란드어의 'reuze-leuk('very nice')', ME 'cyning-dom('territory ruled by a king')'). 또한 어근으로부터 접사를 분리시키기 위해서는 '마침표(.)'를 사용할 것이다(예컨대, PDE 'mis.trust').

단어형성법과 관련된 '파생형태소(derivational morphology)'가 도식적이라는 사실 때문에, 그것이 때때로 문법화의 논의에 포함되곤 한다(아래 4.3.3 참조). 그리고 어떤 단어형성법은 다른 것보다도 훨씬 더 허화적이기 때문에 그럴 수도 있다. 단어형성법은 거의가 항상 'N, V, ADJ' 같은 내용어 범주와 관련이 있지만, 일부는 다른 것들에 비해 전통적으로 훨씬 더 문법적인 성격을 갖기도 한다. 예컨대, 명사 파생의 접사('NESS', 'ITY', 'ISM'), 동사 파생의 접사('IFY', 'IZE'), 형용사 파생 접사('IC(Milton.ic)', 'ABLE(squeez.able)'에서 볼 수 있는 양상 의미를 갖고 있는 것들), 부사 파생의 접사('LY(slow.ly)', 'WISE(cross.wise)') 등의 파생 접사들은 '반의 의미'의 접사인 'UN(un.tie, un.cola)'보다도 더 문법적이다. 이들 중에서 파생접사인 '-able' 같은 경우는 부분적으로 양상 의미를 갖고 있어서, 허화적인 의미에 가장 가깝다.

특별히 흥미로웠던 것은 Petré & Cuyckens(2008)에 의해 논의되었던 것인데, 바로, OE시기에 전치사 'be'가 동사의 접두사로 사용된 예이다. 이것은 특히 아래와 같은 도식적인 구문에서 그렇게 사용되고 있다.

[[Subj be.V OBJ OBL] ↔ [Subj totally affects Obj by means of V]]

여기서 'ridan('to ride')', 'gan('to go')' 등의 자동사가 타동사적으로 사용되고 있고, 그것의 구문적 의미는 "한 지역이 완전하게 덮이다, 또는 한 대상물이 완전하게 영향을 받다"이다(즉, 일종의 상(相)적인 의미). 아래의 (2a)와 (2b) 간의 '완전히 덮다(total coverage)' 의미를 비교해 보기 바란다.

(2) a. Cyneheard ··· hine   þær   **be.rad**   ond þone bur
       Cyneheard ··· him   there around.rode and the   chamber
       utan   be.eode
       from-outside   around-went.
       Cyneheard··· 거기서 그를 포위했고 밖으로부터 그 회의장을 둘러쌌다.
       (c890 ChronA (Plummer) 755 [Petré & Cuyckens 2008:160])

   b. Her **rad** se here ofer   Mierce innan East Engle.
      here rode the army through Mercia into   East Anglia
      올해 군대는 Merica를 통과해 East Anglia로 타고 들어갔다. (c890 ChronA
      (Plummer) 870 [Petré & Cuyckens 2008:160])

시간이 지나면서, 이 구문의 '상적인 종결성(aspectual telic)'인 '완전히 덮다, 영향 주다(total coverage, affectedness)'의 의미는 점차 약화되었다. 그리고 그 구문이 축소되면서[5], 일부 파생된 동사 형식들은 비분석적인 원자적 어휘 구문이 되어 버렸다('befoul(~을 더럽히다)' 등이 있으며, 4.5.2참조).

　Boye & Harder(2012:19)는 문법화라는 것이 사실 부차적인 기능이 발전하는 것이라고 하는 제안을 하면서, "파생적 형태가 문법적인 것인가?"라는 의문을 다시 돌이켜 보았다. 그리하여 '문법적인 형태(grammatical morphology)'와 마찬가지로, 그것은 '수반되는 표현(accompanying expression)'이란 부차적인 기능을 갖고 있다는 이유로 "파생적 형태가 문법적일 것이다"라고 결론하였다(p.28). 그들은 또 '보다 어휘적인 파생'과 '보다 문법적인 파생 간'의 구별(Hopper & Traugott(2003:5) 참조)을 시도하는 것에 대해, "그 차이도 의미의 하나이다"라는 이유로 확실히 거부하고 있다(p.19). 그런데 내용적(contentful)인 기능과 허화적(procedural)인 기능이란 관점이 어휘적인 구문과 문법적인 구문 간의 경사성이란 우리의 견해와 일치하는데다가, 구문적 변화에 대한 종합적인 견해를 수립하고자 하는 우리의 시도와도 일치하고 있어서, 우리는 어휘적인 것과 문법적인 형태 간의 구별에 대해 내용적인 기능과 허화적인 기능에 기초를 두고 구분하고자 한다. 그러므로 우리는 이러한 '파생형태소(derivational morphology)'에 대해서 'NESS'나 'DOM'과 같이 주로 '어휘적 기능'을

5) PDE에서 이 구문은 생산성이 낮음에도 불구하고 여전히 이용가능하다. 이것은 일찍이 비동사에까지 확장되어 보통 'furnished with'라고 하는 일반화된 의미를 갖게 되었다(예컨대, 'bespouse'). 그리고 동시대의 주조(coining)에서 종종 유머러스한 방식으로 사용되기도 한다(예컨대, 'bespectacled', 'becostumed' (Petré & Cuyckens(2008))). 한편, 동시대의 모든 주조(coining)가 단지 동사의 분사적 형식만이 있어서 제한적인 분포를 갖고 있다(*I bespectacled my son this morning).

갖는 것과 접두사 'BE'처럼 주로 '허화적 기능'을 갖는 그런 두 가지 차원의 구분
은 하고자 한다.

　이러한 이론 틀을 가지고, 우리는 지금 '어휘적 단어형성법'의 통시적
진화로 초점을 돌리고자 한다. 그러나 도입의 차원으로, 우리는 어휘화
현상과 관련된 기존의 연구에 대해 간단히 살펴보고자 한다(보다 심도
있는 논의는 Brinton & Traugott(2005) 참조).

4.3 어휘화Lexicalization에 관한 몇 가지 접근법

　오늘날까지, 어휘화와 관련된 연구는 주로 '감소'라는 관점으로 수행
되어 왔다. 이러한 관점은 문법화에서의 GR의 관점과 유사하다. 그래서
우리는 이것을 '증가된 감소로서의 어휘화(LR)'라고 부른다.[6] 어휘화와
관련한 다양한 접근법들을 살펴본 결과, Blank(2001:1603)가 여러 가지
입장들을 요약해 놓았는데, 이 가운데 우리는 두 가지에 대해 관심을
갖고 있다. 그것은 바로 '더 일반적인 것'과 '더 좁은 것'이다(아래의 '어
휘화 1'은 '더 일반적인 것'에 해당하고, '어휘화 3'은 '더 좁은 것'에 해
당함). 다음과 같다.

　어휘화 1 : '복합(complex)의 단어형성법'과 기타 통합적(syntagmatic)
　　　　　　인 구문들이 통사적으로 그리고 의미론적으로 '심상어휘집
　　　　　　(mental lexicon)'[7]의 고정된 표제어가 되는 과정."

---

6) 대부분의 어휘화 관련 논저에서는 문법화와는 반대로 '의존성의 증가'에 대해 언급
　하지도 않지만 그렇다고 그것이 감소했다고 하지도 않는다(4.3.1 참조). 따라서 어
　휘화의 상황은 GR과 완전히 평행한 것은 아니다.
7) [역주] 심상어휘집: 심상어휘집은 한 어휘의 의미, 음운, 통사적 특징 등과 관련된

어휘화 3 : 복합어(complex word)가 단일어(simple word)로 변화하는
　　　　　과정8)"

　그가 '어휘화1'이라고 제시한 예는 바로 복합어 'bullet|hole(총탄
구멍)'같은 것이다(p.1599). 앞에서 보았던 'black|bird'와 마찬가지로
이것은 고정된 어순이 있고, 강세는 'hole'보다는 'bullet'에 있다. 그
리고 의미론적으로 제한적인데, 왜냐하면 이것은 총알을 넣기 위한
구멍이 아니라 단지 총알에 의해 만들어진 구멍만을 나타내기 때문
이다(즉, 'button|hole'과는 다르다). 한편, '어휘화3'의 예는 ModE의 'barn'
인데, 이는 OE 'bere('barley')' + 'œrn('place')'로부터 나온 것이다(Brinton &
Traugott(2005:97)).

　어떤 경우, 주요한 연구에서는 "어휘화와 문법화 둘 다 '감소'라는 것
을 수반하고 있기 때문에 이들을 어떻게 구분하는가"라는 문제가 이슈
가 되었었다. 이것을 해결하는 한 가지 방법은 이 둘이 본질적으로 상
보적이라고 보여주는 것이다(Lehmann(1989,2002)). 그리고 다른 하나는
이들이 서로 겹치는 영역이 있으나 또한 차이도 있다고 보는 것이다
(Wischer(2000), Brinton & Trougott(2005)).9) 그러나 모든 경우에서, 사

　정보를 포함하고 있는 정신적인 사전으로 정의할 수 있다. 이것은 개별적인 화자의
　단어, 표현 등을 지칭하는 것으로 언어학 및 심리언어학 등에서 사용되고 있는 하
　나의 구성체를 말한다.(위키백과)
8) [역주] 이와 관련하여 Brinton & Traugott(2005)은 유사한 분류를 언급하였다. 여기
　서 그들이 L1이라 말한 것은 "부분적으로 고정된 구"로서 'lose sight of'같은 예가
　있다. 그리고 L2라고 말한 것은 "준 - 특이 복합 형식"으로 'unhappy', 'desktop'같은
　예가 있다. 마지막으로 L3라고 말한 것은 "단일어 및 분석가능성이 극도로 떨어지
　는 특이 형식"으로 'desk' 등이 있다. 이들 세 가지는 여기서 말한 '어휘화1', '어휘
　화3' 등과 대체적으로 일치하고 있다.
9) [역주] Brinton & Traugott(2005)에 따르면, 어휘화와 문법화 간의 유사성과 차이점

실상 '복잡한 것'에서 '간단한 것'으로 감소하는 것이 공통된 주제라 할 수 있다. 이에 우리는 먼저 기본적으로 "문법적인 것과 어휘적인 것은 다르며 정말로 별개의 것"이라는 입장을 취할 것이며, 아울러 '그들이 유사할 수 있는 방법'에 대해 살펴볼 것이다.

4.3.1 어휘화와 문법화가 구별된다고 보는 의심되는 결과물들

어휘화와 문법화의 결과물이 다르다고 주장하는 극단적인 입장은 Himmelmann(2004:21)이 이른바 '박스 접근법(box approach(또는 metaphor))'이라고 부르는 것을 통해 확인할 수 있다. 이 주장에서 언어의 두 방면은 서로 다른 'box' 안에 포함되어 있는 것인데, 그 하나는 언어 사용자들이 배워야 하는 재료 즉, '어휘부(lexicon)'이고, 다른 하나는 한 언어의 조합적 가능성 즉, '문법(grammar)'이다. 그리고 여러 가지 언어 항목들이 이 'box'로부터 나오기도 하고 이것으로 들어가기도 한다. Himmelmann은 Lehmann(1989)의 주장이 바로 이러한 접근법의 예가 된다고 언급하였는데, 사실 Lehmann은 문법을 '어휘적인 극단과 문법적인 극단의 연속선'으로 개념화하였다(Lehmann(1989:16-17),(2002:3)의 모델 참조). 그리고 Lehmann은 또 문법적인 형태소와 어휘적인 형태소가 둘 다 '형태소집합(morphemicon)'의 멤버라고 언급하였다(Lehmann(2002:4)).

Lehmann 역시 'box 접근법'으로 추정될 수 있다. 비록 그가 연속선에 초점을 맞추고 있고 '하나의 형태소집합'을 설정하고 있지만, 그는 이 두

에 대해 다음과 같이 언급한다. 먼저, 유사성으로는 '점진성', '단일방향성', '융합', '통합', '은유화와 환유화' 등이 있고, 차이점으로는 '탈범주화', '의미탈색', '주관화', '생산성', '출현 빈도', '유형론적 일반성' 등이 있다.

결과물 사이에 엄격한 차이점을 세우려고 하기 때문에 그렇게 볼 수도 있는 것이다. 그러나 그는 문법화와 어휘화 모두 출발점(starting-point)이 아니라 종결점(end-point)의 관점으로 고려되어야 한다고 한다. 이것이 바로 우리가 동의하고 있는 입장이다. 그는 다음과 같이 말한다.

> "하나의 단위를 문법으로 이끄는 모든 것은 문법화이고, 하나의 단위를 어휘부로 이끄는 모든 것은 어휘화이다." (Lehmann(1989:15))

이것에 따르면, 그는 어휘화와 문법화 둘의 원형적 결과물을 '단위'로 보고 있고, '문법'과 '어휘부'라고 하는 극단(pole)을 생각하고 있다. 그래서 마치 언어 사용자가 서로 다른 종류의 언어적 항목을 넣어두는 일종의 '분별적인 저장 box'인 것처럼 이들을 보고 있는 것이다.

새로운 기호의 발전에 대한 구문문법적 접근법은 이렇게 두 개의 별개의 'box'가 있다고 보는 관점과는 일치하지 않는다. 일차적으로, 구문화는 어휘적인 구문과 문법적인 구문 간의 '분별성(discreteness)'보다는 '점차적 변화(gradation)'를 중시한다. 만약 언어지식이 구문(즉, 관습적 상징 단위) 지식이라면 'box'와 관련된 문제는 공허하게 된다. 더욱이, '도식'이 대개 허화적인 것과 지시적(referential)인 의미의 조합을 다 아우르는 것이기 때문에, 구획 짓기가 어렵다. 오히려, 'form~new~-meaning~new~ 쌍'이 출현하는 그런 예들을 관찰한 결과, 새로운 단위는 허화적인 기능도 발달하고(문법적 구문화의 경우), 또 내용적인 기능도 발달하였다(어휘적 구문화의 경우). 그리고 또 어떤 경우엔 이 둘의 조합이 이루어지기도 했다. Lightfoot(2011:439-440)은 Meillet(1958[1912]:139)의 잘 알려진 다음과 같은 주장을 언급한 적이 있다. "재구성화된 구 *hiu tagu('this day, today')가 고대 고지독일어 'hintu'로 문법화하였는데, 독일어의

'heute'는 바로 어휘화로부터 문법화를 구분하는 문제의 예가 된다." 우리의 견해로 볼 때, 'heute('today')'는 부사인데, 이는 부분적으로 허화적이지만 또한 내용적이기도 하다. 다시 말해서, 이것은 기타 많은 부사들처럼 허화적이기도 하고 또 내용적이기도 한 것이다.[10)

　위의 Lehmann의 언급에 있는 문제 중 하나는 바로 "'단위(unit)'로 의미하는 바가 무엇인가"하는 것이다. Lehmann((1989)와 (2002) 모두)의 주요 주장은 "단지 복합적인 '단위'이어야만 어휘화될 수 있다"라는 것이다(2002:13). Lehmann의 견해에서, 어휘화가 발생하면, 하나의 복합적인 [XY]z라고 하는 유형의 '단위'는 복합을 멈추게 되고, 하나의 '단위' 즉 'Z'가 되는 것이다. 이때 'Z' 전체가 영향을 받는 것이고, 'X'와 'Y' 간의 의존적 관계는 제거된다. Brinton & Traugott(2005:96)은 마찬가지로 "내부적 구성관계(constituency)의 소실"에 초점을 맞추고 있다. 그러므로 복합적 '단위'는 '비-합성적'으로 변화하는 것이다. 구문화의 관점에서 봤을 때, Lehmann의 이 중요한 견해는 바로 일종의 '합성성의 감소'라고 다시 고칠 수가 있다. 예컨대, 'CUPBOARD'의 발달을 보면, 이것은 역사적으로 네트워크 내의 두 개의 교점이었다(즉, 'CUP'과 'BOARD'). 그러다가 하나의 말덩어리(chunk)로 반복적으로 사용되어 합성된 것이다. 여기서의 두 개의 개별 형식-의미의 쌍은 결국 그 언어 사용자에 의해 하나의 '비-합성적인 배열' 즉 하나의 교점으로 인식된 것이다. 이것은 바로 형태통사적 그리고 형태음운론적인 신분석의 산물이며, 'CUPBOARD'는 '새로운

---

10) 우리의 견해에 따르면, '부사'는 어휘적 구문과 문법적 구문의 경사도에서 중간에 있는 범주이다. 그중 어떤 것은 특히 내용적이고(예컨대, 'quickly'), 어떤 것은 특히 허화적이다(예컨대, 'only', 이것은 초점 표지이다). 최근에 Giegerich(2012)는 부사가 굴절된 형용사라고 주장했는데, 이는 곧 부사가 내용적임을 말하는 것이다. 이처럼 수많은 부사 도식들의 신분이 보다 심도 있는 연구의 주제로 떠오르고 있다.

내용적인 의미체계(semantics)'를 갖게 된 것이다. 이것은 그것의 관습적인 의미의 변화로도 증명이 되고 있는데, 이것은 "집에 있는 덮개가 있는 저장소에 컵을 올려놓을 수 있도록 되어 있는 나무 조각"이란 의미를 갖게 되고, 또 발음 역시 /kʌbəd/로 변화하였다.

Lehmann은 '어휘화에서의 내부적 분석의 포기'(2002: 13)와 '문법화에서의 내부적 복합성의 유지'를 대조하면서, "Z의 내부적 관계는 더욱더 엄격하고 제약적으로 변한 것"라고 말했다. (이것은 GR가설의 예이다.) 이와 관련하여 우리의 'cantare habeo'가 적절한 케이스가 된다. 어근(필자의 'stem')¹¹⁾인 'cant-'는 유지되고 있고, 나머지들은 결국 하나의 원자적 접사가 되었는데, 이것은 '의존적 원자성(bound atomic)'으로 '복합적인 부분적 자유형식'이 아니다('habeo'는 절 내의 몇 군데에서 출현할 수 있다. 1.6.4.2참조). 다만, Lehmann이 논리적인 결론을 구분하기 위해 다음과 같은 주장을 했는데, 이것이 문제이다. 이 주장은 "두 개의 문법적 형태소가 결합한 것도 어휘화라고 불러야 한다.(Lehmann(2002:13))"는 것이다(Lehmann주장의 첫 번째 문제). 그가 든 예는 원래 '문법적 구문'인 것으로, 예컨대, 'himself'(< 대명사 'him'+ 대명사 'self')가 있고, 또 통속(Vulgar) 라틴어 'de ex de'('from out from', 즉 세 개의 전치사의 나열)가 카스티야 스페인어인 'desde'로 변화한 예도 있다(p.13). 특히 Lehmann은 'wanna'와 'gonna'를 비교하였다. 이중 'wanna'는 "어휘적인 형태소와 문법적인 형태소가 결합하여 하나의 양상동사로 어휘화한 것"이고, 'gonna'는 "semi-문법화된 going이 문법적 형태소와 결합하여 어휘화된 후 보다 문법화된 것"이라고 하였다(2002:16). 이것은 어찌 보면, 문

---

11) [역주] 필자는 이때 'stem' 즉 '어간'이란 표현을 사용하고 있으나 단어형성법이기 때문에 이를 '어근'으로 바꾸어 표현한다. 아래 역시 동일하다.

법화의 경사면에 있는 것으로 볼 수 있는 한 쌍을 너무 과하게 구별한 것이다. 반면, Krug(2000)는 'want to/ wanna(going to/gonna, got to/gotta 등 역시)'를 새롭게 출현하고 문법화되고 있는 양상(modal) 형식 속에 포함시키고 있다.[12] 우리가 만약 Lehmann의 분석을 이용한다면, 표 4.1과 같은 그러한 유형의 변화를 발견할 수밖에 없을 것이라고 본다 (Lxn과 Gzn은 각각 '어휘화'와 '문법화'의 축약형이다). 그런데 '단일화 (univerbation, 단어의 단계에서 하나의 단위로 고정화되는 통시적인 과정)' 과정이 충분하다면, 문법적 요소들의 배열이 어휘화되고 나서 다시 문법화되었다고 말하는 것은 너무 구차한 면이 있다.

표 4.1 어휘화, 문법화 혹은 둘 다?

예	box 모델 분석
AAVE[13] BE *fixing to* > *finna* (Rickford 1999:6)	Lxn, then Gzn
라틴어 *ad ipsum* 'to itself-ACC' > 이탈리아어 *adesso* 'now' (Giacalone Ramat 1998:122)	Lxn, then Gzn
영어 *going to* > *gonna*	Lxn, then Gzn
통속 라틴어 *de ex de* 'from out of' > 고대 카스티야어 *des de* > 현대 카스티야어 *desde* 'since'	Lxn, then Gzn
영어 *want to* > *wanna*	Lxn
영어 *shall I, shall I* > *shilly-shally* 'to vacillate'	Lxn
라틴어 *cantare habeo* > 프랑스어 *chanterai*	Gzn

---

12) Lehmann과 Krug 둘 다 'be going to'에서의 'be'는 무시하고 있다.
13) [역주] 이것은 'African-American Vernacular English'이다.

Lindström(2004)는 이렇게 표4.1에서와 같이 문법화와 어휘화 간의 융합이 발생하는 이유에 대해 두 가지 현상으로 설명하고 있다. 먼저, '실례'의 혼동이다. 이들 경우에서, 동일한 실례가 문법화와 어휘화의 기호를 보여주기 위해 언급될 수가 있다. 둘째는 '과정(process)'의 혼동이다. '형식적인 변화'란 곧 문법화의 특징인데도 이러한 혼동으로 인해 어휘화가 어떤 '형식적인 변화'와 동일시되어 버렸다(이에 대해서는 Brinton & Traugott(2005:110)의 "어휘화와 문법화 모두와 관련한 '증가된 감소'적 접근법에서의 다른 경향성과 동일한 경향성(여기서는 의미적 요소도 포함됨)"을 참조할 것).14)

한편, Lehmann은 어휘화의 정의에 대해, 하나의 '단위'로 되어간다는 관점에서 '어떤 것이 어휘가 되어가는 과정'으로 정의를 내리고 있고 여기에다가 'X'와 'Y'간의 의존성 관계가 제거된다고 하는 언급도 하고 있다. 그런데 이러한 그의 관점에 역시 문제가 있다(Lehmann주장의 두 번째 문제). 즉, 새로운 구문적 도식이 출현할 때, 'X'와 'Y' 간의 의존적

---

14) [역주] Brinton & Traugott(2005:110)에 아래와 같이 표로 정리되어 있다.

	어휘화	문법화
점진성	+	+
단일방향성	+	+
융합	+	+
합류	+	+
탈동기화	+	+
은유화/환유화	+	+
탈범주화	−	+
의미 탈색	−	+
주관화	−	+
생산성	−	+
빈도수	−	+
유형론적 일반성	−	+

관계가 오히려 발달하거나(특히, 합성(compounding)의 경우에서) 변화를 하게 되고, 제거되지는 않는 그러한 확실한 케이스가 존재하고 있다. 또 Lightfoot(2011:447)에 따르면, 어휘적 합성어 내에서 경계가 감소할 때, 그 감소되는 정도는 경사성이 존재하므로 어휘화에서 전체적인 '단위'는 마찬가지로 변화를 겪지 않을 수도 있다. 예를 들어, 게르만어파의 'man'을 갖는 합성어의 경우, 두 번째의 구성요소는 첫 번째 요소에 비해 더한 감소를 겪게 된다('marksman', p.448). Booij의 구분에 따르면, 여기서의 '-man'은 준접사이다(위의 4.2참조).

'어휘적 감소'에 대한 또 다른 견해로 Lipka가 어휘화에 대해 언급한 다음의 내용을 보자.

> "어휘화란 이 현상에 의해 하나의 복합적 어휘항목이 새로 만들어지게 되는데, 이 복합적 어휘항목은 하나의 완벽한 어휘적 단위가 되는 경향이 있다. 이러한 과정을 통해, 이것은 정도의 차이는 있지만 그것의 통합적어구(syntagma)의 성격을 잃게 되는 것이다." (Lipka(2002:11))

이 견해는 어휘화가 '정도의 차이는 있지만' 통합적 자질을 잃는 현상이 수반된다고 보고 있는데, 여기서 특히 '정도의 차이가 있다'라고 하는 면이 구문주의자들의 관점에서 봤을 때 흥미로운 면이다. 즉, 이에 따르면, 어떤 통합적어구(syntagma)는 확실히 '보다 단위 같은 자질'을 발달시키기도 한다. 예컨대, 'over the hill'(전성기가 지난, 늙은)은 'old'의 의미를 갖는데, 이것은 관용어적이면서 비 - 합성적이다. 형식적으로 이것은 내부적 변이를 허락하지 않는다(예컨대, '*over many hills'('정말로 늙은'의 의미)는 불가능). 그런데 'mother-in-law'같은 케이스에서는 내부적인 변이가 가능하기도 하다. 즉, 이것은 'mothers- in-law'와 'mother-in-laws' 같은 두 가지의 복수형이 가능하다. 이 굴절 패턴 중,

첫 번째 것이 훨씬 덜 단위 같고 보다 분석 가능하게 보이며, 두 번째인 'mother-in-laws'는 보다 더 단위 같이 보인다. 이것은 숙어(관용어구)나 '스노클론(snowclone)'15)과 같이 어떤 표현이 새로운 변이형을 발전시키는 경우에 많이 나타나고 있다(4.7참조).

Lehmann(2002)이 문법화와 어휘화의 결과물들을 '형식'의 관점으로 구분한 반면, Wischer(2000)는 그 차이점이 '의미'에 있다고 주장한다. 즉 어휘화에서 새로운 의미적 요소가 추가된다는 것이다. 그녀는 'methinks(생각건대)'라는 예를 들고 있는데, 이것은 비인칭 구문이 축소될 때, 하나의 화용적 표지로 특수화된 것이다. 그녀는 다음과 같이 언급했다.

> "하나의 자립 연어 또는 보통의 단어형성법이 어휘화될 때, 특별한 의미적 요소가 추가된다. 이에 새로운 어휘적 의미는 기존의 합성적인 의미와 달라진다. … 하나의 언어적 어구가 문법화될 때는, 특별한 의미적 요소는 소실되고, 함축된 범주적 혹은 운용 가능한 의미가 전경화된다."
> (Wisher(2000:364-365))

우리의 관점으로 보자면, 'methinks'는 위축된 비인칭 도식의 응결된 잔존물이다. 이것은 인식적 부사 그룹에 채용이 되었고 또 화용적 표지 기능으로 채용된 것이다. 이것이 부사적인 의미로 쓰이기 때문에, 우리는 이것을 보다 허화적인 즉 문법적인 신분으로 변화했다고 본다.

4.3.2 '목록inventory'으로 들어간다는 차원으로 보는 어휘화 개념

앞에서 우리는 어휘화와 문법화 사이에 유사성 또는 연속성이 존재

---

15) [역주] 원래의 의미는 그대로 살린 채 몇 개의 단어만 바꿔서 다시 쓴 정형화된 어구.

함에도 불구하고 문법화로부터 어휘화를 구분하고자 하는 시도에 초점을 맞추었다. 만약 Lehmann이 말한 어휘적 형태소 및 문법적 형태소가 모두 포함되는 '목록 또는 형태소집합(morphemicon)'이라는 아이디어가 진지하게 받아들여진다면, 어휘화(문법화도 역시)는 "그 목록으로의 수용"이란 식으로 설명이 가능하게 될 것이다(Brinton & Traugott (2005:90)). 이런 경우에 그 목록이란 (3)에서 보는 바와 같이 특수한 항목들이 혼합된 것일 것이다.

(3) a. OE LICE 'body' > LY(형용사 또는 부사 형성 접미사)

  b. OE A(GE)LIC 'ever like' > *each*

  c. OE *gar|leac* 'spear|leek' > *garlic*

  d. [[mother]$_N$ [[in]$_P$ [law]$_N$]$_{PP}$]$_{N'}$ > [mother-in-law]$_N$

  e. OE *hand geweorc* 'hand worked' > *handiwork*

이러한 접근법에 따르면, 배워야 하는 모든 내용적인(준 내용적인 것도 포함) 표현들이 (그들이 어떻게 출현하였는지, 어떤 구조인지 상관없이) 동등하게 어휘화의 산물이라고 묘사되어야 한다. 여기에는 'black|bird' 같은 합성 방식의 단어형성법과 같은 규칙적인 유형도 있고, '-able' 같은 준접사가 붙어 형성된 것도 있으며, 단어형성법 과정 중 상대적으로 마구잡이식의 유형(4.8에서 논의될 것으로, 생략형(clipping)('tude<attitude'), 두문자어(initialism)('BBC'), 약어(acronym) (NASA) 등이 있다)도 포함되어 있다. 우리는 이러한 새로운 생략형, 두문자어, 약어 등 역시 어휘적 구문화이긴 하나 점차적인 것이 아닌 순간적으로 만들어진 것이라고 생각한다.[16]

이 접근법은 즉 "융합의 산물로서의 형식('cupboard', 'hussy' 등)"과

"분리의 산물로서의 형식('ex'나 'ology' 등)"을 모두 모아놓고 있다. 그래서 Norde(2009:11)는 다음과 같이 주장한다. "목록에 들어가는 것은 (예측 불가능한 단어형성법을 통하든 아니면 융합을 통하든) 어휘화로 고려되어야 한다. 이렇게 보는 것에 대한 이유는 바로 '생략형'이나 '전환(conversion)'같은 변화가 새로운 어휘항목으로 귀결될 수 있는데다가, 이들의 의미는 그들이 진화해 나온 단어를 통해서, 또는 그들을 형성한 '단어형성법'의 성질을 통해서 예측하기 어렵기 때문이다." 그러나 Norde는 아마도 어휘화를 일종의 문법화에 대한 반증으로 설명하는 것에 포인트를 두고 있기 때문에 그러할 수 있다(아래 4.9참조). 특히나 Norde는 어휘화에서 생산적이고 파생적인 단어형성법은 배제하고 있다.

4.5에서 보겠지만, **구문문법적 관점**에서는 '**구문**'을 하나의 '목록(inventory)'으로 본다. 그러나 그렇다고 위에서 본 그러한 목록은 아니고, 이것은 계층적(hierarchical)인 특징이 있다(Flickinger(1987), Booij(2010), Sag(2012) 참조). 따라서 이것은 특별한 미세 - 구문도 포함하지만 도식도 포함한다. 그리고 이것은 '단어형성법' 패턴도 포함한다. 이러한 패턴에는 '합성'과 같이 새로운 어휘항목을 생성하는 생산적이고 합성적인 방법이 포함되어 있는데, 여기에는 내심구조('text|book')는 물론 외심구조('high|ball')도 포함된다. 그리고 접두사(en.slave)든 접미사(slave.ry)든 모든 접사가 다 포함된다. 형식적인 변화 뿐 아니라 새로운 기호에게 할당이 되는 어떠한 기능도 고려될 수 있기 때문에, 우리는 파생적 단어형성법 도식의 생성도 일종의 구문화라고 주장한다.

---

16) 우리는 혼성어(blend, 예컨대, 'smoke+fog > smog')의 경우 기타 마구잡이식 단어형성법과는 좀 다르게 본다. 이것은 4.8에서 토론한다.

4.3.3 어휘적 구문화라는 관점으로 어휘화에 대해 재고하기

Cowie(1995)와 최근의 Lightfoot(2011:448)이 지적했듯이, 어휘화와 문법화 모두의 논의에서, '파생(derivation)'의 역할이 종종 언급은 되고 있으나 무시되는 경향이 있다. 그리고 파생이 언급될 때, 이는 주로 문법화와만 관련이 되고 있다. 우리는 이러한 경향에 대해, 우리가 수용하고 있는 구문론적 이론 틀과 상충하기 때문에 반대의 입장을 취한다. Kuryłowicz는 문법화에 대해 다음과 같이 정의한다.

> "어휘적인 형태소에서 문법적인 형태소로 나아가는, 또는 덜 문법적인 것에서 더 문법적인 신분으로 나아가는 형태소 영역의 증가이다. 예컨대, 파생접사에서 굴절접사로의 변화가 그것이다." (Kuryłowicz(1975[1965]:69)

그는 그러면서 '집합적(collective)(파생적) > 복수적(plural)(굴절적)'의 진화에 대한 여러 가지 예를 들었다(Kuryłowicz(1975[1965]:52)). 파생적 형태소는 그것이 파생되어 나오는 내용적인 항목보다도 더 추상적이고 이들이 일종의 '계열적(paradigmatic) 규칙성'을 갖고 있기 때문에, 파생 형태가 발전하는 단계는 종종 문법화의 예로 고려되곤 한다. 예컨대, Lehmann(1989)은 고대 고지독일어의 'haidus('form, shape')'가 추상적 명사를 형성하는 파생적 형태소인 '-heit'로 감소되는 것을 문법화의 케이스로 보았다. 이러한 식으로, Haselow(2011)는 'DOM'의 발전에 대해 묘사를 하였고, Booij(2010)는 보다 일반적으로 '준접사'를 문법화의 예로 묘사하였다. Booij는 다음과 같이 말하였다.

> "파생형태소의 출현은 바로 문법화로 평가할 수 있다(Aikhenvald(2007:58)). 왜냐하면 이러한 형태소[DOM, MENT 그리고 LY_{T&T} 등을 포함]들은 접사

가 되었기 때문이다. 만약에 문법화의 종결점에 놓여있다면, 이러한 형태소들은 추상적인 자질을 가지고 있을 것이다. 그러나 그러한 의존 형태소들은 아마도 여전히 다소 특수한 의미를 갖고 있는 것 같다. … 그러므로 그러한 의존 형태소들은 보다 어휘적인 것으로부터 보다 문법적인 것에 이르는 범위의 연속변이(cline)의 성격이 있는 것 같은데, 이것은 바로 문법화 패턴의 성격이다." (Booij(2010:75))

같은 맥락으로, Haselow는 다음과 같이 주장했다. "DOM이 영어의 이른 시기에 아직 완벽한 신분의 접미사로까지는 발전하지 못했기 때문에, '-dom'의 빈도가 낮은 측면은 이것이 문법화 과정의 시작 시기에 있었다는 사실로 설명할 수 있는 것이다."(Haselow(2011:154)) 그리고 가장 최근에는 Boye & Harder(2012:19)가 '파생 형태'를 문법적 신분으로 정의한 바 있다. 물론 그들은 '파생'을 '합성'의 신분으로 연결시키지는 않았다.

그러나 Blank(2001)의 '어휘화1'에 대한 정의처럼('복합적(complex) 단어형성법'이 …통사적으로 그리고 의미론적으로 고정된 표제어가 되는 것), 단어형성법은 또한 어휘화와도 관련이 되어 왔다. 우리는 '단어형성법'의 결과물들을 위해서, 이러한 접근법(즉, "단어형성법은 어휘화와 관련되어 있다")을 구문화의 이론 틀 내에서 채택하고자 한다. 그리고 이에 대해서는 4.4와 4.5에서 자세히 다룰 것이다(Trip(2009)을 보면 '-hood', '-dom', '-ship'에 대한 연구가 있다).[17]

어휘적 변화의 유형과 관련한 또 다른 견해로 Bauer(1983)가 있다. 그에 따르면, 언어적 단계인 음운, 형태, 통사에 근거하여 어휘화를 여러 유형으로 쪼갤 수 있다고 한다. 그는 다음과 같이 주장한다. "음운적 어

---

17) 이와 관련하여 조언을 해준 Martin Hilpert에게 감사를 말을 전한다.

휘화는 강세 패턴의 변화('black|board')나 음절의 감소('infamous'와 'famous'의 관계에서 'fam'의 감소)가 수반된다. 그리고 연결 요소의 발전(예컨대, 'catseye', 'kinsman' 에서의 's')은 형태론적 어휘화의 징후로 볼 수 있다. 한편, 변칙적인 통사적 패턴(예를 들자면, 'pick|pocket' 같은 외심구조의 합성어 발달)의 경우는 통사적 어휘화[18]의 예를 제공하고 있다." 그러나 Bauer(1983)는 계속해서 다음과 같이 언급한다. "많은 유형의 혼합적 어휘화(mixed lexicalization)가 존재한다. 이것은 형태적 변화 뿐 아니라 음운적인 변화도 수반하고 있어서 결과적으로 'husband' 같은 원자적 어휘항목의 발전과 탈동기화(demotivation)로 귀결된다 (Wischer(2000))" 이러한 혼합된 패턴은 어휘적 구문화의 전형적인 유형인데, 이로써 원자적 구문을 생산하게 된다. 이것은 아래 4.6에서 다룰 것이다.

구문론적 접근법은 변화를 감소로 보는 그런 관점에 기초하고 있지 않기 때문에, 어휘화는 문법화와 마찬가지로, 재고되어 '구문화'와 '구문변화'라고 하는 보다 넓은 관점으로 구체화될 수 있다. 첫 단계로, 핵심적인 고려사항은 어떤 한 요소가 어휘적인 것이냐, 문법적인 것이냐를 따지는 것이 아니다. 그보다는 변화의 결과물이 주로 도식적이냐 특수한 것이냐, 또 복합적인 것이냐 아니면 원자적인 것이냐, 그리고 대체로 내용적인 것이냐, 대체로 허화적인 것이냐를 따져야 한다. 더 나아가 이들 모든 쌍들의 경사성(gradience)이 고려되어야 한다. 우리는 "새로운 내용적인 구문의 발달은 'X'와 'Y' 간의 의존적 관계가 제거되어야 가능하다"라고 하는 Lehmann의 주장에 동의한다. 다만, 우리는 이것이

---

18) 통사는 PDE의 VO 어순이라는 전형성을 본다면 일반적이겠지만, '단어형성법'과 관련하여서는 일반적이지가 않다(즉, 단어에서는 'manhunt', 'watchmaker'처럼 OV 가 더 규칙적이다).

역시 '구문화'의 다른 유형의 자질이라고 생각한다. 더 나아가 우리는 문법적인 항목과 어휘적인 항목 모두 '복합적(예컨대, 'be going to(be gonna)', 'strawberry', 'moveable' 등)'이거나 '원자적(예컨대, -s(복수), 'must', 'lord', 'garlic' 등)'일 수 있다고 본다. 앞에서 언급했듯이, '목록'이란 개념은 구문과 유사점을 갖고 있다. 그러나 '구문'은 미분화(undifferntiated)의 리스트가 아니다. 오히려 이것은 '계층화된 형식 – 의미 쌍'의 네트워크이다. 그래서 일부는 도식적이고, 일부는 원자적이며, 일부는 주로 허화적이고 문법적인 성격이 있으나, 일부는 주로 내용적이고 어휘적이다.

어휘화에 대한 구문론적 접근법의 가장 중요한 측면 중 하나는, 그것이 미세 – 구문뿐 아니라 도식까지도 포용하는 것이기 때문에, 이것은 우리로 하여금 '단어형성법', 관용어구의 생성도 고려하게 하고 있고, 더 나아가 내용적인 표현의 발달에 대한 특이한 국면은 물론 도식적인 패턴까지도 신경 쓰게 하고 있다. 한편, 도식적 단어형성법 패턴의 출현, 유지, 소멸 등의 과정은 생산성, 도식성, 합성성에서의 변화를 수반하고 있다. 이것에 대해서는 다음 부분에서 살펴보자.

4.4 어휘적 구문화에서의 생산성, 도식성, 합성성의 변화

3.3에서 우리는 구문변화에서의 '방향성'에 대해, "한 구문의 생산성, 도식성, 그리고 합성성에서의 변이라는 관점"으로 개념화한 적이 있다. Himmelmann(2004)은 한 논문에서 어휘화와 문법화 및 그들의 공통성에 대해 논한 적이 있다(이 둘 모두 자연적(임의적)이고 생산적인 조합으로부터 출발하고 있고, 특히 관습화의 과정이 유사하다는 점이 공통적이다). 이 논문에서 그는 어휘화에서도 일부 '확장(expansion)', 특

히 의미의 은유적인 확장이 있을 수 있다고 보았다. 그러나 그는 '어휘화'에 대해 주로 '단일화(univerbation)'로 보기 때문에, '숙주 부류의 감소'와 '의미의 일반화의 소실(즉, 의미의 특수화)'를 어휘화의 전형적 특징으로 보았다(p.35-36). 한편, Trousdale(2008b,c, 2010, 2012a)은 Himmelmann(2004)과 Brinton & Trauogott(2005)(이들 모두 어휘화를 '감소'로 개념화 한다) 이 두 연구에 기초하여 구문화와 관련된 조기의 연구에서, 문법적 구문화와 어휘적 구문화 간의 다음과 같은 차이점을 제시한다.

(a) 문법적 구문화는 도식성과 생산성의 증가, 그리고 합성성의 감소를 수반한다.
(b) 어휘적 구문화는 이 세 가지 영역이 모두 감소한다.

사실(이 장의 다른 부분에서 보겠지만), Trousdale의 초기 견해는 어휘화를 감소(LR)로 정의한 것에 있어서는 맞지만, 우리가 여기서 주장하는 변화 모델로서의 어휘적 구문화에 대해서는 오류가 있다. 특히 4.2에서 암시했듯이, 우리는 '형태론적 도식(morphological schema)'을 소개한 바 있다. 이에 여기서 중요한 점은 바로 '어휘적 도식(lexical schema)의 구문화도 도식성과 생산성에서 증가를 수반한다는 점이다. 만약 단어형성법 패턴이 출현했다면, 이는 도식성이 증가한 것이다. '단어형성법' 패턴은 생산성이 높거나 낮을 수 있다. 그러나 이 단어형성법 패턴이 '새로운 단어의 패턴화 도식'으로서 계속해서 오랜 동안 사용된다면, 항시 생산성과 '어휘적 확장(LE)'이 존재할 것이다. 단어형성법에서 이렇게 '확장'이 발생하는 것은 대개 '도식 단계'에서 이루어진다. 그리고 합성성의 소실은 한 도식의 특별한 멤버들이 그들과 도식 간의 연관성을 잃는 것을 말한다. 이는 곧 다양한 종류의 감소를 겪는 것이며, 특히 형태소의 경계를 잃는 것이다. 한편, 'LR(어휘화에서의 감소)'은 개별 구문 단계에서 발생한다. 어휘적 구문의 생성 역시 '방향성'과 관련이 되는데, 우리는 이 절에서 이와 관련한 핵심적 문제의 기초를 세울 것이다. 그리고 4.5와 4.6에서는 도식적이고 원자적이고 어휘적인 구문들의 발달에 대해 각각 상세하게 살펴볼 것이다.

4.4.1 생산성

어휘적 구문의 발달에서 '생산성의 문제'는 아마도 이 책에서 수용하고 있는 구문론적 접근법이 전통적인 어휘화 설명법과 다를 수 있는 가장 확실한 측면이라고 생각된다. Bauer & Huddleston(2002:1629)는 공시적인 어휘화에 대해서 생산성과는 반대되는 것으로 보았다. 그 이유는 이들이 어휘화된 단어를, 단지 한때에 한해 분석적이었을 뿐, 더 이상 분석적이지 않게 그렇게 고정화된 것으로 보기 때문이다. 이에 반해, 우리의 구문론적 접근법은 공시성보다는 '변화'에 포커스를 맞추고 있는데다가, 새로운 어휘적 미세-구문들이 도식으로 모일 수 있다고 보고 있다. 그리고 이렇게 함으로써 정도에 따라, 새롭게 생산적인 도식의 생산물이 될 수도 있다고 본다.

먼저 합성(compounding)의 케이스로 새로운 명사성(nominal) 어휘적 구문의 생성을 살펴보자. 내심구조적 합성어는 '기본상속(default inheritance)' 네트워크의 관점으로 조직화된다. 예컨대, 'linguistics|society'는 'society'의 일종이고 'student|linguistics|society'는 'linguistics society'의 일종이다. 'black|board'는 'board'의 일종이고, 'bullet|hole'은 'hole'의 일종이며,

'rattle|snake'는 'snake'의 일종이다(위의 4.2 참조).[19] 이들 각각의 경우에서, 수식적 요소는 피수식어에 대해서 보다 특별한 것을 부여한다. 그러나 그들의 일반적인 자질은 가장 일반적인 개념으로부터 하향식으로 상속된 것이다.

이러한 생산성의 현상은 외심구조의 합성어에서는 없다. 예컨대, 'dread|nought'는 'nought'나 'dread'의 일종이 아니라 일종의 전함이다. 그리고 'big|head'(자만심 강한 사람)은 '머리'나 '큰 것'을 나타내는 것이 아니다. 이들의 특이성은 '외심적 도식'(각종의 예가 아니라 '도식'이라는 점에 주의)에 있는데, 이 도식은 PDE에서 내심구조의 합성어 도식이 하는 정도로 그렇게 그 자체에게 생산성을 부여하지는 않는다. 따라서 생산성의 분명한 정도 차이는 '도식의 내부적 조직'에 따라 다를 수 있다고 볼 수 있다.

'-able', '-dom'같은 준접사의 경우, 구문적 모델에서(위에서 토론한 합성어 도식처럼) 역시 어근(필자의 'stem')과 함께 도식을 형성한다. 4.5와 4.6에서 볼 것이지만, 우리는 '형태론적 도식'의 개념(Booij(2010,2013))이 복합적, 원자적인 '어휘적 구문'들의 발달을 이해하는데 있어서 매우 중요하다고 본다. 이 도식을 통해 우리는 자립 형식이 합성어에서의 피수식어나, 준접사 그리고 접사 등으로 발달하는 것을 추적할 수가 있다.

---

19) 영어의 스펠링은 합성어를 개별 단어로, 또는 하이픈이 붙은 단어, 또는 하나의 단어로 다룬다는 측면에서 볼 때, 악명 높을 정도로 일관성이 없는 편이다. 이렇게 차이가 나타나는 것은 사용상의 길이나 규범문법주의, 또는 다른 요소를 반영하기 때문일 수 있는데 어쨌든 '형식 - 의미'의 쌍과는 동떨어져 있다.

4.4.2 도식성

도식은 어휘적 구문화에서 성장하거나 수축될 수 있다. 어떤 경우엔 하나의 새로운 '단어형성법' 도식(또는 하위도식)이 어휘적 구문화의 결과로 탄생할 수도 있는데, 이때 도식성은 증가하고 자리(slot)도 생성, 발전하게 된다. 반면, 기존의 '단어형성법' 도식(또는 하위도식)이 비생산적일 수가 있다. 그 경우 고립된 특별한 예들은 대부분 '폐기'로 전락하게 되고, 또 형식적인 변화가 발생하여, '융합'되거나 '위축'된다. 이러한 대표적인 예는 바로 현대 영어의 형식인 'buxom(풍만한)', 'lissome(유연한)' 등이다. 이들은 생산성이 떨어지는 [[X-some] ↔ ['characterized by X']] 도식으로부터 고립이 된 것으로, 의미적인 변화도 겪어서, 'buxom'은 더 이상 '구부러짐, 굴절(bending)의 의미'와 관련이 없게 되었다(OE시기엔 'bugan'임).

도식 - 발달의 경우에서, '단어형성법' 도식은 새로운 내용적 구문의 생산을 위한 일종의 '유발자(attractor) 집합'으로서 제공되고 이어서 확장이 출현하게 된다. 대표적인 예가 바로 접미사 'gate'의 발달이다. 이것은 일종의 스캔들의 의미를 나타낸다(Booij(2010:90))[20]. 원래의 미세 - 구문은 'Watergate'인데, Booij에 따르면, 초기의 주조(coining)가 그 형식을 위한 유추의 기초가 될 수 있다고 하였다. OED(gate, 9. comb.form)기록에서는 'Volgagate', 'Dallasgate', 'Koreagate' 등이 있으며, 모두가 스캔들을 지칭하고 있고 1973년부터 시작하고 있다. Booij(2010:90)에 따르면, 관련된 형식의 집합이 수립됨으로써, 언어 사용자는 보다 새로운 구문

---

20) 1972년 미국 공화당의 닉슨 행정부는 워싱턴 D.C.에 있던 워터게이트 사무실의 민주당 전국위원회 사무실을 침입하였고 또 그 사건을 은폐하려고 시도했는데, 이것이 이른바 '워터게이트 스캔들'이다.

을 허가할 수 있는 하나의 도식(또는 하위도식) 생산하도록 유도될 수 있다고 한다. 이러한 새로운 도식이 바로 하나의 새로운 '단어형성법' 도식이며 이것은 추상적인 주형(template)으로 제공된다. 그리고 이것은 특별한 샘플들에게만 적용되는 유추화를 넘어서서 적용되게 된다. 이것은 아마도 하나의 도식(또는 하위도식)의 구문화 사례로 볼 수 있을 것이다.

패턴들은 생성되기도 하지만 그들은 또 멤버를 잃기도 한다. 구문은 하나의 도식(또는 하위도식)으로부터 분리되면 형식과 의미에 있어서 신분석으로 귀결될 수 있다. 예컨대, 다수의 합성어들은 형용사를 수식어로 명사를 피수식어로 하여 형성되기도 한다(예컨대, 'blackboard', 'bighead' 등). 한때 합성어에서 수식어로 사용된 형용사로 'holy'가 있다. 대부분의 경우에서, 그러한 합성어들은 비록 관습적이긴 하지만 상대적으로 투명한 편이다(예컨대, 'holy|water(성수)'). 그러나 어떤 경우에서는 도식이 더 이상 적용이 안 되어, 특별한 예들은 합성어로 취급이 안 되고 '단일형태소'로 취급되기도 한다(예컨대, 'halibut < halig|butte ('holy|flatfish')'; 'holiday < halig|dœg ('holy|day')').[21] 바로 이러한 케이스에서 두 번째 구문화가 출현하게 되는 것이고, 이때 형식과 의미 모두 LR의 결과로 변화하게 된다. 이에 대해서는 4.6에서 자세히 다룬다.

---

21) [역주] 'halibut'는 원래 이 도식에 의해 'holy|flatfish'의 의미로 시작되었으나 현재는 '큰 넙치'의 의미가 되었다. 그리고 'holiday' 역시 처음엔 'holy|day'의 의미로 시작했으나 현재는 '휴일'의 의미가 되었다. 이 모두 해당 단어형성법 도식으로부터 분리되어 하나의 단일형태소처럼 변한 예이다.

4.4.3 합성성

어휘 도식의 발달은 생산성과 도식성에 밀접하게 연결되어 있을 뿐 아니라 합성성과도 연결되어 있다. '명백하게 통사적으로 연결된 것 (apparently syntactic strings)'의 합성성과 관련하여 질문이 제기되기도 하였는데, 이는 구문과 관련된 연구에서 주요한 자극이 되었고 이에 대해서는 1980년대로 거슬러 올라갈 수 있다(Fillmore, Kay & O'Connor (1988)). Nunberg, Sag & Wasow(1994)의 연구에 따르면, 어떤 관용어구 (idiom)들은 전체의 의미가 각 구성요소의 의미에 대한 분포 차원에서 볼 때 '비 - 합성적'이다. 이러한 관용어구들 중 일부는 허화적인 기능을 갖고 있고(예컨대, 'in fact', 'indeed' 등), 일부는 내용적인 의미체계 (semantics)를 갖고 있다(예컨대, 'kith and kin(일가친척)' (Fillmore, Kay & O'Connor(1988))). 이러한 현상과 관련하여 인지언어학에서는 보다 일반적인 시각으로 보고 있는데, Taylor는 다음과 같이 언급했다.

> "엄격한 합성성은 설사 있다 해도 만나기 드물다. 대부분의 표현들(사실상 모든 표현들)은 그들이 언급되고 있는 문맥에서 해석될 때, 어느 정도는 비 - 합성적이다." (Taylor(2002:550))

한편, '경사성(gradient)'의 존재는 동일한 하위도식의 예들을 관찰함으로써 증명할 수 있다. 예컨대, 'spring|water'는 'water from spring'이나 'toilet|water'는 '화장수'로 'water from a toilet'이 아니다. 여기서 바로 '상속'과 '무효화(override, 위의 4.2참조)'의 문제가 적용된다. 하위도식 [[X|water] ↔ ['water in or from X']]은 주로 'bath|water', 'tap|water', 'spring|water' 등이 있으며, 이 도식의 관습적 의미는 'toilet|water(화장수)', 'tonic|water(탄산음료)' 같은 특수한 예에 의해 무효화되고 있다.

합성성의 정도와 관련된 흥미로운 예로 [parts of X]와 [X-parts]가 있다. 'parts of body(몸의 일부분)'와 'body|parts(신체부위)'는 둘 다 함께 존 재하나 이것이 같은 것을 의미하지는 않는다. 이 중 'parts of body'는 합성적이다. 그래서 이것은 경찰에 의해 냉장고나 쓰레기통, 숲 등에서 발견될 수 있는 그런 실체를 지칭할 수 있다. 이것은 'body|parts'일 수도 있고 아닐 수도 있다. 이에 비해, 'body|parts'는 몸의 여러 부분들의 '명 칭'으로 예컨대, 'legs', 'arms', 'head' 등이 해당된다. 물론 몸 전체 중 일부로 해석할 때는 모두가 그런 것은 아니다('hair'의 경우가 그렇다). 비록 그렇긴 하나, 우리가 이름을 부를 수 있는 몸의 일부 부분은 'body|parts'로 지칭되지 않을 수 있다(예컨대, 'under|arm(겨드랑이 밑)')(Zwicky(2012)). 그래서 'body|parts'는 'parts of body'보다 덜 합성적 이다. 그런데 'parts of speech(품사)'에서는 좀 다를 수 있다. 이것은 [parts of X]라는 구조의 한 구인데, 'parts of body'보다는 매우 덜 합성 적인 의미이다. 왜냐하면 여기서의 '말(speech)'이라는 것을 명사나 동 사, 형용사로 명백하게 분할할 수 있는 것이 아니기 때문이다. 이 경우 엔 이와 상당한 *speech|parts같은 형식이 없다.[22] 이러한 두 예('parts of body'와 'parts of speech') 사이에서의 비대칭은 어느 정도는 출현할 수 있는데, 왜냐하면 'parts of speech(품사)'는 메타언어학적인 용어로 주로 문법이나 언어학 연구 관련 언어 사용자들 사이에서 사용되는 것이기 때문이다. 그리고 특정 문법적 범주에 속하는 표현과 관련되어 사용되 는 'speech|parts'는 그 지시물이 익숙하거나 잘 알려져 있다고 보기 때 문에 약간 코믹하게 보이기도 한다. 상품명인 'SpeechParts'는 국어 과목 의 교육을 위한 교육용 소프트웨어를 가리키는 것으로, 이것은 바로 이

---

22) 이 예와 관련하여 Francesca에게 감사의 말을 전한다.

러한 친근함이란 함축성과 명성에서 기인한 것이다.

이 책에서 지지하고 있는 '구문변화'의 다른 면모들과 마찬가지로, 우리는 합성성의 공시적인 '경사성'이(비록 미세 – 변화 그 자체는 분별적이긴 하지만) 바로 새로운 미세 – 구문과 도식들의 발전과정에서 나타나는 '점진성'에 의한 결과라고 생각한다.

한편, 합성성이 명백히 감소하는 그런 어휘적 구문화의 케이스도 있다. 이러한 것들은 대체로 '단일한/원자적인 미세 – 구문'이 일련의 신분석의 결과로 생성됨으로써 나타나는 것인데, 그 결과 새로운 교점이 더 이상 복합적인 도식과 연관되지 않게 된다. 이에 대해서는 아래 4.6에서 토론할 것이다. 다만 여기서는 다음과 같은 사실을 관찰하고자 한다. OE의 'gar|leac ('spear|leek')'은 아마도 적어도 이것이 관련되어 있던 하위도식인 [[X|leac] ↔ ['leek with features associated with X']]에 의해 동기화되었을 것이다. 그러나 지금의 'garlic'이란 단어는 그러한 동기화가 없다. 이 언어의 현재 화자들에게 있어서, 'garlic'은 'paper'나 'dog'처럼 하나의 '비 – 합성적인 단위(unit)'로 배워야 한다. 우리는 LR로 설명될 수 있는 어휘적 구문화의 합성성은 감소한다고 주장한다.

합성성의 문제는 또 '순간적 유형의 교점 생성(instantaneous type node creation)' 케이스와도 관련이 있다. 여기에는 '전환(conversion)'과 같은 단어형성법이 있는데 예컨대, 'to window'가 있다(이것은 명사를 동사로 또는 동사를 명사로 전환하는 도식에 의한 것이다)(4.8참조). Clark & Clark(1979)가 지적했듯이, '전환'의 경우에서, 관습적 의미를 갖는 도식의 존재로는 새롭게 생성되는 '미세 – 구문'의 의미를 부여하기에 충분치가 않다(즉, 기존의 관습적인 의미 자체로는 새로운 의미를 더 추가해서 나타낼 수가 없다). 그러므로 'dust'같은 경우, 'to remove dust(먼지를 제거하다)'('he dusted the bookshelf')나 'to add something akin to dust(먼지를 묻히다)'('he dusted the birthday cake, she dusted for fingerprints') 등의 의미를 나타낼 수가 있는 것이다. 그리고 동사 'google'의 경우는 'to search for something on the internet(인터넷에서 뭔가를 검색하다)'의 의미를 나타낼 수 있다. 이 경우 꼭 'Google'로 하지 않더라도 말이다.

(4) This cartoon was one of the first hits when I *Googled* "hegemony" on Yahoo.

　　이 만화는 내가 야후에서 "헤게모니"를 검색한 첫 히트작 중 하나였다.
　　(http://bcbrooks.blogspot.co.uk/2010_10_01_archive.html; accessed 20 November 2012)

　한편, 'facebook'이란 동사는 'to contact someone via facebook(페이스북을 통해 어떤 이와 접촉하다)'이란 의미를 나타낸다. 이와 같은 참신한 미세 - 구문들은 내용적이며, 사건의 과정을 표시한다. 이와 같은 것들이 바로 '어휘적 미세 - 구문'들이다. 그러나 우리가 이러한 예들에서 추론할 수 있는 어떠한 합성적 의미도 사실상 그것이 상속받은 구조들로부터 파생된 것들인 셈이다.

　다음 두 절에서 우리는 어휘적 도식(또는 하위도식)들이 어떻게 출현하는지 소개할 것인데, 특히 추상적 명사들의 생성을 위한 '단어형성법'의 책략에 대해 살펴볼 것이다(4.5). 이들은 모두 "파생적인 단어형성법이 구문화와 구문적 확장으로서 어떻게 보여 질 수 있는가"에 대한 예가 될 것이다. 그리고 우리는 또 '원자적인 어휘적 구문(atomic lexical cxn)'들이 '합성어'와 '파생적 단어형성법'으로부터 어떻게 생성될 수 있는지 보여줄 것이다(4.6). 이러한 것들도 대부분은 구문화이다. 그러나 변화의 첫 번째 경우와는 달리 이들은 '소실'을 수반하고 있다. 이렇게 원자적인 어휘적 구문들이 복합적인 것으로부터 생성되는 것은 바로 전통적으로 알려진 '어휘화'라 할 수 있다.

4.5 어휘적 도식(또는 하위도식)의 발달

여기서 우리는 '합성어(compound)' 하위도식의 생성과 그들의 이어지는 발달에 대해 다룰 것이다. '합성'을 위한 일반적인 도식은 이미 가장 이른 시기의 영어 자료시기부터 관찰될 수 있기 때문에, 우리는 여기서 '합성' 자체의 생성, 발달은 다루지 않을 것이다.

OE시기의 시(詩)에는 합성성 정도의 다양성을 보여주는 '명사 – 명사 합성어'들이 발견되고 있다. 이 모두는 구(phrase)로써 사용되던 것과 또 다를 수 있는데, 왜냐하면 두 명사 사이의 관계를 보여주는 '형태론적인 '격(case)'이 없기 때문이다. 그리고 측정하기가 어렵긴 하지만, 대체로 구에서보다 더 제한적인 의미를 갖는 것으로 나타난다. 7세기 후반에 지어진 "Cædmon's Hymn"이란 시에 몇 가지 합성어의 예가 있다. 이 시는 Bede에 의해 그의 'Ecclesiastical History'(731년)에서 언급되고 있다. Bede는 이 시를 라틴어로 번역을 했으나 OE시기엔 많은 사본 버전이 있다. 여기서의 합성어로는 'heofon|ric'('heaven|kingdom, heavenly kingdom'), 'wuldor|fæder'('glory|father, God'), 'monn|cynn'('man|kin, mankind') 등이 있다. 각각의 경우는 그에 상응하는 구가 있는데, 여기서의 첫 번째 N은 소유격 표지가 있어서(heofen.es rice, wulder.es fæder, monn.es cynn), 바로 이것을 통해 우리는 'heofonric', 'wulderfæder', 'monncynn'이 형식적으로 합성어인 것을 알 수 있다. 그리고 이들은 보다 특별한 의미를 갖고 있으며, 어떤 경우, 이러한 '구'와 '합성어'가 동시에 같은 텍스트에

서 등장할 때도 있다. 예컨대, Broz(2011:116)에 따르면, 'eorl.a gestreon' ('earls. GEN treasure')와 'eorl|gestreon'('earl|treasure') 두 구와 합성어가 Beowulf 3,163행과 2,244행에 각각 출현하고 있다고 한다. 이들 명사성 합성어들은 각각 N_1이 N_2를 수식하는 식의 내심구조로 되어 있다. 이들은 아래(5)와 같은 유형의 도식에 근거하는 구문들이다. (여기서 R은 'relation'의 의미이다) (이는 Booij(2010:17)에 근거한 것이다)[23]

(5) $[[[N]_{Nk} \ [N]_i]_{Nj} \leftrightarrow [[SEM_i \ with \ type\text{-}R \ to \ SEM_k]_{ENTITY}]_j]$

다른 합성어에서는 그 의미가 완전히 비-합성적이고 비유적인 경우도 있다('완곡대칭법(kennings)'으로 알려진 합성어가 그러하다).[24] Beowulf 에서 발견된 잘 알려진 예로는 'ban|hus'('bone|house, body')(l. 2508), 'guð|wine'('war|friend, sword')(l, 1810), 'woruld|candel' ('world|lantern, sun') (l, 1965) 등이 있다. 이러한 예들 중 대부분이 'hapax legomena(한번만 말해진 단어)'들이다. 그리고 이들 합성어가 관습화되었다는 점에서, 이들은 미세-구문의 구문화를 보여주고 있다.

우리는 또 다음과 같이 결론을 내린다. "위와 같은 이러한 경우에서 이들은 매우 일반적인 'NN 합성적 도식'이며, 이들은 관련된 구문-유형으로 구성된 하위도식이 없다고 볼 수 없다." 그러나 다른 경우에서, 우리

---

23) 이것은 다음과 같이 읽을 수 있다. "형식적 합성어 N_k+N_i(여기서 k,i는 의미를 나타낸다)는 'N_k의 SEM_k'과 관련이 있는 'N_i의 SEM_i'의미와 연결되어 있다."
24) Broz(2011)는 'kennings'에 대해서 Geeraerts(2002)의 접근법에 근거하여 분석하고 있는데, 이것은 합성어와 관용어의 형식, 의미에 대해 통합적, 계열적 측면으로 접근하는 방식이다.
[역주] 이른바 '완곡대칭법(kennings)'이란 'boat'를 'wave traveler'로 표현하는 등의 방법을 말한다.

는 '합성어 미세 – 구문들'로부터 '하위도식'이 생성되는 것을 관찰할 수 있다. 즉, 다시 말하면, 두 번째 명사가 생산적인 어간 집합을 위해 숙주가 되는 것이다. 개별적인 합성어 미세 – 구문(예컨대, 'martyr|dom(martyrdom 순교)')으로부터 나온 이러한 변화가 생산적인 도식(또는 하위도식)이 될 수 있게 하는 것은 바로 '의미적 일반화(semantic generalization, Trips (2009:245))' 및 '준접사화(affixoiding)'와 관련이 있는 '유형 빈도성'의 증가이다. 그리고 form$_{new}$-meaning$_{new}$의 복합적인 도식(또는 하위도식)이 일련의 변화를 통해 출현했기 때문에, 이것은 도식적 단계에서 나타나는 일종의 '어휘적 구문화'이다. 그러한 하위도식에 있는 고정된 요소(형식적으로 두 번째 명사인데, 예를 들면, 'dom('judgment, condition')', 'had('rank, condition')' 등임)의 역사는, 그 범위가 '-hood' 등의 어근(필자의 'stem') 과 같이 상대적으로 높은 생산성을 갖는 것에서부터 궁극적으로 '위축 (obsolescence)'에 이르기까지 넓게 분포한다. 그리고 때때로 원래의 어휘항목이 유지가 되는 경우도 있다. 예컨대, 'doom'은 여전히 영어에서 독립적인 단어이다. 다만, 초기보다는 더 제한적인 의미를 갖고 있다(그래서 'judgement'보다는 'bad fate'의 의미임). 그런데 다른 경우에서는 그렇지 않을 수도 있다. 예를 들어, OE의 'had'('condition')는 독립적인 어휘항목으로 살아남지 않았다.25)

'HOOD'와 'DOM'은 ME시기에(일부는 그들의 의미를 보존하고 있지만, 모두가 그렇지는 않음) '준접사적인 파생적 단어형성법'으로 여겨질 만큼 생산적으로 이용되었다. Booij의 준접사에 대한 언급을 다시 보자.

---

25) 'hood'라는 단어는 접사 '.hood'를 갖고 있는 'neighborhood'의 생략형이다.

"그들이 합성어로 구체화될 때 특별한 의미를 갖게 되며, 이 과정에서 접사와 유사하게 변하게 된다. 그들은 아직 접사는 아니다. 왜냐하면, 그들은 한 어휘항목에 상당한 것이기 때문이다. 즉, 이들이 비의존적인 (unbound) 형식이지만, 그들의 의미는 독립적인 어휘항목으로 사용될 때와는 다르다." (Booij(2010:57)).

그것의 의미적 변화는 최소적이다. 그리고 결합성(bondedness)의 정도가 변화하는 것처럼 보이지 않기 때문에, 우리는 '준접사화'를 미세 – 구문단계에서 나타나는 '구문화 이후 어휘적 구문변화'로 보고자 한다. 그러나 하나의 새로운 단어형성법 도식(또는 하위도식)이 탄생할 때, 특히 의미의 일반화에 의해 이루어질 때는 도식의 단계에서 구문화가 존재할 수 있다.

한 합성어 미세 – 구문의 특별한 요소가 준접사가 되는 것과 하나의 준접사가 접미사가 되는 것은 종종 논의의 여지가 있다. 예를 들어, OE 시기의 파생적 형식에 대해서 쓴 Kastovsky(1992:386-387)는 OE시기 명사 'had'('state, rank, condition')가 합성어를 형성하는지 아니면 접미사를 형성하는지에 대해 주의를 기울이기도 하였다. 이 장에서 우리는 변화가 발생하는 정확한 시점을 확인하는 시도는 하지 않을 것이다. 이것은 자료가 듬성듬성하여 불가능하다. 이 절에서는 자료들에 대해 통시적인 설명이 이루어질 것인데, 이로 인한 자료와 그 설명은 세부적인 것들에 대해 일반화를 할 것이다. 그리고 주로 Haselow(2011)의 OE시기 및 ME 시기 초기에 대한 연구, 또 Dalton-Puffer(1996)의 ME 모든 시기에 대한 연구를 이용하여 설명할 것이다. 데이터베이스에서의 유형 (type) 대 실례(token)의 비율은 두 연구 모두에서 인용할 것이다.[26] 그

---

26) 그리고 중요한 추가 자료로 Trips(2009)가 있다. 이것은 불행히도 우리의 주의를 끌

리고 우리는 구문적인 용어로 이들 논저에 있는 토론의 모습을 다시 수
정하여 표현할 것이다. 이러한 용어를 사용하여, 우리는 '유형 – 구문'의
증가를 입증함으로써 도식(또는 하위도식)의 구문화에 대한 증거를 제
공할 것이다.

4.5.1 OE DOM

우리의 첫 번째 예는 OE시기의 어휘적 미세 – 구문인 [[dom] ↔
['doom, judgment, authority to judge']]이 합성어로 사용되는 것과 그것
의 이후 역사이다. Haselow(2011)가 이미 언급했듯이, 영어에서 'DOM'의
역사는 복합적이다. 그것의 복합성(complexity)을 통해 우리는 특별한
공시적인 단계에서의 구문의 '경사성 자질'을 잘 관찰할 수 있다. 그리
고 새로운 패턴으로 발달할 때의 '점진적인 성질'도 관찰할 수 있다. 그
리고 특히 구문화라는 것이 미세 – 구문과 도식의 모든 단계에서 출현
할 수 있음도 알 수 있다.

역사적으로 장모음을 가진 명사는, 심지어 OE시기의 'dom'조차도 합
성어의 요소에서 오른쪽(즉, 피수식어 위치)에 규칙적으로 출현하였다.
그리고

> "더 추상적이고 범주적인 의미를 수용하고, 또 음운적인 감소를 겪음으
> 로써 그것의 신분을 점진적으로 접미사처럼 변화시켰다. 그렇기 때문에,
> 'dom'을 가진 합성어와 진정한 파생어(derivative)를 구분할 수 있는 분리
> 포인트를 결정하기가 힘들다." (Haselow(2011:112))

기에는 너무 늦은 자료이다. Trips의 연구는 현대 영어는 물론 그보다 이른 시기도
포함하고 있다.

아래의 예에서는 'dom'이 명사로 사용되는 것(6a)과 합성어의 피수식어로 사용되는 것(6b) 두 가지가 제시되고 있다.

(6) a. for ðam   ðe   hit   is   Godes   *dom*
       for that that it   is   God.GEN   law.NOM

    그것이 신의 법이기 때문에 (Deut(c1000 OE Heptateuch) B 8.1.4.5 [DOEC])

   b. for ðan   þe   he   æfter cristes   þrowunge   ærest
      for that that he   after Christ.GEN   suffering   first

    martyr|dom geðrowade
    martyr|dom suffered

    왜냐하면 그가 크리스트가 순교한 후 순교자의 운명이 되는 첫 번째이기
    때문이다. (c1000 ÆCHom Ⅰ.3 [DOEC])

이들 예에서 보면, 'X'와 'DOM' 사이에 분명한 의존적 관계가 있다. (6a)에서는 통사적인 관계이고(.es가 소유격이다), (6b)에서는 단어형성법 상의 '수식어 – 피수식어'의 의존적 관계이다(여기서 격은 없다). 그러나 아래의 (7)의 예에서는 'DOM'의 신분에 대해 확실히 말할 수가 없다. 왜냐하면 'freo'가 여기의 통사적인 구절에서 어떤 명백한 격을 갖고 있지 않기 때문이다. 비록 그렇긴 하지만 여기서도 역시 일종의 의존적 관계가 있는 것으로 보인다.

(7) Ðæt is se *freodom*   ðætte mon   mot   don
    that is the freedom.NOM   that   man.NOM   may.3s do.INF

    ðæt   he   wile.
    that   he   want.3SPres

    그것은 자유(자유로운 상태)이다. 즉 한 사람이 그의 의지대로 할 수 있는
    것이다. (c890 Boethius B.9.3.2 [DOEC])

우리는 'DOM'을 갖는 각각의 새로운 '합성어 미세 - 구문'이 구문화라고 가정한다. 그것의 음운에 대해 접근하지는 못했지만, 그 이후의 역사로부터 음운론적으로 중복된 한 쌍이 출현했음을 가정할 수 있다. 이것은 곧 강세를 갖는 장모음을 가진 독립적인 형식(ModE의 doom)과 강세가 약한 모음을 가져서 ME시기에 애매모음(schwa)으로 발음이 감소된 형식(ModE의 .dom) 두 형식으로 나타난다. 결국 'Christendom(크리스트교도)'[27], 'freedom' 등으로 발전하는 것(Lehmann(2002)의 예)이 아마도 '어휘화'라고 부를 수도 있겠으나 '.dom'과 그것의 어근(필자의 'stem') 사이가 여전히 분석 가능하기 때문에 '경계의 제거'를 보여주고 있지는 않다고 본다.

이러한 예에서 알 수 있듯이, OE시기 'DOM'이라는 합성어의 첫 번째 요소는 형용사('freodom')일 수도 있고, 명사('martyrdom')일 수도 있다. Dietz(2007)에 따르면, '-dom'의 '접미사 같은' 기능(즉, 우리가 '준접사'라고 부르는)은 900년대 즈음에는 형용사와 함께 쓰였고, 이후 50년 후엔 사람의 속성을 의미하는 명사가 쓰이게 되었다고 한다. 예컨대, 'martyr-dom('martyrdom')', 'þeow-dom('servitude')' 등이 있다. 그에 따르면, 약 2000개 정도의 명사 'dom'의 예가 OE시기에 나타나며, 약 50개 정도의 유형이 명백한 준접사적'-dom' 의미를 갖고 있다고 한다. 이 가운데 'wis-dom'이 가장 빈도수가 높다(대략 900여개의 예가 있다). 한편, Haselow(2011:154)는 그의 더 제한적인 OE 말뭉치에서 22개의 유형을 찾았다. 그는 동일한 말뭉치에서 200개(20개 유형)의 접미사 '.ness ('quality of')'의 예를 찾았는데(p.161), 그는 이들에 비하면, 'dom'의 예

---

27) 'Christendom'은 지금 지정학적인 용어로 이해되고 있다. OE시기에 그것은 주로 '기독교' 즉 '신앙' 자체를 지칭했었다. 그 변화는 곧 의미론적인 구문변화인 것이다.

가 낮은 유형 빈도성을 보여주고 있다고 보면서(즉, 'dom'이 출현빈도수에 비해 상대적으로 낮은 유형빈도수를 보임), 'DOM' 도식은 아직 잘 확립되지 않았다고 결론 내렸다. 오히려 높은 '출현 빈도성'은 개별적인 미세 - 구문들인 'wisdom', 'cristendom', 'martyrdom' 등과 관련이 있다고 한다. 즉, 합성어의 두 번째 요소로서의 '-dom'의 출현은 빈도수가 높은 일부의 예에만 제한되었던 것이다(Haselow(2011:152)).

OE시기에 명사 'dom'은 그것의 의미 영역이 'doom', 'dignity', 'power', 'choice' 등을 포함하고 있으나, 일종의 준접사 도식(그리고 이후 접사도 포함)으로 발달한 상태에서 보자면, 그것의 핵심적 의미는 'state'나 'condition'이다. 예(8)과 같다.

(8) Hi   on   dryhtlicestum   *dome*   lifdon.
    they in   lord-like.SUPER.DAT   condition.DAT   lived

그들은 가장 군주와 같은 조건으로 살았다. (Seafarer 85 [DOEC; Haselow 2011:75])

바로 가장 일반적인 의미가 준접사나, 단어형성법 도식으로 발전하기에 가장 핵심적일 수 있는 것이다. 이는 'condition'이란 의미의 (8)과 'law'의미의 (6a)를 비교해 보면 알 수 있다.

이것은 점진적인 발달에서 나타나는 분포적인 확장 유형이다. 이 하위 집합의 멤버들은 준접사적인 형태 [X-dom]을 갖고 있으며 그 의미는 제한적이다(명사와 결합하면 'condition'의미, 형용사와 결합하면 'quality'의미, Dalton-Puffer(1996:77)참조). 만약 점진적 변화에 대해 일반화를 하고, 우리 스스로 명사적 구문으로 제한을 한다면, 10세기 말 즈음에 합성어 구문의 '준접사적 도식'이 탄생하게 되었다고 말할 수 있다. 즉, (9)와 같다.

(9) $[[[X]_{Nk} \ [-dom]_i]_{Nj}] \leftrightarrow [[condition_i \ with \ relation \ R \ to \ SEM_k]_{ENTITY}]_j]$

    준접사 '-dom'을 갖는 도식 패턴의 생성, 발달은 곧 '도식 단계의 구문화'로 볼 수가 있는데, 이것은 화자들이 개별 미세 – 구문들에 대한 일반화를 하고 패턴을 추론한 결과 생긴 것이다.[28]

    우리가 4.3.3에서 언급했듯이, Haselow와 Booij 모두 'DOM'이란 것의 발달이 문법화의 케이스라고 주장했다. 그러나 그렇다고 해서 허화적이거나 직시적인 기능이 발달한 것으로는 보이지 않는다. 이보다는 오히려 추상적이지만 내용적인 의미체계(semantics)의 생성으로 볼 수 있는데, 설사 추상적인 것이라 해도 '지시적인(referring) 구문'과 연관이 되어 있다. 결정적으로, 그 결과로 나온 구문은 '어휘적인 도식(lexical schema)'으로, 정확히 말하자면, 새로운 허화적인 구문이 아닌 새로운 '지시적 구문'을 허가하는 도식인 것이다.

    'DOM'의 이후 역사에서, 우리는 '구문화 이후의 구문변화'와 일치하는 그런 심화된 패턴을 관찰할 수 있다. 따라서 이 경우에 있어서, 이 도식들을 재조직화(reorganization)하면 '-dom'이 의미적으로 보다 더 일반화되고, 음운적으로는 감소하기까지 하여, 결과적으로 접사인 '.dom'으로 발전하게 된다. 그리고 이 접사의 신분인 '.dom'은 이 도식으로 하여금 재조직화 하게 허락하여 '명사 파생 도식(nominal derivational schema)'에 링크하게 만든다. 한편, 'DOM'의 이후의 역사에서는 또한 그 도식의 멤버들이 소실되기도 한다. Dalton-Puffer는 다음과 같이 언급한다.

---

28) 'abduction(추론)'이란 곧 '데이터 해석'으로부터 '그 데이터에 대한 가설적인 설명'에 이르는 논리적인 추론을 말한다. 이것은 Andersen(1973)에 의해 논리학으로부터 역사언어학에 도입되었다.

"고정된 표현들의 배열이 자연적인 생산성이 없이 자주 사용되면서 존재하기도 한다. … 이러한 탈형용사적이고 탈명사적인 형성에 대해서 그 모습은 침체와 궁극적인 쇠퇴 중 하나일 것이다." (Dalton-Puffer(1996:76))

이것은 바로 숙주 부류의 '감소'이자 '위축'이며, 이 둘은 곧 구문변화이다(4.6참조). 이러한 숙주 부류의 감소가 생겨난 이유는 우리가 4.5.3에서 또 보겠지만, 아마도 상대적으로 넓은 선택의 집합이 있기 때문인 것 같다. 이는 즉, 네트워크 내에서 기타 이웃들이 선택의 대상이 될 수 있는데, 이들 역시 준접사나 접미사를 발달시킨 다른 표현들이다. 그리고 결정적으로 이들도 'state, condition' 등의 유사한 의미를 갖고 있다. 예를 들어, Haselow(2011:152)는 OE시기의 '-dom'을 갖는 어근(필자의 'stem')들은 종종 'HAD', 'SCIPE', 'NESS'와 평행한 형식을 갖고 있다고 보았다. 그래서 보통 의미상 거의 차이가 나타나지 않는다. 한 가지 예외라면 바로 'woh|dom'('misjudgement(오심)')와 'woh.ness'('perfidy(배신)')으로 이들은 의미상 분명한 차이가 나타난다.[29] 한편, '-dom'은 그것의 생성적 파워가 약했기 때문에(즉, 그로 인해 유형 빈도성이 낮은데, 이것은 Haeslow(p.154)에 의하면 이 시기 전반에 걸쳐 낮게 나타나고 있다), 그것의 유형 빈도성이 OE와 ME시기에 계속 일정하게 유지되었다고 한다.

---

29) '.ness'는 어원학적으로 명사가 아니다. 그리고 OE시기부터 이미 접사였던 것으로 보인다. 이렇게 이 시기에 준접사(-dom)와 접사(.ness) 간에 존재하는 변이형들을 통해, 우리는 당시 화자들이 준접사화와 접사화를 정확히 구분하는 인식이 거의 없었음을 알 수 있다.

4.5.2 OE RÆDEN

OE시기에 'dom'과 같이 'condition'의 의미를 갖는 미세-구문으로 'scipe'와 'ræden'이 있다. 'SCIPE'(이는 원래 명사로 'condition, state, office' 등의 의미를 갖고 있으나 OE시기에는 단지 준접사/접사로 출현한다. OED나 Bosworth-Toller 참조)는 일종의 단어형성법 패턴으로서 'DOM'이나 'RÆDEN'보다도 더 생산적으로 잘 확립되었다. Haselow (2011:166)는 'SCIPE'를 'freondscipe('friendship')'처럼 단어에 사용되는 접미사로 보았다. 그러나 우리는 이것을 준접사로 취급한다. 이것은 Booij 가 말한 준접사의 기준에 부합하는데, 왜냐하면 이것은 그것에 상응하는 동근(同根)의 동사 'scyppan('to create')'이 있기 때문이다(독일어 'schaffen('sahpe, create')' 참조). 이것은 일부 형용사 어근과 함께 출현하기도 하지만 원형적으로 이 도식은 (10)처럼 명사적이다:

(10) $[[[X]_{Nk}\ [\text{-scipe}]_i]_{Nj} \leftrightarrow [[\text{condition}_i\ \text{with relation R to SEM}_k]_{ENTITY}]_j]$

이에 반해, 'RÆDEN'은 OE시기에 준접사가 아니었다. 그러나 이것은 사법적인 영역이나 특별한 사회적 관계를 지칭하는 합성어를 형성하곤 했다. Haselow(2011:165)에 의해 제공된 예로 사법영역의 예는 'burh|ræden('civil|right')', 'mann|ræden('man|contract, service')' 등, 사회적 관계의 예는 'feond|ræden('enmity')', 'freond|ræden('friendship')' 등이 있다.

독립적인 어휘항목으로서의 'ræden'은 매우 드물다. 다른 예들도 발견되고 있지만, 이것은 주로 라틴어 'conditio'(condition)에 대한 주석으로 사용되었다.

(11) hæfdon··· sume mid aþum gefæstnod, þæt hi on hyre

had··· some with oaths secured, that they in their

rædenne beon woldon.

service be would

그들은 그들을 위해 헌신할 것으로 맹세했다. (918 Chron C [DOEC])

이러한 논의와 관련하여 보다 결정적인 차원에서, 'un.ræden('ill-advised action')', 'sam.ræden('harmonious living together')'과 같은 파생형식의 존재는 독립적인 어휘항목의 존재에 대한 판단근거가 될 수 있는데, 접미사들은 파생어의 어근이 될 수 없기 때문이다(즉, 이 예들에서 'ræden'이 접미사였다면 이러한 피수식어의 자격으로 합성어를 구성하지 못하기 때문이다)(Dietz(2007:142)).

그러므로 OE시기엔 'condition, estimation, rule'(Haselow(2011:164)) 등의 여러 범위의 의미를 갖는 'ræden'의 독립적인 형식이 존재했었고, 또 합성어의 피수식어로도 쓰였다. '|ræden'에 있던 합성어 미세-구문들이 발달해 나왔다면, 이 구문들은 곧 구문화한 것이다. 즉, 이것은 여전히 의미적인 합성성이 존재하긴 하나 일정 정도의 관습성이 존재하는데, 이러한 관습성은 이 도식이 '사법적인 것'을 지칭하는데 사용되는 것과 관련이 있다. Dietz(2007:143,146)에 따르면, '사회적 관계'를 지칭하는 어근(필자의 'stem')들과 함께 결합하는 합성어의 발달이 바로 '접미사화'를 위한 '시작점(entry-point)'이 될 수 있으며, 이때 특히 의미가 보다 더 '일반화'된다고 한다. 'ræden' 관련 구문은 전체적인 합성어가 추상적이기 때문에, 이것은 아마도 '준접사화'의 단계라고 말할 수 있는데, 준접사화를 통해 합성구문(compounding construction)의 하위도식이 '구문화'할 수 있게 된다. 이렇게 구문화된 새로운 하위도식은 (12)와 같다.

(12) $[[[X]_{Nk} [\text{-rœden}]_i]_{Nj} \leftrightarrow [[\text{condition}_i \text{ with relation R to SEM}_k]_{ENTITY}]_j]$

이렇게 (12) 도식에 의해 허가된 새로운 파생 준접사는 '-scipe'나 '.ness'와 기능적으로 강하게 겹치고 있다. '.ness'와 함께 등장하는 예는 아래와 같다.

(13)
Do	eac	swa	se	cristena	mann	beo	him	unscæðþig
do	also	as	the	Christian	man	be	he.DAT	unharming

&	bylewite	&	lufige	*an.nysse*	&	*broðor-rœdene*
and	humble	and	love	oneness	and	brotherhood

역시 기독교도 사람처럼 행동하라. 그리고 그에게 해롭지 않게 할 것이며, 겸허히 하고 하나로서 그리고 형제처럼 사랑하라. (c1000 ÆCHom I. xi.[DOEC])[30]

여기서 우리는 (12)의 도식이 '숙주 부류 확장'을 갖고 있으나 도식의 생산성이 취약하다고 보는데, 그 이유는 네트워크 내에 있는 유사한 의미의 다른 도식들의 수가 많아서이다. 사실, ME시기에 오면, '-rede(<rœden)'가 극도로 제한된다(Dalton-Puffer(1996)은 Helsinki 자료에서 단지 4가지 유형만을 발견하였다). 이렇게 하나의 '단어형성법 도식'인 (12)의 도식이 위축됨으로써 개별 미세 - 구문들을 고립시키게 되었고, 그 결과 PDE에서 단지 두 개의 유물('kindred', 'hatred')만이 남게 되었다.

이렇게 '-dom'과 '-rœden'의 사용을 '준접사'로 토론하는 것은 '어휘

---

30) DOEC는 원래 이 구절에서 몇 가지 운율학적인 표시를 기록하고 있다. 다만, 형태론적 표시와의 혼동을 피하기 위해 여기서는 삭제했다.

적 도식(lexical schema)'의 발달에 초점을 맞춘 것이다. 우리는 이들 사례와 관련하여 아래의 내용을 토론해야 한다고 본다.

(a) 최초에는 합성어 생산물들이 '미세 – 구문유형'으로 관습화되고 구문화된다(예컨대, 'freodom', 'martyrdom', 'freondrœden').

(b) 점차적으로 합성어의 두 번째 요소가 의미 탈색을 하고 추상적 의미를 가지면서 '준접사'가 된다. 그리고 미세 – 구문유형들에 대한 일반화에 의해 만들어진 '주형(template)'이 출현한다. 이것은 한 하위도식의 구문화이며, 그 결과 뒤이어서 그 하위도식에 합성어들이 생산적으로 추가된다.

4.6에서 보겠지만, 하위도식에 의해 허가된 준접사적 미세 – 구문들이 원자적인 미세 – 구문으로 감소될 수가 있는데, 이것은 일종의 형식적 구문변화이다. 더욱이 4.8에서 보겠지만, 준접사적 도식과 같은 도식들의 증가로 인해 허가된 '개별 미세 – 구문들'과 '-dom', '-rœden' 같은 하위도식들은 도식 또는 하위도식이 한 번 생성되면, 순간적으로 출현하게 된다. 예컨대, 'ADJ wis('wise') + dom'은 일종의 '충분히 발달된 하나의 명사(N)'로서 아마도 순간적으로 생성되었을 것이다. 이는 마치 'blog+er'이 최근에 blog를 하는 어떤 사람을 지칭하는 하나의 N이 되는 것과 같다. 이때 중간적, 점진적 변화의 과정이 없이 바로 나오는 것이 특징이나, 도식 또는 하위도식 자체는 점진적으로 출현한 것이다.

다음 절에서 우리는 준접사 '-dom', '-rœden'을 갖는 주형을 보여줄 것인데, 이 둘 다 추상적인 의미인 'condition'을 갖는 명사의 '단어형성법'을 허가하는 것이다. 다만 이들은 유사한 의미를 갖는 도식들 집합의 일부일 뿐이다. 이렇게 선택의 폭이 넓은 것으로 인해 그 하위도식들의 생산성은 변화할 수도 있게 된다.

4.5.3 OE와 ME 시기의 명사적 준접사들 사이에서의 선택

Dalton-Puffer(1996), Trips(2009), Haselow(2011) 등에 의해 자세히 논의되었듯이, 파생 접사의 역사는 그것들만으로 이해할 수는 없다. OE시기에 '-dom'은 추상적 명사 파생 준접사 중 비교적 큰 집합 중 하나이다. 그 외에도 '-scipe', '-had', '-lac' 등이 있었으며 또한 어휘적인 기원이 없는 '.ness', '.th', '.ung' 등도 있었다. ME시기에는 또 추가적으로 '-rede(< rœden)'와 불어로부터 온 차용어들이 있었다. Dalton-Puffer에 의하면, '.(a)cioun', '.acy', '.age', '.aunce', '.erie', '.ite', '.ment' 등은 모두가 사용 과정에서 그 생산성 정도가 달랐고, 추상적인 명사를 형성할 때 다른 어근과 함께 사용되었다고 한다. 예를 들면, 'devotion', 'conspiracy', 'marriage', 'vengeance', 'robbery', 'curiosity', 'commencement'(모두 현대영어 스펠링으로 함) 등이 있다.

ME시기에는 '추상적인 명사 준접사'들 사이에서 주로 '-dom', '-rede', '-ship (<-scipe)', '-had(ME -hede)' 등이 선택되었다.[31] 이 모두는 기원적으로 '관계적 명사들(relational nouns, Trips(2009:201))', 즉 '어근 X'의 'office, rank, state, condition'을 지칭하는 것이었다. 그러다가 시간이 지나면서, 이들은 명사적 어근이 'frend('friend')'와 같이 "주로 사람을 지칭하는" 것에 제한되게 되었다(p.204). 이것들은 또 형용사 어근들과 다양한 밀접한 관계를 갖고 있었다. Dalton-Puffer(1996:257-258)에 따르면, 단지 이러한 준접사들만이(그 외에 '-ite(-ity)' 같은 차용어도 있는데, 이것은 주로 형용사 어근을 갖기 때문에 여기서 다루지 않는다) "'state'나

---

31) 우리는 'competition'이란 단어보다 'choice'라는 단어를 더 선호한다. 왜냐하면, 'choice'는 일종의 '사용 – 기반'적인 개념이라고 한다면, 'competition'은 화자와 동 떨어진 구문 자신의 삶에 치중한 표현이기 때문이다.

'condition, being, essence' 등의 의미를 가리키는 실체" 의미의 집합체 (collective)로 사상(map)되었다고 한다. 이 가운데 '-rede'가 가장 낮은 유형 빈도성을 보여주어서, 가장 먼저 쇠퇴한 것으로 보인다. 그 궤적은 전형적이다. 즉, 낮은 유형 빈도성과 낮은 출현 빈도성을 가진 하위도식이 보다 생산적인 접사에 의해 대체된 것이다. 예를 들어, 'brother-redde'의 경우, 이것은 이미 OE시기에 'broÞor-rœden~broÞor-scipe(brotherhood)'와 같이 '-scipe'와 함께 선택적으로 사용되었는데, 결국 나중에는 'brother-hood'에 의해 대체되었다. 그리고 'freond-rœden'은 'freond-scipe'와 함께 선택적으로 사용되다가 역시 'freond-scipe'에 의해 대체되었다(Haselow(2011:165)).

한편, 'HEDE'의 기원은 논쟁이 되고 있다. 왜냐하면 OE시기의 '-had'는 명사와 주로 잘 쓰인 반면, '-hede'는 형용사와 주로 잘 쓰였기 때문에, 명사에서의 직접적인 기원인 'had'는 보편적으로 받아들여지지 않았다. Dalton-Puffer(1996:78)에 따르면, '.ness'가 초기 ME시기에 동사 어근과 출현한 반면, 그것은 ME후반에는 거의 전적으로 형용사와 사용되면서 생산적이었다고 한다. 그녀는 '-hede'가 거의 모든 생애에서 명사 'had('degree, rank, condition, state')(독일어의 '-heit'와 비교)'와 관련이 있었다고 하는데, 우리는 이것에 동의한다. OE시기에 '-had'는 '-dom'과 선택적으로 사용되었다. 즉, 'cyne-had~cyne-dom('domination, power of the king')' 등이 있다. ME시기에 주로 '-hede'의 형태로 나타나는데, 이것은 ME시기 전반에 걸쳐, 유형 빈도성이 증가하였다. 그러나 이것도 결국 '-hood'에 의해 대체되었다('knyght-hede~knight-hood', 'man-hede~man-hood'). 이중 단지 '-head'를 갖는 몇 가지 형태만이 남게 되었는데, OED(여기서의 'head', '-head suffix')에 따르면, 여기에는 'godhead(신)', 'maidenhead(처녀성)'(이들은 'godhood(신성)', 'maidenhood(처녀임, 순결)'와 다르다) 등이 있다. 즉, '-head'가 위축된 반면, '-hood'는 접사가 되었고 매우 생산적으로 변하였는데, 다음과 같이 설명할 수 있다.

> "살아 있는 접미사로서, '-hood'는 자유자재로 사람 또는 구체적인 대상을 지칭하는 거의 모든 단어에 결합할 수 있다. 그리고 많은 형용사들과도 결합한다. 이렇게 해서 'condition, state' 등을 나타내어 이러한 파생어의 수가 무한정이다. 그리고 임시-형성(nonce-formation)도 매우 많다."
> (OED hood 5)

사람의 어근을 갖는 'SCIPE'는 'state, condition'을 나타낸다. OE에서의 'leodscipe('a people, nation')', 그리고 'friendship, kinship' 등이 있다. Dalton-Puffer(1996:86-87)에 따르면, 이것은 ME 기간 내내 안정적이었고 구성은 다소 투명(즉, 합성적)한 편이다. 이것은 PDE에서 일상화된 예의바른 칭호('your ladyship', 'Master of Artship')와 함께 자주 쓰이는데, 유일한 생산적인 용법(PDE에서 접사로서)은 '직업적인 행위자(professional agent)'를 표시하는 어근과 결합하는 것이다('penman.ship(서체)', 'stateman.ship(정치가의 능력)')(Marchand 1969:345-346). 이러한 예에서 알 수 있듯이, 이 접사가 결합하는 어근은 대개 '-man'과의 복합으로 이루어진다.

'DOM'에 관해서 보면, 그것은 ME 기간 동안 유형 빈도성이 쇠퇴했지만, 여전히 접사로서 생존하였다. Marchand(1969:263)에 따르면, 이것은 1800년 무렵부터 '단호하고 경멸적인 성격'과 함께 사용되었다고 한다. 예컨대, 'bumble.dom(벼슬아치 근성)', 'gangster.dom(조직폭력배 사회)', 'official.dom(관료주의)' 등이 있다. 이와 관련해서는 Trips(2009)에 의해 확인할 수 있는데, 그는 'realm of'라는 의미를 갖는 '.dom'이 PDE에서 여전히 상대적으로 생산적이라고 하는 것에 대한 증거를 제시하고 있다. 그러면서 몇 가지 BNC(p.119)에서 나온 hapax의 예를 언급하였다. 이들 예의 대부분은 '경멸적인 의미(pejorative)의 어근'을 갖고 있는데, 예컨대, 'hack(난도질).dom', 'tramp(매춘부).dom', 'slob(게으름뱅이).dom'이 있다. 그녀에 따르면, 또한 최근에는 '.dom'의 옛 형식과 'anti.', 'post.', 'quasi.' 등의 접두사를 결합하여 'semi.star.dom'이나 'quasi.free.dom' 같은 형식을 만드는 경향이 있다고 한다.

만약에 우리가 '형용사 어근을 갖는 추상적 명사의 생성' 뿐 아니라 '.ness'와 같은 추상적 N을 형성할 수 있는 파생적 형태소를 다 무시하고, 단지 여기서 언급한 네 가지 준접사만을 고려한다면, 우리는 표 4.2와 같은 '유형 견실성(type robustness)'을 나타내는 그림을 얻을 수 있다.[32]

표 4.2 네 가지 준접사의 상대적인 빈도성

	OE	ME	ModE
-rœden	rare	obs	–
-scipe	mtf	mtf	mtf
-dom	tf	mtf	mtf
-had	mtf	-hede mtf	-hood tf

(14) SHIP: 'social status of N'(명사의 사회적인 신분)

　　 DOM: 'jurisdiction of a N, territory of a N'(명사의 관할, 영역)

　　 HEDE: 'abstract or inner qualities making up a N'(명사를 구성하는 추상적 또는 내부적 자질)

---

32) 표4.2에서 'mtf'는 'moderately(적당하게) type frequent'를, 'tf'는 'type frequent'를, 'obs'는 'obsolescing'를 각각 나타낸다.

첫 번째 것을 제외하고 거의 모두가 접사로 사용되고 있으며, 지금은 '.hood'가 이 집합에서 지배적이다. Dalton-Puffer(1996:125)은 이들이 '공동으로 생존'했던 이유는 아마도 ME 시기에 부분적으로 의미적 업무의 분담이 이루어졌기 때문에 가능했을 것이라고 한다. 그러다가 시간이 지남에 따라 이러한 제한이 약해졌다.

4.6 원자적 어휘 구문들atomic lexical constructions의 생성, 발달

여기서 우리는 기존의 복합적 미세–구문들로부터 나온 새로운 원자적 어휘 구문들의 예에 대해 논의하고자 한다. 이들 중 대부분은 형식 뿐 아니라 의미적인 변화를 수반하는 미세–구문단계에서의 '어휘적 구문화'이다(이미 봤듯이, 구문화는 순환할 수 있다). 그러나 일부는 단지 형식적 감소만을 수반하는 '구문변화'인 경우가 있다. 우리가 알기로 원자적 구문들은 복합적 구문들에 비해 비–합성적이라는 차원에서 대조를 이루고 있다. 그러나 여기서의 논의를 통해, 원자적 어휘 구문들의 발달도 점진적임을 알게 될 것이다. 특히, '많은 합성성에서 적은 합성성으로' 변화하는 이른바 합성성의 경사성 역시 공시적으로 존재하고 있음을 보게 될 것이다.

여기서 논의하는 '생성·발전(development)'이란 종종 전통적으로 '어휘화'로 일컬어졌던 유형이다. 여기에는 대체로 다음과 같은 이유가 있다.

(a) 두 항목(즉, '어근'과 '파생접사') 사이에 존재했던 의존적 관계는 삭제된다(Lehmann(2002)).

(b) 도식적이든 특수한 것이든, 한 구문의 두 요소가 합류(coales-
cence)하게 되고, 두 형식 간의 음운적인 경계가 지워져서 결국
융합(fusion)으로 가게 된다.

(c) 접근이 쉬운 비유적인 의미의 소실이 있다.

(d) 그 과정의 결과물은 비분석적인 완전체로 이것은 언어 사용자에
의해 별도로 학습되어야 하는 것이다.

우리는 역사적으로 (9)의 '-dom'이나 (12)의 '-rœden'처럼 상대적으
로 합성적인 도식과 연관된 단어들이 비 - 합성적으로 변화하는 것을
토론하고 있다. 우리는 이미 '-rœden'이 위축되면서, 단지 두 개의 어
원적인 원래의 형식('kindred', 'hatred')만이 PDE에서 살아남았다고 언
급한 바 있다. 이들은 지금 '비합성적인 원자적 지시적(referring) 미세 - 구문'
으로 그들을 허가했던 하위도식이 소실되면서 나온 유물이다. 일반적으로 한
하위도식으로부터의 분리는 점진적이다. 즉, 하나씩 하나씩 사용을 멈
추거나 신분석이 되는 것인데, 이것은 그 해당 도식의 부분적으로 오
픈되어 있는 자리(slot)를 더 이상 따르지 않게 되면서 이루어지게 된다.
Dalton-Puffer(1996)에 따르면, 비록 우리가 앞에서 언급했던 '-dom',
'-hede', '-scipe'를 갖는 명사파생적(또는 '탈명사적', denominal) 도식의
경우 상대적으로 합성적(도식적)으로 남기도 하지만, 동일한 파생 접사
를 갖는 형용사파생적(또는 '탈형용사적', deadjectival) 도식의 일부 멤
버들은 '감소(reduction)'를 더 잘 겪게 된다. 예컨대, 'wisdom(*wisedom
이 아니다)', 'worship(<worth_A + -scipe)'이 이에 해당한다. 이렇게 그들
은 그들의 도식으로부터 분리되었는데, 이것은 아마도 '유형이 아닌 개
별 실례의 자격으로 자주 사용되던(token frequent use)' 이유 때문일 것
이다.

이렇게 하나의 도식으로부터 역사적으로 분리되는 것도 점진적인 특성을 갖게 되는데, 어떤 경우 이것은 PDE의 '경사성'에 잘 반영되어 나타난다. 이것에 대해서 우리는 OE 시기의 '.lian'이 EModE 시기의 '.le'로 발전하는 것을 가지고 보여줄 수 있다. 어떤 경우에, 일부 동사 어근들은 OE 시기 이후에 '.le'와 함께 사용되기도 했는데(예컨대, 'crump', 'wrig'), 어떤 경우엔, 접미사가 어근의 일부로 신분석되기도 했다(이때 의미상의 변화가 수반됨). 그러면서 도식 내에서의 관계가 소실되었다. 아래 (15)의 예는 조기의 '부분적으로 합성적인 도식(대개 OE 시기의 'hand.lian'의 구조로 알 수 있다)'으로부터 현 시기의 '원자적이고 덜 합성적인 미세 - 구문('nestle', 'dazzle')'까지 이르는, 현 시기에 존재하는 경사성을 보여주고 있다.

(15) OE hand.lian ('touch with hands') > handle(조작하다)

OE twinc.lian ('shine repeatedly with intermittent light')(cf. OE *twinc- 'wink') > twinkle(반짝거리다)

EModE *wrig ('to twist') > wriggle(꿈틀거리다)

OE wrœst.lian ('grapple repeatedly in order to overpower')(cf. OE wrœstan 'twist') > ModE wrest) > wrestle(격투하다)

EModE fond.le ('treat with fondness') > fondle(어루만지다)

ME *crump ('to draw into a coil, crush') > crumple(구기다)

OE nest.lian ('make a nest') > nestle(자리잡다)

ME daze ('to stun') > dazzle(감탄시키다)

우리의 가정에 따르면, OE 시기에 (16)과 같은 도식이 화자들 사이에서 이용됐을 것이다.

(16) $[[[X_{STEM}]_i$ -lian$]_{V_j} \leftrightarrow [[repeatedly\ SEM_i]_{PROCESS}]_j]$

　각종의 체계적인 구문변화는 접미사의 모양에 영향을 줄 수 있다. 예컨대, OE 시기의 비강세 모음의 감소라든가, 또는 ME 시기 부정사에서의 종성 - n의 소실 같은 것이 해당된다. 이것은 바로 '구문화 이후의 구문변화'로 모든 동사들에 영향을 주게 된다. 어떤 경우에, '.le'는 그것의 '반복적(iterative)' 의미를 보유할 수도 있다. Marchand(1969:332)는 이것이 '빠름, 작은 동작의 반복'을 가리키며 종종 소리와도 연관이 되어 있다고 그 특징을 규정한다. 이러한 예로 위의 (15)에서는 적어도 'twinkle'과 'wriggle'이 포함되어 있다. 한편, 거의 모든 경우에서, 어간에 근접한 것은 소실되는 경향을 보여준다. 위의 (15)에서 *표시 예가 보여주듯이, 심지어 OE 시기에도 어근(필자의 'stem')이 항상 독립적인 형식으로 나타나는 것은 아니다. 심지어 PDE에 어원적으로 동근(同根)의 독립적인 형식이 존재하는데도, 대부분의 화자들은 그것과 'V.le' 형식을 연결 짓지 못한다. 즉, 스펠링에 의해 강하게 영향 받지 않는다면, 'nestle /nɛsl/'과 'nest /nɛst/'를 연결할 것 같지 않다. 그리고 심지어 'dazzle'과 'daze'도 잘 연결할 것 같지 않다. 이렇게 어근(필자의 'stem')과 접미사가 합류(coalescence)하여(즉, 의미상의 변화가 수반되는 형태통사적인 신분석이 발생) 새로운 관습적인 의미로 귀결된다(예컨대, 'nestle against(~에 바싹 대다)'에 있는 'nestle'은 반복적인 의미가 없는 것 같다). 다시 말해서, 모든 케이스에서 '어휘적인 구문화'가 있었던 것이고, 이로써 이 모두를 학습해야할 필요가 있는 것이다.

　'twinkle'과 'dazzle'같은 경우는 '크랜베리 형태소(cranberry morpheme)'와 관련된 것으로 보인다. '크랜베리 형태소'란 "'cranberry'의 cran-처럼 공시적으로 자유로운 변이형을 갖고 있을 것 같지 않은 요소들로 결합된 형태소"를 말한다[33]('cran-'은 저지독일어의 'Krann('crane')'과 관련이 있다). '크랜베리 형태소'의 많은 경우에서, 합성어 자체가 그 근원이 되어 왔다. 이러한 발달의 예는 (17)과 같은데, 여기서 합성어 표시 'ㅣ'은 단지 근원 형식에서만 사용되고 있다(원자적 구문이 되었기 때문에 그것의 최종 변화형에서는 사용되지 않고 있다).

(17) OE were|wulf ('?man wolf') > ModE werewolf(늑대인간)

　　 ME bone|fyre ('bone fire') > ModE bonfire(모닥불)

　　 Gmc *ahwa|land ('watery land') > OE ig|land > ME iland > ModE island(섬)

　　 ME coppe|web ('spider|web') > ModE cobweb(거미집)

　　(17)에 있는 각각의 예에서, [X|N]의 형식을 갖는 원래의 합성어 미세 - 구문은 이후 그 대신에 '크랜베리 형태소와 자유 형태소의 결합'으로 대체 되어 사용되게 되었다. 이들은 바로 합성성이 감소한의 예인데, 이는 의 존형태소의 비분석적인 성격 때문이다. 우리는 이에 대해 'bonfire'로 예 를 들 수 있다.

　　ME 시기에 합성어 'bone fire'의 합성적인 성격은 분명했다. 이것은 아래와 같다.

(18) In　worshyppe　of　saynte　Johan　the　people　waked　at
　　 in　 worship　 of　saint　 John　 the　people　awoke　at

---

33) [역주] 즉, 독립적으로는 그 의미를 갖지는 못하나 특정 형태소와 결합할 경우에만 의미를 갖는 형태소를 말하는 것으로, 우리말의 '새삼스럽게'란 말에서 '새삼'이란 것이 그러하다.

home,   &   made   iij   manner   of   fyres.   One   was   clene
home   and   made   three   kinds   of   fire.   One   was   clean

bones   and   noo   woode,   and   that   is   called   a   ***bone fyre.***
bones   and   no   wood   and   that   is   called   a   bone   fire

성 John을 경배하기 위해, 사람들은 집에서 일어나 세 가지 불을 만들었다. 하나는 뼈로만 만든 것으로 나무가 아니었는데, 이것을 일컬어 '뼈불'이라 불렀다. (1493 Festyvall(1515) OED, bonfire, n.1)

그러다가 EModE 시기에, 이 말은 '화장용 장작'이나 '어떤 특별한 경우를 위한 축하의 불'이란 의미로 쓰였다. 그리고 더 이상 '뼈를 태우는 (burning of bone)'의 의미와 관계가 없게 되었다.

(19) Then doth the ioyfull feast of John the Baptist take his turne, When ***bonfires*** great with loftie flame, in euery towne doe burne.

침례교도인 John의 즐거운 축제가 다시 시작되었는데, 그때 큰 축하의 불이 높은 불꽃을 보이며 모든 마을에서 타 올랐다. (1570 Googe tr. Kirchmeyer, Popish Kingdome iv, OED, bonfire, n. 4a)

한편, 두 번째 요소로 'fire'를 갖는 미세 - 구문들이 다수 존재한다 ('log|fire', 'camp|fire' 등). 그러나 각각의 경우에서 'bonfire'보다도 더 큰 합성성이 유지되고 있다. 여기서 첫 번째 요소에 대한 음운적인 변화의 결과로 이 합성어 구문에서 비교적 독특한 특별한 형식이 출현하게 되었다. 각 개별 미세 - 구문은 (20)과 같이 '구문화된 준접사적 도식'의 예가 된다.

(20) $[[[X_i\text{-fire}]_{Nj} \leftrightarrow [[\text{fire with relation R to SEM}_i]_{ENTITY}]_j]$

그러나 이 도식은 첫째와 둘째 요소 사이의 'relation R'의 차원에서 보면, 거의 잘 확립되지 못했고, 매우 다양한 면이 있다. 예를 들면, 'logfire(장작불)'에서의 X는 타는 대상이지만, 'campfire'에서의 X는 불의 장소를 나타낸다. 그러나 이들의 첫째 요소가 다른 문맥에서도 인식할 수 있을 정도로 독립적인 어휘소로 존재하기 때문에, 이 특별한 구문들은 'bonfire'의 예보다도 훨씬 더 합성적이다.

(15)와 (17)같은 경우에서는 약한 형태소 경계가 여전히 많은 사람들 사이에서 존재하고 있다. 그러나 다른 경우에서, 원래의 합성어는 경계의 소실, 음운적, 의미적 변화 등에 의해 완전히 이해하기 어려워질 수도 있다. 이러한 과정을 전형적으로 보여줄 수 있는 영어 명사 역사의 예들은 (21)과 같다. (여기서도 형태론적 표시는 단지 초기의 형태에서만 사용되고 있다.)

(21) Gmc. *alino'arm'|*bogon-'bending' > OE elnboga > ModE elbow(팔)

OE gar|leac 'spear leek' > ME garleke > ModE garlic(마늘)

OE daeg.es|eage 'day's eye' > ME dayesye > ModE daisy(데이지)

OE nos|thyrl 'nose hole' > ME nostrelle > ModE nostril(콧구멍)

OE stig|rap 'climb rope' > ME stirope > ModE stirrup(등자)

OE scir|gerefa 'shire reeve' > ME schirrif > ModE sherrif(보안관)

OE bere|œrn 'barley place' > ME bern > ModE barn(헛간)

ME gose|somer 'goose summer' > ModE gossamer(고사마)

(21)에 소개되어 있는 각각의 표제어들은 해당 미세 – 구문에 영향을 줄 수 있는 점진적인 변화에 대해 일반화를 하고 있는 것이다. 이 가운데 우리는 'garlic'을 가지고 예시해 본다.

'leak('leek')'이 두 번째 요소가 되는 구문의 변이형들은 OE 시기에서 발견되고 있다(예컨대, 'BRADELEAC('broad leek')', 'HWITLEAC('white leek')', 'CROPLEAC('sprout leek')' 등). 이들 모두는 여러 가지 '양파(onion, 즉, OE의 'leac', 자세한 내용은 Anderson(2003:394)참조)'를 지칭하는 것들이다. 여기서 '다양한 관계'는 바로 잎의 형태를 포함하는 것도 있고 ('GARLEAC'의 경우는 그것의 가늘고 긴 잎의 모양이 마치 창을 닮은 것으로 은유적으로 해석된 것이다), 어떤 경우엔 '지위나 직'을 포함하는 것도 있다('CROPLEAC'의 경우). 이를 통해, 매우 작은 준접사적 하위도식이 있음을 알 수 있다. 이에 대한 예는 (22)와 같다.

(22) Genim *garleac* þreo heafdu
    take   garli   three   heads
    세 개의 마늘을 잡다. (Leechbook [DOEC])

ME 후기는 아래와 같다.

(23) Wel loued he *garlek* (vrr. garleek, garlik, garlike), onions and eek leeks.
    well loved he garlic, onions and also leeks.
    그는 마늘, 양파 그리고 또 부추를 아주 좋아했다. (1390s Chaucer, C.T.General Prologue [MED, garlek])

'leac('leak')'의 형식이 남았지만(특별한 식물의 일종으로), 두 번째 요소가 'leac'인 합성어는 사라졌다. 그리고 하위도식도 소실되었다. 더군다나 미세 - 구문[[gar] ↔ ['spear']] 또한 소실되었다. 여기서는 오히려 미세 - 구문[[garlek] ↔ ['garlic']]이 확립되었는데, 이것은 도식으로서의 예가 아니라, 가장 '일반화된 지시적인 구문'으로서의 예이다(즉, 전통적인 범주 용어로, '명사'이다). 이것은 바로 원자적 형식을 갖고 구문화된 것으로 보인다.

'garlic'의 경우에서, 다음의 요소들이 '구문화 이후'의 현상과 관련이 되어 있다:

(a) 'gar'이란 형식은 ME 시기 이후에 발견되지 않는다(OED에서의 가장 늦은 사용의 기록은 15세기 초기쯤이다).

(b) 'X-leac' 도식의 다른 예들은 ME 시기 이후 살아남지 못한다.

(c) 스펠링의 변이들(이들은 잠재적으로 음운적인 자질들을 보여준다)이 시간이 지나면서 감소한다. 즉, OED에서 'garleak'으로 확인된 마지막 형식은 17세기에 보인다.

이 절에서 논의되는 '어휘적 구문화'의 유형은 위에서 언급했듯이, 일반적으로, 그리고 전통적으로 '어휘화'로 생각되는 것이다. 그것은 '소실'을 수반하는데, 바로 '도식성의 소실'이다(실은 하나의 도식의 소실이다). 이것은 도식 단계에서의 '유형 빈도성'의 소실을 수반하며, 생산성도 소실된다. 그리고 그 형식이 '원자적인 독립적 구문'으로 발전할 때, '합성성'의 소실도 있었다.

'생산성의 감소'가 항상 '도식의 소실'로 귀결되는 것은 아니다. 비생산적으로 보이는 것이 되살아날 수도 있다. 예를 들어, '형용사파생 명사 형성 도식'인 [ADJ.th]$_N$ ↔ ['abstract entity']은 역사적으로 'warmth', 'health', 'breadth' 등의 단어들을 생성했다.[34] 이 도식은 언어 사용자들

---

34) 간략함을 위해, 여기서 우리는 게르만어의 /iθ/접미사첨가(suffixation)의 상세한 내용은 무시할 것이다. 그리고 형용사에서 모음의 자질에 대한 i-mutation(i-모음변이)의 효과 역시 무시할 것이다.

이 이것에 대해 생산적인 도식이라고 생각하는 것이 의아스러울 정도로 불투명한 것이다(다만 'warmth'는 가장 자주 사용되는 것이라 제외). 그리고 확실히 그 어근은 모두 '크랜베리 형태소'들이다. 그러나 아직도 'coolth(가장 자주 등장하는 'warmth'와 반의어)', 'greenth' 등이 발견되고 있다. 이것을 통해 보건대, 언어 사용자들은 잠재적인 패턴들을 찾을 수 있는 것으로 보인다. 그리고 상대적으로 비 - 합성적인 집합에게 분석가능성을 부여하여, 그 패턴들에 근거하여 유추화해서 하나의 새로운 도식을 가정해 내는 것으로 보인다.

형식적인 측면에서, 즉 합류(coalescence), 융합(fusion), 점진적인 변화 등과 같은 것에서, 위의 현상들은 문법적 구문변화와 유사한 면이 있다(어휘화와 문법화 간의 유사성, 특히 '감소'(우리는 이것을 LR이라 부름)에 대해서 Brinton & Traugott(2005) 참조). 그러나 지금까지의 우리의 관점으로 봤을 때, 어휘적 구문화와 문법적 구문화 간에는 두 가지 주요한 차이점이 있다(세 번째 것은 4.8에서 언급예정). 그중 가장 중요한 것은 바로 어휘적 구문화에서의 결과물은 내용적이지 허화적이지 않다는 것이다. 두 번째는 구문화가 반복될 때, 대개 형식적 범주엔 변화가 없다는 점이다. 그래서 '-dom'과 'rœden'을 갖는 구문들은 여러 단계의 구문화를 겪는 동안에도 계속해서 명사이다. 그러나 문법적 구문화의 경우에서는 대개 통사적인 기능의 변화가 발생한다. 예컨대, 전치사 'beside(s)'는 종속접속사로, 또 화용표지로 구문화하였다(3.2.3 참조). 그리고 WHAT-pseudo- cleft에서는, 복수절(biclausal)의 구조에서 전방조응적이고 특수화적인 첫째 절이 신분석되어, 단일절 구조에서의 후방조응적인 'projector'가 되었다.

4.7 절clause과 구phrase의 어휘적 구문화

이 장에서 우리의 주요 의도는 생산적인 도식(또는 하위도식)의 발전을 수반한 어휘적 구문화를 보여주는 것이다. 역사언어학 논저들에서, 생산적인 도식(또는 하위도식)의 쇠퇴에 대해서는 최근에 주로 '어휘화'라는 것으로 확인이 되어 왔다. 여기서 우리는 '절'과 '구'의 구문화를 살펴봄으로써 이른바 '생산적인 확장(productive expansive)'으로서의 '어휘적 구문화'의 더 많은 증거에 대해 간단히 언급하고자 한다. 다시 말해서, 이른바 '관용어구(idiom)'라고 하는 각종 표현들의 발달을 살펴볼 것이다. 구문문법 관련 기존 연구들은 이른바 '특이성(idiosyncrasy)'에 초점을 맞추고 있는데 그런 측면에서 볼 때, '관용어구'는 지금까지 논의된 구문들 중에서 특이성을 갖고 있는 '큰 것(large)'으로 특징지을 수 있게 인식되고 있다. 지금까지 학계에서는 '조립된 단위(prefab)'(Pawley & Syder(1983), Erman & Warren(2000), Bybee & Cacoullos(2009) 참조), '상투어(formula)'(Wray(2002,2006) 참조), '관용어구(idiom)'(Nunberg, Sag, & Wasow(1994) 참조), '관습적 구문(conventionalized construction)'(Kay & Michaelis(2012) 참조) 등을 어떻게 구분을 할 것인가라는 문제에 대해 광범위한 토론이 있었다. 우리는 여기서 이것에 대해 논의하지는 않을 것이다. 그러나 구문 유형의 '경사성'이 존재하기 때문에, 구문들 사이의 차이는 바로 이러한 '경사성'의 문제로 볼 수 있을 것이라고 본다. 이와 관련하여, Nunberg, Sag, & Wasow(1994)의 관용어구에 대한 접근법이 매우 유용하게 보이는데, 그들에 따르면, '합성성'의 정도에 따라, '연속선'을 따라서 차이가 형성될 수 있다고 한다. 그렇다면, 의미적 측면에서, 이것은 투명한 의미를 갖고 있고, 형식적 측면에서 다양한 변이형 표현을 갖고 있는 것인가? 그런데 'Spill the beans('divulge': 무심코 비밀을 누설

하다)', 'saw logs('sleep')' 등은 의미적으로 투명하지가 않다. 다만, 형식 상에서 그들은 여러 가지 변이형이 가능하다(즉, 시제, 상, 양상 등이 달라질 수 있다).

지금 여기서 토론되고 있는 표현들은 이들이 주로 '일상적인 합성적 자유 표현(ordinary compositional free expression)'의 하위유형이기 때문에, 그 자질이 문법에 맞는(well-formed) 통사를 갖고 있는 것이다. 이에 반해, 'skyscraper(마천루)'같은 것은 한편으로 생산적인 단어형성법 패턴임에도 불구하고 이 언어의 초기 시대부터 화석화된 그런 패턴 (이 경우 OV 어순임)[35])을 갖고 있다. 여기서 대표적인 한 예를 살펴보자. 최근에 토론된 관용어구로 "X MODAL be lucky to Y(만약 Y하게 된다면 X가 매우 행운이다)"이 있다. 이것은 보문절(Y)의 사건이 특히 부정극성 (negative polarity)의 문맥에서는 "거의 사실이 아님으로 드러날 듯함" 을 함축하고 있다(Karttunen(2013)). 아래와 같다.

(24) In fact you **will be lucky to** see any traffic at all.[36)]

　　　사실, 당신은 어떤 교통수단이라도 볼 수 있다면 행운일 것이다.

　　　(Karttunen(2013:174))

여기서 비록 'be lucky'가 이 구문에서 원형이긴 하지만, "be unlucky/ (un)fortunate to"도 가능하다. 모든 경우에서 'to Y'는 'if Y'로 대체될 수 있다. (25)와 같다.

---

35) [역주] 여기서 'sky'가 목적어이고 'scape(긁다. 문지르다)'가 동사여서 OV의 어순 이다.

36) [역주] Y부분이 부정적인 내용을 함축하고 있기 때문에, 이 문장은 결과적으로 "아 마도 교통수단을 보기 어려울 것임"을 함축하고 있다.

(25) In fact you *will be lucky* if you see any traffic at all.

　　사실, 당신은 어떤 교통수단이라도 볼 수 있다면 행운일 것이다.

　　그리고 양상동사는 대개 'will'이지만, 간혹 'would'나 'should'도 등장한다. 이와 비슷한 것으로 "You should be so lucky!"[상투적인 회의적인 발언]같은 것이 있다. 양상동사가 아닌 부사를 갖고 있는 현재나 과거 시제 형식은 글자 그대로 해석이 가능하고('be lucky enough' 등), 그래서 이들은 비 - 관용어구적이다(예컨대, 'You were lucky (enough) to be born into a musical family(음악가 가정에서 태어나다니 정말 운이 좋았어요)').

　　'X modal be lucky to Y'라는 관용어구는 19세기 초까지 올라가는 것으로 보인다.

(26) This measure appeared a death blow to the authority of Philip; when the news was communicated at Versailles, marshal Villars could not refrain from exclaiming, "Adieu, court of St.Ildefonso; you *will be lucky to* be assured of a regular supply of your daily means!"

　　이 법안은 Philip의 권력에 타격을 주는 죽음으로 보인다; 이 뉴스가 베르사유에서 보도되었을 때, 육군원수 Villars는 "St.Ildefonso 법정이여 안녕! 당신은 당신의 일상적인 수입을 규칙적으로 공급받을 수 있다면 행운일 것이다!" 라고 외치는 것을 자제할 수 없었다. (1831, William Coxe, Memories of the Kings of Spain of the House of Bourbon, Vol.2,307 [Google Books; Karttunen 2013:177])

　　Karttunen에 따르면, (26)은 프랑스어로부터 번역한 것이며, 프랑스어에는 이러한 표현이 없고 아예 '조건'으로 되어 있다고 한다. 원래의 것은 "Elle sera heureuse si son dîner et son souper sont bien assurés (She will be happy if her lunch and dinner are well assured)"이다.

매우 흥미 있는 관용어구 집합으로 이른바 '스노클론(snowclone)'[37]라는 것이 있다. 예를 들어, 'X be the new Y'란 "Green is the new black (녹색이 새로운 기준이다)"[38]과 같은 표현 저변에 있는 공식 같은 패턴이다. 이것은 Tamsin Blanchard가 윤리적 소비자 운동에 관하여 쓴 책의 제목으로, 이것은 2007년에 나온 것이다. '스노클론'이란 용어는 Glen Whitman이 'Language Log'에 대해 토론할 때 대답하면서 제시된 것인데, 여기서 Geoffrey Pullum은 '진부한 표현(cliché)'의 유형에 대해 질문한 적이 있다. '진부한 표현'란 "다목적으로 사용되고, 주문에 따라 만들 수 있고(customizable), 즉각적으로 인식되고, 진부하고, 제대로 인용되거나 잘못 인용된 구나 문장으로, 게으른 저널리스트나 작가들에 의해 다수의 다양하고 재미있는 변이들로 사용될 수 있는 전적으로 오픈된 표현을 말한다."(Pullum(2003))[39] 스노클론에서 하나의 고정화된 특수한 표현은 오히려 덜 고정적일 수 있는데, 이는 '변하기 쉬운 것(즉, 형식의 변화)'이라는 그 자체의 특징에 의한 것이다. 사실, 이것은 하나의 미세-구문의 원래 의미가 일반화 된 것이다. 예를 들어, "My cup runneth over"(Psalms 23:5)는 "I have more than I need"

---

37) [역주] 원래의 의미는 그대로 살린 채 몇 개의 단어만 바꿔서 다시 쓴 정형화된 어구를 말한다.

38) [역주] 여기서 'black'은 원래 사회의 기득권 세력이나 기존 제도를 의미하여 'new black'은 곧 '새로운 기준'을 의미한다.

39) 'snowclone'이란 에스키모에서 사용하는 눈에 대한 수많은 용어에 대해 어떤 토론이 진행된 바 있는데 이것을 다시 기억하며 하는 농담에서 기원했다. 특히 에스키모 눈과 관련된 내용은 Pullum이 쓴 바 있다. 현재 비공식적인 스노클론 데이터베이스가 있다고 한다(O'Connor(2007)). Pullum(2004)은 이 용어를 받아들였고, http://itre.cis.upenn.edu/~myl/languagelog/archives/000350.html.에서 스노클론의 몇 가지 유형을 언급하기도 했다.

란 뜻이나 "my X runneth over"는 "X is beyond capacity", "X is too much"란 의미를 나타내게 되었다. 그리고 여기엔 항상 '지표적 화용론 (indexical pragmatics)'이 있는데, 개념적으로 뿐 아니라 형태론적으로도 '-eth(runneth)'같은 특별한 표현을 가지고 있는 성경의 역사적인 영어 버전이 해당된다. 한편, 스노클론은 제한된 변이형을 갖고 있다. "My X runneth over"에 대한 변이형을 COCA에서 찾아보면 4가지 유형이 출현한다. 이들은 원래의 형식인 "my cup runneth over"로 이렇게 'cup'을 갖고 있는 것이 10개의 용례, 'inbox, DVR, bowl'을 갖는 것이 각각 1개의 용례이다. 그 외 다른 스노클론들은 좀 더 넓은 범위를 갖고 있다. "X be the new Y"의 변이를 COCA에서 찾아본 결과 11가지 유형이 출현하였다. 그들 중 다수는 '색깔'관련 표현이고, 이 외에 'trust, saving, Jesus' 등의 표현도 있었다. Goolge에서 찾았을 때에도 역시 "Fake is the new real", "Programming is the new literacy", "Post-black was the new black"[40] 등의 예를 찾을 수 있었다. 이러한 경우에서, 하나의 생산물이 재사용되어 한 패턴의 기초로 쓰이고 있다. 그렇게 하여 특별한 담화 순간을 위해 '주문생산'되고, 그것을 인식할 수 있는 방법으로 일반화된 것이다.

Zwicky(2006)는 스노클론이 다음과 같은 몇 개의 단계를 거쳐 만들어졌다고 주장한다.

(a) '상투어화 이전(pre-formula)' 단계. 이때는 한 표현의 변이형들이

---

40) 이 마지막 스노클론은 2001년 전시회 카달로그에 출현한 것인데, 이것은 Thelma Golden에 의해 기획된 것으로, 그는 아프리카계 미국인 예술가들의 이른바 '후기 – 시민 권리 세대'에 의해 창조된 예술의 큐레이터이다 (http://en.wikipedia.org/wiki/Post-black_art; New York Times 30th 2012).

등장하고, 모두가 글자 그대로 이해된다. 그리고 특별한 지식을 요구하지 않는다(예컨대, "What one person likes, another person detests(누군가 좋아하는 것은 다른 이가 싫어한다)").

(b) '재미있고 알기 쉬운 고정된 상투어(a catchy fixed formula)'는 (유사한 의미와 함께) 사용되면서 종종 속담, 제목, 인용에서 사용된다(예컨대, "One man's meat is another man's poison(어떤 사람의 음식이 다른 사람에게는 독이다)").

(c) 고정된 표현은 '개방된 자리(open slot)'가 발전하거나 또는 '재미있는 암시(playful allusion)'가 발전하면서 빠르게 확장될 수 있다. 예컨대, 언어유희(pun)나 변이형 등을 통해 이루어진다(예컨대, "One man's Mede is another man's Persian(어떤 이에게 있어 메디아 사람은 다른 이에게는 페르시아사람이다)").

(d) 스노클론화하기. 즉 변이형으로 두 번째 고정화가 되면서 개방된 자리(slot)를 그 내부에 갖게 되는데, 이때 상투어로 일상화된다(예컨대, "One man's X is another man's Y").

이 분석에 따르면, 스노클론이란 수많은 구문변화가 발생한 후 이루어지는 한 도식의 어휘적 구문화로부터 비롯된다고 할 수 있다.

이러한 스노클론을 뒷받침하는 또 다른 상투어로 "not the sharpest tool in the box(별로 똑똑해 보이지 않다)"를 들 수 있다. 이 예에서 "not the ADJest N₁ in the N₂"라고 하는 문자 그대로의 표현은 은유적으로 변하였고, 스노클론으로 발전하였다. 그래서 모든 변이형들의 의미는 'stupid'의 의미가 되었다. 이 스노클론에 대한 특별한 제약은 다음과 같다.

(a) 형식은 "not the ADJest N_1 in the N_2"이다.

(b) 형용사의 은유적인 의미 중 하나는 'intelligent'이다. 이에 대한 적당한 후보들은 'sharp', 'bright', 'quick'이다.

(c) N_1은 명사로 어휘적인 의미인데, 이것은 대개 그 형용사의 비-은유적인 사용과 관련된 자질의 개념을 지칭한다. 예를 들어, 만약 그 형용사가 'bright'(은유적으로 'intelligent'의 의미)라면, N_1은 대개 색채상 'bright'인 개념을 지칭한다(예컨대, "not the brightest penny in the purse"[41]).

(d) N_2는 대개 N_1이 들어 있는 용기이다. 예컨대, 'box', 'purse' 등이 있다.

"not the ADJest N_1 in the N_2"형식을 갖는 표현들은 글자 그대로의 의미, 즉, 합성적인 해석을 갖게 된다(즉, 이것들은 스노클론이 아니다). 이들이 스노클론으로 해석될 때, 당연히 그들은 문자적으로 합성적이지는 않은 의미를 나타내지만, 그래도 '부정'의 의미를 보유하고 있는 어떤 문자적 요소에 의존하게 된다. 그리고 또 모종의 인식에 의존하여 스노클론의 의미를 나타내게 된다. 여기서의 인식이라 함은 형용사가 소속되는 부류의 정도에 따른 인식을 말하는데, 이때의 부류는 바로 일관된 질적 또는 인식적인 중의성에 의해 특징화될 수 있는 것이다. 우리는 이 스노클론에 대해 5.3.5에서 더 자세히 볼 것이다.

한편, 스노클론이 변이형을 위한 잠재성이 약해보이긴 해도, 어떤 미세-구문들은 엄청난 성장을 가능하게 한다는 것은 명백한 사실이다.

---

41) [역주] 형용사가 'bright'이기 때문에 이것의 비-은유적인 의미와 어울릴 수 있는 명사와 연결되는데, 여기서는 '동전'이 N_1으로 채택되었다.

예컨대, "Go ahead and X(이어서, 계속해서 X하다)"는 COCA에서 500개의 변이형들을 발견할 수 있다. "not the ADJest N₁ in the N₂"와 "Go ahead and X" 간의 중요한 차이는 "Go ahead and X"가 확실히 어떤 허화적인 성격의 것으로, 일종의 문법적 구문화의 예이고, 반면, "not the ADJest N₁ in the N₂"는 내용적인 성격의 것으로 일종의 어휘적 구문화의 예가 된다. 어휘적이고 내용적인 구문으로부터 알 수 있듯이, 어휘적인 스노클론 역시 주로 '연상작용(evocation)'에 의존하고 있는데 이 점은 문법적인 것과는 다른 면이다.

여기서 우리가 토론했던 그런 유형의 패턴이 실제로 구문인지에 대한 의문이 제기될 수 있다. Fillmore(1997)와 Kay(2013)는 '주조패턴(pattern of coining)'에 기반한 생성과 'red ball' 같은 '확립된 구문'(여기서는 'ball that is red(빨간 공)' 이지, 숙어의 'red ball(긴급한 상황)'이 아님)에 기반한 생성의 차이를 여러 가지로 연구하였다. 그래서 Kay에 따르면, 'red ball'은 하나의 미세-구문으로 학습되어야 할 필요가 없으며, 이것은 '수식어-명사 구문'으로부터 '기본상속(default inheritance)'에 의해 나온 생산적인 결과물이라고 한다(그러나 이것은 사용-기반 구문론자들의 설명에서는 아마도 학습되어야 하는 것 같다). 특히, Kay는 다음과 같이 제안했다.

> "문법의 일부로 자격을 부여하지 않는 그런 언어 데이터에 출현하는 패턴들이 많이 있다. 왜냐하면, 'red ball'을 허가했던 구문과는 달리, 이러한 패턴들(즉, 주조패턴)은 그 언어 표현의 어떤 집합을 생산하거나 해석하는데 있어서 필수적이거나 충분하지가 않기 때문이다. 이러한 패턴을 예시화한 각각의 표현들은 습득되어야 하고, 그 자체가 기억되어야 한다." (Kay(2013:32-33))

Kay는 'All-/WHAT-cleft'의 생산성(이것은 생산적이다)과 'dumb as an ox', 'flat as a pancake' 같은 상투어들의 생산성을 비교했다. 비록 이것들이 몇 가지 하위유형이 있고(비교급 형식인 'deader than a doornail'도 있음42)) 또 Kay가 'A as NP[interpretation: 'very A']'로 도식화할 수 있는 패턴이 있지만, Kay의 견해에서, 이러한 상투어는 구문을 구성하지 않는다. 왜냐하면 이것이 생산적이지 않기 때문이다(p.38). 그런데 이와 같은 접근법의 문제점은, 화자들이 이들 각각의 어휘 배열을 개별적으로 배우는지, 또 그들이 이러한 패턴에 의해 유추되는 새로운 표현들을 설립하는지, 실험이 없이는 알 수가 없다는 것이다. 화자 대중 내에 있는 개인들은 저마다 새로운 변이형들을 발달시킬 능력을 많든 적든 가지고 있을 것이다. 다만, Kay는 '주조패턴'이 구문들을 야기할 수 있는지에 대한 의문을 가지고 그의 논문의 결론을 내렸다. 그러면서 'way - 구문'이 바로 그런 경우의 예가 되어왔고, 이것이 '의미적으로 이질적인(heterogeneous) 어휘적 잡탕(hodgepodge)'으로부터 성장한 것이라고 제시하였다(p.46). 우리가 2.7에서 봤듯이, way - 구문의 어휘적인 시초는 '잡탕'은 아니었다. way - 구문은 구문화 이전의 전형적 특징처럼, '분별적 패턴(distinctive pattern)'이 존재하는데(이 경우엔 '이동'과 '획득' 주변에 모인다), 이 분별적 패턴이 시간이 지나면서 일상화되었고, 하나의 도식으로 모이게 된 것이다. 그러면서 지속적으로 하위도식들이 생성되어 나왔다. 동시기의 [A as NP] 패턴의 경우에, 이것의 멤버들은 공시적으로 볼 때, way - 구문보다 상대적으로 더 고정화되어 있다. 어쨌든, '출현과 쇠퇴'패턴이라고 하는 우리의 관점에서 보자면, 이들의 차이는 '구문'과 '비-구문'의 차이 문제가 아니라, '생산성의 정도' 차이라 할 수 있다.

---

42) [역주] 이것은 'deader as a doornail(완전히 죽은 듯이)'의 비교급 형식이다.

Liberman(2006)이 말했듯이, 스노클론들은 Kay가 말한 '주조패턴'과 오히려 유사하지만, 스노클론이 더 생산적이다. 무엇보다 그들은 익숙하고 친근한 개념을 불러일으키는데 영향을 준다. 사실상, 우리는 '공시적인 활성화 잠재성(synchronic activation potential)'에 대해 낮은 것부터 높은 것에 이르는 연속선을 다루고 있다고도 볼 수 있다. 그리고 Kay(2013)의 가설에 도전을 하는 논문들에 의하면, 스페인어에 [A as NP]에 상응하는 패턴이 있는데, 이것은 영어에서의 것 보다 훨씬 더 생산적일 뿐 아니라 스노클론과 함께 일종의 연속선상에 있다고 한다. 그래서 Gonzálvez-Garcia(2011)는 다음과 같이 결론을 내렸다. "언어 사용자들은 부분과 전체를 모두 저장한다. 그리고 그들이 이들을 필요로 할 때, 이들을 상기한다(즉, 찾아서 가져온다)."(Bybee & Eddington(2006), Bybee(2010))

4.8 일부 어휘적 구문들의 순간적인 발달

우리가 토론했던 도식과 하위도식들의 발달은 '변화의 연속'을 수반하는데, 이는 즉, 구문 - 유형의 축적과 도식(또는 하위도식)의 점진적인 결정화(crystallization)라 할 수 있다. 우리는 어휘적 구문화 이후에, 하위도식들이 그 멤버가 위축될 때 느린 침식이 어떻게 나타나는지 보아왔다. 그리고 개별 미세 - 구문이 그들의 내부적 구조가 융합되고 감소될 때, 역시 느린 침식이 어떻게 나타나는지도 보아왔다. 그러나 모든 어휘적 구문들이 다 점진적으로 생겨나는 것은 아니다. 여기서 우리는 '순간적인 변화(instantaneous change)'의 유형을 보게 될 것이다. '단어형성법'도식이 점진적으로 생성, 발전하는 반면, 그 도식에 기반한 개별적이고 특수한 미세 - 구문들은 확실히 점진적인 생성, 발전은 아니다.

여기에도 form_{new}-meaning_{new}의 쌍(예컨대, 'dukedom(공국, 공작령)')이 존재하나 이는 일련의 미세 – 단계를 거쳐 생겨난 것이 아니다. 이것은 바로 '순간적인 교점 – 생성(instant node-creation)'의 결과이다. 예컨대, [[V.er] ↔ [person who Vs]]이란 하위도식의 경우, 우리는 거의 모든 행위 동사들을 이용하여 즉각적으로 이로부터 행위자 명사를 만들 수 있다('blogger' 등). 이때 이것은 충분히 발달된 하나의 명사로 기능하게 된다. 만약에 어떤 권위 있는 사람의 이름이 주어진다면, 우리는 즉각적으로 'Obamadom'같은 것을 만들 것이다. 이것의 의미는 "the condition of being in a world dominated by Obama(오바마가 지배하고 있는 세계 정세)"이다.[43] 마찬가지로, 우리는 단어의 부분들을 조합해서 'sitcom (시트콤)'같은 미세 – 구문이나 'NGO' 같은 두문자어를 만들 수도 있다.[44] 이들은 그 형식의 범위가 넓으며, 어휘의 근원과 생성성이 풍부하다. 우리는 그들에 대해서 여기서 어떤 판단을 할 수는 없다. 다만 우리는 그들에 대해, 이 책에서 다루는 구문화의 다른 예들과 왜 다르게 생각하는지에 초점을 맞추면서 언급할 것이다. 그리고 다음 절을 위한 배경을 제시하고자 하는데, 다음절에서 우리는 어휘화와 문법화의 반례로 생각되었던 일부 예들에 대해 다시 돌이켜 볼 것이다.

영어에서 OE시기부터 사용되어 온 고도의 생산적이고 매우 규칙적인 '단어형성법' 패턴은 바로 '전환(conversion)'이다. 이것은 바로 기존의 미세 – 구문들을 다른 통사적 범주에 사용할 목적으로 다시 기용하는 것을 말한다. 예를 들어, 'calendar'나 'window' 등의 명사를 동사로 사용하기,

---

43) 2008년 11월26일 http://sheafrotherdon.dreamwidth.org/303140.html(accessed July 29th 2012)에 있는 헤드라인의 'Obamadom'을 보기 바란다.

44) 이런 유형의 즉각적인 생성을 보통 '주조(coining)'라고 한다(단, 이것은 앞에서 본 Kay(2013)의 견해는 아니다).

또는 빈도는 적지만, 부사나 전치사를 동사로 사용하기('to up'), 다른 품사를 명사로 사용하기('what ifs') 등이 있다. Mattiello(2013:3.2.1.1)는 'diss(경멸하다)'의 케이스를 들었다. 이것은 'disrespect(경멸하다)'로부터 잘려 나온 접두사가 동사로 전환된 것이다. '전환'이란 일종의 '재범주화(re-categorization)'로, 개조된(또는 전향한) 미세 - 구문이 그것이 재활용되는 품사에 적용될 수 있는 '일반적인 상속 규칙'을 무효화(override)함이 없이 잠재적으로 사용되는 것이다. Clark & Clark(1979)에 의해 시작된 것으로, 자주 언급된 바가 있듯이, 명사가 동사로 전환되면, 명사의 '함축된 논항구조 역할'이 제약을 받게 된다. 예컨대, 'to calendar(일정표에 써넣다)'의 경우, 달력을 만들거나 달력을 장식으로 사용하는 것이 아니라, "이미 존재하고 있는 달력에 날짜를 기입하다" 등을 말하게 된다. 또 'to bicycle'은 "이동을 위해 자전거를 이용하는 것"을 말한다. 여기에도 비록 새로운 형성을 허가하는 '분별적인 패턴(distinctive pattern)'이 있긴 하지만, 개별적인 의미들은 완전히 합성적이지는 않아서, 학습되어야 한다. 그래서 전환의 결과물은 하나의 구문이긴 하나 이는 점진적으로 출현한 것이 아니다.

새로운 어휘적 구문들의 생성은 '혁신'을 포함한다. 그리고 '신조어(neologism)'의 관습화를 포함한다. 아울러 그 언어의 음운론적인 공급원으로부터 생성된 '새로운 어휘항목'을 포함한다. 때로는 변화의 경로가 매우 간접적일 수 있다. 예를 들어, 'quark'를 한 번 생각해 보자. 이것은 Joyce의 'Finnegans Wake(피네간의 경야, 1939)'에 처음 출현한다.[45]

---

45) 이러한 특성 및 Murray Gell-Mann에 의해 이루어진 언급과 관련하여 American Heritage Dictionary(2011)을 참고하기 바란다.

Three *quarks* for Muster Mark!

마크 대왕을 위한 3개의 쿼크!

Sure he hasn't got much of a bark

확실히 그는 대단한 규성은 갖지 않았나니

And sure any he has it's all beside the mark

그리고 확실히 가진 것이라고는 모두 과녁(마크)을 빗나갔나니

Murray Gell-Mann은 1964년에 이것을 가져다가 '하위원자적 입자'의 그룹을 언급하는데 썼고, 그 이후 이것은 소립자물리학의 한 용어가 되었다.

Joyce 시의 인용과 관련하여, OED에서는 이 단어가 '새', 또는 '새의 소음'을 가리킨다고 하였다(s.v. quawk, n.).[46] 그런데 Joyce가 원래 이 단어를 사용한 것은 새에 의한 소음을 가리키기 위한 의도였다(즉, 'three hurrahs for Muster Mark!'). 이것은 하나의 혁신이었다. 즉, Joyce는 그의 개별적인 언어 네트워크에 있는 한 새로운 부호를 생성하기 위해 그의 시스템의 음운론적 부분을 이용한 것이다. 이렇게 하여 새로운 교점이 생성되었으나 그 과정은 일련의 미세 - 단계를 통한 것이 아니다. Gell-Mann이 이 용어를 재사용함으로써 이것에 대해 특수하고 구체적인 의미를 부여했는데 이것 역시 순간적인 것이다.

---

46) 'Finnegans Wake'(p.383)에 있는 시에서 이 부분 바로 다음에 다음과 같은 구절이 출현한다.
"Overhoved, shrill-gleescreaming. That song sang seaswans. The winging ones. Seahawk, seagull, curlew and plover, kestrel and capercallzie."(비공한 채, 날카롭게 환희 외치며, 저 노래가 해백조를 노래했는지라. 날개 치는 자들. 바다매, 바다갈매기, 마도요 및 물떼새, 황조롱이 및 수풀 뇌조.)

Mattiello(2013)는 보다 심화적인 공시적 연구를 진행하면서, 여러 가지 유형의 '단어형성법'적 과정을 분류하였다. 이러한 단어형성법적 과정을 이른바 "외문법적 단어형성법(extra-grammatical word-formation)"이라 하는데, 이것은 "규칙이 수반되지 않는다"고 하는 가정에 근거하고 있다. 구문론적인 관점에서 볼 때, 이것들은 쉽게 정의할 수 없는 도식에 기초하고 있는 신분석이다. Mattiello가 언급한 예들은 '단어형성법' 자질을 갖고 있는 주조(coining)부터 그렇지 않은 다른 것에 이르는 일종의 연속선을 나타낸다. 그중 규칙적인 단어형성법에 가장 근접하는 것은 아래와 같다.

(27) 음의연각(音義聯覺, phonaestheme[47]) : 예컨대, '무거움'이나 '서투름'을 지칭하는 것으로 '-ump'의 형식이 있다('clump', 'dump' 등). 이들은 종종 말장난의 성격이 있다.
역성어(back-formation) : 'edit < editor' 또는 'destruct < destruction' 등을 가리킴, 이것은 유추적인 매칭에 기반하고 있다.

역성어의 경우, 'swim-swimmer'같은 패턴이 아마도 'edit-editor'를 동기화했을 것으로 보인다. 다만, 'edit'의 경우, 동사가 명사로부터 파생된 것이지 역으로 되지는 않는다. 위의 두 과정은 우연한 것이며 생산성이 최소이다. 이 외의 다른 경우들에서는, 여러 종류의 '축약(condensation)'

---

47) [역주] 이 용어(phon(a)estheme)은 1930년에 영국의 언어학자인 J.R.Firth에 의해 만들어진 것으로 이것은 그리스어의 '소리'를 나타내는 말과 '인식'을 나타내는 말을 합성하여 만든 것이다.(이상 '위키백과' 참조). 이것은 개별 발음이 어음상징속성을 갖고 있다는 것이다. 예컨대, 장모음 [i:]가 'teeny', 'weeny'에서처럼 '작음'을 의미한다. 이것은 언어의 소리와 의미 간에 제한적인 대응 관계가 성립한다는 증거가 되기도 한다.(이상 『現代語言學詞典』(2000) 참조)

이 수반되기도 하는데, 이것은 어떤 실체나 사건의 새로운 이름을 생성하는 것으로 귀결된다. 이것은 아래와 같다.

(28) 생략형(clipping) : 'tude < attitude (to) diss < disrespect
합성 생략어(compound clipping) : sitcom < situation comedy
혼성어(blend) : motel < motor hotel, chortle < chuckle and snort
최근의 혼성어로는 'tofurkey < tofu and turkey',
'Romnesia[48] < Romney and amnesia' 등이 있다.

그러나 어떤 경우에는 새로운 의미로 귀결되지 않는 '축약'을 수반하기도 하여 오히려 기존의 표현을 나타내기도 한다. '두문자어(initialism)'의 음운적인 형식은 각각의 글자들을 따로 읽는 것으로 구성되는데, 이것은 '약어'의 경우와는 다르다.

(29) 약어(acronym) : AIDS /eiz/, (acquired immune deficiency syndrome)
두문자어(initialism) : OTT /o ti ti/, (over the top)

이러한 유형의 변화가 '외문법적(extra-grammatical)'이라 일컬어진 것은, 이들이 생산성은 최소이나 특이성이 최대이기 때문이다. Mattiello는 이들이 대체로 유추적이라고 하였다('boatel'의 경우 'motel'에서 온 것이다). 그리고 이들은 '음절 – 구조 제약'과 같은 해당 언어의 이른바 '적형성(well-formedness) 제약'에 의해 제약되기도 한다. 또한 이들은 그들

---

48) 이것은 2012년 David Corn에 의해 주조된 용어로, 정치적인 입장을 바꾸는 상황에 대한 것이다.
(http://www.motherjones.com/politics/2012/06/mitt-romney-history-problem).

의 '예측불가능성(unpredictability)'에도 불구하고 '놀랍게도 규칙적'이
다. 무엇보다도 이들은 가치가 있는 창의적인 표현들이다. 특히 '은어
(slang)'부터 '직업적인 전문어(professional jargon)'에 이르기까지 다양
한 화용적 담론적인 이유로 인해 이러한 성격을 보여준다.

　이러한 '단어형성법' 패턴들은 기존의 구문에 대한 형식적인 변화와
관련한 '일반적인 원리'는 공유하고 있으나, 의미 분야의 상황은 다소
다르다. 때때로 의미론적인 의미에는 변화가 없을 수 있다('sitcom'과
'situation comedy'는 동일한 의미를 갖는다). 주요한 의미의 차이는 담
화 문맥적 형식과 관련된 '사회적으로 화용적인 것'에 있다. 때때로 그
근원과 신조어 간의 의미상의 차이가 있는 것처럼 보일 때도 있다. 그
러나 이 경우, 사실 그 의미적인 변화가 형식적인 변화에 대한 '전조
(precursor)'인 것으로 드러나기도 한다(즉, 형식적인 분열이 이루어져서
각기 다른 의미로 발전하지만, 결국 이러한 형식적인 변화는 의미로부
터 시작되는 것이다). 예를 들어, 'tude를 한 번 보자. 이 형식의 의미는
'적대적인 행위 또는 품행'이다. 그래서 이것은 화용적으로는 다음과 같
이 말하기가 어색하다 :

(30) a. !Why does she have such a bad 'tude towards her dad? (나쁜 태도)

　　 b. !I've never met anyone with such a positive 'tude. (긍정적인 태도)

　첫 번째는 약간 잉여적이다. 그리고 두 번째 것은 모순적이다. 이것에
대한 첫 번째 증거는 1970년대 나왔다. 이것은 "공격적이거나 비협조적
인 태도; 화가 나 있거나 대립적인 태도"라고 하는 경멸적인 의미를 가
지고 있는 'attitude'의 생략형(clipping)인데 OED의 1997년 초안에서 언
급된 것이다(attitude 6a). 따라서 그 생략형은 의미의 변화를 수반하지

않고 있고, 오히려 그것의 근원(즉, 'attitude')은 의미의 변화가 수반되었다.

이러한 유형의 표현이 특이하게 생각되는 이유는 예측불가능성 정도가 심각하기 때문이다. 그래서 그 변이형들은 새로운 '형식 - 의미의 쌍'이 될 것이다. 예컨대, 영어의 'pornography'란 단어의 생략형을 생각해보자. 어떤 화자에게 있어서 그 생략된 형식은 단음절 형태소인 'porn'이 될 수 있고, 다른 이들에게는 또 쌍음절의 'porno'가 될 수도 있다. 마찬가지로, 아침식사와 점심식사가 합쳐진 식사인 'brunch'의 경우, 이러한 혼성어가 생성될 때, 원래 단어의 어떤 특별한 부분이 보존될 수 있을지 전적으로 예측할 수는 없다('brunch'와 'Spanglish'를 비교해보자). 그러나 이러한 새로운 형식이 생성될 때, 영어 화자들이 대체적으로 고수해야 하는 일반적인 가이드라인은 존재한다. 즉, 첫 번째 단어의 압운의 핵과 두 번째 단어의 운미를 결합하지는 않는다(즉, 압운의 핵이 두 번째 단어인 경우가 많다. Gries(2004), Hilpert(2015) 등 참조).

우리는 4.6을 끝내기에 앞서 어휘적 구문화와 문법적 구문화의 두 가지 차이점을 언급한 바 있다. 지금의 절에서는 그중 세 번째 차이점을 제시하였는데, 그것은 바로 '단어형성법'과 외문법적 과정에 의한 어휘적 미세 - 구문의 생성은 대체로 순간적이란 점이다. 이에 반해, 우리는 문법적 구문이 순간적으로 발달하는 것에 대해서는 잘 인식하지 못한다. 한편, 우리는 앞의 절로부터 다음과 같은 일반화를 이끌어 낼 수 있다.

: 어휘적 그리고 문법적인 도식의 생성 모두는 점진적이다. 그리고 문법적 미세 - 구문의 생성도 마찬가지이다. 그러나 어휘적 미세 - 구문은 순간적으로 생성될 수도 있다.

이것은 표 4.3과 같이 요약할 수 있다.

표 4.3 점진적인 그리고 순간적인 구문화

	어휘적 구문화	문법적 구문화
도식(schema)	점진적	점진적
미세 - 구문(micro-Cxn)	+/ - 점진적	점진적

4.9 어휘적 구문화와 탈문법화

1990년대와 2000년대 초기, 일부 연구에서는 문법화에서의 '단일방향성 가설'에 대해 도전을 하면서, 일부 어휘화는 탈문법화의 유형이라고 주장하였다(Ramat(1992,2001), Newmeyer(1998,2001), Janda(2001), Van der Auwera(2002)). 특히 이러한 논저에서는 'up, down'같은 것이 동사로, 'ante, if' 같은 것이 명사로, 그리고 파생형태소인 '.ade', '.ism' 같은 것이 명사로 사용되는 예를 들고 있다(Ramat(2001)). 앞에서 이미 여러 차례 반복 주장해 왔듯이(Haspelmath(2004), Lehmann(2004)), 이러한 것들은 탈문법화의 예가 아니다. 왜냐하면, 이들은 '전환'(up, down, ante, if)과 '생략형'(ade, ism)일 수 있기 때문이다.[49] 이들은 점진적으로 변화한 것이 아니기 때문에, 문법화의 역전(reversal)이라고 할 수 없다. 문법화의 역전은 점진적인 것이기 때문이다. 그리고 우리가 위에서 이미 언급했듯이, 이들은 또 우리가 사용하는 '구문화'란 개념의 예도 아니다.[50]

---

49) Norde(2009)는 이 문제에 대한 요약과 평가를 제시한 바 있다.
50) [역주] 여기서 이들을 '구문화'의 개념으로 보지 않는 이유는 그것의 변화가 형식, 또는 의미 한 가지만이 발생했기 때문이다.

3.4에서 우리는 탈문법화와 구문화 간의 관계를 살펴보았다. 거기서, 초점은 문법적 구문의 발달에 있었는데(영어의 -s소유격, 아일랜드어의 'muid' 등), 우리는 이것들이 문법적 구문화의 경우로 볼 수 있다고 하였다. 여기서 우리는 '탈문법화'의 경우로 볼 수 있는 그러한 유형의 변화들이 사실은 '어휘적 구문화'의 적당한 예라고 주장하고자 한다. 여기서의 우리의 예들은 Willis(2007)가 '통사적 어휘화(Syntactic lexicalization)'라고 정의한 것이라 할 수 있는데, 이는 이것이 통사적인 용법에서 신분석으로 등장했기 때문이다. 그리고 Norde(2009)의 용어로는 '탈문법(degrammation)'이다.

> "하나의 특수한 언어 문맥에서의 '기능 단어'가 '주요한 단어 부류'의 멤버로 재분석되는 합성적인 변화이다. … 이로써 의미적인 실체를 얻게 된다."(Norde(2009:135))[51]

Willis에 따르면, 웨일스어(Welsh)의 'yn ol ('after') > nôl ('to fetch')'의 변화는 'yn ol'이란 배열이 'fetch(가지고 오다)'라는 동사 의미가 추론될 수 있는 그런 위치에 사용되면서 나온 것이라고 한다. 이것은 일종의 '탈굴절(deflexion)'(이것은 이차적인 탈문법화 또는 굴절에서 접어로의 변화를 말하는데 Norde(2009)의 개념이다)과 통사적으로 평행한 것이다. Trousdale & Norde(2013)은 탈문법(degrammation)이 'to up'과는 다르다고 했는데, 왜냐하면 탈문법은 통사적인 신분석과 화용적으로 중의적인 '가교적 문맥(bridging context)'을 수반하기 때문이다(이에 대해서

---

51) 이러한 정의는 Andersen(2008:22)이 사용한 'degrammation'의 정의와는 다른 것이다. 그는 'degrammation'에 대해 한 표현이 재분석을 통해 문법적인 내용을 잃게 되는 변화라고 정의한다.

는 5장 참조).

웨일스어의 'yn ol ('after') > nôl ('to fetch')'의 경우에서, 'yn ol'은 대체로 'according to'라는 의미를 나타내는데 쓰이곤 했다. 그리고 그것의 공간적/전치사적인 의미는 단지 일부 자주 출현하는(아마도 관용어구적인) 'go after'나 'leave behind' 같은 구문에서만 유지되었다(Willis (2007:300)). 나중에 사용될 때, 'yn ol'은 동사적 의미인 'fetch'가 추론될 수 있는 위치에서 나타나기 시작했다. (31)과 같다.

(31) Dos   *yn*   *ol*   y   marchawc   a   aeth   odyma
     go.imper.2s yn   ol   the   knight   rel   went.3s   from-here

     y'r   weirglawd.
     to.the   meadow

     여기를 떠나 초원으로 간 그 기사를 따라/데리고 가라. (late Middle Welsh,
     15thC [Willis 2007:294])[52]

이 예는 잠재적으로 중의적인데, 왜냐하면 'yn ol'이 전치사 'after'(Go <u>after</u> the knight who went from here to the meadow) 또는 부정사 표지와 동사(Go <u>to fetch</u> the knight who went from here to the meadow) 모두로 해석될 수 있기 때문이다. 그리고 더 나중에 가서는 음운적인 신분석이 있었고('n'은 그 뒤의 음절과 연결됨), 통사적인 신분석도 있었다('nôl'은 VP의 핵으로 재해석되었다). 그래서 다음과 같은 변화가 발생했다.

(32) [[yn ol]$_P$ y marchawc]$_{PP}$ 'after the knight'

------

52) 예(31)과 (33)에 있는 표기법은 Willis의 것이다.

> [y[[nol]$_V$]$_{VP}$ y marchawc] 'to fetch the knight'

신분석에 의해 'nôl'은 완전한 어휘적 동사로 사용되게 되었고, 동사적 접미사를 취하게 되었는데, 이 접미사는 예컨대, (33)처럼 명령법을 표시한다. 이러한 예들이 바로 '구문화'의 증거이다.

(33) *Nol*wch   y   Brenin   i   'w   examnio.
Fetch.imper.2p   the   King   to   3sm   examine.vn
그 왕을 데려다가 반대 심문을 하라. (late 17thC [Willis 2007:297; Norde 2009:150])

구문화와 함께, '다의어 범위의 소실'이 발생하여 "[[yn ol] ↔ ['according to]](허화적인 기능과 함께 확장)"과 "[[y nol] ↔ [go after]](이것은 내용적인 의미와 함께 더욱 제한적으로 됨)" 사이의 분리가 있었다. 나중에는 생산성에 감소가 있었는데, 왜냐하면 이것은 점진적으로 제한된 동사 집합들과만 연결되어 사용되었기 때문이다. 이것은 바로 Himmelmann(2004)이 말한 숙주 부류 감소의 예이다. 그러나 'nôl'은 지금 타동구문으로부터 상속을 하고 있다. 또한 뒤에 오는 단어에 비음이 재분절화(resegmentation)하는 것이 나타나면서 합성성의 소실이 발생했다.

4.10 요약

이 장에서 우리는 새로운 내용적인 구문들이 출현하게 되는 방법에 대해 살펴보았다. 우리의 포커스는 도식(또는 하위도식)의 점진적인 구문화였다. 그러나 우리는 또 새로운 미세 - 교점들이 순간적으로 형성되는 것도 관찰하였다. 그들이 새로운 '단어형성법'이든, 스노클론, 생략형, 또는 약어이든 간에, 이들 모두 도식(또는 하위도식)이 생성되어 나오게 된다.

우리는 점진적인 어휘적 구문화를 위해 아래와 같은 내용들을 제시하였다.

(a) 어휘적 구문화는 아래의 세 가지 유형이다:

(ⅰ) 새로운 복합적 미세 - 구문들의 발달. 이것은 아마도 점진적일 것이다. 그러나 대체로 순간적으로 한 도식 안으로 채용된다.

(ⅱ) 복합적 도식과 도식(또는 하위도식)들[53]이 일련의 구문변화를 통해서 생성된다(LE). 이것이 이 책 전반에 걸쳐 있는 '점진성'이란 특성이다.

(ⅲ) 원자적 미세 - 구문들이 복합적 미세 - 구문들로부터 생성되는데, 이때 일련의 구문변화를 통해서 이루어진다(LR). 이것 역시 점진적이다.

(b) 새로운 복합적 도식(또는 하위도식)의 어휘적 구문화는 점진적이고, 일정 기간의 성장(확장)을 수반한다. 즉, 생산성의 증가이다. 이것은 많은 경우에 있어서 숙주 부류 확장과 유사하다. 그러나 단어형성법에서는 숙주 부류가 통사적으로 매우 국부적이어서 주로 어근(필자의 'stem')이 이에 해당된다. 의미적으로 숙주 부류들은 네트워크 안에서 서로 밀접하게 연결되어 있다(예컨대,

---

53) [역주] 복합적 도식 및 하위도식들은 '새로운 복합적 미세 - 구문'에 비해 추상적이라는 차이가 있다.

'-rœden' 합성어는 사법 영역과 연결되거나 특별한 사회적 관계와 연결된다).

(c) 일부 복합적인 어휘적 도식은 오랜 시간 유지된다. 이때 다양한 정도의 생산성을 가지고 있다(생산적인 '.hood'와 덜 생산적인 '.dom'을 비교할 수 있다). 그러나 성장은 또 단기간적일 수 있어서 그 도식이 사라질 수도 있다('-rœden'의 예). 그리고 때로는 다른 도식과 합병이 될 수도 있다(예컨대, ME시기의 '-hede'는 OE 시기의 '-had'와 합병되었다).

(d) 감소는 한 패턴의 위축이든, 미세 – 구문의 내부적 변화이든('kin-dred'), 모두 점진적이다. 원자적인 어휘적 구문들은 과거의 생산적인 도식들의 유물로 출현하는 경우도 있고('maidenhead', 'hatred', 'garlic' 등), 또 더 큰 도식에 참여하지 않는 합성어의 유물로 출현하는 경우도 있다('werewolf').

(a)에 있는 순간적인 변화를 제외하면, 이러한 요소들은 대체로 문법적 구문화에서 발견된 것들과 평행하다. 그러나 '소실'이 문법적 구문화에서보다도 더 자주 있는데, 이는 많은 어휘적 구문들이 지시적 용법이기 때문이다. 즉, 명사적 구문들은 특히나 추상적인 문법적 변화보다는, 접촉이나 관념적인 변화 같은 사회적인 요소의 영향을 더 많이 받기 때문이다.[54]

어휘적 구문화와 문법적 구문화 간의 중요한 차이가 또 있다. 가장 중요한 것은 (a)에 있던 순간적인 변화이고, 또한 아래의 (e)이다.

---

54) 문법적 영역에서 예외라 할 수 있는 것은 바로 인칭대명사인데, 이것은 사회적인 가치나 변화에 매우 잘 좌지우지된다.

(e) 어휘적 구문화의 생산물은 '내용적(contentful)'이다. 반면 문법적 구문화의 산물은 허화적(procedural)이고 지표적(indexical)이다.

(f) 어휘적 구문화는 대체로 통사적인 확장을 수반하지 않는다. 즉, 새로운 통사적 문맥에서 이용가능하게 된다든지, 아니면 새로운 통사적 기능을 가지고 사용되게 된다든지 하는 그런 것이 없다.

(g) 어휘적 구문화에서 비록 내용적인 의미가 시간이 지나면서 보다 일반화하긴 하지만(예컨대, 'bonfire'), 의미상의 탈색(bleaching)이 거의 없다.

(h) 구문화 이후, 단어형성법 도식의 확장은 종종 단기간적일 수 있다. 그렇다고 문법적인 구문화의 모든 케이스가 다 장기간적인 것은 아니지만('all-quotative'의 최근의 발전과 기타 단기간적인 변화의 예는 Buchstaller, Rickford, Traugott, & Wasow(2010)에서 토론하고 있다), 그래도 대부분에 있어서, 문법적 구문화는 몇 세기를 유지하는 경향이 있다.

우리는 '어휘적 구문화'가 감소로 정의된 '어휘화'와는 동등하게 취급할 수 없음을 보여주었다. 그 이유는 바로 어휘적 구문화가 '도식의 성장'을 포함하고(특히, 단어형성법과 스노클론 패턴), '감소' 뿐 아니라 도식(또는 하위도식)의 '확장'도 포함하기 때문이다. 그러므로 "어휘적 구문화는 생산성의 소실, 일반성의 소실, 합성성의 소실을 수반한다"고 하는 Trousdale(2008b,c, 2010, 2012a)의 요구는 어휘적 구문화에게 있어 일반적으로 너무 강한 감이 있다. 그러나 이것은 '원자적 구문들'(복합적 구문으로부터 온)의 발달을 수반하는 어휘적 구문화의 예에 대해서는 잘 적용될 수 있다. 그 관계에 대해 우리는 아래 표4.4처럼 요약할 수 있다.

표 **4.4** 어휘적, 문법적 구문화에서의 도식성, 생산성, 합성성

	어휘적 구문화	문법적 구문화
도식성	도식의 성장: 증가 도식의 소실: 감소	증가
생산성	도식의 성장: 증가 도식의 소실: 감소	증가
합성성	감소	감소

어휘적 구문화는 문법화의 반례 개념으로서의 '어휘화'와 동등하게 취급될 수 없다. 그 이유는 다음과 같다.

(i) 몇 가지 의심스러운 탈문법화의 예들은 어휘적 미세 - 구문화의 예로서 적임이다(웨일스어 'yn ol > y nôl'의 예).

(j) 몇 가지 의심스러운 탈문법화의 예들은 어휘적 구문화 심지어 어휘화의 예가 아니다. 여기에는 '생략'에 의해 형성된 새로운 어휘적 항목이 있거나('ade'나 'tude') '전환'이 있다('down('drink rapidly')').

일부 어휘적 구문들의 순간적인 생성과 관련하여, 우리는 다음과 같이 나타낼 수 있다.

(k) 하나의 유형 - 구문의 순간적인 생성은 미세 - 구문에 제한된다.

(l) 순간적인 생성이 기초하는 패턴들은 규칙적이거나 높은 제약을 받을 수 있다(예컨대, '단어형성법'의 경우), 그리고 보다 일반적이거나 예측불가능적일 수 있다(예컨대, '혼성어'의 경우).

다음 장에서, 우리는 구문론적인 관점에서 '언어 문맥에서의 변화의 역할'을 어떻게 가장 잘 이해할 수 있는지 살펴보고자 한다.

5. 구문화를 위한 문맥

5.1 도입[1]

'문맥(Context)'은 구문문법 연구에서는 비교적 큰 범위로 인식된다. 그러나 Bergs & Diewald(2009a)가 "*Contexts and Constructions*(문맥과 구문)"의 도입부분에서 지적했듯이, 이 개념은 막연한 감이 없지 않아 있다. 그들은 '문맥'에 대해 "화용과 담화 사이의 겹쳐진 공간(overlapping area between pragmatics and discourse)"이라고 범위를 정한 바 있다. 그리고 이것은 Kay(2004)가 했던 'let alone(~은 말할 것도 없고)'이란 구문의 해석 관련 토론과도 일치한다.

(1) Fred won't order shrimp, *let alone* Louise, squid.

   Fred는 작은 새우를 주문하기 싫었는데, Louise가 오징어를 싫어하는 것은 말할 것도 없다.

---

1) 이 부분은 Traugott(2012a,b)에 있는 내용으로 '구문론적 이론틀'이 아닌 '문법화'부분에 들어있다.

Kay는 (1)에 대한 청자의 해석이 다음과 같은 조건을 만족시킬 때 성공적으로 이루어진다고 하였다.

> "청자는 대화의 공통적인 근거에서 가정을 발견하거나 그로부터 가정을 구성할 수가 있게 된다. 그 가정은 바로 'Louise가 오징어를 기꺼이 주문하기만 하면 자동적으로 Fred가 새우를 기꺼이 주문하게 되는 것'이다."(Kay(2004:676))

여기서 '문맥'은 "연관되고 감춰진 화용적 의미들이 복합적으로 구조화된 집합"으로 이해될 수 있다. 그래서 의미의 일부는 앞에서 이미 이루어진 언급과도 관련이 있지만 'let alone'이라고 하는 양표현 구문(scalar construction)에 의해 환기된 것과도 관련이 있다. 여기서 Kay의 관점은 공시적이다. 그러나 비록 공시적인 틀작업 내라 할지라도 화용적이고 담화적인 문맥에 대한 주의만으로는 '형식과 의미의 결합'으로 된 단위인 이른바 '구문'을 위해 충분한 것을 제공할 수 없다. 문맥에는 사실 아래와 같은 것들이 있다. 먼저, 특수한 통합적(syntagmatic)인 분포나 점화(priming) 등을 포함하는 '형식적인 문맥(formal context)'이 있고, 다른 한편으로 유추적 사고를 가능하게 하는 '관련된 교점(related nodes)'으로서 '네트워크 문맥(network context)'이란 것이 있다. 그리고 또 화자 - 청자의 신분, 성별, 발화의 장소 등과 같은 '세계 지식 및 사회적인 문맥' 역시 문맥의 특징이 될 수 있다. 그렇다고 할 때, 통시적 관점에서 바라보는 '문맥'의 문제란 바로, 해당 문맥들이 환기되거나 요구됨으로써 어떤 구문들이 그 문맥과 관련하여 관습화되는 것인지 확인하는 것이다. 이 문제에 대해서 우리는 5.3에서 소개하고자 한다.

문맥은 또 문법화 연구에서도 아주 중요하게 다루어진다. 특히 "하나의 문법의 의미로 나타나는 모든 것은 그것이 사용되고 있는 문맥 때문에 나타나는 것이다."라고 하는 Bybee, Perkins & Pagliuca(1994:297)의 이 언급이 자주 인용되고 있다. 그리고 Himmelmann(2004)은 아래와 같이 더 확장을 하였다.

"엄격하게 말하면, 문법화를 겪는 것은 결코 단순한 문법화 요소만이 아니다. 그보다 문법화하는 것은 '그것의 통합적인 문맥 속에 있는 문법화 요소'인 것이다. 즉, 문법화가 적절히 적용이 되는 단위(unit)는 '통사적 구성 요소(construction)'[2]이지 고립된 어휘항목이 아니다."(Himmelmann(2004:31))

예컨대, 'lot'은 단지 'a lot of (a) N'이라고 하는 '비한정의 이항적 문맥'에서만 양화사로 신분석되는 것이다. 그리고 보다 최근에는 Garrett이 다음과 같이 말했다.

"우리는 다음과 같은 조건에서만이 어떤 한 성분이 어떻게 다른 것으로 변화하는지 이해할 수 있다. 먼저, 변화가 기원하는 '중추적 문맥(pivot context)'에 위치하지 않으면 안 된다. 그리고 그 문맥의 자질이 어떻게 그 변화를 유도하는지에 대한 이해가 없으면 안 된다." (Garrett(2012:71))

우리는 이러한 언급에 동의한다. 이 두 연구자들 모두 문법화에 대한 집필을 해왔다. 그래서 그들의 논조가 주로 문법적 구문화에 치중될 수 있고, 통합적인 문맥의 역할이 어휘적인 구문화보다는 문법적인 구문화에서 훨씬 더 중요하게 작용할 수 있지만, 우리는 그들이 말한 내용이 어휘적인 변화를 포함하는 일반적인 언어 변화에서 모두 적용될 수 있는 진실이라고 본다. 더욱이 구문화는 '형식 - 의미의 쌍'이기 때문에,

---

2) 3.2.2에서 언급했듯이, Himmelmann은 'construction'이란 용어를 '통사적 연결 또는 구성요소'의 의미로 사용하는 것으로 보인다.

우리가 문맥에서 구문화 이전과 이후에 찾고자 하는 그러한 변화들은 '의미와 형식' 둘과 관련되어야 한다. '의미와 형식'이라고 하는 이 초기 단계의 중추는 담화 – 기능적이고, 화용적이며 또 형식적, 의미론적일 수 있다.

그렇다면 무엇이 문맥인가? Catford(1965:31)는 '상하텍스트(co-text3), 언어적 문맥, 즉, 텍스트적 환경과 관련된 것)'와 '상황문맥(context of situation, 즉, 참여자, 상호작용 유형(이를 테면, 면대면의 상호작용), 방관자의 신분, 문화 등)' 이 둘을 구분하고자 하였다. 그러나 그 후에, 연구자들은 이러한 구분이 유지되기 어렵다는 것을 발견하였다. 왜냐하면 이 구분법은 여기에 적용하고 있는 언어학적 접근법에 부분적으로 의존하고 있기 때문이다. 그래서 여기서는 일반적인 용어인 '문맥(context)'을 대신 사용할 것이다. '문맥(context)'으로, 우리는 언어적인 '상하텍스트(co-text)'를 의미할 것인데, 여기에는 '언어적인 환경', 즉, 통사, 형태, 음운, 의미, 화용적 추론, 양식(mode, 문어/구어) 등이 포함된다. 그리고 때로는 보다 넓은 '담화'와 '사회언어학적인 문맥'도 '문맥(context)'으로 설명할 것이다. 여기서 양식을 포함시키는 것은 언어적인 구조와 관련된 중요한 차이 때문인데, 언어적 구조는 "그 변화가 구어와 관련된 것인지, 아니면 문어와 관련된 것인지"에 따라 다르게 나타날 수 있다. 이처럼 변화란 것이 양식에 영향을 많이 받기 때문에, 우리는 양식을 포함시키고자 한다(Biber & Finegan(1997)).

문맥을 엄격하게 정의한 상하텍스트(co-text)로만 이해하는 것은 전통

---

3) [역주] 'co-text'란 말은 영국의 언어학자들이 'context'라는 말의 중의성을 피하기 위해 사용한다. 이때 'context'는 언어 환경 특히 '상황적 환경'을 지칭한다. 그래서 언어학자들은 'co-text'란 말로 언어적 환경, 즉 상하문을 지칭하고, 'context'란 말로 '상황 환경'을 지칭하여 구분하려고 한다.(이상 『現代語言學詞典』(2000) 참조)

적으로 한 문장 내 요소들에 대한 '선택적 제약(selectional restriction)'으로 제한되어 왔다. 예를 들어, König & Vezzosi(2004)는 복합적인 '재귀적 전방조응사(reflexive anaphor)'의 발달을 토론했었다. OE시기에 재귀적 전방조응사는 (2)와 같이 표지가 되지 않았었다. 그러나 PDE의 번역이 보여주듯이, 이것은 '-self'에 의해 표지되고 있다.

(2) *hine*   he   bewerað   mid   wæpnum.
    3SG.ACC   3SG.NOM   defend.3SG-PRES   with   weapons.DAT.PL
    him~i~   he~i~   defends   with   weapons

그는 무기로 자기 자신을 방어한다. (He defends himself with weapons.)
(König & Vezzosi(2004:228))

König & Vezzosi는 '-self' 전방조응사가 발달할 수 있는 '초기단계 문맥(onset context)'에 대해서, "타자지향적인(other-directed) 타동사를 갖고 있으며 3인칭 단수 주어를 갖고 있는 문장"이라고 정의하였다. Lehmann(2008:211)은 '정보구조의 운영'을 '담화 세계의 조작에 대한 관심'이라고 보고 있긴 하지만, 역시 마찬가지로 '대조적 분열(contrastive clefting)'이 '하나의 복합적인 문장' 내에서 발달한 것으로 토론하고 있다. 그러나 '구어에서의 변화', '점화(priming)', '정보구조와 통사 사이에서의 상호작용' 등의 요소에 관심이 높아지면서, 문장(sentence)을 '문맥'으로 보는 개념은 더 이상 유지되기 어렵게 되었다. 특히 '문장'은 문어의 단위이기 때문에 구어에 대한 분석으로 적당하지가 않다. 여기서는 '절(clause)' 또는 오히려 '억양단위(intonation unit)'가 분석의 주요 단위가 된다(Chafe(1994)). 1.7에서 이미 언급했듯이, 우리의 역사적인 텍스트들은 최근까지도 주로 글로 쓰인 것 위주로 되어왔기 때문에, '문장'을 '눈에 보이는 분석의 단위'로 볼 수 있다. 그러나 17세기 이전에는 '문장(이것은 원래 의견,

판단을 의미했다)'의 개념이 지금보다는 덜 성문화되었었다. 특히 문장을 기초로 하는 구두점도 대부분 오늘날의 편집자들에 의해 이루어진 것이기 때문에, '문장'은 영어의 역사에서 상대적으로 단지 최근의 시기 동안에 가시적인 단위가 된 것이라 볼 수 있다. 한편, 구문문법에서는 '문장'이 꼭 하나의 구문은 아니므로 이 문제에서 벗어나 있다. 그리고 변화가 발생할 수 있는 '보다 큰 문맥'은 보통 '부분적인 구문 네트워크(local constructional network)' 즉, '활성화의 확산(spreading activation)'에 의해 강하게 영향을 받는 '네트워크의 일부분'이다. 그래서 문법적 구문화에서 부분적인 영역(local domain)은 바로 하나의 특별한 절이 될 수 있고, 어휘적 구문화에서는 '단어형성'도식이거나 구 또는 절이 될 수 있다.

이 장에서, 우리는 문맥과 구문화에 대한 이상적인 설명을 하기 위해, 앞 장에서 언급했던 아래의 세 가지 요소에 대해 주의할 필요가 있다고 본다.

(a) 말하기와 쓰기의 선형적 과정(조합, 통합적 관계, 그리고 지표성(indexicality)의 축)
(b) 이용 가능한 대안들(유사성, 선택, 계열성 그리고 도상성의 축)
(c) 언어 네트워크에서 그 시간에 교점과 링크에 영향을 줄 수 있는 보다 일반적이고 체계적인 변화

최근까지 (a)요소 즉, 선형적 분포에서의 변화는 형태통사적 변화와 문법화 연구에서의 주요한 초점이 되어왔다. (b)요소는 최근 수십 년 동안 대체로 굴절형태론이나 어휘론에만 한정되었었다. 그러다가 다변수적 변이론자들이 문법화를 연구하면서, "선택(즉, 경쟁)의

축에서 '공동변이(covariation)'가 나타나게 되는 문맥"에 대해 밝히기 시작했다(Poplack(2011), Torres Cacoullos & Walker(2009) 참조). 또한 Hilpert(2008)에 의해 개발된 '통시적으로 구분되는 연어구조 분석법 (diachronic distinctive 'collostructional' analysis)'[4])에서는 (a)요소와 (b)요소를 조합하여, 선형적 연어(linear collocation)에 존재하는 '변화적인 계열적 선택'을 확인하기도 하였다. 한편, (c)요소는, 하나의 언어에 존재하는 '보다 큰 체계적인 변화'에 대한 '개별적 변화들의 관계'를 말하는 것으로, 이는 Fischer(2007)가 지적했듯이, 지금까지 충분하게 설명되지 않아왔으며, 또 네트워크들 사이의 연결도 이루어지지 않았었다 (De Smet(2010) 참조). 그러나 최근에는 Norgård-Sørensen, Heltoft & Schøsler(2011)에 의해서 (b)요소와 (c)요소를 조합하는 진전이 이루어져 왔고, 이때 이들은 여기서 적용했던 것보다 더 제한적인 계열적 관계의 개념을 이용하고 있다.

이 장에서 우리는 이상적인 완벽한 스케일의 문맥적 분석에 대한 예증을 시도하지는 않을 것이다. 그 보다는 구문화를 가능하게 하는 점진적인 변화에 대한 분석이 통합될 수 있는 요소에 초점을 맞추고자 한다. 따라서 우리는 4.8에서 예시했던 것처럼 순간적인 생성·발전을 위한 문맥은 토론하지 않을 것이다. 우리는 먼저 문맥 분석에 대한 이론틀을 제시할 것이다. 이 이론틀은 원래 문법화를 설명하기 위해 디자인 되었던 것이나 여기서는 구문화를 설명하기 위해 수정한 것이다(5.2). 5.3에서 우리는 5.2에서 개발한 이론틀을 예증할 수 있는 몇 가지 변화 시나리오에 대해 간단히 소개할 것이다. 이 예들 중 일부는 이미 앞의 장들에서

---

4) [역주] 이를테면 'be going to+X'나 'look at+X'라고 한다면, 이것은 'be going to'나 'look at'을 하나로 본 후, 'X'에 올 수 있는 성분을 분석하는 연구이다.

소개되었던 것들이다. 우리는 '구문 - 내적인 문맥(construction-internal context)'들을 구분할 것이다. 그리고 '네트워크에 있는 다른 구문들과 관련된 것'들도 구분할 것이고, 경쟁적 논증 같은 '넓은 담화 기능적 문맥'도 구분할 것이다. 따라서 우리는 '구문 특수적 문맥(construction specific context, 즉 내적인)'과 '네트워크 문맥(network context, 즉 구문 간의 링크)'를 구분할 것이고, 또 화자들이 구문을 놓아두는 '담화적 사용(discourse use)'도 구분할 것이다. 한편, 5.4에서는 구문화 이후 가능성 문맥의 지속 문제를 언급할 것이다. 마지막으로 5.5에서는 요약을 한다.

5.2 문맥적 사고를 위한 이론 틀

앞 장에서 우리는 다음과 같은 논리를 발전시켰다. "구문화 이전의 구문변화는 구문화를 가능하게 하고, 구문화 이후의 구문변화는 도식이든 미세 - 구문이든 간에, 새로운 구문의 감소는 물론 확장(즉, 생산성의 증가)도 가능하게 할 수 있다." 이 논리는 바로 문법화와 어휘화를 위한 언어적 문맥 관련 기존 연구에 기초하고 있는 것이다(Heine(2002), Diewald(2002,2006), Himmelmann(2004)). 우리는 5.2.1에서는 '구문화 이전'에 대한 핵심적 요소를, 그리고 5.2.2에서는 '구문화 이후'에 대한 핵심적 요소를 다룰 것이다.

5.2.1 구문화 이전에서의 핵심적인 문맥적 요소

앞 장에서 제시했듯이, 구문화 이전에서의 핵심적인 문맥적 요소는 다음과 같다.

(a) 새로운 구문의 잠재적인 출현은 '초기단계 문맥(onset context)'에서 확인될 수 있다. 이때 이 문맥은 작고, 사소한 형태통사적 재조정의 상태이다. 이것은 특별한 생산물 집합에 대한 말덩어리짓기 (chunking), 규칙화, 반복적 선택에 의해 이루어지며, 모두가 점진성의 증거를 보여준다.

(b) 이러한 '초기단계 문맥'은 '화용적'인 것을 포함한다. 이는 즉 '유도적 추론'(Traugott & König(1991))이나 '문맥적 재해석'(Heine, Claudi, & Hünnemeyer(1991))이다. 이들은 바로 발화(flow of speech)나 글쓰기 과정에서 생겨난다.

(c) 초기단계 문맥은 새로운 표현이 확인될 수 있는 문맥과는 다르다. 여기서 후자를 일컬어 '전환문맥(switch context)'이라고 하는데, 이는 Heine(2002)의 개념이고, Diewald(2002,2006)는 이를 '고립문맥(isolating context)'이라고 한다.

(d) 초기단계 문맥에 존재하는 일련의 '작은 재조정'의 결과는 한 시스템의 공시적인 경사성을 유발한다(Traugott & Trousdale(2010b))

지금까지 '초기단계 문맥이 중의적인지', '만약 그렇다면 문법의 어느 레벨인지'에 대한 것이 토론의 포인트가 되어 왔다. '중의성(ambiguity)'은 바로 신분석과 관련된 생각의 토대가 되어 왔으며, 이는 "'재분석'은 '표면적인 중의성' 또는 '하나 이상의 분석가능성'으로 특징지어지는 패턴에 의존한다."(Harris & Campbell(1995:51))라고 하는 재분석에 관련된 이 언급처럼 묘사할 수 있다. 한편, Heine(2002)와 Diewald(2002,2006)는 표면적이고 구조적인 중의성은 피하고, 대신 숨겨진 화용론적 중의성을 강조하였다. Heine는 그가 '화용론적 추론'이라고 특징지은 '가교적 문맥(bridging context)'에 대해 언급하였고, Diewald는 '비전형적인

(untypical)’, 또는 ‘결정적인 문맥(critical context)’이라고 한 것에 대해, ‘다중적인 구조적·의미적 중의성’이란 개념을 가지고 설명하였다 (Diewald(2002:103)). 그런데 텍스트 기록에 따르면, 문법적 구문화의 많은 예들이 출현하기 이전에 ‘중의성’이 선행함을 알 수 있으나(특히 5.3.4 에서 논의할 ‘be going to’ 참조), 이것은 항상 그러한 것이 아니기 때문에, ‘중의성’은 문법적 구문화에서 신분석을 위한 필요조건이 되지는 않는다. 2.7에서 논의했던 way - 구문의 경우, 화용적인 중의성의 분명한 증거도 없고, 지금까지 그것이 무엇이었는지에 대해 확실하지도 않다. 여기서 (way - 구문의 경우)는 ‘풍부한 화용론’, 그리고 ‘비정형적인 형태통사적 분포’가 구문 발달의 열쇠가 된 것으로 보인다. ‘중의성’이 없는 또 다른 예는 15세기에 ‘like’가 양상조동사인 ‘be like to’로 발달하는 경우이다. 이때 이것은 ‘간신히 모면한 행위(action narrowly averted)’를 표현하고 있다(Kytö & Romaine(2005) 참조, 이것은 Traugott(2012a)에서 토론한 것임).

여기서 우리는 대체로 공시적 분석에서 자주 사용되는 몇 가지 용어에 대해 분명히 할 필요가 있다. 먼저, ‘중의성’을 보면, 이것은 대개 의미론에서 생각되는 것이다. 이것은 둘 또는 그 이상의 분리적이며 구조적으로 다른 구문분석(parsing)의 유효성을 말한다. 만약 여러 의미가 뭔가 그럴듯한 방식으로 한데 모여 밀착해 있지 않다면(즉, 의미가 서로 연관되어 있지 않다면), 그들은 ‘동음이의어(homonym)’이다(즉, ‘bill(부리) of a bird’와 ‘bill(계산서) to pay’에서의 ‘bill’). 그리고 여러 의미가 서로 밀착성이 있다면(즉, 의미가 연관되어 있음), 그들은 보통 ‘다의어(polysemy)’이다. 특히나 그들이 동일한 근원을 가질 경우 다의어이다. 예컨대, 글을 쓰는 산물로서의 ‘book’과 읽을 텍스트로서의 ‘book’, 그리고 실체로서의 ‘book’이 그러하다(Pustejovsky(1995)). 한편, ‘애매성(vagueness)’은

'보다 일반적인 의미에 대한 하위케이스가 혼합되어 동시에 존재하고 있는 것'을 지칭한다. 예를 들어, 'aunt'는 '엄마의 누이'이기도 하고 또 '아빠의 누이'이기도 하다(Tuggy(1993,2007)). 인지언어학 연구에서는, "'애매성', '다의성', '동음이의어'가 도식성의 감소, 또 실례 현저성의 증가라고 하는 '연속변이(cline)'를 나타내고 있다."고 본다(Lewandowska-Tomaszczyk(2007:158)). 다른 말로 하면, 이들은 바로 연속선상에 있는 것이고, 특별한 경우에서는 이들을 구분하기가 항상 쉽지는 않다는 것이다. 특히 역사적인 경우엔 더욱 그러하다.

이들 말고도 또 네 번째 개념이 있는데 바로 '화용적 중의성(pragmatic ambiguity)'이다(Horn(2001:6장), Sweetser(1990)). 이것은 언어 변화에 대한 연구에서 매우 중요하다. Sweetser(1990:76)의 정의에 의하면, '화용적 중의성'이란 "하나의 의미체계가 … 화용적 문맥에 따라서, 여러 가지 방식으로 화용적으로 적용되는 것을 말하다." 예컨대, 'because'는 의미론적으로가 아닌, 화용론적으로 (3)과 같은 예에서 중의적이다(Sweetser1990:77).

(3) a. John came back because he loved her.
John은 그가 그녀를 사랑했기 때문에 돌아왔다.

b. John loved her, because he came back.
John이 돌아왔기 때문에(그걸로 봤을 때), 그는 그녀를 사랑했다.

c. What are you doing tonight, because there's good movie on.
(내가 당신에게) 오늘 저녁에 뭐하고 있어요? 좋은 영화가 있거든요.

의미적으로, 'because'는 이유를 표현한다. (3a)에서, 이것은 화용적으로 실제적인 단어 관계를 예시하고 있다. 즉, 실제로 그가 그녀를 사랑한 것이 이유이고 그래서 John이 돌아온 것이다. (3b)에서는, "John이 그녀를 사랑했다"라고 하는 화자의 생각에 대한 이유(즉, 추론적 이유)를 나타내고 있고, (3c)에서는, 화자가 어떤 이에게 "당신 오늘밤 뭐하시나요?"라고 물은 것에 대한 화자의 이유를 나타내고 있다. 다른 예를 살펴보자. 위와 유사한 예로, 'cousin(사촌)'이란 말은 친척 관계를 나타내나, "My cousin married an actress(내 사촌은 여배우와 결혼했다)."라는 문장에서는 남자와 여자라는 차이점이 활성화(activate)되었다. 이것은 확실히 문맥적으로 구속되어 있는 것이다. 즉, 다시 말해서, 어떤 문화에서는 이 문장과 관련된 '원형적인 기대감'으로, 바로 "My cousin married an actress."라는 문장이 청자의 마음속에서 '여자 사촌'보다는 '남자 사촌'이란 교점을 활성화할 수 있다는 것이다. 그럼에도 불구하고, 이러한 해석은 '동성애자(gay)'가 결혼할 수 있는 사회에서는 무효화(override) 될 수가 있다. 그러나 이러한 해석은 중요한 문맥적인 지식을 요구할 수도 있고(여기서 문맥은 어떤 특별한 문화에 대한 지식으로부터 화자와 그의 개인적인 관계에 대한 지식까지 이르는 모든 것을 아우를 수 있다), 화자 쪽에 대한 명백한 해명을 요구할 수도 있다. 문맥으로부터 발생한 '화용적 의미(pragmatic meaning)'는 한 표현의 '고유한 미세 - 의미(inherent micro-sense)'가 아니다. 그러나 이 화용적 의미는 또 어떤 한 발화가 그 외의 나머지 발화와 함께 출현할 때, 그 발화에 대한 해석을 단일화하는데 쓰이기도 한다. 바로 이러한 '화용적 의미'를 '문맥적 조절(contextual modulation)'이라고 한다(Hansen(2008:23), 이는 Cruse(1986:52)에 근거함). 이러한 '화용적 의미들(또는 문맥적 조절)'은 많은 변화에서 결정적인 요소가 되는데, 이에 대해서는 아래에서 볼 것이다. 그러나 애매성, 다의어, 동음이의어의 경우에서도 그랬듯이, 여기서도 역시 항상 '고유한 미세 - 의미'와 '문맥적 조절'을 정확히 구분할 수 있는 것은 아니다. 특히나 역사적인 연구에서는 더욱 그러하다. Bybee(2010:52)에 따르면, "문맥으로부터 파생되어 나온 의미의 면모와 그 어휘항목 또는 구문이 본래부터 갖고 있던 고유한 의미는 확실히 구분하기가 어렵다"고 한다.

구문화에 의해 탄생한 새로운 구문은 종종 옛 구문과 유사한 의미를 가질 때가 있다. 지금까지, '다의어(polysemy)'라는 용어는 구문문법과 문법화 연구에서 '공유된 의미(shared meanings)'를 가리키는 용어로 널리 사용되어 왔다. 그런데 이 용어가 다른 방식으로도 사용되기 때문에 확실히 해 둘 필요가 있다. 2.4.1에서도 토론했듯이, Goldberg는 이 다의어란 용어를(이것은 대개 어휘항목의 사용에서 의미적 유사성을 위해 사용됨) '공시적 하위도식들 간의 의미적 유사성'을 지칭하는 데까지 확장하였다. 그리고 '한 네트워크 내 구문들 사이의 링크'를 확인하는 데까지도 확장하였다. 특히나 '매우 밀접하게 연관된 의미들을 가진 한 범주'에서 이 범주 내의 링크를 확인하는 데까지 확장하였다(Goldberg(1995:31)). 그러나 문법화 연구에서, '다의어'란 용어는 대개 특수한 미세 - 구문과 동등한 단계에서 '근원'과 '목표' 사이의 통시적인 관계를 지칭하는데 사용되곤 하였다.[5] 의미 변화에 초점을 두는 문법화 모델에서, 하나의 새롭게(즉, 목표) 문법화된 요소는 종종 근원이 사라지거나 분열될 때까지 그 근원과 함께 다의어를 구성하다가 나중엔 '동음이의어'가 되기도 한다. 그래서 '화용론적인 다의어'가 신분석될 때, 그것은 문법화의 전환(switch) 단계에서 '의미적론인 다의어'로 신분석된다는 가설이 있다. 예컨대, 문법화를 위한 문맥 모델의 초기 버

---

5) 그러나 어떤 때에는 '다의어'가 범주들 간에 존재하는 겹쳐진 다의어들을 지칭하는 데 사용되곤 한다. 예컨대, Givón(1991:292)은 히브리어에 있는 '보어를 갖는 동사들' 그룹의 체계적인 다의어에 대해 글을 쓴 적이 있다.

전에서, Heine, Claudi, & Hünnemeyer (1991:73)은 "문법화 이후, 'F'라는 형식은 두 개의 '다의어', 즉 A와 B를 가지는데, 이것은 결국 동음이의(homophone)로 발전한다."라고 하였다. 또한 문법화되는 요소가 오래된 것과 새로운 것이라는 층위가 발생하여 다의어가 나올 수 있는데 이것은 Hopper & Traugott(2003:102)에서는 당연한 것으로 여겨졌다. 이들은 문법적 항목들에 대해 '그것의 특징이 다의적'이라고 언급되고 있다. 그리고 더 최근에 Bybee는 다음과 같이 언급하였다:

> "새로운 의미들은 특수한 문맥에서 생겨난 후, 그들은 즉각적으로 옛 의미들을 대체하지는 않는다. 이보다는 오랜 기간 동안 서로 겹쳐 있거나 옛 의미와 새 의미가 함께 공존하는 다의어를 구성하기도 한다."
> (Bybee(2010:199))

'화용론적인 의미'를 '부호화된 의미론적인 의미(coded, semantic meaning)'로 신분석하는 것이 바로 우리의 견해에서 볼 때, 여러 구문화 케이스에서 나타나는 중요한 단계이다. 1.4.2.3에서 논의했듯이, 이것은 '불일치(mismatch)'에 이르게 되고, 이로써 '기존의 미세 - 구문1'과 '이후의 미세 - 구문2' 간의 '공유된 의미'의 기간이 필요하게 된다. 우리가 이미 2.4.1에서 언급했듯이, 기존의 구문과 이후의 구문 간의 공유된 의미에 대해 '동근어(heterosemy)'란 용어를 쓰자고 제안한 바 있는데, 이는 즉, 두 의미 간의 통시적인 연결을 말한다. 이 용어는 Persson(1988)이 제기한 것으로, Lichtenberk(1991a)는 이것이 '다의어'보다도 더 정확하다고 주장한다.

> "역사적으로 연관된 둘 또는 그 이상의 의미나 기능은 동일한 궁극적인 기원으로부터 파생된 것으로 볼 수 있는데, 이들은 서로 다른 형태통

사적 범주에 속한 공통된 기원 요소에 대한 모방, 모사에 의해 태어난 것
이다." (Lichtenberk(1991a:476))

　이렇게 '동근어'와 '다의어'란 용어를 사용함으로써, 우리는 두 가지
의미적 링크를 구분할 수 있게 된다. 우선은 "구문화에 의해 역사적으로
연결된 구문들 간에 존재하는 의미적 링크"가 있고, 또, "한 도식 구문의 하위
유형간의 공시적인 의미적 링크"가 있다. 이 둘을 구분할 수 있는데, 전자가 바
로 '동근어'이고, 후자가 '다의어'이다. 예컨대, '부분표현'으로서의 'a lot of'
와 '양화사'로서의 'a lot of' 사이에는 '동근어' 관계가 존재한다. 그러나
양화사 구문의 하위 유형들 사이에는 '다의어' 관계가 존재한다. (예컨
대, 큰 것을 나타내는 이항적 양화사인 'a lot/load/heap of'와 작은 것을
나타내는 'a bit/shred/smidgen of'가 있다.) 마찬가지로 'cyning|dom('king
jurisdiction')'같은 합성어와 접사적인 '단어형성법'인 'king.dom('royal
territory')' 사이에도 동근어 관계가 있다. 그러나 한편으로 중세 영어
(Middle English)시기의 명사의 몇 가지 단어형성법 하위유형 간 다의어
도 있는데, 이들은 신분이나 조건을 나타내던 것이었다(4.5.3참조). 따라
서 우리는 위의 Bybee의 주장을 아래와 같이 수정하고자 한다.

　　"새로운 의미들은 특별한 문맥에서 생겨난 후, 그들은 즉각적으로
　　옛 의미들을 대체하지는 않는다. 이보다는 오랜 기간 동안 서로 겹쳐
　　있거나 옛 의미와 새 의미가 함께 공존하는 '동근어'를 구성하기도 한다."
　　(Bybee(2010:199))

　토론해야할 몇 가지 이슈가 더 있는데, 이것은 바로 '변화하는 초기
단계 문맥(onset context)'은 특별한 변화를 위한 '배경(background)'적
요소인가, 아니면 '전경(foreground)'적 요소인가 하는 문제이다. 이러

한 문제 대부분은 '배경'과 '전경'에 의해 의미되는 것이 무엇인가로부터 기인하고 있으며, 이들은 '원래의 근원적(source)' 사용 또는 '새로운 목표적(target)' 사용이란 개념과 동일하게 취급할 수 있다(이러한 용어들은 '문법화이전(즉, 근원)'과 '문법화이후(목표)'라고 하는 단계를 염두에 두고 사용되던 것이다). 그런데 '유도적 추론'이란 가설 즉, "특히 많은 의미적, 문법적인 변화가 시작 단계에서는 화용적이다."라는 가설은 "최초에는 '배경적 함축(background implicature)'이었던 것이 의미적으로 풍부해져서 변화 이전에 '전경화(foregrounded)'된다."(Traugott & Dasher (2002:34-40))라고 하는 가설에 기반하고 있다. 이와 마찬가지로, Heine (2002:86)도 "문법화를 가능하게 하는 '가교적 문맥'의 출현 결과, 목표 의미가 전경화된다."고 말하고 있다. 그리고 Terkourafi(2009) 역시 문맥적 요소의 전경화와 관련된 다소 유사한 가설을 만들기도 했으나, 그 혼합물 속에는 비 - 언어적인 문맥까지도 포함하고 있다. Goodwin & Duranti(1992)에 근거하여, Terkourafi는 다음과 같이 제시한다. "진행 중인 대화는 '발화(즉, 모습(figure))', '최소의 문맥(즉, 바탕(ground)으로 화자와 무대를 포함함)', 그리고 '배경(background, 즉, 백과사전적 지식)'을 수반한다. 그리고 '바탕'은 즉각적으로 제약을 받거나 '배경'에 의해서 의미가 부여된다(Terkourafi(2009:34))." 그녀에 따르면, '사회문화적 변용(acculturation)'을 통해서, 이러한 문맥적 매개변수는 '현저성'을 얻게 된다고 한다(p.35). 다른 말로 하면, 어떤 문맥에서 어떤 용법이 반복되면, 그 문맥이 전경화된다는 것이다. 여기서 한 가지 문제는 바로 '현저성(salience)'으로, 이것은 잘 이해가 안 되며, '무의식적 변화의 모델'에서는 이것을 어떻게 해결해야 하는가의 의문이 존재하게 된다. 이러한 모델에는 바로 Keller(1994)의 '보이지 않는 손(invisible hand)' 모델이 있다(이에 대해서는 Hansen(2008)을 참조, 인지언어학의 '현저성'

에 대해서는 Schmid(2007) 참조). 문법화에서의 이러한 변화에 대한 해석은 모두, 새롭게 출현하는 '목표'의 방향으로 기존의 문맥적 화용을 풍부하게 한다고 제시하고 있다(이에 대해서는 3.2.2의, 잃고 얻기 모형 관점의 탈색을 참고할 것). 한편, 이와 반대로, Hansen & Waltereit(2006), Hansen(2008)은 Heine 및 Traugott & Dasher의 가설에 반대하면서 다음과 같이 주장한다. "Heine가 말한 '가교적 해석(강화된 화용론)'은 여전히 근원 의미와 관련된 배경이고, 전환/고립(switch/isolating) 문맥이란 단계에 이르게 되어야 전경으로 이동한다."(Hansen(2008:63)) 한편, Boye & Harder(2012)는 "문법화는 '부차적이고, 보조적이고 배경적인 의미'가 '언어표현들'에 귀속되는 것을 수반한다."는 가설을 주장하는데, 이는 "화용적 문맥이 풍부해져서 점차로 화자 그룹에게 접근할 수 있게 된다."고 하는 가설과 모순이 되는 것 같다. 이러한 반대에도 불구하고, 우리의 견해에서는 "화용적 문맥은 가설에 의해, 변화를 가능하게 하게 끔 충분히 활성화(activate)되도록 전경화되는 것이다."라고 본다. 이와 관련하여 언어 발전과정과 관련된 몇 가지 말뭉치 데이터가 이 견해를 뒷받침해주고 있다. 이에 대해서는 양화사 'a lot of(5.3.2)', 양화사 'several (5.3.2)' 그리고 미래를 나타내는 'be going to(5.3.4)'의 발달에 대한 문맥 관련 토론으로 보여주고자 한다.

5.2.2 구문화 이후의 문맥적 변화

문법화이후 문맥에 대한 제약은 대개 '실현(actualization)'과 관련이 있거나 '새로운 요소의 시스템에 대한 확산'과 관련이 있다(Timberlake (1977), Andersen(2001), De Smet(2012) 참조). 여기서 우리는 세 가지 견해를 언급할 것이며 그들이 구문화의 이론 틀에 어떻게 적용되는지 보여줄 것이다. 그 중 첫째는 '점진적인 확장 및 유추화'와 관련된 것이고, 둘째는 '지속(persistence)'과 관련된 것이며, 셋째는 '강요(coercion)'와 관련된 것이다.

Himmelmann(2004)는 '문맥적 확장'에 대해 '숙주 부류(host-class) 확장', '의미 - 화용적' 그리고 '통사적인 확장'을 가지고 토론하면서, '확장에 대한 제약' 문제에 대해서는 거의 언급을 하지 않았다. 한편, 최근에는 '미세 - 변화(micro-change)'와 유사한 '확장에서의 거의 근소한 단계(step)'에 대한 증거가 흥미를 끌고 있다. '유추' 및 '유사성 관계(similarity relation)'의 중요성에 대한 증거에 초점을 맞추면서, De Smet(2012:629)은 다음과 같이 주장한다. "실현(actualization)을 이끄는 제약들은 적어도 부분적으로 '닮음(resemblance)'의 기능이라 할 수 있는데, 이때 주어진 '혁신'은 문법에 의해 이미 허가된 기존의 패턴을 닮아가게 된다. 그리고 실현 과정에서의 새로운 단계들이 만약 그 결과가 일부 기존의 동시출현(coocurrenc) 경로와 유사하다면 새로운 단계로 발전하기 더 쉽다."(p.625) 그가 제시한 예는 완화부사(downtoner)[6]인 'all but(< everything except)'이다. 완화부사의 용법은 원래 (4a)처럼 술어 명사, 그리고 (4b)처럼 술어 형용사와 함께 출현한다.

(4) a. Pshaw, pshaw! This is *all but* the whining end of a modern novel.
체, 체! 이것은 사실상 현대 소설의 비극적 결말이다. (1773 Goldsmith, She Stoops to Conquer [CL 1; De Smet 2012:611])

b. as if the works of nature were not *all but* infinite.
마치 자연의 작용이 사실상 무한하지 않은 것처럼 (1821 North American Review [COHA])

---

6) [역주] 완화부사(downtoner)란 다른 단어나 구의 의미를 약화시키는 기능을 하는 부사이다. 이것의 반의어는 강조부사이다.

그 다음 단계는 (5a)와 같이 수동태로 확장하는 것이다. 그리고 빈도 수가 늘어나면서, (5b)처럼 동사와 함께 사용된다.

(5) a. The boat was now *all but* jammed between two vast black bulks.

그 보트는 지금 거의 두 거대한 검은 화물선 사이에서 찌그러뜨려졌다.
(1851 Melville, Moby Dick [COHA])

b. He *all but* fell down and knocked his head on the table out of sheer helpless astonishment.

그는 너무나도 놀라서 거의 거꾸러지다시피 해서 탁자에 머리를 부딪칠 뻔했다. (1948 Allen, Toward Morning [COHA; De Smet 2012:612])

De Smet에 따르면, 동사와 함께 공기하는 경로는 일종의 '유사성(similarity)' 이다. 즉, 수동태 과거분사는 우리가 '변화의 포인트'라고 부르는 것을 나타내면서, 동시에 동사와 형용사 간의 유사성 관계를 갖고 있는 것 이다(p.612). 그는 그 코퍼스 자료에서 선호되는 동사의 연어들이 "과 거분사와 동일한 과거시제 형식(예컨대, finished, thought 등)"이라는 사실에 근거하여 확증하였다(p.612). 그래서 'all but'은 한 환경으로부 터 다른 환경으로 확산되는 것으로 보이는데, 이때 이러한 환경들 사 이에 유지되고 있는 '유사성 관계'의 네트워크를 따라 확산이 이루어 진다(p.616). 비록 관계가 멀긴 하나, 이 경우에 네트워크 내에서의 추 가적인 의미적 링크가 이루어진다면 그것은 아마도 'all'의 의미(only)를 'All-pseudo-cleft'에서와 같이 사용하는 것일 수 있다.

De Smet은 또한 '초기 분포'가 '이후의 발달'에 영향을 줄 수 있는 방법을 토론하였다. 그는 'fun'과 'key'의 '형용사적 용법'이 흥기하면서 '초기 용 법과 관련된 것'을 '질량명사(mass noun)[7])의 수식'으로 제시한다고 보았다.8) De Smet에 따르면, 'fun'이 서술어와 한정어 문맥 모두에서 형용사적으로 사용되는 반면, 'key'는 1950년대에서 1980년대에 사이 그것이 형용사 용법으로 쓰이는 초창기 때부터 '선 – 형용사적(pre-adjectival)' 한정성 문맥(6a)에 주로 선호되었다고 한다. 그리고 이 당시부터 'key'의 서술어 용법이 지배적으로 사용되기 시작했다고 한다(6b,c).

(6) a. Therefore, we shall start our description of the behaviour of electric charges in motion by summarizing the *key* experimental observations.

그러므로 우리는 핵심적인 실험적 관찰을 요약함으로써 이동에서의 전하의 행동에 대한 우리의 묘사를 시작할 것이다. (1961 Sherwin, Basic Concepts of Physics [COHA; De Smet 2012:623])

b. We are totally independent, and that's a very *key* point.

우리는 완전히 독립적이다. 그리고 이것이 매우 중요한 점이다. (2002 CBS, Sixty Minutes [COCA; De Smet 2012:624])

c. Oh, absolutely. Cars are very *key*.

오! 확실해. 차가 매우 중요하지. (2003 CBS, Sixty Minutes [COCA; De Smet 2012:624])

De Smet은 이러한 '점차적(step-wise) 발달'이 부분적으로 'key'의 '원

7) [역주] 질량명사란 'beer'같은 불가산 물질 명사나, 'beauty'같은 추상명사를 말한다.
8) [역주] 즉, 'key'와 'fun'은 원래 명사였다. 그런데 이것이 다른 명사 앞에서 수식을 하는 기능이 나왔는데 물론 이때에도 여전히 명사신분이었다. 그리고 이때 그들이 수식하는 명사가 추상성의 질량명사였던 것이다. 이러한 초창기 용법이 이후 형용사로 발달한 이후에도 계속 영향을 주어 여전히 질량명사를 수식하는 용법이 생겼다. 형용사로 바뀐 이후엔 더욱 발달하여 'key'의 경우는 한정적 용법 외에도 서술적 용법까지 생긴 것이다.

래의 용법'을 반영한다고 보았다. 즉, 원래의 용법은 'a key factor'와 같이 한정적으로 출현할 수 있는 일종의 가산(count) 명사로 쓰이는 것이다. 반면, 'fun'은 질량(mass) 명사에서 비롯되었고, 그러고 나서 한정적으로 뿐 아니라 서술어적으로 쓰이는 것도 출현하였다('the fun game', 'that's fun').

여기서 논의되고 있는 'all but'과 'key' 발달의 경로는 초기 분포에 대한 관계의 '지속(persistence)' 또는 '유지(maintenance)'와 관련이 되어 있다. 이것은 이른바 '뒤돌아보기(look-back)'효과로, 여기에 대해서는 5.4에서 더 자세히 논의될 것이다. 한편, De Smet(2012)은 유추에 기초하여, 하나의 항목이 개연적으로 획득할 수 있는 것을 예측하고자 하였다 (p.609). '지속'과는 달리, 이것은 '앞으로 뻗기(reach-forward)'효과라고 한다. 이렇게 "현재 존재하는 범주의 새로운 멤버들이 지금 속해있는 범주와 유사한 방식으로 사용되는 경향이 있다"는 사실이 있는데, 이 것은 구문문법에서 이른바 '강요(coercion)'로 이론화되고 있다. 이것은 Goldberg(1995)에 의해 언급이 되었고, 또 Michaelis(2004:25)에 의해 정교화된 것으로, '강요'란 "어휘항목의 의미가 그것이 구체화되고 있는 구조적 의미에 순응하게 되는 추론적인 절차 또는 유형 변화"를 말한다. '강요'는 "어 휘적 명사와 동사들이 심지어 그들이 '해당 구문의 전형적인 성격에 못 미치는 것(underspecified)'이라 해도, 어떤 고유의 의미를 가질 수 있고, 이것들은 특히 문법적 구문들의 영향을 받기 쉽다는 것"을 전제로 한다. 예를 들어, Michaelis에 따르면, 원형적인 부분표현 구문은 유형 - 변화를 수반한다고 한다. 즉, 부분표현은

"어휘적 보어('a piece of pie'에서 'pie')의 경계가 없는(unbounded) 값을 핵(piece)과 연관된 경계가 있는(bounded) 값으로 변화시킬 목적으로 디자

인된 것이다. 부분표현은 이처럼 'of'에 의해 유도되는 PP의 명사적 보어가 집합적인 실체(mass entity)를 가리키기를 요구한다." (Michaelis(2003:173))

이 인용문에서 '요구하다(require)'란 말이 중요하다. Michaelis는 여기서 "하나의 구문은 특별한 어휘항목에 의해 독립적으로 부호화되지 않는 어떤 특별한 해석을 요구한다."(Goldberg(1995:159))라는 Goldberg의 견해에 근거하고 있다.9) 잘 알려진 예는 바로 가산(count) 명사가 관사 없이 사용될 때, 질량(mass) 명사로 이해되는 방식이다(예컨대, "There's lizard on the road"라는 문장에서 이것의 의미는 "길 위에 도마뱀이란 어떤 실체가 있다"라는 것이다. 아마도 길 위에서 차에 치여 있는 것을 말하는 것이며, 여기서 'lizard'는 특정의 한 마리 도마뱀이 아니라 도마뱀이란 동물 자체를 말한다). 또 하나의 예는 종결상(telic)을 나타내는 동사가 진행형과 함께 사용될 때, 종결되지 않은 것으로 이해되는 사건 방식이 있다. 예를 들어, "Joan was winning when she fell(Joan은 그녀가 넘어졌을 때, 이기고 있었다)"이란 예가 있는데, 이것은 그녀가 이겼다는 것을 수반하지 않는다.10) 반면에, "Joan was running when she fell(Joan은 그녀가 넘어졌을 때, 달리고 있었다)"의 경우, 'run'은 비종결상(atelic)의 행위동사이기 때문에, 이것은 그녀가 달렸다는 것을 수반하

---

9) [역주] 이 말은 원래 Goldberg가 '강요(coercion)'에 대해 설명하면서 한 말로, "특별한 어휘항목에 의해 독립적으로 부호화되지 않는"이란 말은 곧 해당 어휘의 어휘적 의미로 존재하지 않는 의미항목을 말한다. 즉, 어떤 어휘의 의미항목에는 애초부터 부호화되어 갖추어지지 않은 의미가 있는데, 구문이 "특별한 해석을 요구"하게 되어 즉, 구문의미에 의해 강요되어 그런 특별한 의미가 생겨나게 되는 것이다.
10) [역주] 'win'이란 동사는 종결상의 동사이나 이렇게 진행형으로 쓰인다면 아직 종결이 되지 않음을 나타내게 된다. 즉, 'win'은 종결이 이루어져야 자연스러운 것인데, 이처럼 진행형에 쓰이게 되면 '이기고 있다'라고 하는 다소 모순적일 수 있는 해석이 가능하다.

게 된다. 여기서 언급된 또 다른 예는 바로 way-구문이다. 예컨대, "She elbowed her way through the room(그녀는 팔꿈치로 밀치며 방을 통과했다)"에서의 'elbow'는 방해물이나 어려움과 같은 함축을 필요로 한다. 그때 그것의 의미는 "pushed through using X(X를 사용하여 밀며 통과하다)"인데 이것은 구문적 패턴 의미로부터 온 것이다.

'사용'이란 관점에서 보면, '강요'는 '도식의 문맥적 효과'와 '샘플(exemplar)의 주형(template)'으로 간주해야 한다. 즉, '도식적인 문법적 구문'의 문맥에서 '어휘적 구문'을 사용하는 것은 불일치를 유발할 수 있다. 왜냐하면 '청자'는 잠재적으로 네트워크에서의 한 교점과 다른 교점을 연결(즉 'link'의 생성)시키게 되나, 표현은 '화자'의 정신적인 표현과 공유되지 않기 때문이다. 이때 기본 합성성(default compositionality)이 무효화되고, 청자는 의미적인 충돌을 발화 과정(on-line)에서 해결한다. 강요는 대개 공시적으로 잘 확립된 패턴들을 중심으로 요구되어 왔다. 예컨대 위에서 언급한 가산/질량(count/mass) 그리고 종결/비종결의 불일치가 바로 그것이다. 그런데 이러한 **강요의 효과**는 공시적인 유효성을 갖고 있는 것으로 나타나는 반면, 이것은 **관습적이고, 표준적이고, 개연적이긴 하나 절대적이지는 않은** 그런 요구로 이해되고 있다. 그렇지 않으면 (절대적이라면) 변화는 일어나지 않을 것이고, 위에서 언급한 점진적인 방법으로 나타나지도 않을 것이다. 특히 사람들은, 만약 '강요'가 어떤 특별한 해석을 '요구하는' 직접적이고 강한 힘이었다면, 기존 도식에 재기용되는 미세-구문들이 전에 그들이 했던 것 보다 거의 특이성도 없고 또 독특한 제약도 없이, 원형(prototype) 도식에 일치될 것으로 기대할 것이다. 그러나 우리가 2.5와 3.5.1에서 봤듯이, 그리고 5.3.4에서 보겠지만, 기존 구문들의 새로운 멤버들은 대개 처음에는 그 범주의 주변적 멤버들이다가 시간이 지나면서 그들 속으로 완전히 흡수되고 있었다.

Ziegeler(2007, 2010)는 '강요'가 독립적인 메커니즘으로 필요한지 의심하였다. Traugott(2007)은 또 변화가 발생한다는 것을 감안할 때 '강요'가 '필요한 것인지' 의심하였다. 그러나 어떤 연어(collocation)들이 한 구문의 역사에서 특별한 시기에 선호된다는 것은 의심의 여지가 없다. 그런데 Hilpert(2008)의 '변화하는 연결구문(collostruction)'이란 연구를 통해 충분히 입증되었듯이, 이것들(연어들)도 변화할 수 있다. 그리고 way - 구문의 경우, 한 동사가 만약 그 구문과 그럴듯한 의미적 융화성(compatibility)을 가지고 있다면, 하나의 새로운 동사가 way - 구문에서 사용될 때, 그 구문의 의미로 쉽게 맞추어 들어갈 수 있을지에 대한 어떠한 의문도 없다. 만약 어떤 터무니없는 동사가 이중타동구문에서 사용된다면, 그것은 아마도 기본범주(default category, 즉, give-type)에 속하는 것으로 이해될 것이다. 예컨대, "to grung someone something"은 아마도 '의도된 이송(intended transfer(bake-type))'보다는 그냥 '이송(transfer)'으로 이해될 것이다. Goldberg(2006:116)는 어떤 실험에 대해 토론한 바 있는데, 여기서 60%의 영어 화자들이 "She mooped him something"이란 문장을 "그녀가 그에게 무언가를 주다(give)"의 의미로 이해했다고 한다. 그러나 이러한 해석은 아마도 부분적으로는 도식은 물론 즉석의 언어적인 문맥에 달려 있는 것으로 보인다. 그래서 "grung Sheilah a degree"는 "grung sheilah a cake"와 다르게 이해될 것이고, "moop Alex a story"는 또 "moop Alex a ball"과 다르게 이해될 것이다. 이러한 내용을 통해 볼 때, 우리의 견해에서, 불일치(mismatch)는 불가피하게 두 가지의 상호작용으로부터 기인하는데, 그것은 "발화 과정(on-line)에서의 생산물"과 "하나의 복합적 도식 내의 채울 자리(slot)가 만들어져야 하는 선택" 사이의 상호작용이다. 그리고 이러한 불일치는 또 한 도식내의 자리(slot)들 사이의 관계에 의해서도 이루어진다. 불일치에 직면한 청자들은 적당한 해석을 찾으려고 시도한다. 그리고 어떤 불일치들은 보다 보편적이어서 다른 것들보다 더 잘 확립될 것 같기도 한데, 이것들이 바로 '강요 의미(coerce meaning)'라고 하는 것이다. 그러나 "She was winning when she fell"이나 "There's lizard on the road"를 이해하는 능력은 원칙적으로 청자들이 혁신적 사용을 직면했을 때 볼 수 있는 것과 차이가 없다. 이는 Deiwald(2006:10)가 문법화와 연계하여 말한 아래와 내용과 같다.

> "강요(coercion)는 '기존의 모순된 구문들 속에 있는 어휘소(lexeme)의 사용 및 재해석'으로 이해될 수 있는데, 이것은 바로 은유적 확장(유추적 전이의 일종으로 취급되기도 함)같은 인지적, 화용적 절차를 기반으로 하고 있고, 또 Grice의 대화적 함축을 기반으로 하고 있다."

그녀는 계속해서 그러한 "대화자들에 의해 화용론적으로 동기화된 해석"이 바로 Michaelis(2004:7)의 '강요 효과'에 대한 규명과 일치하고 있음을 지적하였다. 여기서 Michaelis(2004:7)가 규명한 '강요 효과'란 "해석자가 형태통사적인 구문의 의미와 어휘적 충전물(filler)의 의미를 조화시켜야할 때 유발(trigger)되는 것"이다. 이것은 바로 창조성의 기초가 된다. 그런데 '근원을 위한 오래된 문맥'과 '출현의 목표를 위한 새로운 문맥'은 항상 변화하고 있다. 그 과정에서 불일치는 끊임없이 출현하고, 언어 사용자들은 그들을 해석하기 위해 항시 잘 준비하고 있는 것이다. 따라서 우리는 '강요'란 것이 결정론적인 것도 아니고, 구문들의 독특한 자질도 아니라고 결론을 내린다. 그 용어와 그 토론의 방식은 엄격한 기존 도식의 '하향식(top-down) 효과'를 제시하고 있다. 반면, 우리의 견해는 '상향식(bottom-up)'이고, 본질적으로 De Smet의 감지할 수 있는 '유사성'에 기초한 '개연성 있는 일치(probabilistic matching)'와 유사하다.

'강요'가 불일치와 규칙 위반(보통은 복합적 구문의 경우) 현상에 대한 설명을 의미하고 있지만, '차단(blocking, 기존에 있는 것에 의해 새로운 형식과 패턴이 선취되는 것)'은 "무효화에 대한 저항"을 설명해주고 있다. 선취의 가장 잘 알려진 예는 바로 어휘적인 것(예컨대, 'thief'에 의한 '*stealer'의 선취)과 형태적인 것(예컨대, 'men'에 의한 '*mans'의 선취)이 있다 (Langacker(2008:235)). 때때로 동음이의어 차단이 등장하기도 한다. 예컨대, '작은 돼지'를 'piglet'이라 하고, '작은 책'을 'booklet'이라 한다. 그러나 '작은 장난감'은 'toylet'이 아니다. 후자는 아마도 'toilet'이란 동음이의어에 의해 선취된 것 같다. 그리고 'waiter'(식사를 돌보는 사람)라는 동음이의어는 더 투명하게 합성적이고 더 일반적인 'waiter'(기다리는 사람)를 차단하고 있다(Giegerich 2001)).[11] 그런데 '무효화에 대한 저항'이란 의미는 바로 차단이 결정론적이지 않음을 함축하고 있다. 오히려 이것(차단)은 빈도가 있는 기능이고(Bybee(2006)), 사회적 관습의 기능이다. 예를 들어, 'catched'는 표준 영어에서는 'caught'의해 선취되고 있으나 다른 버전에서는 그렇지 않다. Langacker는 '특수한 단위 (specific unit)'는 보다 추상적인 것에 대해 이점을 갖고 있다고 주장했다. 다른 말로 하면, 화자들은 기존의 형식에 더 쉽게 접근하고 더 선호한다는 것이다. 이것은 사실이다. 그러나 추상적인 도식(또는 하위도식)들 역시 접근이 가능한데다가 유추적 사고가 쉽게 활성화되기 때문에, 새로운 형식도 충분히 소개될 수 있는 것이다. 사실 새로운 형식에 대해 이점을 갖고 있거나 제공하는 것은 기존 형식 또는 도식(또는 하위도식)이 아니다. 그렇게 하는 것은 바로 화자의 관습이다.

---

11) Plag(1999)는 '동음이의어 방해'의 개념과 관련된 문제에 대해 토론하고 있다.

5.3 구문화를 위한 문맥의 유형

이 절에서 우리는 구문화의 몇 가지 케이스를 살펴볼 것인데, 초점을 주로 구문화 이전의 초기단계 문맥(onset context)에 맞춰 진행할 것이다. 물론 구문화 이후의 문맥에 대해서도 약간의 토론을 진행할 것이다. 우리가 변화의 시나리오를 선택한 것은 '가설화된 정도'에 따른 것이다. 이 가설화된 정도란, "한 구문의 내부적 구조에서의 '직접적인 지점(immediate locality)'이 구문화를 가능하게 하는 요소로서 제공될 수 있는 정도"를 말한다. 이 시나리오는 더 넓은 담화 문맥에 대해서 '직접적인 부분적 문맥'이란 범위로 조직화될 수 있다. 한편, '구문-내적인 문맥(construction-internal context)'이란 바로 가능성 요소로 제공되는 복합적 구문의 하나 또는 그 이상의 구성요소들을 말한다. 대개 거기에는 '화용적인 조절(modulation)'이 있고 일부 '분포적인 선호나 제약'이 탐지될 수도 있다. 이것이 바로 전통적인 '선택적 제약(selectional constraint)'의 구문론적 버전인 셈이다. 우리는 여기서 '근원'이 그들의 '목표'보다도 '도식성'의 레벨이나 '복합성'의 정도가 더 다양한 구문들이라는 것을 보여줄 것이다. 대부분의 예들은 이미 앞 장에서 토론이 되었지만, 준접사로서의 '-lac'의 발달(5.3.1)과 양화사로서의 'several'의 발달(5.3.3)은 본장에서 논의될 것이다.

5.3.1 단어형성 도식 '-dom, -rœden, -lac'의 발달을 위한 문맥

이 절에서 우리는 명사적 합성어들이 '-dom', '-rœden'(4.5과 4.6에서 이미 토론됨)이라는 파생적 준접사들을 갖는 명사들로 발달하는 것에 대해 부분적으로 다시 살펴볼 것이다. 그리고 추상적 명사를 파생시킬 때 사용되는 '-lac'이라고 하는 준접사가 있는데, 이것으로 구성되는 주 변적으로 생산적인 ME시기의 도식도 소개할 것이다. 이 '-lac'을 갖는 단어형성법은 단지 'wedlock'(혼인, 이는 원래 결혼의 상태보다는 혼인 서약을 지칭했다)만이 ModE시기까지 생존하였다. 4.5에서 우리는 구문 화를 위한 몇 가지 요소들을 지적한 바 있다. 그 중 하나는 바로 명사 중 가장 일반적인 의미의 것, 예컨대 'dom', 'rœden' 등이 모두 변화를 겪었다는 것이다. 문맥적 관점에서 보면, 우리는 다음과 같이 말할 수 있다. "두 번째 구성요소가 'dom'인 합성어들의 경우, 첫 번째 요소가 이 'dom'에 대해 그것의 특수한 의미인 'doom', 'dignity', 'power', 'choice'보다도 일반적인 의미로 해석을 허락할 경우에, 이 합성어는 변 화를 겪는다." 아래에서 설명을 하겠지만, 첫 번째 명사(어근)는 어떤 특수한(specific) 의미적 자질을 갖고 있다. 마찬가지로, 두 번째 요소로 'rœden'을 갖는 합성어들의 경우도, 첫 번째 요소가 'rœden'에 대해 특 수한 의미인 'estimation', 'rule'보다 'condition'이란 의미로 해석을 허락 할 때, 역시 변화를 겪었다. OE시기에, 'lac'은 하나의 명사로 'game, fight'란 뜻이었으나 합성어의 두 번째 구성요소로서, 이것은 'action, proceeding'을 의미했다(Haselow(2011:157)). 이 역시도 두 번째 요소가 'lac'인 합성어들에서 그 첫 번째 요소가 'lac'에 대해 'game, fight'같은 특수한 의미보다는 일반적 해석(action, proceeding)을 허락할 경우 'lac' 이 변화를 겪은 것이다.

Dalton-Puffer(1996), Dietz(2007), Trips(2009), Haselow(2011)은 모두 문제의 단어형성법에 대해 두 가지 측면을 토론하였다. 첫 번째는 어근 의 통사적 부류(즉, 명사, 형용사, 동사 등)이고, 두 번째는 그 어근 의미 체계에 대한 제약이다. 여기서 후자의 문제에 초점을 맞춘다면, 다음의 요소들이 주목할 만하다. 만약 아래와 같은 상황에서는 'DOM'은 합성어의 두 번째 요소 또는 그 이후 발달한 준접사로 해석될 수 있다.

ⅰ) 어근이 일군의 사람들 행동에 의해서 특징지어지는 상태를 지칭할 때, 예컨대, 'cristen|dom('christianity(기독교)')', 'martyr|dom(순교)' 등.

ⅱ) 일군의 사람들의 신분, 지위를 지칭할 때, 예컨대, 'biscop|dom ('rank of bishop(주교)')' 등.

ⅲ) 한 행위의 추상적인 결과를 지칭할 때, 예컨대, 'swic|dom('deceit(속임)')' 등.

ⅳ) 특별한 질에 의해 정의되는 상태를 지칭할 때, 예컨대, 'freo|dom (freedom)' 등.

(이상 Haselow(2011:153))

그리고 시간이 지나면서, 이러한 의미적 제약은 '|dom'이 준접사 및 이후의 접사로 신분석될 때, 변화하거나 완화된다. 예를 들어, 'biscop|dom'은 '주교' 자체의 신분 보다는 '주교'가 권위를 얻는 위치를 의미하게 되었다. Trips는 PDE에서 '.dom'의 주요 의미적 자질이 '권위를 갖는 것'이라고 확인한 바 있다. 한편, 이렇게 어근에 대한 의미적 제약이 완화되면서, ME시기에는 어근의 확장이 이루어졌다. 'RÆDEN'의 경우, 이것은 합성어의 요소로 해석되어 왔다가 첫 번째 구성요소가 '사법적 관계'(mann|rœden('service, dues paid by tenant to owner of house(세입자가 집주인에게 지불하는 집세)')), '사회적 관계'(feond|rœden('enmity(적의)'))를 나타내는 명사일 경우 나중에 준접사처럼 쓰이게 되었다. 4.5.2에서 논의했듯이, 'rœden'은 파생접사가 되는 명사 집합에서 주변적 멤버였다. 이것은 'lac'도 그러하다. 이것은 "높은 정도의 역동성 그

리고 물리적 에너지를 수반한 행위"를 지칭하는 그러한 '어근'의 문맥에서 탈색되었다. 여기에는 'heaðo|lac('warfare(전쟁)')', 'wif|lac('carnal intercourse(성교)')', 'reaf|lac('robbery(강도)')', 'bryd|lac('celebration of marriage(결혼 축하)')' 등이 있다(Haselow(2011:137)). 이러한 의미론적인 문맥들이 부분적으로 어근의 통사적 기능이라고 할 수 있다. 예컨대, 'DOM'에서 'quality'는 형용사적 어근과 관련이 있다('freodom', 'wisdom'). 그리고 'LAC'의 경우, ME시기에 주로 형용사적 어근과 연관이 되었었다(아마도 고대 노르웨이어의 동일어근인 '-leikr'의 영향을 받음). 이러한 특징은 특히 '상태'와 '조건'의 의미를 지칭하는 어근으로까지 확장시키는 기능을 했는데, 이 확장은 단기간적인 것이다(예컨대, 'freo('free')' – 'freolac('voluntary offering(자발적인 헌금)')'; 'god('good')' – 'godlac('goodness')'). (Dalton-Puffer(1996:81))

상기의 세 가지 단어형성법의 경우에서, 어근에 대한 의미론적 제약은 그 단어형성법이 보다 생산적으로 변함에 따라 오랜 시간에 걸쳐 완화되었다. 이것은 바로 어휘적 극단에서 발견되는 이른바 '숙주 부류(host-class) 확장'의 한 유형이다. 또한 합성어의 두 번째 구성요소의 의미는 그것이 파생되어 나온 명사와 관련하여 이용될 수 있는 가장 일반적인 것이다. 그리고 시간이 지나면서, 어근 뿐 아니라 그 파생 구문(derivational construction)의 의미가 더 일반화되었는데, 이것은 일종의 '약한 의미 – 화용적인 감소(즉, 탈색, bleaching)'의 예이다. 한편, 통사적인 문맥과 관련하여, 주로 형용사적, 명사적인 것이 어근이 되었고, 때로는 동사적인 것도 어근이 되었다. 그리고 '-dom'과 '-lac'이란 준접사와 함께 사용되는 어근들의 '통사적 유형의 확장' 증거도 확실히 존재한다. 그러나 명사에서도 그랬듯이, 더 넓은 통사적 문맥으로의 확장의 증거가 없다. 이러한 더 넓은 통사적 문맥이란 어근이 사용될 수 있는 논항역이라든가, 화용표지로서의 사용 등을 말한다. 결론적으로, '확장'은 매우 부분적이고, 단어형성 도식 내에서 이루어진다.

5.3.2 이항적 양화사 'a lot of'의 발달을 위한 부분표현 문맥

앞 절에서 본 구문화를 위한 문맥은 합성어로, '형태론적인 의존성' 및 '어근의 의미체계'도 포함되는 하나의 복합적 도식(complex schema) 이다. 이 절에서 우리는 'a lot of'같은 이항적 부분/크기 명사 표현이 양화사로 발달하는 것을 다시 살펴볼 것이다. 이것 역시 복합적 도식 이지만 '통사적인 의존성'을 갖고 있고, 특히 여기서는 수식어 NP의 의미 체계(즉, 핵인 'lot'을 수식하는 그 뒤에 출현하는 명사성분)가 결정적인 역할을 한다.

문법화 관련 논문에서, OE시기 속격 굴절을 갖는 부분표현의 표현들 은, 그 형식이 보존되지 않았기 때문에, 양화사의 문법화 토론에는 일반 적으로 포함되지 않았다. 그러나 구문화 관점에서는 '구문 패밀리'에 주 의를 하기 때문에, 이러한 것들(속격 굴절의 부분표현들)도 일반적인 도 식 레벨에서는 일종의 '연관된 조상(relevant precursor)'이라 할 수 있다. 이러한 일반적인 도식에서 이른바 비한정성 구문 하위도식(즉, 의사-부분표현(pseudo-partitive))의 '양화적인 화용(quantifying pragmatics)'이 현저하게 된 것이다.

OE시기의 속격에서 수식어를 갖는 예는 (7)과 같다:

(7) On Fearnes   felda   ge   byrað   twega   manna   *hlot*   *landes*
    in   Fearn's   field   you   extend   two   men's   parcel   land.GEN

in   to   Sudwellan.

in   to   Southwell

Fearn의 들에서는 두 사람을 위해 충분히 넓은 한 조각의 땅을 확장했다…

(958 Grant in Birch Cartul. Sax.Ⅲ.230 [OED lot n.2.a.])

OE시기엔 부정관사가 없었으나, 이것이 비 - 전방조응적이고 비한정성(또는 부정(不定))으로 이해되는 것이 이치에 맞다. Ormulum이란 텍스트는 1200년경에 쓰인 것으로 (8)과 같이 'lot'이 부정관사 및 'of'와 함께 발견된 초기 텍스트였다. 여기서 NP$_2$가 'people'이기 때문에, 'lot'은 'group'과 유사한 것으로 이해될 수 있다.

(8) tat   tegg wisslike warenn *an lott off tatt Judisshenn follc.*

that they certainly were   a   part of   that Jewish   people

그들은 확실히 유대인들의 일부였다. (c.1200 Ormulum 16828 [PPCME, Brems 2011:211])

동일한 텍스트에서 'lot'은 또 'kind'와 유사한 의미로 사용되고 있다.

(9) Ne nan   off þise cullfress Þatt sindenn i þiss midderrærd

not none of   these doves   that are   in this world

an lott   off manne fode

a   part of   man's food

땅위에 있는 이들 비둘기 중 어떤 것도 인간의 음식의 종류가 아니다.

(c.1200 Ormulum, 10939 [MED man 1a.c])

이후의 예에서, 'lot'은 애매함이 없이 '판매 단위(unit for sale)'라는 의미를 나타내는데, 이는 (10)에 나타나고 있다. 그러나 이 생산물은 엄격하게 말해서 지금 토론 중인 '의사 - 부분표현(pseudo-partitive)' 구문이 아니다(1.5.1의 각주24 참조). 왜냐하면 이것은 한정적인 데다가 한정형용사를 갖기 때문이다.

(10) You must tell Edward that my father gives 25s. a piece to Seward for *his last lot of sheep*, and, in return for this news, my father wishes to receive some of Edward's pigs.

> 너는 에드워드에게 우리 아버지가 그의 마지막 남은 양에 대해 Seward에게 25실링을 준다고 말해야 한다. 이 소식을 듣고, 나의 아버지는 Edward의 돼지들의 일부를 받고 싶어 한다. (1798 Austen, Letter to her sister [CL])

이러한 예들은 모두 '문맥적 조절(contextual modulation)'을 보여주고 있는데, 이는 즉 모두 다른 연어를 갖고 있는 상황에서 '화용론적 강화'가 발생한 것으로, 모두가 부분표현 구문 내에 있는 것들이다.

한편, '부분(part)'은 '양(quantity)'을 함축하고 있고, '집단(group)'은 '매우 큰 양'을 함축하고 있다. 예컨대, (11)과 같다.

(11) a. said he, I understand you sell Lambs at London; I wish I had known it, I would have brought *a Lot of Lambs* for you to have sold for me. He told me he liv'd at Aston-Cliston; I said that was a pretty Way; but he said ⋯ the Butcher could take but few at a Time, and he wanted to sell them all together.

> 그가 말하길, 나는 네가 런던에서 양들을 팔 것이라 안다. 나는 내가 그것을 알기를 원하는데, 나는 네가 나를 위해 판 **많은 양들(또는 일부 양)**을 가져 갈 것이다. 그는 그가 Aston-Cliston에 살았다고 말했다. 나는 그곳이 예쁜 거리라고 말했다. 그러나 그는 말하길 ⋯ 그 백정이 한 번에 조금씩만 가져 갈 것이라 했고, 그는 그 모두를 함께 팔기를 원했다.

(1746 Trial of John Crips, t17460702-25 [OBP])

b. and there shall be a warm seat by the hall fire, and honour, and *lots of bottled beer* to-night for him who does his duty in the next half-hour.

그리고 그 홀 난로 옆엔 따뜻한 자리가 있을 것이다. 그리고 영광도 있을 것이며, 오늘밤 그를 위해 병에 든 **많은 맥주**가 있을 것이다. 그는 바로 다음 30분 동안 자신의 의무를 다할 것이다. (1857 Hughes, Tom Brown's School Days [CL 3])

이 예들에서 'a lot of'와 'lots of'는 '개체의 단위'나 'many, much'의 의미로 이해될 수 있다. 또 복수를 갖고 있어서(lots of), 그 양(quantity)의 함축의미는 특별히 현저하게 되었다. 특히 흥미로운 것은, (11a)에서는 양(羊)을 낱개로 판매하는 것(a few at a time) 또는 한 단위로 판매하는 것(all together)에 대해 토론하고 있다는 것이다. 그러나 (11b)의 경우는 비록 그것이 "병맥주 꾸러미, 상자(packs of bottled beer)"에 관한 것일 수 있지만, 아마도 "병에 담아 파는 많은 맥주(much beer sold in bottles)"에 대한 것일 수 있다. 이러한 예들에서, '양(quantity)의 함축'은 배경(background)화가 아니라 전경(foreground)화된 것으로 보인다.

(12a)는 양의 개념으로 읽는 것이 가능할 것 같은데, 왜냐하면 'wasp(말벌)'는 꿀벌과 다르게 단위나 그룹으로 날 것 같지 않기 때문이다(그래서 'a piece/share/unit/group of wasps'라고 바꿔쓰기(paraphrase) 하는 것은 부적당해 보인다). (12b)도 이와 마찬가지로, 양으로 읽는 것이 역시 동일하게 증명될 수 있다. 왜냐하면 추상적인 '공간(room)'은 단위로 세지 않기 때문이다.

(12) a. The next day the people, like *a lot of wasps*, were up in sundry places.

그 다음날 사람들은 많은 말벌떼들처럼 여러 장소로 올라갔다. (c.1575 J.Hooker, Life Sir P. Carew(1857)49 [OED lot n.8.a.])

b. Clear away, my lads, and let's have *lots of room* here!

제군들 잘 치우게. 그러면 여기 많은 공간을 갖게 될 걸세! (1843 Dickens, Chirstmas Carol [CL])

최근의 문법에서는 양화사의 용법이 '비공식적(informal)'이라고 본다 (Quirk, Greenbaum, Leech & Svartvik(1985:264)). Biber, Johansson, Leech, Conrad, & Finegan(1999:277)에 따르면, 'of'로 끝나는 양화사는 '최근'이며, 이러한 것들이 상대적으로 드물고, 주로 대화에서만 나타나며, 격식 없는 말투의 강한 느낌을 전달한다고 한다. (12a)에서 보듯이, 'a lot of' 는 1857년판이 원래의 1575년판에 충실하고 있다는 것을 감안했을 때, 그것의 기원이 그다지 최근은 아니다. 그러나 'a lot of'는 19세기까지는 양화사로 드물게 사용되었다. 이 데이터에 따르면, 이것은 주로 "*Old Bailey Proceedings*" 같은 '구어 – 문어'의 연속선에서 '대화적 극단'의 텍스트에 나타나고 있었다. 그러나 철학 같은 문어적인 장르, 그리고 CLMETEV에서 나타나고 있는 많은 소설들에서 'a lot of'는 (13)처럼 대체로 'amount'보다는 'fate'의 의미로 사용되고 있다. 이것이 바로 그것이 처음에 왜 배척이 되었는지에 대한 이유이다.

(13) the consciousness of that remaining tie … could alone have sustained the victim under *a lot* of such unparalleled bitterness.

그 남겨진 인연에 대한 인식이 … 홀로 그러한 비할 데 없는 괴로운 운명 아래에 있는 그 희생자들을 유지할 수 있었다. (1837 Disraeli, Venetia [CL 2])

1.5.3에서 지적했듯이, '양으로 읽기'는 전방조응적 지시물이 'a lot'(전방조응사가 'it'임)이 아니라 복수의 NP₂((14a)에서의 'them', 'they')일 때 획득된다. (14b)에서, 존재구문의 'be'는 'beasts'와 일치하는 복수이지, 'a lot'과 일치하는 단수가 아니다. 이러한 것들이 바로 Himmelmann(2004)이 문법화에서 확인했던 일종의 형태통사적인 문맥 확장이다.

(14) a. Q. You bought *a lot of sheep* at Salisbury. - A. Yes. We brought *them* from there to Willsdon to graze; they were purchased on the 12th of August.

　　　질문: 당신들은 Salisbury에서 많은 양들을 샀나요? 대답: 예. 우리는 그들을(양들을) 방목을 하러 거기서 Willsdon으로 데려갔습니다. 그들은 8월 12일에 구입된 것입니다. (1807 Trial of John King, t18071028-3 [OBP])

　　b. and soon got among a whole crowd of half-grown elephants, at which I would not fire; there were *a lot of fine beasts* pushing along in the front, and toward *these* I ran as hard as I could go.

　　　그리고 곧 반쯤 자란 전체 코끼리들 무리 사이에 잡았고 거기서 나는 발포를 하지 않았다. 거기엔 앞쪽으로 밀려가는 많은 좋은 짐승들이 있었는데, 그들을 향해 나는 죽어라 하고 달렸다. (1855 Baker, Eight Years Wandering in Ceylon [CL 3])

이러한 변화는 바로 구문화가 발생하였고 의미 - 통사적 불일치가 해결되었다는 증거를 제공한다. 구문화에 대한 보다 심화된 증거는 바로 'fun', 'hope', 'truth' 등과 같은 추상적인 명사들과의 연어 관계인데, 이들 중 어떤 것도 '부분'으로 개념화되지는 않는 것들이다. 이것이 바로 Himmelmann의 의미 - 화용적 문맥 확장이다.

1.5.2에서 논의했듯이, 양화사 용법은 구문화 이전에 보다 추상적인

양화로 의미적인 감소(attrition)가 있음을 보여주기도 하지만(즉, 구체적인 'piece, share'의 의미가 감소), 아울러 또 구문화 이후엔 형태소 경계의 변화와 음운론적 감소도 보여준다(이것은 'alotta'와 'a lotta', 그리고 온라인에서의 'allot of' 등과 같은 비 - 표준적인 쓰기로 표현된다). 이런 유형의 구문화 이후의 '감소'는 비공식적이고 상대적으로 빠른 말투와 같은 '외적 문맥(external context)'에서 자주 사용됨으로써 동기화되는 것으로 보인다.

여기서 제시된 예들을 통해서 우리는 양화사 'a lot of'의 구문화를 위한 직접적인 언어적 문맥은 '부분표현 도식'이고, 특히 'N$_2$의 의미체계'임을 알 수 있다. 그리고 그 발달은 다음의 변화들과 독립적으로 생각되어서는 안 된다.

ⅰ) '더 넓은 부분표현의 집합 > 양화사'의 변화

ⅱ) '이항적 도량(measure) 집합 > 양화사'의 변화

　(이것은 Brems(2010,2011)가 토론한 것으로 예컨대, 'loads of'가 있다.)

ⅲ) '이항적 유형(type) 집합 > 근사치 구문(approximator construction)'의 변화

　(Denison(2002,2011), Brems(2011)가 토론한 것으로 예컨대, 'a sort/kind of'가 있다.)

이중 마지막의 것은 원래 'a sort of moss(이끼의 일종)' 등에서처럼 '유형, 종류(type)'를 의미했었는데, 나중에 'a sort of (a) wife(얼마간의 와이프)'에서처럼 근사치(approximator)로 사용되게 되었다. 이항적 구문들은 각각 그 자신의 역사를 갖고 있다. 그러나 모두가 유사한

구조를 공유하고 있고, 특히 구문화로 귀결될 수 있는 '척도 의미체계 (scaling semantics)'를 갖고 있다. 그리고 이들은 이어서 보다 심화된 연어 확장이 따른다.

2.3.2에서 언급했듯이, 이러한 구문화와 관련하여 초기의 선구자이며 확실한 부분적 유인자(attractor)라고 볼 수 있는 것은 바로 부분표현 구문에 있는 'dœl('part')'이다. (15a)에서 문법학자 Ælfric은 라틴어의 'hoc occiput('this occipital lobe(이 후두엽)')'을 확장된 관계구('back of the head(머리의 뒤)')로 번역하였다. 그리고 (15b)에서 'of'는 아마도 원래의 공간적 의미로 의도되었지만('out of, from'의 의미), 여기서는 탈색된 것으로 보인다(이러한 'of PLACE' 표현은 높은 빈도유형의 연어이다).

(15) a. hoc occiput   se   æftra   **_dœl ðæs   heafdes_**
         this occipital lobe that posterior part that.GEN head.GEN
         이 후두엽: 머리의 뒷부분(the back part of the head) (c.1000 Ælfric's
         Grammar 74.6 [DOE])

   b. Ic gife   **_þa   twa   dœl   of   Witlesmere._**
      I   bequeath the two parts of Witlesmere
      나는 Witlesmere의 두 부분을 남긴다. (a1121 Peterb.Chron. (LdMisc 636)
      [MED del n2,1a])

(16)은 'dœl'의 단위(unit)로서의 의미와 '양(amount/quantity)'으로서의 의미 사이의 화용론적 중의성을 예시하고 있다. 두 예 모두 양화 형용사('micel('much')', 'god('goodly/sizeable')')의 수식을 받고 있고, NP₂는 '집합체(mass)'를 가리키기 때문에('wœter('water')', 'huniʒ('honey')'), 이

러한 중의성이 나타난다.

(16) **Micel** ***dœl bewylledes*** *wœteres* on ***huniჳes*** *godum*
great part boiled.GEN water.GEN in honey.GEN good.DAT

dœle.
measure.DAT

'끓는 물의 많은 양'을 '꿀의 상당한 양'에 넣다. (c.1000 Sax. Leechd. II.202
[OED deal n1,3])

그러나 통사적으로 이것은 확실히 부분표현이다. 왜냐하면 NP₂가 형
용사(bewylled('boiled'))의 수식을 받고 있고, 'honey'가 전치하고 있기
때문이다.

양(quantity)의 함축은 'dœl'의 비한정성(不定, indefinite) 사용으로 규
칙화된 것인데, 특히나 'micel(much)'과 'great' 같은 양화 형용사들과 질
량명사(mass noun)라고 하는 '결정적인 문맥(critical context)'에서 규칙
화한 것이다. 이렇게 해서 유발된 (17)과 같은 몇 가지 예는 둘 다 화용
론적으로 중의적이다.

(17) a. On leches heo hadde i-spendedet ***Muche del of hire guod.***
On physicians she had spent great part of her wealth

의사에게 그녀는 그녀의 <u>많은 재산/재산의 상당부분</u>을 써버렸다. (c.1300
SLeg.Kath. [MED spenden])

b. A smot him on þe helm… Wyþ þat stroke a schar
he smote him on the helmet… with that stroke he sheared

away ***a gret del of ys hare.***
away a great part of his hair

그는 그의 투구를 강타했고, 그 타격으로 그는 그의 <u>많은 머리카락/머리</u>
<u>카락의 상당한 부분</u>을 잘라냈다. (c. 1380 Firumb.(1) (Ashm 33) [MED cappe])

양화 의미는 특히 'love', 'sorrow', 'whining' 같은 감정의 추상적 N들
과 연어 관계가 될 때, 완전히 구문화된다. 그런데 MED에서는 양화사
의미인 'large amount'의 의미로 'a del of'가 사용되는 예를 언급하지 않
고 있다. 'a deal of'는 (18b)과 같이 우연히 EModE에서 수식어 없는 양
화사로서 나타나기도 한다. 그러나 (18a)처럼 'great'같은 수식어와 함께
자주 발견되기도 한다.

(18) a. and talk'd *a deal of impudent stuff*.

그러고는 많은 뻔뻔스러운 말투로 말을 했다. (1730 Trial of Margaret Fache,
t17320705-27 [OBP])

b. The Prisoner with *a great deal of whining* denied the thing.

그 죄수는 많이 흐느껴 울면서 그것을 거절했다. (1678 Trial of Mary Read,
t16781211e-8 [OBP])

이 구문은 아마도 'a lot of'의 직접적인 모델은 아니었다. 왜냐하면
(18a)와 같은 비 - 수식적인 'a deal of'의 예들이 수식이 있는 것에 비해
훨씬 더 적게 발견되었기 때문이다. EModE 시기에, 양화사 'a lot of'가
사용될 때, 'a great deal of'는 대체로 이미 (18b)에서와 같이 고정된 구
가 되었다. 또 다른 부분표현 후보자는 'a bit of'(< 'a bite out of')인데,
다만 여기서 그것의 규모는 작은 것이다. 이것 역시 18세기에 출현하였
으나, 'a lot of'와는 달리, 표준 영어에서 수용될 수 있는 것으로 인식되
었다.

이항적 연결체(string)에서의 'bunch(다발)'같은 계량적(quantitative) 명사의 문법화를 연구하면서, Francis & Yuasa(2008:50)는 원래의 의미였던 구체적인 '묶음(bundle)'으로부터 추상적인 '많은 양(large quantity)'의 미로의 '의미탈색'이 있었다고 결론을 내렸다.

(19) 묶음(bundle) > 집합체(collection) > 많은 양(large quantity)

(19)는 단지 단수일 때만이 가능한데, 왜냐하면 'bunches'는 단지 '묶음(bundle)'의 의미로만 이해될 수 있기 때문이다(p.52). Francis & Yuasa는 "'a bunch of'는 문법화 된 것이다"라고 하는 Brems(2003)의 주장에 대해 반대했고, 'a bunch of'는 통사적인 핵의 변화가 없기 때문에 단지 의미적인 불일치만 존재한다고 주장했다. 그들은 일치 현상에 대해 다양할 수 있고 또 핵이 변화한 징후도 없다고 간주한 것이다. 그리고 이항적 연결체 중에서 'much'나 'many'에 의해 'lot'과 'bunch'가 대체가능하지 않는 이런 성격을 통해 그들이 평범한 양화사가 아님을 알 수 있다고 주장한다(pp.50-51). 반면, Brems(2011)(Brems(2003)의 주장과 일치)는 'bunches of'가 양화사 의미로 사용되지 않았고 문법화가 되지 않은 반면, 'a bunch of'는 문법화가 되었으나 다만 PDE의 'a lot of' 만큼 강하게 문법화되지는 않았다고 주장한다. 이것은 'a bunch of'가 생산적이고(즉 많은 유형 - 구문에서 출현한다), 그것이 수식이 없을 때, 출현빈도가 높으며(token-frequent), 일치 패턴에서 증명되었듯이, 핵의 변화를 겪었기 때문이다. 이것은 주로 '평가적(valuative)' 의미[12]와 함께 선

---

12) [역주] 이것은 특히 'a bunch of students'처럼 약간 경멸적인 어투에서 사용된다. 왜냐하면 'bunch'는 주로 무생물에 쓰이고, 사람에게는 'group'을 쓰기 때문이다.

호되었는데 특히 부정적인 운율과 함께 쓰였다(Brems(2011:182-183)).[13] Francis & Yuasa(2008)가 'much'나 'many'에 의해 대체할 수 없다고 보는 입장은 "역사적으로 이와 같이 더 오래된 양화사('much'나 'many')가 대체로 핵심 양상동사들과 비슷한 면모이다"라고 하는 역사적인 사실을 무시하는 것이라 볼 수 있다. 이것은 그들이 더 오래된 통사적 패턴을 반영한다는 점에서 그러하다. 그리고 이항적 구조에서의 양화사들은 생산적인데다가, 분포적으로 '우언적 전치사의 통사(periphrastic prepositional syntax)'에도 부합하는데, 이때 특히 우언적인 조동사들과 유사한 방식으로 이루어진다는 관점에서 봐도 그렇다. 이것은 또한 계량적(quantitative)인 표현들의 증거를 무시하는 것인데, 각각의 이항적 어휘들은 특별한 빈도 도표와 연관이 되어 있다. 이 도표에서는 범위가 0%인 양화적 예('bunches of')부터 100%인 것('a lot of', 'lots of')까지 표시되어 있다(Brems(2010,2011), 앞의 3.3.1에 있는 표3.1 참조). 더욱이 Francis & Yuasa는 불일치를 해결하고자 하는 증거에 대해 반대하고 있다. 그들은 바로 집합체(collective)들이 종종 단수와 복수의 둘의 일치를 다 갖고 있다고 하는 이유로 이렇게 거부한다. 그러나 이것은 문제가 있다. 왜냐하면 이항적 양화사들의 더 큰 집합은 'a bit of' 같은 구문들을 포함하고 있고, 이것은 어떤 집합적인 의미도 없으며 그래서 집합체의 개념으로부터 비롯된 주장은 효력이 없기 때문이다. 따라서 우리는 다음과 같이 결론한다. 만약 부분표현들이 양화사 의미를 발달시켰고, '일치'와 '전방조응사(anaphor) 패턴'에서 입증되듯이, '통사적 핵의 변화' 증거가 있다면, 또는 만약 양화사의 음운적인 감소가 있었다면, 문법적인 구문화는 발생했

---

13) 보다 많은 증거는 그것의 음운론적인 감소나 'buncha'로 표기하는 것 등으로 나타나고 있다(Urban Dictionary 참조).

다고 볼 수 있다.

변화는 바로 원래의 '부분표현 구문의 국부적 문맥'과 '더 넓은 양화사 도식의 문맥'에서 발생하는 것이다. (이렇게 볼 때, '양화사 도식'은 그 자체도 새로운 양화사가 추가됨으로써 변화하는 것이다.) 그리고 영어에서 '형태통사적인 것'으로부터 '우언법(periphrasis)'으로의 일반적인 변화도 역시 중요하다. 우리가 이미 봤듯이, OE시기에, 명사 수식어는 속격에서 출현하고 있다. 'of'는 대체로 ME시기에 발달했고, 부정관사의 발달도 그러하므로, OE시기 'hlot landes'와 동등한 것은 지금의 'a lot/parcel of land'이다. 이 변화는 또한 NP에 있는 자리(slot)의 '유형 – 확장'의 일부이며 이것은 다음 절에서 소개될 것이다.

5.3.3 차이difference 의미 형용사가 양화사 'several'로 발달하기 위한 문맥

여기서 우리는 또 다른 양화사 'several'의 발달을 토론할 것이다. 이번에는 수식성 형용사로부터 온 것이다. 이것의 발달은 양화사 도식을 더 풍부하게 만들었으나 우언적인 발달은 그다지 기대할 만하지 못하다. '양화사 구문 유형들(quantifier construction types)'이 증가하는 것은 "영어의 역사 동안 NP가 겪었던 보다 큰 변화 집합의 일부분"이라고 할 수 있다. 이러한 변화 중 하나는 바로 ME시기의 한정사(determiner, 즉 DET) 자리(slot)의 발달과 관련되어 있다. 그리고 이어서 이것은 또 'all' 같은 전치한정사(predeterminer)와 양화사 'a lot of'를 갖는 이른바 'DP'('all the rights', 'a lot of the girls')(Denison(2006) 참조)로 지칭되는 발전과도 연관되어 있다. 그리고 18세기 후반부터는 또 범위가 'quite'(예컨대, 'quite a rake', 'quite the gentleman')부터 '자유관계사(free relative)'(예컨대, 'what appeared to be a male vampire')에 이르는 그러한 선택의 점진적인 거대 집합까지도 연관이 되어 있다(이에 대해서는 Van de Velde(2011)의 'NP의 왼쪽 가장자리로의 확장'을 보시오). 두 번째 주요 변화의 집합은 EModE 시기에 발생한 것으로 '명사 선행(pre-nominal) 수식성 형용사(MODADJ) 구문'에서 나타난 각종 변화와 관련이 있다. 특히 NP 내에 있는 구문들의 다양한 조합적 가능성의 확장 유형이 있다(Adamson(2000), Breban(2010, 2011a,b) 참조). PDE에서 NP 내에 있는 범주들은 일반적으로 동의가 되어 있다(Payne & Huddleston(2002), Gonzálvez- Álvarez, Martínez-Insua, Pérez-Guerra, & Rama-Martínez(2011) 참조). 이들은 또 점차적으로 발생하였고, 공시적으로는 경사적이다(Denison(2006)). EModE시기의 MODADJ는 '하위수식어 자리(submodifier slot)'의 발달에 의해서 확장되었다. 이때 이 자리(slot)는 'pretty nasty quarrel(상당히 불쾌한 언쟁)'에서의 'pretty' 와 같은 "준 - 부사적인 강조 구문(semi-adverbial intensifying construction)" 을 위한 것이다. 그리고 여기서의 'pretty'는 명사가 아니라 바로 뒤에 따르는 형용사를 수식하고 있다. 'pure'와 'pretty'는 MODADJ도식의 하위수식어 자리(submodifier slot)에서 '준부사(quasi-adverb)'로 사용되게 되었는데, 여기서 이들은 형용사를 수식한다. 동일한 발달을 겪는 다른 형용사들에는 'lovely' (Adamson (2000))나 'well weird(완전히 기묘한)'에서의 강조어(intensifier)인 'well' (Stenström(2000), Macaulay(2004)), 그리고 'pure white sheets'에서의 'pure'(Vandewinkel & Davidse(2008)), 'pretty ugly'의 'pretty'가 있다. 이러한 집합 중 하나인 'very(불어의 'verrai(true)'에서 유래)'는 지금의 'pretty'같은 하위수식어(submodifier)가 되었고 나중에는 부사로 신분석되었다.

일부 다른 케이스들을 보면, '차이(difference)'나 '동일함(sameness)'을 가리키는 한정 형용사가 양화적인 후치한정사(postdeterminer)[14]로 사용되었고, 그 이후 DET(determiner)에서 양화사로 사용되었다. 여기에는 'several', 'sundry', 'various', 'different', 'distinct' 등이 있다(Breban (2008,2010,2011a)). 여기서 우리는 먼저 후치한정사로 쓰였다가 나중에 수량한정사(quantifying determiner, D-QUANT)로 쓰인 'several'을 살펴보도록 하자.

원래 'several'은 (20)과 같이 주로 'separate, distinct' 등의 한정적인 의미로 쓰였다.

(20) a. Of whech xiii   Defendauntz, iche persone by ye lawe
       of which thirteen defendants   each person by the law

   may   have a *several*   Plee and Answere.
   may   have a separate   plea and answer

   13명의 피고인 중, 각자 각각의 진술서를 제출하고 대답을 들을 수 있게 법에 의해 권리가 주어졌다. (1436 RParl [MED defendaunt(n.)])

 b. All men should marke their cattle with an open *severall*
    all men should mark their cattle with an open distinctive

    mark upon their flanckes.
    mark on their flanks

    모든 사람들은 그들의 소의 옆구리에 오픈된 변별적인 표시를 해야 한다. (1596 Spencer, State Irel. [OED several Adj, A I.i.d; Breban 2010:348])

---

14) [역주] '전치한정사'와 '후치한정사'란 것은 'both, all, half' 등처럼 다른 한정사 앞에 쓰이는 것을 전치한정사라 하고, 'one, two, other, many' 등처럼 다른 한정사 뒤에 출현하는 것을 후치한정사라고 한다. 'several'의 경우, 처음엔 후치한정사로서 'open several mark(20b)'처럼 사용되었으나 이후엔 이런 용법이 사라지고 양화사가 된 것이다.

한편, (21)에서와 같이 복수의 명사와 함께 쓰이는 그런 제한된 문맥에서 사용되는 것이 바로 신분석을 위한 '결정적인 문맥'이었다. 왜냐하면 분별적인 복수의 사람 또는 사물은 하나 이상의 것을 수반하기 때문이다.

(21) All the sommes of the said xth part··· be restored
     all the sums   of the said tenth part··· to-be restored

     and repayed to the *severall* payers therof.
     and repaid to the separate payers of-it

     열 번째로 언급된 부분의 모든 것은 반환시키고 개개의 지불자들에게 다시
     돌려주어야 한다. (1474 RParl.[MED paier(e)(n.)])

'several'은 (22)와 같이 초기에는 개체화되고(individuated), 분산된 (distributed) 복수성(plurality)을 나타내는 후치한정사로 사용되었다. 이것은 후치한정사의 자리(slot)로의 할당과 의미적 변화를 수반하는 구문화였다.

(22) The Psalmist very elegantly expresseth to us the *several* gradations
     by which men at last come to this horrid degree of impiety.

     다윗은 사람들이 마침내 이 끔찍한 불경스러움의 정도에 이르게 될 수 있는
     여러 단계를 매우 고상하게 우리에게 표현해주었다. (1671 Tillotson, Sermons
     [HC ceserm3a; Breban 2010:325])

변화에 대한 증거로는 '출현 빈도성(token frequency)의 증가'(이것은 항상 믿을만한 지표는 아니다), '분포적 변화'(단수의 NP 및 이후의 한정적인 복수 NP의 감소), 그리고 '전치수식성(premodifying) 배열에 있

는 기타 요소들과 관련된 위치의 변화' 등을 포함한다. 그래서 지금
은 단지 "several open marks"만이 가능하고, 16세기의 "an open several
mark(20b)"는 불가능하다.

　나중에 'several'이 (23)처럼 수량한정사(D-QUANT)로 쓰일 때 더 심
화된 구문화가 있게 된다. 이때 새로운 의미는 대략 'a few(분산되지 않
은)'이다. 그리고 형식적으로 새로운 분포가 발생하였다. 즉, 'thousands'
보다는 (23)과 같이 단수의 'thousand'와 함께 사용되고 있다(Breban
(2010:327)).

(23) We have provided accommodation now for *several* thousand of the
　　 most helplessly broken-down men in London.

　　 우리는 지금 런던에 있는 수천의 가장 도움이 필요하고 무너진 사람들을
　　 위해 숙박을 제공했다. (1890 Booth, Darkest England [CL 3; Breban 2010:326])

　'pure'와 마찬가지로, 'several'은 시작부터 다중기능적이었다. 그래
서 또 'pure'의 경우와 마찬가지로, 그 변화는 주로 '출현 빈도성에서
의 증가'에 의해 동일한 것으로 증명할 수 있으며, 그러한 증가를 통해
바로 '양에 대한 추론'이 전경화되었다는 것을 알 수 있다. 그러나 다
른 형용사들이 대부분 '강조적인 하위수식어'나 '후치한정사 양화사'
가 된 반면, (20)과 같이 한정적으로 사용되었던 'several'의 원래의
의미('distinct')는 (서술어의 용법처럼) 18세기 말쯤 소실되었다. 그러
고 나서 양화사의 용법이 20세기에 지배적인 것으로 되어 버렸다
(Breban(2010:324)). 그래서 지금은 단지 "several open marks"만이 가능
하고, "an open several mark(20b)"는 불가능하다.

　수량한정사(D-QUANT) 'several'의 최근의 예들은 (24)에서처럼

겹겹이의 형용사들(stacked adjectives)로 확인되고 있다. 이 가운데 (24b)에서는 특히 하위수식어인 'pretty'와 함께 사용되어 수식성 형용사(MODADJ)를 리드하는 DET에서 사용되고 있다.

(24) a. probably the most visible one of *several unending distinct financial supervision services* there are actually is the credit-based card.

아마도 일부 영원하고 확실한 금융 감독 서비스 중 가장 가시적인 것은 사실상 신용 기반 카드이다.

(Network Technology, Nov.30th 2010, http://www.ntkmart.com/net-work-technology/ the-best-thing-to-realize-to-get-a-credit- card; accessed May 31st 2011)

b. I picked up a cheap hard drive camera a month or so ago and have done *several pretty ugly grilling related videos* for my Vimeo channel.

나는 한 달 전쯤에 저렴한 하드 드라이브 카메라를 하나 골랐고 나의 Vimeo 채널을 위해 몇 가지 매우 조잡한 석쇠구이 관련 비디오를 제작했다. (http://vimeo.com/928412, accessed May 31st 2011)

(24)처럼 N앞에 요소들이 겹쳐져 있는 것은 NP의 치밀화(densifica-tion)로 알려져 있다(Leech, Mair, Hundt, & Smith(2009), 제10장). 이러한 변화는 DP의 발전과 MODADJ의 강조성 준부사 하위수식어의 발전보다도 훨씬 더 최근의 변화라 할 수 있다. 그러나 이것은 수천 년 동안 진행되어 온 NP의 체계적인 확장과 관련된 것으로 볼 수 있다.

5.3.4 미래의미의 'be going to'의 발달을 위한 문맥

'be going to'의 발달과 관련한 여러 가지 내용은 이미 3장에서 소개한 바 있다. 여기서 우리는 '이동'에서 '미래'로의 변화를 위한 문맥의 문제를 생각해 볼 것이다. 그리고 그 근원과 관련하여, "그것은 '목적적 이동 구문(purposive motion construction)' 또는 'go'가 그 네트워크에 있는 구문들 집합과 함께 결합한 것인가?"라고 하는 문제에 대해 고려 해 볼 수 있다. 일반적으로 인정되고 있는 생각은 "'be going to'가 'go' 의 용법이 '목적을 가진 이동(motion-with-a-purpose)'으로부터 '즉각적 (immediate)'이거나 '계획적(scheduled)'인 미래표지로 변화함으로써 생 겨난 것으로 보는 것이다. 그런데 최근에 Garrett(2012:66-70)은 이 두 가 지 가정에 대해 도전을 하였다. 그에 따르면, 이것은 'go'의 확장된 용법으 로부터 나온 것이며, 이것에 대해 "어떤 행위를 위해 착수하거나 준비하고자 하 는" 이른바 '개시상(inceptive)'으로 부를 수 있다고 한다(이것은 'OED go 34a' 에 근거한 것으로, 여기에는 "to turn to, betake oneself to, proceed to"라 고 되어 있다).[15] 'be going to'는 이것이 처음 시제적 용법으로 사용됐 을 때, 상대적('be about to')이긴 하나 직시적(deictic)이지 않은 시제 ('will')를 나타내게 되었는데, 이것이 17세기의 우언적인 표현인 'about to'와 'ready to'를 설명하고 있다는 점에서 매우 흥미롭다(아래에서 볼 것임). 그러나 'go' 뒤에 동사가 아닌 명사가 올 때, 'go'의 의미가 'turn/prepare to'라는 확장된 의미라고 제안하는 것은 문제가 있다. Garrett(p.67)은 명사는 '-ing'가 붙는 동명사가 될 수 없다고 지적하면서

---

15) Núñez-Pertejo(1999)는 초기에 'be going to'를 시제적(temporal)인 것이며 원래 'be prepared to'를 의미한 것이라 제안했다. 그녀는 또 'purpose to, be about to, be about V-ing, be upon V-ing, be on the point of' 등의 구문들이 'be going to'를 위한 '길 포장인부(way-paver)' 역할을 했을 것이라 본다(p.137). 한편, Eckardt(2006:102) 는 이동 표현이 'being in preparation of, about to do X'의 의미로 신분석된 것으로 가정하기도 한다.

"goe to writing or reading"(이것은 1577년 이후의 텍스트임)을 예로 들었는데, 사실 그런 경우에서 명사는 동사적 성질을 갖고 있는 것이다. 아래의 토론에서, 우리는 'be going to'가 최초로 상대적이고 비-직시적인 미래 즉, 'later'의 의미(이것은 'about to'와 일치함)를 나타내는 것으로 등장했으나 이것이 이동의 'go'로부터 나왔음을 보여주는 최초의 예들을 제시할 것이다. 다른 말로 말해서, 우리는 지금까지 기존에 제기되어왔던 것(심지어 이 책의 첫 번째 저자인 Traugott(2012a,b)도 여기에 포함됨)과는 다르게, 문법적 구문화의 특별한 케이스에 대해 다소 다른 분석을 제시하고자 한다.(Traugott(2015)도 여기서의 견해와 유사한 분석을 제시하였다.)

5.2.1에서 우리는 중의성이 문법적 신분석을 위해 종종 필요하다고 지적하였다. 'be going to'의 경우, Diewald의 '비전형적(untypical)', '결정적(critical)' 문맥의 개념에 해당하는 텍스트 데이터에서, 130년이란 기간에 걸쳐 용례가 발견될 수 있다. 이 문맥에는 '화용적인 중의성(즉, 'untypical')' 뿐 아니라 '형태통사적인 전문화(specialization)(즉, 'critical')'가 포함되어 있다. 15세기말의 데이터에서 잠재적으로 중의적인 표현이 두 개가 나타나고 있다. (25a)의 첫 번째 예는 아랍어를 번역한 것으로, 이것은 약간 의심이 간다. 그러나 두 번째 (25b)는 많이 언급되는 것으로 위의 것보다 단지 5년 뒤에 출현한, 계시와 관련된 영국 수사(monk)들 기록의 예이다. 이를 통해 '형태통사적인 전문화'가 발생하고 있었다고 주장할 수 있다.

(25) a. ther   passed   a theef   byfore   alexandre   that   **was   goying**
there   passed   a thief   before   Alexander   who   was   going

to be hanged   whiche   saide…
to be hanged   who   said
Alexander 앞으로 도둑이 하나 지나갔는데, 그는 교수형을 당하기 위해

가고 있었다. (1477 Mubashshir ibn Fatik, Abu al-Wafa', 11th C; Dictes or sayengis of the philosophhres [LION: EEBO; Traugott 2012a])

b. while this onhappy sowle by the vyctoryse pompys of
   while this unhappy soul   by the victorious pomps   of

   her enmye *was goyng to* be broughte into helle for the
   her enemies was goying to be brought into hell for the

   synne and onleful   lustus of her body
   sin   and unlawful lusts   of her body

   이 불행한 영혼은 지옥으로 끌려가고 있었는데, 죄와 그녀 몸의 불법적인 욕망에 대한 그녀 적의 승리의 화려한 과시에 의해 끌려가고 있었다.(1482 Monk of Evesham, Revelation 43 [OED go 47b; Arber 1869: 43; Danchev and Kytö 1994:61])

(25)에 있는 예들은 대부분의 독자와 청자들에 의해 '목적을 갖는 이동을 수반하는 것'으로 유도되고 이해될 것 같다. 왜냐하면 이 둘은 모두 공간 속에서의 이동을 나타내는 것으로, 'passed byfore(25a)'와 'brought into helle(25b)' 두 절에서 각각 나타나고 있기 때문이다. 21세기의 독자들에게 있어서, 영혼이 물리적으로 거리를 통과한다는 생각이 기묘하게 보일 수 있겠으나, 중세시대에 이것은 그렇지 않았다. 정말로 옛날의 수사들의 기록에는 영혼이 악의 무리에 의해 인도되어 테니스 공처럼 패스될 수 있다는 환상을 갖고 있었다.

(26) loe after that noyse and creye folowde a cursyd
     lo! after that noise and cry   followed a cursed

     companye of wyckyd spyrytys and a mighty ledyng
     company   of wicked   spirits   and a mighty leading

with	hem	anone	as	they	hopyde	to helle	a soule
with	them	immediately	as	they	hoped	to hell	a soul

of	a	woman	late	departyd	fro	her	body···	Tho
of	a	woman	recently	departed	from	her	body···	those

wekyd	spyryteys···	castyd	that	soule	amonge	hem
wicked	spirits···	casted	that	soul	among	themselves

as	a	tenyse	balle.
like	a	tennis	ball

Lo! 그 소음과 울음 뒤로 그들을 지옥으로 이끄는 저주받고 큰 사악한 영혼의 무리가 따라왔을 때, 한 여자의 정신은 최근에 그녀의 몸으로부터 분리되었고··· 그 사악한 영혼은 ··· 마치 테니스공처럼 그 영혼을 그들 사이로 패스했다. (1485 Monk of Evesham, Revelation [Arber 1869:42])

그러나 'be going to'의 이후의 역사에서 알 수 있듯이, 적어도 일부 독자들이 (25a)와 (25b)에 있는 'was goyng to'를 이동과 관련된 것 보다는 "이후 사건(즉, 목적에 수반되는 것)과 관련된 의도를 갖고 행동하는 것"으로 해석하였다. 수동태는 행위자성(agency)을 강등시키기 때문에, (25a)에서는 '도둑'에 의한 행위가 강등되고 있고, (25b)에서는 영혼에 의한 행위가 강등되고 있다. 만약 그렇다면 (25a,b)는 비전형적(untypical) 가교적 함축을 보여주는 실례이며, 우리는 다음과 같이 결론을 내릴 수 있다. "일부 화자와 청자에게 있어서, 목적을 갖는 이동과 미래 사이의 화용적인 중의성을 활성화시키는 문맥적 조절이 있었다." 그들에게 있어서 이후에 있을 화용이 전경화되었던 것이다.

(25)에 있는 두 예는 일반적이지 않지만 'go'를 위한 '결정적인', 형태통사적인 문맥을 예시하고 있는 것이다. 이러한 중의적인 함축을 허락한 것이 사실 바로 이렇게 결합된 결정적인 문맥이다. **결정적인 문맥 중 하나**

는 바로 우리가 '예비 – 진행상(preprogressive)'이라고 부르는 'be -ing'이다(왜냐하면 ME시기에 'be -ing'는 1700년경까지 드물었고 또 동사 시스템에서 아직 문법화된 상적인 지표가 아니었기 때문이다. (Rissanen (1999:216))). 그러나 'be'가 없는 형식(그러므로 이는 아마도 결정적인 문맥은 아닌 것 같다)이 부가절(adjunct clause)에서 매우 자주 보이고 있다.

(27) Vor ij days *goyng* to Cogysbyry *to* gete tymbyr vor
for two days going to Cogsbury to get timber for

the cherche
the church

이틀 동안 교회를 짓기 위한 목재를 얻기 위해 Cogsbury에 간다. (1447-8 Acc.Yatton in Som.RS 4[MED])

또 다른 결정적인 문맥은 '목적 구문(purposive construction)'에서 사용되는 것이다. 이것이 만약 출현한다면, 방향을 나타내는 PP는 대개 (27)과 같이 'going'과 목적의 'to' 사이에 끼이게 된다. 이것은 곧 (25)와 같이 바로 뒤에 동사가 따르는 목적의 'be going to'가 매우 독특하다는 것을 의미한다. 세 번째 결정적인 문맥은 목적절에서 나오는 수동태이다. 역시 (25)와 같다.[16] 그런데 드물다는 것 외에도, 'be going to V'의 예는 이동이 합리적으로 읽힐 수 있는 문맥 뿐 아니라 실제로 종종 '이동'이나 '위치'에 관한 언급으로 점화(priming)되는 문맥에서 등장한다. 그리고 이러한 것이 '상대적인 미래(relative future)'보다도 훨씬 더 현저하게 해석될 수 있다. 예컨대, 다음과 같다.

---

16) 그러나 Peter Petré(p.c.)는 여기서 제시된 것만큼 수동태가 중요한 건지, 아니면 진행형이 드문 건지 의문을 제시한다.

(28) Than this sir Garses went to delyuer them and as he wente sir Olyuer Clesquyn mette him & demaunded wheder he went and fro whens he came. I come fro my lorde the duke of Aniou and *am goynge to* delyuer the hostages.

그때 이 Garses 경은 일질들을 넘겨주러 갔고, 그가 갔을 때, Oliver Cesquyn 경은 그를 만났다. 그리고 그가 어디로 가고, 어디서 왔는지 물었다. "나는 나의 주군인 Anjou 백작으로부터 왔고, 그 인질들을 넘겨주기 위해 가고 있소." (1525 Froissart, 3rd and 4th Book of Cronycles of Englande [LION: EEBO; Traugott 2012a])

따라서 우리는 다음과 같이 제의한다. "어떤 경우에, 주변의 담화공간에서 종종 의미적으로 관련된 개념이 출현하는데, '문맥의 효과'는 바로 이 관련된 개념으로부터 이루어지는 '활성화의 확산(spreading activation)'으로 가장 잘 이해할 수 있는 것이다. 즉, 담화 참여자들은 일반적으로 시간적인 지시물에 초점을 맞추는 것 뿐 아니라(즉, 'sir Garses went', 'he wente'), 시간상의 한 지점과 다른 것 사이의 대비에도 초점을 맞추면서 점화(prime)되고 있다. 이것은 바로 'wheder he went(이것은 이후의 시간적 지시물을 함축함)'와 'fro whens he came(이것은 과거의 시간적 지시물을 함축함)'에 의해 구성된다. 이것은 그리고 'am goynge to(이후 시간에 대한 지시)'와 'I come fro(과거 지시물)'에 의해 평행하게 나타나고 있다(설사 역으로 한다 해도)." 여기서 언급된 예들을 통해, 우리는 '직전의 담화라고 하는 더 큰 문맥'이 어떤 생산물을 이해하는데, 그리고 변화를 위한 문맥에 대해 생각하는데 결정적임을 알 수 있다. 오직 "I … am goynge to delyuer the hostages"만이 언급되었다면, (28)은 '상대적인 미래(relative future)'의 예로만 볼 수 있는 가능성이 있다. 반면, 만약 직전의 문맥이 포함된다면, 이것은 이런 식으로 이해되지 않을 것이다(비록 후행 시간이라는 시간적 화용이 '목적' 때문에 기본적으로 제시되기는 하지만). 이 예들에 따르면, 비록 후행 시간에 대한 추론이 무효화 (override)되고, (28)에서와 같은 더 넓은 이동 문맥에 의해 배경화될 수 있긴 하지만, 그래도 '후행 시간에 대한 추론'은 대부분의 경우에서 '전경화'되었으며, 다른 말로 하면 잠재적으로 더 쉽게 접근할 수 있게 되었음을 알 수 있다.

'be going to'의 '상대적인 미래', 그리고 나중의, '직시적 미래(deictic future)'라고 하는 사건적인 구문 신분에 대해서는 이견이 없지만, 그것의 근원이 'be going to' 라고 하는 그 자체 한 구문인지에 대한 의문이 떠오르는데, 문법화 논문의 거의 모든 도처의 참고문헌에서 암시하듯이 바로 '목적을 가진 이동(motion-with-a-purpose)'이란 그 구문 하나인지가 의문이다. Bybee는 단일한 어휘항목보다 더 큰 연결체(string), 그리고 문맥이란 관점으로 문법화에 대해 생각을 하고 있기 때문에, 그는 다음과 같이 말했다.

> "문법화에서, 새로운 구문은 기존 구문들에서 생겨날 뿐 아니라, 더 심화적으로 이 구문 내에 있는 어휘항목이 문법적인 신분을 띠게 된다."
> (Bybee(2010:30))

Bybee(2006:720)는 '목적을 가진 이동(motion-with-a-purpose)' 구문의 인지적 표현을 언급한 바 있다. 그런데 조동사의 근원에 대한 이러한 해석은 우리가 여기서 지지하고 있는 문법적 구문화의 관점에서 보면 다소 문제가 있다. 우리는 새로운 의미의 발달을 가능하게 하는 '결정적인 사용의 측면'을 찾아내주는 설명이 필요하며, 이러한 새로운 의미가 '목적을 가진 이동'의 구문에서 기원하지는 않는다고 주장한다. 이보다 이것은 미세－구문인 'go'(즉, 어휘적인 미세－구문)의 사용에서 기인했다. 이 미세－

구문이 아래와 같은 특별한 구문 집합을 통합하였다:

i) PURPOSE_{ITR} : 자동사를 갖는 목적의 생략형
ii) 'be -ing' : 예비 – 진행형(pre-progressive)
iii) PASSIVE : 수동태(선택적임)

이와 같은 구문 무리 중에서, PURPOSE_{ITR}는 '이후 시간(상대적인 미래)에서의 행동의 의도'를 유발한다. 'be -ing'는 '진행 중인 행위'를 나타내고, PASSIVE는 '이동의 행위자를 강등'시킨다. 이러한 구문들 무리의 문맥에서 'go'를 반복적으로 사용하게 되면, 의미론적인 확장이 이루어진다. 즉, '이후 시간에 있을 행위에 대한 의도'라고 하는 화용론적인 의미와 '이동이 있을 것 같지도 않고, 필요 없을 것 같은 동사 앞에서의 사용'을 부호화(coding)하게 된다(즉, 숙주 부류(host-class) 확장이다).

(29)의 예는 바로 'be going to'가 이동 동사 보다는 시간적인 의미로 사용되는 것으로 확인된 가장 초기의 예이다. (29a)에서 'he'는 그의 스타킹 대님을 가지고 올가미를 만들기 위해 어딘가로 갈 것 같지는 않다. 그는 단지 그것을 구부리려고 할 것이다. 그리고 (29b)에서 '학생'이 '꾸지람 듣기' 위해 멀리 가려고 하는 것 같지는 않다(비록 이것을 완전히 배제할 수는 없지만).

(29) a. So, for want of a Cord, hee tooke his owne garters off; and as he *was going to* make a nooze ('noose'), I watch'd my time and ranne away.

그래서 끈이 필요했기에, 그는 그의 스타킹 대님을 풀었다. 그리고 그가 올가미를 만들려고 할 때, 나는 시간을 보고 도망쳤다. (1611 Tourneur, The Atheist's Tragedie [LION; Garrett 2012:69])

b. He is fumbling with his purse-strings, as a school-boy with his points when he *is going to* be whipped, till the master weary with long stay forgives him.

스승이 오랜 기다림으로 지쳐서 그를 포기할 때까지, 그가 점수를 가진 학생으로서 곧 꾸지람을 당하려고 할 때, 그는 그의 돈주머니 끈을 가지고 중얼 거리고 있다. (1628 Earle, Microcosmography§19[cited by Mossé 1938:16; Garrett 2012:69])

문법학자 Poole는 일찍이 1646년에, 'be going to'가 시간적(temporal) 의미로 관습화되었고 17세기 초에 이미 그렇게 인식되었다라고 여러 차례 주장하고 있다.

(30) About to, or going to, is the signe of the Participle of the future ⋯ : as, my father when he was about [to] die, gave me this counsell. I am [about] or going [to] read.

'about to'나 'going to'는 미래 분사의 기호이다⋯ 이는 마치 "나의 아버지는 그가 막 죽으려고 할 때, 나에게 이런 조언을 해주셨다." "나는 곧 읽으려고 한다."와 같다. (1646 Poole, Accidence 26 [Danchev and Kytö 1994: 67; brackets original])

이보다 약간 이른 증거는 성경 구절에 대한 주석에서 볼 수 있다.

"And Jakob said, Sell me this day thy first birthright. And Esau said, Loe I **am going to** dye; and wherefore serveth this first-birthright unto me?"

그리고 Jakob이 말했다. "나에게 당신의 장자의 명분을 파시오." 그러자 Esau가 말했다. "나는 곧 죽을 건데, 이 장자의 명분이 나에게 무슨 이익이 되겠소?"

이것에 대한 주석은 아래와 같다.

(31) going to die] that is, ready or in danger to die: which may be meant, both in respect of his present hunger, which could not(as he profanely thought) be satisfied with the title of his birthright: and of his daily danger to be killed by the wild beasts, in the field where he hunted.

'going to die' 이것은 죽을 준비나 위험이 있다는 것이다. 이것은 두 가지이다. 먼저 그의 현재의 굶주림은 그의 타고난 명분에 비해 만족스럽지 못할 것 같다. 그리고 야수에 의해 그가 사냥했던 필드에서 죽을 수 있다는 매일 매일의 위험이 또 하나이다. (1639 Ainsworth Annotations upon the five books of Moses, the book of the Psalmes and the song of songs. http://books.google.com/books?id=ki1BAAAAcAAJ; brackets original; accessed June 6th 2011)[17]

Ainsworth의 주석은 아마도 신학적이긴 하나 언어학적인 것은 아니다. 그러나 이 주석을 통해, 그가 그의 텍스트에서 'be going to'의 시간적인 의미에 대해 생각하고 있음을 알 수 있고, 또 Poole이 아닌 또 다른 사람이 이 새로운 용법을 알고 있었음을 보여준다. 그리고 또한 그 시기에 이것은 직시적 미래보다는 상대적인 미래를 나타내는 것임을 확인해주고 있다.

상대적인 미래보다 직시적인 미래로의 변화는 3.3.2에서 토론했던 완전한 조동사 신분으로 변화하는 문맥에서 발생했다. 이러한 변화는 (32)처럼, 'be going to'가 'be'나 다른 상태동사 및 인상(raising) 구문과 함께 사용되는 것과 관련이 깊다. (32a)는 3장의 (20b)로 편의를 위해 여기서 다시 인용한다.

----

17) 이 참고자료와 관련하여 Richard Futrell에게 감사의 말을 전한다.

(32) a. I am afraid there *is going to* be such a calm among us, that···

나는 우리들 사이에서 곧 그러한 고요함이 있을 것 같아 걱정되었다.

(1725 Odingsells, The Bath Unmask'd [LION: English Prose Drama])

b. Burnham. I should be glad to know what Freedom there was be-
tween us.

Bowers. There *was going to* be a pretty deal of Freedom, but I lost
it in the mean Time.

Burnham: 나는 우리 사이에 무슨 자유가 있는지 알면 기쁠 것이다.

Bowers: 아주 많은 자유가 있게 될 것이다. 그러나 나는 당분간 그것을
잃었다. (1741 Trial of Esther Burnham and Godfrey Nodder, t17411204-5 [OBP])

초기 시대에 'say, give make, tell, marry' 등의 종결상(telic) 동사들과
공기하는 것으로부터 19세기 'be, have, do' 등의 고빈도의 동사들에까
지 확장되는 것은 Hipert(2008)에 의해 토론되고 있다. 이러한 확장을
통해, 18세기 동안 시간 의미의 'be going to'가 점점 더 그것을 가능하
게 했던 다중의 근원들과 더 이상 네트워킹 되지 않게 변화했다는 것을
알 수 있다.

이러한 변화에 대한 '간접적인 문맥'은 분명 '기존 조동사 도식'이었으며, 이
들은 이미 몇 개의 멤버를 갖고 있었다. 이들은 두 개의 주요 하위도식
으로 조직되었는데, 여기에는 먼저, 단일형태소 형식으로 된 출현 빈도
성이 높은 '핵심'조동사가 있고('will', 'shall', 'must' 등), 또 우언적 집합
('be to', 'have to', 'ought to')이 있다. 'be going to'의 '형식'이 부분적으
로 우언적 조동사들과 어울리는 것처럼 보이기는 하지만, 그 '의미'는
그렇지가 않다. 우언적 조동사들은 대개 '미래'(상대적이든 직시적이든)
보다는 '미래 의무'나 '가능성'과 관련이 더 많다. 그래서 초기에 'be
going to'는 그러한 집합에 단지 간접적으로 어울리고 있었다.

비록 핵심 집합보다도 덜 자주 사용되긴 했지만, 우언적인 집합들은 그럼에도 불구하고, 점차 영어의 '분석적 통사(analytic syntax)'와 잘 조화가 되었고, 또 유추적 사고에 의해 활성화되어 기본값(default) 조동사 형식이 되었다. 화자들은 17세기 초에 'be going to'를 상대적인 미래로 사용하기 시작하면서, 그들은 아마도 이것을 이러한 우언적 하위도식에 연결 지은 것 같다. 다만 그 시기 그리고 18세기 초 내내, '직시적 미래'라는 의미 체계는 'will'과 'shall'같은 핵심 조동사들에서 발견되었다(Nesselhauf (2012) 참조, 이 사람은 직시적 미래 대신 '예측(prediction)'이란 용어를 사용함). 시간이 지나, 숙주 부류(host-class) 확장과 각종 유형의 통사적 확장이 17세기에 출현하면서, 'be going to'의 의미는 핵심 양상동사들의 것과 연결되게 되었는데, 이것이 바로 의미적 구문변화이다.

여기서 제시된 주장은 Fisher(2007,2010)가 주장한 대로, '유추적 사고'가 'be going to'의 미래 의미 발달에서 아마도 관련이 되었다고 볼 수도 있다. 그러나 우리의 분석은 그녀의 것과 매우 다르다. 즉, "공유된 의미가 그것의 발달에 결정적인 것으로 생각되며, '유추화'가 아닌, 단지 '유추적 사고'가 그럴듯한 가능성 요소로 생각되고 있다." 더욱이, 우언적인 것 뿐 아니라 핵심 양상동사들도 그 변화와 관련된 문맥이었던 것으로 보인다. Fisher는 'be going to'를 조동사 범주로 수용하는 것이 순간적인 것이며, 우언적 조동사들의 형식에 대한 유추에 기반하고 있다고 주장하고 있다. 그런데 여기서 보여준 데이터에 따르면, 초기에 조동사 안으로 들어갈 때는 주변적인 것이었다. 즉, 처음에 그것은 분명히 다중의 상속적 구문들에서 사용되고 있던 'go'와 불일치되는 '상대적 미래'였다. 이것이 바로 '점진성'의 특징이다. De Smet(2012:604)는 "about ten people left"에서, 근사어(approximative) 'about'이 무생물에서 생물 보어(complement)로 유사한 확장을 하는 것을 지적한 적이 있다. 그러면서 이러한 생물적 자질을 그 구문에서 기인한 것으로 보았다. 그리하여 그는 "about은 얼마간 그것의 잠재성을 완전히 실현시키는데 실패했고, 그보다는 '유사성'에 기반을 둔 다소 '피상적인 일반화'에 의해 제약을 받은 것으로 보인다."라고 말했다. 마찬가지로 우리는 'be going to'에 대해서 역시 화자가 한동안 그것을 완전한 조동사로 다루는데 실패했고, 그것을 단지 구문의 주변적 멤버로만 사용한 것이라고 말할 수 있다.

위에서 제기한 주장은 '이동'과 '미래'의 'be going to' 사이에 다의성이 있다고 하는 전통적인 가정을 함축하고 있다. 우리가 5.2.1에서도 언급했지만, '동근어'는 초기 구문과 후기 구문 간에 공유된 의미를 위한 가장 적당한 개념이라고 볼 수 있다. 그러나 이 경우에서 우리는 보다 이른 '목적을 갖는 이동(motion-with-a-purpose)'이라는 구문이 없기 때문에, 이 경우에는 동근어가 없다고 주장했다. 그러나 만약 언어 사용자들이 글을 읽고 쓸 줄 안다면, 언어 사용자들은 형식에 기반한 생산물들 사이의 일부 연결을 가정하였다고 주장하는 것이 이치에 맞을 것이다. 그러나 미래 의미 'be going to'의 이후 역사가, 잘 알려져 있듯이, 보통 'be gonna'로 표현되는 구어에서의 용법처럼 음운적인 감소를 수반하기 때문에, 어떤 닮음에 대한 접근은 시간이 지나면서 더 약해지는 것이 확실하다. 20세기 초 OED에서 등장하는 첫 번째 예는 다음과 같다(Mair(2004)).

(33) Yo're gonna get a good lickin'.
　　당신은 호되게 얻어맞게 될 것이다. (1913 C.E. Mulford Coming of Cassidy ix. 149 [OED gonna])

Berglund(2005)가 보여주듯이, 'gonna'는 지금 동시기 구어 영어에서 발견되는 주요한 변이형이다.

비록 동시기 영어 화자들은 'be going to V'가 "목적을 가진 이동을 나타내는 생산물"에서 사용될 수 있다는 것을 알지만, "어느 정도까지 그것이 실제로 그런 식으로 사용되는가"라는 문제는 지금까지 많은 논문에서 제대로 토론되어오지 못했다. Traugott(2012b)은 다음과 같이 지적했다. "특히 시간성으로의 의미적 변화가 발생하기 이전 뿐 아니라 이후에도 이동을 비중의적으로 의미하고 있는 생산물들을 'Old Bailey Proceedings(1674-1723)'란 자료의 첫 50년의 예에서는 찾기가 어렵다." 이것은 완전한 미래 의미가 될 때까지 계속된 것으로 보인다. 간단히 Google Books를 체크해보면 (34)와 같은 예가 나타난다.

(34) We *are going to accept* your kind invitation to visit your city; we *are going to visit* the historic battle-fields that surround the city of Richmond; *we are going there* not out of curiosity, but we *are going to drop* a tear in memory …

우리는 당신의 도시를 방문하라고 하는 당신의 친절한 초대를 <u>받아드리고 자</u> 합니다. 우리는 Richmond 주위의 역사적인 전쟁터를 <u>방문하러 갈(방문하려고 할)</u> 것입니다. 우리는 <u>호기심으로 거기를 가는</u> 것이 아니라 기념의 눈물을 <u>흘리려고</u> 합니다. … (1904 The National Engineer, Vol 8:11; accessed April 12th 2012)

여기서 'accept', 'drop a tear'의 연어는 '미래'로 읽는 것을 요구하나, 'visit'은 (요구하는 것은 아니고) '이동'으로 읽는 것을 허락하고 있다. 이 가운데 단지 'are going there'만이 비중의적으로 '이동'으로 읽는 것을 요구하고 있다.

종합하자면, 우리는 미래 의미 'be going to'의 발달을 위한 주요 문맥은

"구문들 무리로부터 상속된 생산물들에서의 사용"이라고 주장한다. 그 외 다른 문맥으로는 기존 조동사들이 해당되고, 또 조동사들 특히 양상동사들의 체계적인 확장도 또 다른 문맥이 될 수 있다(양상동사들의 출현과 관련하여 Krug(2000) 참조). 한편, 3.3.1에서 언급했듯이, 이 문맥은 'be fixing to' (대체로 남부 아메리칸 영어에서 사용되는 것이며 아마도 'be going to'에서 유추된 것으로 보인다), 'got to', 'want to' 등의 새로운 조동사, 심지어 비 – 동사적인 '(had) better' 같은 것이 채용될 수 있도록 끊임없이 지속되고 있다.

5.3.5 스노클론 'not the ADJest N₁ in the N₂'의 발달을 위한 문맥으로서의 자리slot

준접사적 하위도식의 경우, 이후에 새로운 단어형성법을 허가하게 되는데, 이러한 준접사적 하위도식의 점진적인 구문화를 위한 내부적인 조건들은 충분했던 것으로 나타난다. 더욱이, 어휘적 도식의 구문화가 발생한 이후에, 새로운 미세 – 구문들의 생성 과정에서, '의미적 집단화 (semantic clustering)'(즉, 어휘적 집합(lexical set))에 대한 일부 증거가 존재하고 있다. 이러한 집단화(clustering)는 또한 스노클론들에 의해 허가되는 미세 – 구문들에서도 관찰할 수 있다. 여기서 "문맥은 유추적 사고를 가능하게 하는 관련된 교점들을 포함한다(5.1참조)"고 하는 개념이 매우 중요하다. 이러한 점에서 4.7에서 논의된 스노클론에 대해 여기서 [[not the ADJest N₁ in the N₂] ↔ ['not very clever']]라고 공식화할 수 있는데, 이는 특히 형용사에 중점을 두는 형식이다. COCA로부터 나온 이러한 스노클론의 예들은 다음과 같다.

(35) a. Junior's *not the sharpest knife in the drawer.*

후배는 머리가 둔하다. (1999 Karon, A New Song [COCA])

b. she's as nutty as a fruitcake, a stuck-up mean girl, and *not the brightest bulb in the pack.*

그녀는 미치광이처럼 이상하고, 건방지고 떨어지는 여자아이이며, 아둔하다. (2011 Connors, Kelly's Reality Check [COCA])

c. Poor Bill Frisk was *not the quickest bunny in the warren.*

멍청한 Bill Frisk는 아둔했다. (2009 Lehner, Southwest Review 94 [COCA])

이 경우들에서, 도식 전체에 걸친 의미는 주어 NP의 지시대상의 '지능'과 관련된 것이다. 먼저 여기서의 형용사는 다의적이다. 여기서 한 의미(즉, 은유적인 의미)는 지능과 관련이 있으나, 이 표현의 나머지 부분의 의미적 결속력은 선택적(비-은유적) 의미에 달려 있다. 비-은유적인 의미는 그것이 수식하는 명사의 현저한 특성이다(예컨대, 위의 '칼'은 날카로운 날을 갖고 있고, '토끼'는 움직임이 민첩하다, 등등). 이러한 측면은 바로 그 도식의 N_1 자리(slot)를 채우고 있는 명사의 '부호화된 의미(coded meaning 즉, semantics)'의 일부이다. 이러한 언어적인 의미론적 의미 이외에도, 보통은 문맥적 배경의 일부가 되는 '백과사전적 의미(encyclopedic meaning)'가 존재한다(Terkourafi(2009)와 위의 5.2.1 참조). 여기서 'not the ADJest' 뒤에 나오는 PP속 명사는 대개 수식받는 명사의 지시물(referent)을 위한 용기(container)가 된다(즉, '칼'은 대개 서랍(drawer)에서 발견되고, '전구'는 갑(pack) 안에 있다). 그러나 전형적인 용기가 그 도식의 N_2 자리(slot)를 채우는 명사 의미의 중심적 부분이라고 할 수는 없다. 즉, 칼들이 서랍 안에 들어있어야 하는 것이 칼의 의미체계(semantics)의 일부인 것은 아니며, 역시 전구가 갑 안에 들어있어야 하는 것도 아니다. 대부분의 스노클론의 경우와 마찬가지로, 이러한 의미의 일부는 백과사전적이고 문화적으로 다양하다. 그래서 화자는 그 스노클론을 이해하려면 백과사전적 지식을 이용해야 한다. 이 스노클론을 위한 도식은 형용사의 한 의미가 관습적으로 '지능'과 연관이 되어 있는 그런 표현들을 완전하게 허가(sanction)하게 된다. 그러나 남은 언어적 문맥은 그 형용사와 관련된 보다 문자적인 의미에 의존하거나, 명사 N_1과 해당 용기의 관련성이라고 하는 백과사전적 지식에도 의존을 한다.

하나의 스노클론과 연관된 문맥적 의미들은 만약 그 표현이 문자적이 아닌 하나의 스노클론으로 접근이 된다면, 활성화되는 것이다. 그러나 '부분적인 허가(partial sanction)' 역시 입증되고 있다. 예컨대, 'sweet'는 문자적으로 '미각'이란 직관에 연관되어 있으나 '지능'보다는 오히려 '성격상의 유쾌함'이란 것과 은유적으로 연관이 되어 있다. 여기서 '지능'이란 의미는 바로 [not the ADJset N_1 in the N_2]라고 하는 형식의 스노클론을 위한 기본값(default)이 된다. 이것은 (36)과 같은 표현들을 동기화할 수 있다.

(36) He's **not the sweetest candy in the box**, but I would be real reluctant to accuse him of this level of lying about Paul's stance.

그는 성격이 유쾌하지가 않다. 그러나 나는 정말로 그가 Paul의 입장에 대해 거짓말을 하고 있다고 비난하고 싶지 않다. (http://www.westernjournalism.com /ron-paul-denies-accusation-he-thinks-bush-responsible-for-911/; accessed Nov.29th 2012)

마찬가지로 'hot' 역시 은유적으로 성적인 매력과 관련이 있고 그 의미는 (37)과 같은 표현들을 동기화할 수 있다.

(37) Also, during the story, Steven develops a crush on Renee Albert, who

is not the hottest girl in eighth grade. The odds of that happening are extremely unlikely. Let's just say he is *not the hottest marshmallow in the fire.*

또한 그 이야기 동안 Steven은 Renee Albert를 짝사랑하고 있는데, 그녀는 8학년 학생 중 가장 인기가 없다. 아마도 그 사건의 가능성은 매우 낮다. 단지 그가 성적인 매력이 없다고 얘기하자.

(http://booknool.marbleheadcharter.org/2011/11/10/drums-girls-and-dangerous-pie/; accessed Nov.29th 2012)

그러한 확장의 관습화 정도는 이후에 결정해야 할 것이다. 그러나 동시대 일부 영어 사용자들에게 있어서, [not the ADJset N_1 in the N_2]라고 하는 형식과 관련된 도식이 'not very intelligent'라는 의미로부터 'not very ADJ'라는 의미로 일반화되었다(여기서 ADJ는 그 구문의 형식적인 극단에서 관습적으로 형용사와 연관된 은유적인 의미이다)는 것은 분명하다. 다른 말로 해서, 이러한 스노클론의 발달은 **구문변화**를 제시하고 있는데, 특히 **의미의 일반화**를 제시하고 있다.

5.3.6 의사 분열문pseudo-cleft의 흥기를 위한 문맥

우리가 지금까지 토론했던 예들에서, 관련된 문맥들은 네트워크상의 구문들이었다. 그런데 여기서 우리는 "보다 넓은 담화의 문맥"에서 ALL-/WHAT-pseudo-cleft의 구문화를 토론할 것이다.[18] 특히 이런 담화

---

18) 보다 넓은 담화를 구문으로 생각할 수 있는가와 관련해서는 Östman(2005)을 참고하기 바란다. 다만, 그의 포커스는 여기서와 같은 논쟁적인 목적이 아니라 장르에 있다.

문맥은 논쟁하거나 대화적인 것인데, 이들은 '선택적인 것'을 함축하고 있다(이른바 '대화성(dialogicity)'에 대해서는 Schwenter(2000) 참조, 그 외 White(2003), Traugott(2010b) 참조).

3.5.2에서 보았듯이, All - 의사 분열문(pseudo-cleft)의 선구자에서, 'all'은 'everything'으로 해석되고 있다. 아래 (38)과 같다(3장의 (42a)예문을 여기에 다시 반복한다).

(38) I loue thee dearer then I doe my life,

    And *all I did*, was to aduance thy state,

    To sunne bright beames of shining happinesse.

    나는 나의 목숨을 사랑하는 것보다도 소중하게 그대를 사랑합니다. 그리고 내가 한 모든 것은 그대의 나라를 발전시키는 것이었소. 반짝이는 행복의 밝은 빛을 위하여. (1601 Yarrington, Two Lamentable Tragedies [LION: EEBO])

그러나 (39)에서 매우 확실히 언급되었듯이, 어떤 이의 모든 것이 다른 이에 의해 불충분하게 발견될 수 있다고 하는 실생활 위험요소(real-life risk)가 있다(3장의 (41b)를 좀 더 확장하여 제시한다). 여기 Agincourt라고 하는 전장에서 헨리 왕은 그의 아버지 헨리 4세가 리차드 2세를 살해하려 했음을 (용서해 달라고) 기도한다. 그는 그 범죄에 대해 속죄하기 위해 한 어떤 것에 대해 언급을 했고 더 하기로 약속한다. 그러나 그가 무엇을 하든 충분하지 않음을 인식한다.

(39) ⋯ More will I do.

    Though *all that I can do* is nothing worth,

    Since that my penitence comes after all,

    Imploring pardon.

나는 더 많이 할 것이다. 비록 내가 할 수 있는 모든 것이 아무 가치가 없지만, 결국 나의 속죄가 오기 때문에, 용서를 빈다. (1600 Shakespeare, Henry V, Ⅳ. ⅰ.320 [LION: Shakespeare])

이런 유형의 갈등 상황은 '논변적인 문맥(discursive context)'에서 등장하게 되는데, 이러한 문맥은 바로 새로운 ALL-WHAT-cleft의 최초의 예가 출현했던 것이다. 특히 'do'를 갖고 있으며, 주로 선택이 제기되었으나 자주 거절되는 그러한 논쟁적인 구절에서 등장한다. 어떤 경우에, (40b)같은 경우, 다른 사람이 해석한 내용이 특히 거부될 수 있다.

(40) a. Concerning the name of Picardy, it is a difficulty beyond my reading and my conjecture. *All that I can do is, to overthrow the less probable(plausible, viable) opinions of other Writers.*

Picardy라는 이름과 관련해서, 그것은 나의 독해와 나의 추측을 벗어나는 어려움이다. 내가 할 수 있는 모든 것은 다른 작가들의 덜 그럴듯한 의견을 뒤집어엎는 것이다. (1656 Heylyn, France Painted [LION: EEBO])

b. If it be objected that I preached to separate Congregations; my Answer is, That I preach'd only to some of many Thousands that cannot come into the Temples, many of which never heard a Sermon of many years. And *what I did, was only to preach to such as could not come to our Churches.*

만약 내가 모인 신도들을 나누기 위해 설교하는 것이 거절된다면, 나의 답은, 단지 그 사원에 올 수 없는 수천의 사람들을 위해 설교했고, 그들 중 다수가 수년 간 설교를 듣지 못했다는 것이다. 그리고 내가 한 것은 단지 우리 교회에 오지 않을 것 같은 이들을 위해 설교한 것이다. (1697 Baxter, Mr.Richard Baxter's Last Legacy [LION: EEBO])

(40a)에서 'all that I can do'는 'difficulty beyond my reading'란 문맥 속에 있는 것이고, 이 문맥으로 인해 모든 것이 충분치 않고 가치가 없다고 하는 추론을 유도한다. 그러므로 두 번째 절에서 특수화된 행위는 효과의 스케일이 낮다. 진정으로 할 수 있는 것은 단지 다른 이들의 그럴듯하지 못한 의견을 뒤집는 것이다. (40b)에서 'what I did'는 "그가 취한 행위가 두 번째 절에서의 행위로 제한되었고, 작가가 비난받는 그런 유형의 행위를 포함하지 않음"이란 추론을 유도하고 있다. 그리고 이것은 'only'에 의해 더 명백해진다.

흥미 있는 예로, 동일한 행위에 대한 두 개의 서로 다른 잠재적인 해석이 동일한 문장에서 나타날 수 있는 것이 있다.

(41) By all which your Honours may perceive, how he [Master Pet Senior] hath falsy traduced the Commissioners of the Navie,⋯and ***all he drives at***, *is by his unjust aspersions to bring the Parliament and them at ods*, that so he might accomplish his own ends.

그가 어떻게 Navie 위원들을 잘못 중상했는지 너의 모든 명예를 가지고 인식을 할 것이다. ⋯ 그리고 그가 추진하는 모든 것은 의회와 그들을 불화로 이끌어 자신의 목적을 성취하게 하려는 그의 부당한 중상에 의한 것이다.

(1646 mscb [ICAME: Lampeter])

작가에 따르면, Master Pet Senior가 꾀하는 일(drive at)은 불화를 일으키는 것이다. 이것은 바로 그의 행위 이후 기대되는 요소이다. 이것은 아마도 Master Pet의 관점에서는 긍정적이다. 그러나 작가의 관점에서 이것은 부정적이고 도덕성의 스케일이 낮다. 즉, 'falsy'와 'unjust'는 'he'가 아닌 작가에 기초를 두게 되는데, 왜냐하면 Master Pet은 그 자신의 행동과 발언을 이러한 방식으로 규명하지 못했기 때문이다.

특수화된 구문들은 선택을 배제한다. 그리고 일부 화자들이 새로운 특수화된 의사 분열문을 사용할 때, 이렇게 선택이 배제됨으로써 이 분열문들을 부분적으로 잉여적이게 만들었다((40b)에서의 'only'의 사용과 'if it be objected'의 사용 참조). 다시 말해서, 담화 – 화용적인 기능은 여러 가지 방식으로 담화와 텍스트 내에서 분명해지게 되는데, 이때 대화참여자의 임무는 보편적인 근거 즉, 추측의 집합을 통해서 (담화 – 화용적인 기능을) 찾거나 구조화하는 것이다. 이에 대해서는 Kay(2004) 가 'let alone'과 관련해서 제시한 바 있다(5.1참조). 시간이 지나면서, ALL-/WHAT-pseudo-cleft의 구조적 자질들은 특수화된 포괄적인 나열 (listing)과 동일시되고, 의사 분열문은 더 넓은 범위의 문맥에서 사용될 수 있게 된다.

우리는 '의사 분열문'이 등장할 것 같은 직접적인 논쟁적 문맥에 초점을 맞추었다. 그런데 '더 큰 체계적인 문맥'에서 초점 관계를 부호화할 수 있는 새로운 방식이 EModE 시기에 출현했을 것으로 보인다 (Los(2009)). 예컨대, Los & Komen(2012)는 "15세기 영어에서 정형동사가 두 번째에 위치하는(verb-second) 통사 규칙이 소실되고, 그로 인한 대조적인 구성요소들을 이끄는 첫 번째 위치의 소실"에 대해서, 이것을 'IT-cleft의 출현 빈도성의 증가', 특히 '강조 분열문(emphatic cleft)의 출현'과 연결시키기도 한다. (42)와 같다.

(42) It is *just twenty years* that we had that very happy meeting at dear Coburg⋯!
우리가 Coburg에서 매우 행복한 만남을 가졌던 것은 바로 20년이다.
(186x:1271.694 Victoria [Los and Komen 2012:892])

그러나 이러한 발달이 어떻게 직접적으로 의사 분열문의 출현과 연결되는지에 대해서는 진일보한 연구가 필요하다.

5.4 가능성 문맥enabling context의 지속

　5.2.2에서 '지속(persistence)'의 문제는 De Smet(2012)의 제안과 관련하여 언급한 적이 있었다. 그에 따르면, 'all but'과 'key'의 경우처럼, 초기의 용법과 유사성이 유지되는 작은 단계에서 '실현(actualization)'이 발생하고 있다고 한다. 더 이전에 Breban(2009:80)의 지적에 따르면, 한 항목에 의해 발달된 새롭게 출현한 용법은 '근원 구조'와 '어울려야(fit in)' 한다. 즉, 그것은 '원래 용법의 구조'에 의해서 '허가'된 것이고, 원래 용법의 구조에 의해 약간의 인식 가능한 방법으로 구조적으로 형성된 것이다. 이에 대한 예로 'different'나 'other'와 같은 '차이(difference)'를 나타내는 형용사들을 들 수 있다. 이처럼 Breban과 De Smet은 '지속'과 관련하여 구조적인 그리고 통사적인 관점을 취하고 있다. 그러나 '지속'의 개념은 원래 주로 '의미'의 측면에서 논의되어 왔다(Hopper(1991), Bybee, Perkins & Pagliuca(1994)). 어느 쪽에서든, 원래의 분포(distribution) 또는 의미체계(semantics)가 이후의 발달에 영향을 주고, 이후의 발달에 대한 '억제 효과(pull-back effect)'를 발휘하게 된다. 그렇게 함으로써 구문화된 요소들이 나타날 수 있는 문맥을 제약하게 된다. 이것은 곧 관습(routine)이 축적되어 네트워크에서의 링크를 유지 또는 심지어 강화한다는 것을 의미한다. 이러한 '지속'이란 주제는 문법화의 원리 중 하나로 소개된 바 있다(Hopper(1991:22)[19]). 그러나 이것은 일반적으로

---

19) [역주] Hopper는 이러한 '의미지속성'에 대해 "문법소가 어원어의 의미를 오랫동안 유지하는 현상"을 가리킨다고 했다. 그리고 그에 따르면 의미지속 때문에 새로운

변화의 한 요소로 보인다.

Hopper의 '지속에 대한 논의'와 De Smet의 '작은 단계에서의 실현 논의'는 모두 '항목 - 특수적인 변화(item-specific change)'와 관련이 있다. 그리고 '화용적 함축'과 관련하여 볼 때, '화용적 함축'은 종종 '부호화된 의미체계(coded semantics)'가 되어, 하나의 새로운 역할 속에서 유지된다. 우리가 'be going to'의 경우에서 봤듯이, PURPOSE$_{ITR}$로부터 기원한 '상대적인 미래'라는 함축은 'be going to'의 의미로 의미화하였다(Eckardt(2006)). 이것은 Kuteva(2001:151)가 말한 이른바 '문맥 - 흡수(context-absorption)'로, 시간의미로서의 특수한 문맥 속에서, 'go'의 실현에서 나타난 작은 - 단계의 변화인 것이다. 마찬가지로, 'a bit of'같은 부분표현으로부터 나온 '양'이란 함축은 이항적 양화사의 자질로 의미화하였다. 그리고 원래의 부분표현의 의미체계(semantics)는 특히 Brems(2011)가 보여줬듯이, 작은 크기의 부분('a bit/shred of') 또는 도량('an iota/smidgen(소량) of')의 경우에서 부분적으로 유지되고 있다.

한편, '결정적인 형태통사적 문맥'과 관련하여, 'be going to'를 다시 생각해보게 되는데, 특히 PURPOSE 구문의 문맥은 목적절에서 행위자(agentive) 동사를 요구한다. 이에 대해 Hilpert(2008)는 통시적인 연어구조(collostructional) 분석법을 사용하여, 다음과 같이 제시하였다. "행위자성, 타동성, 종결성(telicity) 같은 의도적인 의미들은 18세기 및 19세

문법소가 공기제약을 받는 경우가 많다고 한다. 예컨대, 한국어 "그는 이 집을 팔아 치웠다."에서 보조동사 '치우다'는 문법화한 이후 의미가 지속되기 때문에 공기제 약을 받아 '*사 치우다'라고는 할 수가 없다. '치우다'라는 동사는 본동사로 쓰였을 때, "분뇨를 퍼서 밭에 갖다 버리는 행위"를 나타내는데 이처럼 공들이지 않고 섬세하지도 않으며 최대한 급히 일을 끝내려 하는 행위의 의미가 문법화 이후에도 지속이 되어 공기제약을 하게 된 것이다. (이성하 『문법화의 이해』)

기, 20세기 초에 'be going to'와 공기하는 동사를 선택하게 하는 열쇠였을 뿐 아니라, 비록 상태동사('be', 'like')가 나타나고 또 경동사(light verb: 'do', 'get', 'have')들이 지금의 선호되는 문맥이긴 하지만, 그러한 의도적인 의미들이 여전히 유지되고 있었다." 다시 말해, 확장되는 숙주 부류(host-class)들은 부분적으로 원래의 PURPOSE 문맥과 일치하고 있는 것이다. 그리고 또 그에 따르면, 그러한 문맥이 지속되는 정도는, 'be going to'의 역사와 네덜란드어 동일 어원의 'gaan (go) + V-infinitive'와의 비교를 통해서 볼 때, 언어 특수적인 것임을 알 수 있다. 17세기 초에는 네덜란드어 'gaan'이 17세기의 'be going to'가 하는 것보다도 'zitten('sit')'같은 네덜란드어에서의 동작성이 약한 자세 동사들과 더 공기하고 있었다(Hilpert(2008:114)). 시간이 지나면서, 네덜란드어에서는, '비종결성(atelicity)' 및 자세와 연관된 것 같은 그런 '덜 의도적인 의미'로 변화하였다. 게다가 현재는 인지적인 반응 동사들이 더 선호되고 있다('beminnen('love')', 'denken('think')' 등). 이것은 바로 '미래'의 숙주 부류(host-class) 확장이 발생했던 지난 3세기 동안, 영어 화자들은 '원래의 근원 의미 문맥(행위자, 목적과 관련된 의도)'의 상당부분을 유지하고 있었다는 것을 말해준다(물론 특수한 구문적 문맥에서는 원래의 'go'로부터의 분기도 있음). 다른 한편으로, 네덜란드 화자들은 원래 근원의 '행위자 의미'를 유지하지 않았고, 이보다는 애초부터 덜 행동 – 지향적인 연어의 하위집합을 확장시켜 온 것이다.[20]

이 장에서 토론한 항목 – 특수적 변화의 하나는 바로 'several'의 발

---

20) 또 다른 가능성은 네덜란드어 'gaan'의 용법이 영어의 'be going to'의 용법만큼 변별적으로 목적적이지 않았을 수 있고, 주로 기동상(inchoative)들과 무리를 지었을 수도 있다(Olmen & Mortelmans(2009)참조, 이 참고자료와 관련하여 Matrin Hilpert에게 감사드린다).

달이다(5.3.3). 이 경우는 'a lot of', 'be going to', '의사 분열문(pseudo-clefts)'의 것과는 다르게 나타나는데, 그 이유는 'distinct'라고 하는 'several'의 원래 의미 용법이 사라졌기 때문이다. 그러나 발달의 단계는 De Smet이 실현을 위해 제시한 방법과 공유되고 있다. Breban은 몇 군데에서(2009,2010), 'different'나 'other'같은 '차이'의 형용사들이 부분적으로 동일한 역사를 보여주는 것에 대해 논의하였다. 그러면서, 그들의 초기 역사는 이후의 분포, 의미, 변화 경로에 반영되어 있을 것이라고 제시하였다. 그녀는 '차이' 형용사들의 하위도식이 'NP - 내부(NP-internal) 구조'와 동일하다고 보았는데, 이 'NP - 내부 구조' 역시 이후의 용법이 초기의 구조적 용법에 의해 부분적으로 형성된 것이다.

'차이' 형용사들의 다른 용법의 도식에 대한 선행연구의 주장에서 알 수 있듯이, 모든 '지속'이 다 '항목 - 특수적 실현 변화'의 문제는 아니라고 한다. Diewald(2002,2006)의 문법화를 위한 결정적인 형태통사적 문맥에 대한 논의에서, 그녀는 문법화 이후에도 지속이 되는 '비전형적 문맥(즉, 함축)'과는 달리, 결정적인 형태통사적인 문맥은 문법화 이후에 지속되지 않는다고 말했다(2006:4). 그녀는 독일어에 있는 양상동사의 발달을 예로 들고 있다. 이 경우에, 소실되는 것은 양상의 형태통사적 도식이었다. 구문론적 접근법에 의할 때, 우리는 '더 오래된 의미에 묶여 있는 항목 - 특수적인 실현'과 '분포'의 차이를 구분할 수 있다. 여기서 분포란 변화를 가능하게 하는 것 뿐 아니라 그 자신이 유지되기도 하는 어떤 환경에서 나타날 수 있다. 도식이 사라진다면 물론 그렇지 않다. 그러나 '원래의 가능성 도식(enabling schema)'들은 '이항적 양화사', '[not the ADJest N₁ in the N₂]', 'be going to', '의사 분열문', 또는 '차이'의 형용사들 같은 케이스에서는 사라지지 않고 남아있다.

어휘적인 구문화의 경우에서, '가능성 문맥'들의 지속은 판단하기가 더 어렵다. 4.9에서 토론했던 항목 – 특수적 발달인 웨일스어 'nôl('fetch')' 의 경우, Willis(2007)의 분석에 따르면, 이후의 단계가 초기의 것에 의해 제약을 받는 단계식(step-by-step)의 발달에 따르는 것으로 보인다. 다만, 합성어 형성으로 이어지는 원래의 단계들이 어느 정도까지 도식 내에서 후기 단계의 혁신을 가능케 할지에 대해서 연구가 필요하다. 예컨대, '-lac'의 경우, 5.3.1에서 언급했듯이, 초기의 OE시기 합성어들은 물리적인 활력(dynamism)과 에너지를 위한 중요한 요소를 제공하였는데, 이것은 그 자체가 'lac('game, fight')'의 어휘적 의미의 지속을 제시하고 있다. 그러나 어떤 경우에서, 그 도식에 있는 특별한 미세 – 구문이 어떻게 이러한 일반화를 따르는지 항상 확실하지는 않다. 이에 대한 예로, 'wedlock('marriage vow(결혼식 맹세)')'과 ME시기의 'shendlac('disgrace(불명예)')'이 있다. 또한 '-dom'과 같은 다른 파생적 구문들을 위한 어근들은 마찬가지로 지속으로부터의 제약의 증거를 거의 보여주지 않을 수도 있는데, 이것이 바로 향후 연구에서 해결해야 할 문제이다. 만약 도식이 소실되고, 원자적 미세 – 구문의 계속적인 구문화가 발생한다면('garlic', 'barn', 'stirrup' 등의 예), '가능성/결정적인 문맥'이든 또는 '비전형적인 문맥'이든 지속은 없는 것으로 보인다.

어휘적 구문화의 다른 측면에서 보았듯이, '가능성 문맥'의 지속은 문법적 구문화의 발달에서의 경우보다 훨씬 더 다양한 것으로 나타난다.

5.5 요약

이 장과 앞 장에서 우리는 아래와 같은 내용을 살펴보았다.

(a) 문맥은 구문변화에서 중추적인 요소(pivotal factor)이다.

(b) 문법화 관련 논문에서 제시했듯이, 문맥의 분포는 구문화 이전과 이후가 다르다. 화용적, 형태통사적 문맥의 반복은 구문변화를 수반하는데, 이러한 구문변화를 통해 '전환/고립(switch/isolating) 문맥'과 구문화(즉, $form_{new}$-$meaning_{new}$의 구문의 생성)로 귀결된다.

(c) 새로운 문법적 미세-구문들의 경우에는 구문화 이전의 '화용적 조절'이 발생하고, 또 '결정적 형태통사적 문맥'에서 선호되는 용법이 등장한다. 구문화 이후, 새로운 미세-구문은 여러 가지 유형의 문맥적 확장의 결과로 그리고 부분적으로는 더 큰 도식의 멤버가 되는 결과로, 강화되고 결정화되는 경향이 있다. 문맥 확장의 유형은 Himmelmann(2004)이 제기했던 것들로, '확장된 연어(숙주 부류 확장)'가 있는데, 이로써 '의미론적 문맥'과 '화용론적 조절'이 확장되고, 이 뿐 아니라 '통사적인 분포'도 확장된다. 한편, '감소'는 '규칙화(routinization)'와 '빈번한 사용'으로 이루어지는데, 특히 비공식적이거나 구어적인 기록에서 나타난다. 그리고 '적합한 환경(즉, 좁은 통사적 문맥)'에 대한 위축이나 제약이 뒤따를 수 있다.

(d) 새로운 어휘적 도식 구문들의 경우, 구문화 이전, '화용적 조절'과 '선호되는 어휘적 하위부류(즉, 숙주 부류 집합)에서의 용법'이 등장한다. 여기서의 문맥은 '부분적인(local) 네트워크 문맥'으로 이해될 수 있으나, 구문화 이전의 변화는 종종 장르나 텍스트 유형과 관련이 있다. 구문화 이후, 새로운 구문-유형들은 '도식적 주형(template)'에서 형성될 수도 있다. '규칙화된 사용'과 '주형들 사이의 경쟁'은 구조적인 감소로 귀결되며, 아마도 미세-구문들과 도식들 모두에서의 위축(4장에서 다뤘던)으로 귀결될 수도 있다.

(e) 유사한 의미와 형식을 갖는 네트워크 속의 구문들은 중요한 문맥

적 요소가 될 수 있으며, 이 구문들이 일종의 모델이나 유인자 (attractor)로 제공될 수 있다.

(f) 한 언어에서 체계적 변화를 위한 '보다 큰 문맥'은 중요한 요소이다.

(g) '결정적인 문맥'은 항목 - 특수적 단계 또는 도식적 단계에서 지속될 수 있다.

(h) '지속'은 의미론적일 뿐 아니라 구조적이다.

종합하자면, 개별적인 문맥에서의 개별적인 변화는 다음의 몇 가지 관점에서 이해될 필요가 있다. 먼저, 하나의 구문이 사용되고 있는 '원래의 생산물들'의 의미와 형식이란 관점에서 봐야하고, 둘째, 개별적인 변화들이 자질들을 상속받는 '선호된 도식적 구문들'의 관점에서 봐야 하며, 셋째, 개별적인 변화들이 채용되어 들어가는 도식(또는 하위도식)들의 네트워크라는 관점에서 봐야 한다. 그리고 그 때, 그 언어에서 발생하는 그와 관련된 보다 넓은 변화의 관점으로 봐야 한다.

6. 정리와 전망

6.1 도입

여기서 우리는 이 책의 주요 목표를 요약하고자 한다. 그리고 우리가 우리의 목표를 이루기 위한 시도를 하는 과정에서, 우리의 연구를 통해 발견한 개요를 제시하고자 한다(6.2). 아울러 우리는 향후의 진일보한 연구를 위한 몇 가지 영역을 제시하고자 한다(6.3).

6.2 주요 목표

이 책에서의 우리의 목적은 '인지적 구문 문법'의 관점에서 언어 변화의 국면을 개념화하고 또 보다 폭넓게 해석할 수 있는 방법을 탐색하는 것이었다. 지금까지 변화와 관련된 기존 연구에 대해 구문론적인 관점으로 다시 되돌아보았는데, 이것의 핵심적인 공헌은 바로 일종의 이론적인 구조를 통해, 형식과 의미를 동등하게 생각해보게 되었다는 것이고, 또한 하나의 네트워크 내에 있는 구문들 간의 링크의 생성과 변화에 대해서도 생각해 보게 되었다는 것이다. 바로 이것이 우리가 이 책 전반에 걸쳐 언어 네트워크의 개념에 호소했던 이유이기도 하다.

네트워크 모델로 인해 우리는 일관되고 또 균일한 방법으로, 새로운 기호의 생성은 물론 기호 내부 및 기호 간의 변화에 대해 고민해 보게 되었다. '기호 내부에서의 변화(changes within signs)'에 대해 우리는 이를 '구문변화'로 볼 수 있을 것이다. 즉, 이 변화는 해당 네트워크 내의 한 교점에 대해 '내부적(internal)'인 것이다. 새로운 어휘적 미세 - 구문의 생성은 순간적일 수 있다. 다시 말해서, 하나의 새로운 교점은 언어 사용자가 다른 언어로부터 어휘적 구문을 차용한다든지, 단어형성법 같은 과정을 통해 생성될 수 있는데, 이때의 단어형성법은 한 어휘적 구문의 범주가 다른 것으로 '전환(conversion)'되는 과정이다. 이것 말고도, 하나의 새로운 미세 - 구문 또는 도식(schema)이 네트워크 내의 다른 곳에서 일련의 구문변화에 의해서 탄생할 수도 있다. 이러한 점진적인 새로운 교점(node)의 생성을 통해 결과적으로 네트워크 내 교점들 사이의 링크가 재구조화(reconfiguration)될 수도 있다. 이것이 바로 우리가 '점진적인 구문화(gradual constructionalization)'라고 묘사하면서 이 책에서 집중적으로 관심을 가졌던 것이다. 이런 식으로 구문화는 '미세 - 구문'과 '도식' 모두에 적용될 수 있다.

이러한 구문론적 접근법의 의미에 대해 논의하면서, 우리는 이 이론 틀 내에서 보다 심도 있는 연구를 위한 기초적인 사항을 마련했을 것으로 희망한다. 이러한 사항들은 대부분 언어 변화에 관한 각종의 논저들에서 이미 잘 알려진 제안들을 재공식화한 것이긴 하지만, 우리의 이론 틀에서 중요한 것은, 바로 이러한 사항들이 구문변화의 성격과 관련하여 일관된 이론적 요구의 집합을 함께 형성하고 있다는 것이다. 그 내용은 아래와 같이 정리할 수 있다.

(a) 변화를 연구할 때에는, 형식과 의미 모두를 동등하게 고려해야 한다.

(b) 변화는 특수한(specific 또는 micro-) 관점과 도식적(schematic 또는 macro-)인 관점 모두로부터 고려해야 한다.

(c) 변화는 다음과 같은 문제와 관련된 가설의 차원에서 고려되어야 한다. 먼저 "하나의 구문에 있는 변화의 국면에서 어떤 유형의 과정이 발생하는가?", 그리고 "새로운 구문은 어떻게 출현하게 되는가?"

(d) 어휘적 변화와 문법적 변화는 내용적인 것부터 허화적인 것에 이르는 연속선상에 있는 것이기 때문에, 이들은 직교적(orthogonal)이 아닌 상보적(complementary)으로 고려되어야 한다.

(e) 변화는 '사용'과 '네트워크'의 관점으로 이해되어야 한다.

(f) 혁신(innovation)(즉, 개별적 네트워크의 자질)은 단지 관습화되고 다른 이들에 의해 수용될 때만이 변화로 간주될 수 있다(즉, 혁신은 집단 네트워크에서 명백해질 수 있다.)

(g) 변화는 주로 작고 개별적인 단계에서 발생한다(이것은 오랜 시간에 걸친 '점진성'). 그리하여 결국 또 다른 변이가 된다(이것은 공시상태의 '경사성'이다).

(h) '경사적인 특징'과 '관습적인 패턴', 그리고 '사용의 규범'을 통해, 변화는 오랜 시간에 걸쳐 출현한다.

(i) '유추화(analogization)'와 '집합들로의 정렬(alignment to sets)'은 변화의 중요한 메커니즘이다. 그러나 모든 변화가 '신분석(neoanalysis)'을 수반하기 때문에, 신분석은 가장 포괄적인 변화의 유형이다.

(j) 미세 - 구문들과 이 미세 - 구문들이 참여하는 도식들은 그들 자

신의 역사를 갖고 있다. 그리고 그들이 참여하는 보다 넓은 시스템에 의해 제약을 받거나 영향을 받는다.

우리는 문법화와 어휘화에 관한 논저들과 깊이 연관이 되어 있다. 왜냐하면 이러한 논저들은 최근 수십 년 간 그렇게 영향력이 있던 것인 만큼 우리가 구문문법의 관점에서 쉽게 재고할 수 있도록 도움을 주고 있기 때문이다. 우리의 관점에서 볼 때, 우리가 이 책을 통해 개발한 언어 변화에 대한 구문론적 접근법의 '부가가치'는 다음과 같이 말할 수 있다. "다중의 추상화 단계에서 기호의 변화에 대한 '사용 - 기반'적 네트워크 접근법을 통해, 우리는 언어 변화의 일부 복합적인 것에 접근할 수 있는 방법을 재고할 수 있게 되었다." 이를 구체적으로 말하면 다음과 같다.

(a) 문법적 구문화와 어휘적 구문화는 각각 문법화 및 어휘화와 동등하지가 않다. 이보다는 '언어변화'를 '기호변화'로 보는 보다 포괄적인 견해 안으로 문법화와 어휘화의 일부 측면이 포함되어 있다고 볼 수 있다.
(b) 구문적 경사성의 내용적 극단과 허화적 극단 사이에 있는 연속선이란 증거를 통해, 문법화와 어휘화는 직교적인 발달 관계가 아님을 알 수 있다. 이러한 면은 특히 부분적으로 내용적이고 부분적으로 허화적인 그러한 구문들의 성장을 보여주는 생성, 발달에서 분명해진다. 그리고 도식적 변화에 대한 특수한 변화라는 관점에서 '탈문법화'의 케이스들이 재해석될 때 역시 분명해진다.
(c) '형식 - 의미의 쌍'에 기반을 둔 접근법이 있기 때문에, 모듈 사이의 정교한 접촉의 필요성이 제거될 수 있다.

(d) 네트워크, 도식, 그리고 미세 - 구문들이 어떻게 생성되고 성장, 쇠퇴하는지를 알 수 있는 능력과 각각의 단계에서 패턴들의 발달을 추적할 수 있는 능력을 통해, 연구자들은 각각의 미세 - 구문들이 어떻게 그 자신의 역사를 가질 수 있는지 알 수가 있다. 여기서 이 미세 - 구문들은 '보다 큰 패턴', '가장 직접적인 도식들', 그러면서 또 '보다 큰 관련된 네트워크 교점들'이란 제약 내에서 자신의 역사를 가질 수 있는 것이다.

(e) 확장과 감소는 상호간 얽혀 있는 것이다. 그러므로 변화의 방향성은 종종 생각했던 것보다 더 미묘한 측면이 있다.

우리는 변화의 관점으로 재고함으로써 이익을 얻을 수 있는, 현재의 인지 구문 문법의 일부 영역에 대해 제시한 바 있다. 이들의 개념은 다음과 같다.

(a) '네트워크들'과 이들 네트워크 내에서의 '소집단화'

(b) 합성성(compositionality). 이것은 의미 측면에서의 '합성성'과 형식 측면에서의 '분석가능성' 사이에 존재하는 차이란 관점에서 이루어진 가장 좋은 생각이다.

(c) '원래의 사용'을 '현재의 변이'로부터 투사하기(3.4.3참조)

(d) 어휘적(내용적)인 의미와 문법적(허화적)인 의미 사이의 불일치에 대해 특별한 해석을 요구하는 것이 바로 '강요(coercion)'이다 (5.2.2 참조). 다만, 강요는 '환유' 및 '가장 잘 맞는(best-fit) 해석'과 구별되는 개념으로 따로 둘 필요는 없다.

(e) '주조의 패턴'과 '구문' 간의 차이(4.7)

언어 변화의 여러 측면에 대한 보다 심도 있는 연구를 위한 기초적인 사항으로서, 이러한 문제들 대부분은 새로운 것이 아니다. 우리는 다만 우리의 관점이 특별한 문제들에 집중하여 그 토론을 보다 발전적인 방향으로 이끌 수 있는 몇 가지 방법론을 제시하기를 바랄 뿐이다.

6.2.1 부가적인 예: ISH

우리는 이 책의 주제와 관련된 여러 가지 면모를 보여주기 위해 구문화와 구문변화를 수반하는 간단한 예를 하나 들고자 한다. 이 예를 고른 이유는 이것이 우리의 구문론적 접근법의 '부가가치'적 성격을 잘 나타낼 수 있을 것이라 보기 때문이다. 우리의 예는 바로 영어의 'ISH'이다. 영어에 있는 이 변화는 원래 Kuzmack(2007)에 의해 (반-)문법화의 관점에서 토론되었던 것이다. 그리고 이것은 Norde(2009)에 의해서는 '탈문법화'의 예로, 또 Trousdale(2011)에 의해서는 구문화의 예로 언급된 적이 있다. 가장 최초의 시기인 OE시기에서 Kuzmack(2007)은 형용사를 파생시키는 두 가지 유형의 접사를 구분하였다.

(1) a. **ish₁**. 이것은 명사의 뒤에 붙어 '민족(ethnic groups)'을 지칭한다. 예컨대, 'English', 'Welsh', 'Jewish' 등.
   b. **ish₂**. 이것은 총칭적인(generic) 명사 뒤에 붙어 'X와 같은 또는 X의 성격을 가진(of the nature of or like X)'이란 형용사 의미를 형성한다.

두 가지 경우 모두에서, 파생적인 단어형성법은 명사파생적(탈명사적, denominal)이며, 둘 다 유사한 의미체계를 갖고 있기 때문에, 우리는

OE시기에 (2)의 유형과 같은 하나의 단어형성법 도식이 있었다고 본다.

(2) OE ISH 도식

  [[N$_i$.isc]$_{Aj}$ ↔ [having character of SEM$_i$]PROPERTY]$_j$]

이 도식은 두 개의 하위도식이 있었다. 그 중 하나는 N이 '민족'을 지칭하는 것이다(Ethnic ISH):

(3) Ethnic ISH 하위도식

  [[N$_i$.isc]$_{Aj}$ ↔ [having character of ethnic group$_i$]PROPERTY]$_j$]

이러한 'Ethnic(민족적) ISH 하위도식'은 ME시기엔 퇴행적이어서 더 이상 생산적이지는 않았다. 이들 멤버 중 일부는 형태론적으로 보다 투명하게 되었지만(예컨대, 'Scott.ish', 이것은 OE시기의 'Scytt.isc'를 대체했다), 일부의 케이스에서는 빈번한 사용으로 인해 분절적인 감소(마모)가 발생했고, 원래의 준-형태적(bi-morphemic) 구조가 소실되었다(예컨대, 'Welsh'). 한편, 'Greek.ish' 등의 일부 멤버들은 사용을 멈췄는데, 이는 도식 재조직화의 전형적인 현상이다.

두 번째 하위도식인 'Associative(연관적) ISH'는 일반적인 명사를 어근으로 갖게 되는데 이는 OE시기에 시작하였다. 그러나 EModE시기까지도 그렇게 생산적이지는 않았다. 이것은 다음과 같다.

(4) Associative ISH 하위도식

  [[N$_i$.isc]$_{Aj}$ ↔ [having character of entity$_i$]PROPERTY]$_j$]

초기의 예로는 'cild.isc('childlike')'가 있는데, 이는 OE시기에 출현한 것이나 ME시기까지도 남아있는 텍스트들에서 출현빈도가 그다지 높지 않게 사용되고 있었다. 이 외에도 'menn.isc('human')', 'fool.ish(ME시기에 형성됨)' 등이 있다. 예들을 통해 알 수 있듯이, 많은 예들이 화용적으로 '경멸적인 의미'로 변화하였고, 이후에는 어근들도 종종 의미론적으로 부정적인 것이 선택되었다(Marchand(1969:305)는 'hell.ish'와 'hogg.ish' 등을 포함한 몇 가지를 언급한 바 있다). 이렇게 'N의 전형적인(typical of N)'이란 의미로부터 'N의 전형적인 그리고 부정적 성격을 갖는(typical of and with the negative characteristics of N)'이란 의미로 화용적인 확장을 한 것은 일종의 구문변화이다. 이러한 'Associative ISH 하위도식'은 지속적으로 생산적이었으며, 특히 위와 같이 '경멸적인 화용의미'를 갖고 있었다.

일부의 경우에서 접미사 '.ish'는 '~의 성격을 갖는(characteristic of)'의 의미 뿐 아니라 좀 더 약한 '~같은/일종(like/sort of)'의 의미를 함축하고 있다. 대표적인 예로 'water.ish'가 있으며, 이것은 MED에서 "많은 양의 물로 이루어진, 묽은(consisting of a great deal of water, dilute)"이라고 주석이 되어 있다. 그리고 ME시기에는 새로운 어근이 함께 쓰이기 시작했는데, 여기에는 색깔 형용사('yellow.ish', 'blu.ish')가 있다. 이러한 문맥에서 접미사 '.ish'는 '~같은/일종'이란 의미를 부호화하게 되었다(이것이 바로 'Approximative(근사적) ISH'이다). 그리하여 Kuzmack(2007)은 이러한 용법을 'ish₃'이라고 지칭한다. 그녀는 그녀가 'ish₂'라고 칭한 'childish'같은 'Associatvie ISH'에 대해서는 이것이 어근에 대한 '유사성'을 강조하는 것이라 한 반면, 이 새로운 접미사 '.ish'에 대해서는 '차이점(dissimilarity)'을 강조하는 것이라 하였다. 이와 같은 의미에서의 변화는 언뜻 보기에 일종의 '구문변화'의 예로 보일 수 있다. 그러나 'Approximative(근사적) ISH'의 발달은 일종의 '구문화'이다.

왜냐하면, 접미사가 부가되는 형식이 'N' 뿐 아니라 'ADJ'도 가능하고, 그 의미는 분명 'Associatvie ISH'의 것과 다르기 때문이다. 이를 다음과 같이 나타낼 수 있다.

(5) Approximative ISH 도식

[[A$_i$/N$_i$.isc]$_{Aj}$ ↔ [having character like SEM$_i$]PROPERTY]$_j$]

이것은 또 지속적으로 생산적이었다.

우리는 'ISH'가 19세기에 '복합적인 어근'으로 확장이 되는 예를 발견할 수 있다. 이 복합적인 어근이란 어떤 경우는 '합성어'이고 또 어떤 경우는 '절'일 수도 있다. Kuzmack가 지적했듯이, 이러한 확장(이것은 우리의 용어상으로 '구문변화'임)은 'Associatvie ISH'와 'Approximative ISH' 둘 다에서 발견되고 있다. 다만, 데이터 상으로, 'ISH'는 특히 'Associatvie ISH'의 예가 더 많이 발견되고 있다. 아래의 (6)은 'Associatvie ISH'의 예인데, 여기서 'ish'는 '~의 성격을 갖는(characteristic of)'의 의미를 나타내고 있고, 그것의 형식은 더 이상 비수식의 N으로 제한되지 않는다. 이것은 곧 접미사에서 접어(clitic)로의 구문변화가 발생했음을 보여주는 것이다.

(6) *A clean cravatish* formality of manner.

　　깨끗한 정중한 태도 (1836 Dickens, Sketches by Boz [OED ㄱish suffix1,2])

Kuzmack(2007)은 'pale yellow-ish(엷은 노란색이 감도는)', 'right now-ish(지금 당장의)'에 대해 'Approximative ISH'의 확장이라고 하였다. 이것의 최근의 예는 (7)로, 여기서 'ISH'는 그것이 느슨하게 붙어 있는 명사(member)보다는 '전치수식 형용사(new)'에 그 범위가 이르고 있다. 이러한 생산물은 'Associatvie ISH'를 갖고 있는 것 보다 훨씬 더 구문분석(parsing)하기가 힘든데, 그것은 그것의 구조적인 링크가 느슨하기 때문이다.

(7) *New* member *(ish)* first ever thread
새로운 멤버 같은 최초의 줄기 (2008 http://www.cliosport.net/forum/showthread.php?328235-New-member-(ish)-first-ever-thread; accessed Dec. 3rd 2012)

Kuzmack은 또 우리가 'Approximative ISH'라고 부르는 것에 대해, 이 것이 '독립형 단어(stand-alone-word)'로 사용되는 'ish(거의)'의 근원이라고 보고 있다. 이것은 사실 더욱 심화된 구문화이다. 새로운 형식이 특별한 '허화적인 의미'를 발전시켰기 때문에, 이것은 부분적으로 '문법적인 구문화'에 해당한다. 즉, 이것은 형식적인 신분석을 겪었고(즉, '접어'에서 '독립적인 단어'로의 신분석), 또 의미적인 신분석도 겪었다(즉, '근사치(approximator)'에서 '인식적 표지(epistemic marker)'로의 신분석, 이에 대해서는 아래에서 바로 논의함). 그리고 (8)에서 이것은 대화상의 대답으로 쓰이고 있는데, '거의(Yes, more or less, sort of)'의 의미이다. 이러한 예가 출현하고 있는 텍스트는 연극의 대본이다.

(8) CANARY How are you?… You've had two divorces and a pug named Pip. You collect hats and advise people to drink great quantities of spring water.
안녕하세요?… 당신은 두 번 이혼했었고, Pip이라 불리는 애완용 발바리도 있군요. 당신은 모자를 고르고 사람들에게 샘물을 많이 마시라고 충고하는군요.

LLOYD   You look completely different. 당신은 완전히 다르게 보입니다.

CANARY You look the same. 당신은 똑같이 보입니다.

LLOYD   *Ish.* I mean, my nose. 네, 아마도, 저는 제 코를 말하는 거예요.

CANARY Well, that. 네, 그래요.

LLOYD   At least you're alive. 적어도 당신은 살아있네요.

CANARY *Ish.* 네

LLOYD   I thought you were dead. 저는 당신이 죽었다고 생각했어요.

CANARY We've said all that. 우리는 모두 그렇게 얘기 했어요.

LLOYD   Right. 맞아요.

(1994 Beth, Revelers [COHA])

  (8)에서 독립적 형식인 'ish'의 의미체계는 접미사의 의미인 '~와 같은/일종의(like/sort of)'와 같다. Norde(2009:225)는 이처럼 'ish'를 독립적인 단어로 사용하는 것은 'ism'과 같은 '단축어(clipped form)'와는 다르다고 한다. 여기서 'ism'은 '-ism'으로 끝나는 모든 단어의 상위어(hypernym)[1]로 기능하고 있다. 이렇게 'ish'가 단축어와 다른 상황은 분명 (8)에서도 마찬가지이다. 우리는 여기서 'ish'가 'Yes, No, Right, Sort

---

1) [역주] 언어학에서, '하위어(hyponym)'는 그것의 의미장이 다른 단어나 구의 안에 포함되는 것을 말하며, 이때, 이것을 포함하는 것을 '상위어(hypernym)'라고 한다. 예컨대, 아래 그림에서 'color'는 'purple, red, blue, green'에 대해 상위어가 된다.(위키백과 참조)

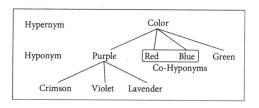

of' 등으로 충당될 수 있는 자리에서 대답으로 사용되고 있다고 본다. 따라서 이것은 '정도 수식어(degree modifier)'도 부여받을 뿐 아니라 '인식적 자질(epistemic properties)'도 할당받고 있다고 본다. 이것은 (9)에서 발견되고 있는 강화된 용법이 있으나 역시 상위어가 아니다. (9)에서 'very very ish'는 '10pm-ish'의 '근사함'을 강화하고 있다.

(9) Show starts at 10pm-*ish* (very, very *ish* because we'll still have the Clucking-Blossom fundraiser going on).

쇼는 10시쯤에 시작한다(아주, 아주 그때쯤일 것인데, 왜냐하면 아직 우리의 Clucking-Blossom 모금 행사가 계속되고 있기 때문이다).

(2010 http://fbxshows.com/wp/bb/topic.php?id=244;accessed May 21st 2012)

최근에는 보다 심화된 변화가 발생하였다. 그것은 바로 새로운 형용사 의미인 'unsure(불확실한)'가 출현한 것으로, 아래 (10)과 같다.

(10) If you're like me and feel a little *ish* about dirty dining, you'll need more than a couple drinks.

당신이 나와 같아서 지저분한 식사에 대해 약간 자신이 없다면, 당신은 술 몇 잔 이상이 필요할 것이다. (2007 http://www.yelp.co.uk/biz/the-majestic-dinner-altanta?start=40; accessed Dec.5th 2012)

여기서 논의되고 있는 단어형성법 패턴이 어휘적이고, 내용적인 미세 - 구문들을 수반하고 있고, 독립적인 'ish'가 형용사 부류의 성격을 갖고 있긴 하지만(예컨대, 'very'에 의한 수식), 그럼에도 불구하고, (8)에서와 같은 'Approximative ish' 미세 - 구문은 훨씬 더 문법적인 극단을 향하고 있다. 그 이유는 이것이 '정도 수식어(Degree Modifier) 네트워크'와 '허화적인 범위조절(scaling) 요소'와 연결되어 있기 때문이다. '정도 수식어 네트워크'는 그 자체가 EModE시기에, 'very, pretty, fair(ly)' 등을 포함한 새로운 멤버들의 형성과 함께 기하급수적으로 확장되었다 (Peters(1994), Nevalainen & Rissanen(2002) 참조). 'Approximative ish'가 독립적인 단어로 발달한 것은 비교적 독특한 경우로, 이로써 이것은 형용사의 일부 특징을 갖게 되었다(특히 'very'에 의해 강화됨). 비록 그렇긴 하나, 이것은 비교급이나 최상급에서 사용되는 등의 다른 요소는 갖고 있지 않다. 파생적인 ISH는 주로 어휘적 도식에 참여한다. 그리고 어떤 경우엔 그 자체가 하나의 독립적인 단어로 쓰이기 때문에, 'ish'는 주로 어휘적이다. 그러함에도, '근사성(approximation)'을 수반한 그러한 용법들(독립적인 'ish'의 다른 용법을 포함하여)에 의해, 'ish'는 '범위조절 정도 수식어 표현'에 연결되고 있다. 바로 이러한 이유로 이것은 의미상 부분적으로 허화적(문법적)인 특징을 갖는다. 이것은 파생적인 도식을 덜 합성적으로, 다시 말해서, '덜 현저하게 형용사 - 생산적인' 것으로 만들었다. 그리하여 "화자가 어떤 아이템을 특별한 집합의 멤버로 분류하는 정확성에 대한 생각의 정도나 평가"를 부호화하게 되었다. 더욱이, 이 도식(파생적인 ISH)은 시간이 지나면서 특히 그 중의 'Ethnic ISH'가 더 이상 생산적이지 않게 재조직화되었다. 즉, 위축되지 않은 도식의 생산성과 도식성은 증가되어 왔던 것이다.

6.3 보다 심화된 연구를 위한 영역

우리는 언어 변화에 대해 인지적 구문문법의 관점에서 보다 완벽하고 풍부한 연구가 이루어지기를 바라며, 현재의 연구는 바로 그것의 시작이라 할 수 있다. 여기서 우리는 단지 작은 집합의 예들만을 언급하였다. 따라서 언어 변화의 보다 광대한 영역이 아직도 이 이론틀 내에 연구과제로 남겨져 있다. 여기에는 어순 변화라든가, 종속관계의 다양한 유형 발달 등이 있다. 또 한편으로 많은 도전들이 남겨져 있는데, 여기에는 구문(거의 대부분이 의미에 관계없이)에 영향을 주는 모음추이 같은 음운론적 변화를 어떻게 설명할 것인가 하는 것도 있다. 구문화와 직접적으로 관련이 있는 음운론적, 음성학적 변화의 측면들은 여기서 상세히 소개되지 않았다(이에 대해서는 Bybee(2010) 참조). 특히나 '말덩어리짓기(chunking)'의 문제는 이 책에서 단지 넌지시 언급하고 말았는데, 이것은 우리가 '신분석'과 같이 주요한 변화의 메커니즘으로 볼 수 있는 것에 대해 확실한 영향력을 갖고 있다. 사실, '말덩어리짓기'는 '기억 조직화의 단위'(Newell(1990:7))이기 때문에, 하나의 새로운 '말덩어리'는 인지적 시스템에서 새롭게 확립된 부분이라고 말할 수 있다. 이에 대해 Bybee는 다음과 같이 평하였다.

> "감소에 대한 경향성은 말덩어리짓기의 결과이다. 이를 다시 말하면, 단위(unit)들의 연속이 반복되면, 여기서 사용되는 조음상의(articulatory) 동작은 감소하고 중복되는 경향이 있다." (Bybee(2010:37))

우리가 이미 봤듯이, 구문화('be gonna'와 같은 문법적인 것이든, 'barn'같은 어휘적인 것이든)의 결과물로서, 확립된 미세 - 구문은 종종 '내부적인 음성적 합류(coalescence)' 현상을 보여준다.

우리는 표준 영어가 되어가는 역사적인 과정에서 나온 예들에 대해 토론한 바 있다. 우리가 여기서 장려한 '미세 - 분석'은 시간을 관통하는 텍스트 기록에 대한 깊은 지식과 이해를 필요로 한다. 국제영어(World

English)를 포함한 영어의 기타 변이에 대한 역사, 그리고 다른 언어들의 역사에 대한 연구를 진행함에 있어서, 전문가들은 미세 - 변화나 거시적 - 변화 모두 동일한 차원으로 주의하면서, 영어 변이의 발달과 각 언어의 발달을 연구해야 한다. 한편, 여기서 제기한 가설을 테스트함에 있어서는, 영어와는 다른 구문적 조직을 갖고 있고 긴 역사를 갖고 있는 중국어나 일본어와 같은 언어에 대한 테스트 역시 매우 가치가 있을 것이다. 특히나 '논항구조 시스템'과 '정보 구조화 시스템'과 같이 생성, 발달의 유형론적인 구문적 차이를 고려한 연구가 유익할 것으로 보인다.

우리는 구문문법의 관련된 버전들을 이용하는 과정에서 절충적이었다. 따라서 '기호 - 기반 구문문법(SBCG)' 같은 구문문법의 다른 버전의 이론틀을 취하는 것도 역시 가치 있을 것으로 보인다. 그러면서 이것이 구문화와 구문변화 연구에 어떻게 기여할 수 있는지 비교해볼 수도 있다. SBCG는 분명 정확한 공식화(formalization)란 측면에서 이점을 갖고 있다. 그리고 이보다 더 이전의 HPSG 버전은 매우 성공적으로 이용되기도 했다(Fried(2008,2010) 참조). SBCG이론 안에서 고려될 수 있는 문제는 바로, 형식 하나만, 또는 의미 하나만으로 구성된 것을 구문이 발달시킬 수 있는가하는 것이다. 이때, 문제는 SBCG이론이 (적어도 균일하지는 않지만) 사용 - 기반적으로 고려되지 않는다는 점이다. 그러나 그것의 정확한 공식화를 통해 분석가들은 과립상태의 아주 정확한 단계에서 미세 - 변화를 추적할 수 있다. 더욱이, 이 책에서 묘사하고 있는 변화의 유형에 대해, 구문론적으로 접근하는 것과 최소주의자적으로 접근하는 것 사이의 상세한 비교는 환영받을 것이다. Roberts(2010)는 공시적 경사성과 통시적 점진성의 문제에 대해 이 책에서 신봉하는 이론과는 다른 모델을 이용하여 접근하고 있다(Roberts & Roussou(2003) 참조). 그러나 그가 비록 '확장된 투사(extended projection)' 및 '각종 기능적 핵(head) 간의 미립자적(fine-grained) 차이'와 관련된 이론 모델을 이용하긴 하지만, 그 역시 형태통사적 변화에 있어서 미세 - 단계에 초점을 맞추고 있다. 이를 테면, 텍스트 기록에 보이는 점진성이란 곧 일련의 관련된 미세 - 변화들의 결과라는 것이 있다. 물론 언어에 대한 인간의 능력에 대해 최소주의자와 구문적 접근법 간에는 확실히 근본적인 차이가 있긴 하지만, 그럼에도 불구하고, 보다 상세히 설명될 수 있는 수렴의 영역이 일부 존재하고 있다.[2]

이 책에서의 우리의 작업은 구문화와 구문변화에 대한 질적인 접근법을 제시하는 것이었다. 바로 이 점에서 우리는 Hilpert(2013)와는 다른데, 그의 연구는 지금까지 '양적인 말뭉치 언어학'의 전통으로 수행되어 왔다. 우리는 '질적 접근법'과 '양적 접근법'이 역사언어학 연구에서 상보적일 것이라 본다. 그리고 진행 중인 언어 변화에 대한 연구에서 이 두 접근법이 함께 이용될 가능성을 예상해 볼 수 있다. 이러한 언어 변화에 대한 연구에서는, 개별 화자의 단계에서 이루어지는 미세 - 변이에 대한 분석과 사회적 그룹의 단계에서 이루어지는 거시 - 변이에 대한 양적 분석이 결합될 수 있다. 그러한 양적인 연구를 통해, 빈도수와 확립 간의 관련성에 대한 보다 미립자적인 접근법이 가능해질 것이다. 그리고 또 화자 그룹이 그들의 언어지식의 여러 국면들을 조직화할 때 나타나는 추상화의 정도 역시 연구가 가능해질 수 있다. 이 책에서 우리는 도식화가 생산성의 증가, 의미적 일반성 등과 관련될 수 있는 방법에 대해 논의해왔으나, 그러한 변화의 구체적인 수치를 제공하지는 않았다. 그런 면

---

2) Trousdale(2012b)은 'what with' 구문의 분석 과정에서 문법적 변화에 대한 구문적 접근법과 최소주의자 접근법 간의 유사성과 차이점을 토론한 바 있다. 그러나 이 것은 프로그램에 입각한 것이고 보다 상세한 처리로부터 이점을 얻을 수 있을 것이다.

에서 볼 때, 양적인 접근법은 '도식 확립(entrenchment of schema)'의 성격에 대한 통찰력을 제공할 수 있으며, 미세 - 구문단계에서 이루어지는 원형(prototype)의 형성에 대한 통찰력도 제시할 수 있을 것이다. 이 절의 시작 부분으로 돌아가면, 말덩어리짓기가 미세 - 구문의 발달에서 중요한 요소로 보이기 때문에, 양적인 말뭉치 - 기반 접근법은 하나의 '말덩어리'가 시간이 지남에 따라 어떻게 하나의 미세 - 구문으로 확립되게 되는지 보여줄 수 있을 것이라고 본다(이와 관련하여 Bybee(2010)를 참고, 다만 그녀는 '미세 - 구문'이란 용어는 사용하지 않았다).

우리는 지금까지 허화적 극단을 향한 구문화(즉, 문법적 구문화)가 내용적 극단을 향한 구문화(즉, 어휘적 구문화)와 유사하거나 다를 수 있는 방법에 대해 열심히 소개해 왔다. 아울러 허화적인 것과 내용적인 것 사이의 경사성에 대해 끊임없이 강조해왔다. 비록 우리가 이들 사이에 낀 구문에 대해 언급을 하긴 했어도, 이러한 '중간자(inbetweeness)'나 '혼합성(hybridity)'에 대해 깊이 있게 토론하지는 않았다. 2장에서 우리는 way - 구문의 발달에 대해, 특히 일부 학자들의 어휘적 변화의 일종이라는 설과 문법적 변화라는 설 모두를 고려하면서 비교적 상세히 살펴본 바 있다. 그런데 최근의 변화를 통해서 볼 때, 이 구문은 상(相)적인 기능을 얻고 있기 때문에, 보다 허화적으로 변화하고 있다고 하겠다. 즉, 이것은 '혼합적'으로 변화하고 있는 것이다. 한편, 다른 구문들은 허화적 - 내용적 경사도에서 이와 관련하여 훨씬 더 미세하게 준비되어 있다. 그래서 1.6.3에서 언급했듯이, 'He gave the team a talking to'(그가 그 팀을 호되게 꾸짖었다)라는 구문을 토론하면서, Trousdale(2008a)은 미세 - 구문인 [[NP$_i$ GIVE NP$_j$ [a V-ing]$_{NP}$] ↔ ['NP$_i$ physically attack or berate NP$_j$']]이 일종의 혼합성 구문이라고 주장했다. 이 구문의 일부는, 주로 'give'라는 기능과 관련이 있지만 다양한 NP들에 의해 이루어지는 역할을 포함하고 있어서, 허화적이고 종결상(telic aspect)을 의미하고 있다. 한편, 이 구문의 또 다른 부분은, V의 의미와 관련이 있기 때문에, 지시적이고 관용적이다. 왜냐하면 누군가에게 말을 하는 행위가 그들에게 단순히 말하는 것 이상을 수반하고 있기 때문이다. 더욱이 이 구문은 단지 부분적으로 합성적이기 때문에, 역시 부분적으로 분석가능적이다(즉, 세 번째의 NP에 있는 명사는 형용사에 의해 수식될 수도 있다). 이 구문은 또 그렇게 생산적으로 보이지도 않고(확실히 이 구문은 경동사를 가진 'take a walk', 'have a bath'와 같은 관련 구문보다 덜 생산적이다), 또 그다지 일반적이지도 않다. 다시 말해서, 이 구문은 그것의 혼합적 성격으로 인해, 높은 단계의 문법적 구문(WH 의사 분열문 등) 같지도 않고, 또 높은 단계의 어휘적 구문('garlic' 등) 같지도 않다. 특히 이것은 우리가 이 책 전체를 통해 다루어 왔던 '도식성', '생산성', '합성성'이란 핵심 매개변수를 중심으로 봤을 때 그러하다. 이에 우리는 혼합성 구문의 자질과 역사적 발달에 대한 심도 있는 연구가 매우 중요하다고 본다.

결론적으로, 우리는 이 책에서 수용한 '구문론적 접근법'이 허화적, 지시적 그리고 혼합적인 기호의 생성, 발달을 체계적이고 질적으로 다루기 위한 기초를 제공하고 있다고 본다. 여기서 우리는 주로 우리 자신을 영어 화자에 의해 사용된 기호에만 제한해왔다. 우리는 또 주로 허화적이거나 내용적인 기호의 생성이라고 간주 될 수 있는 발달에 대해서만 집중해왔다. 이 과정에서 우리는 중간적 구문의 발달에 대해서는 등한시한 면이 있다. 우리의 초점은 미세 - 구문의 발달 뿐 아니라, 오랜 시간에 걸쳐 나타난 도식들의 소실과 획득을 보여주는 것이었는데, 이 외에도 그 이후에 미세 - 구문이 참여하는 도식들이 통시적으로 확장하고 축소함에 따라, 미세 - 구문으로 변화하거나 미세 - 구문이 재편성되는 현상도 보여주게 되었다. 이러한 작업을 위해서, 우리는 '구문론적 네트워크'라는 개념에 호소하였는데, 이러한 개념이 미세 - 구문 그리고 미세 - 구문이 연결되어 있는 도식으로의 변화를 토론할 때, 매우 큰 도움이 될 수 있을 것이라고 믿는다.

Aarts, Bas. 1998. Binominal noun phrases in English. *Transactions of the Philological Society* 96:117-158.

Aarts, Bas. 2007. *Syntactic Gradience: The Nature of Grammatical Indeterminacy.* Oxford: Oxford University Press.

Adamson, Sylvia. 2000. A lovely little example. Word order options and category shift in the premodifying string. In Fischer, Rosenbach, and Stein, eds., 39-66.

Aikhenvald, Alexandra Y. 2007. Typological distinctions in word formation. In Timothy Shopen, ed., *Language Typology and Syntactic Description, Volume III: Grammatical Categories and the Lexicon*, 1-65. Cambridge: Cambridge University Press.

Allan, Kathryn. 2012. Using OED data as evidence for researching semantic change. In Kathryn Allan and Justyna A. Robinson, eds., *Current Methods in Historical Semantics*, 17-39. Berlin: De Gruyter Mouton.

Allen, Cynthia. 1995. Case Marking and Reanalysis: *Grammatical Relations from Old to Early Modern English*. Oxford: Oxford University Press.

Allerton, David J. 1991. The greater precision of spoken language: Four examples in English. English Studies 72: 470-478.

Andersen, Henning. 1973. Abductive and deductive change. *Language* 49: 765-793.

Andersen, Henning. 2001. Actualization and the (uni)directionality. In Henning Andersen, ed., *Actualization: Linguistic Change in Progress*, 225-248. Amsterdam: Benjamins.

Andersen, Henning. 2008. Grammaticalization in a speaker-oriented theory of change. In Thórhallur Eythórsson, ed., *Grammatical Change and Linguistic Theory: The Rosendal Papers*, 11-44. Amsterdam: Benjamins.

Anderson, Earl R. 2003. *Folk-Taxonomies in Early English*. New Jersey: Fairleigh Dickinson University Press.

Anttila, Raimo. 1989. *Historical and Comparative Linguistics*. Amsterdam:

Benjamins, 2nd ed. Anttila, Raimo. 2003. Analogy: The warp and woof of cognition. In Joseph and Janda, eds., 435-440.

Arber, Edward, ed. 1869. *The Revelation to the Monk of Evesham*. London: Murray.

Arbib, Michael A. 2012. Compositionality and beyond: Embodied meaning in language and protolanguage. In Werning, Hinzen, and Machery, eds., 475-492.

Archer, Dawn. 2006. (Re)initiating strategies: Judges and defendants in Early Modern English courtrooms. *Journal of Historical Pragmatics* 7: 181-211.

Archer, Dawn. 2007. Developing a more detailed picture of the English courtroom (1640-1760): Data and methodological issues facing historical pragmatics. In Susan Fitzmaurice and Irma Taavitsainen, eds., *Methods in Historical Pragmatics*, 185-217. Berlin: Mouton de Gruyter.

Auer, Peter. 2005. Projection in interaction and projection in grammar. *Text* 25: 7-36.

Auer, Peter and Stefan Pfänder. 2011a. Constructions: Emergent or emerging? In Auer and Pfänder, eds., 1-21.

Auer, Peter and Stefan Pfänder, eds. 2011b. *Constructions: Emerging and Emergent*. Berlin: De Gruyter Mouton.

Axmaker, Shelley, Annie Jaisser, and Helen Singmaster, eds. 1988. *Berkeley Linguistics Society 14: General Session and Parasession on Grammaticalization*. Berkeley, CA: Berkeley Linguistics Society.

Baayen, R. Harald. 2001. *Word Frequency Distributions*. Dordrecht: Kluwer.

Baayen, R. Harald. 2003. Probabilistic approaches to morphology. In Rens Bod, Jennifer Hay and Stefanie Jannedy, eds., *Probabilistic Linguistics*, 229-287. Cambridge, MA: MIT Press. Baayen, R. Harald and Antoinette Renouf. 1996. Chronicling *The Times*: Productive lexical innovations in an English newspaper. *Language* 72: 69-96.

Ball, Catherine N. 1991. The Historical Development of the *It*-Cleft. PhD dissertation, University of Pennsylvania.

Ball, Catherine N. 1994. The origins of the informative-presupposition *it*-cleft. *Journal of Pragmatics* 22: 603-628.

Barlow, Michael and Suzanne Kemmer, eds. 2000. *Usage Based Models of*

Language. Stanford, CA: CSLI Publ.

Barðdal, Jóhanna. 2008. *Productivity: Evidence from Case and Argument Structure in Icelandic*. Amsterdam: Benjamins.

Barðdal, Jóhanna. 2013. Construction-based historical-comparative reconstruction. In Hoffmann and Trousdale, eds. 438-457.

Barðdal, Jóhanna, Elena Smirnova, Lotte Sommerer, and Spike Gildea, eds. 2015. *Diachronic Construction Grammar*. Amsterdam: Benjamins.

Barðdal, Jóhanna and Thórhallur Eythórsson. 2003. The change that never happened: The story of oblique subjects. *Journal of Linguistics* 39: 439-472.

Barðdal, Jóhanna and Thórhallur Eythórsson. 2012. Reconstructing syntax: Construction Grammar and the comparative method. In Boas and Sag, eds., 257-308.

Bauer, Laurie. 1983. *English Word-Formation*. Cambridge: Cambridge University Press.

Bauer, Laurie and Rodney Huddleston. 2002. Lexical word-formation. In Huddleston and Pullum, 1621-1722.

Beadle, Richard. 2009. *The York Plays: A Critical Edition of the York Corpus Christi Play as Recorded in British Library Additional MS 35290*, Vol. I. Oxford: Oxford University Press.

Beavers, John, Beth Levin, and Shiao-Wei Tham. 2010. The typology of motion expressions revisited. *Journal of Linguistics* 46: 331-377.

Bencini, Giulia. 2013. Psycholinguistics. In Hoffmann and Trousdale, eds. 379-396.

Berglund, Ylva. 2005. *Expressions of Future in Present-Day English: A Corpus-based Approach*. Acta Universitatis Upsaliensis, Studia Anglistica Upsaliensia 126.

Bergs, Alexander and Gabriele Diewald, eds. 2008. *Constructions and Language Change*. Berlin: Mouton de Gruyter.

Bergs, Alexander and Gabriele Diewald, eds. 2009a. Introduction: Contexts and constructions. In Bergs and Diewald, eds., 1-14.

Bergs, Alexander and Gabriele Diewald, eds. 2009b. *Contexts and Constructions*. Amsterdam: Benjamins.

Berlage, Eva. 2012. At the interface of grammaticalisation and lexicalisation: The case of *take prisoner*. *English Language and Linguistics* 16: 35-55.

Bermúdez-Otero, Ricardo. 2006. Phonological change in Optimality Theory. In Keith Brown, ed., *Encyclopedia of Language and Linguistics*, 2nd ed., Vol. IX: 497-505. Oxford: Elsevier. Bharucha, Jashmed J. 1987. Music cognition and perceptual facilitation: A connectionist framework. *Music Perception* 5: 1-30.

Biber, Douglas. 2003. Compressed noun-phrase structures in newspaper discourse: The competing demands of popularization vs. economy. In Jean Aitchison and Diana M. Lewis, eds., *New Media Language*, 169-181. London: Routledge.

Biber, Douglas and Edward Finegan. 1997. Diachronic relations among speech-based and written registers in English. In Terttu Nevalainen and Lena Kahlas-Tarkka, eds., *To Explain the Present. Studies in the Changing English Language in Honour of Matti Rissanen*, 253-275. Helsinki: Société Néophilologique.

Biber, Douglas and Bethany Gray. 2011. Grammatical change in the noun phrase: The influence of written language use. *English Language and Linguistics* 15: 223-250.

Biber, Douglas and Bethany Gray. 2012. The competing demands of popularization vs. economy: Written language in the age of mass literacy. In Nevalainen and Traugott, eds., 314-328.

Biber, Douglas, Bethany Gray, Stig Johansson, Geoffrey Leech, Susan Conrad, and Edward Finegan. 1999. *Longman Grammar of Spoken and Written English*. Harlow, Essex: Pearson Education.

Bisang, Walter. 2009. On the evolution of complexity: Sometimes less is more in East and mainland Southeast Asia. In Geoffrey Sampson, David Gil, and Peter Trudgill, eds., *Language Complexity as an Evolving Variable*, 34-49. Oxford: Oxford University Press.

Bisang, Walter. 2010. Grammaticalization in Chinese: A construction-based account. In Traugott and Trousdale, eds., 245-277.

Bisang, Walter, Nikolaus P. Himmelmann, and Björn Wiemer, eds. 2004. *What Makes Grammaticalization—A Look from its Fringes and its Components*. Berlin: Mouton de Gruyter.

Blakemore, Diane. 1987. *Semantic Constraints on Relevance*. Oxford: Blackwell.

Blank, Andreas. 2001. Pathways of lexicalization. In Martin Haspelmath, Ekkehard

König, Wulf Oesterreicher, and Wolfgang Raible, eds., *Language Typology and Language Universals*, Vol. II: 1596-1608. Berlin: Walter de Gruyter.

Bloomfield, Leonard. 1933. *Language*. New York: Holt and Co.

Blumenthal-Dramé, Alice Julie. 2012. Entrenchment in Usage-Based Theories: What Corpus Data Do and Do not Reveal about the Mind. Unpublished PhD dissertation, Albert-Ludwigs-Universität Freiburg im Breisgau.

Blythe, Richard A. and William Croft. 2012. S-curves and the mechanisms of propagation in language change. *Language* 88: 269-304.

Boas, Hans C. 2005. Determining the productivity of resultative constructions: A reply to Goldberg and Jackendoff. *Language* 81: 448-464.

Boas, Hans C. 2008. Resolving form-meaning discrepancies. In Jaako Leino, ed., *Constructional Reorganization*, 11-36. Amsterdam: Benjamins.

Boas, Hans C. 2013. Cognitive construction grammar. In Hoffmann and Trousdale, eds., 233-252.

Boas, Hans C. and Ivan A. Sag, eds. 2012. Sign-Based *Construction Grammar*. Stanford, CA: CSLI Publications.

Booij, Geert. 2005. Compounding and derivation: Evidence for construction morphology. In Wolfgang U. Dressler, Dieter Kastovsky, Oskar E. Pfeiffer, and Franz Rainer, eds., *Morphology and its Demarcations*, 109-32. Amsterdam: Benjamins

Booij, Geert. 2007. The Grammar of Words. An Introduction to Morphology. Oxford: Oxford University Press, 2nd ed.

Booij, Geert. 2010. *Construction Morphology*. Oxford: Oxford University Press.

Booij, Geert. 2013. Morphology in Construction Grammar. In Hoffmann and Trousdale, eds., 255-273.

Börjars, Kersti and Nigel Vincent. 2011. Grammaticalization and directionality. In Narrog and Heine, eds., 163-176.

Boroditsky, Lera. 2000. Metaphoric structuring: Understanding time through spatial metaphors. *Cognition* 75: 1-28.

Boye, Kasper and Peter Harder. 2012. A usage-based theory of grammatical status and grammaticalization. *Language* 88: 1-44.

Breban, Tine. 2008. The grammaticalization and subjectification of English adjectives expressing difference into plurality/distributivity markers and quantifi

ers. *Folia Linguistica* 42:259-306.

Breban, Tine. 2009. Structural persistence: A case based on the grammaticalization of English adjectives of difference. *English Language and Linguistics* 13: 77-96.

Breban, Tine. 2010. *English Adjectives of Comparison: Lexical and Grammaticalized Uses*. Berlin: de Gruyter Mouton.

Breban, Tine. 2011a. Secondary determiners as markers of generalized instantiation in English noun phrases. *Cognitive Linguistics* 22: 211-233.

Breban, Tine. 2011b. Is there a postdeterminer in the English noun phrase? *Transactions of the Philological Society* 108: 248-264.

Brems, Lieselotte. 2003. Measure noun constructions: An instance of semantically-driven grammaticalization. *International Journal of Corpus Linguistics* 8: 283-312.

Brems, Lieselotte. 2010. Size noun constructions as collocationally constrained constructions: Lexical and grammaticalized uses. *English Language and Linguistics* 14: 83-109.

Brems, Lieselotte. 2011. *Layering of Size and Type Noun Constructions in English*. Berlin: de Gruyter Mouton.

Brems, Lieselotte. 2012. The establishment of quantifier constructions for size nouns: A diachronic study of *heap(s) and lot(s)*. *Journal of Historical Pragmatics* 13: 202-231.

Brems, Lieselotte, Lobke Ghesquière, and Freek Van de Velde, eds. 2012. Intersections of Intersubjectivity. Special issue of *English Text Construction* 5.

Brinton, Laurel J. 1988. *The Development of English Aspectual Systems*. Cambridge: Cambridge University Press.

Brinton, Laurel J. 1998. 'The flowers are lovely; only they have no scent': The evolution of a pragmatic marker. In Raimund Borgmeier, Herbert Grabes, and Andreas H. Jucker, eds., *Anglistentag 1997*, 9-33. Trier: Wissenschaftlicher Verlag Trier.

Brinton, Laurel J. 2006. Pathways in the development of pragmatic markers in English. In Kemenade and Los, eds., 307-334.

Brinton, Laurel J. 2008a. *The Comment Clause in English: Syntactic Origins and*

Pragmatic Development. Cambridge: Cambridge University Press.

Brinton, Laurel J. 2008b. 'Where grammar and lexis meet': Composite predicates in English. In Seoane and López-Couso, eds., 33-53.

Broccias, Cristiano. 2012. The syntax-lexicon continuum. In Nevalainen and Traugott, eds., 735-747.

Broccias, Cristiano. 2013. Cognitive Grammar. In Hoffmann and Trousdale, eds., 191-210. Broz, Vltako. 2011. Kennings as blends and prisms. *Jezikoslovlje* 12: 165-185.

Brugman, Claudia and George Lakoff. 1988. Cognitive topology and lexical networks. In Steven L. Small, Garrison W. Cottrell, and Michael K. Tanenhaus, eds., *Lexical Ambiguity Resolution: Perspectives from Psycholinguistics, Neuropsychology and Artificial Intelligence*, 477-508. San Mateo, CA: Morgan Kaufmann.

Buchstaller, Isabelle, John R. Rickford, Elizabeth Closs Traugott, and Thomas Wasow. 2010. The sociolinguistics of a short-lived innovation: Tracing the development of quotative all across spoken and internet newsgroup data. *Language Variation and Change* 22: 191-219.

Bybee, Joan L. 1985. *Morphology: A Study of the Relation between Meaning and Form*. Amsterdam: Benjamins.

Bybee, Joan L. 1994. The grammaticization of zero: Asymmetries in tense and aspect systems. In Pagliuca, ed., 235-254.

Bybee, Joan L. 2001. *Phonology and Language Use*. Cambridge: Cambridge University Press. Bybee, Joan L. 2002a. Sequentiality as the basis of constituent structure. In T. Givón and

Bertram F. Malle, *The Evolution of Language out of Pre-Language*, 109-132. Amsterdam: Benjamins. (Reprinted as Chapter 15 of Bybee 2007.)

Bybee, Joan L. 2002b. Word frequency and context of use in the lexical diffusion of phonetically conditioned sound change. *Language Variation and Change* 14: 261-290. (Reprinted as Chapter 11 of Bybee 2007.)

Bybee, Joan L. 2003. Mechanisms of change in grammaticization: The role of frequency. In Joseph and Janda, eds., 602-623. (Reprinted as Chapter 16 of Bybee 2007.)

Bybee, Joan L. 2006. From usage to grammar: the mind's response to repetition. *Language* 82:711-733.

Bybee, Joan L. 2007. *Frequency of Use and the Organization of Language*. New York: Oxford University Press.

Bybee, Joan L. 2010. *Language, Usage and Cognition*. Cambridge: Cambridge University Press. Bybee, Joan L. and Östen Dahl. 1989. The creation of tense and aspect systems in the languages of the world. *Studies in Language* 13: 51-103.

Bybee, Joan L. and David Eddington. 2006. A usage-based approach to Spanish verbs of 'becoming'. *Language* 82: 323-355.

Bybee, Joan L. and James L. McClelland. 2005. Alternatives to the combinatorial paradigm of linguistic theory based on domain general principles of human cognition. In Nancy A. Ritter, The Role of Linguistics in Cognitive Science. Special Issue of *The Linguistic Review* 22:381-410.

Bybee, Joan L., William Pagliuca, and Revere D. Perkins. 1991. Back to the future. In Traugott and Heine, eds., Vol. II: 17-58.

Bybee, Joan L. Revere Perkins, and William Pagliuca. 1994. *The Evolution of Grammar: Tense, Aspect and Modality in the Languages of the World*. Chicago: University of Chicago Press.

Bybee, Joan L. and Joanne Scheibman. 1999. The effect of usage on degrees of constituency: The reduction of *don't* in English. *Linguistics* 37: 575-596.

Bybee, Joan L. and Dan I. Slobin. 1982. Rules and schemas in the development and use of the English past tense. *Language* 58: 265-289.

Bybee, Joan L and Rena Torres Cacoullos. 2009. The role of prefabs in grammaticization: How the particular and the general interact in language change. In Roberta L. Corrigan, Edith A. Moravcsik, Hamid Ouali, and Kathleen Wheatley, eds., *Formulaic Language: Volume 1. Distribution and Historical Change*, 187-217. Amsterdam: Benjamins.

Campbell, Lyle. 1991. Some grammaticalization changes in Estonian and their implications. In Traugott and Heine, eds., Vol. I: 285-299.

Campbell, Lyle. ed. 2001. Grammaticalization: A Critical Assessment. Special issue of *Language Sciences* 23.

Catford, J. C. 1965. *A Linguistic Theory of Translation*. London: Oxford University Press. Chafe, Wallace L. 1994. *Discourse, Consciousness and Time: The Flow and Displacement of Conscious Experience in Speaking and Writing*. Chicago: University of Chicago Press. Cheshire, Jenny. 2007. Discourse variation, grammaticalization and stuff like that. *Journal of Sociolinguistics* 11: 155-193.

Chomsky, Noam. 1957. *Syntactic Structures*. The Hague: Mouton.

Claridge, Claudia and Leslie Arnovick. 2010. Pragmaticalisation and discursisation. In Andreas H. Jucker and Irma Taavitsainen, eds., *Historical Pragmatics*, 165-192. Berlin: de Gruyter Mouton.

Clark, Eve V. and Herbert H. Clark. 1979. When nouns surface as verbs. *Language* 55: 767-811. Clark, Lynn and Graeme Trousdale. 2009. The role of frequency in phonological change: Evidence from TH-Fronting in east central Scotland. *English Language and Linguistics* 13:33-55.

Colleman, Timothy and Bernard De Clerck. 2011. Constructional semantics on the move: On semantic specialization in the English double object constructions. *Cognitive Linguistics* 22:183-209.

Collins, Allan M. and Elizabeth F. Loftus. 1975. A spreading activation theory of semantic processing. *Psychological Review* 82: 407-28.

Collins, Peter C. 1991. *Cleft and Pseudo-cleft Constructions in English*. London: Routledge. Cowie, Claire. 1995. Grammaticalization and the snowball effect. *Language and Communication* 15: 181-193.

Craig, Colette G. 1991. Ways to go in Rama: A case study of polygrammaticalization. In Traugott and Heine, eds., Vol. II: 455-492.

Croft, William. 2000. *Explaining Language Change. An Evolutionary Approach*. Harlow: Pearson Education.

Croft, William. 2001. *Radical Construction Grammar: Syntactic Theory in Typological Perspective*. Oxford: Oxford University Press.

Croft, William. 2003. Lexical rules vs. constructions: A false dichotomy. In Cuyckens, Berg, Dirven, and Panther, eds., 49-68.

Croft, William. 2005. Logical and typological arguments for Radical Construction Grammar. In Östman and Fried, eds., 273-314.

Croft, William. 2007a. Construction grammar. In Geeraerts and Cuyckens, eds.,

463-508.

Croft, William. 2007b. Beyond Aristotle and gradience: A reply to Aarts. *Studies in Language* 31: 409-430.

Croft, William. 2013. Radical Construction Grammar. In Hoffmann and Trousdale, eds., 211-232. Croft, William and D. Alan Cruse. 2004. *Cognitive Linguistics*. Cambridge: Cambridge University Press.

Cruse, D. Alan. 1986. *Lexical Semantics*. Cambridge: Cambridge University Press.

Culicover, Peter W. and Ray Jackendoff. 2005. Simpler Syntax. New York: Oxford University Press.

Culpeper, Jonathan and Merja Kytö. 2010. *Early Modern English Dialogues: Spoken Interaction as Writing*. Cambridge: Cambridge University Press.

Curzan, Anne. 2012. Revisiting the reduplicative copula with corpus-based evidence. In Nevalainen and Traugott., eds., 211-221.

Cuyckens, Hubert, Thomas Berg, René Dirven, and Klaus-Uwe Panther, eds. 2003. *Motivation in Language: Studies in Honor of Günter Radden*. Amsterdam: Benjamins.

Cuyckens, Hubert, Thomas Berg, René Dirven, and John R. Taylor, eds. 2003. Cognitive *Approaches to Lexical Semantics*. Berlin: Mouton de Gruyter.

Dahl, Östen. 2004. *The Growth and Maintenance of Linguistic Complexity*. Amsterdam: Benjamins.

Dalton-Puffer, Christiane. 1996. *The French Influence on Middle English Morphology: A Corpus-based Study of Derivation*. Berlin: Mouton de Gruyter.

Danchev, Andrei and Merja Kytö. 1994. The construction *be going to + infinitive* in Early Modern English. In Kastovsky, ed., 59-77.

Davidse, Kristin, Tine Breban, and An Van linden. 2008. Deictification: The development of secondary deictic meanings by adjectives in the English NP. *English Language and Linguistics* 12: 475-503.

Davidse, Kristin, Tine Breban, Lieven Vandelanotte, and Hubert Cuyckens, eds. 2010. *Sub- jectification, Intersubjectification and Grammaticalization*. Berlin: de Gruyter Mouton.

Degand, Liesbeth and Anne-Marie Simon-Vandenbergen, eds. 2011. Grammaticalization, pragmaticalization and/or (inter)subjectification: Methodological issues for the study of discourse markers. Thematic issue: *Linguistics* 49.

Dehé, Nicole and Anne Wichmann. 2010. Sentence-initial *I think (that)* and *I believe (that)*: Prosodic evidence for use as main clause, comment clause and discourse marker. *Studies in Language* 34: 36-74.

Denison, David. 2002. History of the *sort of* construction family. Paper presented at the Second International Conference on Construction Grammar (ICCG2), University of Helsinki, Sept. 6-8. http://www.humanities.manchester.ac.uk/medialibrary/llc/files/david-denison/Helsin-ki_ICCG2.pdf (Accessed: May 22nd 2013).

Denison, David. 2003. Log(ist)ic and simplistic S-curves. In Raymond Hickey, ed., *Motives for Language Change*, 54-70. Cambridge: Cambridge University Press.

Denison, David. 2006. Category change and gradience in the determiner system. In Kemenade and Los, eds., 279-304.

Denison, David. 2010. Category change in English with and without structural change. In Traugott and Trousdale, eds., 105-128.

Denison, David. 2011. The construction of SKT. Plenary paper presented at the Second Vigo-Newcastle-Santiago-Leuven International Workshop on the Structure of the Noun Phrase in English (NP2), Newcastle upon Tyne, Sept 15. https://www.escholar.manchester.ac.uk/item/?pid=uk-ac-man-scw:172513 (Accessed: May 22nd 2013).

Denison, David and Alison Cort. 2010. Better as a verb. In Davidse, Vandelanotte and Cuyckens, eds., 349-383.

Denison, David, Alan K. Scott, and Kersti Börjars. 2010. The real distribution of the English 'group genitive'. *Studies in Language* 34: 532-564.

De Smet, Hendrik. 2009. Analysing reanalysis. *Lingua* 119: 1728-1755.

De Smet, Hendrik. 2010. Grammatical interference: Subject marker *for* and phrasal verb particles *out* and *forth*. In Traugott and Trousdale, eds., 75-104.

De Smet, Hendrik. 2012. The course of actualization. Language 88: 601-633.

Diessel, Holger. 1999. *Demonstratives: Form, Function and Grammaticalization*. Amsterdam: Benjamins.

Diessel, Holger. 2003. The relationship between demonstratives and interrogatives.

Studies in Language 27: 635-655.

Diessel, Holger. 2011. Review article on Joan L. Bybee, *Language, Use and Cognition. Language* 87: 830-844.

Diessel, Holger. 2012. Bühler's two-field theory of pointing and naming and the deictic origins of grammatical morphemes. In Kristin Davidse, Tine Breban, Lieselotte Brems, and Tanja Mortelmans, eds., *Grammaticalization and Language Change: New Reflections*, 37-50. Amsterdam: Benjamins.

Dietz, Klaus. 2007. Denominale Abstraktbildungen des Altengischen: Die Wortbildung der Abstrakta auf *-dom, -had, -lac, -ræden, -sceaft, -stæf und -wist* und ihrer Entsprechungen im Althochdeutschen und im Altnordischen. In Hans Fix, ed., *Beiträge zur Morphologie. Germanisch, Baltisch, Ostseefinnisch*, 97-172. Odense: University Press of Southern Denmark.

Diewald, Gabriele. 2002. A model for relevant types of contexts in grammaticalization. In Wischer and Diewald, eds., 103-120.

Diewald, Gabriele. 2006. Context types in grammaticalization as constructions. *Constructions* SV1-9. http://elanguage.net/journals/index.php/constructions/article/viewFile/24/29 (Accessed: May 22nd 2013).

Diewald, Gabriele. 2011a. Grammaticalization and pragmaticalization. In Narrog and Heine, eds., 450-461.

Diewald, Gabriele. 2011b. Pragmaticalization (defined) as grammaticalization of discourse functions. In Degand and Simon-Vandenbergen, eds. *Linguistics* 49: 365-390.

Diewald, Gabriele, Gisella Ferraresi. 2008. Semantic, syntactic and constructional restrictions in the diachronic rise of modal particles in German: A corpus-based study on the formation of a grammaticalization channel. In Seoane and López-Couso, eds., 77-110.

Doyle, Aidan. 2002. Yesterday's affixes as today's clitics: A case study in degrammaticalization. In Wischer and Diewald, eds., 67-81.

Du Bois, John W. 1985. Competing motivations. In John Haiman, ed., *Iconicity in Syntax*, 343-365. Amsterdam: Benjamins.

Eckardt, Regine. 2006. *Meaning Change in Grammaticalization: An Enquiry into Semantic Reanalysis*. Oxford: Oxford University Press.

Elmer, Willy. 1981. *Diachronic Grammar: The History of Old and Middle English Subjectless Constructions.* Tübingen: Niemeyer.

Erman, Britt and Ulla-Britt Kotsinas. 1993. Pragmaticalization: The case of *ba'* and *you know. Studier i Modernspråkvetenskap* 10: 76-93. Stockholm: Almqvist and Wiksell.

Erman, Britt and Beatrice Warren. 2000. The idiom principle and the open choice principle. Text 20: 29-62.

Faarlund, Jan Terje. 2007. Parameterization and change in non-finite complementation. *Diachronica* 24: 1, 57-80.

Fanego, Teresa. 2012a. Motion events in English: The emergence and diachrony of manner salience from Old English to late Modern English. *Folia Linguistica Historica* 33: 29-85. Fanego, Teresa. 2012b. Motion events in the history of English: The emergence of the 'sound emission to motion' construction. Paper presented at the Seventeenth International Conference on English Historical Linguistics (ICEHL17), Zürich August 20-25.

Fillmore, Charles J. 1968. The case for case. In Emmon Bach and Robert T. Harms, eds., *Universals in Linguistic Theory*, 1-88. New York: Holt, Rinehart and Winston.

Fillmore, Charles J. 1988. The mechanisms of 'Construction Grammar'. In Axmaker, Jaisser, and Singmaster, eds., 35-55.

Fillmore, Charles J. 1997. Construction Grammar Lecture Notes. http://www1.icsi.berkeley.edu/~kay/bcg/lec02.html (Accessed: May 22nd 2013).

Fillmore, Charles J. 1999. Inversion and constructional inheritance. In Gert Webelhuth, Jean-Pierre Koenig and Andreas Kathol, eds., *Lexical and Constructional Aspects of Linguistic Explanation*, 113-128. Stanford, CA: CSLI Publications.

Fillmore, Charles J. 2013. Berkeley Construction Grammar. In Hoffmann and Trousdale, eds., 111-132.

Fillmore, Charles J. and Colin F. Baker. 2001. Frame semantics for text understanding. *Proceedings of WordNet and Other Lexical Resources Workshop*, 59-63. Pittsburgh: NAACL. Fillmore, Charles J. and Colin F. Baker. 2010. A frames approach to semantic analysis. In Bernd Heine, and Heiko Narrog, eds., *The*

Oxford Handbook of Linguistic Analysis, 313-340. New York: Oxford University Press.

Fillmore, Charles J. and Paul Kay. 1997. Berkeley Construction Grammar. http://www1.icsi. berkeley.edu/~kay/bcg/ConGram.html (Accessed: May 22nd 2013).

Fillmore, Charles J. Paul Kay, and Mary Catherine O'Connor. 1988. Regularity and idiomaticity in grammatical constructions. *Language* 64: 501-538.

Fischer, Kerstin, ed. 2006. *Approaches to Discourse Particles*. Amsterdam: Elsevier.

Fischer, Olga. 2004. What counts as evidence in historical linguistics? In Martina Penke and Anette Rosenbach, eds., What Counts as Evidence in Linguistics? The case of Innateness. Special issue of *Studies in Language* 28: 710-740.

Fischer, Olga. 2007. *Morphosyntactic Change: Functional and Formal Perspectives*. Oxford: Oxford University Press.

Fischer, Olga. 2010. An analogical approach to grammaticalization. In Stathi, Gehweiler, and König, eds., 181-220.

Fischer, Olga, Muriel Norde, and Harry Peridon, eds. 2004. *Up and Down the Cline—The Nature of Grammaticalization*. Amsterdam: Benjamins.

Fischer, Olga, Anette Rosenbach, and Dieter Stein, eds. 2000. *Pathways of Change: Grammaticalization in English*. Amsterdam: Benjamins.

Fitzmaurice, Susan and Jeremy Smith. 2012. Evidence for the history of English: Introduction. In Nevalainen and Traugott, eds., 19-36.

Fleischman, Suzanne. 1982. *The Future in Thought and Language: Diachronic Evidence from Romance*. Cambridge: Cambridge University Press.

Flickinger, Dan. 1987. Lexical rules in the hierarchical lexicon. PhD dissertation, Stanford University.

Fodor, Jerry. 1983. *The Modularity of the Mind*. Cambridge, MA: MIT Press.

Francis, Elaine J. and Laura A. Michaelis. 2003. Mismatch: A crucible for linguistic theory. In Elaine J. Francis and Laura A. Michaelis, eds., *Mismatch: Form-Function Incongruity and the Architecture of Grammar*, 1-27. Stanford, CA: CSLI Publ.

Francis, Elaine J and Etsuyo Yuasa. 2008. A multi-modular approach to gradual change in grammaticalization. *Journal of Linguistics* 44: 45-86.

Fraser, Bruce. 1988. Types of English discourse markers. *Acta Linguistica Hungarica* 38: 19-33. Fried, Mirjam. 2008. Constructions and constructs: Mapping a diachronic process. In Bergs and Diewald, eds., 47-79.

Fried, Mirjam. 2010. Grammar and interaction: New directions in constructional research. *Constructions and Frames* 2: 125-133.

Fried, Mirjam. 2013. Principles of constructional change. In Hoffmann and Trousdale, eds., 419-437.

Fried, Mirjam and Jan-Ola Östman. 2004a. Construction Grammar: a thumbnail sketch. In Fried and Östman, eds., 11-86.

Fried, Mirjam and Jan-Ola Östman eds. 2004b. *Construction Grammar in a Cross-Language Perspective.* Amsterdam: Benjamins.

Gahl, Susanne. 2008. 'Thyme' and 'Time' are not homophones. Word durations in spontaneous speech. *Language* 84: 474-496.

Garrett, Andrew. 2012. The historical syntax problem: Reanalysis and directionality. In Jonas, Whitman and Garrett, eds., 52-72.

Geeraerts, Dirk. 1997. *Diachronic Prototype Semantics: A Contribution to Historical Lexicology.* Oxford: Clarendon Press.

Geeraerts, Dirk. 2002. The interaction of metaphor and metonymy in composite expressions. In René Dirven and Ralf Pörings, eds. *Metaphor and Metonymy in Comparison and Contrast,* 435-465. Berlin: Mouton de Gruyter.

Geeraerts, Dirk and Hubert Cuyckens. 2007a. Introducing Cognitive Linguistics. In Geeraerts and Cuyckens, eds., 3-21.

Geeraerts, Dirk and Hubert Cuyckens, eds. 2007b. *The Oxford Handbook of Cognitive Linguistics.* New York: Oxford University Press.

Gelderen, Elly van, ed. 2011. *The Linguistic Cycle: Language Change and the Language Faculty.* Oxford: Oxford University Press.

Giacalone Ramat, Anna. 1998. Testing the boundaries of grammaticalization. In Anna Giacalone Ramat and Paul Hopper, eds., *The Limits of Grammaticalization,* 107-127. Amsterdam: Benjamins.

Giegerich, Heinz J. 2001. Synonymy blocking and the Elsewhere Condition: Lexical morphology and the speaker. *Transactions of the Philological Society* 99: 65-98.

Giegerich, Heinz J. 2004. Compound or phrase? English noun-plus-noun constructions and the stress criterion. *English Language and Linguistics* 8: 1-24.

Giegerich, Heinz J. 2005. Associative adjectives and the lexicon-syntax interface. *Journal of Linguistics* 41: 571-591.

Giegerich, Heinz J. 2012. The morphology of -*ly* and the categorial status of 'adverbs' in English. *English Language and Linguistics* 16: 341-359.

Gildea, Spike. 1997. Evolution of grammatical relations in Cariban: How functional motivation precedes syntactic change. In T. Givón, ed., *Grammatical Relations: A Functionalist Perspective*, 155-198. Amsterdam: Benjamins.

Gildea, Spike. 2000. On the genesis of the verb phrase in Cariban languages: Diversity through reanalysis. In Spike Gildea, ed., *Reconstructing Grammar: Comparative Linguistics and Grammaticalization Theory*, 65-105. Amsterdam: Benjamins.

Gisborne, Nikolas. 2008. Dependencies are constructions: A case study in predicative complementation. In Trousdale and Gisborne, eds., 219-256.

Gisborne, Nikolas. 2010. *The Event Structure of Perception Verbs*. Oxford: Oxford University Press.

Gisborne, Nikolas. 2011. Constructions, Word Grammar and grammaticalization. In Hoffmann and Trousdale, eds., *Cognitive Linguistics* 22: 155-182.

Gisborne, Nikolas and Amanda Patten. 2011. Construction grammar and grammaticalization. In Narrog and Heine, eds., 92-104.

Givón, Talmy. 1979. *On Understanding Grammar*. New York: Academic Press.

Givón, Talmy. 1991. The evolution of dependent clause morpho-syntax in Biblical Hebrew. In Traugott and Heine, eds., Vol. II: 257-310.

Givón, Talmy. 1995. *Functionalism and Grammar*. Amsterdam: Benjamins.

Goldberg, Adele E. 1995. *Constructions: A Construction Grammar Approach to Argument Structure*. Chicago: University of Chicago Press.

Goldberg, Adele E. 2002. Surface generalizations: an alternative to alternations. *Cognitive Linguistics* 13: 327-56.

Goldberg, Adele E. 2003. Constructions: A new theoretical approach to language. *Trends in Cognitive Sciences* 7: 219-224.

Goldberg, Adele E. 2006. *Constructions at Work: The Nature of Generalization in Language*. Oxford: Oxford University Press.

Goldberg, Adele E. 2013. Constructionist approaches. In Hoffmann and Trousdale, eds., 15-31. Goldberg, Adele E and Ray Jackendoff. 2004. The English resultative as a family of constructions. *Language* 80: 532-568.

Gonzálvez-Álvarez, Dolores, Ana Elina Martínez-Insua, Javier Pérez-Guerra, and Esperanza Rama-Martínez, eds. 2011. The Structure of the Noun Phrase in English: Synchronic and Diachronic Explorations. Special issue of *English Language and Linguistics* 15.

Gonzálvez-Garcia, Francisco. 2011. What snowclones reveal about actual language use in Spanish: A constructionalist view. Paper presented at the Forty-fourth Meeting of the Societas Linguistica Europea (SLE44), Logroño, September 8-11.

Goodwin, Charles and Alessandro Duranti, eds. 1992. *Rethinking Context: Language as an Interactive Phenomenon.* Cambridge: Cambridge University Press.

Green, Lisa J. 2002. *African American English: An Introduction.* Cambridge: Cambridge University Press.

Greenberg, Joseph H. 1991. The last stages of grammatical elements: Contractive and expansive desemanticization. In Traugott and Heine, eds., Vol. I: 301-314.

Gries, Stefan Th. 2004. Shouldn't it be breakfunch? A quantitative analysis of the structure of blends. *Linguistics* 42: 639-667.

Gries, Stefan Th. and Anatol Stefanowitsch. 2004. Extending collostructional analysis: A corpus-based perspective on alternations. *International Journal of Corpus Linguistics* 9:97-129.

Hagège, Claude. 1993. *The Language Builder: An Essay on the Human Signature in Linguistic Morphogenesis.* Amsterdam: Benjamins.

Haiman, John. 1994. Ritualization and the development of language. In Pagliuca, ed., 3-28. Hansen, Maj-Britt Mosegaard. 2008. *Particles at the Semantics/ Pragmatics Interface: Synchronic and Diachronic Issues: A Study with Special Reference to the French Phasal Adverbs.* Amsterdam: Elsevier.

Hansen, Maj-Britt Mosegaard and Richard Waltereit. 2006. GCI theory and language change. *Acta Linguistica Hafniensia* 38: 235-268.

Harley, Trevor A. 2008. *The Psychology of Language.* Hove: Psychology Press.

Harris, Alice and Lyle Campbell. 1995. *Historical Syntax in Cross-Linguistic Perspective.* Cambridge: Cambridge University Press.

Haselow, Alexander. 2011. *Typological Changes in the Lexicon: Analytic Tendencies in English Noun Formation.* Berlin: de Gruyter Mouton.

Haspelmath, Martin. 1998. Does grammaticalization need reanalysis? *Studies in Language* 22:315-351.

Haspelmath, Martin. 1999. Why is grammaticalization irreversible? *Linguistics* 37: 1043-1068. Haspelmath, Martin. 2000. The relevance of extravagance: A reply to Bart Geurts. *Linguistics* 38: 789-798.

Haspelmath, Martin. 2004. On directionality in language change with particular reference to grammaticalization. In Fischer, Norde and Peridon, eds., 17-44.

Haspelmath, Martin. 2008. Parametric versus functional explanation of syntactic universals. In Theresa Biberauer, ed., *The Limits of Syntactic Variation,* 75-107. Amsterdam: Benjamins. Hawkins, John A. 2004. *Efficiency and Complexity in Grammars.* Oxford: Oxford University Press.

Hay, Jennifer. 2001. Lexical frequency in morphology. Is everything relative? *Linguistics* 39:1041-1070.

Hay, Jennifer. 2002. From speech perception to morphology: Affix ordering revisited. *Language* 78: 527-555.

Hay, Jennifer and R. Harald Baayen. 2005. Shifting paradigms: Gradient structure in morphology. *Trends in Cognitive Sciences* 9: 342-348.

Heine, Bernd. 2002. On the role of context in grammaticalization. In Wischer and Diewald, eds., 83-101.

Heine, Bernd, Ulrike Claudi, and Friederike Hünnemeyer. 1991. *Grammaticalization: A Conceptual Framework.* Chicago: University of Chicago Press.

Heine, Bernd and Tania Kuteva. 2002. *World Lexicon of Grammaticalization.* Cambridge: Cambridge University Press.

Heine, Bernd and Tania Kuteva. 2005. *Language Contact and Grammatical Change.* Cambridge: Cambridge University Press.

Heine, Bernd and Tania Kuteva. 2007. *The Genesis of Grammar: A Reconstruction.* Oxford: Oxford University Press.

Heine, Bernd and Mechthild Reh. 1984. *Grammaticalization and Reanalysis in*

African Languages. Hamburg: Buske.

Hengeveld, Kees, ed. 2011. *Transparency in Functional Discourse Grammar*. Amsterdam: Benjamins.

Higgins, Francis Roger. 1979. *The Pseudo-cleft Construction in English*. New York: Garland.

Hilpert, Martin. 2008. *Germanic Future Constructions: A Usage-based Approach to Language Change*. Amsterdam: Benjamins.

Hilpert, Martin. 2012. Diachronic collostructional analysis meets the Noun Phrase: Studying *many a Noun* in COHA. In Nevalainen and Traugott, eds., 233-244.

Hilpert, Martin. 2013. *Constructional Change in English: Developments in Allomorphy, Word-Formation and Syntax*. Cambridge: Cambridge University Press.

Hilpert, Martin. 2014. *Construction Grammar and its Application to English*. Edinburgh: Edinburgh University Press.

Himmelmann, Nikolaus. 2004. Lexicalization and grammaticization: Opposite or orthogonal? In Bisang, Himmelmann, and Wiemer, eds., 21-42.

Hinterhölzl, Roland and Svetlana Petrova, eds. 2009. *Information Structure and Language Change: New Approaches to Word Order Variation in Germanic*. Berlin: Mouton de Gruyter. Hinzen, Wolfram, Markus Werning, and Edouard Machery. 2012. Introduction. In Werning, Hinzen and Machery, eds., 1-16.

Hoffmann, Sebastian. 2004. Using the OED quotations database as a corpus—a linguistic appraisal. ICAME *Journal* 28: 17-30.

Hoffmann, Sebastian. 2005. *Grammaticalization and English Complex Prepositions: A Corpus-based Study*. London: Routledge.

Hoffmann, Sebastian and Joybrato Mukherjee. 2007. Ditransitive verbs in Indian English and British English: A corpus-linguistic study. *Arbeiten aus Anglistik und Amerikanistik* 32: 5-24. Hoffmann, Thomas and Graeme Trousdale, eds. 2011. Variation, Change and Constructions in English. Special issue of *Cognitive Linguistics* 22.

Hoffmann, Thomas and Graeme Trousdale, eds. 2013. *The Oxford Handbook of Construction Grammar*. New York: Oxford University Press.

Hollmann, Willem B. 2003. Synchrony and Diachrony of English Periphrastic

Causatives. PhD dissertation, University of Manchester.

Hopper, Paul J. 1987. Emergent grammar. In Jon Aske, Natasha Berry, Laura Michaelis, and Hana Filip, eds., *Berkeley Linguistics Society 13: General Session and Parasession on Grammar and Cognition*, 139-157. Berkeley, CA: Berkeley Linguistics Society.

Hopper, Paul J. 1991. On some principles of grammaticization. In Traugott and Heine, eds., Vol. II: 17-35.

Hopper, Paul J. 2001. Grammatical constructions and their discourse origins: Prototype or family resemblance? In Mario Pütz, Susanne Niemeier, and René Dirven, eds., *Applied Cognitive Linguistics I: Theory and Language Acquisition*, 109-129. Berlin: Mouton de Gruyter.

Hopper, Paul J. 2008. Emergent serialization in English: Pragmatics and typology. In Jeff Good, ed., *Linguistic Universals and Language Change*, 252-284. Oxford: Oxford University Press. Hopper, Paul J. 2011. Emergent grammar and temporality in interactional linguistics. In Auer and Pfänder, eds., 22-44.

Hopper, Paul J. and Janice Martin. 1987. Structuralism and diachrony: The development of the indefinite article in English. In Anna Giacalone Ramat, Onofrio Carrubo, and Giuliano Bernini, eds., *Papers from the 7th International Conference on Historical Linguistics*, 295-304. Amsterdam: Benjamins.

Hopper, Paul J. and Sandra A. Thompson. 2008. Projectability and clause combining in interaction. In Ritva Laury, ed., *Crosslinguistic Studies of Clause Combining: The Multi-functionality of Conjunctions*, 99-123. Amsterdam: Benjamins.

Hopper, Paul J. and Elizabeth Closs Traugott. 2003. *Grammaticalization*. Cambridge: Cambridge University Press, 2nd revised ed.

Horie, Kaoru. 2011. Versatility of nominalizations: Where Japanese and Korean contrast. In Foong Ha Yap, Karen Grunow-Hårsta, and Janick Wrona, eds., *Nominalization in Asian Languages. Diachronic and Typological Perspectives*, 473-496. Amsterdam: Benjamins.

Horn, Laurence R. 2001. *A Natural History of Negation*. Stanford, CA: CSLI Publ. (Originally published by Chicago University Press, 1989.)

Horobin, Simon. 2012. Editing early English texts. In Nevalainen and Traugott, eds., 53-62. Huber, Magnus. 2007. *The Old Bailey Proceedings*, 1674-1834: Evaluating and annotating a corpus of 18th- and 19th-century spoken English. In Anelli Meurman-Solin and Arja Nurmi, eds., *Studies in Variation, Contact and Change in English, Vol. I: Annotating Variation and Change. eVARIENG*. http://www.helsinki.fi/varieng/journal/volumes/01/huber/ (Accessed: May 22nd 2013).

Huddleston, Rodney and Geoffrey Pullum. 2002. The *Cambridge Grammar of the English Language*. Cambridge: Cambridge University Press.

Hudson, Richard A. 1984. *Word Grammar*. Oxford: Blackwell. Hudson, Richard A. 1990. *English Word Grammar*. Oxford: Blackwell.

Hudson, Richard A. 2007a. *Language Networks: The New Word Grammar*. Oxford: Oxford University Press.

Hudson, Richard A. 2007b. Word Grammar. In Geeraerts and Cuyckens, eds. 509-39. Hudson, Richard A. 2008. Word grammar and construction grammar. In Trousdale and Gisborne, eds., 257-302.

Hudson, Richard A. 2010. *An Introduction to Word Grammar*. Cambridge: Cambridge University Press.

Israel, Michael. 1996. The way constructions grow. In Adele Goldberg, ed., *Conceptual Structure, Discourse and Language*, 217-230. Stanford: CSLI Publ.

Jackendoff, Ray. 1990. *Semantic Structures*. Cambridge: MIT Press.

Jackendoff, Ray. 2002. *Foundations of Language: Brain, Meaning, Grammar, Evolution*. New York: Oxford University Press.

Jackendoff, Ray. 2013. Constructions in the Parallel Architecture. In Hoffmann and Trousdale, eds., 70-92.

Jäger, Gerhard and Annette Rosenbach. 2008. Priming and unidirectional language change.
Theoretical Linguistics 34: 85-113.

Jakobson, Roman. 1960. Closing statement: Linguistics and poetics. In Thomas Sebeok, ed.,
Style in Language, 350-377. Cambridge, MA: MIT Press.

Janda, Richard D. 2001. Beyond 'pathways' and 'unidirectionality': On the discontinuity of transmission and the counterability of grammaticalization. In

Campbell, ed., 265-340.

Jonas, Dianne, John Whitman, and Andrew Garrett, eds. 2012. *Grammatical Change: Origins, Nature, Outcomes*, Oxford: Oxford University Press.

Joseph, Brian D. 2001. Is there such a thing as 'grammaticalization'? In Campbell, ed., 163-186. Joseph, Brian D. 2004. Rescuing traditional (historical) linguistics from grammaticalization 'theory'. In Fischer, Norde and Peridon, eds., 45-71.

Joseph, Brian D. and Richard D. Janda. 2003a. On language, change and language change—or, of history, linguistics, and historical linguistics. In Joseph and Janda, eds., 3-180.

Joseph, Brian D. and Richard D. Janda, eds. 2003b. *The Handbook of Historical Linguistics*. Oxford: Blackwell.

Jurafsky, Daniel. 1991. An on-line computational model of human sentence interpretation. *Proceedings of the 13th Annual Conference of the Cognitive Science Society*, 449-454, Chicago, IL.

Jurafsky, Daniel. 1996. Universal tendencies in the semantics of the diminutive. *Language* 72:533-578.

Kaltenböck, Gunther, Bernd Heine and Tania A. Kuteva. 2011. On thetical grammar. *Studies in Language* 35:852-897.

Karttunen, Lauri. 2013. You will be lucky to break even. In Tracy Holloway King and Valeria dePaiva, eds., *From Quirky Case to Representing Space: Papers in Honor of Annie Zaenen*, 167-180. Stanford, CA: CSLI Publ.

Kastovsky, Dieter. 1991. *Historical English Syntax*. Berlin: Mouton de Gruyter.

Kastovsky, Dieter. 1992. Semantics and vocabulary. In Richard M. Hogg, ed., *The Cambridge History of the English Language, Vol. I: The Beginnings to 1066*, 290-408. Cambridge: Cambridge University Press.

Kastovsky, Dieter. 1994. *Studies in Early Modern English*. Berlin: Mouton de Gruyter.

Kay, Paul. 2004. Pragmatic aspects of grammatical constructions. In Laurence R. Horn and Gregory Ward, eds., *The Handbook of Pragmatics*, 675-700. Malden, MA: Blackwell.

Kay, Paul. 2013. The limits of (construction) grammar. In Hoffmann and Trousdale, eds., 32-48.

Kay, Paul and Charles J. Fillmore. 1999. Grammatical constructions and linguistic generalizations: *The What's X doing Y* ? construction. *Language* 75:1-34.

Kay, Paul and Laura Michaelis. 2012. Constructional meaning and compositionality. In Claudia Maienborn, Klaus von Heusinger and Paul Portner, eds., *Semantics: An International Handbook of Natural Language Meaning*. Vol 3, 2271-2296. Berlin: de Gruyter Mouton.

Keller, Rudi. 1994. *On Language Change: The Invisible Hand in Language*. Translated by Brigitte Nerlich. London: Routledge. (Originally published in 1990 in German.)

Kemenade, Ans van and Bettelou Los, eds. 2006. *The Handbook of the History of English*. Oxford: Blackwell.

Kemmer, Suzanne. 2003. Schemas and lexical blends. In Cuyckens, Berg, Dirven and Panther, eds., 69-97.

Kiparsky, Paul. 1968. Linguistic universals and linguistic change. In Emmon Bach and Robert T. Harms, eds., *Universals in Linguistic Theory*, 171-202. New York: Holt, Rinehart and Winston.

Kiparsky, Paul. 2012. Grammaticalization as optimization. In Jonas, Whitman, and Garrett, eds., 15-51.

Kiss, Katalin É. 1998. Identificational focus versus information focus. *Language* 74: 245-273. Kohnen, Thomas and Christian Mair. 2012. Technologies of communication. In Nevalainen and Traugott, eds., 261-284.

König, Ekkehard and Letizia Vezzosi. 2004. The role of predicate meaning and the development of reflexivity. In Bisang, Himmelmann and Wiemer, eds., 213-244.

Koops, Christian and Martin Hilpert. 2009. The co-evolution of syntactic and pragmatic complexity: Diachronic and cross-linguistic aspects of pseudo-clefts. In T. Givón and Masayoshi Shibatani, eds., *Syntactic Complexity, Diachrony, Acquisition, Neuro-cognition, Evolution*, 215-238. Amsterdam: Benjamins.

Koptjevskaja-Tamm, Maria. 2009. 'A lot of grammar with a good portion of lexicon': Towards a typology of partitive and pseudo-partitive nominal constructions. In Johannes Helmbrecht, Yoko Nishina, Yong-Min Shin, Stavros Skopeteas, and Elisabeth Verhoeven, eds., *Form and Function in*

Language Research, 329-346. Berlin: Mouton de Gruyter.

Kortmann, Bernd. 1991. *Free Adjuncts and Absolutes in English: Problems of Control and Interpretation*. London: Routledge.

Krug, Manfred G. 2000. *Emerging English Modals: A Corpus-based Study of Grammaticalization*. Berlin: Mouton de Gruyter.

Kuryłowicz, Jerzy. 1975[1965]. The evolution of grammatical categories. In Jerzy Kuryłowicz,

Esquisses linguistiques, Vol. II: 38-54. Munich: Fink. (Originally published in Diogenes 51:55-71, 1965.)

Kuteva, Tania. 2001. *Auxiliation: An Enquiry into the Nature of Grammaticalization*. Oxford: Oxford University Press.

Kuzmack, Stefanie. 2007. Ish: a new case of antigrammaticalization? Paper presented at the meeting of the Linguistic Society of America (LSA), Anaheim, January 4-7.

Kytö, Merja and Suzanne Romaine. 2005. *We had like to have been killed by thunder & lightning*: The semantic and pragmatic history of a construction that like to disappeared. *Journal of Historical Pragmatics* 6: 1-35.

Labov, William. 1994. *Principles of Linguistic Change. Vol. I. Internal Factors*. Oxford: Blackwell.

Labov, William. 2007. Transmission and diffusion. *Language* 83: 344-387.

Lakoff, George. 1987. *Women, Fire and Dangerous Things. What Categories Reveal about the Mind*. Chicago: University of Chicago Press.

Lamb, Sidney. 1998. *Pathways of the Brain: The Neurocognitive Basis of Language*. Amsterdam: Benjamins.

Lambrecht, Knud. 1994. *Information Structure and Sentence Form: Topic, Focus and the Mental Representations of Discourse Referents*. Cambridge: Cambridge University Press. Lambrecht, Knud. 2001. A framework of the analysis of cleft-constructions. Linguistics 39: 463-516.

Langacker, Ronald W. 1977. Syntactic reanalysis. In Li, ed. 57-139.

Langacker, Ronald W. 1987. *Foundations of Cognitive Grammar, Vol. I: Theoretical Prerequisites*. Stanford: Stanford University Press.

Langacker, Ronald W. 1991. *Foundations of Cognitive Grammar, Vol. II:*

Descriptive Application. Stanford: Stanford University Press.

Langacker, Ronald W. 2000. A dynamic usage-based model. In Barlow and Kemmer, eds., 1-63. Langacker, Ronald W. 2005. Construction Grammars: Cognitive, radical, and less so. In Ruiz de Mendoza Ibáñez, Francisco J., and M. Sandra Peña Cervel, eds., *Cognitive Linguistics: Internal Dynamics and Interdisciplinary Interaction*, 101-159. Berlin: Mouton de Gruyter. Langacker, Ronald W. 2007. Constructing the meaning of personal pronouns. In Günter

Radden, Klaus-Michael Köpcke, and Thomas Berg, eds., *Aspects of Meaning Construction*, 171-187. Amsterdam: Benjamins.

Langacker, Ronald W. 2008. *Cognitive Grammar: A Basic Introduction.* New York: Oxford University Press.

Langacker, Ronald W. 2009. *Investigations in Cognitive Grammar.* Berlin: Mouton de Gruyter. Langacker, Ronald W. 2011. Grammaticalization and Cognitive Grammar. In Narrog and Heine, eds., 79-91.

Lass, Roger. 1990. How to do things with junk: Exaptation in language evolution. *Journal of Linguistics* 26: 79-102.

Lass, Roger. 1997. *Historical Linguistics and Language Change.* Cambridge: Cambridge University Press.

Leech, Geoffrey, Marianne Hundt, Christian Mair and Nicholas Smith. 2009. *Change in Contemporary English: A Grammatical Study.* Cambridge: Cambridge University Press. Lehmann, Christian. 1985. Grammaticalization: Synchronic variation and diachronic change. *Lingua e Stile* 20: 303-318.

Lehmann, Christian. 1989. Grammatikalisierung und Lexikalisierung. *Zeitschrift für Phonetik, Sprachwissenschaft und Kommunikationsforschung* 42: 11-19.

Lehmann, Christian. 1992. Word order change by grammaticalization. In Marinel Gerritsen and Dieter Stein, eds., *Internal and External Factors in Syntactic Change*, 395-416. Berlin: Mouton.

Lehmann, Christian. 1995. *Thoughts on Grammaticalization.* Munich: LINCOM EUROPA (2nd revised ed. of *Thoughts on Grammaticalization: A Programmatic Sketch,* 1982).

Lehmann, Christian. 2002. New reflections on grammaticalization and lexicalization. In Wischer and Diewald, eds., 1-18.

Lehmann, Christian. 2004. Theory and method in grammaticalization. In Gabriele Diewald, ed., Grammatikalisierung. Special issue of *Zeitschrift für Germanistische Linguistik* 32: 152-187.

Lehmann, Christian. 2008. Information structure and grammaticalization. In Seoane and López-Couso, eds., 207-229.

Levin, Beth and T. Rapoport. 1988. Lexical subordination. *Chicago Linguistic Society* 24, Part I: 275-289.

Lewandowska-Tomaszczyk, Barbara. 2007. Polysemy, prototypes, and radial categories. In Geeraerts and Cuyckens, eds., 139-169.

Lewis, Diana. 2003. Rhetorical motivations for the emergence of discourse particles, with special reference to English of course. In Ton van der Wouden, Ad Foolen, and Piet Van de Craen, eds., Particles. Special issue of *Belgian Journal of Linguistics* 16: 79-91.

Li, Charles N. ed. 1977. *Mechanisms of Syntactic Change*. Austin: University of Texas Press. Liberman, Mark. 2006. The proper treatment of snowclones in ordinary English. Language Log, February 4. http://itre.cis.upenn.edu/~myl/languagelog/archives/002806.html (Accessed: May 22nd 2013).

Lichtenberk, Frantisek. 1991a. Semantic change and heterosemy in grammaticalization. *Language* 67: 475-509.

Lichtenberk, Frantisek. 1991b. On the gradualness of grammaticalization. In Traugott and Heine, eds., Vol. I: 37-80.

Lightfoot, David W. 1979. Principles of *Diachronic Syntax*. Cambridge: Cambridge University Press.

Lightfoot, David W. 1999. *The Development of Language: Acquisition, Change, Evolution*. Oxford: Blackwell.

Lightfoot, Douglas J. 2011. Grammaticalization and lexicalization. In Narrog and Heine, eds., 438-449.

Lindquist, Hans and Christian Mair, eds. 2004. *Corpus Approaches to Grammaticalization in English*. Amsterdam: Benjamins.

Lindström, Therese Å. M. 2004. The History of the Concept of Grammaticalization. PhD dissertation, University of Sheffield.

Lipka, Leonhard. 2002. *English Lexicology: Lexical Structure, Word Semantics and Word-formation*. Tübingen: Max Niemeyer Verlag (3rd revised ed. of *An Outline of English Lexicology*, 1990).

Los, Bettelou. 2009. The consequences of the loss of verb-second in English: Information structure and syntax in interaction. *English Language and Linguistics* 13: 79-125.

Los, Bettelou and Erwin Komen. 2012. Clefts as resolution strategies after the loss of a multifunctional first position. In Nevalainen and Traugott, eds., 884-898.

Losiewicz, Beth L. 1992. The Effect of Duration on Linguistic Morphology. PhD dissertation, University of Texas at Austin.

McMahon, April M. S. 1994. *Understanding Language Change*. Cambridge: Cambridge University Press.

Macaulay, Ronald K. S. 2004. *Talk that Counts: Age, Gender, and Social Class Differences in Discourse*. New York: Oxford University Press.

Mair, Christian. 2004. Corpus linguistics and grammaticalisation theory: Statistics, frequencies, and beyond. In Lindquist and Mair, eds., 121-150.

Mair, Christian. 2012. From opportunistic to systematic use of the Web as corpus: *Do-support with got (to)* in contemporary American English. In Nevalainen and Traugott, eds., 245-255. Marchand, Hans. 1969. *The Categories and Types of Present-Day English Word Formation. A Synchronic-Diachronic Approach*. Muenchen: Beck'sche Verlagsbuchhandlung.

Massam, Diane. 1999. *Thing is* constructions: *The thing is, is what's the right analysis?* English Language and Linguistics 3: 335-352.

Mattiello, Elisa. 2013. *Extra-grammatical Morphology in English: Abbreviations, Blends, Reduplicatives and Related Phenomena*. Berlin: De Gruyter Mouton.

Meillet, Antoine. 1958[1912]. L'évolution des formes grammaticales. In Antoine Meillet, *Linguistique historique et linguistique générale*, 130-148. Paris: Champion. (Originally published in *Scientia (Rivista di scienza)* XXII, 1912.)

Meillet, Antoine. 1958[1915/16]. Le renouvellement des conjonctions. In Antoine Meillet, *Linguistique historique et linguistique générale*, 159-174. Paris: Champion. (Originally published in *Annuaire de l'École pratique des Hautes*

Études, 1915-1916.)

Meurman-Solin, Anneli. 2012. The connectives *and, for, but,* and *only* as clause and discourse type-indicators in 16th- and 17th-century epistolary prose. In Meurman-Solin, López-Couso and Los, eds., 164-196.

Meurman-Solin, Anneli, María José López-Couso, and Bettelou Los, eds. 2012. *Information Structure and Syntactic Change in the History of English.* New York: Oxford University Press.

Michaelis, Laura A. 2003. Word meaning, sentence meaning, and syntactic meaning. In Cuyckens, Dirven, and Taylor, eds., 163-210.

Michaelis, Laura A. 2004. Type shifting in construction grammar: An integrated approach to aspectual coercion. *Cognitive Linguistics* 15: 1-67.

Michaelis, Laura A. 2013. Sign-Based Construction Grammar. In Hoffmann and Trousdale, eds., 133-152.

Milroy, James. 1992. *Linguistic Variation and Change.* Oxford: Blackwell.

Mondorf, Britta. 2011. Variation and change in English resultative constructions. *Language Variation and Change* 22: 397-421.

Mossé, Ferdinand. 1938. *Histoire de la forme périphrastique être + participe présent en germanique.* Paris: Klincksieck.

Muysken, Peter. 2008. *Functional Categories.* Cambridge: Cambridge University Press. Narrog, Heiko and Bernd Heine, eds. 2011. *The Oxford Handbook of Grammaticalization.* New York: Oxford University Press.

Nesselhauf, Nadja. 2012. Mechanisms of language change in a functional system. The recent semantic evolution of future time expressions. *Journal of Historical Linguistics* 2: 83-132. Nevalainen, Terttu. 1991a. *BUT, ONLY, JUST: Focusing on Adverbial Change in Modern English 1500-1900.* Helsinki: Société Néophilologique.

Nevalainen, Terttu. 1991b. Motivated archaism: The use of affirmative periphrastic do in Early Modern English in liturgical prose. In Kastovsky, ed., 303-320.

Nevalainen, Terttu and Matti Rissanen. 2002. Fairly pretty or pretty fair? On the development and grammaticalization of English downtoners. *Language Sciences* 24: 359-380.

Nevalainen, Terttu and Elizabeth Closs Traugott, eds. 2012. *The Oxford Handbook of the History of English.* New York: Oxford University Press.

Nevis, Joel A. 1986. Decliticization and deaffixation in Saame: Abessive *taga.* In Brian D. Joseph, ed., *Studies in Language Change* (The Ohio State University Working Papers in Linguistics), 1-9.

Newell, Allen. 1990. *Unified Theories of Cognition.* Cambridge, MA: MIT Press.

Newmeyer, Frederick J. 1998. *Language Form and Language Function.* Cambridge MA: MIT Press.

Newmeyer, Frederick J. 2001. Deconstructing grammaticalization. In Campbell, ed., 187-229. Noël, Dirk. 2007. Diachronic construction grammar and grammaticalization theory. *Functions of Language* 14: 177-202.

Noël, Dirk and Timothy Colleman. 2010. *Believe*-type raising-to-object and raising-to-subject verbs in English and Dutch: A contrastive investigation in diachronic construction grammar. *International Journal of Corpus Linguistics* 15: 157-182.

Norde, Muriel. 2002. The final stages of grammaticalization: Affixhood and beyond. In Wischer and Diewald, eds., 45-65.

Norde, Muriel 2006. Demarcating degrammaticalization: The Swedish s-genitive revisited. *Nordic Journal of Linguistics* 29: 201-238.

Norde, Muriel 2009. *Degrammaticalization.* Oxford: Oxford University Press.

Nørgård-Sørensen, Jens, Lars Heltoft and Lene Schøsler. 2011. *Connecting Grammaticalisation. The Role of Paradigmatic Structure.* Amsterdam: Benjamins.

Nunberg, Geoffrey, Ivan A. Sag and Thomas Wasow. 1994. Idioms. *Language* 70: 491-538. Núñez-Pertejo, Paloma. 1999. *Be going to* + infinitive: Origin and development. Some relevant cases from the Helsinki Corpus. *Studia Neophilologica* 71: 135-142.

O'Connor, Edward. 2007. The snowclones data base. http://edward.oconnor.cx/2007/07/snow-clones-database (Accessed: May 22nd 2013).

Olmen, Daniël van and Tanja Mortelmans. 2009. Movement futures in English and Dutch: A contrastive analysis of *be going to and gaan.* In Anastasios Tsangalidis, Roberta Facchinetti, and F. Frank Robert Palmer, eds., *Studies on English Modality: In Honour of Frank Palmer*, 357-386. Frankfurt am Main: Peter Lang.

Östman, Jan-Ola. 2005. Construction discourse: A Prolegomenon. In Östman and Fried, eds., 121-144. Amsterdam: Benjamins.

Östman, Jan-Ola and Mirjam Fried, eds. 2005. *Construction Grammars: Cognitive Grounding and Theoretical Extension.* Amsterdam: Benjamins.

Pagliuca, William, ed. 1994. *Perspectives on grammaticalization.* Amsterdam: Benjamins.

Parkes, M. B. 1991. *Pause and Effect: An Introduction to the History of Punctuation in the West.* Berkeley: University of California Press.

Partee, Barbara. 1984. Compositionality. In Fred Landman and Frank Veltman, eds., *Varieties of Formal Semantics*, 281-312. Dordrecht: Foris.

Patten, Amanda L. 2010. Grammaticalization and the it-cleft construction. In Traugott and Trousdale, eds., 221-243.

Patten, Amanda L. 2012. *The English IT-Cleft: A Constructional Account and a Diachronic Investigation.* Berlin: de Gruyter Mouton.

Paul, Hermann. 1920. *Prinzipien der Sprachgeschichte.* Halle: Niemeyer, 5th ed.

Pawley, Andrew and Frances Hodgetts Syder. 1983. Two puzzles for linguistic theory: Native-like selection and nativelike fluency. In Jack C. Richards and Richard W. Schmidt, eds., *Language and Communication*, 191-225. London: Longman.

Payne, John and Rodney Huddleston. 2002. Nouns and noun phrases. In Huddleston and Pullum, 323-523.

Perek, Florent. 2012. Alternation-based generalizations are stored in the mental grammar: Evidence from a sorting task experiment. *Cognitive Linguistics* 23: 601-635.

Pérez-Guerra, Javier and David Tizón-Couto. 2009. On left-dislocations in the history of English: Theory and data hand in hand. In Benjamin Shaer, Philippa Cook, Werner Frey, and Claudia Maienborn, eds., *Dislocated Elements in Discourse: Syntactic, Semantic, and Pragmatic Perspectives*, 31-48. London: Routledge.

Persson, Gunnar. 1988. Homonymy, polysemy and heterosemy: The types of lexical ambiguity in English. In Karl Hyldgaard-Jensen and Arne Zettersten, eds., *Symposium on Lexicography III: Proceedings of the International Symposium on Lexicography*, May 14-16, 269-280. Tübingen: Niemeyer.

Peters, Hans. 1994. Degree adverbs in Early English. In Kastovsky, ed., 269-288.

Petré, Peter. 2012. General productivity: How *become* waxed and *wax* became a copula. *Cognitive Linguistics* 23: 27-65.

Petré, Peter and Hubert Cuyckens. 2008. Bedusted, yet not beheaded: The role of be-'s constructional properties in its conservation. In Bergs and Diewald, eds., 133-169.

Pichler, Heike. 2013. *The Structure of Discourse-Pragmatic Variation*. Amsterdam: Benjamins. Pichler, Heike and Stephen Levey. 2011. In search of grammaticalization in synchronic dialect data: General extenders in northeast England. *English Language and Linguistics* 15: 441-471. Plag, Ingo. 1999. *Morphological Productivity: Structural Constraints in English Derivation*. Berlin: Mouton de Gruyter.

Plag, Ingo. 2006. Productivity. In Bas Aarts and April McMahon, eds., *The Handbook of English Linguistics*, 537-556. Malden, MA: Blackwell.

Plank, Frans. 1984. The modals story retold. *Studies in Language* 8: 305-364.

Poplack, Shana. 2011. Grammaticalization and linguistic variation. In Narrog and Heine, eds., 209-224.

Poplack, Shana and Sali Tagliamonte. 2000. The grammaticization of going to in (African American) English. *Language Variation and Change* 11: 315-342.

Prince, Ellen F. 1978. A comparison of WH-clefts and *it*-clefts in discourse. *Language* 54: 883-906.

Pullum, Geoffrey. 2003. Phrases for lazy writers in kit form. *Language Log*, October 27. Pullum, Geoffrey. 2004. Snowclones: Lexicographical dating to the second. *Language Log*, January 16.

Pulvermüller, Friedemann, Bert Cappelle and Yury Shtyrov. 2013. Brain basis of meaning, words, constructions, and grammar. In Hoffmann and Trousdale, eds., 397-416.

Pustejovsky, James. 1995. *The Generative Lexicon*. Cambridge, MA: MIT Press.

Queller, Kurt. 2003. Metonymic sense shift: Its õrigin in hearers' abductive construal of usage in context. In Cuyckens, Dirven, and Taylor, eds., 211-241.

Quirk, Randolph, Sidney Greenbaum, Geoffrey Leech and Jan Svartvik. 1985. *A Comprehensive Grammar of the English Language*. London: Longman.

Ramat, Paolo. 1992. Thoughts on degrammaticalization. *Linguistics* 30: 549-560.

Ramat, Paolo. 2001. Degrammaticalization or transcategorization? In Chris Schaner-Wolles, John Rennison, and Friedrich Neubarth, eds., *Naturally! Linguistic Studies in Honour of Wolfgang Ulrich Dressler Presented on the Occasion of his 60th Birthday*, 393-401. Torino: Rosenbach and Sellier.

Ramat, Paolo and Davide Ricca. 1994. Prototypical adverbs: On the scalarity/radiality of the notion ADVERB. *Rivista di Linguistica* 6: 289-326.

Ratcliff, R. and G. McKoon. 1981. Does activation really spread? *Psychological Review* 88: 454-462. Raumolin-Brunberg, Helena and Arja Nurmi. 2011. Grammaticalization and language change in the individual. In Narrog and Heine, eds., 251-262.

Rebuschat, Patrick, Martin Rohrmeier, John A. Hawkins, and Ian Cross, eds. 2012. *Language and Music as Cognitive Systems*. Oxford: Oxford University Press.

Reisberg, Daniel. 1997. *Cognition: Exploring the Science of the Mind*. New York: Norton.

Rice, Sally. 1996. Prepositional prototypes. In Martin Pütz and René Dirven, eds., *The Construal of Space in Language and Thought*, 135-165. Berlin: Mouton de Gruyter.

Rice, Sally. 2003. Growth in a lexical network: Nine English prepositions in acquisition. In Cuyckens, Dirven, and Taylor, eds., 243-280.

Rickford, John R. 1999. *African American Vernacular English: Features, Evolution, Educational Implications*. Oxford: Blackwell.

Rissanen, Matti. 1991. Spoken language and the history of do-periphrasis. In Kastovsky, ed., 321-342.

Rissanen, Matti. 1999. Syntax. In Roger Lass, ed., *The Cambridge History of the English Language: Vol. III: 1476-1776*, 187-331. Cambridge: Cambridge University Press.

Rissanen, Matti. 2004. Grammaticalisation from side to side: On the development of *beside(s)*. In Lindquist and Mair, eds., 151-170.

Rissanen, Matti. 2007. From oþ to till: Early loss of an adverbial subordinator. In Ursula Lenker and Anneli Meurman-Solin, eds., *Connectives in the History of English*, 61-75. Amsterdam: Benjamins.

Rissanen, Matti. 2012. Corpora and the study of the history of English. In Merja Kytö, ed., *English Corpus Linguistics: Crossing Paths*, 197-220. Amsterdam: Rodopi.

Rizzi, Luigi. 1997. *Parameters and Functional Heads: Essays in Comparative Syntax*. Oxford: Oxford University Press.

Robert, Stéphane. 2005. The challenge of polygrammaticalization for linguistic theory: Fractal grammar and transcategorial functioning. In Zygmunt Frajzyngier, Ada Hodges and David S. Rood, eds., *Linguistic Diversity and Language Theories*, 119-142. Amsterdam: Benjamins.

Roberts, Ian. 1993. A formal account of grammaticalization in the history of Romance futures.

Folia Linguistica Historica XIII: 219-258.

Roberts, Ian. 2007. *Diachronic Syntax*. Oxford: Oxford University Press.

Roberts, Ian. 2010. Grammaticalization, the clausal hierarchy and semantic bleaching. In Traugott and Trousdale, eds., 45-73.

Roberts, Ian and Anna Roussou. 2003. *Syntactic Change: A Minimalist Approach to Grammaticalization*. Cambridge: Cambridge University Press.

Rohdenburg, Günter. 1998. Clarifying structural relationships in cases of increased complexity in English. In Rainer Schulze, ed., *Making Meaningful Choices in English: On Dimensions, Perspectives, Methodology and Evidence*, 189-205. Heidelberg: Gunter Narr.

Rosch, Eleanor. 1973. Natural categories. *Cognitive Psychology* 4: 328-350.

Rosenbach, Anette. 2002. *Genitive Variation in English: Conceptual Factors in Synchronic and*

Diachronic Studies. Berlin: Mouton de Gruyter.

Rosenbach, Anette. 2010. How synchronic gradience makes sense in the light of language change (and *vice versa*). In Traugott and Trousdale, eds., 149-179.

Rostila, Jouni. 2004. Lexicalization as a way to grammaticalization. In Fred

Karlsson, ed., *Proceedings of the 20th Scandinavian Conference of Linguistics.* http://www.ling.helsinki.fi/kielitiede/20scl/Rostila.pdf (Accessed: May 22nd 2013).

Rostila, Jouni. 2006. Storage as a way to grammaticalization. *Constructions* 1/2006 http://elanguage.net/journals/constructions/article/view/3070 (Accessed: May 22nd 2013).

Sag, Ivan A. 2012. Sign-based construction grammar: An informal synopsis. In Boas and Sag, eds., 69-202.

Sag, Ivan A., Hans C. Boas and Paul Kay. 2012. Introducing sign-based construction grammar. In Boas and Sag, eds., 1-29.

Saussure, Ferdinand de. 1959[1916]. *Course in General Linguistics.* Translated by Wade Baskin. New York: McGraw-Hill. (Originally published in 1916 in French.)

Schiffrin, Deborah. 1987. *Discourse Markers.* Cambridge: Cambridge University Press. Schlüter, Julia. 2005. *Rhythmic Grammar: The Influence of Rhythm on Grammatical Variation and Change in English.* Berlin: Mouton de Gruyter.

Schlüter, Julia. 2010. To dare to or not to: Is auxiliarization reversible? In An Van linden, Jean-Christophe Verstraete, and Kristin Davidse, eds., *Formal Evidence in Grammaticalization Research,* 289-325. Amsterdam: Benjamins.

Schmid, Hans-Jörg. 2007. Entrenchment, salience, and basic levels. In Geeraerts and Cuyckens, eds., 117-138.

Schneider, Agnes. 2012. Grammaticalization in non-standard varieties of English and English-based pidgins and creoles. In Nevalainen and Traugott, eds., 666-675.

Schulz, Monika Edith. 2011. Possession and obligation. In Nuria Hernández, Daniela Kolbe, and Monika Edith Schulz, eds., *A Comparative Grammar of British English Dialects: Modals, Pronouns and Complement Clauses,* 19-51. Berlin: Walter de Gruyter.

Schwenter, Scott A. 2000. Viewpoints and polysemy: Linking adversative and causal meanings of discourse markers. In Elizabeth Couper-Kuhlen and Bernd Kortmann, eds., *Cause— Condition—Concession—Contrast: Cognitive and Discourse Perspectives,* 257-281. Berlin: Mouton de Gruyter.

Selkirk, Elisabeth O. 1977. Some remarks on noun phrase structure. In Peter
Culicover, Adrian Akmajian, and Thomas Wasow, eds., *Formal Syntax*,
283-316. New York: Academic Press. Seoane, Elena and María José
López-Couso, eds., in collaboration with Teresa Fanego. 2008. *Theoretical
and Empirical Issues in Grammaticalization.* Amsterdam: Benjamins.

Shibatani, Masayoshi. 1991. Grammaticization of topic into subject. In Traugott
and Heine, eds., Vol. II: 93-133.

Siewierska, Anna and Willem B. Hollmann. 2007. Ditransitive clauses in English
with special reference to Lancashire dialect. In Mike Hannay and Gerard
J. Steen, eds., *Structural-Functional Studies in English Grammar*, 83-102.
Amsterdam: Benjamins.

Sinha, Chris. 2007. Cognitive linguistics, psychology and cognitive science. In
Geeraerts and Cuyckens, eds., 1266-1294.

Slobin, Dan I. 1977. Language change in childhood and in history. In John
MacNamara, ed., *Language Learning and Thought*, 185-214. New York:
Academic Press.

Slobin, Dan I. 2004. The many ways to search for a frog: Linguistic typology
and the expression of motion events. In Sven Strömqvist and Ludo Verhoeven,
eds., *Relating Events in Narrative, Vol. II. Typological and Contextual
Perspectives*, 219-257. Mahwah: Lawrence Erlbaum Associates.

Smirnova, Elena. 2015. Constructionalization and constructional change: The role
of context in the development of constructions. In Barðdal, Gildea, Smirnova,
and Sommerer, eds., 81-106.

Snider, Neal. 2008. An Exemplar Model of Syntactic Priming. PhD dissertation,
Stanford University.

Sowka-Pietraszewska, Katarzyna. 2011. The evidence from the Latinate loan-verbs
for the rise of the alternative prepositional object construction in the Middle
English period. Paper presented at the Helsinki Corpus Festival, Sept 28-
Oct 2.

Spencer-Oatey, Helen and Stefanie Stadler. 2009. The Global People Competency
Framework. Competencies for Effective Intercultural Interaction. Warwick
Papers in Applied Linguistics 3. http://www.globalpeople.org.uk/ (Accessed:

May 22nd 2013).

Speyer, Augustin. 2010. *Topicalization and Stress Clash Avoidance in the History of English*. Berlin: de Gruyter Mouton.

Stathi, Katerina, Elke Gehweiler, and Ekkehard König, eds. 2010. *Grammaticalization: Current Views and Issues*. Amsterdam: Benjamins.

Stenström, Anna-Brita. 2000. *It's enough funny, man*: Intensifiers in teenage talk. In John M. Kirk, ed., *Corpora Galore: Analyses and Techniques in Describing English*, 177-190. Amsterdam: Rodopi. Stolova, Natalya I. 2008. From satellite-framed Latin to verb-framed Romance: Late Latin as an intermediate stage. In Roger Wright, ed., *Latin Vulgaire, Latin Tardif: Actes du VIIIème Colloque International sur le Latin Vulgaire et Tardif, Oxford 6-7 Septembre 2006*, 253-262. Hildesheim: Olms.

Stolova, Natalya I. 2015. *Cognitive Linguistics and Lexical Change: Motion Verbs from Latin to Romance*. Amsterdam: Benjamins.

Sweetser, Eve E. 1988. Grammaticalization and semantic bleaching. In Axmaker, Jaisser, and Singmaster, eds., 389-405.

Sweetser, Eve E. 1990. *From Etymology to Pragmatics: Metaphorical and Cultural Aspects of Semantic Structure*. Cambridge: Cambridge University Press.

Talmy, Leonard. 1985. Lexicalization patterns: Semantic structure in lexical forms. In Timothy Shopen, ed., *Language Typology and Syntactic Description*, Vol. III: *Grammatical Categories and the Lexicon*, 57-149. Cambridge: Cambridge University Press, 2nd ed.

Talmy, Leonard. 2000. *Toward a Cognitive Linguistics, Vol. I. Concept Structuring Systems*. Cambridge, MA: MIT Press, 2 Vols.

Taylor, John R. 2002. *Cognitive Grammar*. Oxford: Oxford University Press. Terkourafi, Marina. 2009. On de-limiting context. In Bergs and Diewald, eds., 17-42. Terkourafi, Marina. 2011. The pragmatic variable: Toward a procedural interpretation. Language in Society 40: 343-372.

Timberlake, Alan. 1977. Reanalysis and actualization in syntactic change. In Li, ed., 141-177. Tomasello, Michael. 2003. *Constructing Language: A Usage-Based Theory of Language Acquisition*. Cambridge, MA: Harvard University Press.

Torrent, Tiago Timponi. 2011. The construction network hypothesis. In

Construções Emergentes: Gramática de Construções e Gramaticalização. Special issue of *Letras & Letras* 27. http://www.letraseletras.ileel.ufu.br/view-issue.php?id=21 (Accessed: May 22nd 2013).

Torrent, Tiago Timponi. 2015. On the relation between inheritance and change: The Constructional Convergence and Construction Network Reconfiguration hypotheses. In Barðdal, Smirnova, Sommerer, and Gildea, eds. ,173-211.

Torres Cacoullos, Rena and James A. Walker. 2009. The present of the English future: Grammatical variation and collocations in discourse. *Language* 85: 321-354.

Traugott, Elizabeth Closs. 1988. Pragmatic strengthening and grammaticalization. In Axmaker, Jaisser, and Singmaster, eds., 406-416.

Traugott, Elizabeth Closs. 2003. Constructions in grammaticalization. In Joseph and Janda, eds., 624-647.

Traugott, Elizabeth Closs. 2007. The concepts of constructional mismatch and type-shifting from the perspective of grammaticalization. *Cognitive Linguistics*: 18: 523-557.

Traugott, Elizabeth Closs. 2008a. Grammaticalization, constructions and the in- cremental development of language: Suggestions from the development of degree modifiers in English. In Regine Eckardt, Gerhard Jäger, and Tonjes Veenstra, eds., *Variation, Selection, Development—Probing the Evolutionary Model of Language Change*, 219-250. Berlin: Mouton de Gruyter.

Traugott, Elizabeth Closs. 2008b. The grammaticalization of NP of NP constructions. In Bergs and Diewald, eds., 21-43.

Traugott, Elizabeth Closs. 2008c. 'All that he endeavoured to prove was... ': On the emergence of grammatical constructions in dialogic contexts. In Robin Cooper and Ruth Kempson, eds., *Language in Flux: Dialogue Coordination, Language Variation, Change and Evolution*, 143-177. London: King's College Publications.

Traugott, Elizabeth Closs. 2010a. Grammaticalization. In Silvia Luraghi and Vit Bubenik, eds., *Continuum Companion to Historical Linguistics*, 269-283. London: Continuum Press. Traugott, Elizabeth Closs. 2010b. Dialogic contexts as motivation for syntactic change.

In Robert A. Cloutier, Anne Marie Hamilton-Brehm, and William Kretzschmar, eds., *Variation and Change in English Grammar and Lexicon*, 11-27. Berlin: De Gruyter Mouton. Traugott, Elizabeth Closs. 2012a. The status of onset contexts in analysis of micro-changes. In Merja Kytö, ed., *English Corpus Linguistics: Crossing Paths*, 221-255. Amsterdam: Rodopi. Traugott, Elizabeth Closs. 2012b. On the persistence of ambiguous linguistic contexts over time: Implications for corpus research on micro-changes. In Magnus Huber and Joybrato Mukherjee, eds., *Corpus Linguistics and Variation in English: Theory and Description*, 231-246. Amsterdam: Rodopi.

Traugott, Elizabeth Closs. 2015. Toward a coherent account of grammatical constructionalization. In Barðdal, Smirnova, Sommerer, and Gildea, eds., 51-79. Amsterdam: Benjamins.

Traugott, Elizabeth Closs and Richard B. Dasher. 2002. *Regularity in Semantic Change*. Cambridge: Cambridge University Press.

Traugott, Elizabeth Closs and Bernd Heine, eds. 1991. *Approaches to Grammaticalization*, Amsterdam: Benjamins, 2 Vols.

Traugott, Elizabeth Closs and Ekkehard König. 1991. The semantics-pragmatics of grammaticalization revisited. In Traugott and Heine, eds., Vol. I: 189-218.

Traugott, Elizabeth Closs and Graeme Trousdale. 2010a. Gradience, gradualness and grammaticalization: How do they intersect? In Traugott and Trousdale, eds., 19-44.

Traugott, Elizabeth Closs, eds. 2010b. *Gradience, Gradualness, and Grammaticalization*. Amsterdam: Benjamins.

Trips, Carola. 2009. *Lexical Semantics and Diachronic Morphology: The Development of -hood, -dom and -ship in the History of English*. Tübingen: Max Niemeyer Verlag.

Trousdale, Graeme. 2008a. Constructions in grammaticalization and lexicalization: Evidence from the history of a composite predicate construction in English. In Trousdale and Gisborne, eds., 33-67.

Trousdale, Graeme. 2008b. A constructional approach to lexicalization processes in the history of English: Evidence from possessive constructions. *Word Structure* 1: 156-177.

Trousdale, Graeme. 2008c. Words and constructions in grammaticalization: The end of the English impersonal construction. In Susan Fitzmaurice and Donka Minkova, eds., *Studies in the History of the English Language IV: Empirical and Analytical Advances in the Study of English Language Change*, 301-326. Berlin: Mouton de Gruyter.

Trousdale, Graeme. 2010. Issues in constructional approaches to grammaticalization in English. In Stathi, Gehweiler, and König, eds., 51-72.

Trousdale, Graeme. 2011. Ish. Paper presented at the Second International Society for the Linguistics of English Conference (ISLE2), Boston, June 17-21.

Trousdale, Graeme. 2012a. Grammaticalization, constructions, and the grammaticalization of constructions. In Kristin Davidse, Tine Breban, Lieselotte Brems, and Tanja Mortelmans, eds., *Grammaticalization and Language Change: New Reflections*, 167-198. Amsterdam: Benjamins.

Trousdale, Graeme. 2012b. Theory and data in diachronic Construction Grammar: The case of the *what with* construction. In Nikolas Gisborne and Willem Hollmann, eds., Special Issue on Theory and Data in Cognitive Linguistics, *Studies in Language* 36: 576-602.

Trousdale, Graeme and Nikolas Gisborne, eds. 2008. *Constructional Approaches to English Grammar*. Berlin: Mouton de Gruyter.

Trousdale, Graeme and Muriel Norde. 2013. Degrammaticalization and constructionalization: two case studies. In Muriel Norde, Alexandra Lenz, and Karin Beijering, eds., Special Issue on Current Trends in Grammaticalization Research, *Language Sciences* 36: 32-46.

Tuggy, David. 1993. Ambiguity, polysemy and vagueness. *Cognitive Linguistics* 4: 273-291. Tuggy, David. 2007. Schematicity. In Geeraerts and Cuyckens, eds., 82-116.

Van der Auwera, Johan. 2002. More thoughts on degrammaticalization. In Wischer and Diewald, eds., 19-29.

Van de Velde, Freek. 2011. Left-peripheral expansion of the NP. In Dolores González-Álvarez, Ana Elina Martínez-Insua, Javier Pérez-Guerra, and Esperanza Rama-Martínez, eds., Special Issue on the Structure of the Noun Phrase in English: Synchronic and Diachronic Explorations, *English Language and Linguistics* 15: 387-415.

Vandewinkel, Sigi and Kristin Davidse. 2008. The interlocking paths of development of emphasizer adjective *pure. Journal of Historical Pragmatics* 9: 255-287.

Verhagen, Arie. 2009. The conception of constructions as complex signs: Emergence of structure and reduction to usage. *Constructions and Frames* 1: 119-152.

Verroens Filip. 2011. La construction se mettre à: syntaxe, sémantique et grammaticalisation. PhD dissertation, University of Ghent.

Verveckken, Katrien. 2012. Towards a constructional account of high and low frequency binominal quantifiers in Spanish. *Cognitive Linguistics* 23: 421-478.

Von der Gabelentz, Georg. 1901. *Die Sprachwissenschaft, ihre Aufgaben, Methoden und bisherigen Ergebnisse.* Leipzig: Weigel, 2nd ed.

Von Fintel, Kai. 1995. The formal semantics of grammaticalization. *NELS Proceedings* 25: 175-189.

Walsh, Thomas and Frank Parker. 1983. The duration of morphemic and non-morphemic /s/ in English. *Journal of Phonetics* 11: 201-206.

Ward, Gregory, Betty Birner and Rodney Huddleston. 2002. Information packaging. In Huddleston and Pullum, 1363-1447.

Warner, Anthony R. 1993. *English Auxiliaries: Structure and History.* Cambridge: Cambridge University Press.

Warner, Anthony. 2004. What drove 'do'? In Christian Kay, Simon Horobin and Jeremy J. Smith, eds., *New Perspectives on English Historical Linguistics: Syntax and Morphology*, Vol. I: 229-242. Amsterdam: Benjamins.

Weinreich, Uriel, William Labov, and Marvin Herzog. 1968. Empirical foundations for a theory of language change. In W. P. Lehmann and Yakov Malkiel, eds., *Directions for Historical Linguistics*, 95-189. Austin: University of Texas Press.

Werning, Markus, Wolfram Hinzen, and Edouard Machery, eds., 2012. *The Oxford Handbook of Compositionality.* New York: Oxford University Press.

White, P. R. R. 2003. Beyond modality and hedging: A dialogic view of the language of intersubjective stance. *Text* 23: 259-284.

White, R. Grant. 1871. *Words and their Uses.* New York: Sheldon and Co.

Wichmann, Anne, Anne-Marie Simon-Vandenbergen, and Karin Aijmer. 2010. How prosody reflects semantic change: A synchronic case study of *of course*. In Davidse, Vandelanotte and Cuyckens, eds., 103-154.

Willis, David. 2007. Syntactic lexicalization as a new type of degrammaticalization. *Linguistics* 45: 271-310.

Wischer, Ilse. 2000. Grammaticalization versus lexicalization—'methinks' there is some confusion. In Fischer, Rosenbach, and Stein, eds., 355-70.

Wischer, Ilse and Gabriele Diewald, eds. 2002. *New Reflections on Grammaticalization*. Amsterdam: Benjamins.

Wray, Alison. 2002. Formulaic Language *and the Lexicon*. Cambridge: Cambridge University Press.

Wray, Alison. 2006. Formulaic language. In Keith Brown, ed., *Encyclopedia of Language and Linguistics*, Vol. IV: 590-597. Amsterdam: Elsevier, 2nd revised ed.

Zhan, Fangqiong. 2012. The Structure and Function of the Chinese Copula Construction. PhD dissertation, Stanford University.

Ziegeler, Debra. 2007. A word of caution on coercion. *Journal of Pragmatics* 39: 990-1028. Ziegeler, Debra. 2010. Count-mass coercion, and the perspective of time and variation. *Constructions and Frames* 2: 33-73.

Zwicky, Arnold. 2006. Snowclone mountain? *Language Log*. March 13. http://itre.cis.upenn. edu/~myl/languagelog/archives/002924.html (Accessed: May 22nd 2013).

Zwicky, Arnold M. 2007. Extris, extris. Paper presented at Stanford SemFest 7, March 16. http://www.stanford.edu/~zwicky/SemFest07.out.pdf (Accessed: May 22nd2013).

Zwicky, Arnold M. 2012. Parts of the body. Paper presented at Stanford SemFest 13, March 16th.

ㄱ

가교적 문맥bridging context 244, 427, 443, 450

가능성 문맥enabling context 505, 508

가설화된 정도 461

가장 적합한best fit 50, 136, 222, 224, 225, 296

가장자리fringe, margin 137, 147, 161, 163, 164

감소reduction 94, 97, 224, 233, 235, 347, 261, 287, 289, 294, 306, 331, 356, 357, 372, 379, 390, 394, 400, 432

감소와 의존성 증가로서의 문법화 243

감소적 기능성
 diminishing functionality 171

감소화reduction 179

강세충돌stress clash 171

강요 의미coerce meaning 459

강요coercion 211, 452, 517

강조어intensifier 478

개념 네트워크conceptual network 47, 160

개념화 42, 296, 338

개별화된 대화함축PCI 82

개시상inceptive 483

개인 언어idiolect 122

거짓 목적어 결과구문
 fake-object resultative 191, 206, 218

격case 189, 381

격문법 35

격표지case marker 93, 236

결과구문resultative construction
 59, 154, 155, 192, 218, 219

결정적critical 484

결정적인 문맥critical context
 244, 444, 473, 480

결정화crystallization 418

결합성Bondedness 245, 247, 301, 304, 307, 384

결합적combinatorial 346

경동사light verb 99, 507

경로path 96

경로생산path-creation 216

경사 124

경사도 120, 215, 220, 229

경사성gradience, gradient
 114, 146, 185, 186, 188, 232, 274, 285, 355, 364, 370, 377, 379, 385, 399, 401, 409, 443

경사적gradient
 50, 60, 69, 114, 175, 285, 288, 348, 352

경제성 338

경험자experiencer 175

계량적quantitative 475

계사copula 281, 282, 316

계사적 관계copula relation 318

계열paradigm 240

계열성paradigm, paradigmaticity
 111, 245, 246, 249, 261, 299, 440

계열적 변이paradigmatic variability
 245, 249, 246, 261

573

579

영문

| 저자 소개 |

엘리자베스 트루곳Elizabeth C. Traugott

- 미국 스탠포드 대학 언어학과 명예교수
- 영국 옥스퍼드 대학 학사과정(영문학) 및 미국 버클리 대학 박사과정(영어학) 졸업
- 역사언어학, 의미론, 화용론, 어휘화, 문법화 연구 분야의 세계적 권위자로서 수많은 저서와 논문을 발표했다. 최근에는 구문문법의 관점에서 문법화와 어휘화를 통합한 구문화 이론을 계속 발전시켜 나가고 있다.
- 주요논저:『문법화Grammaticalization』,『어휘화와 언어 변화Lexicalization and Language Change』등의 저서가 있으며,「문법화와 주관화Grammaticalization and Subjectification」등의 소논문이 다수 있다.

그레임 트러스데일Graeme Trousdale

- 영국 에든버러 대학The University of Edinburgh 언어학과 교수
- 영국 맨체스터 대학 학사과정(영문학) 및 에든버러대학 박사과정(영어학) 졸업
- 역사언어학의 관점에서 영어의 통시적 발전과정을 연구해 왔고 최근에는 인지언어학과 구문문법 이론의 토대 위에서 영어의 형태소, 단어, 문장구조의 변화 기제에 대한 연구를 진행하고 있다.
- 주요논저:『문법화 연구의 새로운 방향New Directions in Grammaticalization Research』,『영어 사회언어학 개론An Introduction to English Sociolinguistics』등의 저서가 있으며,「문법화와 구문화의 관계에 관하여On the Relationship between Grammaticalization and Constructionalization」등의 소논문이 다수 있다.

| 역자 소개 |

박원기

- 현 원광대 중국학과 교수
- 고려대학교 한문학과 학사과정 및 중문과 석사과정, 중국 復旦大學 중문과 박사과정 졸업
- 상고, 중고, 근대중국어의 문법 발전과정 및 문법화를 연구해오고 있으며 최근에는 구문문법 이론 및 구문화 이론, 상고중국어의 형태 등을 연구하고 있다.

- 주요논저: 「水滸傳的述補結構硏究」라는 박사논문이 있고, 그 외에 『중국어와 문법화』, 『백유경의 언어: 중고중국어의 세계』, 『한국인을 위한 중국어 교육법』 등의 저서 및 역서가 있으며, 「左傳 致使性 겸어구문의 분류 및 구문론적 해석」 등의 소논문이 다수 있다.

강병규
- 현 서강대 중국문화전공 교수
- 서울대 중문과 학사과정, 석사과정 및 중국 北京大學 전산언어학연구소 박사과정 졸업
- 현대 중국어 문법 및 중국어 정보처리 등을 연구했으며 최근에는 구문문법 이론, 언어유형론, 코퍼스언어학 등에 관심을 가지고 연구를 진행하고 있다.
- 주요논저: 「面向專著的漢韓機器輔助翻譯硏究」라는 박사논문이 있고, 그 외에 『언어 현상과 언어학적 분석』, 『R을 이용한 코퍼스 언어학연구』 등의 저서가 있으며, 「현대중국어 미완료상 표지 '在'와 '着'의 동사 결합 관계 양상 고찰」 등의 소논문이 다수 있다.

구문화와 구문변화

Constructionalization and Constructional Changes

초판 인쇄   2018년 12월 7일
초판 발행   2018년 12월 20일

저   자 | Elizabeth Closs Traugott · Graeme Trousdale
역   자 | 박원기 · 강병규
펴 낸 이 | 하운근
펴 낸 곳 | 學古房

주   소 | 경기도 고양시 덕양구 통일로 140 삼송테크노밸리 A동 B224
전   화 | (02)353-9908 편집부(02)356-9903
팩   스 | (02)6959-8234
홈페이지 | www.hakgobang.co.kr
전자우편 | hakgobang@naver.com, hakgobang@chol.com
등록번호 | 제311-1994-000001호

ISBN   978-89-6071-782-4 93700

값 : 36,000원

    이 도서의 국립중앙도서관 출판예정도서목록(CIP)은 서지정보유통지원시스템 홈
페이지(http://seoji.nl.go.kr)와 국가자료종합목록시스템(http://www.nl.go.kr/kolisnet)
에서 이용하실 수 있습니다. (CIP제어번호 : CIP2018039923)